Hamburgische Biografie
Personenlexikon

Herausgegeben von
Franklin Kopitzsch und Dirk Brietzke

Band 1

Christians

INHALT

VORWORT

Seit April 2000 entsteht in der Arbeitsstelle für Hamburgische Geschichte am Institut für Sozial- und Wirtschaftsgeschichte der Universität Hamburg die »Hamburgische Biografie«. Konzipiert als ein mehrbändiges, lexikalisch angelegtes Nachschlagewerk, versammelt sie quer durch alle Epochen der Stadtgeschichte die Lebensläufe bereits verstorbener Personen, die in Hamburg geboren wurden oder dort gelebt haben und sich durch ihr Wirken in der Stadt auszeichnen oder exemplarisch für bestimmte Aspekte und Epochen der Geschichte Hamburgs stehen. Aufgenommen werden Personen aus Politik und Verwaltung, Wirtschaft und Bildung, Kultur, Wissenschaft und Sport. Regional wird das heutige Staatsgebiet zugrunde gelegt; die 1937 im Zuge des Groß-Hamburg-Gesetzes eingemeindeten Stadtteile werden auch für die vorausgegangene Zeit berücksichtigt.

Nach anderthalb Jahren liegt nun der erste Band vor. Damit ist der erste Schritt getan, eine seit langem schmerzlich empfundene Lücke in der Stadtgeschichtsschreibung zu schließen. Die Pläne zu einer biografischen Erschließung der Geschichte Hamburgs reichen weit zurück. Als Friedrich Georg Buek am 6. Juni 1839 in einem Vortrag zur Eröffnung der »biographischen Section« des Vereins für Hamburgische Geschichte die Frage aufwarf, »ob wir nicht etwa anfangen wollen, einen thesaurus biographicus hamburgensis anzulegen, ein Verzeichnis aller in Hamburg bekanntgewordener Männer und ausgezeichneter Frauen«, konnte er nur auf wenige Vorarbeiten verweisen. Darunter befanden sich die Gelehrtengeschichten von Karl Johann Fogel (Nachricht von denjenigen gelehrten Hamburgern [...], Hamburg 1735), Arnold Christian Beuthner (Hamburgisches Staats- und Gelehrten-Lexicon [...], Hamburg 1739) und Johann Otto Thiess (Versuch einer Gelehrtengeschichte von Hamburg nach alphabetischer Ordnung, mit kritischen und pragmatischen Bemerkungen, 2 Bde, Hamburg 1780), Nicolaus Wilckens' 1770 erschienener »Hamburgischer Ehren-Tempel [...]« und die 1801 im fünften Band des »Hanseatischen Magazins« veröffentlichten »Proben einer Bildergallerie Hamburgischer Männer des achtzehnten Jahrhunderts« von Johann Arnold Günther. Bueks eigene Bemühungen, das ambitionierte Projekt des »thesaurus biographicus hamburgensis« voranzubringen, führten zu zwei biografischen Kompendien: »Genealogische und biographische Notizen über die seit der Reformation verstorbenen hamburgischen Bürgermeister« (Hamburg 1840) und »Die hamburgischen Oberalten, ihre bürgerliche Wirksamkeit und ihre Familien« (Hamburg 1857). Zur Ausführung des avisierten umfassenden biografischen Nachschlagewerks kam es indes nicht. Das umfangreichste hamburgische Personenlexikon sollte dann das von Hans Schröder begonnene, von 1851 bis 1883 in acht Bänden erschienene »Lexikon der hamburgischen Schriftsteller bis zur Gegenwart« werden, hervorgegangen ebenfalls aus der Anregung des Vereins für Hamburgische Geschichte. Noch ganz in der Tradition der Gelehrtenlexika des 18. Jahrhunderts stehend, beschränkt es sich auf die Welt der Schreibenden, der akademisch

Gebildeten. Weitere biografische Lexika, die sich bestimmten Personengruppen widmen, sollten folgen: 1854 erschien, geplant zunächst als erster Band über die bildenden Künstler, der dann jedoch der einzige bleiben sollte, das »Hamburgische Künstler-Lexikon«, 1912 folgte das von Ernst Rump verfasste »Lexikon der bildenden Künstler Hamburgs, Altonas und der näheren Umgebung«, das seit 1980 als erweiterter Nachdruck vorliegt. Inzwischen waren zahlreiche Hamburger in die erste deutsche Nationalbiografie, die im Anschluss an die Reichsgründung in 56 Bänden erschienene »Allgemeine Deutsche Biographie« (1875–1912), aufgenommen worden. Verfasst wurden die Artikel zum großen Teil von Otto Beneke, der dem Unternehmen durchaus skeptisch gegenüberstand. Etliche der hier behandelten Personen fanden auch Eingang in die nach veränderten Kriterien verfahrende, seit 1953 erscheinende »Neue Deutsche Biographie«.

In jüngster Zeit hat der Verein für Hamburgische Geschichte der biografisch orientierten Stadtgeschichtsschreibung mit der 1989 begründeten Reihe »Hamburgische Lebensbilder in Darstellungen und Selbstzeugnissen« einen neuen Impuls gegeben. Mittlerweile liegen 16 Bände mit insgesamt 33 Biografien vor, die sich nicht nur den Honoratioren und allseits bekannten »großen« Persönlichkeiten widmen, sondern auch Personen porträtieren, die früher kaum einer biografischen Behandlung für würdig erachtet worden wären, die jedoch exemplarisch für stadtgeschichtlich relevante Personengruppen stehen. Einem solchen erweiterten Verständnis des biografischen Ansatzes, das darauf zielt, anhand einzelner Lebensgeschichten das ganze Spektrum hamburgischer Geschichte sichtbar zu machen, ist auch die »Hamburgische Biografie« verpflichtet. Eine weitere biografische Reihe hat die ZEIT-Stiftung Ebelin und Gerd Bucerius 2000 ins Leben gerufen. Unter dem Reihentitel »Hamburger Köpfe« erschienen als erste Bände Biografien über Albert Ballin, Carl Petersen und Otto Stolten. Für die Erforschung der Biografien Hamburger Frauen haben Rita Bake und Brita Reimers mit ihrem 1997 erschienenen Buch »Stadt der toten Frauen« Pionierarbeit geleistet. Grundlegende Überlegungen zur Geschichte der Biografik in Hamburg und zu ihren künftigen Aufgaben hat Joist Grolle, der zu den Initiatoren der »Hamburgischen Biografie« gehört und das Projekt mit großem Engagement unterstützt, in der »Zeitschrift des Vereins für Hamburgische Geschichte« (Bd. 87, 2001) mit seinem Beitrag »Biographik in Hamburg. Rede zur Verabschiedung von Frau Prof. Dr. Marie-Elisabeth Hilger« vorgetragen.

An neueren regionalgeschichtlich ausgerichteten biografischen Lexika besteht kein Mangel. Erwähnt seien hier nur zwei Beispiele, um die Spannbreite des Möglichen anzudeuten: die »Frankfurter Biographie. Personengeschichtliches Lexikon« und das »Biographische Lexikon für Schleswig-Holstein und Lübeck«. Die im Auftrag der Frankfurter Historischen Kommission herausgegebene »Frankfurter Biographie« erschien in den Jahren 1994 und 1996 und präsentiert in zwei Bänden, aufgeteilt in die alphabetischen Abschnitte A–L und M–Z, rund 2500 in Inhalt und Diktion knapp gehaltene Artikel ohne bibliografische Hinweise. Einer gänzlich anderen Konzeption folgt das von der Schleswig-Holsteinischen Landesbibliothek herausgegebene »Biographische Lexikon für Schleswig-Holstein und Lübeck« (bis Band 5: »Schleswig-Holsteinisches Biographisches Lexikon«). Seit 1970 erschienen elf Bände mit insgesamt 1575 Beiträgen, die nicht jeweils einen Teil das Alphabets abdecken, sondern jeweils Artikel von A bis Z enthalten. Zu erschließen sind sämtliche Beiträge über ein kumulatives Register am Ende eines jeden Bandes. Ergänzt wird jeder biografische Artikel durch umfassende Hinweise auf Quellen, Werke, Literatur und Porträtabbildungen. Die »Hamburgische Biografie« folgt, auch in den weiteren Bänden, in der offenen alphabetischen Konzeption dem Beispiel des »Biographischen Lexikons für Schleswig-Holstein und Lübeck«. Sie verzichtet zwar nicht wie ihr Frankfurter Äquivalent auf bibliografische Angaben, strebt jedoch keine Vollständigkeit an. Vorgesehen sind eine knappe Werkauswahl mit Hinweisen auf Schriftenverzeichnisse sowie die Angabe sparsam ausgewählter Forschungsliteratur, die die Einträge in den einschlägigen biografischen Nachschlagewerken und die wichtigsten Monografien bzw. Aufsätze umfasst. Großer Wert wurde darauf gelegt, dass die Beiträge der »Hamburgischen Biografie« nicht ausschließlich dem Interesse der Forschung gerecht werden, sondern darüber hinaus auch ein breiteres Publikum ansprechen.

Nach dem erstmals 1998 erschienenen »Hamburg Lexikon«, das mittlerweile mit Verbesserungen und Ergänzungen in zweiter Auflage vorliegt, ist die »Hamburgische Biografie« die zweite größere Publikation, die in der Arbeitsstelle für Hamburgische Geschichte entsteht. Den Anstoß zur Herausgabe der »Hamburgischen Biografie« gab die Hamburger Feuerkasse mit ihrem Vorstandsvorsitzenden Wolfgang Poppelbaum. Die 1676 gegründete Hamburger Feuerkasse fördert und finanziert das Publikationsprojekt zu ihrem 325-jährigen Jubiläum. Der erste Band erscheint aus diesem Anlass mit 325 biografischen Artikeln zu den Jubiläumsfeierlichkeiten der ältesten deutschen Feuerversicherung im November 2001.

Zu danken ist den 77 Autoren, die die Artikel dieses Bandes verfasst haben. Ein Projekt wie die »Hamburgische Biografie« lebt von der Vielzahl seiner engagierten Mitarbeiter, die ihre jeweilige Fachkompetenz beisteuern. Dass der erste Band trotz des engen zeitlichen Spielraums pünktlich vorgelegt werden kann, verdanken wir dem großen Einsatz, mit dem sämtliche Autoren zum Gelingen beigetragen haben. Wertvolle Unterstützung bei der Bearbeitung der bibliografischen Angaben und der Bildbeschaffung leisteten Christiane Oberländer M. A. und Dr. Holger Martens, Letzterer auch bei der Schlussredaktion.

Die Herausgeber danken Dr. Udo Schäfer, Joachim W. Frank und Volker Reißmann vom Staatsarchiv der Freien und Hansestadt Hamburg für ihre großzügig gewährte Hilfe bei der Beschaffung des Bildmaterials, Eckart Krause als Leiter der Hamburger Bibliothek für Universitätsgeschichte im Fachbereich Philosophie und Geschichtswissenschaft für vielfältige Unterstützung, Sabine Bayer vom Christians Verlag für die engagierte Betreuung des Projekts und Dr. Elmar Basse für zuverlässiges Korrekturlesen.

Franklin Kopitzsch und Dirk Brietzke

ABKÜRZUNGSVERZEICHNIS

Aufl.	Auflage
Bd., Bde.	Band, Bände
bearb.	bearbeitet
best.	bestattet
bzw.	beziehungsweise
ders.	derselbe
dies.	dieselbe(n)
ebd.	ebenda
erg.	ergänzt
geb.	geboren
gest.	gestorben
get.	getauft
Hg., hg.	Herausgeber, herausgegeben
isr.	israelitisch
Jg.	Jahrgang
kath.	katholisch
luth.	lutherisch
o. J.	ohne Jahr
o. O.	ohne Ort
Ps.	Pseudonym
ref.	reformiert
S.	Seite
Sp.	Spalte
u. a.	unter anderem/anderen, und andere
überarb.	überarbeitet
verb.	verbessert
verh.	verheiratet
verw.	verwitwet

SIGELVERZEICHNIS

ADB Allgemeine Deutsche Biographie, hg. von der Historischen Kommission bei der Königlichen Akademie der Wissenschaften, 55 Bde. und ein Registerband, München/Leipzig 1875–1912 [Nachdruck Berlin 1967–71]

AKL Allgemeines Künstlerlexikon. Die bildenden Künstler aller Zeiten und Völker, München/Leipzig 1992 ff.

Albers Jan Albers u. a. (Hg.), Recht und Juristen in Hamburg, 2 Bde., Köln u.a. 1994/99

Alberti (1867) Eduard Alberti, Lexikon der Schleswig-Holstein-Lauenburgischen und Eutinischen Schriftsteller von 1829 bis Mitte 1866, 2 Bde., Kiel 1867/68

Alberti (1885) Eduard Alberti, Lexikon der Schleswig-Holstein-Lauenburgischen und Eutinischen Schriftsteller von 1866 bis 1882, 2 Bde., Kiel 1885/86

Asendorf/von Bockel Manfred Asendorf/Rolf von Bockel (Hg.), Demokratische Wege. Deutsche Lebensläufe aus fünf Jahrhunderten. Ein Lexikon, Stuttgart/Weimar 1997

Bake Rita Bake (unter Zusammenarbeit von Wilfried Rottmann), Wer steckt dahinter? Hamburgs Straßen, die nach Frauen benannt sind, Hamburg 1996, 2. Aufl. Hamburg 2000

Bake/Reimers Rita Bake/Brita Reimers, Stadt der toten Frauen. Der Hamburger Friedhof Ohlsdorf in 127 Frauenportraits, Hamburg 1997

BBKL Biographisch-bibliographisches Kirchenlexikon, hg. von Friedrich Wilhelm Bautz, fortgeführt von Traugott Bautz, 17 Bde., Bd. 1 und 2 Hamm/Westf., ab Bd. 3 Herzberg 1975–2000

Beckershaus Horst Beckershaus, Die Hamburger Straßennamen. Woher sie kommen und was sie bedeuten, Hamburg 1997

BHdE Biographisches Handbuch der deutschsprachigen Emigration nach 1933, hg. vom Institut für Zeitgeschichte, München, und der Research Foundation for Jewish Immigration, New York, unter der Gesamtleitung von W. Röder und H. A. Strauss, 2 Bde. in 3 Teilen

(Bd. 2 englisch unter dem Titel: International Dictionary of Central European Emigrés 1933–45), München 1980–83; Gesamtregister München 1983

BJ Biographisches Jahrbuch und Deutscher Nekrolog, hg. von A. Bettelheim, 18 Bde. (für die Jahre 1896–1913), Berlin 1897–1917; Register zu Bd. 1–10, 1908, zu 11–18, 1973

Böning Holger Böning (Hg.), Deutsche Presse. Biobibliographische Handbücher zur Geschichte der deutschsprachigen periodischen Presse von den Anfängen bis 1815 (Bd. 1 in 3 Teilen: Hamburg; Bd. 2: Altona, Bergedorf, Harburg, Schiffbek, Wandsbek), Stuttgart/Bad Cannstatt 1996/97

Buek (Bürgermeister) F[riedrich] Georg Buek, Genealogische und Biographische Notizen über die seit der Reformation verstorbenen hamburgischen Bürgermeister, Hamburg 1840

Buek (Oberalte) F[riedrich] Georg Buek, Die Hamburgischen Oberalten, ihre bürgerliche Wirksamkeit und ihre Familien, Hamburg 1857

DBE Deutsche Biographische Enzyklopädie, hg. von Walther Killy, 10 Bde., zwei Nachtrags- und Registerbde. in jeweils zwei Teilbänden, München 1995–2000

DBJ Deutsches Biographisches Jahrbuch, hg. vom Verband der deutschen Akademien, 7 Bde., Berlin/Leipzig 1925–32, Register zu Bd. 1–5, 10 und 11, München u. a. 1986

DG Deutsches Geschlechterbuch

Ewald Martin Ewald, Der hamburgische Senatssyndicus. Eine verwaltungsgeschichtliche Studie, Hamburg 1954 (Abhandlungen aus dem Seminar für öffentliches Recht 43)

Freitag Hans-Günther Freitag, Von Mönckeberg bis Hagenbeck. Ein Wegweiser zu denkwürdigen Grabstätten auf dem Ohlsdorfer Friedhof, Hamburg 1973

Gabrielsson Peter Gabrielsson, Bürgermeister, Senatoren, Staatsräte der Freien und Hansestadt Hamburg 1945–1995. Zuständigkeiten und Behörden, Hamburg 1995 (Beiträge zur Geschichte Hamburgs 50)

Grolle Joist Grolle, Hamburg und seine Historiker, Hamburg 1997 (Veröffentlichungen des Vereins für Hamburgische Geschichte 43)

Grolle/Bake Inge Grolle/Rita Bake, »Ich habe Jonglieren mit drei Bällen geübt«. Frauen in der Hamburgischen Bürgerschaft 1946–1993, Hamburg 1995

Grove (2. Aufl.) Stanley Sadie (Hg.), The New Grove Dictionary of Music and Musicians, Second Edition, 20 Bde., London 2001

Hamberger/Meusel Das gelehrte Teutschland oder Lexikon der jetzt lebenden teutschen Schriftsteller [ab Bd. 13 auch unter dem Titel: Das gelehrte Teutschland im 19. Jahrhundert], angefangen von Georg Christoph Hamberger, fortgesetzt von Johann Georg Meusel. [Nachdruck der 5. Aufl. Lemgo 1796–1834], mit einem Nachwort von Paul Raabe, 23 Bde., Hildesheim 1965/66

Hammer/von Schade Friedrich Hammer/Herwarth von Schade, Hamburger Pastorinnen und Pastoren seit der Reformation [vervielfältigtes Manuskript], 2 Teile, Hamburg 1995

HG Hansische Geschichtsblätter

HGH Hamburgische Geschichts- und Heimatblätter

HKL Hamburgisches Künstler-Lexikon. Bearb. von einem Ausschusse des Vereins für Hamburgische Geschichte. Erster [und einziger] Band: Die bildenden Künstler, Hamburg 1854

HL Hamburg Lexikon, hg. von Franklin Kopitzsch und Daniel Tilgner, Hamburg 1998

HLb Hamburgische Lebensbilder

Jensen Die hamburgische Kirche und ihre Geistlichen seit der Reformation, hg. von Wilhelm Jensen, 2 Bde., Hamburg 1958–68

Jöcher Christian Gottlieb Jöcher, Allgemeines Gelehrten-Lexicon, 4 Bde., Leipzig 1750/51

Jöcher/Adelung Fortsetzung und Ergänzungen zu Christian Gottlieb Jöchers Allgemeinem Gelehrten-Lexicon, Bde. 1 und 2 von Johann Christoph Adelung, Leipzig 1784–87, Bde. 3–6 von Heinrich Wilhelm Rotermund, Delmenhorst/Bremen 1810–22, Bd. 7 von Otto Günther, Leipzig 1897 [Nachdruck Hildesheim 1960 ff.]

Jochmann/Loose Werner Jochmann/Hans-Dieter Loose (Hg.), Hamburg. Geschichte der Stadt und ihrer Bewohner, 2 Bde., Hamburg 1982/1986

KDG Kürschners Deutscher Gelehrten-Kalender, 1925 ff.

KDL Kürschners Deutscher Literatur-Kalender, 1878 ff.

KiH Künstler in Hamburg, hg. von der Kulturbehörde der Freien und Hansestadt Hamburg, Hamburg 1982

Killy Literaturlexikon. Autoren und Werke deutscher Sprache, hg. von Walther Killy u. a., 15 Bde., Gütersloh/München 1988–93

Kosch Deutsches Literatur-Lexikon. Biographisches und bibliographisches Handbuch, begründet von Wilhelm Kosch, hg. von Bruno Berger u. a., [bisher erschienen: 20 Bde. und sechs Ergänzungsbde.] 3., völlig neu bearb. Aufl. Bern/München 1968 ff.

Kordes Berend Kordes, Lexikon der jetztlebenden schleswig-holsteinischen und eutinischen Schriftsteller, Schleswig 1797

LhS Lexikon der hamburgischen Schriftsteller bis zur Gegenwart, begründet von Hans Schröder, 8 Bde., Hamburg 1851–83

Lübker/Schröder D[etlev] L[orenz] Lübker/H[ans] Schröder, Lexikon der Schleswig-Holstein-Lauenburgischen und Eutinischen Schriftsteller von 1796 bis 1828, 3 Bde., Altona 1829–31

Meusel Johann Georg Meusel, Lexikon der vom Jahr 1750 bis 1800 verstorbenen teutschen Schriftsteller, 15 Bde., Leipzig 1802–16

MGG (1. Aufl.)
(2. Aufl.) Die Musik in Geschichte und Gegenwart. Allgemeine Enzyklopädie der Musik, 1. Aufl. hg. von Friedrich Blume, 16 Bde. und Registerbd., Kassel u. a. 1949–86 [MGG (1. Aufl.)]; 2., neubearb. Aufl. hg. von Ludwig Finscher, 21 Bde. in 2 Teilen, Kassel u. a. 1994 ff. [MGG (2. Aufl.)]

MHG Mitteilungen des Vereins für Hamburgische Geschichte

Müller Frank Müller, Mitglieder der Bürgerschaft. Opfer totalitärer Verfolgung, 2., überarb. und erg. Aufl. Hamburg 1995

Munzinger Internationales Biographisches Archiv, Ravensburg 1949 ff.

NDB Neue Deutsche Biographie, hg. von der Historischen Kommission bei der Bayerischen Akademie der Wissenschaften, [bisher erschienen: 18 Bde.] Berlin 1953 ff.

NE Nordelbingen

Reinalter Helmut Reinalter/Axel Kuhn/Alain Ruiz, Biographisches Lexikon zur Geschichte der demokratischen und liberalen Bewegungen in Mitteleuropa, Bd. 1: 1770–1800, Frankfurt a. M. u. a. 1992 (Schriftenreihe der Internationalen Forschungsstelle »Demokratische Bewegungen in Mitteleuropa 1770–1850« 7)

RGG (2. Aufl.)
(3. Aufl.)
(4. Aufl.) Die Religion in Geschichte und Gegenwart. Handwörterbuch für Theologie und Religionswissenschaft, 2. Aufl. hg. von H. Gunkel und L. Zscharnack, 5 Bde. und Register, Tübingen 1927–32 [RGG (2. Aufl.)], 3. Aufl. hg. von K. Galling, 6 Bde. und Ergänzungsband, Tübingen 1957–65 [RGG (3. Aufl.)]; 4., völlig neu bearb. Aufl., hg. von Hans Dieter Betz [bisher erschienen: Bd. 1–3 (1998–2000)], Tübingen 1998 ff. [RGG (4. Aufl.)]

Rump Ernst Rump, Lexikon der bildenden Künstler Hamburgs, Altonas und der näheren Umgebung. Erweiterter Neudruck [der Ausgabe] Hamburg 1912, Hamburg 1980

Schiefler Gustav Schiefler, Eine Hamburgische Kulturgeschichte 1890–1920. Beobachtungen eines Zeitgenossen, bearb. von Gerhard Ahrens, Hans Wilhelm Eckardt und Renate Hauschild-Thiessen, Hamburg 1985 (Veröffentlichungen des Vereins für Hamburgische Geschichte 27)

SHBL Biographisches Lexikon für Schleswig Holstein und Lübeck (bis Bd. 4: Schleswig-Holsteinisches Biographisches Lexikon), hg. im Auftrag der Gesellschaft für Schleswig-Holsteinische Geschichte und des Vereins für Lübeckische Geschichte und Altertumskunde [bisher erschienen: 11 Bde.], Neumünster 1970 ff.

ThB Allgemeines Lexikon der bildenden Künstler von der Antike bis zur Gegenwart, begründet von U. Thieme und F. Becker, hg. von H. Vollmer, 37 Bde. und ein Ergänzungsband, Leipzig 1907–54 [Neudruck Leipzig 1970]

TRE Theologische Realenzyklopädie, hg. von Gerhard Müller, [bisher erschienen: 32 Bde.], Berlin u. a. 1977 ff.

Vollmer Allgemeines Lexikon der bildenden Künstler des XX. Jahrhunderts, hg. von Hans Vollmer, 5 Bde. und Registerbd., Leipzig 1953–62

ZHG Zeitschrift des Vereins für Hamburgische Geschichte

ZSHG Zeitschrift der Gesellschaft für Schleswig-Holsteinische Geschichte

ADALBERO, gest. 25.8.1148; Erzbischof von Hamburg-Bremen.

Über die Herkunft Adalberos liegen keine sicheren Nachrichten vor. Wahrscheinlich stammte er aus einem sächsischen Geschlecht. Schon unter Erzbischof Liemar (1072–1101) war Adalbero Kanoniker in Bremen; im Januar 1123 wurde er zum Erzbischof von Hamburg-Bremen gewählt. Seine Wahl zum Erzbischof war eine der ersten, die nach den Bestimmungen des Wormser Konkordats erfolgten. Adalbero setzte sich vehement für den Erhalt des Primats der Hamburger Kirche über die der skandinavischen Länder ein. Davon zeugen vor allem seine häufigen Interventionen an der päpstlichen Kurie. Viermal war er in Rom, davon nur einmal im Gefolge eines Königs. Die Päpste Calixt II. und Honorius II. bestätigten auch immer wieder die Ansprüche Hamburg-Bremens, und sogar Innocenz II. erkannte 1132 noch einmal die Metropolitanhoheit Hamburgs über die Bistümer Dänemarks, Schwedens, Norwegens, der Faröer, Grönlands und Islands an. Durchsetzen ließen sich diese Ansprüche jedoch nicht mehr. Vollends gescheitert waren Adalberos Pläne, als Innocenz II. 1137 seine Politik änderte und sich für den Übergang des Primats Hamburg-Bremens auf das Erzbistum Lund entschied. Erfolgreicher war hingegen die Missionierung der Slawen, zu der Adalbero Vicelin 1126 den Auftrag erteilte. Durch die gewaltsame Fortsetzung der Mission im Wendenkreuzzug 1147, an welchem der Erzbischof teilnahm, wurden die bisherigen Erfolge jedoch gefährdet. Im folgenden Jahr starb Adalbero am 25. August 1148.

In der Reichspolitik spielte Adalbero keine herausragende Rolle. Dies lag auch an der starken Stellung der sächsischen Herzöge, besonders Heinrichs des Löwen, durch den die politische Bewegungsfreiheit des Erzbischofs stark eingeschränkt wurde; davon zeugen zum Beispiel die Auseinandersetzungen um die Grafschaft Stade, die 1146 sogar zu einer kurzzeitigen Gefangennahme Adalberos durch Heinrich den Löwen führten.

LITERATUR NDB 1; DBE 1; Georg Dehio, Geschichte des Erzbistums Hamburg-Bremen bis zum Ausgang der Mission, Bd. 2, Osnabrück 1975 [Nachdruck der Ausgabe Berlin 1877], S. 23–35; Günter Glaeske, Die Erzbischöfe von Hamburg-Bremen als Reichsfürsten (937–1258), Hildesheim 1962 (Quellen und Darstellungen zur Geschichte Niedersachsens 60), S. 126–145. *Maren Limbacher*

ADALBERT I., geb. um 1000, gest. 16.3.1072 Goslar; Erzbischof von Hamburg-Bremen.

Der Vater Adalberts I. war Friedrich Graf von Goseck bei Naumburg an der Saale, seine Mutter Agnes, die Tochter des Grafen Wilhelm II. von Weimar-Orlamünde. Eine Verwandtschaft mit Otto II. und seiner griechischen Gemahlin Theophanu, die der Erzbischof sich zuschrieb, ist nicht nachweisbar. Adalbert wurde von der Mutter in die Domschule von Halberstadt gegeben. Als der Halberstädter Propst Hermann im Jahre 1032 Erzbischof von Hamburg wurde, folgte ihm sein Schüler als Subdiakon nach Bremen. Nach dem Tod Hermanns 1035 wurde Adalbert zunächst Dompropst in Halberstadt, bis er 1043 von Kaiser Heinrich III. zum Erzbischof von Hamburg-Bremen als Nachfolger Bezelin-Alebrands ernannt wurde. Das Pallium wurde ihm von Papst Benedikt IX. durch Legaten überreicht. Drei große Aufgaben stellte sich Adalbert beim Antritt seines Amtes. Die erste bestand in der Vermehrung der Besitztümer seines Stiftes und im Ausbau und der Verschönerung seiner Residenzen Hamburg und Bremen; so ließ er etwa auf dem Süllberg eine neue Burg errichten. Zum Zweiten war er bemüht, die Immunität seines Erzstiftes und die Befreiung seiner Diözese von aller fremden Gerichtsbarkeit, sowohl der Herzöge Sachsens als auch der Grafen, zu erreichen. Die Befreiung von fremder Gerichtsbarkeit ist mit dem Stichwort Freiheit der Kirche verknüpft, die Adalbert aber immer im Sinne des ottonisch-salischen Reichskirchensystems verstanden hat, das heißt eng an das Imperium gebunden. Der Erfolg dieser Bestrebungen war nur von kurzer Dauer, denn nach Adalberts Entlassung aus der Reichsherrschaft 1066 gingen die meisten Erwerbungen wieder verloren. Auch die Mission in Skandinavien und im Slawenland, die dritte große Aufgabe, der sich Adalbert tatkräftig widmete, machte eine enge Bindung an das Imperium notwendig, da Mission und politische Expansion eng miteinander verbunden waren. Adalbert sandte seine Missionare bis nach Finnland, zu den Orkney-Inseln sowie nach Island und Grönland und förderte damit auch den Handel. Über 20 Bischöfe konnte er ordinieren. Die Missionsaufgabe war an die bischöfliche Residenz Hamburg gebunden, welche Adalbert besonders schätzte und welche er die Mutterkirche aller Völker des Nordens nannte. Erfolgreich war die Mission unter den Slawen. So konnte Adalbert um 1060 zwei neue Bistümer in Ratzeburg und Mecklenburg errichten, die jedoch nach dem Wendenaufstand von 1066 verloren gingen und erst nach 1149 wieder organisiert werden konnten.

In Dänemark waren Adalberts Missionsbemühungen durch seine enge Verbindung mit dem dänischen König Svend Estriedsen (1046–76) fruchtbar. Allerdings versuchte Svend nachweisbar bereits um 1052 ein eigenes Erzbistum in Dänemark zu errichten, ähnliche Bestrebungen hat es auch in Schweden und Norwegen gegeben. Um die Stellung Hamburgs im Norden zu erhalten, entwickelte Adalbert daher den Plan, die Hamburger Missionslegation in ein Patriarchat umzuformen. Damit hoffte er, die Loslösung des Nordens durch die Aufspaltung in nationale Erzbistümer, die dann direkt der Kurie unterstanden hätten, zu verhindern. Die Rechtsvorschriften der Pseudo-Isidorischen Dekretalen boten dafür eine Rechtsgrundlage. Die Idee, den eigenen Sprengel in zwölf Bistümer zu unterteilen und so eine Vorstufe zum Patriarchat zu schaffen, hat Adalbert jedoch erst nach 1066 entwickelt. Der Plan scheiterte am Widerspruch Roms; Adalbert konnte nur das päpstliche Missionsvikariat behaupten.

Neben seinem unmittelbaren Wirken für das Erzbistum spielte Adalbert auch in der Reichspolitik eine große Rolle. Als ein entschiedener Anhänger der Salier war er schon mit der Politik Heinrichs III. eng verbunden. So berichtet Adam von Bremen, der zeitgenössische Biograf Adalberts, dass Heinrich den Erzbischof nach der Synode von Sutri als Kandidaten für die Papstwahl vorgeschlagen, Adalbert dies jedoch zugunsten seines Halberstädter Studiengefährten Suidger von Bamberg (Clemens II.) ausgeschlagen habe. Nachdem Erzbischof Anno II. von

Adalbert I.

Köln im April 1062 durch den »Staatsstreich« von Kaiserswerth die vormundschaftliche Regierung für den jungen König Heinrich IV. an sich gebracht hatte, erlangte auch Adalbert zunehmenden Einfluss auf die Reichsherrschaft. In den Urkunden wird Adalbert als »Patron« neben Anno als »Magister« des unmündigen Königs genannt. Nach 1064 wurde Adalbert alleiniger Regent. Auch nach der Schwertleite des Königs am 29. März 1065 behielt er die beherrschende Stellung. Als er versuchte, die Reichsabteien Lorsch und Corvey sowie die Königshöfe Duisburg und Sinzigbreite vom König als Schenkung zu erlangen, rief dies die Opposition der bischöflichen und Laienfürsten hervor, die daraufhin im Januar 1066 in Tribur Heinrich IV. zwangen, Adalbert als Berater zu entlassen. Ab 1069 versuchte dieser wieder engere Beziehungen zu Heinrich IV. aufzubauen, seinen früheren Einfluss konnte er jedoch nicht wieder erlangen. Adalberts Pläne, dem Reich und seiner Kirche im Norden eine starke Stellung zu sichern, waren nicht mehr durchführbar, die nordischen Staaten gingen, darin durch die Päpste begünstigt, ihre eigenen Wege. Am 16. März 1072 starb Adalbert in Goslar. Sein Wunsch, in Hamburg die letzte Ruhe zu finden, konnte wegen der Verwüstung des Ortes durch die Wenden in den Jahren 1066 und 1072 nicht erfüllt werden.

LITERATUR ADB 1; NDB 1; SHBL 1; Georg Dehio, Geschichte des Erzbistums Hamburg-Bremen bis zum Ausgang der Mission, Bd. 1, Osnabrück 1975 [Nachdruck der Ausgabe Berlin 1877], S. 175–277; Toni Ernst Bergmann, Der Patriarchatsplan Erzbischof Adalberts von Hamburg, Phil.

Diss. Hamburg 1946; Günter Glaeske, Die Erzbischöfe von Hamburg-Bremen als Reichsfürsten (937–1258), Hildesheim 1962 (Quellen und Darstellungen zur Geschichte Niedersachsens 60), S. 55–97. *Maren Limbacher*

Adaldag, gest. 28. oder 29. 4. 988; Erzbischof von Hamburg-Bremen.

Adaldag, Erzbischof von Hamburg-Bremen seit 937, war – anders als seine Vorgänger – weder Mönch noch Bremer Kanoniker, bevor er in dieses Amt gewählt wurde; er war Domherr in Hildesheim gewesen. Während Ansgar sich auf die Mission von Skandinaviern und Slawen konzentriert und Rimbert Missionsaufgaben mit der Verteidigung der Legitimität des Erzbistums Hamburg-Bremen verbunden hatte, wandte sich Adaldag verstärkt der inneren Festigung seiner Diözese und dem Reichsdienst zu. Entgegen kam ihm, dass König Otto I. sich mit verschiedenen Maßnahmen um den politischen und kirchlichen Ausbau der Elbregion bemühte: durch aktive Grenzpolitik, nämlich die Einsetzung von Hermann Billung und Gero in markgräfliche Funktionen, durch den Ausbau der Stadt Magdeburg und die Begründung des Erzbistums Magdeburg (968) sowie durch die Gründung der Bistümer Havelberg, Brandenburg und Oldenburg (in Holstein). Adaldag war, bevor er Erzbischof wurde, im engeren Umkreis Ottos I. tätig; 936 bis 937 ist er als Notar in dessen Kanzlei bezeugt, bisweilen auch in der Funktion des Kanzlers. Durch seine Anwesenheit unterstützte Erzbischof Adaldag die Gründung des Mauritiusklosters in Magdeburg (937), die Gründung des späteren Magdeburger Suffraganbistums Brandenburg (948) und die Verhandlungen mit der römischen Kurie über die Gründung des Erzbistums Magdeburg (962) während des zweiten Italienzuges Ottos – wie er denn während dieses gesamten Zuges in Ottos Nähe blieb, auch bei seiner Kaiserkrönung anwesend war. Dass Otto I. Papst Benedikt V. 965 in das Exil nach Hamburg schickte, ihn also der Obhut Adaldags unterstellte, ist als ein Zeichen des Vertrauens zu sehen, das der Erzbischof beim Kaiser genoss. Otto I. vergalt die treuen Dienste Adaldags durch seine politische Unterstützung, unter anderem gegenüber den noch andauernden Ansprüchen des Erzbistums Köln auf die Diözese Bremen und bei der Durchsetzung der geistlichen Hoheit Adaldags über die dänischen Bistümer (Schleswig, Ribe/Ripen, Aarhus). Serien königlicher Bestätigungsprivilegien für das Erzbistum Hamburg-Bremen setzten unter Adaldag ein. Erstmals erhielt das Erzbistum Hamburg-Bremen in einem Privileg Papst Agapits II. (948) als Ergebnis der nordischen Mission nicht nur geistliche, sondern auch weltliche Rechte bestätigt. Bis in die Zeit Adaldags waren die Erzbischöfe von Hamburg-Bremen mangels einer hinreichenden Zahl eigener Suffragane auf die Hilfe anderer Bischöfe angewiesen, da bei der Weihe eines Erzbischofs mindestens drei Bischöfe anwesend sein mussten. Erstmals gelang es Adaldag, auf dem Ingelheimer Konzil von 948 mit drei eigenen Suffraganbischöfen zu erscheinen; und sein Nachfolger, Liawizo I., wurde von eigenen Suffraganen geweiht.

Adaldag

Adaldag musste mit dem Aufstand der Slawen 983 noch den Rückschlag seiner Konsolidierungspolitik erleben. Auch Hamburg wurde damals zerstört. Ein Problem blieb, wie die Zuständigkeit für die Slawenmission zwischen den Erzbistümern Hamburg-Bremen und Magdeburg abzugrenzen sei. Erst 989 wurde die Peene in Vorpommern als Grenzfluss genannt; das Gebiet nördlich dieser Demarkationslinie gehörte zur Kirchenprovinz Hamburg-Bremen.

Literatur NDB 1; SHBL 1; Lexikon des Mittelalters, Bd. 1, München/Zürich 1980; Günter Glaeske, Die Erzbischöfe von Hamburg-Bremen als Reichsfürsten (937-1258), Hildesheim 1962 (Quellen und Darstellungen zur Geschichte Niedersachsens 60), S. 5–25; Gerhard Theuerkauf, Urkundenfälschungen des Erzbistums Hamburg-Bremen vom 9. bis zum 12. Jahrhundert, in: Niedersächsisches Jahrbuch für Landesgeschichte 60 (1988), S. 71–140, hier S. 102 f., 119, 131 f. *Gerhard Theuerkauf*

Adam von Bremen, gest. 12.10. (zwischen 1081 und 1085); Geschichtsschreiber.

Adam von Bremen kam 1066 oder 1067 aus dem Bistum Bamberg nach Bremen und wurde dort 1069 Domscholaster. Nach dem Tode Erzbischof Adalberts von Hamburg-Bremen (1072) begann er die Arbeit an einer Geschichte der Erzbischöfe der Hamburger Kirche. Eine erste Fassung vollendete er 1075/76; bis 1080/81 überarbeitete er sie. Die »Gesta Hammaburgensis ecclesiae pontificum« sind in vier Bücher gegliedert. Das erste Buch erzählt die Geschichte von Ansgar bis Unni (bis 936); das zweite führt von Adaldag bis Bezelin (937–1043). Mit dem dritten Buch, das eine in sich geschlossene Biografie Adalberts (1043–72) bietet, endet die chronologisch geordnete Darstellung. Es folgt als viertes Buch unter dem Titel »Beschreibung der Inseln des Nordens« eine räumlich geordnete, geografisch-historische Beschreibung des vom Erzbistum Hamburg beanspruchten skandinavisch-baltischen Missionsraumes, beginnend mit Dänemark, endend an den fabelhaften Rändern des Ozeans. Liegt auch der Schwerpunkt der ersten drei Bücher auf dem Erzbistum Hamburg-Bremen, so finden sich doch auch Nachrichten, die unmittelbar Hamburg betreffen. So berichtet Adam von Bremen zum Beispiel, wie Erzbischof Unwan (1013–29) gemeinsam mit Herzog Bernhard II. von Sachsen (1011–59) die Burg Hamburg und den Dom wieder aufbaute und wie Erzbischof Bezelin/Alebrand (1035–43) den hölzernen Dom durch einen Bau aus Quadersteinen ersetzte; neben dem Dom, und zwar innerhalb der Burg, errichteten der Erzbischof und Herzog Bernhard II. je ein steinernes Haus, sodass der Dom von diesen zwei festungsartigen Bauten flankiert war – ein Hinweis auf das Gleichgewicht der politischen Kräfte, das zu dieser Zeit in Hamburg zwischen dem Erzbischof von Hamburg-Bremen und dem Herzog von Sachsen bestand. Eine abweichende, aber weder mit dem Wortlaut bei Adam von Bremen vereinbare noch durch zusätzliche archäologische Erkenntnisse gestützte Meinung sieht die Burganlagen Bezelins und Ordulfs in der »neuen Burg« (Alsterburg) in der Gegend des heutigen Rathausmarktes und in der »neuen Burg« in der Alsterschleife.

Werk Gesta Hammaburgensis ecclesiae pontificum (Geschichte der Erzbischöfe der Hamburger Kirche), lateinisch-deutsch hg. von Werner Trillmich, in: Werner Trillmich/Rudolf Buchner (Hg.), Quellen des 9. und 11. Jahrhunderts zur Geschichte der Hamburgischen Kirche und des Reiches, 7., um einen Nachtrag erweiterte Aufl. Darmstadt 2000 (Freiherr-vom-Stein-Gedächtnisausgabe, A 11), S. 135–503.

Literatur ADB 1; NDB 1; Wolfgang Stammler/Karl Langosch/Kurt Ruh (Hg.), Die deutsche Literatur des Mittelalters. Verfasserlexikon, 2., völlig neu bearb. Auflage, Bd. 1, Berlin/New York 1978, Sp. 50–54; Gerhard Theuerkauf, Hamburg und der Elbhandel im Mittelalter, in: Jürgen Ellermeyer/Rainer Postel (Hg.), Stadt und Hafen. Hamburger Beiträge zur Geschichte von Handel und Schiffahrt, Hamburg 1986 (Arbeitshefte zur Denkmalpflege in Hamburg 8 = Veröffentlichungen des Hamburger Arbeitskreises für Regionalgeschichte 2), S. 33–43, hier S. 41, Anm. 8; Ralf Busch, Die Kunst des Mittelalters in Hamburg, Bd. 1: Die Burgen, Hamburg 1999 (Veröffentlichungen des Helms-Museums, Hamburger Museum für Archäologie und die Geschichte Harburgs 85), S. 19 f., 23.

Gerhard Theuerkauf

Adler, Friedrich, geb. 29.4.1878 Laupheim/Württemberg, deportiert nach Auschwitz am 11.7.1942; isr.; Kunsthandwerker, Bildhauer, Professor an der Kunstgewerbeschule (Landeskunstschule) Hamburg.

Friedrich Adler besuchte zunächst die jüdische Volks-, dann die Lateinschule in Laupheim und studierte anschließend von 1894 bis 1898 an der Königlichen Kunstgewerbeschule in München, später bei Hermann Obrist und Wilhelm von Debschitz. An dessen Münchner Atelier war er ab 1903 als Leiter der Werkstatt für Stukkatur- und Architekturplastik tätig, bis 1907 der Ruf der Kunstgewerbeschule in Hamburg an ihn erging. Seine Lehrtätigkeit begann hier am 1. April 1907; 1927 wurde er zum Professor ernannt. Im NS-Staat endete sein Wirken an der Landeskunstschule abrupt mit der Entlassung und Zwangspensionierung am 21. April 1933. Dass Friedrich Adler seinen künstlerischen Gestaltungsprinzipien über eine lange Zeit treu blieb, machte ihn zu einer ausgeprägten Künstlerpersönlichkeit mit erheblicher Schulwirkung. Aus den drei Stilphasen des Jugendstils, des Neoklassizismus und des Art déco nahm er prägende Gestaltungsstrukturen auf. Bei der Werkbund-Ausstellung in Köln 1914 erfreute sich unter den temporären Architekturen der Synagogenraum nach dem Entwurf von Adler einer besonderen Aufmerksamkeit. In den folgenden Jahren nahm Friedrich Adler auch an den Werkbund-Ausstellungen in Kopenhagen (1918) und Stuttgart

Friedrich Adler

(Weißenhof-Siedlungsausstellung »Die neue Wohnung«, 1927) teil. Erst in den zwanziger Jahren fand er zu kühleren, rationaleren Formen. Eines der größten Ausstellungsprojekte, an dem er als Ausschussmitglied im Deutschen Werkbund, Ortsgruppe Hamburg, maßgeblich mitwirkte, war die Durchführung der Deutschen Kunstgewerblichen Export-Ausstellung 1922 im Rahmen der Hamburger Überseewoche. Er selbst stellte Möbel und das Interieur eines Herrenzimmers aus. Ab 1925 beschäftigte Adler sich intensiv mit der Neubelebung eines Batikdruckverfahrens und erwarb Patente für Hand- und Maschinendruck. Die Entwicklung des industriellen Einsatzes der Batiktechnik führte 1926 zur Gründung der Firma ATEHA (Adler Textildruckgesellschaft, Hamburg). Max Sauerlandt, zu der Zeit Direktor des Museums für Kunst und Gewerbe, schien durch das Adlersche Stoffdruckverfahren die Lösung des Problems »Handwerk als Modell für die Industrie« näher gerückt zu sein. Friedrich Adler stellte nicht nur für verschiedene Hamburger Kunden, sondern auch für Werkstätten in Heilbronn und Nürnberg zahlreiche Entwürfe her.

Adler gilt als erster namhafter deutscher Kunstgewerbler, der modernes jüdisches Kultgerät entwarf (ab 1912). Etwa 20 eindrucksvolle Grabsteine, über einen Zeitraum von 30 Jahren angefertigt, befinden sich noch auf jüdischen Friedhöfen. Die verwendeten Materialien waren reichhaltig: Adler schuf Arbeiten aus Stuck, farbigem Glas, Silber, Gold, Zinn, Holz, Keramik, Stein, Kunststoff und Textilien. Heute sind nur wenige Originale – zumeist in Museen – erhalten. Im April 1933, unmittelbar nach der nationalsozialistischen Machtübernahme, wurde Friedrich Adler aufgrund des so genannten »Gesetzes zur Wiederherstellung des Berufsbeamtentums« mit sofortiger Wirkung beurlaubt, im Oktober offiziell in den Ruhestand versetzt. Fortan konnte er nur mehr im Rahmen der Hamburger jüdischen Gemeinde und im Jüdischen Kulturbund Hamburg wirken. Unter großen, auch finanziellen Sorgen setzte er seine Arbeit mit unvermindertem Engagement für seine Schüler fort. Ein spät unternommener Auswanderungsversuch blieb erfolglos. Am 11. Juli 1942 wurde Friedrich Adler mit einem Sammeltransport von Hamburg nach Auschwitz gebracht. Das genaue Todesdatum ist nicht bekannt.

Bald nach 1945 erfolgte die Anbringung einer Gedenktafel für Prof. Friedrich Adler und Prof. Hugo Meier-Thur im Inneren der Hochschule für Bildende Künste. Seit 1989 erinnert zudem eine Gedenktafel an der Außenwand der Hochschule an Adler.

LITERATUR DBE 1; ThB 1; Vollmer 1; Jüdisches Lexikon. Ein enzyklopädisches Handbuch des jüdischen Wissens, 4 Bde., Frankfurt a. M. 1987 [Nachdruck der Ausgabe Berlin 1927], Bd. 1, S. 99; Salomon Wininger, Große jüdische National-Biographie. Mit mehr als 8000 Lebensbeschreibungen namhafter jüdischer Männer und Frauen aller Zeiten und Länder. Ein Nachschlagewerk für das jüdische Volk und dessen Freunde, 7 Bde., Nendeln 1979 [Nachdruck der Ausgabe Cernaufi 1925–36], Bd. 1, S. 66; Rüdiger Joppien/Almut Klingbeil, Friedrich Adler in Hamburg – die Jahre 1907–1933, in: Brigitte Leonhardt/Norbert Götz/Dieter Zühlsdorff (Hg.), Friedrich Adler zwischen Jugendstil und Art déco. Spurensuche [Ausstellung im Münchner Stadtmuseum vom 11. Februar bis 10. April 1994 und im Germanischen Nationalmuseum Nürnberg vom 21. April–5. Juni 1994], Stuttgart 1994, S. 42–69 [Bibliografie S. 428–435]; Maike Bruhns, Friedrich Adlers Leben nach 1933, in: Leonhardt/Götz/Zühlsdorff (siehe oben), S. 82–93. *Ina Lorenz*

ADOLF I., gest. 1130; Graf von Holstein und Stormarn.

Lothar von Supplinburg, Herzog von Sachsen, setzte Ende 1110 oder Anfang 1111 den von der mittleren Weser stammenden Grafen Adolf von Schauenburg (Schaumburg) als Grafen von Holstein und Stormarn ein. Dieser besetzte ein Grafenamt neu, das schon unter den billungischen Herzögen bestanden hatte und einen räumlichen Schwerpunkt in der Region um Hamburg hatte. Eine weiter reichende

Förderung dieser Grafschaft durch Lothar ist bei Lebzeiten Adolfs I. nicht zu beobachten. Erst in die Zeit seines Sohnes Adolf II. (1130-64) fällt die Anlage der Burg Segeberg, die Lothar, damals bereits Kaiser, 1134 veranlasste und die eine Expansion der Grafschaft in das slawische Wagrien begünstigen musste. Die Anfänge der schauenburgischen Grafschaft Holstein und Stormarn unter Adolf I. stellen sich also bescheiden dar, räumlich zentriert auf eine Burg bei Hamburg (die »neue Burg« in der Gegend des heutigen Rathausmarktes, wahrscheinlich 1060/1061 von Herzog Ordulf von Sachsen errichtet). Gleichwohl wurde unter Adolf I. der Grund für den Auf- und Ausbau der Landesherrschaft der Grafen von Holstein und Stormarn gelegt.

Literatur ADB 1; NDB 1; DBE 1; Ulrich Lange, Grundlagen der Landesherrschaft der Schauenburger in Holstein, Teil 1, in: ZSHG 99 (1974), S. 9–93; Gerhard Theuerkauf, Hamburg und der Elbhandel im Mittelalter, in: Jürgen Ellermeyer/Rainer Postel (Hg.), Stadt und Hafen. Hamburger Beiträge zur Geschichte von Handel und Schiffahrt, Hamburg 1986 (Arbeitshefte zur Denkmalpflege in Hamburg 8 = Veröffentlichungen des Hamburger Arbeitskreises für Regionalgeschichte 2), S. 33–43, hier S. 41; Ralf Busch, Die Kunst des Mittelalters in Hamburg: Die Burgen, Hamburg 1999 (Veröffentlichungen des Helms-Museums, Hamburger Museum für Archäologie und die Geschichte Harburgs 85), S. 23–26.

Gerhard Theuerkauf

Albert von Stade, gest. 5.2. (zwischen 1256 und 1261); Geschichtsschreiber.

Albert von Stade, seit 1232 Abt des Marienklosters in Stade, legte dieses Amt 1240 nieder und trat vom Benediktiner- zum Franziskanerorden über. Hinfort lebte er im Minoritenkonvent zu Stade. Er verfasste eine »Chronik« (auch als »Annalen« bezeichnet), die als Weltchronik angelegt ist und von ihm mindestens bis 1256 geführt wurde. Aus der Stader Sicht kommt mehrfach auch Hamburg in den Blick. Zum Beispiel erwähnt der Geschichtsschreiber im Zusammenhang mit kriegerischen Ereignissen Burgenbauten bei Hamburg: 1216 hätten König Waldemar II. von Dänemark und Graf Albrecht von Holstein je eine Burg an der Elbe unterhalb und oberhalb Hamburgs errichtet; daraufhin habe Hamburg sich ergeben. Für das Jahr 1231 berichtet Albert von Stade vom Bau einer Burg durch Graf Adolf IV. von Holstein an der Elbe bei Hamburg.

Werk Chronik (Cronica)/Annalen (Annales), hg. von Johann Martin Lappenberg, in: Monumenta Germaniae Historica: Scriptores, t. 16, Stuttgart 1859, S. 271–378.

Literatur ADB 1; NDB 1; DBE 1; Dieter Berg, Nördliches Sachsen und Missionsgebiete, in: Wilhelm Wattenbach/Franz-Josef Schmale, Deutschlands Geschichtsquellen im Mittelalter. Vom Tode Kaiser Heinrichs V. bis zum Ende des Interregnum, Bd. 1, Darmstadt 1976, S. 419–441, hier S. 423–426; Wolfgang Stammler/Karl Langosch/Kurt Ruh (Hg.), Die deutsche Literatur des Mittelalters. Verfasserlexikon, 2., völlig neu bearb. Aufl., Bd. 1, Berlin/New York 1978, Sp. 143–151.

Gerhard Theuerkauf

Albrecht von Orlamünde, gest. 1245 (vor dem 22.10.); Graf von Holstein.

Der Askanier Albrecht von Orlamünde, ein Neffe König Waldemars II. von Dänemark, wurde von diesem 1202 als Graf von Holstein, Stormarn, Ratzeburg und Wagrien eingesetzt. Waldemar führte damit die Expansionspolitik Dänemarks in den südlichen Ostseeraum weiter, die mit der Eroberung Rügens (1168) begonnen hatte und von König Knud IV. seit 1182 zielstrebig fortgesetzt worden war. König Friedrich II. erkannte 1214 die dänische Herrschaft nördlich der Elbe und der Elde, also in großen Teilen Mecklenburgs und in Holstein, an. Albrecht konnte in den gut zwei Jahrzehnten seiner Herrschaft die landesherrlichen Rechte intensivieren, indem er auf den Ansprüchen Heinrichs des Löwen, des einstigen Herzogs von Sachsen, und Adolfs III., des vertriebenen Grafen von Holstein, aufbaute: Auf beide nahm er in Urkunden Bezug; die Besiedlung Wagriens und der Elbmarschen setzte er fort. Teilweise allerdings waren die Kompetenzen Albrechts durch die direkte Herrschaftsausübung des dänischen Königs eingeschränkt. Der Neustadt Hamburg bestätigte Albrecht zwischen 1211 und 1214 zwei Jahrmärkte und das Lübecker Recht. Erstmals privilegierte er 1216 die Gesamtstadt Hamburg, setzte sich also über die Herrschaftsansprüche des Erzbischofs von Hamburg-Bremen auf die Altstadt Hamburg hinweg. Zwischen 1211/14 und 1216 bahnte sich die Vereinigung der erzbischöflichen Altstadt und der gräflichen Neustadt zur holsteinischen Gesamtstadt Hamburg an. Die Regierung Albrechts von Orlamünde in Nordelbien endete – nachdem 1223 König Waldemar durch den Grafen von Schwerin gefangen genommen worden war – noch vor der Entscheidungsschlacht bei Bornhöved (1227) 1225, als der Sohn des Schauenburgers Adolf III., Adolf IV., den Askanier schlug und gefangen nahm. Albrecht von Orlamünde wurde von Waldemar II. mit Gütern auf Alsen entschädigt. Die Grafschaft Holstein nahm 1225 Adolf IV. in Besitz.

LITERATUR ADB 1; Wilhelm Biereye, Die Urkunden des Grafen Albrecht von Orlamünde und Holstein, in: ZSHG 57 (1928), S. 1–152; Ulrich Lange, Grundlagen der Landesherrschaft der Schauenburger in Holstein, Teil 1–2, in: ZSHG 99 (1974), S. 9–93 und 100 (1975), S. 83–160; Gerhard Theuerkauf, Urkundenfälschungen der Stadt und des Domkapitels Hamburg in der Stauferzeit, in: Fälschungen im Mittelalter. Internationaler Kongreß der Monumenta Germaniae Historica, München, 16.–19. September 1986, Bd. 3: Diplomatische Fälschungen 1, Hannover 1988 (Monumenta Germaniae Historica. Schriften 33/3), S. 397–431.

Gerhard Theuerkauf

ALBRECHT, Johann Friedrich Ernst, geb. 11. 5. 1752 Stade, gest. 11. 3. 1814 Altona; luth.; Arzt, Theater- und Romanschriftsteller, Theaterdirektor.

Nach seiner wegen hoher Verschuldung angetretenen Flucht aus Sachsen nach Altona 1796 gründete der Erfolgsautor Johann Friedrich Ernst Albrecht das Altonaer Nationaltheater, welches sich vorübergehend bis 1800 zu einer der bedeutendsten Bühnen Deutschlands entwickelte.

Als Sohn eines Hofarztes hatte Albrecht die Klosterschule zu Ilfeld besucht und ab 1768 in Erfurt Medizin studiert. Seit 1772 mit Sophie Baumer, der Tochter seines akademischen Lehrers, verheiratet, begab er sich 1776 als Leibarzt des Grafen Manteuffel mit seiner Frau nach Russland. Nach seiner Rückkehr 1780 weilte Albrecht zunächst als freier Schriftsteller in Erfurt. Bedingt durch den Schauspielerberuf seiner Gattin lebte er seit 1782 im Süden Deutschlands und dann abwechselnd in Dresden, Leipzig und Prag. Für das kurfürstlich-sächsische Hoftheater schrieb er zahlreiche Theaterstücke, die später auch in Altona aufgeführt wurden. In Leipzig lernte das Ehepaar Friedrich Schiller näher kennen. Die Prosafassung des »Don Carlos«, die damals in Albrechts Besitz geriet, gab dieser 1808 in Altona heraus. Selten als Arzt tätig, verfasste er Unterhaltungsromane und übersetzte die philosophischen Werke Jean-Jacques Rousseaus. Erfolgreich war seine erotische Belletristik, etwa der Roman »Lauretta Pisana oder Leben einer italienischen Buhlerin« (2 Teile, 1789). Seit dem Beginn der Französischen Revolution produzierte Albrecht in rascher Folge zahlreiche politische Romane und gründete kurzlebige politische Zeitschriften. In Prag besaß er von 1792 bis 1795 eine Buchhandlung. Nach seiner Übersiedlung nach Altona begann eine Phase, in der sich seine politischen Ansichten radikalisierten. Seine Zeitschrift »Der Todtenrichter« (1796) geißelte die Hamburger Handelspolitik, die durch den Export von Getreideprodukten zur Verteuerung von Brot führte. Während er in »Saul der Zweyte genannt der Dicke von Kanonenland« (1798) den preußischen König Friedrich Wilhelm II. verhöhnte, kritisierte er in mehreren anderen Romanen die Zarin Katharina II. und den Zaren Paul I. Der Pazifist ächtete die Koalitionskriege und wandte sich entschieden gegen die Außenpolitik des englischen Politikers William Pitt. Gemeinsam mit Karl Gottlob Cramer, Karl Grosse, Christian Heinrich Spieß und Jean Paul zählte er zu den fünf beliebtesten Schriftstellern seiner Zeit. Als Theaterdirektor in Altona legte Albrecht Wert auf die Verherrlichung des dänischen Königshauses. Mit dem Theaterstück »Die Befreyung« (1798) pries er die Sklavenbefreiung und lobte die dänische Neutralitätspolitik. Als glänzender Organisator verstand er es, mithilfe des Musikdirektors Friedrich Adam Hiller und des agilen Heinrich Gottlieb Schmieder dem Altonaer Theater mit einer stehenden Bühne zu einer bis dahin nicht erreichten Blüte zu verhelfen. Das Schauspielhaus entwickelte sich durch die Mitwirkung eines guten Orchesters auch zu einer beachtenswerten Opernbühne.

Albrechts zweite kurze Direktion, die er 1802 antrat, war – bedingt durch die allgemeine wirtschaftliche Lage – weniger erfolgreich. 1804 legte er die Leitung nieder, blieb aber der Bühne bis zu seinem Tod verbunden und spielte mit seiner Truppe in Tönning und Flensburg. Seit 1805 war Albrecht wieder als Arzt tätig und schrieb schließlich mehr als 40 volksaufklärerische medizinische Ratgeber. Das Aufklärungsbüchlein »Der Mensch und sein Geschlecht«, unter anderem Titel erstmals 1810 erschienen, wurde als eine der erfolgreichsten Veröffentlichungen dieser Gattung immer wieder aufgelegt (26. Aufl. 1997). Als 1814 der französische Generalgouverneur des hanseatischen Departements, Louis-Nicolas Davout, kranke und mittellose Einwohner aus Hamburg auswies, war Albrecht einer jener Ärzte, die sich bei der Betreuung der Typhuskranken ansteckten und als Opfer ihres Berufes starben.

WERKE Schriftenverzeichnis in: Lübker/Schröder 1; Die Engländer in Amerika. Ein Schauspiel in vier Aufzügen. Mit einem Nachwort hg. von Michael Rüppel, Hannover 1998.

LITERATUR ADB 1; NDB 1; LhS 1; Michael Thiel, Johann Friedrich Ernst Albrecht (1752–1814). Arzt, medizinischer Volksschriftsteller, politischer Belletrist. Ein Beitrag zur Trivialliteraturforschung, Med. Diss. Berlin 1970; Hans-Werner Engels, Zu Leben und Werk von Johann Friedrich Ernst Albrecht (1752–1814), in: Erich Donnert (Hg.), Europa in der Frühen Neuzeit. Festschrift für Günter Mühlpfordt, Bd. 5: Aufklärung in Europa, Köln/Weimar/Berlin 1999, S. 645–679; ders., Johann Friedrich Ernst Albrecht (1752–1814) und das »National-Theater« in Altona, in: ZHG 86 (2000), S. 1–42. *Hans-Werner Engels*

Sophie Albrecht

ALBRECHT, Johanna *Sophie* Dorothea, geb. Baumer, geb. 1757 Erfurt, gest. 16. 11. 1840 Hamburg; luth., später kath.; Schauspielerin, Schriftstellerin.

Die Tochter des Doktors und Professors der Medizin Paul Baumer lernte im Hause ihres Vaters den Studenten Johann Friedrich Ernst Albrecht kennen und vermählte sich 1772 mit ihm. Schon als junge Frau begann sie zu dichten und veröffentlichte ihre Lyrik später in drei Anthologien (1781, 1785, 1795). Seit 1783 als Schauspielerin tätig, wurde Sophie Albrecht mit Friedrich Schiller bekannt, der sie schätzte. Sie spielte von 1785 bis 1795 mit Unterbrechungen bei der Bondinischen Gesellschaft in Leipzig, Dresden und Prag und galt als eine der besten Schauspielerinnen Deutschlands. 1795 ging sie nach Hamburg. Als das Altonaer Nationaltheater am 1. September 1796 eröffnet wurde, prägte Sophie Albrecht das hohe Niveau dieser Bühne nicht nur durch ihr schauspielerisches Können. Sie förderte zudem Elise Bürger, die hier ihre Laufbahn als Schauspielerin begann, und hatte Einfluss auf den Spielplan. In Altona war Sophie Albrecht auch weiterhin schriftstellerisch tätig und schrieb unter anderem die romantische Dichtung »Graumännchen oder die Burg Rabenbühl« (1799). Nach dem Tod ihres Mannes (1814) verarmte sie, sodass Freunde, vor allem der Schriftsteller Friedrich Clemens Gerke und Henriette von Montenglaut, durch Geldsammlungen ihre drückenden Lebensverhältnisse zu lindern suchten. Die Lebensleistung der Schauspielerin und Schriftstellerin wurde erst mit dem Beginn feministischer Studien seit 1970 wieder entdeckt.

WERKE Schriftenverzeichnis in: LhS 1.

LITERATUR LhS 1; Ruth Dawson, Reconstructing women's literary relationships: Sophie Albrecht and female friendship, in: Katherine R. Goodman/Edith Waldstein (Hg.), In the Shadow of Olympus. German Women Writers around 1800, State University of New York 1992, S. 173–189; Berit C. R. Royer, Sophie Albrecht (1757–1840) im Kreis der Schriftstellerinnen um 1800. Eine literatur- und kulturwissenschaftliche Werk-Monographie, Phil. Diss. University of California at Davis 2000. *Hans-Werner Engels*

AMSINCK, Arnold, geb. 1579 Hamburg, gest. 31. 1. 1656 Nordstrand; luth.; Kaufmann.

Zusammen mit seinem älteren Bruder Rudolf setzte Arnold Amsinck das von seinem Vater Wilhelm Amsinck (1542–1618) gegründete Unternehmen fort. Zum Handel mit Tuchen traten (See-)Assekuranzgeschäfte. Von 1625 bis 1628 war Arnold Amsinck Vorsteher des Waisenhauses. 1625, nach dem Tod seiner Mutter, übernahm er den väterlichen Landsitz in Billwerder. Seine Frau Francina, geborene Berenberg, starb bereits 1628; von seinen zwölf Kindern überlebten ihn nur eine Tochter und drei Söhne.

1624 kauften Arnold und Rudolf Amsinck umfangreiche Ländereien an der Nordostküste der Insel Nordstrand und begannen mit der Eindeichung. Nordstrand umfasste damals nicht nur die heutige Insel dieses Namens, sondern auch Pellworm, Nordstrandischmoor, die Hamburger Hallig und das dazwischen liegende, fast noch dreimal so große Gebiet. Zunächst ließ sich alles recht gut an. Doch dann kam die große Sturmflut von 1634, die das alte Nordstrand gänzlich zerstörte und auch dem Werk der beiden Brüder Amsinck einen Schlag versetzte, von dem es sich nicht wieder erholte. Zwar begannen sie noch einmal mit der Eindeichung und kauften sogar Land hinzu, aber die Qualität des Bodens hatte sich durch die Sturmflut verschlechtert, und in dem verwüsteten Land fehlte es an Arbeitskräften. Trotzdem hielt Arnold Amsinck – sein Bruder Rudolf starb 1636 – an dem ursprünglichen Plan fest. 1646 verkaufte er seinen Landsitz in Billwerder; er verlor fast sein ganzes Vermögen – ohne dass er dadurch das Nordstrander Projekt retten konnte. Um 1650 mussten die Eindeichungsarbeiten aufgegeben werden. Doch Arnold Amsinck blieb auf Nordstrand; er starb dort einsam am 31. Januar 1656, 77 Jahre alt. Da seine Söhne ihn auf Nordstrand nicht bestatten wollten, kauften sie ein Grab in der Kirche von Husum; als diese 1807 abgebrochen wurde, wurde auch das Grab von Arnold Amsinck zerstört.

Die kleine Hamburger Hallig erinnert heute an das einstmals große Unternehmen der Amsincks.

LITERATUR SHBL 2; DG 127; Cesar Amsinck, Die niederländische und hamburgische Familie Amsinck. Ein Versuch einer Familiengeschichte, Bd. 1, Hamburg 1886; Albert Petersen, Arnold Amsinck, Hamburg 1921.

Renate Hauschild-Thiessen

AMSINCK, Paul, geb. 25.9.1758 Hamburg, gest. 7.3.1808 ebd.; luth.; Kaufmann.

Paul Amsinck, ein Bruder von Bürgermeister Wilhelm Amsinck, hatte verschiedene Ehrenämter inne; 1805/06 war er Präses der Deputation zum Abbruch des Domes. Der Dom, eine mittelalterliche Emporenbasilika aus Backstein mit zahlreichen Kapellenanbauten, gehörte auch nach der Reformation weiterhin zum Erzbistum Bremen bzw. zu dessen Nachfolgern Schweden (seit 1648) und Hannover (seit 1719). Erst nach dem Reichsdeputationshauptschluss von 1803 kam er an Hamburg. Der Dom war immer, zum Ärger der hamburgischen Obrigkeit, ein Staat im Staate gewesen; für Gottesdienste brauchte man ihn nicht mehr, und sein Unterhalt kostete Geld. Also tat man das, was auch andernorts in ähnlichen Fällen getan wurde: Man brach den Dom kurzerhand ab – zum Bedauern späterer Generationen. Nach dem Präses der Abbruch-Deputation Paul Amsinck erhielt die Paulstraße 1808 ihren Namen. Sie war die erste Straße in Hamburg, mit deren Benennung ein Bürger für seine Verdienste um die Vaterstadt geehrt werden sollte.

LITERATUR DG 127; Otto Hintze, Die niederländische und hamburgische Familie Amsinck. Ein Versuch einer Familiengeschichte, Bd. 3, Hamburg 1932, S. 50.

Renate Hauschild-Thiessen

AMSINCK, Rudolf, geb. 9.11.1577 Hamburg, gest. 1.12.1636 ebd.; luth.; Kaufmann.

Nach dem Tod seines Vaters Wilhelm Amsinck (1618) setzte Rudolf Amsinck zusammen mit seinem jüngeren Bruder Arnold das väterliche Unternehmen fort. Zum Handel mit Tuchen kamen seit 1618 (See-) Assekuranzgeschäfte. Etwa zur selben Zeit legte Rudolf Amsinck in Grönwohld bei Trittau eine Drahtmühle an, in der Kupfer-, Messing- und vermutlich auch Stahldraht fabriziert wurde, woraus sich ein beträchtliches Exportgeschäft entwickelte. Die Drahtmühle blieb rund 200 Jahre im Besitz von Rudolfs Nachkommen, die den Betrieb noch erheblich vergrößerten.

Seinen ersten Wohnsitz hatte Rudolf Amsinck wie sein Vater im Kirchspiel St. Petri. Dann zog er um nach St. Jacobi. 1628 erwarb er ein Haus am Rödingsmarkt. In Curslack gehörte ihm seit 1625 ein Hof; in Billwerder besaß er zwei Höfe (seit 1626 bzw. 1631). Zusammen mit seinem Bruder Arnold erwarb er 1624 umfangreiche Ländereien auf Nordstrand.

Als Nachfolger seines Vaters wurde Rudolf Amsinck Jurat an St. Petri. Als 1619 die Hamburger Bank gegründet wurde, die erste Girobank in Deutschland, war er einer der beiden Bankbürger. Bereits zum Jahresende unterhielten 539 Firmen mit einem Jahresumsatz von gut 16,3 Millionen Mark Banco dort ein Konto; davon entfielen 641 846 Mark Banco auf die beiden Brüder Amsinck – ein deutliches Zeichen ihres Wohlstandes.

1619 wählte man Rudolf Amsinck in den Rat (Senat). Seine erste Funktion war die eines Artillerieherrn, das heißt, er war Chef der Festungsartillerie. 1616 hatte Hamburg mit dem Bau seiner neuen Befestigungsanlagen begonnen, die in den folgenden Wirren des Dreißigjährigen Krieges nicht nur Schutz gewährten, sondern durch Einbeziehung der noch dünn besiedelten Neustadt auch die Möglich-

Rudolf Amsinck

keit zu weiterem Wachstum boten. Eine der Bastionen wurde zu Ehren von Rudolf Amsinck »Rudolfus« genannt; sie lag am heutigen Botanischen Garten gegenüber dem später erbauten Postamt. Die Bürgerwehr, nach den vier Kirchspielen in vier Regimenter eingeteilt, wurde während des Krieges ausgebaut; je ein Ratsherr stand den Regimentern als Colonellherr vor. Rudolf Amsinck war zunächst Colonellherr in St. Jacobi, dann (seit 1626) in St. Katharinen. 1622 wurde er zweiter, 1623 erster Gerichtsherr (Prätor). 1625 gehörte er als Deputierter des Rats zum Vorstand des Werk- und Zuchthauses. 1625/26 war er Bauhofsherr, 1628 Deputierter zum Kriegsrat und 1633 Bancoherr, das heißt Vorsitzender der Bank-Deputation. In den Jahren von 1625 bis 1635 fungierte er als Hamburgs Gesandter bei fremden Mächten: 1625, 1632 und 1633 bei den Generalstaaten der Niederlande, 1627 beim Hanse-Konvent in Lübeck und 1634 beim König von Dänemark – Missionen, die für die Stadt und ihre Neutralität während des Dreißigjährigen Krieges von besonderer Wichtigkeit waren.

Seit dem 22. November 1601 war Rudolf Amsinck mit Isabeau (Isabella) de Hertoghe verheiratet. Der Vater, Sieur Cornelis de Hertoghe – er starb am 7. Januar 1612 in Hamburg –, gehörte wie Wilhelm Amsinck zu den niederländischen Flüchtlingen; er war einer der Reichsten unter den Reichen, und entsprechend aufwändig wurde die Hochzeit gefeiert. 14 Kinder wurden dem Paar geboren. Zwei Töchter starben jung, sechs heirateten angesehene Kaufleute, die siebte wurde die Frau eines Pastors an St. Jacobi. Von den Söhnen wanderte Cornelius, der älteste, nach Indien aus – warum, wissen wir nicht. Wilhelm und Rudolf wurden Kaufleute in Hamburg; Hinrich ging 1640 nach Rouen und etablierte sich dort als Kaufmann und Zuckerraffinadeur; David studierte Jura und wurde Bürgermeister von Hannover. Isabeau, die Ehefrau von Rudolf, überlebte ihren Mann um 25 Jahre; sie war noch in Antwerpen geboren worden (am 4. Februar 1583) und starb in Hamburg am 17. Februar 1662. Porträts der Eheleute, von David Kindt 1604 gemalt, hängen im Museum für Hamburgische Geschichte.

LITERATUR DG 127; Cesar Amsinck, Die niederländische und hamburgische Familie Amsinck. Ein Versuch einer Familiengeschichte, Bd. 1, Hamburg 1886.

Renate Hauschild-Thiessen

AMSINCK, Wilhelm (Willem), geb. um 1542 Deventer, gest. 19.12.1618 Hamburg; luth.; Kaufmann.

Wilhelm Amsinck kam um 1576 nach Hamburg. Er war Lutheraner und gehörte zu den niederländischen Emigranten, die um ihres Glaubens willen ihre unter spanischer Herrschaft stehende Heimat verlassen mussten. Vermutlich war sein letzter Wohnort Antwerpen gewesen.

In Hamburg widmete sich Amsinck dem Tuchhandel, so wie er es wohl auch in seiner alten Heimat getan hatte. Die Tuche kamen aus England und wurden über die englischen Merchant Adventurers bezogen, deren Hauptsitz auf dem Kontinent zunächst Antwerpen gewesen war. 1567 ließen sie sich in Hamburg nieder, und ihre Anwesenheit übte begreiflicherweise eine starke Anziehungskraft auf niederländische Emigranten aus. Ende 1576 erwarb Wilhelm Amsinck ein Erbbegräbnis in der Petrikirche – ein Zeichen dafür, dass er in Hamburg Fuß gefasst hatte und bleiben wollte. Zwischen 1591 und 1596 wurde er Hamburger Bürger. Wilhelm Amsinck gehörte nicht zu den ganz Reichen, aber doch zu den Wohlhabenden. Er erwarb einen Landsitz am Elbdeich in Billwerder und einen »Hof« vor der Stadt zwischen Damm- und Millerntor, etwa in der Gegend der jetzigen Großen Bleichen oder Fuhlentwiete.

Dass Wohlstand verpflichtet, war ihm selbstverständlich. 1585 (oder vielleicht auch schon etwas früher) gehörte er zu den Gründern der Niederländischen Armen-Casse, dreimal übernahm er die Jahresverwaltung. Die Kasse unterstützte Landsleute, die in dürftigen Verhältnissen lebten. Sie besteht – inzwischen als Hilfseinrichtung für verarmte Hamburger – noch heute, nach wie vor getragen von Kaufleuten. Der Name Amsinck ist auch im 20. Jahrhundert noch unter den Jahresverwaltern zu finden. Als Jurat an St. Petri (seit 1601) beteiligte sich Wilhelm Amsinck an der Neuorganisation des Armenwesens in diesem Kirchspiel. 1604 gehörte er der Kommission zur Gründung eines Werk- und Zuchthauses an; von April 1616 bis April 1617 war er einer der ersten verwaltenden Provisoren dieses Instituts. In den Jahren 1608 bis 1613 wirkte er als Vorsteher des Waisenhauses.

Aus seiner Ehe mit Henrica van de Rouse hatte Wilhelm Amsinck neun Kinder, von denen sechs jung gestorben sind. Seine Söhne Rudolf (1577–1636) und Arnold (1579–1656) hatte er 1602 bzw. 1609 zu Teilhabern seines Geschäfts gemacht.

LITERATUR DG 127; Cesar Amsinck, Die niederländische und hamburgische Familie Amsinck. Ein Versuch einer Familiengeschichte, Bd. 1, Hamburg 1886, Bd. 2, Hamburg 1891.

Renate Hauschild-Thiessen

AMSINCK, Wilhelm, geb. 19.7.1793 Hamburg, gest. 4.1.1874 ebd.; luth.; Senatssyndicus.

Wilhelm Amsinck

Wilhelm Amsinck, ein Sohn des gleichnamigen Bürgermeisters, studierte nach dem Besuch des Johanneums und des Akademischen Gymnasiums Jura in Göttingen. Nach seiner Promotion 1817 unternahm er eine zweijährige Reise durch Europa, dann ließ er sich in seiner Vaterstadt als Advokat nieder. 1824 wurde er Richter am Niedergericht, 1827 erfolgte seine Wahl zum Senatssyndicus.

Besondere Verdienste erwarb sich Wilhelm Amsinck nach dem Großen Brand von 1842 als Präses der Rat- und Bürgerdeputation für den Wiederaufbau der Stadt. Sie hat fast 200 Sitzungen abgehalten, und als sie nach viereinhalb Jahren ihre Arbeit beendete, zollte man Amsinck allseits Dank für seine unparteiische, zukunftweisende Arbeit. Speziell für seine Verdienste um die Entwässerung des Hammerbrooks – die Voraussetzung für dessen spätere Bebauung – wurde 1842 die Amsinckstraße nach ihm benannt. Im Revolutionsjahr 1848 betraute man Amsinck erneut mit der Leitung einer Rat- und Bürgerdeputation, jetzt zu Beratungen über Verfassungs- und Verwaltungsfragen. Als der Verfassungsentwurf der Konstituante am Einspruch des Rates gescheitert war, sollte die so genannte Neunerkommission, wiederum unter der Leitung Amsincks, das Verfassungswerk zu Ende führen, was nach großen Schwierigkeiten schließlich im Jahre 1860 gelang. Für Amsinck bedeutete die permanente Anstrengung dieser Jahre eine schwere Beeinträchtigung seiner Gesundheit. Er schied deswegen Ende 1860 aus seinem Amt aus, nicht ohne Bedauern, weil jetzt endlich die Weichen gestellt waren für eine gedeihliche Weiterarbeit, um die er sich so lange bemüht hatte.

Den größten Teil des Jahres verbrachte Amsinck fortan in Stellingen, wo er bereits 1832 einen Bauernhof erworben hatte. Er widmete sich der Landwirtschaft und seiner Familie – aus seiner Ehe mit Maria (Mary) von Schwartz waren 13 Kinder hervorgegangen. Und er verwaltete die Johann Peter Averhoff Familien-Stiftung wie vor ihm schon sein Vater.

LITERATUR DG 127; Otto Hintze, Die niederländische und hamburgische Familie Amsinck. Ein Versuch einer Familiengeschichte, Bd. 3, Hamburg 1932, S. 73–82; H. Friedrich Beneke, Syndicus Wilhelm Amsinck, in: Altonaische Zeitschrift 7 (1938), S. 93–126.

Renate Hauschild-Thiessen

ANDRÉ, Etkar

ANDRÉ, *Etkar* Joseph, geb. 17.1.1894 Aachen, gest. 4.11.1936 Hamburg (hingerichtet); Hafenarbeiter, KPD-Politiker, Bürgerschaftsabgeordneter.

Etkar André

Vor den Richtern des Hanseatischen Oberlandesgerichts verteidigte sich Etkar André am 1. Juli 1936 mit einem Goethe-Zitat: »Wer Recht hat und Geduld, dem bleibt der Sieg nicht aus. Geduld habe ich gehabt, das beweisen die 40 Monate Haft, schwere Einzelhaft unter den schwersten Misshandlungen. Recht habe ich auch. Das ist nicht nur meine Meinung [...]« Der KPD-Politiker wurde wegen Hochverrats angeklagt. Außerdem sollte er an Mordaktionen gegen SA-Angehörige beteiligt gewesen sein, die jedoch nie bewiesen werden konnten. Am 10. Juli verkündeten die Richter das Urteil. Obwohl die Mehrzahl der Ankläger für eine Gefängnisstrafe plädierte, stand das politisch motivierte Verdikt bereits vor der Verhandlung fest: Todesstrafe. Auf persönlichen Wunsch Hitlers sollte der politische Feind eliminiert werden. Trotz internationaler Proteste starb der über die Grenzen Hamburgs hinaus bekannte Arbeiterführer unter dem Handbeil des Scharfrichters im Untersuchungsgefängnis Holstenglacis.

Etkar André wurde als drittes Kind einer in Aachen lebenden jüdischen Handwerkerfamilie geboren. Er wuchs in ärmlichen Verhältnissen bei Verwandten in Lüttich (Belgien) auf. Sein Vater starb, als er fünf Jahre alt war. Nach der Schule wollte er Buchhändler werden, brach die Lehre jedoch ab, um später eine Ausbildung als Schlosser zu absolvieren. Seine politische Laufbahn begann André noch in Belgien im Alter von 17 Jahren, als er der Sozialistischen Partei beitrat. Zwei Jahre später avancierte er zum Sekretär der Sozialistischen Arbeiterjugend in Brüssel. Zu Beginn des Ersten Weltkriegs meldete sich der Deutsch-Belgier freiwillig für den Dienst in der deutschen Armee. Kurz vor Kriegsende geriet er in französische Gefangenschaft. Nach seiner Entlassung siedelte er nach Koblenz über und fand dort Arbeit im Hafen. 1920 trat er der SPD bei.

1922 wurde Etkar André arbeitslos und ging nach Hamburg. Auch dort war ihm zunächst keine feste Arbeitsstelle vergönnt, und er musste sich seinen Lebensunterhalt mit Gelegenheitsarbeiten als Schauermann verdienen. Mit dem Wissen um die Sorgen und Ängste der Arbeiterschaft setzte sich André als Vorsitzender des Erwerbslosenrats für die Interessen der arbeitslosen Hafenarbeiter ein. Er war ein leidenschaftlicher und begabter Redner, dem die Arbeiter ihre Anerkennung zollten. Ende 1922 sagte sich der spätere Weggefährte Ernst Thälmanns von der Sozialdemokratie los und wurde am 1. Januar 1923 Mitglied der KPD. Noch im gleichen Jahr wurde er wegen seiner Beteiligung am »Hamburger Aufstand« (23.–25. Oktober), mit dem die KPD und ihre Gefolgsleute gewaltsam die politische Macht zu übernehmen versuchten, vorübergehend in Schutzhaft genommen. Bis 1926 gelang Etkar André, der maßgeblich am Aufbau des Roten Frontkämpferbundes (RFB) beteiligt war, der Aufstieg in die Führungsspitze der Hamburger KPD (»Bezirk Wasserkante«); im Jahr darauf zog er als kommunistischer Abgeordneter in die Hamburger Bürgerschaft ein. Bis zu seiner Festnahme am 5. März 1933 genoss er häufig das Privileg der parlamentarischen Immunität, wenn es um juristische Auseinandersetzungen im Zusammenhang mit Widerstandsaktionen gegen die Nationalsozialisten ging.

In den Jahren 1930/31 hielt sich André vornehmlich in Paris und in der Sowjetunion auf, wo er Kontakte zu den nationalen KP-Funktionären pflegte. Anfang der dreißiger Jahre radikalisierte sich das politische Klima in Deutschland; KPD und NSDAP fochten ihre Meinungsverschiedenheiten nicht selten auf der Straße aus. Dass die Nationalsozialisten auch vor politischem Mord nicht zurückschreckten, zeigte sich am 14. März 1931, als Etkar André nur durch Zufall einem Attentat entging. In dem Glauben, André vor sich zu haben, ermordeten SA-Mitglieder den kommunistischen Bürgerschaftsabgeordneten Ernst Henning.

Etkar André fand nicht nur in der Arbeiterschaft Zuspruch, er setzte sich auch für die Belange von Kaufleuten und Bauern ein. Seine Popularität verdankte er seiner Volksnähe und seinem unermüdlichen Einsatz gegen den Faschismus. Selbst nach seinem Tod fürchtete sich die Hamburger Gestapoführung vor der Bekanntheit ihres Delinquenten. In größter Eile wurde die Leiche Andrés verbrannt; die sterblichen Überreste wurden »unter strengster Verschwiegenheit« beigesetzt. Heinrich Mann schrieb nach Andrés Tod: »Es ist eine Ehre für Deutschland, Edgar André besessen zu haben und seinesgleichen zu besitzen.«

LITERATUR Müller; Institut für Marxismus-Leninismus beim ZK der SED (Hg.), Deutsche Widerstandskämpfer 1933–1945. Biographien und Briefe, Bd. 1, Berlin 1970, S. 51–54; DKP-Kreis Hamburg Nord und Kuratorium »Gedenkstätte Ernst Thälmann« e.V. (Hg.), Etkar André 1894–1936. Biographische Skizze, Dokumente und Fotos, Hamburg 1984; Joachim Priewe, Begegnung mit Etkar André. Ein Lebensbild, Berlin (Ost) 1986. *Andreas Seeger*

ANSGAR, geb. um 801, gest. 3.2.865 Bremen; Erzbischof von Hamburg-Bremen.

Ansgar

Die wichtigste Quelle über Ansgar ist dessen Lebensbeschreibung (»Vita Anskarii«), die hauptsächlich Rimbert zwischen 865 und 876 verfasst hat. Rimbert war ein enger Gefährte Ansgars, wie dieser Corveyer Mönch, und wurde als Erzbischof von Hamburg-Bremen Ansgars Nachfolger. In dieser Vita durchdringen sich Ansgars Leben und die Gestaltung durch Rimbert großenteils ununterscheidbar.

Als Ansgar etwa fünf Jahre alt war, starb seine Mutter. Sein Vater gab ihn zur Erziehung und Ausbildung in das Kloster Corbie, das zur Diözese Amiens und zur Erzdiözese Reims gehörte. Dort wurde er Mönch und tat sich durch seine Arbeit in der Klosterschule hervor. Als 815/22 mit der geistlichen Unterstützung des Klosters Corbie an der mittleren Weser, mitten in Sachsen, das Kloster Corvey (Neu-Corbie) begründet wurde, sandte Corbie gemeinsam mit anderen Mönchen auch Ansgar dorthin. Er wurde Leiter der Klosterschule, gerühmt auch wegen seiner Fähigkeit, in Predigten das Volk anzusprechen. Zwischen 810 und 822 hatte das fränkische Reich die Region unmittelbar nördlich der Niederelbe durch mehrere Burgen, unter anderem Hamburg, politisch-militärisch gesichert. Für Nordelbien (einschließlich Skandinaviens) war 822/23 Erzbischof Ebo von Reims zum Missionslegaten bestellt worden. Aus der Sicht des fränkischen Reiches schien es sinnvoll, für die nordelbische Mission eine zusätzliche Basis an der Niederelbe zu schaffen. In Hamburg richtete Kaiser Ludwig I. 831 wahrscheinlich ein Bistum ein und besetzte es mit Ansgar. Papst Gregor IV. bestätigte 831/32 diese Verfügungen und erteilte Ansgar die Missionsbefugnis für Nordelbien. Dass Ludwig I. erst mit zwei- bis dreijähriger Verzögerung, nämlich 834, die kirchliche Neuordnung durch Gregor IV. bestätigte, erklärt sich aus dem Erbfolgestreit mit seinen Söhnen, in den der Kaiser um 832/33 verwickelt war. – Die Frage, ob 831/32 ein Bistum oder ein Erzbistum Hamburg eingerichtet oder ob das Erzbistum erst 864 durch Papst Nikolaus I. begründet wurde, als Erzbistum Hamburg oder – weniger wahrscheinlich – als Erzbistum Bremen, ist strittig. Zu bedenken ist: Ansgar musste in den Anfängen seiner nordelbischen Missionstätigkeit auf die schon vorhandene Missionslegation Erzbischof Ebos von Reims Rücksicht nehmen. Dieser war der geistliche Obere des Heimatklosters Ansgars. In seinem Rundschreiben von 864 oder 865, das gleichsam sein Vermächtnis darstellt, spricht Ansgar mit hoher Ehrfurcht von der Missionslegation Ebos. Dass es wenig sinnvoll gewesen wäre, wenn Rimbert die Lebensbeschreibung Ansgars, die sich in erster Linie an die Mönche des Klosters Corbie wandte, hinsichtlich der Frage des Bistums oder Erzbistums verfälscht hätte, überzeugt nicht, weil zwischen dem Kloster Corbie und Rimbert, dem Corveyer Mönch und Hamburg-Bremer Erzbischof, eine Interessengemeinschaft für die Verteidigung der Rechtspositionen des Erzbistums Hamburg-Bremen bestand. Tatsächlich war der Unterschied zwischen einem Bistum, das in absehbarer Zeit durch missionarische Expansion zu einem Erzbistum werden würde, und einem Erzbistum, dem es zunächst noch an Suffraganbischöfen mangelte, nicht groß. Wichtig aber war der Unterschied, ob 831/32 ein Bistum oder ein Erzbistum Hamburg begründet worden war, für die kirchenrechtliche Auseinandersetzung mit der Erzdiözese Köln, von der die Diözese Bremen beansprucht wurde, die seit 848/64 mit der Diözese Hamburg verbunden war. War Hamburg schon 831/32 Sitz einer Erzdiözese, so ließ es sich überzeugender vertreten, dass die Diözese Bremen 848/64 aus der Kirchenprovinz Köln ausgegliedert und an die Kirchenprovinz Hamburg übertragen worden sei.

Die ersten Missionsreisen nach Skandinavien hatte Ansgar bereits unternommen, bevor er Bischof wurde. Sie hatten ihn 826 nach Dänemark und 830/31 nach Schweden (Birka) geführt; die Anlässe waren jeweils Bitten von skandinavischer und Aufträge von kaiserlicher Seite. Solange Ebo, Erzbischof von Reims (bis 841) und dann bis zu seinem Tode (851) Bischof von Hildesheim, die Missionslegation für Nordelbien innehatte und sie in Schweden durch einen Vertreter wahrnehmen ließ, hat Ansgar sich auf Dänemark und die Elbslawen konzentriert. Er pflegte die Kontakte zum Dänenkönig Horich, sorgte für die Mission in Haithabu und kaufte junge Dänen und Slawen, um sie zum Christentum zu erziehen. Unmittelbar nach Ebos Tod aber bereitete er seine zweite Reise nach Schweden (Birka) vor, die er 852 unternahm.

Inzwischen hatte Ansgar sich 845 von Hamburg nach Bremen zurückgezogen. Dies wurde möglich, weil die Diözese Bremen durch den Tod Bischof Leuderichs (24. August 845) vakant geworden war. Jedoch bedurfte eine solche Flucht des Bischofs aus seinem Amtssitz einer triftigen kirchenrechtlichen Begründung. Sie wurde in der Lebensbeschreibung Ansgars im Rückblick gegeben, indem der Biograf einen dänischen Kriegszug gegen Hamburg zu einem räuberischen Überfall von Wikingern stilisierte und die dabei angerichteten Zerstörungen maßlos übertrieb. Hamburg erschien – unzutreffend – als unbewohnbar. Gleichwohl wurde es, weil es mit der Missionslegation verbunden blieb, neben Bremen als der namengebende Bischofssitz beibehalten. Die kirchenrechtlich schwierige Lage, die sich daraus ergab, wurde in zwei Schritten gelöst: von Reichs wegen 848 durch die Vereinigung der Bistümer Bremen und Hamburg unter Ansgar; von Papst Nikolaus I. 864 durch die Erhebung Hamburgs zum Erzbischofssitz und gleichzeitig durch die Union der Diözesen Bremen und Hamburg. – Als Erzbischof hat Ansgar 864 oder 865, seinen baldigen Tod ahnend, ein eindrucksvolles Rundschreiben an den König des ostfränkischen Reiches, an dessen Sohn und an verschiedene Reichsbischöfe gerichtet, um die erreichte Organisationsform der nordelbisch-skandinavischen Mission für Nachfolger zu sichern. Er nahm darin ehrfürchtig Bezug auf die Missionslegation des verstorbenen Erzbischofs Ebo von Reims und bat um Unterstützung für die Mission (»legatio«). Die kirchliche Organisation, die Existenz des jungen Erzbistums, war für Ansgar sekundär. Erst unter seinem Nachfolger Rimbert wurde sie zu einem zentralen Problem. Rimberts Lebensbeschreibung Ansgars stellt ihn als Heiligen dar, als Gelehrten und Asketen, als einen Missionar, der zwar nicht das offenbare, aber ein verborgenes Martyrium erlitt. Durch Visionen wird der Lebenslauf Ansgars gegliedert. Aus psychologischer Sicht beeindruckend ist die erste Vision, die von der Kindheit zur Entscheidung für das Mönchtum überleitet: In ihr erscheinen ihm als zentrale Figuren seine verstorbene Mutter und die heilige Maria. Sein Sterben hat Ansgar über mehrere Wochen hin auf einen Festtag der heiligen Maria angelegt: Purificatio Mariae, den 2. Februar. Nach der Frühmesse des folgenden Tages starb er.

Ein spätmittelalterliches Bild Ansgars von der Hand des Malers Hans Bornemann befindet sich in der St. Petri-Kirche. Das von dem Bildhauer Engelbert Peiffer geschaffene Ansgar-Denkmal steht seit 1883 auf der Trostbrücke. 1962 wurde der Ansgarweg im Stadtteil Lokstedt nach dem Erzbischof benannt.

QUELLE Rimbert, Vita Anskarii, hg. von Georg Waitz, Hannover 1884 (Monumenta Germaniae Historica, Scriptores rerum Germanicarum in usum scholarum 55), lateinisch-deutsch in: Werner Trillmich/Rudolf Buchner (Hg.), Quellen des 9. und 11. Jahrhunderts zur Geschichte der Hamburgischen Kirche und des Reiches, 7., um einen Nachtrag von Volker Scior erweiterte Aufl. Darmstadt 2000 (Freiherr-vom-Stein-Gedächtnisausgabe A 11), S. 1–133.

LITERATUR ADB 1; NDB 1; SHBL 1; Wolfgang Seegrün, Das Erzbistum Hamburg in seinen ältesten Papsturkunden, Köln/Wien 1976 (Studien und Vorarbeiten zur Germania Pontificia 5), S. 28–35; Mit Ansgar beginnt Hamburg, hg. von der Katholischen Akademie Hamburg, Hamburg 1986 (Publikationen der Katholischen Akademie Hamburg 2); Gerhard Theuerkauf, Urkundenfälschungen des Erzbistums Hamburg-Bremen vom 9. bis zum 12. Jahrhundert, in: Niedersächsisches Jahrbuch für Landesgeschichte 60 (1988), S. 71–140. *Gerhard Theuerkauf*

APPELSCHNUT, eigentlich: Senta-Regina Möller-Ernst, geb. 19. 3. 1897 Hamburg, gest. 30. 10. 1998 ebd.; luth.; Tochter von Otto Ernst.

Der Dichter Otto Ernst gab der jüngsten seiner drei Töchter den Kosenamen »Appelschnut«. Unter diesem Titel erschienen 1907 die immer wieder aufgelegten gemütvoll-humoristischen Erzählungen aus deren Kinderzeit. Senta-Regina Möller-Ernst hat lebenslang im Groß Flottbeker Elternhaus in der Otto-Ernst-Straße gewohnt und sich hingebungsvoll um die Pflege der Werke von Otto Ernst bemüht. Die väterliche Bibliothek und deren Jugendstil-Einrichtung erhielt in Erfüllung ihrer letztwilligen Verfügung das benachbarte Gymnasium Christianeum.

WERKE Appelschnut über Appelschnut und eine Chronik des Otto-Ernst-Hauses, Hamburg 1989.

LITERATUR Otto Ernst, Appelschnut. Neues und Altes von ihren Taten, Abenteuern und Meinungen, Leipzig 1907. *Gerhard Ahrens*

Senta-Regina Möller-Ernst (»Appelschnut«)

ARCHENHOL(T)Z, Johann Wilhelm von, geb. 3. 9. 1741 Langfuhr bei Danzig, gest. 28. 2. 1812 Öjendorf bei Hamburg; luth.; Schriftsteller, Publizist, Historiker.

Als Herausgeber der Zeitschrift »Minerva«, die zuerst in Berlin und ab dem dritten Band seit 1792 in Hamburg erschien, veröffentlichte Johann Wilhelm von Archenholz eines der wichtigsten liberalen Periodika Deutschlands im Zeitalter der Französischen Revolution.

Der Sohn eines Hauptmanns wurde für die preußische Militärlaufbahn bestimmt und besuchte in Berlin die Kadettenanstalt. Im Siebenjährigen Krieg kämpfte er seit 1760 als »Hauptmann in königlich preußischen Diensten« – er legte stets Wert auf diesen Titel –, wurde verwundet und 1763 wegen seiner Spielleidenschaft aus dem Heer entlassen. Seine Jahrzehnte später veröffentlichte »Geschichte des Siebenjährigen Krieges in Deutschland« (1791) war so erfolgreich, dass sie noch am Ende des 19. Jahrhunderts neue Auflagen erlebte. Archenholz zeigt sich darin als ein begeisterter Verehrer Friedrichs II. und verhehlt seine Parteinahme für Preußen nicht. In den ersten 16 Jahren nach seiner Entlassung reiste er durch fast ganz Europa und weilte zwischen 1769 und 1779 allein sechs Jahre in England. Seine Reiselust wurde gedämpft, als er 1780 in Italien vom Pferd stürzte und ein Fuß gelähmt blieb.

Archenholz lebte nun vorübergehend in Dresden und hielt sich dann von 1787 bis 1790 in Hamburg auf. Erfolgreich war der Schriftsteller mit seinem Buch »England und Italien« (1785), das zu den meistgelesenen Reisebeschreibungen seiner Zeit zählte. Die Herausgabe der Zeitschrift »Litteratur- und Völkerkunde« (1782–86), die er als »Neue Litteratur- und Völkerkunde« (1787–91) in Hamburg fortsetzte, ermöglichte es Archenholz, vom Ertrag seiner Schriften zu leben. Von der Französischen Revolution begeistert, begab er sich mit seiner Familie im September 1791 nach Paris, verließ Frankreich aber bereits im Juli 1792, da der beginnende Koalitionskrieg und die daraus resultierenden Gefahren für seine Familie ihn dazu nötigten. In einem »Glaubensbekenntnis« (1792) gestand er seine Sympathie für die Revolution, distanzierte sich aber von den Jakobinern. Seit dem Herbst 1792 lebte er beständig in Hamburg und kaufte sich 1801 einen Landsitz im damals holsteinischen Öjendorf. Schon von Paris aus hatte er mit der Herausgabe der Zeitschrift »Minerva. Ein Journal historischen und politischen Inhalts« begonnen, die er von Juli 1792 bis 1809 in Hamburg publizierte. Die »Minerva« entwickelte sich zu einer der erfolgreichsten politischen Zeitschriften und konzentrierte sich zu Beginn ihres Erscheinens besonders auf die Ereignisse im revolutionären Frankreich. Als Augenzeugen berichteten Konrad Engelbert Oelsner, Johann Georg Kerner und der französische Diplomat Karl Friedrich Reinhard. Wie viele deutsche Beobachter hatte Archenholz nur den Beginn der Revolution begrüßt, verurteilte jedoch die Jakobinerdiktatur rigoros. Zu seinen Hamburger Mitarbeitern, die diese Einschätzung teilten, zählte auch Friedrich Gottlieb Klopstock, mit dem Archenholz befreundet war. Beide warnten die Alliierten vor einem Krieg gegen Frankreich und prophezeiten das Scheitern einer militärischen Invasion. Besonders engagiert betrieb Archenholz die Befreiung des französischen Generals La Fayette, der nach seiner Flucht aus Frankreich in Olmütz gefangen gesetzt worden war. Sein Pressefeldzug trug mit dazu bei, dass La Fayette, mit dem Archenholz in Briefverkehr stand, 1797 aus der Haft entlassen wurde. Die beachtliche Qualität der »Minerva« resultierte auch daraus, dass der Publizist es verstand, viele Korrespondenten und Autoren an sein Unternehmen zu binden. Zudem achtete er darauf, dass eine Mannigfaltigkeit von Sichtweisen seine Zeitschrift auszeichnete. Die »Minerva« zielte nur bedingt darauf, die Tagespolitik zu erörtern, da sich der Herausgeber als Historiker verstand, der späteren Generationen Materialien zur Französischen Revolution bereitstellen wollte. 1792 gewann er Heymann Salomon Pappenheimer als Mitarbeiter, der nicht nur als Übersetzer des Buches »Die Pariser Jacobiner in ihren Sitzungen« (1793) tätig war. Da die Menge der Materialien den Rahmen der »Minerva« sprengte, gab Archenholz 1795 die »Miscellen zur Geschichte des Tages« heraus, eine Quellensammlung, die sich auf die politischen Ereignisse in Frankreich seit 1792 konzentrierte und auch Reden Maximilien Robespierres veröffentlichte. Nach 1800 berichtete das Blatt auch nachdrücklicher über England. Archenholz' Reflexion über die preußische Niederlage von 1806 gehört zu den publizistischen Höhepunkten der »Minerva«. 1809 übergab er die Redaktion seinem Mitarbeiter, dem jüdischen Schriftsteller Friedrich Alexander Bran. Bran und

Johann Wilhelm von Archenhol(t)z

sein Sohn setzten das Blatt bis 1858 fort. In Hamburg redigierte Archenholz auch seine 1788 gegründete Zeitschrift »Annalen der Brittischen Geschichte«, die er allerdings 1800 aus Enttäuschung über die englische Innen- und Außenpolitik einstellte. Zu den Mitarbeitern dieser Zeitschrift zählten der in Mainz lebende Georg Forster und der in Hamburg geborene Johann Joachim Eschenburg. Hatte Archenholz vor der Französischen Revolution noch in England den vorbildlichsten Staat Europas sehen können, dessen Freiheit er nicht genug loben konnte, so kritisierte er nun die Einschränkung der Pressefreiheit unter William Pitt und den englischen »Seedespotismus«. Neben der Analyse der Gegenwart beschäftigte er sich lebenslang mit historischen Fragen. In Hamburg schrieb er weiterhin historische Werke, so die »Geschichte Gustavs Wasa, Königs von Schweden« (1801) und »Die Geschichte der Flibustier« (1803), welche den Aufstieg und Niedergang der Freibeuterrepublik behandelt. Vor 1938 wurde in Billstedt die Archenholzstraße nach dem Publizisten und Historiker benannt.

WERKE Schriftenverzeichnis in: Ute Rieger, Johann Wilhelm von Archenholz als »Zeitbürger«. Eine historisch-analytische Untersuchung zur Aufklärung in Deutschland, Berlin 1994 (Quellen und Forschungen zur brandenburgischen und preußischen Geschichte 4), S. 187 f.; England und Italien. Nachdruck der dreiteiligen Erstausgabe Leipzig 1785 mit Varianten der fünfteiligen Ausgabe Leipzig 1787, Materialien und Untersuchungen der Text- und Wirkungsgeschichte, Bibliographie und Nachwort, hg. von Michael Maurer, Heidelberg 1993 (Germanisch-Romanische Monatsschrift, Beiheft 10); Minerva . Ein Journal historischen und politischen Inhalts, Hamburg 1792–1809.

LITERATUR ADB 1; NDB 1; LhS 1; Friedrich Ruof, Johann Wilhelm von Archenholtz. Ein deutscher Schriftsteller zur Zeit der Französischen Revolution und Napoleons (1741–1812), Berlin 1915; Otto Tschirch, Geschichte der öffentlichen Meinung in Preußen vom Baseler Frieden bis zum Zusammenbruch des Staates (1795–1806), 2 Bde., Weimar 1933/34; Rieger (siehe unter Werke).

Hans-Werner Engels

ARNEMANN, Mathilde, geb. Stammann, geb. 26.3.1809 Hamburg, gest. 21.8.1896 ebd.; luth.; Wohltäterin, Mäzenin.

Im Alter von 20 Jahren heiratete Mathilde Stammann, Tochter eines bedeutenden Architekten, den Altonaer Kaufmann und jungen Witwer Carl Theodor Arnemann. Zu der Tochter Arnemanns aus erster Ehe kamen sechs Söhne aus der zweiten. Den durch norwegischen Holzhandel erworbenen ungewöhnlichen Reichtum nutzte das Ehepaar, um das Haus an der Palmaille zu einem geselligen Mittelpunkt und das ländliche Anwesen in Niendorf zum Eldorado für Künstler zu gestalten und diese zu fördern. Hier verkehrten unter anderen der dänische Bildhauer Bertel Thorvaldsen, der Komponist Felix Mendelssohn-Bartholdy und die schwedische Sängerin Jenny Lind. Von der politischen Auseinandersetzung um Schleswig-Holstein war der im dänischen Altona lebende Carl Theodor Arnemann in besonderer Weise betroffen. Als Freund und Finanzberater des Herzogs von Augustenburg unterstützte er dessen Erbansprüche auf Holstein. Mathilde Arnemann teilte die patriotische Einstellung ihres Ehemanns. In den dänischen Kriegen kümmerte sie sich um die Verwundeten, richtete Lazarette ein und organisierte Hilfsaktionen für die notleidende schleswig-holsteinische Bevölkerung. Ebenso leistete sie Hilfe in den Kriegen von 1866 und 1870/71. Jedoch waren ihr die Bedürfnisse leidender Menschen dabei wichtiger als nationale Ziele. Von gleicher Gesinnung zeugt ihre bürgerliche Wohltätigkeit, die sie nach Verlust des Vermögens und dem Tod ihres Mannes (1866) weiterhin ausübte.

In Karlsbad, wo sie die positive Wirkung eines jährlichen Kuraufenthalts erfahren hatte, gründete Mathilde Arnemann die so genannte Elisabeth-Rosen-Stiftung, um auch ärmere Frauen in den Genuss einer Kur kommen zu lassen. Als Anhängerin gesunder Lebensform entwickelte sie einen von beengender Mode befreiten Kleiderschnitt. In Altona und Eisenach gründete sie Nähschulen, die Hausfrauen zur Selbsthilfe anregen sollten. Vereins- oder berufspolitische Bindungen ging Mathilde Arnemann, die frauenemanzipatorische Aktivitäten ablehnte, nicht ein.

Mathilde Arnemann

Beigesetzt wurde sie auf dem Nienstedtener Friedhof, wo sich ihr Grabstein im Museumsbereich I befindet. Bei der Ausschmückung des neuen Hamburger Rathauses im Jahre 1897 wurde die kurz zuvor verstorbene Mathilde Arnemann durch Anbringung ihres Porträts an einer Säule der Eingangshalle geehrt. Seit 1930 ist der Arnemannweg in Hamburg-Barmbek nach ihr benannt.

WERKE Bericht über die Verwaltung der Elisabeth-Rosen-Stiftung, Karlsbad 1885–1889.

LITERATUR Inge Grolle, »Auch Frauen sind zulässig«. Die Frauensäule in der Hamburger Rathausdiele, in: Rita Bake/Birgit Kiupel (Hg.), Auf den zweiten Blick. Streifzüge durch das Hamburger Rathaus, Hamburg 1997, S. 64–117, hier S. 101–106.

Inge Grolle

ARNOLD VON LÜBECK, gest. 27.6.1211 oder 1214; Geschichtsschreiber.

Arnold von Lübeck wurde in Braunschweig (vielleicht auch in Hildesheim) ausgebildet. Er war Benediktinermönch im Ägidienkloster zu Braunschweig und wurde erster Abt des um 1175 gegründeten Johannisklosters in Lübeck. Die »Chronik« Arnolds von Lübeck schließt an die »Slawenchronik« Helmolds von Bosau an und führt die Darstellung von

1171 bis 1209 fort. Arnold von Lübeck erwähnt erstmals die gräflich holsteinische (Neu-)Stadt Hamburg, die Graf Adolf III. von Holstein wahrscheinlich 1186 oder 1187 begründete. Die Nachricht Arnolds bezieht sich auf das Jahr 1187. Damals habe Graf Adolf begonnen, die von den Slawen zerstörte Burg Travemünde wiederaufzubauen. Von der Stadt Lübeck habe er einen Zoll gefordert, den diese verweigert habe. Während dieses Streites habe der Graf Lübecker Bürger, die in seinen Städten (»civitatibus«) Oldesloe und Hamburg Handel trieben, arretiert und ihre Güter beschlagnahmt. Durch Vermittlung Kaiser Friedrichs I. sei der Streit beigelegt worden.

WERK Chronik (Chronica), hg. von Johann Martin Lappenberg, in: Monumenta Germaniae Historica, Scriptores, t. 21, Stuttgart 1869, S. 100–250 [Erwähnung der Neustadt Hamburg zu 1187: ebd. S. 161 f. (Buch 3, Kapitel 20)].

LITERATUR ADB 1; NDB 1; DBE 1; Dieter Berg, Nördliches Sachsen und Missionsgebiete, in: Wilhelm Wattenbach/Franz-Josef Schmale, Deutschlands Geschichtsquellen im Mittelalter. Vom Tode Kaiser Heinrichs V. bis zum Ende des Interregnum, Bd. 1, Darmstadt 1976, S. 419–441, hier S. 437–441; Wolfgang Stammler/Karl Langosch/Kurt Ruh (Hg.), Die deutsche Literatur des Mittelalters. Verfasserlexikon, 2., völlig neu bearb. Auflage, Bd. 1, Berlin/New York 1978, Sp. 472–476; Gerhard Theuerkauf, Urkundenfälschungen der Stadt und des Domkapitels Hamburg in der Stauferzeit, in: Fälschungen im Mittelalter. Internationaler Kongreß der Monumenta Germaniae Historica, München, 16.–19. September 1986, Bd. 3: Diplomatische Fälschungen 1, Hannover 1988 (Monumenta Germaniae Historica. Schriften 33/3), S. 397–431, hier S. 417.

Gerhard Theuerkauf

BAASCH, *Ernst* Theodor, geb. 19.11.1861 Hamburg, gest. 29.1.1947 Freiburg i. Br.; luth.; Historiker, Direktor der Commerzbibliothek in Hamburg.

Ernst Baasch

Baasch wuchs in einer angesehenen Hamburger Kaufmannsfamilie auf. Einer seiner Urgroßväter mütterlicherseits war der Hamburger Bürgermeister Dr. Johann Arnold Heise. In seiner Heimatstadt besuchte Baasch zunächst die Vorschule von Marianne Prell, dann die Realschule von Dr. Bieber und ab 1878 die Gelehrtenschule des Johanneums, wo er 1883 das Abitur ablegte. Anschließend studierte er Geschichte, Geografie und Nationalökonomie in Tübingen, Berlin und Marburg. Sein wichtigster akademischer Lehrer, mit dem er lebenslang in freundschaftlicher Verbindung blieb, war der in Marburg, später in Freiburg lehrende Historiker Georg von Below. 1887 wurde Baasch in Marburg mit einer Arbeit zur mittelalterlichen Geschichte promoviert: »Die Steuer im Herzogthum Baiern bis zum 1. landständischen Freiheitsbrief (1311)«. Nach Hamburg zurückgekehrt, war er 1888 einige Monate Volontär am Stadtarchiv. Noch im selben Jahr wechselte er als Assistent an die Commerzbibliothek, wo er den schwer erkrankten Bibliothekar Hermann Otto Matsen vertrat. Nach dessen Tod wählte ihn die Handelskammer 1889 zum leitenden Bibliothekar. In seinem Anstellungsvertrag heißt es in § 2: »Er [...] wird in der Regel jedes Jahr eine wissenschaftliche Arbeit aus dem Gebiete der in der Bibliothek vertretenen Fächer – vorzugsweise aus der Geschichte des hamburgischen Handels – veröffentlichen. Er wird dabei, namentlich soweit neuere Vorgänge in Betracht kommen, darauf achten, daß er sich nicht mit den von der Handelskammer vertretenen Anschauungen in Widerspruch setzt, und bei bezüglichen Zweifeln die Sekretaire der Handelskammer zu Rate ziehen.«

Die an den Umfang seiner wissenschaftlichen Produktion gerichtete Erwartung übertraf Baasch noch durch die Zahl der von ihm veröffentlichten Arbeiten. Herausragende Publikationen aus den ersten beiden Jahrzehnten seiner Tätigkeit an der Commerzbibliothek waren: »Forschungen zur hamburgischen Handelsgeschichte« (3 Teile, 1889, 1898, 1902), »Hamburgs Convoyschiffahrt und Convoywesen. Ein Beitrag zur Geschichte der Schiffahrt und Schiffahrtseinrichtungen im 17. und 18. Jahrhundert« (1896), »Hamburgs Handel und Verkehr im 19. Jahrhundert« (1901) sowie die »Quellen zur Geschichte von Hamburgs Handel und Schiffahrt im 17., 18. und 19. Jahrhundert« (1908–10).

Empfindlich reagierte Baasch, als Senator Werner von Melle das überkommene Allgemeine Vorlesungswesen reorganisierte und in diesem Zusammenhang 1907 den Historiker Erich Marcks auf eine neu eingerichtete Stiftungsprofessur berief. Baasch nahm dessen Antrittsrede über »Hamburg und das bürgerliche Geistesleben in Deutschland« zum Anlass für eine Entgegnung, in der er seine Vaterstadt gegen Marcks' These von der merkantilen »Einseitigkeit« Hamburgs verteidigte. In der Folge richtete Baasch seine Polemik gegen alle Bestrebungen, in Hamburg eine Universität zu gründen. Er sah in dem akademischen Projekt die Gefahr einer Überfremdung des von Kaufleuten geprägten Charakters der Stadt. Auch wenn die Handelskammer die Abneigung gegen eine Universitätsgründung grundsätzlich teilte, suchte doch der Vorstand ihm – mit begrenztem Erfolg – größere Zurückhaltung in der Öffentlichkeit abzuverlangen.

Zum 250-jährigen Bestehen der Handelskammer – der ältesten in Deutschland – legte Baasch 1915 ein dreibändiges, 2541 Seiten umfassendes Opus vor: »Die Handelskammer zu Hamburg 1665–1915«. Hauptvorzug des monumentalen Werkes ist die Ausbreitung eines reichen, für das kaufmännische Selbstverständnis aufschlussreichen Quellenmaterials. Zum Dank für die eindrucksvolle Leistung verlieh die Kammer dem Autor den neu geschaffenen Titel »Direktor der Commerzbibliothek«.

Ballin, Albert

Im Zusammenhang mit dem politischen Umbruch nach dem Ersten Weltkrieg fasste die Kammer im März 1919 den für Außenstehende überraschenden Entschluss, sich von Baasch zu trennen. Eine entscheidende Rolle spielte dabei die Universitätsfrage. Angesichts der neuen Mehrheitsverhältnisse in der Bürgerschaft war klar, dass die Kammer die Universitätsgründung nicht länger verhindern konnte. Einflussreiche Kaufleute rieten zum Einlenken. In solcher Situation erschien es nicht opportun, an Baasch, einem der prononciertesten Gegner sowohl der Republik wie der Universität, weiterhin festzuhalten. Es kam hinzu, dass sein brüsker Umgang mit Bibliotheksbenutzern ihn manche Sympathie gekostet hatte. Baasch wandte der Stadt seiner Väter den Rücken und siedelte nach Freiburg über. Dort lehrte Georg von Below, mit dem ihn nicht nur wissenschaftliche Interessen verbanden. Beide waren der neu gegründeten DNVP beigetreten und unterstützten deren Kampf gegen die Republik. In Reaktion auf die Hamburger Entlassung seines Freundes veranlasste Below 1919 die Freiburger Staatswissenschaftliche Fakultät, dem amtsenthobenen Baasch demonstrativ die Ehrendoktorwürde zu verleihen. In Freiburg setzte Baasch seine Publikationstätigkeit mit Energie fort. 1924/25 veröffentlichte er eine zweibändige »Geschichte Hamburgs 1814–1918«. Bedingt durch die Entfernung vom Hamburger Archiv hatte Baasch Defizite in der Quellengrundlage in Kauf genommen. Nicht weniger problematisch war das erkennbar ressentimenterfüllte politische Urteil des Autors. Anders als in der Geschichte der Handelskammer hielt er jetzt mit einseitiger Parteinahme nicht zurück. Sowohl die Rolle der Juden wie die der Sozialdemokraten wurde feindselig kommentiert. Vollends polemisch urteilte er über die Revolution von 1918. Die seither eingetretenen politischen Verhältnisse verglich er mit denen der französischen Fremdherrschaft von 1806 bis 1814. Nachdem Baasch sich seine Bitterkeit von der Seele geschrieben hatte, entstanden noch zwei verdienstliche Monografien: »Holländische Wirtschaftsgeschichte« (1927) und »Geschichte des Hamburgischen Zeitungswesens. Von den Anfängen bis 1914« (1930).

Literatur Joist Grolle, Blick zurück im Zorn. Das Revolutionstrauma des Ernst Baasch, in: ders., Hamburg und seine Historiker, Hamburg 1997 (Veröffentlichungen des Vereins für Hamburgische Geschichte 43), S. 99–122.

Joist Grolle

Ballin, Albert, geb. 15.8.1857 Hamburg, gest. 9.11.1918 ebd.; isr.; Schiffsreeder, Generaldirektor der HAPAG (Hamburg-Amerika-Linie).

Albert Ballin wurde als jüngstes von 13 Kindern der Eheleute Samuel Joël (Joseph) Ballin (1804–74) und Amalie (1825–1909), Tochter des Hamburger Kaufmanns Joseph Mayer, geboren. Der Vater Samuel Ballin war aus Horsens (Dänemark) nach Hamburg gekommen und hatte hier 1852 zusammen mit Samuel Moritz Hirsch die Auswanderer-Agentur Morris & Co. gegründet. Der Sohn Albert erhielt auf der Goldmannschen Schule eine einfache, wenig über die Volksschule hinausgehende Schulbildung. Nach dem Tode des Vaters arbeitete er seit 1874 in dessen kleiner Agentur. Mit 18 Jahren erhielt er 1875 Prokura, einen Tag nach seinem 22. Geburtstag wurde er 1879 Mitinhaber der väterlichen Firma. Das Geschäft der Auswanderer-Expedienten, die so genannte indirekte Auswanderung, bestand in der Verschiffung der Auswanderer nach England und in der Vermittlung der Weiterbeförderung fast ausschließlich nach Nordamerika. Ballin hatte Erfolg. 1882 bewältigte Morris & Co. bereits 17 Prozent des gesamten über Hamburg laufenden Auswandererverkehrs. Durch ein Abkommen mit der hamburgischen Linie Edward Carr hatte Ballin 1881 deren Passagevertretung Hamburg–New York übernommen. Auf seine Anregung hin wurde das Zwischendeck für eine Massenbeförderung mit billigeren Überfahrtsbedingungen eingerichtet; der Preis von 82 Mark für eine Passage in die USA unterbot zunächst jede Konkurrenz, auch die der 1847 gegründeten Hamburg-Amerikanischen Packetfahrt AG (HAPAG), des damals größten hamburgischen Schifffahrtsunternehmens. Als sich die Carr Linie, die mit Morris & Co. verbunden blieb, 1886 mit der Slomanschen Reederei zur neuen Union-Linie zusammenschloss, verschärfte dies die Wettbewerbslage erneut, bot aber gleichzeitig Ballin die Möglichkeit, eine Zusammenarbeit der Konkurrenten zu bewirken. Die HAPAG übernahm nach außen die Führung im Passagedienst für Rechnung beider Gesellschaften, war aber intern gehalten, ein Viertel des Passageaufkommens an die Union-Linie weiterzugeben. Leiter der Passageabteilung der HAPAG wurde 1886 der 29-jährige Albert Ballin, der damit eine Schlüsselposition in der Großreederei einnahm. Ihm wurde ein außergewöhnliches Verhandlungsgeschick nachgesagt, das sich mit vielfältigen

Albert Ballin

Kenntnissen und Erfahrungen im englischen Schifffahrtsbetrieb, der perfekten Beherrschung der englischen Sprache und, wie es hieß, dem Auftreten eines Gentleman verband. Als erste Neuerung führte er 1887 einen regelmäßigen Schnelldampferdienst von Hamburg nach Amerika nach dem Vorbild des Bremer Norddeutschen Lloyd und englischer Reedereien ein. Sein schifffahrtspolitischer Weitblick und sein offenkundiges Organisationstalent führten bereits 1888 zur Berufung in den Vorstand der HAPAG, 1899 folgte die Ernennung zum Generaldirektor. Damit stand Ballin im Alter von 42 Jahren an der Spitze eines Unternehmens, das sich im kommenden Jahrzehnt zur größten Schifffahrtslinie der Welt entwickeln sollte. Untrennbar mit der Firmengeschichte verbunden ist der auf ihn zurückgehende, über dem Portal des an der Binnenalster gelegenen HAPAG-Gebäudes angebrachte Wahlspruch »Mein Feld ist die Welt«. Zwischen 1886 und 1914 wuchs die Zahl der Ozeandampfer der HAPAG von 22 auf 194, die Tonnage von 60 000 auf 1 300 000 Bruttoregistertonnen und das Aktienkapital von 15 Millionen auf 180 Millionen Mark.

Ballin erweiterte zielstrebig das Angebot der HAPAG. Für den starken Zustrom osteuropäischer Durchwanderer errichtete die Linie 1892 am Amerikakai Auswandererbaracken als eine Art Sammellager. Ende 1901 schuf die HAPAG dann auf der Veddel moderne Auswandererhallen für etwa 1000 Personen. Eine weitere Neuerung Ballins war seit 1891 die erfolgreiche Einführung von Vergnügungsreisen zur See auf luxuriösen Schiffen. Neben der Vervollkommnung der Personenschifffahrt baute er die Frachtschifffahrt aus. Ein kombinierter Personen- und Frachtverkehr verlangte Dampfschiffe mit großer Tonnage; dies wiederum förderte den deutschen Schiffbau. Der einzigartige Aufstieg des Unternehmens wurde sicherlich nur durch die günstige allgemeine Wirtschaftsentwicklung möglich. Dennoch war es Ballins großes Verdienst, mit außerordentlicher Energie, Intuition und genauer Analyse der Gegebenheiten alle Möglichkeiten ausgeschöpft zu haben. Im internationalen Schifffahrtswesen erreichte er durch sein diplomatisches Geschick eine Sonderstellung, indem es ihm gelang, durch nationale und internationale Verträge die heftigen Konkurrenzkämpfe unter den Schifffahrtsgesellschaften einzudämmen. Als Führer der internationalen Schifffahrtsverbände sicherte er durch die Bildung von Interessengemeinschaften und Kartellen, so genannten Pools, und mittels ausgleichender Absprachen allen Beteiligten befriedigende Erträge. Der größte Erfolg war ihm 1902 mit dem Abschluss des deutsch-amerikanischen Schifffahrtsvertrages zwischen der HAPAG, dem Bremer Lloyd sowie dem Morgantrust beschieden.

Besonderer Wertschätzung erfreute sich Albert Ballin seit der Jahrhundertwende bei Kaiser Wilhelm II., der ihn häufig als Berater in Wirtschafts- und Marinefragen hinzuzog. Durch die kaiserliche „Freundschaft" ermutigt, versuchte er auch politischen Einfluss zu nehmen. Seine Vermittlungsversuche, die ein deutsch-englisches Flottenabkommen zur Begrenzung des Wettrüstens zum Ziel hatten, blieben erfolglos. Sie brachten ihn indes während des Ersten Weltkriegs in scharfen Gegensatz zur Reichspolitik und trugen ihm die Ungnade seines kaiserlichen Gönners ein. Die HAPAG wurde als weltweit operierendes Schifffahrtsunternehmen durch den Krieg besonders schwer getroffen. Auch wirtschaftliche Gründe mussten es Ballin daher geraten erscheinen lassen, sich um Friedensvermittlungen zu bemühen. Endgültig gescheitert waren seine langwierigen inoffiziellen Bemühungen, als Deutschland entgegen seinen Warnungen 1916 den uneingeschränkten U-Boot-Krieg begann und die USA in den Krieg eintraten. Anfang November 1918 bat ein Vertreter des Großen Generalstabs auch im Namen des Zentrums und der Sozialdemokratie Ballin, da er der einzige Deutsche sei, den die Kriegsgegner akzeptieren würden, die Friedensverhandlungen für das Deutsche Reich zu führen. Ballin nahm den Auftrag an. Wenige Tage später setzte er unter dem Eindruck des völligen Zusammenbruchs des Wilhelminischen Reiches und der Ereignisse der Novemberrevolution am 9. November 1918 seinem Leben ein Ende.

Albert Ballin war in einem jüdischen Elternhaus aufgewachsen. Die Religion seiner Väter verließ er, entgegen einer vielfach verbreiteten Ansicht, nicht, sondern blieb zeit seines Lebens, wenngleich nach außen hin religiös eher indifferent, Mitglied der Deutsch-Israelitischen Gemeinde in Hamburg. Ballin galt als der angesehenste und von der Öffentlichkeit meistgeehrte deutsche Jude des Wilhelminischen Kaiserreichs.

In der NS-Zeit war der Name Ballin unerwünscht. So wurde 1935 der Dampfer »Albert Ballin« in »Hansa«, im selben Jahr der Ballinkai in Europakai und 1938 das Ballinhaus in Meßberghof umbenannt. Nach dem Zweiten Weltkrieg erhielt 1947 der Alsterdamm, seit 1903 Sitz des HAPAG-Hauses, zur Erinnerung an den Reeder den Namen Ballindamm. 1989 wurde in der Diele des Hamburger Rathauses ein Reliefporträt Ballins angebracht. Seit 2001 trägt die Kaianlage des neuen Containerterminals in Altenwerder den Namen Ballinkai. In Albert Ballins Villa in der Feldbrunnenstraße Nr. 58, seit 1984 mit einer Gedenkplakette versehen, befindet sich heute das UNESCO-Institut für Pädagogik.

LITERATUR NDB 1; DBE 1; HL; Encyclopaedia Judaica. Das Judentum in Geschichte und Gegenwart, 10 Bde., Berlin 1928–34, Bd. 3; Jüdisches Lexikon. Ein enzyklopädisches Handbuch des jüdischen Wissens, 4 Bde., Frankfurt a. M. 1987 [Nachdruck der Ausgabe Berlin 1927], Bd. 1; Salomon Wininger, Große jüdische National-Biographie. Mit mehr als 8000 Lebensbeschreibungen namhafter jüdischer Männer und Frauen aller Zeiten und Länder. Ein Nachschlagewerk für das jüdische Volk und dessen Freunde, 7 Bde., Nendeln 1979 [Nachdruck der Ausgabe Cernaufi 1925–36], Bd. 1; Gerhard Ahrens/Renate Hauschild-Thiessen, Die Reeder. Laeisz, Ballin, Hamburg 1989 (HLb 2); Susanne Wiborg, Albert Ballin, Hamburg 2000 (Hamburger Köpfe, hg. von der ZEIT-Stiftung Ebelin und Gerd Bucerius); Eberhard Straub, Albert Ballin. Der Reeder des Kaisers, Berlin 2001 [Bibliografie S. 263–267].

Ina Lorenz

BARLACH, *Ernst* Heinrich, geb. 2.1.1870 Wedel (Holstein), gest. 24.10.1938 Rostock; luth.; Bildhauer, Grafiker, Dichter.

Barlach besuchte von 1888 bis 1891 die Hamburger Gewerbeschule, um anschließend bis 1895 an der Dresdner Akademie als Schüler von Robert Dietz, sodann 1895/96 an der Académie Julian in Paris sein Studium fortzusetzen. Der Stadt Hamburg blieb der Künstler auch weiterhin verbunden; zahlreiche Spuren künden von seinem Wirken in der Hansestadt. 1897 gestaltete Barlach gemeinsam mit Carl Garbers Skulpturen für den Hamburger Ratsweinkeller, in den folgenden Jahren für das Altonaer Rathaus (1898/99). Kein Erfolg war den beiden freundschaftlich verbundenen Künstlern bei ihrem Versuch beschieden, 1898 einen Wettbewerb für die Gestaltung des Hamburger Rathausmarktes für sich zu entscheiden. Obwohl ihnen der erste Preis zuerkannt wurde, erhielt schließlich der Bildhauer Johannes Schilling den Auftrag, den Platz mit einem monumentalen Denkmal Kaiser Wilhelms I. zu versehen, das 1903 eingeweiht wurde. Nach einem Berliner Aufenthalt in den Jahren 1899 bis 1901 und einer vierjährigen Tätigkeit im heimatlichen Wedel (1901–04), wo er Bildnisse, Grabplatten und Keramiken für Mutz in Altona schuf, waren es vor allem die Eindrücke seiner achtwöchigen Russlandreise im Jahre 1906, die Barlachs expressives und zugleich verinnerlichtes Werk fortan prägen sollten, so zum Beispiel die 1907 entstandene Bronzeskulptur »Russische Bettlerin« (Ernst Barlach Haus, Hamburg); seit 1910 lebte der Künstler im mecklenburgischen Güstrow. Bei der Inbetriebnahme des neuen Funkhauses der Nordischen Rundfunk Aktiengesellschaft (Norag) an der Rothenbaumchaussee am 8. Januar 1931 schmückten zwei Reliefs des Künstlers den Funksaal 3.

Die visionäre Ausdruckskraft und der religiös-ethische, mitunter gesellschaftskritische Impetus seiner Skulpturen finden sich ebenfalls in den grafischen und literarischen Arbeiten Barlachs. Zwei seiner bekanntesten Dramen, »Der arme Vetter« (1918) und »Die echten Sedemunds« (1920), wurden 1919 und 1921 unter Erich Ziegel in den Hamburger Kammerspielen uraufgeführt, die als erstes Theater überhaupt Stücke von Barlach auf die Bühne brachten. In bildreicher Sprache gestaltete Barlach auch in anderen Dramen – zum Beispiel »Der Findling« (1922),

Ernst Barlach

»Die Sündflut« (1924), »Der Blaue Boll« (1926) und »Die gute Zeit« (1929) – sowie in seinen Romanen »Seespeck« (1948, entstanden 1913/14) und »Der gestohlene Mond« (1948, entstanden 1936/37) den Konflikt zwischen Diesseitsorientierung und Heilsfindung.

Ein wechselvolles Schicksal war Barlachs Beitrag zum Hamburger Mahnmal für die Opfer des Ersten Weltkriegs beschieden. Bereits seit 1926 hatte der Künstler in öffentlichem Auftrag unter anderem für den Güstrower Dom (1927), den Magdeburger Dom (1928/29) und den Platz vor der Kieler Nikolaikirche (»Der Geistkämpfer«, 1928) an Anti-Kriegsdenkmalen gearbeitet. Nachdem sein Entwurf für die Gestaltung des Hamburger Denkmals 1929 abgelehnt worden war, konnten Fritz Schumacher und Alexander Zinn immerhin bewirken, dass auf der Rückseite der von Claus Hoffmann geschaffenen Stele, die 1931 an der Viertelkreistreppe zur Kleinen Alster eingeweiht wurde, ein von Barlach gestaltetes Relief angebracht wurde. Während auf der Vorderseite die Inschrift »Vierzigtausend Söhne der Stadt liessen ihr Leben für Euch« an die gefallenen Soldaten erinnert, verzichtet das Relief »Mutter und Kind« auf jegliches heroische Pathos und erinnert mahnend an das Leiden, das der Krieg verursacht hat – eine Akzentuierung, die nationalistischen Kreisen von Beginn an ein Dorn im Auge war. Die Nationalsozialisten ersetzten das Relief 1939 durch einen emporsteigenden Phoenix. 1949 wurde Barlachs Entwurf nach dem erhaltenen Modell rekonstruiert und nimmt seitdem wieder seinen ursprünglichen Platz ein.

Der schon in den Jahren vor 1933 politisch angefeindete Barlach, dessen Werke 1937 aus der Hamburger Kunsthalle und anderen öffentlichen Sammlungen als »entartet« entfernt wurden – insgesamt konfiszierten die Nationalsozialisten 381 Arbeiten des Künstlers –, erhielt in den Jahren der Bedrängnis finanzielle Unterstützung von dem Hamburger Unternehmer Hermann Friedrich Reemtsma. Im Oktober 1962 wurde das von Reemtsma gestiftete, im Jenischpark gelegene Ernst Barlach Haus eröffnet. Die Sammlung des Stifters bildete den Grundstock des nach Entwürfen von Werner Kallmorgen entworfenen Museums, das heute mit rund 130 plastischen Werken, 350 Zeichnungen sowie dem fast vollständigen druckgrafischen Werk eine der bedeutendsten Sammlungen der Werke Barlachs besitzt und zudem ein umfangreiches Barlach-Archiv beherbergt. Zentrale Werke wie der »Berserker« (Holz, 1910) und der »Fries der Lauschenden« (Holz, 1930–35) gehören zur Sammlung des Ernst Barlach Hauses. Seit 1947 erinnert die Barlachstraße in Harburg an den Künstler.

Werke Ein selbsterzähltes Leben, Berlin 1928; Die Briefe 1888–1938, hg. von Friedrich Droß, 2 Bde., München 1968/69; Das dichterische Werk, hg. von Friedrich Droß, 3 Bde., München 1973-85.

Literatur NDB 1; Ernst-Barlach-Bibliographie, bearb. von Karl-Heinz Kröplin, Berlin 1972; Friedrich Schult, Ernst Barlach Werkverzeichnis, Bd. 1: Das plastische Werk, Hamburg 1960, Bd. 2: Das graphische Werk, Hamburg 1958, Bd. 3: Werkkatalog der Zeichnungen, Hamburg 1971; Elmar Jansen, Ernst Barlach, Berlin 1984.

Dirk Brietzke

Basedow, Johann Bernhard (schrieb sich bis 1748 Johan Berend Bassedau, Ps. *Bernhard aus Nordalbingien, Ernst Freimuth* u. a.), geb. 11. 9. 1724 Hamburg, gest. 25. 7. 1790 Magdeburg; luth.; Pädagoge, Theologe, Philosoph.

Als freisinniger Verfasser theologischer Schriften und als Begründer eines der wesentlichsten und folgenreichsten Zweige der deutschen Aufklärungspädagogik, des Philanthropismus, war Johann Bernhard Basedow einer der wichtigsten und unermüdlichsten Vorkämpfer für geistige Freiheit, religiöse Toleranz und eine umfassende Erziehungsreform in der zweiten Hälfte des 18. Jahrhunderts.

Basedow entstammt einer seit dem 15. Jahrhundert in Lübeck nachweisbaren Familie. Erst sein Vater, Hinrich Bassedau, siedelte sich zu Beginn des 18. Jahrhunderts als Perückenmacher und Bleicher in Hamburg an. Von ihm empfing Basedow auch seinen Anfangsunterricht in der lateinischen Sprache, der ihn auf eine höhere Schulbildung vorbereiten sollte. So wurde er bereits Ostern 1732 in die Hamburger Gelehrtenschule des Johanneums aufgenommen, als deren Rektor noch im selben Jahr Johann Samuel Müller berufen wurde. 1743 wechselte Basedow in das dem Johanneum eng angeschlossene Akademische Gymnasium, wo ihn die Professoren Michael Richey und Hermann Samuel Reimarus unterrichteten. Sowohl Müller als auch Richey und Reimarus übten als pädagogische Vorbilder einen entscheidenden Einfluss auf Basedows intellektuelle Entwicklung aus. Müller führte am Johanneum einen Sprachenunterricht ein, in dem das Lateinische vornehmlich spielerisch, auch im Schultheater, in Reden und Gesprächen erlernt werden sollte. Richey, der Basedow zur Anfertigung von Gelegenheitsgedichten anregte, erkannte als Erster dessen besondere literarische Talente. Seine Bekanntschaft mit Barthold Heinrich Brockes und Friedrich von Hagedorn, den bedeutendsten Dichtern der Hamburger Frühaufklärung, ermöglichte es ihm, für Basedow ein Stipendium zu erwirken. Hagedorns und Brockes' gemeinsamer Freund, der Jurist Matthäus Arnold Wilckens, finanzierte Richeys begabtem Zögling ab 1746 ein Studium in Leipzig, wo Johann Christoph Gottsched und Christian Fürchtegott Gellert zu dieser Zeit wichtige Anstöße zur Reform der deutschen Literatur gaben. Basedow hielt sich bis 1748 in der sächsischen Universitätsstadt auf, unterrichtete seine Hamburger Gönner auch fortlaufend von seinen Studien, widmete sich aber nahezu ausschließlich theologischen und philosophischen Fragestellungen. Zunehmende Zweifel an seiner Religion führten ihn in eine ernste Glaubenskrise, aus der ihm aber die Vorlesungen und Schriften des Philosophie- und Theologieprofessors Christian August Crusius heraushalfen.

Nach Hamburg zurückgekehrt, suchte Basedow zunächst nach einer Möglichkeit, sich als Hauslehrer zu verdingen. Im Frühjahr 1749 erhielt er einen Ruf nach Borghorst in Schleswig, wo er den Sohn des Geheimen Rates Josias von Qualen unterrichten sollte. Zugleich immatrikulierte Basedow sich aber auch an der Universität Kiel und hörte dort bei Martin Frisius Vorlesungen über die Augsburgische Konfes-

Johann Bernhard Basedow

sion. Auf Borghorst erprobte er erstmals sein Geschick als Pädagoge, indem er den jungen von Qualen in einer auf Kindgemäßheit ausgerichteten Lehr- und Lernmethode unterwies. 1752 verfasste er darüber eine lateinische Abhandlung, mit der er in Kiel zum Magister promoviert wurde. In dieser Dissertation beschrieb Basedow insbesondere seine lateinische Sprachlehre, die gänzlich auf grammatische Instruktionen verzichtete, als einen sinnlich-spielerischen Anschauungsunterricht, wobei er neben John Locke auch seinen Lehrer Reimarus als Vorgänger in dieser neuartigen Erziehungslehre hervorhob. Basedows erste deutsche Schrift über sein Borghorster Erziehungsexperiment erschien ebenfalls 1752 in Hamburg.

Noch im selben Jahr trugen seine bemerkenswerten Leistungen auf pädagogischem Gebiet ihm eine Professur an der dänischen Ritterakademie zu Sorø ein. Dort lehrte er seit 1753 Moral und die schönen Wissenschaften, seit 1757 zusätzlich auch Theologie. 1758 legte er als wichtigstes Ergebnis seiner Sorøer Lehrtätigkeit die Schrift »Practische Philosophie für alle Stände« vor, in der er nicht nur eine Reform der öffentlichen Stadtschulen im Sinne der von ihm auf Borghorst erprobten Methode forderte, sondern nun auch religiöse Toleranz als ein ganz wesentliches Erziehungsziel benannte.

Basedows liberale und unorthodoxe theologische Ansichten stießen allerdings beim Oberhofmeister der Sorøer Ritterakademie, Frederik Danneskiold-Samsø, auf deutliche Ablehnung und führten schließlich 1761 zu seiner Versetzung ans königlich dänische Gymnasium Christianeum in Altona. Von Altona aus setzte Basedow sein aufklärerisches Werk jedoch mit unverminderter Schaffenskraft fort. 1763 entwarf er für den dänischen Außenminister Johann Hartwig Ernst von Bernstorff, der auch für Bildungs- und Kulturfragen zuständig war, einen ausführlichen Plan zur Umwandlung des Christianeums in eine Musterschule, deren Curriculum sich an den von ihm in Sorø entwickelten pädagogischen Idealen orientieren sollte. 1766 verfasste er dann mit seinen »Betrachtungen über die wahre Rechtgläubigkeit und die im Staate und in der Kirche nothwendige Toleranz« eine Abhandlung, in der er seine Vorstellungen von einer für die Gesellschaft vorteilhaften Vielfalt der Konfessionen weiter präzisierte. Allerdings zeigte sich, dass unter Basedows Kollegen in Altona wenig Neigung vorhanden war, seine Reformvorstellungen tatkräftig zu unterstützen. Aus Sorge, dass Eltern ihre Kinder nicht mehr in ein Gymnasium schicken würden, wo ein Lehrer heterodoxe Meinungen vertrat, wurde der Altonaer Gymnasialprofessor Gottfried Profe sogar zu einem publizistischen Gegner seines Kollegen. Auch der Hamburger Hauptpastor und Senior Johan Melchior Goeze trat öffentlich gegen den Neuerer auf. Auf seinen Druck hin warnte der Hamburger Senat die Bürger in öffentlichen Anschlägen vor der Lektüre von Basedows vermeintlich paradoxen Schriften. In Altona wurde Basedow daraufhin mit seiner Familie vom Abendmahl und von der Beichte ausgeschlossen. Der Minister Bernstorff, der Basedow schützen wollte, erreichte schließlich, dass dieser mit Beginn des Jahres 1768 unter Beibehaltung eines großzügigen Gehalts von allen Verpflichtungen am Christianeum befreit wurde. Mit seiner im Frühjahr 1768 veröffentlichten Schrift »Vorstellung an Menschenfreunde und vermögende Männer über Schulen, Studien und ihren Einfluß in die öffentliche Wohlfahrt«, in der er den ausführlichen Plan eines realienkundlichen Elementarbuches vorlegte, traf Basedow dann in der deutschen Öffentlichkeit auf einen vordem nicht gekannten Zuspruch. Durch zahlreiche und großzügige Geldspenden gefördert, erschienen 1770 in Altona die ersten Stücke des »Elementarbuchs« sowie das »Methodenbuch für Väter und Mütter der Familien und Völker«. Ein Jahr darauf berief Leopold Friedrich Franz von Anhalt-Dessau Basedow als Schulreformer in seine Residenzstadt, wo dieser mit Unterstützung des Fürsten im

Dezember 1774 seine »Schule der Menschenfreundschaft«, das Philanthropin, eröffnete. Hier gelang es Basedow endlich, die von ihm über viele Jahre hinweg geforderte Erziehung zur religiösen Toleranz, nunmehr »philanthropische« Pädagogik genannt, uneingeschränkt zu verwirklichen. 1778 übergab er das Rektorat des Dessauer Philanthropins an seinen Mitarbeiter Christian Hinrich Wolke und widmete sich fortan in Dessau und Magdeburg ausschließlich der Schriftstellerei, wobei er hauptsächlich Abhandlungen religiösen und theologischen Inhalts verfasste.

Auf dem Schulhof der Gelehrtenschule des Johanneums in Winterhude erinnert seit 1914 ein Brunnen mit Bronzeplakette an Basedow als Schüler der Anstalt; im Stadtteil Hammerbrook wurde 1895 die Basedowstraße nach dem Pädagogen benannt.

WERKE Schriftenverzeichnis in: Albert Reble (Hg.), Johann Bernhard Basedow. Ausgewählte pädagogische Schriften, Paderborn 1965, S. 267–274.

LITERATUR ADB 2; NDB 1; SHBL 4; Armin Basedow, Johann Bernhard Basedow (1724–1790). Neue Beiträge, Ergänzungen und Berichtigungen zu seiner Lebensgeschichte, Langensalza 1924 (Pädagogisches Magazin 995); Franklin Kopitzsch, Grundzüge einer Sozialgeschichte der Aufklärung in Hamburg und Altona, 2., erg. Aufl. Hamburg 1990, S. 457–462, 724–726; Ulrich Herrmann, Johann Bernhard Basedow (1724–1790), in: Hans Scheuerl (Hg.), Klassiker der Pädagogik, Bd. 1: Von Erasmus von Rotterdam bis Herbert Spencer, 2., überarb. Aufl. München 1991, S. 141–146.

Jürgen Overhoff

BEBERT, Paul, geb. 3.10.1893 Wandsbek, gest. 2.5.1976 Hamburg; Bauarbeiterführer, Politiker.

Nach Abschluss der Volksschule war Paul Bebert zunächst als Bauhilfsarbeiter beschäftigt. Im Alter von 18 Jahren trat er in die SPD ein und wurde noch vor dem Ersten Weltkrieg Mitglied des Deutschen Bauarbeiterverbandes. Sein Einsatz für die Verbesserung der Lohn- und Arbeitsbedingungen seiner Berufskollegen führte ihn 1924 – zwischenzeitlich vom Verband auf seine zukünftige Gewerkschaftsarbeit vorbereitet – zur Mitarbeit im Hauptvorstand des Baugewerkbundes, mit dem er 1929 von Hamburg nach Berlin übersiedelte. Hier nahm er aktiv an den politischen Auseinandersetzungen mit den Nationalsozialisten teil. Sein unbeugsames Eintreten für die Belange der Arbeitnehmerschaft auf demokratischer Grundlage führte zur Verfolgung durch das

Paul Bebert

NS-Regime. 1933 kam Bebert für vier Monate in das KZ Fuhlsbüttel und 1935 wegen angeblichen »Hochverrats« für zwei Jahre in das KZ Esterwegen-Papenburg. Insgesamt verbüßte er 35 Monate KZ-Haft; 1944 wurde er zu Zwangsarbeit verurteilt, die bis Kriegsende andauerte.

Nach dem Zusammenbruch des Regimes 1945 war Bebert aktiv an der Gründung der IG Bau-Steine-Erden in Hamburg beteiligt und bekleidete bis 1957 das Amt des Vorsitzenden des Hamburger Bereiches der Organisation. Zu einem Symbol geworden ist ein Foto vom November 1945, das Bebert bei der Beseitigung des Emblems der Deutschen Arbeitsfront mit Hammer und Meißel von der Fassade des Hamburger Gewerkschaftshauses am Besenbinderhof anlässlich der Übergabe durch die britische Militärverwaltung zeigt. Nach dem Zweiten Weltkrieg gehörte er von Beginn an bis 1961 zur SPD-Fraktion der Hamburger Bürgerschaft, wo sein besonderes Interesse dem Wiederaufbau der Stadt, insbesondere allen öffentlichen Bauaufgaben und den Problemen des sozialen Wohnungsbaus, galt. Schon 1949 wurde er durch die Militärregierung als Treuhänder des gewerkschaftseigenen Wohnungsunternehmens Neue Heimat eingesetzt, in dessen Aufsichtsrat er 1950 überwechselte. Von 1955 bis 1961 war er Aufsichtsratsvorsitzender der Neue-Heimat-Gesellschaft AGEKA, deren Ehrenvorsitz er bis zu seinem Tod innehatte. Neben seiner Tätigkeit in der Gewerkschaftsbewegung engagierte Bebert sich auch im Genossenschaftswesen. Besondere Verdienste erwarb er sich bei der Vorbereitung zur Errichtung des Kurt-Schumacher-Hauses, der Hamburger SPD-Zentrale.

LITERATUR DGB. Deutscher Gewerkschaftsbund, Kreis Freie und Hansestadt Hamburg (Hg.), 75 Jahre Gewerkschaftshaus Hamburg, Hamburg 1983; Walter Tormin, Die Geschichte der SPD in Hamburg 1945 bis 1950, Hamburg 1994 (Forum Zeitgeschichte 4). *Karl-Klaus Weber*

BECKMANN, Heinrich *(Heinz)* Jakob Hartwig, geb. 8.6.1877 Wandsbek, gest. 12.8.1939 Sülzhayn/Südharz; luth.; Hauptpastor.

Heinz Beckmann

Heinz Beckmann war einer der wenigen engagierten Demokraten in der Hamburger Landeskirche in der ersten Hälfte des 20. Jahrhunderts, Vorkämpfer für die Gleichberechtigung der Theologinnen und Sprecher der liberalen Fraktion in der Synode.

1899 legte Beckmann das theologische Examen ab und arbeitete einige Zeit als regional zuständiger Hilfsredakteur für die angesehene liberalprotestantische Zeitschrift »Christliche Welt«. 1910 wurde er zum Pastor an der Marktkirche in Wiesbaden ernannt, zehn Jahre später übernahm er das Hauptpastorat an der Hamburger St. Nikolai-Kirche, an der er bis zu seinem Tode engagiert wirkte. Der beliebte und begabte Redner widmete sich vor allem ethischen sowie religionsphilosophischen Problemen und behandelte vielfach Grenzgebiete von Theologie und Literatur. Zentrales Thema war für ihn das Alte Testament, dem er sich von der religionswissenschaftlichen Seite zuwandte. In der Synode und im Kirchenrat leistete Beckmann intensive Arbeit. Sein Anliegen waren die Probleme einer modernen Großstadtkirche, die er nicht verdrängt, sondern gelöst wissen wollte. Von 1924 bis 1933 gab er die »Hamburgische Kirchenzeitung« heraus, durch die er zahlreiche Kirchenmitglieder erreichen konnte. In der Schulpolitik, in der er sich sehr engagierte, verfolgte der Hauptpastor gutnachbarliche Beziehungen zwischen dem sozialdemokratisch geprägten Staat und der lutherischen Kirche. Damit stand er gegen den konservativen Flügel um den Evangelischen Elternbund, der einen härteren Kurs gegenüber der staatlichen Seite fahren wollte. In den zwanziger Jahren setzte Beckmann sich insbesondere dafür ein, dass auch Frauen nach dem Theologiestudium die beiden kirchlichen Examina ablegen und in den kirchlichen Dienst übernommen werden konnten. Dass sie – wie er es gefordert hatte – auch ordiniert und gleichberechtigt neben den Pastoren tätig werden sollten, war jedoch weder in Hamburg noch in einer anderen deutschen Landeskirche zu diesem Zeitpunkt mehrheitsfähig. Mit Beckmanns Unterstützung gelang es aber, 1927 ein Pfarramtshelferinnen-Gesetz durchzusetzen, das den Theologinnen nach Ablegung beider Examina eine Tätigkeit mit eingeschränkten Rechten ermöglichte. In seine eigene Gemeinde holte er 1926 aus Wiesbaden Margarete Braun (1893–1966), die in Hamburg das zweite Examen ablegen und bis 1934 als Pfarramtshelferin an St. Nikolai arbeiten konnte. Ein weiteres zentrales Anliegen war die Ausbildung des theologischen Nachwuchses zu Geistlichen und Religionslehrern. In seiner Eigenschaft als Hauptpastor lehrte Beckmann – der 1923 die theologische Ehrendoktorwürde der Kieler Universität erhielt – seit dem Wintersemester 1921/22 im Rahmen des Allgemeinen Vorlesungswesens der Hamburger Universität, und von 1931 bis 1934 unterrichtete er Altes Testament für angehende Religionslehrer an der Philosophischen Fakultät. Für die Kandidaten der Theologie und des Predigtamtes gab er Kurse und prüfte sie, ebenso wie die angehenden Religionslehrer, im Examen. Die Machtübertragung an die Nationalsozialisten sah Beckmann mit großer Sorge, am Ende einer Vorlesung bezeichnete er den 30. Januar 1933 als Ende des »Zeitalters der Kultur«. Bei der Einführung des Bischofsamtes 1933 wurde er entgegen der Tradition der Anciennität wegen seiner liberalen Haltung übergangen und verlor fast alle öffentlichen Wirkungsmöglichkeiten.

Beiersdorf, Paul

Werke Schriftenverzeichnis in: BBKL 17.

Literatur BBKL 17; Rainer Hering, Die letzten beiden Hauptpastoren an der Hamburger Hauptkirche St. Nikolai am Hopfenmarkt: Heinz Beckmann und Paul Schütz, in: Auskunft. Mitteilungsblatt Hamburger Bibliotheken 16 (1996), S. 27–47. *Rainer Hering*

Beiersdorf, Carl *Paul*, geb. 26.3.1836 Neuruppin, gest. 17.12.1896 Berlin; luth.; Pharmazeut, Apotheker, Unternehmer.

Als fünftes von sechs Kindern wurde Paul Beiersdorf in Neuruppin geboren, wo sein Vater, der Kaufmann Carl Heinrich Beiersdorf (1792–1864), zu den Honoratioren der Stadt gehörte.

Kindheit und Schulzeit verbrachte Paul Beiersdorf in seiner Vaterstadt. Nach Abschluss der Obersekunda begann er eine Ausbildung zum Apotheker, studierte sodann in Berlin Pharmazie und bestand 1860 das Staatsexamen. In Moskau, wo er die technische Leitung eines Galvanisierungsbetriebs übernommen hatte, heiratete er 1871 Antonie Marie Mauß, die Tochter des Fabrikanten Carl Ludwig Mauß, mit der er drei Kinder haben sollte. Zwischenzeitlich hatte sich Beiersdorf – wahrscheinlich 1864 – in die Firma Schmidt & Haensch in Berlin als Teilhaber eingekauft. Dort konnte er seine physikalischen Kenntnisse – vor allem in der Polarisations- und Spektralphysik – vertiefen, die ihm später in Hamburg nützliche Dienste erweisen sollten. Im Dunkeln liegt, warum Beiersdorf 1874 die florierende Firma verließ und mit seiner Familie für zwei Jahre nach Bärwalde (Kreis Königsberg-Neumark) zog, um als Apotheker zu arbeiten. Nach zwei weiteren Jahren als Apotheker in Grünberg (Schlesien) ließ er sich 1880 in Hamburg nieder.

Es fiel Beiersdorf nicht schwer, sich in der Hansestadt einzugewöhnen. Nur der Erwerb einer Apotheke in der Nähe der St. Michaeliskirche sollte ihm Sorge bereiten, stellte sich doch bald heraus, dass dieses Geschäft eine Fehlinvestition war. Beiersdorfs Versuche, die Apotheke an einen verkehrsgünstigeren Ort zu verlegen, scheiterten am Medizinalkollegium, das zusätzliche Konkurrenz zu unterbinden suchte. Beiersdorf nutzte die ungewollte Freizeit für Forschungen. Die verlustbringende Apotheke verkaufte er, um in der Wohlersallee in Altona ein größeres Laboratorium für seine Forschungen anzulegen. Der Umsatz seiner pharmazeutischen Produkte hatte schon lange den der Apotheke übertroffen.

Paul Beiersdorf

In Zusammenarbeit mit dem Drogisten, Farben- und Gewürzhändler Bombelon entwickelte der Dermatologe Prof. Dr. Paul Gerson Unna als Ersatz der bis dahin verwendeten, mit Salben oder Pflastermasse bestrichenen Lappen Mullstücke, die durch heiße Salben- oder Pflasterflotten gezogen wurden. Nachdem Bombelon aus wirtschaftlichen Gründen ausgestiegen war, trat Beiersdorf an dessen Stelle. Statt der damals üblichen Bleipflaster und Harze, deren Haltbarkeit gering war und die zudem Hautreizungen hervorriefen, griff Beiersdorf auf die aus den USA kommenden Kautschukpflaster zurück. Sie hatten den großen Vorteil, dass sie nicht erhitzt werden mussten, um zu haften. Paul Beiersdorf gelang es schließlich, den Kautschuk in einer homogenen Masse vollständig aufzulösen. Diese Mischung hatte ausreichende Anfangs- und Dauerklebekraft, reagierte nicht mit den aufgetragenen Arzneien und ließ sich gut auf das Guttaperchapapier mit Mull auftragen. Als Lösemittel wurde Benzol oder Petroleum-Äther verwendet, die man verdunsten ließ, sodass das Pflaster gebrauchsfertig war und geschnitten und verpackt werden konnte, da es auch in kaltem Zustand haftete. Die »Guttapercha-Pflastermulle« war geschaffen. Beiersdorf ließ seine Erfindung patentieren (Reichspatent Nr. 20057 vom 28. März 1882). Dieses Datum gilt als die eigentliche Geburtsstunde der Firma Beiersdorf.

1890 verkaufte Beiersdorf seine Firma für 70 000 Mark an den Apotheker Dr. Oskar Troplowitz. Paul Beiersdorf blieb der Forschung treu, trieb pharmakotechnische Studien und erhielt im Februar 1894 ein weiteres Patent auf seinen Namen. Dabei handelte es sich um schweißaufsaugende Sohlen, welche von Beiersdorf & Co unter dem Namen »Trolasohlen« auf den Markt gebracht wurden. Die Grundlage für weitere Deodorantien war damit geschaffen.

Den wissenschaftlich erfolgreichen Unternehmer ereilten zwei Schicksalsschläge, von denen er sich nicht mehr erholte: Sein ältester Sohn Carl Albert war dem Leistungsdruck am Christianeum nicht gewachsen und nahm sich mit der väterlichen Pistole das Leben. Beiersdorf war zutiefst getroffen und fiel wochenlang in ein schweres Nervenfieber. Auch wirtschaftlich erlebte er ein Fiasko, als er sein einem Bauspekulanten anvertrautes Geld verlor. Seine letzte Hoffnung, erneut eine Lizenz als Apotheker zu erhalten, zerschlug sich. Im Amtszimmer des Preußischen Kultusministeriums setzte er am 17. Dezember 1896 seinem Leben durch Gift ein Ende.

LITERATUR NDB 2; Ekkehard Kaum, Oscar Troplowitz. Forscher, Unternehmer, Bürger. Eine Monographie, Hamburg 1982. *Sven Tode*

BENEKE, Ferdinand, geb. 1.8.1774 Bremen, gest. 1.3.1848 Hamburg; luth.; Advokat, Oberaltensekretär.

Als Sohn eines Kaufmanns wuchs Ferdinand Beneke in Bremen auf und besuchte hier das lutherische Gymnasium. Nachdem das Geschäft des Vaters falliert hatte, zog die Familie 1790 nach Minden, an den Herkunftsort der Mutter. Von dort aus wurde der junge Beneke für kurze Zeit auf die nahe gelegene Ritterakademie in Rinteln geschickt, wo er durch die Freimaurerloge »Friedrich zu den drei Quellen« erste Bekanntschaft mit Anhängern der Französischen Revolution machte. Anschließend studierte er Rechtswissenschaft in Halle und trat in die »Loge zu den drei Degen« ein, auch dies ein von den Ideen der Revolution erfüllter Kreis. Im Sommer 1792 gewann Beneke in Halle Kontakt zur »Berggesellschaft«, einem Club von radikal gesinnten Professoren, Beamten und Pastoren, die sich zu regelmäßigen »Jakobiner-Sitzungen« trafen. 1794 trat er bei der preußischen Provinzialregierung in Minden als Referendar an, doch seinen Überzeugungen widersprach der obrigkeitsstaatliche Verwaltungsgeist so sehr, dass er den Dienst nach Jahresfrist quittierte. Er bezog die Universität Göttingen und erwarb dort 1795 den Dr.

Ferdinand Beneke

jur. Auch wenn ihm inzwischen Zweifel an den von Geheimniskult umgebenen Aktivitäten der Logen gekommen waren, an den republikanischen Idealen hielt er fest.

Nachdem Beneke Pläne für eine Auswanderung nach Frankreich oder Amerika aufgegeben hatte, ließ er sich 1796 in der freien Stadtrepublik Hamburg als Advokat nieder und erwarb im Jahr darauf das Bürgerrecht. Obwohl den Vermögenslosen noch lange Schulden drückten, verteidigte er nur Klienten, von deren Unschuld er völlig überzeugt war, von Armen nahm er kein Honorar. Über viele Jahre engagierte er sich als Armenpfleger sowie als Förderer der Dammtor-Schule. Nach dem enttäuschenden Ausgang der Revolution in Frankreich richteten sich Benekes europäische Hoffnungen auf Napoleon. Doch die Bewunderung zerrann, als Bonaparte zunehmend zum Okkupator wurde. 1804 urteilte er: »Ich hasse jetzt den Korsen – wie ich noch keinen Tyrannen gehasst habe!« Gleichzeitig begannen sich Benekes religiöse und politische Grundüberzeugungen zu wandeln. In Abkehr vom aufgeklärten Rationalismus wandte er sich biblischer Frömmigkeit zu. Aus dem Kosmopoliten wurde ein Hanseat, aus dem Hanseaten bald ein deutscher »Patriot«. Nachdem die Franzosen die Stadt im Frühjahr 1813 vorübergehend geräumt hatten, war Beneke als Mitglied der Bürgergarde an dem Versuch beteiligt, die Wiederbesetzung Hamburgs durch napoleonische Truppen zu verhindern. Als dies misslang, floh er aus der Stadt und setzte den Kampf an der Seite der Preußen und Russen fort. Gemeinsam mit anderen gründete

Beneke das Hanseatische Direktorium, um den französisch besetzten Städten Lübeck, Hamburg und Bremen im Exil eine Stimme zu geben. Publizistisch suchte er mit Flugschriften auf die politische Urteilsbildung im eigenen wie im verbündeten Lager einzuwirken. In den letzten Monaten vor Hamburgs Befreiung gehörte er als Verbindungsoffizier im Stab des russischen Generals Levin August Gottlob Graf von Bennigsen den Truppen an, die die von Louis-Nicolas Davout zur Festung ausgebaute Stadt bis zum Abzug der Franzosen belagerten. 1816 wurde Beneke zum Oberaltensekretär gewählt, ein Amt, das er 32 Jahre bis zu seinem Tod ausgeübt hat. Das Kollegium, dessen Geschäfte zu führen ihm oblag, hatte gegenüber dem Senat die Funktion eines bürgerschaftlichen Kontrollorgans. Dank des Vertrauens, das sich Beneke nach beiden Seiten erwarb, gelang es ihm, das Zusammenwirken zwischen diesen beiden wichtigsten Verfassungsorganen der Stadt wesentlich zu verbessern.

Der Nachwelt hat Beneke in Gestalt seiner Tagebücher ein einzigartiges Zeugnis hinterlassen. Ohne auch nur einen einzigen Tag auszusparen, hat er von 1792 bis in sein Todesjahr 1848 aufgezeichnet, was ihn bewegte, Berufliches und Politisches ebenso wie Persönliches. Er hält seine Geschäfte als Advokat, später als Oberaltensekretär fest, reflektiert die großen Zeitereignisse und berichtet über das Verhältnis zu Eltern und Geschwistern sowie über seine Ehe mit Caroline von Axen, der Tochter des Oberalten Otto von Axen; er schreibt über Freunde und Feinde in der Hamburger Gesellschaft, über Ausflüge und Reisen, Krankheit und Hypochondrie, über Erfahrungen mit Kirche und Religion, die Liebe zur Musik und die Favoriten seiner Lektüre, in erster Linie Jean Paul, E. T. A. Hoffmann und Friedrich de la Motte-Fouqué. Das mehr als 5000 eng beschriebene Seiten umfassende Tagebuch wird im Hamburger Staatsarchiv verwahrt.

WERKE Schriftenverzeichnis in: LhS 1.

LITERATUR ADB 2; LhS 1; Buek (Oberalte), S. 387–390; Franklin Kopitzsch, Grundzüge einer Sozialgeschichte der Aufklärung in Hamburg und Altona, 2., erg. Aufl. Hamburg 1990 (Beiträge zur Geschichte Hamburgs 21), S. 92 [dort auch Hinweise auf weitere Literatur sowie Teilveröffentlichungen des Tagebuchs insbesondere durch Renate Hauschild-Thiessen]; Tilman Stieve, Der Kampf um die Reform in Hamburg 1789–1842, Hamburg 1993 (Beiträge zur Geschichte Hamburgs 44); Anne-Charlott Trepp, Sanfte Männlichkeit und selbständige Weiblichkeit. Frauen und Männer im Hamburger Bürgertum zwischen 1770 und 1840, Göttingen 1996.

Joist Grolle

BERENBERG, Hans, geb. 1.11.1561 Lier, gest. 10.1.1626 Hamburg; luth.; Kaufmann.

Hans Berenberg war der Sohn eines wohlhabenden Tuchmachers in Lier bei Antwerpen. Seit 1588 in Hamburg nachweisbar, gehörte er zusammen mit seinem jüngeren Bruder Paul (1566–1645) zu den protestantischen Niederländern, die hier eine neue Heimat fanden. Das Bürgerrecht erwarben die beiden Berenbergs allerdings nicht; sie unterzeichneten 1605 den »Niederländer-Kontrakt«, der den Einwanderern praktisch die gleichen Rechte wie den Hamburgern gewährte, ohne sie zur Übernahme bürgerlicher Ehrenämter zu verpflichten. Ihre Geschäfte betrieben die Brüder teils zusammen, teils getrennt. Sie kauften den englischen Merchant Adventurers ihre Laken ab und lieferten ihnen dafür Breslauer Röte (einen roten Farbstoff für die Textilfärberei), oberdeutschen Barchent (ein auf einer Seite gerautes, oft mit Leinwandbindung hergestelltes Baumwollgewebe), Indigo (einen blauen Farbstoff zum Blau- und Schwarzfärben) und Mulballen (ein sehr poröses weißes Gewebe, eingeschlagen in Leinwand). Sie importierten Gallen (Pistazien), Mandeln, Kämme, Farbholz und »groensporen« (von Kupferplatten abgeschabter Grünspan zum Färben von Textilien) aus Marseille, Kattun und Pfeffer aus Amsterdam, Cochenille (einen roten, durch das Zerstampfen getrockneter mexikanischer Schildläuse gewonnenen Farbstoff) und Ingwer aus San Lucar, Salz aus Lissabon, Roggen aus Archangelsk. Sayen (eine Tuchart) verschifften sie nach Venedig, Wachs nach Sevilla, Gewürze nach Danzig. Neben dem »Properhandel« betrieben sie auch Speditions- und Kommissionsgeschäfte.

Hans Berenberg besaß ein Haus im Nikolai-Kirchspiel und einen Garten vor dem Dammtor, etwa in der Gegend der jetzigen Großen Bleichen und der Fuhlentwiete. Er engagierte sich – ebenso wie sein Bruder Paul – für die Niederländische Armen-Casse, die gegründet worden war, um notleidenden Landsleuten zu helfen, und er setzte sich für das Hamburger Waisenhaus ein.

Aus seiner Ehe mit Anna Schnelling – sein Bruder Paul hatte deren Schwester Francina geheiratet – waren sieben Kinder hervorgegangen. Die Tochter Francina heiratete Arnold Amsinck, der sein Vermögen verlor, nachdem 1634 eine Sturmflut seine Bemühungen um die Eindeichung Nordstrands zunichte gemacht hatte. Anna wurde die Frau des Ratsherrn Hermann Langenbeck. Die Söhne Hans und Andreas setzten das väterliche Geschäft fort, und auch deren Nachkommen widmeten sich weiterhin der Handlung. 1768 heiratete Elisabeth Berenberg (1749–1822), eine Ur-Ur-Ur-Enkelin von Hans Berenberg, Johann Hinrich Gossler. Er wurde der Teilhaber seines Schwiegervaters. Seit dem 1. Februar 1769 hieß die Firma Johann Berenberg & Gossler, seit dem 1. Januar 1791 Joh. Berenberg, Gossler & Co. Unter diesem Namen besteht sie als Privatbank (BERENBERG BANK) noch heute.

LITERATUR DG 63 und 127; Hermann Kellenbenz, Unternehmerkräfte im Hamburger Portugal- und Spanienhandel 1590–1625, Hamburg 1954 (Veröffentlichungen der Wirtschaftsgeschichtlichen Forschungsstelle e. V. Hamburg 10), S. 189–191.
Renate Hauschild-Thiessen

BERENBERG, Johann, geb. 14.4.1674 Hamburg, gest. 21.11.1749 ebd.; luth.; Kaufmann, Genealoge.

Johann Berenberg gehörte zur vierten Generation der Berenbergs in Hamburg. Zusammen mit seinem Bruder Rudolf (1680–1745) setzte er die väterliche Handlung fort, zunächst, seit 1711, unter »Johann und Rudolf Berenberg«, dann, ab 1735, als Rudolf Senator geworden war, unter »Johann und Herr Rudolf Berenberg«. So war es damals üblich: Das Wort »Herr« erhöhte Ansehen und Kreditwürdigkeit. Die Beziehungen der Berenbergs erstreckten sich auf Großbritannien und Frankreich, auf die Iberische Halbinsel, auf Italien und natürlich auch aufs Binnenland. Ihr Warenangebot reichte von Amidam bis Zucker und umfasste fast alles: Baumwolle, Drogen und Gewürze, Kaffee und Korinthen, Hölzer und Metallwaren, Tabak und Tee, Seide und Leinen, Öl und Wachs und vieles andere mehr.

Seit 1718 war Johann Berenberg Mitglied der Commerzdeputation (der Vorläuferin der Handelskammer), 1722 wurde er deren Präses. Darüber hinaus hatte er eine Fülle von Ehrenämtern inne: Er war unter anderem Fortifikations-Bürger (1713), Jahresverwalter des Brunnens in der Deichstraße und auf dem Rödingsmarkt (1714), Mitverwalter von Catharina Rotenburgs Testament für Blinde (1715), Provisor des Gast- und Krankenhauses (1716), Deputierter bei der Feuerkasse (1717), Provisor des Hospitals St. Hiob (1717), Kriegskommissar (1718), Bauhof- (1723), Admiralitäts- (1725), Bank- (1726), Convents- (1731) und Ratsweinkeller-Bürger (1747) – im Ganzen waren es 27 Funktionen, über die er penibel Buch geführt hat. Für manchen Verwaltungszweig hat er Grundlagen geschaffen: Innerhalb der Senatsakten im Staatsarchiv gibt es beispielsweise »Johann Berenbergs Sammlung das hamburgische Commercium betreffend«, »Bestallungen, Capitulationes, Eide und Ordnungen pp. durch Johann Berenberg mit großem Fleiße gesammelt«, es finden sich von ihm zusammengestellte Sammlungen von Rezessen, Mandaten, Burspraken und Stadturkunden sowie zwei Bände »Hamburgische Delinquenten von 1390 biß dato [1734], die hingerichtet wurden, und Kriminalurtheile«.

1717/18 und dann wieder 1733/34 war Johann Berenberg Jahresverwalter der Niederländischen Armen-Casse – ein Amt, das vor ihm schon mehrere Berenbergs innegehabt hatten, unter anderen 1607/08 sein Urgroßvater Hans Berenberg. Heute ist die Niederländische Armen-Casse eine Hilfsorganisation für unverschuldet in Not geratene Hamburger. Damals aber musste noch jeder Antragsteller seine niederländische Abkunft nachweisen; und das war allmählich schwierig, denn die Vertreibung durch Herzog Alba lag mehr als 100 Jahre zurück, die Antragsteller waren in Hamburg geboren, und Unterlagen über ihre Vorfahren besaßen sie in der Regel nicht. Um aus diesem Dilemma einen Ausweg zu finden, begann Johann Berenberg mit seinen genealogischen Studien über die Niederländer in Hamburg. Er sammelte Hochzeits- und Leichengedichte – der große Bestand der Commerzbibliothek geht auf ihn zurück. Und er erstellte Stammbäume, nach Möglichkeit mit den dazugehörenden Wappen. So entstanden »Berenbergs Genealogien«, ursprünglich ein Hilfsmittel für die Vorsteher der Niederländischen Armen-Casse, heute eine Fundgrube für Genealogen. Das wertvolle Original wird im Staatsarchiv verwahrt; eine Kopie liegt zur allgemeinen Benutzung im Lesesaal.

LITERATUR DG 63; Renate Hauschild-Thiessen, Johann Berenberg (1674–1749) und seine »Genealogien«, in: HGH Bd. 10, Heft 8 (Dezember 1979), S. 183–186.
Renate Hauschild-Thiessen

BERNADOTTE, Jean-Baptiste-Jules, geb. 26.1.1763 Pau (Frankreich), gest. 26.4.1844 Paris; kath., seit 1810 luth.; französischer General, als Karl XIV. Johann schwedischer König.

Nachdem Jean-Baptiste-Jules Bernadotte 1804/05 Generalgouverneur des vom französischen Staat okkupierten Kurfürstentums Hannover gewesen war, hatte er dieselbe Funktion im Generalgouvernement der Hansestädte von 1807 bis 1809 inne. Der nach 1789 steil aufgestiegene Offizier, der 1798/99 als Botschafter in Wien und 1799 kurze Zeit als Kriegsminister gewirkt hatte, gehörte 1804 zu den von Napoleon ernannten Marschällen des Empire. Er trieb die hannoverschen Autoritäten dazu, in den Hansestädten Anleihen aufzunehmen. Nach dem Tilsiter Frieden (1807) kam Bernadotte, seit 1806 Titularfürst von Pontecorvo, selbst nach Hamburg. Er bereicherte sich hier in der für Statthalter üblichen Weise, vor allem durch Annahme von Schmiergeldern und die damit verbundene Duldung groß angelegten Schmuggels zwecks Unterlaufung der von Napoleon verhängten Kontinentalsperre. Nach wenig erfolgreicher Teilnahme am Fünften Koalitionskrieg (1809) von Napoleon in den Ruhestand versetzt, wurde Bernadotte 1810 von den schwedischen Ständen zum Kronprinzen gewählt und führte unter dem Namen Karl XIV. Johann fortan die Politik des Landes; 1818 folgte er König Karl XIII. auf dem Thron nach. In den Befreiungskriegen 1813/14 stand Bernadotte an der Spitze der Vereinigten Nordarmee. Aus außenpolitischem Kalkül untersagte er im Mai 1813 einem seiner Generäle, sich an der Verteidigung des vorübergehend von schwachen russischen Kräften unter Friedrich Carl Freiherr von Tettenborn besetzten Hamburg gegen den zur Rückeroberung angetretenen Marschall Louis-Nicolas Davout zu beteiligen. Anfang 1814 wirkten einige seiner Truppen an der Belagerung der von Davout erbittert gehaltenen Hansestadt mit. Vorübergehend war Bernadotte 1814 als französischer König im Gespräch. Nach Ansicht mancher Biografen ist ihm in den Hansestädten im Vergleich zu anderen napoleonischen Statthaltern – namentlich zu Louis-Nicolas Davout – ein positives Andenken bewahrt worden.

Jean-Baptiste-Jules Bernadotte

LITERATUR Torvald Höjer, Bernadotte und die Hansestädte, in: HG 73 (1955), S. 146–157; Gabriel Girod de l'Ain, Bernadotte. Chef de guerre et chef d'état, Paris 1968; Arthur E. Imhof, Bernadotte. Französischer Revolutionsgeneral und schwedisch-norwegischer König, Göttingen 1970.

Helmut Stubbe-da Luz

BERNAYS, *Isaak* b. Jakob, geb. 1792 Mainz, gest. 1.5.1849 Hamburg; isr.; Rabbiner.

Als in der ersten Hälfte des 19. Jahrhunderts eine wachsende Zahl deutscher Juden an der säkularen europäischen Bildung zu partizipieren begann und jüdische Religion ihren Einfluss im Alltagsleben zu verlieren drohte, vertrat Bernays eine moderne Orthodoxie, die ungeachtet ihrer kulturellen Offenheit die strenge Bewahrung der Tradition als unabdingbare Verpflichtung begriff.

In jungen Jahren stand Bernays im Ruf eines Wunderkindes, das seine Umgebung aufgrund der rasanten Fortschritte im religiösen Studium in Erstaunen versetzte. Wie Jacob Ettlinger, der 1836 das Amt des Altonaer Oberrabbiners antreten sollte, gehörte Bernays zu den ersten jüdischen Gasthörern an der Universität Würzburg. In München, wo er 1819 eine Anstellung als Hauslehrer fand, nutzte er ebenfalls das akademische Lehrangebot, ohne jedoch auf einen formalen Abschluss seiner wissenschaftlichen Studien Wert zu legen. Als Privatgelehrter kehrte Bernays für kurze Zeit in seine Geburtsstadt Mainz zurück, doch berief ihn die Deutsch-Israelitische Gemeinde in Hamburg bereits 1821 als ihr geistliches Oberhaupt. Die dem Herkommen entsprechende Amtsbezeichnung als Rabbiner lehnte Bernays kategorisch ab. An deren Stelle bedingte er sich den spanisch-jüdischen Gelehrtentitel eines Chacham aus, mit dem er das Signal für einen Neu-

Isaak Bernays

anfang in der religiösen Betreuung seiner Glaubensgenossen setzte. Von den Ältestenvorstehern der Gemeinde eingesetzt, richtete Bernays seine Bemühungen zunächst auf die 1805 gegründete jüdische Armenschule Talmud-Tora. In Zusammenarbeit mit dem Schulvorstand stellte er den Unterricht auf eine neue Grundlage, indem er das Curriculum um den Lehrstoff allgemeiner Elementarschulen erweiterte, überdies aber den Schwerpunkt des religiösen Unterrichts auf das Studium der Bibel verlagerte. In der Synagoge suchte Bernays die Andacht zu erhöhen, indem er die Gottesdienstbesucher strenger zur Einhaltung von Ordnung und Disziplin verpflichtete. Seine Predigten, die er regelmäßig in deutscher Sprache hielt, erregten als Novum zwar weithin Aufsehen, doch fanden sie nicht die ungeteilte Zustimmung aller Zeitgenossen, denen die verklausulierte Sprache und komplizierten Gedankengänge mitunter unverständlich blieben. Auch als Gegner religiöser Reformen machte sich Bernays über die Grenzen der Hansestadt hinaus einen Namen. Nachdem 1841 der Hamburger Israelitische Tempel – ein Verein, der sich von den überlieferten Formen des jüdischen Gottesdienstes zum Teil lossagte – sein Gebetbuch in neuer Bearbeitung publiziert hatte, formulierte Bernays den Protest aus der Sicht der jüdischen ›Altgläubigen‹, die sich zwar immer noch in der deutlichen Mehrheit befanden, jedoch auf lange Sicht ihre Stellung in den deutschen Kultusgemeinden gefährdet sahen. Es gelang Bernays allerdings weder, den Senat der Stadt noch den Vorstand der israelitischen Gemeinde davon zu überzeugen, dass den innerjüdischen Prozessen der Pluralisierung entgegengesteuert werden müsse. Während seiner letzten Jahre wurde es stiller um Bernays, der sich aber weiter mit intensiver Leidenschaft den Texten der jüdischen Religionsphilosophie zuwandte, für die er auch in gelehrten Vorträgen Interesse zu wecken suchte. Abgesehen jedoch von einer unvollendet gebliebenen Schrift, die er 1821 in zwei Heften ohne Nennung seines Namens herausgab und deren Verfasserschaft er überdies in späteren Jahren leugnete, versäumte es Bernays, seinen Ideen durch die Literatur weitere Verbreitung zu verschaffen.

WERKE Der Bibel'sche Orient. Eine Zeitschrift, 2 Hefte, München 1821.

LITERATUR LhS 1; Encyclopaedia Judaica, 16 Bde., Jerusalem 1971/72, Bd. 4; Eduard Duckesz, Zur Biographie des Chacham Isaac Bernays, in: Jahrbuch der Jüdisch-Literarischen Gesellschaft 5 (1907), S. 297–322; Hans Bach, Der Bibel'sche Orient und sein Verfasser, in: Zeitschrift für die Geschichte der Juden in Deutschland 7 (1937), S. 14–45; ders. Isaac Bernays, in: Monatsschrift für Geschichte und Wissenschaft des Judentums 83 (1939), S. 533–547; Isaac Heinemann, Die Beziehungen zwischen Samson Raphael Hirsch und seinem Lehrer Isaac Bernays [hebr.], in: Zion 16 (1961), S. 44–90.

Andreas Brämer

BERNHEIM, Ernst, geb. 19.2.1850 Hamburg, gest. 3.3.1942 Greifswald; isr. (get.); Historiker.

Ernst Bernheim entstammte einer in den 1830er Jahren aus Mecklenburg zugezogenen Familie, die es in Hamburg mit Kaufmannsgeschäften zu Wohlstand gebracht hatte. Er besuchte das Johanneum und genoss intellektuelle Förderung durch seine gebildete und musisch begabte Mutter Emma, geborene Simon. Ihr verdankt sich auch seine frühe Bekanntschaft mit Alfred Lichtwark, dem späteren Gründungsdirektor der Hamburger Kunsthalle. Sein Studium der Geschichte absolvierte Bernheim in Berlin, Heidelberg und Straßburg, wo er 1873 mit einer Arbeit über das Wormser Konkordat promoviert wurde. Nach seiner Habilitation in Göttingen (1875) und mehrjähriger Mitarbeit an der Edition mittelalterlicher Reichstagsakten erhielt er 1883 eine Professur in Greifswald, wo er bis zur Emeritierung im Jahre 1921 lehrte. Als Forscher leistete er wichtige Beiträge zur mittelalterlichen Rechts- und Geistesgeschichte. Bekannt wurde Bernheim aber vor allem mit theoretischen und methodologischen Arbeiten, zudem engagierte er sich nachdrücklich für die bis dahin kaum wahrgenommenen Belange der Hochschuldidaktik. Sein bekanntestes Werk, das »Lehrbuch der historischen Methode« (1889), verbindet diese Anliegen zu einer prägnanten Einführung in die Historik und erfuhr in mehreren Auflagen und Übersetzungen große Verbreitung. Bernheim verfocht in geschichtsphilosophischer Hinsicht das Primat der Kulturgeschichte in einem weit gefassten, auch soziale und wirtschaftliche Faktoren einschließenden Sinne für die Erkenntnis übergreifender Entwicklungszusammenhänge, lehnte aber die Annahme soziologischer Gesetzmäßigkeiten im historischen Prozess entschieden ab.

WERKE Lehrbuch der historischen Methode. Mit Nachweis der wichtigsten Quellen und Hülfsmittel zum Studium der Geschichte, Leipzig 1889 [Nachdruck der Ausgabe München 1914: New York 1970]; Der Universitätsunterricht und die Erfordernisse der Gegenwart, Berlin 1898; Mittelalterliche Zeitanschauungen in ihrem Einfluß auf Politik und Geschichtsschreibung, 1. [und einziger erschienener] Teil: Die Zeitanschauungen: Die Augustinischen Ideen, Antichrist und Friedensfürst, Regnum und Sacerdotium, Tübingen 1918 [Nachdruck Aalen 1964].

LITERATUR NDB 2; DBE 1; Kurt Detlev Möller, Ein Pionier der historischen Methode. Zur Erinnerung an Ernst Bernheim, in: HGH Bd. 13, Heft 4 (Juli 1950), S. 121–125; Siegfried Quandt (Hg.), Deutsche Geschichtsdidaktiker des 19. und 20. Jahrhunderts. Wege, Konzeptionen, Wirkungen, Paderborn u. a. 1978; Rembert Unterstell, Klio in Pommern. Die Geschichte der pommerschen Historiographie 1815 bis 1945, Köln u.a. 1996 (Mitteldeutsche Forschungen 113), S. 67–76.

Rainer Donandt

BEYLE, Friedrich *(Fritz)* Wilhelm Rudolph,

geb. 29.1.1899 Hamburg, gest. 11.10.1997 ebd.; luth.; Gewerbelehrer, Maler.

Aus einer alten Hamburger Lehrerfamilie stammend, zeigte Fritz Beyle früh Begabung zum Zeichnen, Malen und Werken. Nach dem Schulabgang mit Selekta begann er eine Lehre als Dekorationsmaler, die er 1917 mit der Gesellenprüfung abschloss. Im Anschluss an den Militärdienst besuchte er die Landeskunstschule und arbeitete bei der angesehenen Hamburger Dekorationsfirma Gustav Dorén, beteiligt an vielen Ausstattungen, Ausstellungen und Wandmalereien. Ab 1933 leitete Beyle neben freiberuflicher Tätigkeit das Atelier von C.A.Meyer. Bereits 1932 hatte er den Lehrplan für eine Meisterschule des Malerhandwerks in Altona ausgearbeitet; die danach gegründete Schule leitete er von 1935 bis 1964. 1940 wurde er zum Fachschuldirektor ernannt. Die Ziele der Schule waren stets die Betonung der handwerklichen Grundausbildung und die Förderung des Architekturverständnisses. Beyles eigene Lehrtätigkeit umfasste Bauformenlehre, Stilgeschichte und Raumgestaltung. Nach dem Zweiten Weltkrieg konnte er den Wiederaufbau der Schule entscheidend prägen. 1950 erhielt er den Auftrag, am Pädagogischen Institut der Universität Hamburg bei der Lehrerausbildung das Wahlfach Bildendes Gestalten zu übernehmen. Daneben entwarf Beyle im Auftrag von Schulbuchverlagen Wandtafeln für den Geschichtsunterricht und Illustrationen für Schulbücher. Er eignete sich hierfür besonders durch seine verständliche und pädagogisch suggestive Zeichenweise.

Fritz Beyle

Seine zahlreichen in diesen Jahrzehnten entstandenen Arbeiten, vor allem Wandbilder und Innenraumgestaltungen in privaten und öffentlichen Gebäuden, zum Beispiel in Schulen, Ämtern, Hotels, Restaurants, Kirchen, Kliniken, Luftschutzbunkern und Schiffen, sind leider fast ausnahmslos durch Kriegseinwirkung oder bei Umbauten der Gebäude und Räume verloren gegangen. Beyles zeitbedingte realistische, ja bodenständige Zeichenweise kam der pädagogischen Zwecksetzung entgegen. Zahlreiche Entwürfe und Originalkartons, Skizzen und Modelle sowie viele Grafiken und Aquarelle mit Landschaftsmotiven sind erhalten. Viele von ihnen werden heute in den Beständen des von Beyle 1984 mitbegründeten Deutschen Maler- und Lackierermuseums im so genannten Glockenhaus in Hamburg-Billwerder (Billwerder Billdeich Nr. 72) verwahrt.

Der Hamburger Öffentlichkeit wurde Beyle ein Begriff, als er seine spezifischen pädagogischen und museumsdidaktischen Gestaltungsfähigkeiten ehrenamtlich in den Dienst der 1962 neu gegründeten Gesellschaft »De Spieker« (Gesellschaft für Heimatpflege und Heimatforschung in den Hamburgischen Walddörfern) stellte, die Trägerin des soeben begründeten Museumsdorfes in Hamburg-Volksdorf war. Die im ehemaligen Dorfkern Volksdorfs trotz baulicher Verdichtung zum Einkaufszentrum noch erhaltenen historischen bäuerlichen Bauten, durch Translozierung oder Nachbau anderswo verlorener Objekte behutsam zu einem eindrucksvollen und lebendigen Ensemble ergänzt, verdanken ihre Wirkung als Museum und zugleich als Kulturzentrum im Nordosten Hamburgs der unermüdlichen Arbeit Beyles bis ins hohe Alter, sowohl im handwerklich-technischen als auch im didaktischen und gestalterischen Bereich.

WERKE (mit Arthur Dähn) Museumsdorf Volksdorf. Die Bauanlagen, Hamburg 1991. *Manfred F. Fischer*

BEYRICH, Franz, geb. 10.2.1887 Hamburg, gest. 15.12.1961 ebd.; kath.; Sozialarbeiter, Angestelltengewerkschafter, Zentrums- und CDU-Politiker.

Franz Beyrich

Franz Beyrich steht für die Kontinuität zwischen der Weimarer Zentrumspartei in Hamburg und der 1945 aus heterogenen Kräften gegründeten CDU. Er war ein typischer Repräsentant des katholischen Verbandswesens, das die Mitglieder der sozial und politisch überwiegend randständigen Diaspora organisierte und seinen nicht leichten Stand durch Betriebsamkeit zu kompensieren versuchte.

Im Anschluss an den Besuch des Sozialpädagogischen Instituts als Fürsorger zugelassen, erhielt Beyrich nach der Kriegsteilnahme (1915–18) 1919 eine Anstellung bei der Wohlfahrtsbehörde. Gleichzeitig betrieb er in Barmbek eine von seinem Vater übernommene Buch- und Devotionalienhandlung. Er saß im Vorstand des Hamburger Ortsvereins des (christlichen) Deutschen Gewerkschaftsbundes und bekleidete im Reichsverband der Büroangestellten und -beamten ein Amt im Hauptvorstand. 1922 gehörte Beyrich zu den Gründern der Ersatzkasse für Büro- und Behördenangestellte (später Hamburg-Münchener Ersatzkasse), als deren Vorstandsmitglied er noch in den fünfziger Jahren wirkte. 1925 zum Vorsitzenden der Hamburger Zentrumspartei gewählt, behielt er dieses Amt nur ein Jahr lang – wohl auch deshalb, weil er für eine Annäherung an DDP und SPD eintrat und sich im Reichsbanner Schwarz-Rot-Gold engagierte, während die (stets zwei) Hamburger Zentrumsabgeordneten bei der DVP hospitierten. Der 1929 in die Bürgerschaft gewählte Beyrich war 1931/32 mitverantwortlich dafür, dass das Zentrum mit der Wirtschaftspartei und dem Christlich-Sozialen Volksdienst eine technische Fraktion bildete. 1932 setzte die Partei ihren Weg in Richtung auf die linke Seite des Parteienspektrums fort und stützte den Senat, dem neben SPD- und DStP-Politikern zwar noch DVP-Senatoren angehörten, der auf die DVP-Fraktion aber nicht mehr zählen durfte. Dafür avancierte Beyrich zum Zweiten Vizepräsidenten der Bürgerschaft: In Hamburg herrschte jetzt eine – informelle – »Weimarer Koalition«. Beyrich durfte 1933 seinen Arbeitsplatz in der Wohlfahrtsbehörde behalten, verlor ihn aber nach dem 20. Juli 1944. Als ehemaliger Zentrumsexponent wurde er für einige Wochen in »Schutzhaft« genommen und dann aus gesundheitlichen Gründen entlassen. Für seine Verdienste im Luftschutzdienst während der Bombardierung Hamburgs im Juli 1943 war er mit dem Kriegsverdienstkreuz ausgezeichnet worden.

Im Juli 1945 gehörte Beyrich zu einer Delegation der auf ihre Wiederzulassung und ein Anknüpfen an den Parteienstaat der Weimarer Republik bedachten

Altparteien SPD, KPD, DDP und Zentrum, die mit Bürgermeister Rudolf Petersen verhandelte. Dann führte er seine politischen Freunde in die von Protestanten dominierte, im November 1945 zugelassene Christlich Demokratische Partei (ab 1946 CDU). Beyrich erhielt den Mitgliedsausweis Nr. 1 und war bis zum Frühjahr 1946, als mit Max Detlev Ketels ein Protestant gewonnen werden konnte, de facto auch Hamburger Parteivorsitzender. Bis 1949 besetzte er den Platz des den Katholiken vorbehaltenen Stellvertretenden Vorsitzenden und wurde dann von Roland Seffrin abgelöst. Nachdem er – infolge der strengen Inkompatibilitätsvorschriften der britischen Besatzer – auf seine Anstellung beim Staat verzichtet hatte, war Beyrich vom Jahresende 1946 bis 1953 wieder Mitglied der Bürgerschaft und fungierte bis 1950 erneut als deren Vizepräsident. 1946 erhielt er von den Engländern die Lizenz für die CDU-nahe »Hamburger Allgemeine Zeitung« (HAZ); 1950 fusionierte das kränkelnde Blatt mit der in ähnlicher Lage befindlichen, der FDP nahe stehenden »Hamburger Freien Presse« zum »Hamburger Anzeiger«. Beyrich, der im Laufe seines Lebens mehrere Baugenossenschaften mitgegründet hatte, war in den fünfziger Jahren noch Vorsitzender der Baugenossenschaft Kolping. 1959 wurde er Ehrenvorsitzender der Hamburger CDU.

LITERATUR Helmut Stubbe-da Luz, Union der Christen – Splittergruppe – Integrationspartei. Wurzeln und Anfänge der Hamburger CDU bis Ende 1946, Phil. Diss. Hamburg 1990. *Helmut Stubbe-da Luz*

BLEKEN, Abelke, gest. 1583 Hamburg; »Hexe«.

Abelke Bleken aus Ochsenwerder wurde am 18. März 1583 in Hamburg als Hexe verbrannt. Ihre Urgicht, das unter der Folter abgelegte Geständnis, ist die einzige Aussage einer der Hexerei Angeklagten, die aus Hamburg überliefert ist. Darin spiegelt sich zum einen die Rezeption des frühneuzeitlichen Hexenbildes mit den Merkmalen Teufelspakt, Teufelsbuhlschaft, Hexenflug und Sabbat in der hamburgischen Gerichtspraxis; zum anderen werden anhand der von Abelke abgelegten Schadenzauberbekenntnisse die den Hexenprozessen oft vorausgehenden typischen Konfliktmuster erkennbar: Aus Unglücksfällen – hier ein Viehsterben auf dem Landsitz des Hamburger Ratsherrn Johann Huge, Krankheiten sowie ein Todesfall im Haus des Ochsenwerder Vogts Dirick Kleater –, die im Kontext von weiblichen Arbeitsbereichen, hier im Zusammenhang mit der Versorgung von Mensch und Tier, auftraten, entstanden Zaubereiverdächtigungen, besonders wenn den betroffenen Frauen ein Tatmotiv unterstellt werden konnte. Abelke Bleken hatte ihr Gut an den später geschädigten Ratsherrn Huge verkauft; der Vogt Kleater hatte ihren Kessel gepfändet, die später verstorbene Vögtin ihn auf Abelkes Bitten nicht wieder herausgeben wollen. Die Zeitgenossen deuteten das Viehsterben, die Krankheiten und den Todesfall als Rache der Not leidenden Abelke.

LITERATUR Roswitha Rogge, Hexenverfolgung in Hamburg? Schadenzauber im Alltag und in der Justiz, in: Geschichte in Wissenschaft und Unterricht 46 (1995), S. 381–401; dies., Schadenzauber, Hexerei und die Waffen der Justiz im frühneuzeitlichen Hamburg, in: Bernd Schmelz (Hg.), Hexerei, Magie und Volksmedizin. Beiträge aus dem Hexenarchiv des Museums für Völkerkunde Hamburg, Bonn 1997, S. 149–172. *Roswitha Rogge*

BLUNCK, Johann *Hans Friedrich*, geb. 3.9.1888 Altona, gest. 25.4.1961 Hamburg; luth.; Jurist und Schriftsteller.

Hans Friedrich Blunck ist heute vor allem als erster Präsident (1933–35) und Altpräsident der Reichsschrifttumskammer sowie als Mitglied des Reichskultursenats im »Dritten Reich« bekannt. Er galt als namhafter Vertreter der »nordischen Renaissance« und der niederdeutschen Volkstumsbewegung. Seine Tendenz zum Mythologischen und zur Verklä-

Hans Friedrich Blunck

rung der deutschen Geschichte machte ihn schon in der Weimarer Republik zum führenden Repräsentanten der völkisch-nationalistischen Literatur.

Geboren als Sohn eines Lehrers, studierte Blunck Rechtswissenschaft und wurde mit einer Arbeit zur deutschen Rechtsgeschichte 1910 promoviert. Der Regierungsrat bei der Reichsfinanzverwaltung im Finanzamt Hamburg-Altstadt wurde 1926 Syndikus der Hamburgischen Universität, bereits zwei Jahre später aber aus gesundheitlichen Gründen pensioniert. Seiner literarischen Produktivität tat das keinen Abbruch: Er veröffentlichte eine große Zahl von historischen Romanen und Theaterstücken. Im »Dritten Reich« forderte er, dass Schriftsteller dem nationalsozialistischen Staat dienen sollten, und schrieb regelmäßig im »Völkischen Beobachter«. Blunck erhielt zahlreiche Auszeichnungen, 1938 wurde er Ehrenmitglied der Hamburger Universität; diese Ehrung wurde 1945 aufgehoben, doch gedachte Rektor Helmut Thielicke seiner noch 1961 als »Glied der Familie unserer alma mater«. Blunck konnte nach dem Ende des Zweiten Weltkriegs seine umfangreiche schriftstellerische Tätigkeit ungehindert fortsetzen.

Werke Märchen von der Niederelbe, 3 Bde., Jena 1923–31; Deutsche Kulturpolitik, Hamburg 1934; Gesammelte Werke, 10 Bde., Hamburg 1937; Ausgewählte Werke, 4 Bde., Hamburg 1941; Unwegsame Zeiten. Lebensbericht, Mannheim 1952.

Literatur Rainer Hering, Der Dichter als Universitätssyndikus. Hans Friedrich Blunck ist in dieser Rolle nur noch wenigen bekannt, in: Uni hh. Berichte, Meinungen aus der Universität Hamburg, Jg. 19 (1988), Nr. 5, S. 45–47; Kai-Uwe Scholz, Prominente Schriftsteller des Dritten Reichs und ihre »Zweite Schuld«. Eine vergleichende Untersuchung von Nachkriegspublikationen der Autoren Erwin Guido Kolbenheyer, Hans Friedrich Blunck und Hans Grimm, Phil. Diss. Berlin 1993; Hans Sarkowicz/Alf Mentzer, Literatur in Nazi-Deutschland. Ein biografisches Lexikon, Hamburg/Wien 2000.

Rainer Hering

Bock, Arthur, geb. 12.5.1875 Leipzig, gest. 26.10.1957 Ettlingen; Bildhauer.

Das künstlerische Werk von Arthur Bock, zu dem Plastiken, Grab- und Denkmale gehören, ist im Hamburger Stadtbild, insbesondere auf den Friedhöfen, bis heute präsent. Der Bruder des Zeichners, Grafikers und Malers Hanns Bock studierte an der Gewerbeschule und Akademie in Leipzig und war

Arthur Bock

Schüler von Georg Kugel in Gotha. Von 1894 bis 1897 besuchte er die Kunstgewerbeschule in Dresden, von 1897 bis 1900 die Königliche Akademie in Berlin. Ab 1903 wirkte Arthur Bock für 40 Jahre als Kunstprofessor in Hamburg und lehrte an der privaten Malschule von Gerda Koppel. Bock gehörte zur Hamburger Künstlervereinigung und verkehrte bei dem Unternehmer und Mäzen Oskar Troplowitz. Ab 1905 beteiligte er sich an Gemeinschaftsausstellungen unter anderem in Hamburg, Berlin, München und Leipzig. In Hamburg wurde er bekannt mit seinen Skulpturen »Allegorien der Winde« (St. Pauli-Landungsbrücken, 1909), »Diana mit Hunden« (Stadtpark, 1911) und »Justitia« (Oberlandesgericht, 1912) sowie den allegorischen Plastiken am Sievekingplatz (ehemalige Brunnenanlage, 1912). Darüber hinaus schuf Bock allein für den Ohlsdorfer Friedhof über 50 Arbeiten, darunter gemeinsam mit Fritz Schumacher und Hugo Klugt das Grabmal Troplowitz/Mankiewicz (1918). Weitere wichtige Werke auf Hamburger Friedhöfen sind unter anderem das Denkmal für die Gefallenen des Ersten Weltkriegs (Hauptfriedhof Altona, um 1925), das Grabmal Otto Ernst (Groß Flottbeker Friedhof, 1926) und das Denkmal auf dem Mennonitenfriedhof in Bahrenfeld (1937). Außerdem schuf Bock zwischen 1912 und 1938 Grabmäler für den Friedhof Eisenach, den Hauptfriedhof Kassel, den Melatenfriedhof Köln, den Friedhof Bad Oldesloe, den Cimetière du Bois-de-Vaux Lausanne und den Südfriedhof Kiel sowie das Gefallenendenkmal für den Kirchenvorplatz Otterndorf (1922/23) und die Schwenkenbecher-Büste für das Marburger Klinikum Langenberge (1949). Nach 1933 kam Arthur Bock mit seiner monumentalblockhaften, immer wieder »heroisch« wirkenden Kunst der nationalsozialistischen Ideologie entgegen und schuf unter anderem die Bronzebüste für den Leiter der NSDAP-Auslandsgruppe Schweiz, Wilhelm Gustloff, der nach einem tödlichen Attentat 1936 von den Nationalsozialisten zum Märtyrer stilisiert wurde.

WERKE (mit Caesar Scharff) Der Hamburger Friedhof und sein plastischer Grabschmuck. Ein Wort an das kunstliebende Hamburger Publikum, Hamburg 1904; Künstler. Grabmäler, Hamburg o. J. [1933].

LITERATUR AKL 12; ThB 4; Vollmer 1; Rump; Heinz Zabel, Plastische Kunst in Hamburg. Skulpturen und Plastiken im öffentlichen Raum, Reinbek 1986.

Norbert Fischer

Johann Joachim Bode

BODE, *Johann Joachim* Christoph, geb. 12.1.1730 Braunschweig, gest. 13.12.1793 Weimar; luth.; Übersetzer, Drucker, Verleger.

Mit dem Namen Johann Joachim Christoph Bode sind untrennbar einige der interessantesten Schriften und Projekte der deutschen Spätaufklärung verbunden, die einen nicht unwesentlichen Beitrag zur damaligen Geisteskultur lieferten.

Der aus ärmlichen Verhältnissen stammende Bode – sein Vater Johann Jürgen Bode war zunächst Soldat, dann Ziegeleiarbeiter – eignete sich nach seinem Militärdienst in einem Braunschweiger Regiment mit Unterstützung Johann Christoph Stockhausens in Helmstedt umfangreiche Sprachkenntnisse an. In Hamburg, wohin er sich 1757 nach dem Tod seiner ersten Frau und seiner Kinder begeben hatte, folgten Tätigkeiten als Musiklehrer, als Übersetzer von Theaterstücken für die Koch'sche Gesellschaft (1760–62) und schließlich als Redakteur des »Hamburgischen Unpartheyischen Correspondenten« (1762/63). Mit seinen Übersetzungen der Werke Laurence Sternes und Michel de Montaignes sorgte Bode maßgeblich für deren Verbreitung in Deutschland und begründete zugleich seine eigene literaturgeschichtliche Bedeutung. Parallel dazu stieg er nach seinem Beitritt zur Freimaurerloge »Absalon« (1761) sowohl in programmatischer als auch in organisatorischer Hinsicht zur zentralen Figur der hamburgischen und norddeutschen Geheimgesellschaften auf; bei ihm liefen die Verbindungsfäden zu den großen auswärtigen Logen zusammen. Die berufliche Umorientierung zum Druck- und Verlagsgewerbe resultierte aus dem frühen Tod seiner zweiten Frau Simonetta Tamm, einer Senatorentochter, von der Bode ein Jahr nach der Hochzeit (1765) das beträchtliche Vermögen von 16 000 Reichstalern erbte. Es versetzte ihn in die Lage, die Clermondtsche Druckerei aufzukaufen und das Seylersche Projekt eines »Nationaltheaters« intensiv mit Textbüchern und anderem Material zu unterstützen. Kurz darauf begann die Geschäftsbeziehung zu Gotthold Ephraim Lessing, aus der die Wochenschrift »Hamburgische Dramaturgie« (1767–69) als kritisches Organ der Theaterentreprise Abel Seylers hervorging. Beide fassten zusätzlich die Gründung einer »Buchhandlung der Gelehrten« ins Auge, hinter der sich der Wunsch nach einer höheren Gewinnbeteiligung der Autoren am Verkauf ihrer Erzeugnisse verbarg. Insbesondere Lessing war von der Idee begeistert und versuchte, einige Literaten zur Mitarbeit zu bewegen. Bode ließ sich auch von den warnenden Kommentaren erfahrener Buchhändler wie Friedrich Nicolai oder Johann Bohn, der 1768 sein Schwiegervater wurde, nicht abhalten und führte einige Druckaufträge durch. Das Vorhaben scheiterte schließlich an der fehlenden unternehmerischen Erfahrung, aber auch am Widerstand der Leipziger Buchhändler. Erst nach dem Bruch mit Lessing (1769) gestand sich Bode die Fehler ein und übernahm in enger Kooperation mit der Familie Bohn rentablere Projekte. Darunter kommt Klopstocks Werken »Hermanns Schlacht« (1769) und »Die deutsche Gelehrtenrepublik« (1774), Herders Sammelband »Von deutscher Art und Kunst« (1773) und Claudius' Zeitschrift »Wandsbecker Bothe« (1770–75) erstrangige geistesgeschichtliche Bedeutung zu, vor allem im Hinblick auf den darin repräsentierten

Vaterlandsdiskurs. Die »Gelehrtenrepublik« Klopstocks war ein Selbstverlagsprojekt, das große Enttäuschung unter den Lesern hervorrief und das vorläufige Ende dieses Publikationsweges einläutete. Trotz hochkarätiger Autoren vermochte es Bode nicht, seine Geschäftsverhältnisse zu stabilisieren – im Gegenteil: Das Verlagsgeschäft verschlang die Gewinne der Druckerei und zwang ihn, im Jahre 1770 seine Bibliothek zur Schuldentilgung zu verkaufen. Acht Jahre später folgte die Aufgabe des Geschäfts; die Druckerei ging an seinen Faktor Johann Matthias Michaelsen, der Rest des Verlagslagers 1785 an Bodes Freund, den Verleger Georg Joachim Göschen. Bode nahm den Posten eines Geschäftsführers der Gräfin Emilie von Bernstorff an und verließ 1778 Hamburg in Richtung Weimar. Hier wurde er zum Hofrat ernannt, trat 1782 dem Illuminatenorden bei und betrieb nach dessen Verbot (1785) eine umfassende Neuorganisation unter Distanzierung von Adam Weishaupt.

LITERATUR ADB 2; NDB 2; LhS 1; Ludwig Sickmann, Klopstock und seine Verleger Hemmerde und Bode, in: Archiv für Geschichte des Buchwesens 3 (1961), Sp. 1473–1610; Reinhard Tgahrt, Engelländische Romane oder Denkmal für Bode, in: ders. (Hg.), Weltliteratur. Die Lust am Übersetzen im Jahrhundert Goethes. Eine Ausstellung des Deutschen Literaturarchivs im Schiller-Nationalmuseum Marbach am Neckar [zur Jahresausstellung 1982 vom 15. Mai bis 31. Oktober], Marbach 1982 (Marbacher Kataloge 37), S. 189–208.

Dirk Moldenhauer

BÖSE, Johannes, geb. 27.8.1879 Hemelingen, gest. 13.12.1955 Hamburg; luth.; Lehrer, Begründer der Griffelkunst-Vereinigung Hamburg-Langenhorn e.V.

Als Sohn eines Volksschullehrers und viertes von acht Kindern folgte Johannes Böse bei der Berufswahl dem Vorbild seines Vaters. Nach einer dreijährigen Ausbildung am Lehrerseminar in Alfeld/Leine von 1896 bis 1899 unterrichtete er zunächst an Schulen in Hildesheim und Bremen. 1902 bewarb er sich erfolgreich in Hamburg, wo er rasch Anschluss an die reformorientierte Kunsterziehungsbewegung um Alfred Lichtwark fand. Er war zunächst an der Schule Taubenstraße und ab 1916 an der Seminarschule Binderstraße tätig. 1903 wurde er Mitglied der Lehrervereinigung zur Pflege der künstlerischen Bildung, die später in der Gesellschaft der Freunde des vaterländischen Schul- und Erziehungswesens aufging. Nach dem Ersten Weltkrieg – Böse blieb wegen des Schuldienstes freigestellt – zog er 1921 in die neu errichtete Gartenstadt-Siedlung Langenhorn. 1923 wurde er Lehrer an der seinem Wohnhaus benachbarten Volksschule am Timmerloh, der heutigen Fritz-Schumacher-Schule, die sich rasch zum kulturellen Mittelpunkt der Siedlung entwickelte. An dieser so genannten »Siedlungsschule« rief Johannes Böse, der selbst malte und musizierte (Klavier, Orgel, Geige), kunstpädagogische Arbeitsgemeinschaften mit Schülern und Eltern ins Leben; ab 1924 unterrichtete er auch in Volkshochschulkursen. Seine Arbeitsgemeinschaften gelten als Keimzelle der 1925 von ihm begründeten Griffelkunst-Vereinigung Hamburg-Langenhorn e.V. Diese anfangs 79 Mitglieder zählende Organisation setzte es sich zum Ziel, grafische Kunst einer breiten Bevölkerung näher zu bringen. Böses politische Heimat war bis 1933 die SPD. In diesem Jahr wurde er von den Nationalsozialisten kurzzeitig seines Amtes enthoben und trat 1937 der NSDAP bei, wandte sich jedoch nach dem Zweiten Weltkrieg erneut der Sozialdemokratie zu. Die Griffelkunst-Vereinigung leitete er – vom Schuldienst teilweise freigestellt – bis zu seinem Tod. Die Nachfolge trat seine älteste Tochter Gerda Böse an, die ihn schon zuvor bei der Arbeit unterstützt hatte.

Noch heute nimmt die Vereinigung mit Hauptsitz in Hamburg ihren kunstpädagogischen Auftrag wahr. Sie ermöglicht ihren mittlerweile rund 4200 Mitgliedern in 86 Zweigstellen in Deutschland den

Johannes Böse

preisgünstigen Erwerb alter und neuer Original-Druckgrafiken und Fotografien. Verstärkt will sie mit neuen Entwicklungen auf dem Kunstmarkt bekannt machen. In Langenhorn erinnert seit 1959 der Johannes-Böse-Weg an den Pädagogen.

LITERATUR Henrike Junge, Wohlfeile Kunst. Die Verbreitung von Künstlergraphik seit 1870 und die Griffelkunst-Vereinigung Hamburg-Langenhorn, Mainz 1989.

Norbert Fischer

BOOTH, James, geb. 16.2.1770, 1771 oder 1772 Larbert bei Falkirk (Schottland), gest. 25.12.1814 Klein Flottbek; Pflanzenzüchter, Baumschulbegründer.

Die Baumschule, die James Booth in Klein Flottbek aufbaute, erlangte über den Hamburger Raum hinaus große Bedeutung für die Zucht von Forst-, Park- und Gartenpflanzen; sie wurde im 19. Jahrhundert zur Keimzelle des holsteinischen Baumschulgebiets.

Hinsichtlich des Geburtsjahrs von Booth variieren die Angaben zwischen 1770 (Familienstammbaum), 1771 (Sterberegister) und 1772 (Grabinschrift). Sein gleichnamiger Vater besaß in der Gegend von Falkirk ausgedehnte Ländereien mit Baumschulbetrieb. 1795 siedelte der junge Booth mit Frau und zwei Kindern auf Betreiben des innovationsfreudigen Hamburger Kaufmanns Caspar Voght an die Elbe über. Voght, der sein Flottbeker Landgut mit dem Ziel, fortschrittliche Bewirtschaftungsmethoden mit ästhetisch reizvollen Naturbildern zu verbinden, nach dem Vorbild einer »ornamented farm« gestalten ließ, hatte bei seinem Großbritannien-Aufenthalt in den Jahren von 1793 bis 1795 die Leistungsfähigkeit schottischer Baumschulen kennen gelernt, auch den Betrieb von Booth in Falkirk besucht. Voghts Interesse an den dortigen Pflanzungs- und Aufforstungsmethoden hing nicht zuletzt mit der in den 1790er Jahren aktuellen Diskussion um die befürchtete Holzverknappung und -verteuerung zusammen. Zunächst war Booth auf Voghts Flottbeker Gut mit der Gestaltung der Parkanlagen (dem heutigen Jenischpark sowie dem Quellental) und mit der Betreuung der botanischen Versuchsfelder betraut. 1797/98 beschloss Voght, eine kommerzielle Baumschule unter der Leitung von Booth zu eröffnen, die leistungsfähiger sein sollte als die alteingesessenen Hamburger Handelsgärtnereien. Um 1800 wurde die Baumschule von der Südseite auf die Nordseite der Elbchaussee verlegt. Booth gewann gegenüber Voght, der ihm das Gelände in Erbpacht überließ, mit der Zeit an unternehmerischer Eigenständigkeit. Ein Lieferverzeichnis der Baumschule Booth für 1802/03 führt bereits eine Vielzahl von in- und ausländischen Forstbäumen und Strauchpflanzen auf, daneben unter anderem englischen Raygras-Samen und Spargelpflanzen.

Nach großen Anfangserfolgen geriet die Baumschule in der Franzosenzeit in eine verlustreiche und existenzbedrohende Krise. Nach dem frühen Tod von James Booth (1814) konnten seine Söhne James Godfrey, John Richmond und George Booth das Baumschulgeschäft im Zeichen sich wieder verbessernder wirtschaftlicher Rahmenbedingungen zu einem neuen, starken Aufschwung führen. James Booth ist neben seiner Ehefrau Mary Elisabeth Richmond (1776–1826) auf dem Friedhof Nienstedten bestattet; die beiden klassizistischen Grabstelen sind noch vorhanden. Die Erinnerung an den Baumschulbegründer wird durch den 1930 nach ihm benannten Boothsweg im Stadtteil Osdorf wach gehalten.

LITERATUR Maria Möring, Die hamburgische Familie Booth und ihre Bedeutung, 2 Bde., Phil. Diss. Hamburg 1950; Gerhard Ahrens, Caspar Voght und sein Mustergut Flottbek. Englische Landwirtschaft in Deutschland am Ende des 18. Jahrhunderts, Hamburg 1969 (Beiträge zur Geschichte Hamburgs 1); Irmgard Sorge-Genthe, Hammonias Gärtner. Geschichte des Hamburger Gartenbaues in den letzten drei Jahrhunderten, Hamburg 1973, S. 118 f., 174 f.

Hans Walden

BOOTH, James Godfrey, geb. 24.1.1794 Falkirk (Schottland), gest. 12.5.1871 Hamburg; ref.; Saatengroßhändler, Gründer der Gas-Compagnie in Hamburg.

Als ältester Sohn von James Booth war James Godfrey zunächst noch an der Leitung der vom Vater gegründeten Baumschule in Flottbek beteiligt. 1828 eröffnete er eine eigene Saatengroßhandlung unter dem Namen J. G. Booth & Co, deren Kontor in Hamburg sich zunächst an der Mühlenbrücke, ab 1839 in der Reichenstraße Nr. 37 befand. Er pflegte enge private und geschäftliche Kontakte nach Großbritannien. Während eines Schottland-Aufenthalts heiratete er 1829 die junge Eliza Thompson aus Edinburgh (1810–71). Seit 1830 besaß er das Hamburger Bürgerrecht. Wie sein Bruder John Richmond Booth

James Godfrey Booth

wirkte er im hiesigen Garten- und Blumenbau-Verein seit dessen Gründung im Jahre 1836 aktiv mit. 1837 veröffentlichte James Godfrey Booth eine Schrift mit Anleitungen zur Anlage und Pflege von englischem Rasen, in der er auch auf die Vorzüge der von ihm angebotenen »Patent-Grasschneide-Maschine« aus England hinwies. In einer Publikation von 1841 versuchte er die Gründe für die Überlegenheit der britischen Landwirtschaft herauszuarbeiten. Nach dem Hamburger Brand von 1842 warb Booth auch für die Einführung anderer Innovationen von der britischen Insel; so machte er noch im selben Jahr in einer Schrift auf das fortschrittliche Feuerlöschwesen in London aufmerksam.

Folgenreicher war sein Engagement für die Umstellung der Straßenbeleuchtung von Öl auf Leuchtgas. Als Bevollmächtigter der von ihm und mehreren englischen Ingenieuren gegründeten Gas-Compagnie schloss er am 28. März 1844 einen Vertrag mit der Hamburger Kämmerei, durch den die Gesellschaft für 30 Jahre das Monopol der Gasversorgung in Hamburg erhielt und der als Geburtsurkunde der Hamburger Gaswerke gilt. Von 1844 bis 1847 war Booth Direktor der Gas-Compagnie, die im Oktober 1845 das erste Gaswerk Hamburgs auf dem Grasbrook in Betrieb nehmen konnte. Auch nach seinem Rücktritt von dem Leitungsposten flossen ihm aufgrund seiner Kapitaleinlagen und einer Sonderklausel weiterhin Dividenden und Reingewinnanteile von jährlich mehreren 10 000 Mark Banco aus dem Gasgeschäft zu. Im Dezember 1853 verkaufte er die Saatenhandlung an seine früheren Prokuristen Otto Andreas Ernst und Gustav Heinrich Theodor von Spreckelsen. Da er durch den Tod seines kinderlosen Onkels Peter Booth im März 1857 große Besitzungen im schottischen Falkirk erbte, beschloss er, ganz nach Schottland überzusiedeln, kehrte jedoch 1861 in die Hansestadt zurück, wo er seine letzten Lebensjahre verbrachte. Beigesetzt wurde er 1871 auf dem Dammtorfriedhof. Das von dem Bildhauer Engelbert Peiffer geschaffene Grabdenkmal für die Familie von James Godfrey Booth wurde nach der Aufhebung des Dammtorfriedhofs (1935) auf den Ohlsdorfer Friedhof überführt.

WERKE Ueber die Anlegung und Erhaltung eines englischen Rasens, oder: Warum sind unsere Rasen nicht so schön, als man sie fast überall in England antrifft? Hamburg 1837; Betrachtungen über den Stand der Landwirthschaft in Grossbritannien und Versuch, die Ursachen anzudeuten, wodurch dieselbe die hohe Stufe, auf der sie steht, erreicht hat und auch hier erreicht werden kann, Hamburg 1841; Reglement für die Lösch-Anstalt in London mit einem andeutenden Vorwort in Beziehung auf Hamburg, Hamburg 1842.

LITERATUR Maria Möring, Die hamburgische Familie Booth und ihre Bedeutung, 2 Bde., Phil. Diss. Hamburg 1950; Hans Reye, Erleuchtung und Wärme für Hammonia. Eine Hamburg-Chronik besonderer Art, Hamburg 1977, S. 7 ff.; Rolf Nebel, 150 Jahre Gartenbauverein Hamburg e.V. 1836–1986, hg. vom Gartenbauverein Hamburg e.V., Hamburg 1986.

Hans Walden

BOOTH, *John* Richmond, geb. 19.11.1799 Klein Flottbek, gest. 14.9.1847 ebd.; luth.; Pflanzenzüchter, Baumschulbesitzer.

John Richmond Booth wuchs im Baumschulbetrieb seines 1814 verstorbenen Vaters James Booth auf. Nachdem sein älterer Bruder James Godfrey (1794–1871) sich 1828 selbstständig gemacht hatte und sein jüngerer Bruder George (1804–66) um 1831 als Teilhaber ausgeschieden war, wurde er alleiniger Inhaber des Betriebs James Booth & Söhne, der unter seiner Leitung stark expandierte und internationale Reputation erlangte. Im »Lexikon der hamburgischen Schriftsteller« und in anderen Werken ist er irrtümlich mit dem zweiten Vornamen Godfrey aufgeführt, Verwechslungen mit seinem Bruder James Godfrey sind nicht ausgeblieben.

John Richmond Booth betätigte sich erfolgreich auf dem Gebiet der Rosen- und Orchideenzucht, blieb zugleich aber dem Waldbau eng verbunden.

1844 gehörten zu seinem Unternehmen neben ausgedehnten Baumschulflächen im Freien 17 Gewächshäuser, darunter ein Orchideenhaus, ein so genanntes »Paradehaus« für gerade blühende Prachtpflanzen sowie Häuser für die verschiedensten Azaleen-, Rhododendren-, Palmen-, Koniferen-, Kakteen- und Staudenarten. Eine aktive Rolle spielte John Richmond Booth in dem 1836 von ihm mitgegründeten »Garten- und Blumenbau-Verein für Hamburg, Altona und deren Umgegenden«, in dem sich zahlreiche Vertreter der Oberschicht beider Städte zusammenfanden. Im Vereinsorgan berichtete Booth verschiedentlich über Wissenswertes aus der Pflanzenzucht, 1838 zum Beispiel über Rhododendren, zu deren Verbreitung als Parkpflanze sein Betrieb wesentlich beitrug. Mit dem Direktor des Botanischen Gartens, Professor Johann Georg Christian Lehmann, führte Booth 1833/34 über Zeitungsartikel und Druckschriften eine polemische Kontroverse, die als »Rosenstreit« für Aufsehen sorgte. Gegen Lehmanns Behauptung, die von der Flottbeker Baumschule als Neuheit präsentierte Prachtrose »Königin von Dänemark« sei gar keine Neuzüchtung, verwahrte sich Booth in scharfer Form. Schließlich beendete die Erklärung Lehmanns, dass er sich geirrt habe, den Streit. Vor allem setzte sich John Richmond Booth für die Einführung ausländischer Nadelholzarten in der deutschen Forstwirtschaft ein. Insbesondere begann er mit der »Naturalisation« der nordamerikanischen Douglasie, die sein Sohn John Cornelius fortsetzte. 1831 pflanzte er im Flottbeker Arboretum das zweijährige Exemplar einer Douglasie. Dieser »Flottbeker Baum«, die erste Douglasie auf deutschem Boden (1882 gefällt), ging auf Samenmaterial zurück, das eine englische Expedition unter Führung von David Douglas um 1827 an der kanadischen Pazifikküste gesammelt hatte. Durch den Abschluss von Anbauverträgen mit Bewohnern der Umgebung trug Booth zur Herausbildung einer bedeutenden Baumschulwirtschaft, vor allem in der Gegend von Rellingen und Halstenbek, bei.

Für seine züchterischen Verdienste erhielt er aus dem europäischen Ausland mehrere Auszeichnungen, darunter den schwedischen Gustav-Wasa-Orden; 1841 ernannte ihn der dänische König zum Ritter vom Danebrog. Die dänische Königin beehrte seinen Betrieb mit ihrem Besuch, mit dem späteren russischen Reichskanzler Graf Nesselrode stand er

John Booth

wegen Pflanzenlieferungen für die Sankt Petersburger Gärten in persönlichem Kontakt. Verheiratet war John Richmond Booth seit 1831 mit der aus einer bekannten Hamburger Kaufmannsfamilie stammenden Maria Elisabeth de la Camp (1806–68), die die Baumschule nach seinem Tod weiterleitete. Von den sieben Kindern, die aus dieser Ehe hervorgingen, übernahmen Lorenz (1832–87) und John Cornelius (1836–1908) 1863 die Verantwortung für den Baumschulbetrieb, während Arthur (1840–1916) als Kaufmann zu Vermögen kam. Die Grabsäule für John Richmond Booth und seine Frau steht seit 1996 auf dem Nienstedtener Friedhof direkt bei der Grabstätte seines Vaters.

Werke Schriftenverzeichnis in: LhS 1; James Booth & Söhne gegen Professor Lehmann, als Director des Hamburger Botanischen Gartens, in Betreff der Pracht-Rose: »Königin von Dänemark«, Altona 1833; [diverse Beiträge in:] Archiv des Garten- und Blumenbau-Vereins für Hamburg, Altona und deren Umgegenden, 1837 ff.; Verzeichniß der Kiefern- und Tannen-Arten, ausgestellt am 1. September 1841 für die Versammlung Deutscher Land- und Forstwirthe zu Doberan, Hamburg o.J. [1841].

Literatur NDB 2; LhS 1; Wilh[elm] Hirschfeld, Wegweiser durch die Herzogthümer Schleswig und Holstein für die Mitglieder der XI. Versammlung deutscher Land- und Forstwirthe, Kiel 1847, S. 477 ff.; Maria Möring, Die hamburgische Familie Booth und ihre Bedeutung, 2 Bde., Phil. Diss. Hamburg 1950.

Hans Walden

Wolfgang Borchert

BORCHERT, Wolfgang (Ps. *Wolff Maria, Tarpe Beek, Kai Wasser*), geb. 20.5.1921 Hamburg, gest. 20.11.1947 Basel; luth. get., 1940 aus der Kirche ausgetreten; Schriftsteller.

Trümmerliteratur und Kahlschlag kennzeichnen als Schlagworte jene literarische Bewegung, die auf einer vollkommenen Zerstörung der Städte wie auch der Ideale und Hoffnungen nach 1945 gründete, einer Wirklichkeit, die Wolfgang Borchert und andere Autoren in ihrer tiefen Skepsis gegenüber literarischen Traditionen zu verarbeiten suchten.

Als einziger Sohn des Volksschullehrers Fritz Borchert und seiner Ehefrau, der mecklenburgischen Heimatschriftstellerin Hertha Borchert, geborene Salchow, kam Wolfgang Borchert am 20. Mai 1921 in der Tarpenbekstraße im Hamburger Stadtteil Eppendorf zur Welt. Ab 1928 besuchte er die Volksschule in der Martinistraße, ab 1932 die Oberrealschule in der Hegestraße, die er im Dezember 1938 ohne Abschluss verließ. Sein langes Haar und seine Vorliebe für exzentrische Kleidung offenbarten schon früh den Bohemien, den der Konformismus der Hitlerjugend zutiefst abstieß. Mit ausgeprägtem Sinn für Kurioses und Groteskes verfasste Borchert etwa von seinem 15. Lebensjahr an Theaterstücke (»Yorick, der Narr!«, »Käse« und »Granvella«) sowie zahlreiche, zunächst an Hölderlin und Rilke angelehnte Gedichte. Auf Wunsch der Eltern begann er im April 1939 eine Ausbildung zum Buchhändler bei Carl Boysen. Sein eigentlicher, durch ein Gastspiel Gustaf Gründgens' ausgelöster Berufswunsch ließ den stets zu Selbstpräsentation und Rollenspiel Neigenden Schauspielunterricht bei Helmuth Gmelin nehmen. Die Denunziation einer Kollegin aufgrund einer vermeintlich homoerotischen Beziehung führte im April 1940 zur ersten Verhaftung durch die Gestapo, ein Erlebnis, das den trotzigen Einzelgänger in seiner Verachtung für die Nationalsozialisten nachhaltig bestärkte. Die drei

Monate, die er von April bis Juni 1941 als Schauspieler an der Landesbühne Osthannover in Lüneburg verbrachte, hat Borchert stets als die glücklichste Zeit seines Lebens bezeichnet.

In Weimar-Lützendorf erhielt der 20-Jährige nach seiner Einberufung im Juli 1941 eine Ausbildung zum Panzergrenadier. Von den folgenden Kriegsjahren hat er jedoch nur wenige Monate an der Front verbracht, da Anfälle von Gelbsucht und Fleckfieber immer wieder längere Lazarettaufenthalte erforderlich machten. Hinzu kamen monatelange Gefängnisstrafen wegen des Verdachts, sich eine Handverletzung selbst zugefügt zu haben, sowie »wehrkraftzersetzender« Äußerungen. Während seines Heimaturlaubs trat Borchert im September 1943 im Hamburger Bronzekeller, einem Künstlertreffpunkt in der Neustädter Straße, auf. Impressionen aus seiner verwüsteten Heimatstadt finden sich in der nach Kriegsende entstandenen Erzählung »Bill Brook« nachgezeichnet. Nur einen Tag vor seiner Abstellung an ein Fronttheater ließ sich der ewige Komödiant zu einer Goebbels-Parodie hinreißen und wurde prompt denunziert. Nach Monaten im berüchtigten Gefängnis Berlin-Moabit verurteilte das Gericht den unbelehrbaren Befehlsverweigerer im September 1944 zu erneuter »Feindbewährung«. Wie seine Briefe dokumentieren, begann Borchert sich während dieser Zeit in Jena als »leidenschaftlicher Hamburger« zu fühlen, voll der enthusiastischen Überzeugung, dass sein »nebliges und verregnetes Hamburg über allem steht«.

Aus französischer Kriegsgefangenschaft entflohen, wanderte der an einem Leberleiden Erkrankte im Frühjahr 1945 nach Hamburg, wo er nach nur kurzer Erholung im Kabarett Janmaaten im Hafen auftrat und sich ab November an der Gründung des Theaters Die Komödie, eines Hinterhoftheaters in der Altonaer Allee, der heutigen Max-Brauer-Allee, beteiligte. Seine Regieassistenz bei Helmuth Gmelins »Nathan«-Inszenierung am Hamburger Schauspielhaus konnte der rastlose Heimkehrer nicht beenden, da sein gesundheitlicher Zustand ihn von dieser Zeit an ans Bett fesselte. Im Elisabeth-Krankenhaus entstanden im Januar 1946 »Die Hundeblume« sowie drei weitere Erzählungen. Ohne Hoffnung auf Genesung entlassen, lektorierte er eine Zeit lang für den Hamburger Hermes-Verlag und veröffentlichte Buchkritiken in der »Hamburger Freien Presse«. Von seinen eigenen Arbeiten erschien im selben Jahr die Gedichtsammlung »Laterne, Nacht und Sterne«. In nur acht Tagen schrieb der 26-Jährige im Januar 1947 sein berühmtestes Werk, das Heimkehrerdrama »Draußen vor der Tür«. Mit Unterstützung von Ernst Schnabel, dem Chefdramaturgen der NWDR-Hörspielabteilung, wurde es am 13. Februar mit Hans Quest in der Rolle des Beckmann gesendet und stieß auf eine überwältigende Resonanz. Aus Sorge um seinen zunehmend bedenklichen Gesundheitszustand ermöglichten Freunde dem jungen Autor eine Reise in die Schweiz. Hier entstand im Oktober sein letztes Werk, das Antikriegsmanifest »Dann gibt es nur eins«. Wolfgang Borchert starb am 20. November in Basel. Seine Urne wurde am 17. Februar 1948 auf dem Ohlsdorfer Friedhof in Hamburg beigesetzt. Gleich einem Requiem fand nur einen Tag nach seinem Tod die frenetisch umjubelte Uraufführung von »Draußen vor der Tür« in den Hamburger Kammerspielen statt.

Seine überaus kurze Lebensspanne und ein Werk, das den existenziellen Erfahrungen der Kriegs- und unmittelbaren Nachkriegsjahre Ausdruck verlieh, haben den Mythos dieses Autors begründet. Gleichwohl stehen Borcherts Popularität und die Einschätzung seiner literarischen Fähigkeiten in einem auffälligen Missverhältnis zueinander. So hat der frühe Tod sein Werk zwar zum eindringlichen Vermächtnis eines Kriegsopfers gemacht und damit zur Stimme der »Generation ohne Abschied«, die sich von ihren Vätern um ihre Jugend betrogen sah, doch sind seine Texte stets auch von Kritik an ihrer ästhetischen Qualität und der sie prägenden inneren Haltung begleitet gewesen.

Wie vielleicht nur Heinrich Heine vor ihm hat Borchert der Hansestadt in seinem Werk ein literarisches Denkmal gesetzt (»Hamburg«, »Die Stadt«). In präzisen Stimmungsbildern und voller Freude an atmosphärischen Wortschöpfungen schildert er die »Göttin Großstadt« als verlockend und zweifelhaft zugleich. Als wollte sie ihm dafür ihren Dank bezeugen, gedenkt die Stadt Hamburg Wolfgang Borcherts wie kaum eines anderen Dichters. Eine Tafel erinnert in der Tarpenbekstraße 82 an sein Geburtshaus, regelmäßige Stadtspaziergänge laden ein, seinen Spuren zu folgen, und ein auf seinen Namen getauftes Fährschiff verkehrt regelmäßig zwischen den Landungsbrücken und Finkenwerder. Bereits 1969 ist die Schule in der Erikastraße in Wolfgang-Borchert-Schule umbenannt worden, und seit 1973 trägt eine Straße im Stadtteil Steilshoop den Namen Borchertring, 1982 bis 1985 entstand in Alsterdorf die Wolfgang-Borchert-Siedlung. Textzeilen aus seinem Antikriegsmanifest an der Friedenseiche am Eppendorfer Baum, eine Skulptur mit der Unterschrift »Mütter sagt nein« in der Grünanlage Eppendorfer Landstraße sowie ein Denkmal in der Nähe des Literaturhauses am Schwanenwik mit Abschnitten aus »Generation ohne Abschied« erinnern in pazifistischer Absicht an das Werk Borcherts. 1976 durch Vermächtnis des Nachlasses ihres Sohnes von Hertha Borchert gegründet, befindet sich das Wolfgang-Borchert-Archiv in der Hamburger Staats- und Universitätsbibliothek. Neben der Einrichtung von Borcherts Arbeitszimmer verwahrt es Erstausgaben, Übersetzungen und Forschungsliteratur. 1988 erfolgte die Gründung der Internationalen Wolfgang-Borchert-Gesellschaft mit Sitz in Hamburg, die seit 1989 Jahreshefte mit wissenschaftlichen Beiträgen zur Borchert-Forschung herausgibt.

WERKE Laterne, Nacht und Sterne. Gedichte um Hamburg, Hamburg 1946; Das Gesamtwerk. Mit einem biographischen Nachwort von Bernhard Meyer-Marwitz, Hamburg u. a. 1949; Peter Rühmkorf (Hg.), Die traurigen Geranien und andere Geschichten aus dem Nachlaß, Reinbek 1962; Allein mit meinem Schatten und dem Mond. Briefe, Gedichte und Dokumente, hg. von Gordon J. A. Burgess und Michael Töteberg unter Mitarbeit von Irmgard Schindler, Reinbek 1996.

LITERATUR NDB 2; Peter Rühmkorf, Wolfgang Borchert in Selbstzeugnissen und Bilddokumenten, Reinbek 1961; Gordon J. A. Burgess, Wolfgang Borchert. Mit Beiträgen von Rolf Italiaander, Heinrich Böll und Bernd M. Kraske, Hamburg 1985 (Hamburger Bibliographien 24) [enthält die bislang umfangreichste Bibliografie zu Wolfgang Borchert]; Claus B. Schröder, Draußen vor der Tür. Eine Wolfgang-Borchert-Biographie, Berlin (DDR) 1988; Gordon J. A. Burgess/Hans-Gerd Winter (Hg.), »Pack das Leben bei den Haaren«. Wolfgang Borchert in neuer Sicht, Hamburg 1996 (Schriftenreihe der Hamburgischen Kulturstiftung 5).

Astrid Froese

BORCHLING, Conrad, geb. 20.3.1872 Hitzacker, gest. 1.11.1946 Hamburg; luth.; Germanist.

Conrad Borchling wurde am 20. März 1872 als Sohn des Rechnungsrates August Borchling in Hitzacker, Kreis Dannenberg, geboren. Die heimatliche Prägung, vor allem die niederdeutsche Sprache, hat ihn sein ganzes Leben lang nicht losgelassen und wurde zum zentralen Beweggrund für sein wissenschaftli-

Conrad Borchling

ches Wirken. Das Gymnasium besuchte Borchling in Leer, Hildesheim und Emden, um anschließend ab Herbst 1889 in Göttingen klassische Philologie und Germanistik zu studieren. Bereits 1896 wurde er zum Dr. phil. promoviert und legte gleichzeitig das philologische Staatsexamen ab. Von Mai 1897 bis Ostern 1902 bereiste er im Auftrag der Königlichen Gesellschaft der Wissenschaften zu Göttingen die Bibliotheken und Archive im nördlichen Deutschland, in Skandinavien und in den Niederlanden, um die dort vorhandenen Handschriften zur mittelniederdeutschen Literatur zu inventarisieren und zu katalogisieren. Das Ergebnis dieser Reisen dokumentierte er in den vierbändigen »Reiseberichten« (Jahrbücher der Göttinger Akademie 1898, 1900, 1902 und 1913). 1903 wurde Borchling die Venia Legendi für Deutsche Philologie erteilt; anschließend war er bis 1906 Privatdozent in Göttingen, sodann Professor an der Akademie in Posen.

1910 wurde Conrad Borchling auf den neu geschaffenen Lehrstuhl für Deutsche Philologie am Kolonialinstitut Hamburg berufen. Bei der Gründung der Universität 1919 ging diese Professur als »Ordentliche Professur für Deutsche Sprachwissenschaft und Deutsche Literatur mit besonderer Berücksichtigung des Niederdeutschen und Niederländischen« in der Philosophischen Fakultät auf. Das ebenfalls 1910 gegründete Deutsche Seminar wurde in das Germanische Seminar umgewandelt, dessen Direktor Borchling zur gleichen Zeit wurde.

Im Rahmen dieses Seminars entfaltete Conrad Borchling vor allem eine breite Forschungstätigkeit für das Niederdeutsche: Zum einen wurde auf Grundlage der Vorarbeiten von Christoph Walther eine Arbeitsstelle für das »Mittelniederdeutsche Handwörterbuch« eingerichtet. Als Bearbeiter wirkten später neben Agathe Lasch vor allem Gerhard Cordes und Annemarie Hübner. Zum anderen entwickelte Borchling aus der Arbeit mit dem Mittelniederdeutschen etwa zur gleichen Zeit die Idee eines »Hamburgischen Wörterbuches«, das bislang vier Bände umfasst. Neben der Wörterbucharbeit widmete er sich in einer Fülle von kleineren Veröffentlichungen der Niederdeutschen Philologie.

Politisch war Borchling einer großdeutschen und pangermanischen Idee verpflichtet, die ihn zu vielen Aktivitäten in Parteien, Vereinen und Verbänden führte. So war es nahe liegend, dass er 1933 vom Mitglied der DVP (Deutsche Volkspartei) zum Nationalsozialisten wurde. Dies führte bei seiner Emeritierung 1937 zu der nicht unumstrittenen Berufung von Hans Teske zu seinem Nachfolger; auf der anderen Seite scheute Borchling jedoch nicht vor heftigen Auseinandersetzungen mit der nationalsozialistischen Führung zurück, als er sich zugunsten der jüdischen Kollegin Agathe Lasch einsetzte. Sein Engagement für das Niederdeutsche als Umgangssprache im norddeutschen Raum lief zudem der von den Nationalsozialisten verfolgten sprachlichen Neuordnung des Deutschen Reiches nach zentralistischen Grundsätzen zuwider.

1939 wurde Conrad Borchling die Vertretung seines Nachfolgers Teske, der zur Wehrmacht einberufen worden war, übertragen. Obwohl die Philosophische Fakultät ihn 1945 zu halten versuchte, wurde Borchling auf Druck der englischen Besatzungsmacht endgültig »in den Ruhestand versetzt«. Als er am 1. November 1946 starb, war er weder entnazifiziert noch rehabilitiert, wurde aber in Nachrufen und anderen Veröffentlichungen von seinen Schülern und Freunden weiterhin tief verehrt. 1950 wurde der Borchlingweg in Othmarschen nach dem Germanisten benannt.

Werke Schriftenverzeichnis in: Korrespondenzblatt des Vereins für niederdeutsche Sprachforschung 55 (1942), S. 2–21.

LITERATUR Kosch 1; [Gedenkschrift für] Professor Dr. Conrad Borchling. 20. März 1872–1. November 1946, hg. vom Verein für Niederdeutsche Sprachforschung zur Hansisch-Niederdeutschen Pfingsttagung Emden 1972, Neumünster 1972; Wolfgang Bachofer/Wolfgang Beck, Deutsche und niederdeutsche Philologie. Das Germanische Seminar zwischen 1933 und 1945, in: Hochschulalltag im »Dritten Reich«. Die Hamburger Universität 1933–1945, hg. von Eckart Krause, Ludwig Huber und Holger Fischer, 3 Teile, Berlin/Hamburg 1991 (Hamburger Beiträge zur Wissenschaftsgeschichte 3), Teil II, S. 641–704, hier S. 641–703.

Wolfgang Bachofer

BOROWSKY, Peter, geb. 3.6.1938, Angerburg/Ostpreußen, gest. 13.10.2000 Hamburg; Historiker.

Peter Borowsky lehrte über drei Jahrzehnte an der Universität Hamburg; bekannt wurde er vor allem durch seine Überblicksdarstellungen im Bereich der historisch-politischen Bildung.

Von 1959 bis 1965 studierte Borowsky Geschichte und Latein sowie Pädagogik, Psychologie und Philosophie in Marburg, Freiburg und Hamburg. 1965 legte er die wissenschaftliche Prüfung für das Lehramt an Gymnasien ab und wurde 1966 Assistent bei Fritz Fischer am Historischen Seminar in Hamburg. Bei ihm wurde er 1968 mit einer Arbeit über die deutsche Ukrainepolitik im Jahr 1918 promoviert. 1970 folgte die Ernennung zum Wissenschaftlichen Rat, 1971 zum Wissenschaftlichen Oberrat. Seit 1974 lehrte Borowsky regelmäßig in den USA, als Gastprofessor am Smith College in Northampton/Mass. und seit 1991 am Middlebury College/Vermont. 1991 habilitierte er sich für Neuere Geschichte unter besonderer Berücksichtigung der Zeitgeschichte und erhielt 1996 den Professorentitel verliehen. Peter Borowsky schrieb neben zahlreichen Beiträgen zur osteuropäischen, hamburgischen und deutschen Ge-

Peter Borowsky

schichte des 19. und 20. Jahrhunderts gut lesbare Überblicksdarstellungen zur deutschen Geschichte nach 1945 sowie eine Hitler-Biografie für Jugendliche und verfasste gemeinsam mit Barbara Vogel und Heide Wunder das Standardwerk »Einführung in die Geschichtswissenschaft«. Er engagierte sich neben der akademischen Lehre besonders in der Studienreform. Sein Ziel war es, in Forschung und Lehre Geschichte lebendig und verständlich zu vermitteln.

WERKE Deutsche Ukrainepolitik 1918 unter besonderer Berücksichtigung der Wirtschaftsfragen, Lübeck/Hamburg 1970 (Historische Studien 416); (mit Barbara Vogel und Heide Wunder) Einführung in die Geschichtswissenschaft I: Grundprobleme, Arbeitsorganisation, Hilfsmittel, Opladen 1975 [5. Aufl. 1989] (Studienbücher Moderne Geschichte 1); Adolf Hitler, Hamburg 1978, 5. Aufl. Ravensburg 1990; Deutschland 1969-1982, Hannover 1987 (Edition Zeitgeschehen); Deutschland 1945–1969, Hannover 1993 (Edition Zeitgeschehen).

LITERATUR KDG 1976–2001; Nachrufe von Barbara Vogel und Rainer Nicolaysen in: Uni hh. Berichte, Meinungen aus der Universität Hamburg, Jg. 32 (2001), Nr. 1, S. 48 f.; Lebendige Sozialgeschichte. Gedenkschrift für Peter Borowsky, hg. von Rainer Hering und Rainer Nicolaysen, Opladen 2003 [in Vorbereitung]. *Rainer Hering*

BOURRIENNE, Louis-Antoine Fauvelet de, geb. 9.7.1769 Sens, gest. 7.2.1834 Paris; Politiker, französischer Gesandter in Hamburg.

Louis-Antoine Fauvelet de Bourrienne, eine der schillerndsten Gestalten des ersten französischen Kaiserreichs, wurde von Napoleon, seinem ehemaligen Mitschüler, 1805 angeblich mit dem Hinweis nach Hamburg entsandt, es werde mit dieser Stadt etwas ganz Besonderes geschehen. Als Nachfolger des in Paris als zu hamburgfreundlich betrachteten Karl Friedrich Reinhard war Bourrienne dann oberste zivile Autorität während des ersten der drei zwischen 1806 und 1814 aufeinander folgenden französischen Statthalterregime in den Hansestädten. Bourrienne ließ sich nach der Proklamation der Kontinentalsperre im November 1806 von Politikern und Kaufleuten Hamburgs, Bremens und Lübecks in großem Stil bestechen und behinderte als Gegenleistung zusammen mit den jeweiligen Gouverneuren die Arbeit der französischen Zöllner, Gendarmen und Soldaten. 1810, am Vorabend der Annexion der Hansestädte, deshalb abberufen, bekleidete Bour-

Louis-Antoine Fauvelet de Bourrienne

rienne nach der Restauration der Bourbonen noch zahlreiche politische Ämter. Während der »Hundert Tage« Napoleons (1815) attackierte er den Kaiser mit einer Reihe von Artikeln im »Hamburgischen Correspondenten«. Bourriennes 1829 mithilfe gewerbsmäßiger Schreiber veröffentlichte, sofort ins Deutsche übersetzte Memoiren sind unzuverlässig, aber kein Kenner der Zeit möchte sie ignorieren.

WERKE Sammlung der in dem Hamburgischen Correspondenten während der Hundert Tage der Usurpation eingerückten Artikel nebst dem französischen Text, Hamburg 1816; Der Staatsminister oder geheime Memoiren über Napoleon, das Directorium, das Consulat, das Kaiserreich und die Restauration, 10 Bde., Stuttgart 1829/30.

LITERATUR Georges Servières, Le rôle de Bourrienne à Hambourg (1805-1810), in: Revue Historique 84 (1904), S. 225–251, 85 (1904), S. 42-67; Jean Jourquin, Bourrienne, in: Dictionnaire Napoléon, hg. von Jean Tulard, Paris 1999.

Helmut Stubbe-da Luz

BRAN, Friedrich *Alexander* (bis 1804 Abraham Baruch), geb. 4.3.1767 Stralsund, gest. 15.9.1831 Jena; isr., seit 1811 luth.; Journalist, Schriftsteller, Verleger.

Alexander Bran, der noch bis 1804 seinen eigentlichen Namen Abraham Baruch trug, hielt sich seit 1797 in Hamburg auf. Am 19. April 1811 wurde er in St. Katharinen evangelisch-lutherisch getauft. Er gründete in Hamburg eine Buchhandlung und veröffentlichte mit Freunden die politisch-literarische Wochenschrift »Nordische Miszellen« (1804–11). Die Zeitschrift, die ausführlich die europäische Außenpolitik kommentierte, ging auch auf Ereignisse in Hamburg ein und beschäftigte sich mit dem Theaterwesen. Zu den Mitarbeitern zählten der junge Karl August Varnhagen von Ense und die Freunde Johann Georg Kerner und Johann Gotthard Reinhold. Von 1809 bis zu seinem Tode 1831 gab Bran zudem in der Nachfolge von Johann Wilhelm von Archenholz die politische Zeitschrift »Minerva« heraus. 1808 übersetzte er unter dem Titel »Authentische Darstellung der Begebenheiten in Spanien von dem Ausbruch der Unruhen zu Aranjuez bis zum Schluß der Junta von Bayonne« eine dokumentarische Darstellung des ehemaligen spanischen Ministers Pedro Cevallos, die sich gegen Napoleon wandte. Der Nachdruck und die Verbreitung dieser Übersetzung wurden von den französischen Behörden bei Todesstrafe untersagt; am 26. März 1811 wurden die Zeitschriften Alexander Brans verboten. Als Bran aus Hamburg geflohen und als Übersetzer der spanischen Schrift enttarnt worden war, wurde er steckbrieflich gesucht und begab sich nach Böhmen. Nachdem er vorübergehend in Leipzig gelebt hatte, zog er 1816 nach Jena und erhielt dort 1819 die Ehrendoktorwürde.

WERKE Schriftenverzeichnis in: LhS 1.

LITERATUR ADB 3; LhS 1; Böning Bd. 1, Teil 3, Spalte 1777–1781; Herbert G. Göpfert, Friedrich Alexander Bran (1767–1831). Publizist und Verleger. Ein Hinweis, in: Archiv für Geschichte des Buchwesens 36 (1991), S. 351–364.

Hans-Werner Engels

BRANDT-KNACK, Olga, geb. Brandt,

geb. 29. 6. 1885 Hamburg, gest. 1. 8. 1978 ebd.; luth.; Ballettmeisterin, Politikerin, Gewerkschaftsfunktionärin.

Olga Brandt-Knacks tänzerische Laufbahn begann im Alter von zehn Jahren in der Kindertanzschule des Hamburger Stadttheaters. Von 1901 bis 1922 tanzte sie dort im Corps de Ballet, avancierte 1907 zur Solotänzerin und 1922 zur Leiterin des Balletts, das unter ihrer Regie »Tanzgruppe« genannt wurde. Das Ballett hatte sich auf Tanzeinlagen in Opern und Weihnachtsmärchen zu beschränken. Olga Brandt-Knacks einziges selbstständiges Werk, das 1927 für das Künstlerfest »Die silbergrüne Dschunke« entworfene Ballett »Der Gaukler und das Klingelspiel«, wurde 1929 im Stadttheater uraufgeführt. Ihre 1920 mit Dr. Andreas Knack, dem späteren Ärztlichen Direktor des Allgemeinen Krankenhauses Hamburg-Barmbek, geschlossene Ehe wurde schon wenige Jahre später geschieden.

Mitte der zwanziger Jahre zog Olga Brandt-Knack mit der Tanzschule des Stadttheaters ins Vogt'sche Konservatorium im Curio-Haus, die damalige Hochburg des modernen Ausdruckstanzes. Angesichts der unterschiedlichen Aufgaben, die der Tanz in der Oper und im Konzertsaal hatte, versuchte sie eine Synthese von klassischem Ballett und Ausdruckstanz herzustellen. Ein erfolgreiches Ergebnis dieser Bemühungen war ihre 1930 im Stadttheater uraufgeführte Choreografie der Bewegungsszenen der Gluckschen Oper »Orpheus und Eurydike«.

Neben ihrer tänzerischen Arbeit war Olga Brandt-Knack aktive Gewerkschafterin und auch anderweitig politisch tätig. 1908 gründete sie den Deutschen Tänzerbund und setzte sich als seine Sprecherin für die Belange ihrer Berufskolleginnen und -kollegen ein. 1918 wurde sie Mitglied der SPD. Häufig trat sie mit ihrer Tanzgruppe auf der Bühne des Gewerkschaftshauses am Besenbinderhof auf, und nach dem Ende des Ersten Weltkriegs gründete sie zusammen mit dem Schauspieler Adolf Johannsson den Arbeiter-Sprech- und Bewegungschor. 1932 initiierte sie zusammen mit Lola Rogge und anderen die Vereinigung »Tanz in Hamburg e.V.«, die im Zuge der Gleichschaltung 1933 in den »Kampfbund für Deutsche Kultur« eingegliedert wurde. Bereits 1932 verlor Olga Brandt-Knack wegen ihrer politischen Betätigung ihre Stellung als Ballettleiterin und musste ihre Tanzschule aufgeben. Später wurde sie unter Ge-

Olga Brandt-Knack

stapo-Aufsicht gestellt und vorübergehend verhaftet. Während der Zeit des Nationalsozialismus verdiente sie ihren Lebensunterhalt zusammen mit ihrer Schwester als Sprechstundenhilfe. Von 1942 bis Kriegsende lebte sie bei Freunden auf dem Lande.

Gleich nach dem Krieg trat Olga Brandt-Knack wieder der SPD bei, war als deren Referentin tätig und begründete die Jugendorganisation Die Falken mit. Sie arbeitete seit 1948 als Frauenreferentin der Gewerkschaft Kunst, war vom 30. Oktober 1946 bis 1953 Abgeordnete der Hamburgischen Bürgerschaft und bis 1961 Deputierte der Polizeibehörde. 1962 legte sie alle Ämter nieder.

Ihr Grab befindet sich auf dem Ohlsdorfer Friedhof (Grab Nr. AG 25, 148).

WERKE Die Umgestaltung des Opernballetts, in: Bühnenalmanach Hamburg und Altona, Hamburg 1926, S. 29–31.

LITERATUR Bake/Reimers, S. 100–103; Hans Wölffer, Tanzgruppe Olga Brandt-Knack, in: Bühnenalmanach Hamburg und Altona, Hamburg 1926, S. 32–34; Rudolf Maack, Tanz in Hamburg. Von Mary Wigman bis John Neumeier, Hamburg 1975. *Rita Bake*

BRINCKMANN, Justus, geb. 23.5.1843 Hamburg, gest. 8.2.1915 Bergedorf; Kunsthistoriker, Gründungsdirektor des Museums für Kunst und Gewerbe.

Justus Brinckmann

Justus Brinckmann hat mit dem Hamburger Museum für Kunst und Gewerbe, das er mitbegründete und bis zu seinem Tode leitete, eine der wichtigsten kunstgewerblichen Sammlungen in Deutschland aufgebaut.

Aufgewachsen als Sohn des Juristen Carl Hinrich Ludwig Brinckmann und seiner Frau Mary in wohlhabenden Verhältnissen, entschied sich Justus Brinckmann nach einer Tätigkeit als Hauslehrer, ausgedehnten Auslandsreisen und nachgeholtem Abitur zunächst für ein Studium der Naturwissenschaften in Leipzig und Wien. Die Begegnung mit Rudolf von Eitelberger, dem Leiter des neu gegründeten Wiener Museums für Kunst und Industrie, beeindruckte ihn 1865 so sehr, dass er sein Studium aufgab und sich ihm anschloss. Durch Eitelberger wurde er bald mit selbstständigen Arbeiten im Umfeld der Wiener Sammlung beauftragt sowie zur Übersetzung und Kommentierung von Benvenuto Cellinis »Goldschmiedekunst« angeregt. Obwohl Brinckmann zur wirtschaftlichen Absicherung noch ein Jurastudium absolvierte, das er 1867 mit der Promotion abschloss, und anschließend als Journalist arbeitete, war die Gründung eines kunstgewerblichen Museums in Hamburg seither sein erklärtes Ziel. Seit 1867 wieder in der Hansestadt ansässig, engagierte er sich im Gewerbe-Verein der Hamburger Patriotischen Gesellschaft, die sich, auch in der Nachfolge der 1863 aufgehobenen Zünfte, für die Verbesserung der kunstgewerblichen Produktion einsetzte und bereits ab 1862/63 die Gründung eines Kunstgewerbemuseums diskutiert hatte. Brinckmann wurde Schriftführer der 1868 gegründeten »Commission zur Beschaffung eines gewerblichen Museums aus privaten Mitteln«. 1869 veranstaltete der Gewerbe-Verein eine Ausstellung älterer kunstgewerblicher Erzeugnisse, um in der Öffentlichkeit Zustimmung und finanzielle Unterstützung für das geplante Museum zu gewinnen. Auf dieser Ausstellung erwarb Brinckmann erste Exponate; weitere Ankäufe folgten 1869/70 in Norditalien und 1873 auf der Wiener Weltausstellung. Die Sammlung wurde in verschiedenen provisorischen Räumen untergebracht, bis sie 1877 in ein neu errichtetes Gebäude am Steintorplatz zog. Der Mehrzweckbau nahm unter anderem auch gewerbliche Schulen, das Botanische Museum und das Museum für Völkerkunde auf und ist erst seit 1976 dem Museum für Kunst und Gewerbe alleine vorbehalten. Gleichzeitig mit dem Umzug wurde das Museum verstaatlicht und Brinckmann zum Direktor gewählt. Durch Lektüre, Kontakt mit Gelehrten und eigene Studien hatte sich Brinckmann ein umfangreiches Fachwissen angeeignet. Seine enorme Kennerschaft, die systematische Planung seiner Ankäufe sowie ein fast instinktmäßiges Gespür ermöglichten es ihm, mit eher bescheidenen finanziellen Mitteln eine hervorragende Sammlung aufzubauen, die bis heute einen großen Teil des Museumsbestandes ausmacht. Bevorzugt sammelte Brinckmann europäisches Kunstgewerbe des Mittelalters und der Neuzeit sowie japanisches Kunstgewerbe, daneben vor allem antike und chinesische Erzeugnisse sowie deutsche Volkskunst. Er baute umfangreiche Bestände an Keramik, Textilien und Grafik auf und bildete Sammlungsschwerpunkte in den Bereichen Möbel, Gläser und Goldschmiedearbeiten. Das Museum wurde – auch von der Patriotischen Gesellschaft – zunächst als Vorbildersammlung aufgefasst, die vor allem die kunstgewerbliche Produktion verbessern, aber auch einen Beitrag zur allgemeinen Geschmacksbildung leisten sollte. Die Ordnung der Exponate nach Materialien und Techniken entsprach diesen Aufgaben, ebenso die Veranstaltung von Jahresausstellungen, die bis heute zeitgenössisches Kunsthandwerk einer breiten Öffentlichkeit vorstellen. 1894 kündigte Brinckmann eine veränderte Konzeption und Ausstellungsgestaltung an, bei der die Exponate nicht mehr nur als technische und ästhetische Vorbilder begriffen, sondern verstärkt im kulturgeschichtlichen Zusammenhang gesehen werden sollten. An die Stelle einer technischen sollte eine historische und geografische Anordnung treten. Brinckmann selbst konnte die neue Aufstellung aus Zeitmangel nur noch zum Teil verwirklichen, so vor allem beim so genannten Pariser Zimmer. Dieses beherbergt eine umfangreiche Jugendstilsammlung, die Brinckmann 1900 auf der Pariser Weltausstellung ankaufte und als geschlossenes Ensemble ausstellte. Für das Kunstgewerbe seiner Zeit hatte Brinckmann vorher kaum Geldmittel aufgewandt, zumal er die Produktion des Historismus als unselbstständige Nachahmung früherer Stilformen ansah. Während seines Direktorats bereiteten ihm vor allem die beengten, unzureichenden Räumlichkeiten des Museums Schwierigkeiten; viele Sammlungsräume waren überfüllt oder zur Magazinierung ganzer Teilsammlungen geschlossen.

Zusätzlich zu seiner Direktorentätigkeit, während deren er auch eine Generation von Wissenschaftlern ausbildete, gründete Brinckmann 1898 den »Verband von Museums-Beamten zur Abwehr von Fälschungen und unlauteren Geschäftsgebahren«, der nach und nach Funktionen eines Berufsverbandes übernahm, und veranlasste die Denkmälerinventarisierung im Hamburger Stadt- und Landgebiet durch seinen Assistenten Wilhelm Weimar. Des Weiteren war er Juror auf den Weltausstellungen von 1873 (Wien), 1885 (Antwerpen) und 1900 (Paris), leitete 1889 die Hamburger Industrieausstellung, hatte mehrmals Ämter im Zusammenhang mit der kunstgewerblichen Ausbildung in Hamburg inne und war Mitglied verschiedener Sachverständigenkommissionen und Vereine. Einen praktischen Beitrag zum Kunstgewerbe seiner Zeit leistete Brinckmann 1896 mit der Gründung einer Bildwebschule in Scherrebek, die aus finanziellen Gründen jedoch nur bis 1903 bestand.

Eine der herausragendsten Persönlichkeiten aus der Gründerzeit des deutschen Museumswesens ehrt seit 1947 die Justus-Brinckmann-Straße in Bergedorf. Eine Tafel am Osteingang des Museums für Kunst und Gewerbe erinnert an Brinckmanns Tätigkeit als Ehrenvorsitzender des 1896 von ihm gegründeten Kunstgewerbe-Vereins, der 1969 in Justus Brinckmann Gesellschaft e.V. umbenannt wurde. Ein Reliefporträt Brinckmanns befindet sich in der Diele des Hamburger Rathauses.

WERKE Das Hamburgische Museum für Kunst und Gewerbe. Festschrift zur Eröffnung des neuen Museums-Gebäudes am 25. September 1877, Hamburg 1877; Führer durch das Hamburgische Museum für Kunst und Gewerbe. Zugleich ein Handbuch der Geschichte des Kunstgewerbes, Hamburg 1894; Hamburgisches Museum für Kunst und Gewerbe. Die Ankäufe auf der Weltausstellung Paris 1900, Hamburg 1901.

LITERATUR NDB 2; Alfred Lichtwark, Justus Brinckmann in seiner Zeit. Mit Beiträgen von Erich Lüth und Gustav Schiefler, Hamburg 1978 (Veröffentlichung der Lichtwark-Stiftung 18); Axel von Saldern, Das Museum für Kunst und Gewerbe Hamburg 1869–1988, Hamburg 1988 (Bilderhefte des Museums für Kunst und Gewerbe Hamburg 23) [Bibliografie S. 121–155]. *Gudula Mayr*

BROCKES, Barthold Heinrich (Hinrich, Henrich) d. Ä., geb. 22.9.1680 Hamburg, gest. 16.1.1747 ebd.; luth.; Dichter, Übersetzer, Ratsherr.

Barthold Heinrich Brockes verlor früh drei seiner vier Geschwister und 1694 auch den Vater. Nach anfänglichem Privatunterricht besuchte er das Johanneum ab Ostern 1696, wurde am 30. April 1697 am Akademischen Gymnasium immatrikuliert, wo er bei Vincent Placcius und Johann Albert Fabricius hörte, und beteiligte sich früh an Liebhaberaufführungen. Auch sein Interesse an bildender Kunst und Musik war früh geweckt, und seit einer Reise 1698 nach Dresden und Prag bestimmten zugleich die Leitbilder des Adels für gut anderthalb Jahrzehnte sein Leben.

Im Mai 1700 begann Brockes in Halle ein zweijähriges Jurastudium bei so namhaften Frühaufklärern wie Samuel Stryck und Christian Thomasius. 1702 begab er sich zum Praktikum ans Reichskammergericht nach Wetzlar und trat noch im Herbst desselben Jahres seine Bildungsreise nach Genf an, wobei ihm wegen des Spanischen Erbfolgekrieges die Truppen Marschall Villars' im Rheingraben den Weg verlegten und er sein Ziel nur auf Umwegen über Heidelberg, Nürnberg, Augsburg und Italien erreichte. 1703 traf er zur Zeit des Karnevals in Venedig ein und hielt sich von Palmarum bis Fronleichnam in Rom auf. In Genf und in Lausanne verbrachte er den Winter 1703/04, gelangte darauf trotz des fortdauernden Krieges nach Paris und reiste von dort in die Niederlande. Brockes wollte bei Hof Karriere machen und deshalb nach England übersetzen, was ein Brief der durch den Tod seiner Schwester Anna Elisabeth völlig vereinsamten Mutter in letzter Minute verhinderte. Nur deshalb ließ er sich am 8. November 1704 in Leiden immatrikulieren, wurde am 14. des Monats über das Wechselrecht zum Lizentiaten der Rechte promoviert und fand sich am 1. Advent wieder zu Hause ein.

Statt in Hamburg eine Anwaltspraxis zu eröffnen, lebte er weiter 16 Jahre lang vom väterlichen Vermögen und war nach dem Tod der Mutter im Sommer 1709 endgültig sein eigener Herr. Während jener Jahre hatte er bedeutende Werke der italienischen und französischen Literatur kennen gelernt und seinerseits zu schreiben begonnen. 1714 heiratete er Anna Ilsabe Lehmann (aus der Ehe gingen zwölf Kinder hervor), war im selben Jahr an der Konzipierung der »Teutschübenden Gesellschaft« (1715–17) zur Förderung der deutschen Sprache und Poesie beteiligt und wurde deren Mitglied. Bis 1716 etwa beherrschte ihn der Ehrgeiz, über Widmungen und Gelegenheitsgedichte an hoch gestellte Persönlichkeiten des Reichs zu einem Adelsprädikat zu kommen. Am 13. August 1720 wurde der fast 40-jährige

Barthold Heinrich Brockes

Brockes zum Ratsherrn gewählt. Er durchlief die üblichen Ämter, wurde 1728 Stadt- und 1730 Landrichter, 1733 Colonell-Herr, 1735 Amtmann in Ritzebüttel, 1741 Präses der Admiralitäts- und Convoy-Deputation, Erster Landherr auf dem Hamburger Berg, Zweiter und 1742 Erster Landherr von Hamm und Horn und 1743 schließlich Vorsitzender des Scholarchats. 1736 war seine Frau in Ritzebüttel gestorben. 1740 hatte ihn dort Hermann Samuel Reimarus besucht. Am 20. März 1730, inmitten bürgerlicher Aktivitäten und Pflichten, war Brockes der Titel eines Kaiserlichen Pfalzgrafen verliehen worden.

Brockes' Wirkungsgeschichte verbindet sich mit seiner Bedeutung als Patriot und Dichter: Die Reichsexekution 1708 und eine neue Verfassung 1712 hatten in Hamburg die demokratischen, wenn auch chaotischen Verhältnisse am Ende der »Bürgerlichen Unruhen« rückgängig gemacht – zugleich aber die Bürgerschaft derart gedemütigt, dass sie sich in den Folgejahren der Zusammenarbeit mit dem Rat verweigerte. In dieser gefährlichen Lage ermutigten Brockes und eine Reihe maßgeblicher Persönlichkeiten die Bürger, bewusst Ämter und Ehrenämter zu übernehmen und so das öffentliche Wohl zu ihrer eigenen Sache zu machen. Diese Politik richtete sich gegen den Alleinvertretungsanspruch des Rates ebenso wie gegen dessen Widersacher, die lutherische Orthodoxie, ihre Intoleranz und ihre politische Macht über die bürgerliche Mehrheit. Das Wunschbild der Eintracht zwischen Rat und Bürgerschaft und ein bewusst idealisiertes Bild Hamburgs begegnen nun immer öfter in Kantaten, Oratorien und Serenaten öffentlicher Feste zu kaiserlichen, kirchlichen und reichsstädtischen Gedenktagen, hinter denen wesentlich Mitglieder der ersten Patriotischen Gesellschaft von 1724 standen; zu dieser hatte Brockes sich mit vier Ratspolitikern, einem Kaufmann, zwei Professoren, zwei Theologen und einem Journalisten – der Redaktionsgemeinschaft der Moralischen Wochenschrift »Der Patriot« – zusammengeschlossen. Die Patrioten wirkten durch ihre Aufsätze und ihren Einfluss im Rat. Dort steuerten Brockes und seine Mitstreiter einen konsequent eindämmenden Kurs gegenüber lutherischem Fundamentalismus. Eine qualifizierte Minderheit von Bürgerschaft und Rat ließ sich schließlich überzeugen: Bürgersinn, nicht Bürgerkampf und schon gar nicht die Herrschaft einer Gruppe über die andere, wehrt dem Absolutismus, sichert festgeschriebene bürgerliche Freiheiten und dadurch der Republik das Überleben.

Ein umfangreiches Werk hinterließ Brockes als Schriftsteller und Dichter: Er verfasste eine handschriftlich überlieferte Selbstbiografie, zwei Aufsätze zur Dichtungs- und Übersetzungstheorie für Christian Friedrich Weichmanns »Poesie der Nieder-Sachsen« (Hamburg 1721–38) und, nach aktualisiertem Kenntnisstand, elf Aufsätze gemeinnützigen Inhalts für den »Patrioten« (Originalausgabe in 156 Nummern, Hamburg 1724–26). Urbanität und Menschenwürde stehen hinter seiner in Nummer 8 (1724) erhobenen Forderung, der Mädchenerziehung erstmalig entscheidende soziale Bedeutung beizumessen, und bestimmen sein Eintreten für die Teilhabe der Frauen an Bildung und Frühaufklärung. Brockes übersetzte die »Strage de gl'Innocenti« Giovanni Battista Marinos, Alexander Popes »Essay on Man« sowie James Thomsons »Seasons« und schrieb zahlreiche Gelegenheitsgedichte, die bekannte Brockes-Passion und die für die Emanzipation deutscher Literatur entscheidende Gedichtsammlung »Irdisches Vergnügen in Gott«. Seinen Dichterruhm begründete die freie Evangelien-Nachdichtung »Der für die Sünde der Welt gemarterte und sterbende Jesus« (Hamburg 1712). Sie wurde von zahlreichen Komponisten vertont, in verschiedene Sprachen übersetzt und musste durch ihre geradezu surrealistisch-schaurige Schilderung der Hinrichtung und ihren erhabenen Glanz bei den Zeitgenossen unfehlbar Abscheu, Trauer, Mitgefühl und Liebe wecken. Der »Verteutschte Bethlehemitische Kinder-Mord des Ritters Marino« (Hamburg/Köln 1715) bezeichnet Brockes' Abkehr von der in Hamburg noch blühenden Lohensteinschen Schule, hin zum virtuoseren, ausdrucksstärkeren italienischen Manierismus und öffnete damit einer deutschen Leserschaft den Zugang zu einem aus biblischen, mythologischen und geschichtlichen Quellen schöpfenden Werk, das an die großen geistlichen Epen der Renaissance anschließt und in Wortgewalt und Ästhetik des Erhabenen das Passionsoratorium noch überbot. Brockes' Hauptwerk, das »Irdische Vergnügen in Gott«, bedeutet mit seinen Natur- und Lehrgedichten (und Epigrammen) etwas grundsätzlich Neues. In klangvollen Wortkaskaden malt das Werk bis ins Einzelne die Schönheit der Natur, beschwört ihren Überfluss, ihre Vergänglichkeit und Pracht ebenso wie ihre Furcht erregenden Manifestationen. Unendlichkeit der Welt und irdische Glückseligkeit stehen gegen menschliche Kleinlichkeit und Enge, ihre Sinnenferne, Unempfindlichkeit und Undankbarkeit gegenüber dem Schöpfer, den es in seiner Schöpfung wahrzunehmen und einzig dadurch zu ehren gilt. Ein alter menschlicher Wunschtraum in neuer Gestalt, die Kraft seiner Bilder, hermetisch-alchimistisches Weltverständnis, New Science und Physikotheologie waren für viele Zeitgenossen der erregend-aktuelle Hintergrund des »Irdischen Vergnügens«, das, überzeitlich, an die Literatur der Psalmen sowie die Tradition der Naturpoesie und der großen Schöpfungsdichtungen seit dem Altertum anknüpft.

Die 1942 nach dem Dichter benannte Brockesstraße begrenzt die Ostseite des Museums für Kunst und Gewerbe. In der Rathausdiele erinnert ein Reliefporträt an Barthold Heinrich Brockes.

WERKE [...] Verteutschter Bethlehemitischer Kinder-Mord des Ritters MARINO [...], mit vielen eigenen Gedichten des Hrn. Uebersetzers [...], Hamburg/Köln 1715 [vier weitere Aufl. Hamburg 1725–42]; [...] Irdisches Vergnügen in GOTT [...], 9 Teile, Hamburg (Teil 9: Hamburg/Leipzig) 1721–48 [Nachdruck Bern 1970]; Der Patriot, Hamburg 1724–26, Nr. 5, 8, 18, 23, 61, 68, 84, 96, 98, 109, 124, [Buchausgabe in drei Bdn. Hamburg 1728/29, drei weitere Aufl. bis 1765; Neudruck nach der Originalausgabe Hamburg 1724–26 in drei Textbdn. und einem Kommentarbd., hg. von Wolfgang Martens, Berlin 1969–84 (Ausgaben deutscher Literatur des XV. bis XVIII. Jahrhunderts 13, 21, 22, 109)].

LITERATUR ADB 3; NDB 2; Killy 2; Barthold Heinrich Brockes (1680–1747), Dichter und Ratsherr in Hamburg. Neue Forschungen zu Persönlichkeit und Wirkung, hg. von Hans-Dieter Loose, Hamburg 1980; Harold P[hilip] Fry, Physics, Classics, and the Bible. Elements of the Secular and the Sacred in Barthold Heinrich Brockes' »Irdisches Vergnügen in Gott«, 1721, New York/Bern/Frankfurt a. M./Paris 1990; Gerhard Dünnhaupt, Personalbibliographien zu den Drucken des Barock, Bd. 2, 2., verb. und wesentlich vermehrte Aufl. Stuttgart 1990 (Hiersemanns bibliographische Handbücher 9), S. 816–838; Barthold Heinrich Brockes (1680–1747) im Spiegel seiner Bibliothek und Bildergalerie, hg. von Hans-Georg Kemper, Uwe-K[arsten] Ketelsen und Carsten Zelle. Unter Mitarbeit von Christine Krotzinger, 2 Bde., Wiesbaden 1998 (Wolfenbütteler Forschungen 80. I, II); Barthold Hinrich Brockes – Brockes-Tage 1997 in Hamburg. Eine Dokumentation, hg. von Erich Braun-Egidius, Hamburg 2000. *Jürgen Rathje*

BÜCHNER, Franz, geb. 29.1.1902 Meerane, gest. 29.10.1988 Hamburg; luth.; Jurist, Unternehmensleiter, Versicherungshistoriker.

Franz Büchner

Als Präsident der Hamburger Feuerkasse und der MobiliarFeuerkasse hat Franz Büchner über einen Zeitraum von 17 Jahren die Entwicklung dieser für die Hansestadt so wichtigen Versicherungsgesellschaften in den ersten Nachkriegsjahrzehnten maßgeblich geprägt.

Im Anschluss an seine Schuljahre in Leipzig begann der junge Büchner ein Studium der Rechtswissenschaften an der dortigen Universität, das er 1925 mit der Promotion abschloss. Zunächst als juristischer Sachbearbeiter bei zwei privaten Versicherungsunternehmen tätig, fand er von 1931 bis 1945 ein neues Betätigungsfeld als Regierungsrat und ständiges Mitglied im Reichsaufsichtsamt für das Versicherungswesen. In den Jahren von 1946 bis 1951 schloss sich eine Tätigkeit als Oberregierungsrat und ständiges Mitglied im Zonenamt des Reichsaufsichtsamtes für das Versicherungswesen an. Von 1951 bis 1968 war Büchner Präsident der Hamburger Feuerkasse und der Hamburger MobiliarFeuerkasse. Die Versicherungswirtschaft insgesamt und die öffentlichen Versicherer im Besonderen förderte er durch seine Mitwirkung in zahlreichen Gremien. 1951 engagierte er sich für die Gründung der Deutschen Rückversicherungs-Aktiengesellschaft, deren Geschäftsführung er 1955 kurzfristig als Vorstand übernahm; gleichzeitig wurde er Geschäftsführer der »Arbeitsgruppe öffentlich-rechtliche Versicherung«. Hervorzuheben sind die Publikationen, mit denen Büchner an die Öffentlichkeit trat. Sein erstmals 1957 erschienener »Grundriß der Individualversicherung« wurde zu einem Standardwerk. In seinen versicherungsgeschichtlichen Arbeiten betrieb er grundlegende Quellenforschung. Ihm verdankt die Versicherungswissenschaft eine Gesamtschau wichtiger Fakten der versicherungsgeschichtlichen Entwicklung sowie unter anderem Arbeiten über die Versicherungsgeschichte Hamburgs, die Versicherungsaufsicht und die Feuerversicherung.

WERKE 275 Jahre Hamburger Feuerkasse, Hamburg 1951; Grundriß der Individualversicherung, Karlsruhe 1957 [9. Aufl. 1986]; (mit Heinrich Braun) Geschichte der Lebensversicherung und der Lebensversicherungstechnik, 2. Aufl. Berlin 1963; Die Entstehung der Hamburger Feuerkasse und ihre Entwicklung bis zur Mitte des 19. Jahrhunderts, in: 300 Jahre Hamburger Feuerkasse, Karlsruhe 1976, S. 3–37.

LITERATUR Peter Koch, Präsident i. R. Franz Büchner †, in: Versicherungswirtschaft 1988, S. 1581 f.; ders., Geschichte der Versicherungswissenschaft in Deutschland, hg. vom Deutschen Verein für Versicherungswissenschaft, Karlsruhe 1998, S. 389; Wolfgang Poppelbaum, Hamburger Feuerkasse. Seit 1676 Hamburgs Gebäudeversicherer, 4., erweiterte Aufl. Hamburg 1994, S. 66 f.

Wolfgang Poppelbaum

BUNDSEN, Jes, geb. 16.9.1766 Asses (Fünen), gest. 22.9.1829 Altona; luth.; Maler, Zeichner, Zeichenlehrer.

Jes Bundsen lebte seit 1795 in Altona. Der Kaufmannssohn hatte Theologie studieren sollen, besuchte jedoch – wie sein jüngerer Bruder, der Architekt Axel Bundsen – die Kunstakademie in Kopenhagen, die er 1786 mit beiden Silbermedaillen ab-

Jes Bundsen

schloss. An der Dresdener Akademie setzte er seine Ausbildung fort. Ende der 1780er Jahre fand er eine erste Stelle als Zeichenlehrer beim Grafen Heinrich Christoph von Baudissin auf Knoop. 1795 erfolgte die Ernennung zum Zeichenlehrer am Gymnasium Christianeum in Altona, wo er seinen Unterricht nach den Regeln der Anfängerklassen der Kopenhagener Akademie gestaltete. Bundsen verbrachte den Rest seines Lebens in Altona und Hamburg. Neben seiner Tätigkeit am Christianeum veranstaltete er an der Altonaer Sonntagsschule, einer Fortbildungseinrichtung für Lehrlinge des Handwerks, unentgeltlich Kurse für Fachzeichnen und das Kopieren der großen Meister sowie Schulungen an Gipsabgüssen. Zudem wirkte er an der Gründung des Altonaer Kunstvereins mit und beteiligte sich an den ersten Kunstausstellungen der Stadt.

Bundsens Stärke und Spezialität war die akribisch genaue Wiedergabe von Architektur. Seine Gemälde etwa der Hamburger Kirchen oder der Palmaille in Altona wirken durch ihre zeichnerische Akkuratesse etwas steif, sind aber, gerade weil sie sich kaum malerische Freiheiten erlauben, ein vorzügliches kulturgeschichtliches Quellenmaterial. Seine Werke befinden sich vor allem im Statens Museum for Kunst in Kopenhagen. Die Hamburger Kunsthalle besitzt unter anderem zwölf Radierungen der Ruinen des Hamburger Doms von der Hand Bundsens (1806), das Altonaer Museum die Ansicht der Palmaille (Gemälde, um 1823/24) sowie die Zeichnungen »Sonntagsschule« (1822) und »Umzug der Waisenkinder« (wohl 1822).

LITERATUR SHBL 2; ThB 5; Dansk Kunstnerleksikon, hg. von Frederik Weilbach, Bd. 1, Kopenhagen 1994; Kopenhagen – Hamburg – Altona. Künstlerische Beziehungen 1750–1850. Ausstellung der Dänisch-Deutschen Akademie Hamburg im Altonaer Museum, Hamburg vom 26. Juni bis 17. September 1968, Hamburg 1968, S. 20–23; Torkild Hinrichsen, Katalog der Objekte, in: 250 Jahre Christianeum 1738–1988. Des Königs Schule spricht Latein. Katalog zur Ausstellung, hg. vom Altonaer Museum, Hamburg 1988, S. 146 f., 148 f., 235–237; Jess Bundsen. Domskizzen. Bilder vom Abbruch der Hamburger Domkirche 1806. Mit Erläuterungen von Joachim W. Frank, Hamburg 2000.

Torkild Hinrichsen

CARLEBACH, *Joseph* Hirsch, geb. 30.1.1883 Lübeck, gest. 26.3.1942 bei Riga; isr.; Rabbiner, Pädagoge.

Carlebach gehörte als Schulleiter wie als orthodoxer Rabbiner zu den letzten repräsentativen Gestalten des deutschen Judentums vor dem Zweiten Weltkrieg. Mit charismatischer Ausstrahlung und selbstloser Opferbereitschaft wies er den Hamburger Juden Wege religiöser Selbstbehauptung, um dem antisemitischen Terror des »Dritten Reichs« zu begegnen.

Joseph Carlebach, dessen Vater und Großvater bereits den Beruf des Rabbiners ausübten, wurde als achtes von insgesamt zwölf Kindern geboren. Seine humanistische Erziehung genoss er am Lübecker Katharineum, doch betrieb er daneben auch ein intensives Studium des religiösen Schrifttums. Nach der Reifeprüfung 1901 schrieb er sich an der Universität in Berlin ein, wo er sich vornehmlich der Mathematik und den Naturwissenschaften zuwandte. Zu seinen akademischen Lehrern zählten der Physiker Max Planck sowie der Astronom Wilhelm Förster, darüber hinaus hörte er bei dem Philosophen Wilhelm Dilthey sowie bei dem Altertumswissenschaftler Ulrich von Wilamowitz-Moellendorff. Um seine Kenntnisse des Talmud zu vertiefen, besuchte er zuweilen auch Lehrveranstaltungen am orthodoxen Rabbinerseminar – allerdings vorerst nicht in der Absicht, die rabbinische Autorisation zu erwerben. Carlebach, der während seiner Universitätszeit bereits praktische Erfahrungen als Pädagoge an einer jüdischen Schule sammeln konnte, bestand 1905 sein Examen als Oberlehrer. Kurz darauf wurde er als Dozent an das jüdische Lehrerseminar in Jerusalem berufen, das der Hilfsverein der deutschen Juden eingerichtet hatte. Nach seiner Rückkehr aus Eretz Israel im Jahre 1907 begann er mit den Vorarbeiten zu seiner Dissertation über den jüdischen Mathematiker Gersonides, mit der er 1909 in Heidelberg promoviert wurde. Erst jetzt absolvierte Carlebach den Studiengang am Berliner Rabbinerseminar, an dem er 1914 die Ordination empfing.

Als Freiwilliger im Ersten Weltkrieg wurde er bald in den Offiziersrang erhoben. Von der deutschen Armee nach Osteuropa beordert und mit Erziehungsaufgaben betraut, verschrieb sich Carlebach der Einrichtung eines jüdischen Gymnasiums im litauischen Kowno, in dem er eine Vereinigung

Joseph Carlebach

weltlicher europäischer und religiöser jüdischer Kultur anstrebte. 1919 heiratete er in Berlin seine ehemalige Schülerin Charlotte Helene Preuss, mit der er zeitweilig nach Litauen zurückkehrte, um seine pädagogische Arbeit fortzusetzen.

Seit 1921 leitete Carlebach die Talmud-Tora-Realschule am Grindel, nachdem sich die Hamburger jüdische Gemeinde bereits längere Zeit um seine Verpflichtung bemüht hatte. Er war jedoch zunächst einem Ruf der Lübecker Juden gefolgt, die ihn 1920 mit dem Amt seines verstorbenen Vaters als Gemeinderabbiner betraut hatten. In Hamburg folgten Jahre fruchtbarer Erziehungstätigkeit, die Carlebach einer Neugestaltung des gesamten Schulbetriebs widmete. Seine Modernisierungsmaßnahmen umfassten sowohl das Curriculum als auch die Methoden des Unterrichts sowie die Einrichtung und Ausstattung der Schule. Zugleich arbeitete er an der theoretischen Erörterung einer Reformpädagogik für das traditionelle Judentum, die er in mehreren Aufsätzen niederlegte. Als er 1926 die Schulleitung an seinen Nachfolger übergab, gehörte die Talmud-Tora-Realschule mittlerweile zu den herausragenden höheren jüdischen Schulen im deutschen Sprachraum.

Carlebach ging als neuer Oberrabbiner nach Altona und übernahm damit eine Funktion, die auch mit der religiösen Aufsicht über die jüdischen Gemeinden in Schleswig-Holstein verbunden war. In seinem neuen Wirkungsfeld fand er ausreichende Muße, um sich als Schriftsteller ein weites Feld biblischer und anderer religiöser Themen zu erschließen. Auch seine pädagogische Arbeit setzte er erfolgreich fort.

Carlebach sah sich jedoch nicht nur als Lehrer, sondern zugleich als Seelsorger der Hochdeutschen Israelitengemeinde, deren Wohlfahrt er seine eigene Karriere unterordnete. Wiederholte Bemühungen der Berliner Gemeinde, ihn zu einem Wechsel in die Hauptstadt zu bewegen, blieben deshalb ohne Erfolg.

Für die Kontinuität jüdischen Lebens stellte die Machtübernahme der Nationalsozialisten eine Bedrohung dar, der sich Carlebach mit seiner ganzen Energie entgegensetzte. Anstatt die Möglichkeiten zur Emigration zu nutzen, entschied er sich für den Verbleib in Deutschland, um den Juden zur Seite zu stehen, die nicht auswandern wollten oder konnten. 1936 kehrte er nach Hamburg zurück, wo er nunmehr in das Amt des Oberrabbiners der Deutsch-Israelitischen Gemeinde eingeführt wurde. Wenig später übernahm er zudem die Betreuung der Portugiesisch-Jüdischen Gemeinde. In einer Zeit der Isolierung, Verdrängung und Unterdrückung half Carlebach den Juden der Hansestadt, ihre wachsende Unsicherheit durch den Glauben zu kompensieren. Während vier Töchter und ein Sohn noch 1939 aus Deutschland fliehen konnten, wurde Carlebach im Dezember 1941 mit seiner Frau und den vier in Deutschland verbliebenen Kindern in das Konzentrationslager Jungfernhof bei Riga deportiert. Noch in den Monaten der Gefangenschaft wirkte er mit Hingabe für das seelische Wohl seiner Glaubensgenossen. Im März 1942 wurde Carlebach gemeinsam mit seiner Familie ermordet – von den verschleppten Kindern überlebte nur der Sohn Salomon die Schoah.

Durch die Benennung des Joseph-Carlebach-Platzes im Stadtteil Rotherbaum (1989) sowie der Carlebachstraße in Altona (1960) nach dem letzten Oberrabbiner Hamburgs hat die Hansestadt Joseph Carlebach eine posthume Ehrung zuteil werden lassen. In enger Zusammenarbeit mit der Bar-Ilan-Universität in Ramat Gan (Israel), an der seine Tochter Miriam Gillis-Carlebach lehrt, veranstaltet die Hamburger Universität regelmäßig wissenschaftliche Konferenzen, die dem Andenken und Wirken Carlebachs gewidmet sind.

WERKE Ausgewählte Schriften, hg. von Miriam Gillis-Carlebach, 2 Bde., Hildesheim/New York 1982.

LITERATUR SHBL 7; Naphtali Carlebach, Joseph Carlebach and his Generation. Biography of the late Chief Rabbi of Altona and Hamburg, New York 1959; Haim H. Cohn, Joseph Carlebach, in: Leo Baeck Institute Year Book 5 (1960), S. 58–72; Miriam Gillis-Carlebach, Education and Faith. Principles and Practice in the Pedagogics of Joseph Zwi Carlebach, Tel Aviv 1979; Oberrabbiner Dr. Joseph Carlebach 1883–1942, Hamburg 1983. *Andreas Brämer*

CASSIRER, *Ernst* Alfred, geb. 28.7.1874 Breslau, gest. 13.4.1945 New York; isr.; Philosoph.

Als einer der bedeutendsten Philosophen des 20. Jahrhunderts prägte Ernst Cassirer in den zwanziger Jahren nicht nur das universitäre Leben, sondern auch das allgemeine intellektuelle Klima in Hamburg maßgeblich.

In Breslau als Sohn des wohlhabenden Kaufmanns Eduard Cassirer und seiner Frau Jenny, geborene Siegfried, zur Welt gekommen, wuchs der junge Cassirer in einer assimilierten jüdischen Familie auf. Nach dem Abitur begann er zunächst in Berlin ein Jura-Studium, wechselte dann aber zur Literaturwissenschaft, Kunstwissenschaft und Philosophie und begab sich nach einigen Semestern in Leipzig, Heidelberg und Berlin 1896 nach Marburg, um bei Hermann Cohen sein Studium fortzusetzen. Mit einer Dissertation über »Descartes' Kritik der mathematischen und naturwissenschaftlichen Erkenntnis« wurde er am 19. Juli 1899 bei Cohen und Paul Natorp promoviert. Seine Herkunft aus der neukantianischen Marburger Schule sollte Cassirer auch in seinem weiteren wissenschaftlichen Werdegang, vor allem in der ersten, erkenntnistheoretisch ausgerichteten Phase, prägen. Nach mehreren erfolglosen Versuchen habilitierte sich der junge Philosoph mit Unterstützung Wilhelm Diltheys 1906 in Berlin mit dem ersten Band seines Buches »Das Erkenntnisproblem in der Philosophie und Wissenschaft der neueren Zeit« und wirkte in den folgenden 13 Jahren als Privatdozent in der Hauptstadt.

1919 folgte der 44-jährige Cassirer einem Ruf an das Philosophische Seminar der neu gegründeten Universität Hamburg, wo er die produktivste Periode seines Gelehrtenlebens verbringen sollte. Über die Grenzen seines Faches hinausgreifend, arbeitete Cassirer hier eng mit den Psychologen William Stern und Heinz Werner zusammen; weitaus folgenreicher noch waren seine engen Beziehungen zum Kreis um Aby Warburg. Dessen Bibliothek (seit 1926 Kulturwissenschaftliche Bibliothek Warburg), die –

dem besonderen Forschungsinteresse des Kunsthistorikers am Nachleben der Antike folgend – mehr als 20 000 Werke zur Kulturgeschichte mit besonderer Ausrichtung auf das Bildhafte und das Symbol umfasste, bot den idealen Nährboden für Cassirers kulturphilosophische Überlegungen. Hatte er sich zuvor in erster Linie mit erkenntnistheoretischen Forschungen beschäftigt (»Leibniz' System in seinen wissenschaftlichen Grundlagen«, 1902; »Das Erkenntnisproblem in der Philosophie und Wissenschaft der neueren Zeit«, 1906/07; »Substanzbegriff und Funktionsbegriff«, 1910), so traten in den Hamburger Jahren kulturphilosophische Fragestellungen in den Vordergrund und mündeten schließlich in das Hauptwerk Cassirers, »Die Philosophie der symbolischen Formen« (3 Bde., 1923–29). In Abgrenzung zur traditionellen Transzendentalphilosophie wie auch zur Phänomenologie Edmund Husserls stellte Cassirer dem herkömmlichen Primat wissenschaftlichen Erkennens die Pluralität symbolbildender Formen in Sprache, Mythos, Religion, Kunst und Wissenschaft gegenüber, um eine Vermittlung von Lebenswelt und wissenschaftlicher Erfahrung zu ermöglichen. Neben Warburg und Fritz Saxl war es vor allem der Kunsthistoriker Erwin Panofsky, ebenfalls dem Kreis um die Warburg-Bibliothek zugehörig, der Cassirer beeinflusste und seinerseits Anregungen von dem Philosophen empfing. Cassirer, der selbst beträchtlichen Anteil an den Vorträgen und Publikationen der Kulturwissenschaftlichen Bibliothek hatte, nannte seine Forschungen in deren Umfeld rückblickend »den archimedischen Punkt meiner Arbeit«. Folgerichtig lehnte er Rufe nach Frankfurt und Köln ab, bestärkt durch die Bitte Warburgs, in Hamburg zu bleiben.

Als Cassirer für das akademische Jahr 1929/30 das Rektorat der Universität Hamburg übernahm – er war damit nach Georg Jellineks Rektorat in Heidelberg 1907 der zweite Rektor jüdischer Herkunft in Deutschland –, rückte er zugleich ins Licht der politischen Öffentlichkeit. Schon 1928 hatte er auf einer von Bürgerschaft und Senat einberufenen Feier des Verfassungstages von Weimar mit dem Vortrag »Die Idee der republikanischen Verfassung« Stellung für die Weimarer Republik bezogen. Der NS-Studentenbund boykottierte seine Rede zur akademischen Feier der Reichsgründung am 18. Januar 1930. In seiner neuen Funktion setzte Cassirer gegen massive inneruniversitäre Widerstände die Veranstaltung

Ernst Cassirer

einer akademischen Feier zum Tag der republikanischen Verfassung durch; er selbst hielt den Festvortrag zum Thema »Wandlungen der Staatsgesinnung und der Staatstheorie in der deutschen Geschichte«. Von seinem Engagement für eine universalistische Geltung der Menschenrechte zeugt der Vortrag »Vom Wesen und Werden des Naturrechts«, den Cassirer im Februar 1932 in der Juristischen Gesellschaft Hamburg hielt. Noch am 14. Januar 1933 bezog er in einer universitären Debatte deutlich Position gegen die von Adolf Rein propagierte »politische Universität«. Wenig später übernahm der völkisch orientierte Historiker Rein für die Jahre von 1934 bis 1938 das Rektorat der Universität Hamburg. Als Jude und entschiedener Fürsprecher der Republik von antisemitischen und antidemokratischen Strömungen angefeindet, erkannte Ernst Cassirer früh die Gefahr des Nationalsozialismus. Er verließ am 12. März 1933 in Begleitung seiner Frau vom Dammtorbahnhof aus die Hansestadt in Richtung Italien und bat von Zürich aus den Rektor der Hamburger Universität um Beurlaubung, kehrte jedoch am 23. April noch einmal für wenige Tage nach Hamburg zurück. Ebenso wie Panofsky, Stern und weitere namhafte Hamburger Hochschullehrer wurde Cassirer am 28. Juli 1933 zum Rücktritt von seinem akademischen Lehramt gezwungen. Bereits am 2. Mai hatte er Hamburg endgültig verlassen: Der vertriebene Philosoph emigrierte gemeinsam mit seiner Frau zunächst nach Wien und gelangte nach Lehrtätigkeiten in Oxford (1933–35) und Göteborg (1935–40) schließlich in die USA, wo er von 1941 bis 1944 an der

Yale University in New Haven/Connecticut und vom Herbst 1944 bis zu seinem plötzlichen Tod im folgenden Jahr an der Columbia University in New York lehrte. Seine kulturanthropologische Spätphilosophie galt der Auffassung des Menschen als eines »animal symbolicum«, eines Wesens, das sich seine Identität durch den Gebrauch von Symbolen verschafft. Eine Auseinandersetzung mit dem Nationalsozialismus ist Cassirers Buch »The Myth of the State« (1946), das dem legitimen Umgang mit dem Mythischen in Kunst und Religion den illegitimen Gebrauch im Dienste politischer Gleichschaltung gegenüberstellt.

Nach der früh einsetzenden Rezeption im angloamerikanischen Raum hat Cassirers Philosophie in der deutschen Forschung erst seit den achtziger Jahren wieder intensivere Aufmerksamkeit gefunden. Eine späte Würdigung seiner herausragenden Bedeutung bezeugte 1993 die Gründung der Ernst-Cassirer-Gesellschaft in Heidelberg. Seit 1995 erscheinen im Hamburger Felix Meiner Verlag die »Nachgelassenen Manuskripte und Texte«, seit 1998 die »Gesammelten Werke« Cassirers. 1964 wurde der Ernst-Cassirer-Weg im Stadtteil Lohbrügge nach dem Philosophen benannt; seit 1999 trägt der ehemalige Hörsaal A im Hauptgebäude der Universität Hamburg den Namen Cassirers.

WERKE Walter Eggers/Sigrid Mayer, Ernst Cassirer. An Annotated Bibliography, New York u. a. 1988; Gesammelte Werke. Hamburger Ausgabe, hg. von Birgit Recki, 25 Bde., Hamburg 1998 ff. [bisher erschienen: Bd. 1: Leibniz' System in seinen wissenschaftlichen Grundlagen, Hamburg 1998; Bde. 2–5: Das Erkenntnisproblem in der Philosophie und Wissenschaft der neueren Zeit, 4 Bde., Hamburg 1999/2000; Bd. 6: Substanzbegriff und Funktionsbegriff, Hamburg 2000; Bd. 7: Freiheit und Form, Hamburg 2001]; Philosophie der symbolischen Formen. Erster Teil: Die Sprache. Zweiter Teil: Das mythische Denken. Dritter Teil: Phänomenologie der Erkenntnis, 3 Bde., Darmstadt 1973–75 [zuerst 1923, 1925, 1929]; Versuch über den Menschen. Einführung in eine Philosophie der Kultur, Hamburg 1996 [zuerst 1944 in englischer Sprache]; Der Mythus des Staates. Philosophische Grundlagen politischen Verhaltens, Frankfurt a. M. 1985 [zuerst 1946 in englischer Sprache].

LITERATUR NDB 3; DBE 2; Killy 2; John Michael Krois, Ernst Cassirer 1874–1945, in: John Michael Krois/Gerhard Lohse/Rainer Nicolaysen, Die Wissenschaftler. Ernst Cassirer, Bruno Snell, Siegfried Landshut, Hamburg 1994 (HLb 8), S. 9–40; Heinz Paetzold, Die Realität der symbolischen Formen. Die Kulturphilosophie Ernst Cassirers im Kontext, Darmstadt 1994; ders., Ernst Cassirer. Von Marburg nach New York. Eine philosophische Biographie, Darmstadt 1995.

Dirk Brietzke

CASTRO, Benedictus/Benedito de (Baruch Namias), geb. um 1597 Hamburg, gest. 31.1.1684 ebd.; isr.; Arzt, Autor, Gemeindeführer.

Nach dem Besuch des Akademischen Gymnasiums in Hamburg widmete sich der Sohn des Arztes Rodrigo de Castro dem Studium der Medizin an der Universität Franeker, das er am 3. September 1624 mit der Promotion abschloss. Wenig später ließ Benedictus de Castro sich als praktischer Arzt in Hamburg nieder, wo er als Mediziner und »vir humanissimus« (Hugo Grotius) bald große Anerkennung genoss. Zu seinen Patienten zählte Königin Christine von Schweden, die 1645 in seinem Haus in Hamburg gewohnt haben soll und der er zwei Jahre später sein Buch »Monomachia« widmete. Trotz oder gerade wegen seiner großen Erfolge wurde de Castro immer wieder von seinen christlichen Kollegen und der lutherischen Geistlichkeit in Hamburg angegriffen und verleumdet. Als der Arzt Joachim Curtius (1585–1642) 1631 in Hamburg seine anonyme (und heute verschollene) Schmähschrift »Exhortatio celeberr. et excellentis [...] dictata cur judei et agyptae a congressu et praxi medica arcendi sint et eliminandi« veröffentlichte, forderte der berühmte jüdische Arzt Abraham Zacutus Lusitanus (1575–1642) Benedictus de Castro auf, öffentlich gegen den Verleumder vorzugehen. Diesem antwortete der Angegriffene im selben Jahr mit der apologetischen Schrift »Flagellum calumniantium«, die er unter dem Pseudonym Philotheo Castello veröffentlichte und in der er mit scharfen Worten die portugiesisch-jüdischen Ärzte gegen die »Lügen und Verleumdungen« der christlichen Ärzte verteidigte und ihre Leistungen hervorhob. In seiner Schrift, die auch als Ergänzung zum Buch »Medicus Politicus« seines Vaters Rodrigo de Castro zu verstehen ist, wies er immer wieder auf die gesellschaftliche Verantwortung des Arztes hin. Für den Sohn wie für den Vater ist der Arzt gehalten, die Seele und den Körper des Menschen zu heilen, damit die gesellschaftliche Harmonie die göttliche Harmonie des Universums widerspiegeln kann. 1652 unterzeichnete Benedictus de Castro die Gründungsvereinbarung der Portugiesisch-Jüdischen Gemeinde Bet Israel (Kahal Kadosh Bet Israel). Zwei Jahre darauf wurde er in den Vorstand, später in weitere Ehrenämter gewählt. Als Gemeindevertreter setzte er sich unter Androhung des Rückzugs der Gemeinde aus Hamburg vehement für die ungestörte Religionsausübung und den Schulbesuch der Portugiesen ein. 1666 gehörte er zu den aktivsten Anhängern des Sabbatai Zwi, des Begründers der wichtigsten messianischen Bewegung im Judentum seit der Zerstörung des Zweiten Tempels. In seinen letzten Lebensjahren ging es de Castro wirtschaftlich sehr schlecht, sodass er sich genötigt sah, seine bedeutende Bibliothek zu verkaufen. Sein Grab liegt auf dem Portugiesisch-Jüdischen Friedhof an der Königstraße.

WERKE Tratado da Calumnia [...], Antwerpen 1629; Flagellum calumniantium [...], Amsterdam 1631; Monomachia, sive Certamen Medicum [...], Hamburg 1647.

LITERATUR DBE 2; LhS 1; Jöcher 1; David B. Ruderman, Jewish Thought and Scientific Discovery in Early Modern Europe, New Haven/London 1995, S. 299–307; John M. Efron, Interminably Maligned: The Conventional Lies about Jewish Doctors, in: Elisheva Carlebach u. a. (Hg.), Jewish History and Jewish Memory. Essays in Honor of Yosef Hayim Yerushalmi, Hanover/London 1998 (The Tauber Institute for the Study of European Jewry series 29), S. 296–310; Michael Studemund-Halévy, Biographisches Lexikon der Hamburger Sefarden. Die Grabinschriften des Portugiesenfriedhofs an der Königstraße in Hamburg-Altona, Hamburg 2000 (Hamburger Beiträge zur Geschichte der deutschen Juden 22), S. 673–675.

Michael Studemund-Halévy

CASTRO, Rodrigo de (David Namias), geb. um 1550 Lissabon, gest. 1. 2. 1627 Hamburg; isr.; Arzt, Autor.

Wie viele seiner Verwandten vor ihm, die als Leibärzte portugiesischer Könige und kirchlicher Würdenträger hohes Ansehen genossen hatten, studierte der aus kryptojüdischer Familie stammende Rodrigo de Castro in Coimbra, Évora und Salamanca Medizin und Philosophie. 1587 ließ er sich in Lissabon als praktischer Arzt nieder. Als er vom spanischen König Philipp II. den Auftrag erhielt, in Ostindien Arzneikräuter zu sammeln, lehnte er dies ab und ging nach Antwerpen, wo er vermutlich wieder zum jüdischen Glauben übertrat. Gegen 1592 kam er in Begleitung seines Schwagers Dr. Henriques Rodrigues nach Hamburg und eröffnete in der Nähe der Petrikirche seine Praxis. Wegen seiner großen Gelehrsamkeit in Gynäkologie (Kaiserschnitt) und Epidemiologie fand er rasch Anerkennung über die Grenzen Hamburgs hinaus. De Castro war Leibarzt des Königs von Dänemark, des Erzbischofs von Bremen, der Herzöge von Holstein und Mecklenburg, des Landgrafen von Hessen sowie angesehener Hamburger Bürger. Bei der Gründung der Hamburger Bank im Jahr 1619 – nach Venedig und Amsterdam die älteste europäische Girobank – gehörte er zu den ersten Einlegern. Seinen hohen sozialen Status und seinen Anspruch auf Anerkennung belegt der Bericht eines Hamburger Chronisten aus dem Jahr 1611, demzufolge der portugiesische Arzt »wie die andern Christendoctoren« selbstbewusst mit Rock, Wollkragen sowie hohem Samthut aufgetreten sei. Seine bei der Hamburger Pest 1595 gemachten Erfahrungen fasste er 1596 im »Tractatus brevis de natura et causis pestis« zusammen. Weil Rodrigo de Castro lange Zeit als Katholik galt, wurde seine Frau Catarina/Ribka Rodriguez 1602 auf dem Friedhof der Maria-Magdalenen-Kirche bestattet, 1628 jedoch auf den Portugiesisch-Jüdischen Friedhof umgebettet. 1603 verfasste de Castro ein bedeutendes Werk zur Frauenheilkunde (»De universa muliebrum morborum medicina«), das mehrfach nachgedruckt wurde. In seinem Buch »Medicus Politicus« (1614) diskutierte er auf der Grundlage vor allem der Schriften jüdischer Ärzte neben Fragen der Musiktherapie Probleme der medizinischen Ethik sowie die moralische und religiöse Rolle des Arztes in der Gesellschaft. Wiederholt geriet Rodrigo de Castro mit seiner Gemeinde und den Hamburger und italienischen Rabbinern in Konflikt, nachdem er sich 1614 geweigert hatte, seine Schwägerin Sara von der Pflicht der Leviratsehe zu entbinden; der venezianische Rabbiner Leone de Modena drohte ihm daraufhin mit dem Bann (herem). De Castro drohte seinerseits der Gemeinde, diese bei der Hamburger Obrigkeit anzuzeigen, weil die Hamburger Juden sich rechtlich einer ausländischen Gemeinde unterworfen hätten. Diesen Fall behandelt wahrscheinlich das heute verschollene Buch »Tratado de Herem« (1617). Das Grab Rodrigo de Castros liegt auf dem Portugiesisch-Jüdischen Friedhof an der Königstraße.

WERKE Tractatus brevis de natura et causis pestis, Hamburg 1596; De universa muliebrum morborum medicina, Hamburg 1603; Medicus Politicus, Hamburg 1614.

LITERATUR DBE 2; Jöcher 1; LhS 1; Hermann Kellenbenz, Die Sephardim an der unteren Elbe. Ihre wirtschaftliche und politische Bedeutung vom Ende des 16. bis zum Beginn des 18. Jahrhunderts, Wiesbaden 1958 (Vierteljahrschrift für Sozial- und Wirtschaftsgeschichte, Beiheft 40),

S. 325–331; Yvonne David-Peyre, Le Medicus Politicus de Rodrigo de Castro et la musicothérapie, in: Revue d'Histoire de la Médicine Hébraïque 103 (1973), S. 69–74, 105 (1973), S. 133–137; Hans-Joachim Schoeps, Die Sephardische Arztfamilie de Castro. Ein Beitrag zur Medizingeschichte des Barocks, in: ders., Ein weites Feld. Gesammelte Aufsätze, Berlin 1980, S. 137–146; David B. Ruderman, Jewish Thought and Scientific Discovery in Early Modern Europe, New Haven/London 1995, S. 295–309; Michael Studemund-Halévy, Biographisches Lexikon der Hamburger Sefarden. Die Grabinschriften des Portugiesenfriedhofs an der Königstraße in Hamburg-Altona, Hamburg 2000 (Hamburger Beiträge zur Geschichte der deutschen Juden 22), S. 678–684.

Michael Studemund-Halévy

CHATEAUNEUF, Alexis de, geb. 18.2.1799 Hamburg, gest. 31.12.1853 ebd.; luth.; Architekt.

Alexis de Chateauneuf wurde als Sohn eines französischen Emigranten am 18. Februar 1799 in Hamburg geboren. Nach einer Zimmererlehre ging er für kurze Zeit in das Atelier des Pariser Architekten Achille Leclère. Von dort wechselte er für etwa drei Jahre zu Friedrich Weinbrenner, einem renommierten Vertreter des Klassizismus, nach Karlsruhe. Nach einer anschließenden ausgedehnten Studienreise kehrte er um 1821/22 als vielseitig ausgebildeter Architekt nach Hamburg zurück.

Da er keine feste Anstellung bei der Baudeputation erlangen konnte, war Chateauneuf, abgesehen von kürzeren Aufenthalten in London und Christiania (Oslo), in den folgenden drei Jahrzehnten als freier Privatarchitekt in der Hansestadt tätig. Hier trat er zunächst mit kleineren Wohn- und Nutzbauten in Erscheinung. Zahlreiche Projekte für Repräsentationsbauten wie die Börse oder für die Bebauung des Domplatzes zerschlugen sich. Erst um 1830 konnte Chateauneuf mit den weitreichenden Umgestaltungen der Landhäuser der Familien Sieveking in Hamm und de Chapeaurouge am Harvestehuder Weg bemerkenswerte Proben seines Könnens geben. 1832 bis 1836 errichtete er im Auftrag des Advokaten August Abendroth ein opulentes Stadthaus am Neuen Jungfernstieg. Dieses 1905 abgebrochene Gebäude im Neorenaissance-Stil ist in seiner vorzüglichen Verbindung von Architektur, Skulptur und Malerei (unter anderem enthielt es Fresken von Erwin Speckter) ein Musterbeispiel der von Chateauneuf nachdrücklich vertretenen Idee vom Gesamtkunstwerk und wurde stets als sein Meisterwerk im Wohnbau bezeichnet. Trotz dieser vorzüglichen Bauleistung stellte sich auch fortan kein dauerhafter beruflicher Erfolg ein. Abgesehen von einem für den Syndicus Carl August Buchholz um 1837 bei Lübeck errichteten Landhaus verschwendete Chateauneuf sein Talent allzu lange an Nebenaufgaben wie Stallgebäude, Remisen und Gartenhäuser. Der berufliche Misserfolg musste ihn als engagierten Stadtbürger besonders treffen. Eng waren zum Beispiel seine Verbindungen zur Patriotischen Gesellschaft. Mehrere Jahre hindurch war er Vorsteher der Zeichenschule und aktives Mitglied verschiedener Gremien der Gesellschaft. Darüber hinaus setzte er sich 1835 für eine Verbesserung des Brandschutzes ein. Aufgrund der schlechten Auftragslage ging Chateauneuf 1838 nach England, wo er drei Jahre zuvor korrespondierendes Mitglied des Royal Institute of British Architects geworden war. In London errang er gemeinsam mit Arthur Patrick Mee einen vielbeachteten zweiten Platz im Wettbewerb um die dortige Börse. Da auch dieser Prestigeerfolg keine konkreten Aufträge nach sich zog, kehrte Chateauneuf 1839 wiederum nach Hamburg zurück.

Erst die Katastrophe des Großen Brandes vom Mai 1842 brachte ihm den lang erhofften Durchbruch. Vor allem als Vorsitzender der von Rat und Bürgerschaft eingesetzten Technischen Kommission für den Wiederaufbau leistete Chateauneuf in Zusammenarbeit mit so renommierten Berufskollegen wie Gottfried Semper, Carl Ludwig Wimmel oder William Lindley in den folgenden Jahren Herausragendes für Hamburg. So gehen die Unverwechselbarkeit des Rathausmarktes und die Position des heutigen Rathauses im Wesentlichen auf seine Ideen zurück. Zudem errichtete er bedeutende Bauten wie das Posthaus an den Großen Bleichen oder das Geschäftshaus für Schulte und Schemmann am Nikolaifleet. Als Meisterleistung des Wiederaufbaus gilt der gemeinsam mit Carl Friedrich Reichardt erarbeitete Entwurf für die Alsterarkaden. Chateauneufs wichtigster damaliger Partner war Hermann Peter Fersenfeldt (1786–1853), der als anerkannter Professor eine eigene Bauschule unterhielt. Nach dem Großen Brand errichteten sie gemeinsam die St. Petri-Kirche (1843–49) und zahlreiche Stadthäuser. Mit dem englischen Ingenieur William Lindley (1808–1900) arbeitete Chateauneuf ab 1840 beim Bau der ersten Hamburger Bahnhöfe zusammen; mit großer Wahrscheinlichkeit haben sie um

Alexis de Chateauneuf

1847 auch bei den Bauten für die Stadtwasserkunst und das Gaswerk kooperiert. 1846 heiratete Chateauneuf die Norwegerin Caspara Möller. Für sein damaliges internationales Renommee spricht, dass ihm in Christiania (Oslo) Ende der vierziger Jahre die Umgestaltung der Erlöserkirche und der Neubau der Dreifaltigkeitskirche anvertraut wurden. Doch Chateauneuf konnte sich der allgemeinen Anerkennung nicht lange erfreuen. 1850/51 musste er, inzwischen von seiner Frau getrennt lebend, in die von ihm kurz zuvor erbauten Hornheimer Anstalten bei Kiel eingeliefert werden. Dort konnte er jedoch nicht von seinem Nervenleiden geheilt werden. Er kehrte nach Hamburg zurück, wo er, durch einen Schlaganfall zusätzlich geschwächt, am 31. Dezember 1853 starb.

Chateauneufs Lebenswerk umfasst über 130 Bauten und Projekte. Seine weit gespannte Sachkompetenz zeigt sich nicht nur in seinen Hauptbetätigungsfeldern, dem Wohn- und Städtebau, sondern auch bei der Errichtung von Kirchen sowie Geschäftshäusern, Industrie- und Verkehrsbauten. Seine Vielseitigkeit kommt auch darin zum Ausdruck, dass er für viele seiner Bauten die Innenausstattung einschließlich der Möbel entwarf. Zudem kreierte er Denk- und Grabmäler, wiederholt auch kunstgewerbliche Arbeiten wie Rahmen und Diplome. Chateauneuf gehörte bereits zu jener Generation von Architekten, für die kein für alle Bauaufgaben verbindlicher Stil mehr zur Verfügung stand. Er wählte aus der vielfältigen Überlieferung der europäischen Architekturgeschichte je nach Bedarf gezielt aus. Während zum Beispiel seine Kirchenbauten an gotischen Vorbildern orientiert sind, griff er bei seinen Wohnbauten häufig auf Renaissance-Formen zurück. Bei den Repräsentationsbauten integrierte er wiederholt den an italienische Palazzi erinnernden Rundbogenstil in die klassizistische Architekturtradition Hamburgs. Bei seinen technischen Bauten ist das Bemühen erkennbar, den neuen Nutzbauten würdevolle Bauformen zu verleihen. Chateauneuf verfügte über ein feines Formgefühl und ausgeprägten Sinn für Proportionen. Gegen zahlreiche Anfeindungen setzte er sich nachdrücklich für den Backstein als »echtes«, unverhüllt zu zeigendes künstlerisches Gestaltungsmittel ein. Er kann als einer der entscheidenden Wegbereiter dieses in Hamburg im 20. Jahrhundert bevorzugten Baumaterials gelten.

Chateauneuf pflegte intensiven Kontakt zu zahlreichen Künstlern im In- und Ausland. Fern von Selbstüberschätzung suchte er den Rat von Fachleuten wie Martin Gensler. Vor allem Karl Friedrich Schinkel war für ihn als Freund und Vorbild von größter Bedeutung. Abgesehen von der Zeit nach dem Großen Brand beschäftigte Chateauneuf nur wenige feste Mitarbeiter. Sein bedeutendster Schüler war Wilhelm von Hanno, der um 1850 für seinen erkrankten Meister die Bauführung bei der Dreifaltigkeitskirche in Christiania (Oslo) übernahm.

Aufgrund seiner zahlreichen qualitätvollen Entwürfe und Bauten zählt Chateauneuf unbestritten zu den herausragenden in Hamburg tätigen Architekten. Fritz Schumacher, der in Chateauneuf den wesensverwandten Künstler verehrte, bezeichnete ihn gar als einen »der interessantesten Baumeister« des 19. Jahrhunderts. Trotz manch schmerzlicher Verluste seiner Bauten durch Bombenkrieg, Bodenspekulation und Abrisswut prägt sein vielfältiges Schaffen das Stadtbild Hamburgs bis heute.

1926 wurde die Chateauneufstraße im Stadtteil Hamm nach dem Architekten benannt.

WERKE Entwurf zur Boerse auf dem Adolphs-Platze in Hamburg, Berlin 1838; Architectura domestica, London/Paris/Hamburg 1839; Architectura publica. Nachgelassenes Werk von Alexis de Chateauneuf, Berlin/Hamburg 1860.

LITERATUR ADB 4; NDB 3; LhS 1; HKL; Rump; Günther Lange, Alexis de Chateauneuf. Ein Hamburger Baumeister, Hamburg 1965; Ole Petter Bjerkek, Vår Frelsers Kirke og Trefoldighetskirken i Oslo [Magisterarbeit Oslo], Våren 1977; Evi Jung-Köhler, Verlust und Chance. Hamburg 1842. Stadtmodernisierung beim Wiederaufbau nach dem Großen Brand, Hamburg 1991 (Veröffentlichungen des Vereins für Hamburgische Geschichte 37); David Klemm/Hartmut Frank (Hg.), Alexis de Chateauneuf 1799–1853. Architekt in Hamburg, London und Oslo [Katalogbuch zur Ausstellung im Museum für Kunst und Gewerbe Hamburg vom 24. September bis 19. November 2000], Hamburg 2000.

David Klemm

CHRISTINE (Maria Alexandra seit 1656), geb. 7.12.1626 Stockholm, gest. 19.4.1689 Rom; luth., seit 24.12.1654 kath.; Königin von Schweden.

Christine von Schweden

Die Tochter Gustavs II. Adolf wurde nach dessen Tod am 6. November 1632 zunächst mit einer Vormundschaftsregierung schwedische Königin; seit dem 8. Dezember 1644 regierte sie selbstständig. Christine verfügte über große intellektuelle Begabung. Sie baute Stockholm zu einem kulturellen Zentrum aus, und ihre Bibliothek gehörte zu den größten Europas. Einer der von ihr nach Stockholm eingeladenen Philosophen war René Descartes, dessen Einfluss sicher mit verantwortlich dafür war, dass die Königin am 2. August 1651 durch den Jesuiten Antonio Macedo in Rom um Aufnahme in die katholische Kirche bat. Am 6. Juni 1654 legte Christine nach heftigen Auseinandersetzungen mit dem Reichsrat in Uppsala die Krone nieder, die im protestantischen Schweden mit der lutherischen Lehre verknüpft war. Ihr Cousin wurde als Karl X. Gustav König. Christine verließ Schweden, angeblich um die Bäder von Spa aufzusuchen, tatsächlich aber wollte sie sich in Rom niederlassen. Auf dem Weg dorthin hielt sie sich vom 13. bis zum 27. Juli 1654 in Hamburg auf, wo sie im Haus ihres diplomatischen Vertreters, Diego Texeira da Scampaio, im Krayenkamp wohnte. Während dieses zweiwöchigen Aufenthalts vermittelte Christine die Heirat Karl Gustavs mit einer holsteinischen Prinzessin. Über Brüssel, wo sie am 24. Dezember 1654 heimlich, und über Innsbruck, wo sie am 3. November 1655 öffentlich konvertierte, führte sie ihr Weg am 23. Dezember 1655 nach Rom. Hier lebte sie fortan im Palazzo Riario. Unklare Finanzverhältnisse nötigten Christine zu zwei Reisen nach Schweden, auf denen Hamburg jeweils Station wurde. Das erste Mal traf sie am 18. August 1660 in der Stadt ein und logierte für einen Monat im Haus der Texeiras, bevor sie nach Stockholm weiterreiste. Auf der Rückreise hielt sie sich von Mai 1661 bis zum 2. Mai 1662 in Hamburg auf. In diesem Jahr setzte Christine sich für die hamburgischen Katholiken ein und bewirkte ein Dekret des Hamburger Rates, das es ihnen erlaubte, in der Kapelle des französischen Diplomaten, Pierre Bidal, die Gottesdienste zu besuchen. Außerdem nahm sie mit ihrem Hofstaat an der Einweihung der katholischen Kirche St. Joseph auf der Großen Freiheit in Altona teil. Wieder waren es ausbleibende Zahlungen der Apanage, die Christine am 22. Juni 1666 erneut nach Hamburg führten. Die Anordnung des schwedischen Reichsrates, dass sie ohne ihre katholischen Begleiter reisen müsse und auf schwedischem Boden keine katholische Messe abhalten dürfe, führte zu diplomatischen Verhandlungen und einem unbeabsichtigt langen Aufenthalt in Hamburg bis zum Herbst 1668. Während dieser Zeit veranstaltete Christine am 22. Februar 1667 einen ungewöhnlich prächtigen Ball für mehr als 2000 Gäste und Zuschauer im Ballhaus in der Fuhlentwiete sowie am 25. Juli desselben Jahres ein Gastmahl in ihrem Haus aus Anlass der Wahl ihres Freundes Kardinal Giulio Rospigliosi als Clemens IX. zum Papst. Die reichliche Menge an Wein, die auf der Straße an jedermann ausgeschenkt wurde, führte wohl dazu, dass der Unmut über ein an der Hausfassade angebrachtes, bei Dunkelheit erleuchtetes Glückwunschtransparent für Clemens IX. in Gewalt umschlug. Die Scheiben des Hauses wurden eingeworfen, aus dem Haus heraus wurde auf die Menge geschossen, als diese versuchte, das Gebäude zu stürmen. Als reichlich später die herbeigerufene Stadtwache erschien, hatte es bereits Verletzte und einen Toten gegeben. Christine und ihre vornehmsten Gäste hatten sich in die schwedische Gesandtschaft retten können. Da die Regelung ihrer Geldangelegenheiten bis zum Oktober 1668 dauerte, musste die ehemalige Monarchin noch ein Jahr im Haus der Texeiras in der Hansestadt bleiben. Bevor sie am 20. Oktober 1668 endgültig aus Hamburg aufbrach, ließ sie sich bei einem Besuch im damals zur schwedischen Provinz Bremen-Verden gehörenden Stade im September 1668 feiern, als sei sie noch immer regierende Königin von Schweden. Bis zu ihrem Tode im Jahr 1689 lebte Christine in Rom, ihr Palazzo wurde zu einem Treffpunkt für Kardinäle, Gelehrte und Künstler und war lange Zeit der Mittelpunkt des kulturellen Lebens der Stadt. Die von ihr initiierten Grabungen in Rom führten zur Anlage einer Antiken-Sammlung, die heute Teil des Prado in Madrid ist.

In Hamburg erinnert eine 1992 eingeweihte Gedenktafel der Patriotischen Gesellschaft am Krayenkamp Nr. 13 an Christines Aufenthalt in der Stadt.

WERKE Charakterzüge, Grundsätze und Meinungen der Königin Christine von Schweden, Winterthur 1801; Gedanken über Religion und Leben, hg. von Hermann Josef Schmidt, Düsseldorf 1929 (Religiöse Quellenschriften 64); Memoiren, Aphorismen, deutsche Übersetzung und Nachwort von Anni Carlsson, München 1967 (Die Fundgrube 28).

LITERATUR Svenskt biografiskt lexikon, Bd. 21, Stockholm 1977; Sven Stolpe, Königin Christine von Schweden, Frankfurt a. M. 1962; Dorothea Schröder, Christina von Schweden in Hamburg. »Die Stunden dauern hier Ewigkeiten ...«, Hamburg 1997; Verena von der Heyden-Rynsch, Christina von Schweden. Die rätselhafte Monarchin, Darmstadt 2000.

Michael Busch

CLASSEN, *Walt(h)er* Friedrich, geb. 24.4.1874 Hamburg, gest. 7.9.1954 Reinbek; luth.; Theologe, Publizist und Pädagoge.

Nach dem Abitur auf dem Wilhelm-Gymnasium studierte der Sohn eines früh verstorbenen Arztes Theologie, absolvierte in der Hansestadt 1896 und 1899 die beiden theologischen Examina und wurde 1903 ordiniert. Als Hilfsgeistlicher empfing er vor allem durch den Pastor im Hafenviertel St. Pauli, Clemens Schultz (1862–1914), starke Impulse für neue Formen und Inhalte der kirchlichen Jugendpflege, die er umgehend in die Praxis umsetzte: Seit dem Frühjahr 1898 leitete Classen den Lehrlingsverein im Stadtteil Eilbek. Beeinflusst durch die britische »Settlement-Arbeit«, die er während seines einjährigen Aufenthalts in Toynbee Hall (1899/1900) kennen gelernt hatte, gründete Classen im April 1901 zusammen mit dem Richter und späteren Direktor der Jugendbehörde Dr. Wilhelm Hertz (1873–1939) und dem Kaufmann und späteren Senator Dr. Heinrich Traun (1838–1909) das durch Stiftungen und Spenden finanzierte Hamburger Volksheim im Arbeiterviertel Hammerbrook. Dessen Mitarbeiter bemühten sich um die Arbeiterjugend und strebten als Gegengewicht zu den Sozialdemokraten eine »Verständigung« mit den Arbeitern an, um ihnen bürgerliche Werte und Bildung zu vermitteln. Walter Classen verzichtete 1904 auf das Pfarramt, zumal er durch seine liberale Position und seine neuen Ansätze in Konflikt mit der Kirchenleitung geraten war, und setzte die Volksheimarbeit hauptberuflich fort, nachdem er zeitweise Hilfslehrer in einer Hamburger Volksschule gewesen war. Von 1916 bis zu seiner Pensionierung 1934 unterrichtete er die Fächer Religion, Deutsch und Geschichte – ab 1931 als »Professor« – an der Oberrealschule St. Georg und wirkte in der Lehrerfortbildung. 1927 erhielt er die theologische Ehrendoktorwürde der Universität Marburg. Bereits seit dem Wintersemester 1915/16 hatte Classen am Allgemeinen Vorlesungswesen in Hamburg Vorlesungen und Kurse über Jugendpflege gehalten, vom Sommersemester 1925 bis zum Wintersemester 1928/29 war er Leiter der Abteilung für Jugendpflege am Erziehungswissenschaftlichen Seminar der Universität und baute die Religionslehrerausbildung auf.

Neben seiner Unterrichts- und Lehrtätigkeit war Walter Classen auch als Schriftsteller sehr produktiv und veröffentlichte zahlreiche historische, theologische, pädagogische und literarische Werke, darunter Theaterstücke für die Jugendarbeit und eine dreibändige deutsche Geschichte. Von 1903 bis 1914 redigierte er die Monatsschrift für die deutsche Jugend »Die Treue« und schrieb zahlreiche Beiträge für die »Monatlichen Mitteilungen« der Hamburger Volksheime. Er zählte zum Kreis um Friedrich Naumann (1860–1919) und den Evangelisch-sozialen Kongress; in den Jahren zwischen 1927 und 1933 gab er die Vierteljahrsschrift „Evangelisch-sozial" mit heraus. Von 1924 bis 1930 war er Mitglied des Deutschen Evangelischen Kirchentages, im Zweiten Weltkrieg übernahm er Pfarrvertretungen.

Classen vertrat einen sehr diffusen »Rassebegriff«, distanzierte sich aber vom Antisemitismus und von der nationalsozialistischen Rassenlehre. Er ordnete Juden der »städtischen Rasse« zu, die im

Walt(h)er Classen

Gegensatz zur deutschen »Landrasse« stehe; beim Übertritt zum Christentum gehen Juden nach Classens Auffassung im deutschen Volk auf. Inhaltlich ging es Walter Classen um die Gewinnung der Arbeiterjugend für eine christlich geprägte bürgerliche Gesellschaft und ihre Normen, für die Akzeptanz traditioneller Leitbilder und hierarchischer Strukturen. Dies war seine Reaktion auf die tiefe Irritation der bürgerlichen Werte im gesellschaftlichen Umbruch des Kaiserreichs, auf die Anforderungen der Moderne. Der Vereinsamung des Individuums gerade in der zunehmend anonymer werdenden Großstadt versuchte er mit Lehrlingsvereinen und dem Volksheim ein Gemeinschaftsgefühl und eine Wertorientierung entgegenzustellen. Gegen das Anwachsen materialistischer, freireligiöser Anschauungen und Diesseitsreligionen wie des Monismus wollte er mit einem liberalen und für die Moderne offenen Verständnis des Christentums gerade Arbeiter wieder der Kirche näher bringen. Wenngleich er konservative und zum Teil auch völkische Ideen vertrat, so war er doch für seine Zeit mit seinen Zielen und Methoden vielfach sehr modern. Walter Classens Engagement für die Jugend resultierte aus seinen völkischen Anschauungen, er verstand es als Teil seiner Arbeit zur Förderung des deutschen Volkstums, die er auch als Schriftsteller und Publizist, zum Beispiel als Autor im »Deutschen Volkstum« und in den »Jungdeutschen Stimmen« sowie in seiner umfangreichen Geschichtsdarstellung »Das Werden des deutschen Volkes«, auf anderer Ebene fortsetzte. Konservative und moderne Elemente finden sich bei Classen zeitgleich und lassen seine Anschauungen als Reaktion auf eine Gesellschaft im Umbruch der Modernisierung erscheinen.

WERKE Schriftenverzeichnis in: Walter Classen. Ein Hamburger Pädagoge zwischen Tradition und Moderne. Lebenserinnerungen – Sechzehn Jahre im Arbeiterquartier. Mit einer Bibliographie Walter Classens, hg. und eingeleitet von Rainer Hering, Herzberg 2001 (Bibliothemata 20) [Die autobiografische Schrift Classens erschien erstmals 1932.].

LITERATUR NDB 3; BBKL 16; Rainer Hering, Vom Seminar zur Universität. Die Religionslehrerausbildung in Hamburg zwischen Kaiserreich und Bundesrepublik, Hamburg 1997. *Rainer Hering*

CLAUSEN, Rosemarie, geb. Kögel, geb. 5.3.1907 Groß-Ziethen bei Berlin, gest. 9.1.1990 Hamburg; luth.; Theaterfotografin.

Rosemarie Clausen wuchs als älteste von vier Töchtern in einer Berliner Pastorenfamilie auf. Nach dreijähriger Lehrzeit bei Marie Böhm im Porträtatelier Bäcker und Maas, die sie 1928 mit einer Gesellenprüfung im Lette-Haus abschloss, und einer viereinhalbjährigen Assistenz bei der Theaterfotografin Elli Marcus eröffnete Rosemarie Clausen 1933 ein eigenes Atelier in Berlin mit dem Ziel, sich auf Theaterfotografie zu spezialisieren.

Was Rosemarie Clausen, die eigentlich Porträtmalerin hatte werden wollen, an der Theaterfotografie reizte, war nicht die Szene, sondern der einzelne Schauspieler, der in seiner individuellen Rollengestaltung die Entwicklung eines Schicksals sichtbar werden lässt. Den größten Einfluss auf ihre Arbeit hatte Gustaf Gründgens, der von 1934 bis 1944 das Staatliche Schauspielhaus am Gendarmenmarkt in Berlin leitete und den sie 1936 erstmals in der Rolle des Hamlet fotografierte. Seine Art, einer Rolle eine Gestalt zu geben, beeindruckte die junge Berlinerin, und sie erkannte, dass sie für sich eine eigene Form der Bildgestaltung suchen musste. Durch den Besuch der Proben stimmte sie sich auf die jeweilige Inszenierung ein und fotografierte die Schauspieler am Premierenabend während der Pausen und nach der Vorstellung, wenn sie noch ganz in ihren Rollen lebten. Indem sie zugleich die künstlerische Gestaltung der Rolle und das Wesen des Darstellers aufzuspüren suchte und das Gesicht des Protagonisten in der Totale kunstvoll beleuchtet aus dem Dunkel des Hintergrundes hervortreten ließ, entwickelte

Rosemarie Clausen in wenigen Jahren einen ganz eigenen Stil, der interpretierte und nicht dokumentierte.

Das Jahr 1944 bedeutete für die Fotografin einen großen Einschnitt. Das Theater am Gendarmenmarkt, ihre Hauptarbeitsstätte, wurde geschlossen. Im gleichen Jahr verlor sie bei einem Luftangriff ihr Atelier mit sämtlichen Negativen. Aber der größte Schicksalsschlag war der Tod ihres Mannes, des Filmkaufmanns Jürgen Clausen, den sie 1934 geheiratet hatte und der bei einem Nachtflug über Sachsen abgeschossen wurde. Rosemarie Clausen floh mit ihren drei Kindern nach Hamburg und fasste hier schnell Fuß. Sie arbeitete bei Helmuth Gmelin am Theater im Zimmer und bei Ida Ehre an den Hamburger Kammerspielen. Dort fotografierte sie 1947 die legendäre Uraufführung von Wolfgang Borcherts »Draußen vor der Tür«. Auch die einzigen bekannten Porträtfotos von Wolfgang Borchert stammen von ihr. Als Gustaf Gründgens 1955 die Leitung des Deutschen Schauspielhauses übernahm, räumte er der Fotografin eine Art Monopolstellung ein. Sie wurde die eigentliche Chronistin der Hamburger Gründgens-Ära. Aufnahmen zu Goethes »Faust I und II« (1957/58), Brechts »Die heilige Johanna der Schlachthöfe« (1959), Durrells »Sappho« (1959), Shakespeares »Der Sturm« (1960) und Schillers »Don Carlos« (1962) machten Rosemarie Clausen zur bekanntesten deutschen Theaterfotografin ihrer Zeit.

Mit der Intendanz von Egon Monk am Schauspielhaus änderte sich 1968 die Situation für Rosemarie Clausen. Monk kündigte ihr bei Intendanzantritt die Zusammenarbeit auf. Der neue Stil verlangte eine rein dokumentierende, grob aus der Szene heraus fotografierende Darstellungsweise. Die szenischen Fotografien, die Rosemarie Clausen zunehmend nach der Gründgens-Ära machte, sind von ganz anderer Art. Die Sequenz aus Niels-Peter Rudolphs Hamburger Inszenierung von Büchners »Woyzeck« (1969) zum Beispiel dokumentiert ihre Meisterschaft auch in der szenischen Reportage. Für sechs Jahre wurde Rosemarie Clausen feste Fotografin am Thalia Theater, bevor sie mit Ablauf der Theatersaison 1975/76 ihren beruflichen Rückzug einleitete. Seit der Ära Monk kämpfte sie mit dem Gefühl, dass ihre Zeit vorüber sei. Hinzu kamen die ersten Anzeichen einer Krankheit, die sich zu einem langjährigen Leiden ausdehnen sollte.

Rosemarie Clausen hat nahezu alle großen Dar-

Rosemarie Clausen

steller der deutschen Schauspielkunst ihrer Zeit fotografiert. Die meisten von ihnen hat sie über Jahrzehnte in unterschiedlichen Rollen porträtiert. 1955 wurde ihr Schaffen mit dem Großen Preis der internationalen Ausstellung für Bühnenfotografie in Salzburg geehrt, 1976 erhielt sie den Kulturpreis der Deutschen Gesellschaft für Photographie. 1982 verlieh ihr die Freie und Hansestadt Hamburg die Senator-Biermann-Ratjen-Medaille.

WERKE Mensch ohne Maske, Stuttgart 1938; Schrift und Maske. 38 Bilder und Handschriften, biographische Daten, Rollentexte, Hamburg 1958 [Neuausgabe 1961]; Gustaf Gründgens' Faust in Bildern. Nach einem Film der DIVINA-Produktion im Verleih der GLORIA, Braunschweig 1960.

LITERATUR Bake/Reimers, S. 171–174; Theatermenschen: Leben und Meinungen der Fotografin Rosemarie Clausen, in: Theater heute 8 (1975), S. 18–27; Rosemarie Clausen, Ingeborg Sello. Zwei Hamburger Photographinnen. Photosammlung, Museum für Kunst und Gewerbe Hamburg, 9. März bis 22. Mai 1988, mit Beiträgen von Rüdiger Joppien und Manfred Sack, Hamburg 1988.

Brita Reimers

CORDES, Johann *Wilhelm*, geb. 11.3.1840 Wilhelmsburg, gest. 31.8.1917 Hamburg; luth.; Friedhofsarchitekt und -direktor.

Johann Wilhelm Cordes wurde bekannt als Architekt des Parkfriedhofs Ohlsdorf, der in der Zeit des Kaiserreichs als ein Leitbild der Friedhofsästhetik galt. Der Sohn eines Wilhelmsburger Landwirtes und Mühlenbesitzers studierte nach einer Zimmer-

CORDES, Wilhelm

Wilhelm Cordes

mannslehre Architektur am Polytechnikum in Hannover und kam dort mit der neugotischen Hannoverschen Schule in Berührung. Geprägt vom Historismus, arbeitete er ab 1874 als Architekt für die Stadt Hamburg und entwarf den damals in Planung befindlichen Zentral- (heute Haupt-) Friedhof Ohlsdorf. Nach der Eröffnung 1877 wurde er dessen Bauleiter und blieb in Ohlsdorf – ab 1879 als so genannter Friedhofsverwalter, ab 1898 als Friedhofsdirektor – bis zu seinem Tod 1917 tätig. Während seiner Amtszeit erhielt dieser erste kommunale Großfriedhof Hamburgs die bis heute erhaltene Gestaltung im Stil des englischen Landschaftsparks mit naturnah modelliertem Terrain, geschwungenen Wegen und vielfältiger, bisweilen exotischer Vegetation. Im gleichen Stil entwarf Cordes auch den allerdings wesentlich kleineren, 1904 fertig gestellten Urnenfriedhof auf dem Gelände des (heutigen Alten) Krematoriums an der Alsterdorfer Straße. Darüber hinaus gestaltete er Kapellen sowie sepulkrale Kleinarchitektur (Brunnen-, Terrassen- und Treppenanlagen, Grabmäler). Der Ohlsdorfer Friedhof fand internationale Anerkennung und erhielt unter anderem einen Preis auf der Weltausstellung in Paris 1900. In der Zeit um den Ersten Weltkrieg jedoch wurden Cordes' Erweiterungspläne für den Friedhof von reformerischer Seite, so auch von Fritz Schumacher, als nicht mehr zeitgemäß kritisiert und nach seinem Tod nicht realisiert. 1920 wurde von der Friedhofsdeputation ein Cordes-Denkmal auf dem Ohlsdorfer Friedhof eingeweiht; im selben Jahr erhielt die Hauptallee des Areals den Namen Cordesallee.

WERKE Friedhöfe und deren Denkmäler, in: Hamburg und seine Bauten unter Berücksichtigung der Nachbarstädte Altona und Wandsbek 1890, hg. vom Architekten- und Ingenieurverein zu Hamburg, Hamburg 1890, S. 263–274; Friedhof zu Ohlsdorf-Hamburg. Führer mit Generalplan, 9 Ansichten in Autotypie, 3 Tarifen und einem Auszug aus dem Register der größeren Familiengräber, Hamburg o.J. [1897].

LITERATUR Freitag, S. 92 f.; Barbara Leisner/Heiko K. L. Schulze/Ellen Thormann, Der Hamburger Hauptfriedhof Ohlsdorf. Geschichte und Grabmäler, Band 1, Hamburg 1990 (Hamburg-Inventar, Themen-Reihe 4); Barbara Leisner/Norbert Fischer, Der Friedhofsführer. Spaziergänge zu bekannten und unbekannten Gräbern in Hamburg und Umgebung, Hamburg 1994; Helmut Schoenfeld, Der Friedhof Ohlsdorf. Gräber, Geschichte, Gedenkstätten, Hamburg 2000.

Norbert Fischer

DAMKOWSKI, Marta, geb. Bröcker, geb. 16.3.1911 Stade, gest. 11.8.1982 Hamburg; konfessionslos; Politikerin, Widerstandskämpferin.

Die aus einer sozialdemokratischen Arbeiterfamilie stammende Marta Damkowski trat im Alter von zwölf Jahren den sozialdemokratischen Kinderfreunden bei, zwei Jahre später dem Internationalen Sozialistischen Kampfbund (ISK), der die Anpassungspolitik der SPD ablehnte und sich für ein gemeinsames Vorgehen von SPD und KPD gegen den wachsenden Rechtsradikalismus einsetzte. Aus der Sozialistischen Arbeiterjugend (SAJ) trat sie mit 17 Jahren wieder aus, weil sie die Bewilligung der Mittel für den Bau des Panzerkreuzers A ablehnte. Von 1929 bis 1932 war sie Hörerin an der Philosophisch-Politischen Akademie des ISK in Melsungen. Nach der Machtübernahme durch die Nationalsozialisten arbeitete Marta Damkowski in Deutschland für den ISK, der seine illegale Arbeit zunächst vom Ausland aus steuerte. Sie musste in diesen Jahren des illegalen Kampfes viel reisen und innerhalb Deutschlands oft umziehen – von einer illegalen Anlaufstelle zur nächsten. 1938 wurden Marta, ihr Bruder Willi und ihr späterer Mann Herbert Damkowski verhaftet. Die Widerstandskämpferin wurde wegen »Vorbereitung zum Hochverrat« zu einer einjährigen Gefängnisstrafe verurteilt. 1940, gleich nachdem sie gemeinsam mit Herbert Damkowski aus der Haft entlassen worden war, heirateten die beiden. 1941 kam ihr Sohn Wulf zur Welt. Herbert Damkowski fiel 1944, nachdem er gemeinsam mit Martas Bruder in das Strafbataillon 999 abkommandiert worden war.

Nach Kriegsende trat Marta Damkowski der SPD bei. Von 1946 bis 1953 arbeitete sie als Frauensekretärin in der Hamburger Landesorganisation der SPD. Von 1952 bis 1958 leitete sie die Frauenstrafanstalt Hamburg-Fuhlsbüttel. Der Hamburgischen Bürgerschaft gehörte sie von November 1946 bis Oktober 1953 an. Gleichzeitig war sie von 1947 bis 1953 Mitglied des Bundesfrauenausschusses sowie des Parteirats der SPD und arbeitete mit am Godesberger Programm zum Thema Frau und Familie. Die Gründung von pro familia und der Aufbau des Referates Familienförderung in der Hamburger Sozialbehörde wurden von Marta Damkowski entscheidend mitgestaltet. Sie wirkte in der Arbeitsgemeinschaft Hamburger Frauenorganisationen mit und war

Marta Damkowski

selbst noch im Alter im Vorstand der Arbeitsgemeinschaft sozialdemokratischer Frauen (AsF) Altona sowie im SPD-Distriktsvorstand Sülldorf-Rissen und im Landesverband der Arbeiterwohlfahrt Hamburg tätig.

Seit 1986 erinnert die Marta-Damkowski-Kehre im Neubaugebiet Hamburg-Allermöhe an die Widerstandskämpferin und engagierte Politikerin. Marta Damkowskis Grab befindet sich auf dem Ohlsdorfer Friedhof auf der Gräberanlage der Geschwister-Scholl-Stiftung (Grab Nr. Bn 73, 342).

LITERATUR Bake/Reimers, S. 296–298; Frauen im Faschismus. Frauen im Widerstand. Hamburger Sozialdemokratinnen berichten, hg. von der Arbeitsgemeinschaft sozialdemokratischer Frauen (AsF) Hamburg, 2. Aufl. Hamburg 1983.

Rita Bake

DAVID, Simon Alexander (Ps. *Alexander Daveson, Carl Julius Lange*), geb. 16.11.1755 Braunschweig, gest. 1813; isr.; Schriftsteller, politischer Publizist.

Simon Alexander David, Sohn des jüdischen Kammeragenten Alexander David, führte zunächst in Braunschweig eine ansehnliche Kunsthandlung. Nachdem er wirtschaftlich in Not geraten war, lebte er 1780 vorübergehend bei dem Dichter Gotthold Ephraim Lessing, der ihn förderte. Nach Lessings Tod (1781) begab er sich nach England, wo er schriftstellerisch tätig war, und kehrte erst 1790 nach Deutschland zurück. Seine Eindrücke einer Reise in die Schweiz in den Jahren 1794/95 verarbeitete er in der Reisebeschreibung »Über die Schweiz und die Schweizer« (1795/96). Von Karl August von Hardenberg in Ansbach-Bayreuth unterstützt, redigierte er seit 1797 die »Deutsche Reichs- und Staatszeitung«. Nachdem das Blatt wegen des Berichts über den Rastatter Gesandtenmord verboten und eine gerichtliche Untersuchung gegen David eingeleitet worden war, floh dieser 1800 nach Altona. Hier übernahm er von 1800 bis 1804 die deutsche Bearbeitung der englischen und französischen Aufsätze in Johann Wilhelm von Archenholtz' Zeitschrift »Minerva«. Als dänische Truppen 1801 vorübergehend Hamburg besetzten, um England dazu zu bewegen, die Neutralität der Meere anzuerkennen, beteiligte sich David unter dem Pseudonym Carl Julius Lange an der daraus entstehenden Kontroverse. Er polemisierte mit den »Freimüthigen Betrachtungen eines Weltbürgers über eine in Hamburg erschienene Schrift genannt ›Hamburgs bestes Glück nicht von Aussen‹« gegen eine von Jonas Ludwig von Heß verfasste Broschüre. Den Vergleich der Hansestadt mit dem benachbarten Altona, der bei Heß eine Rolle spielt, nahm David zum Anlass, im September 1801 die Zeitschrift »Hamburg und Altona« zu gründen, deren Redaktion er aber nach Zwistigkeiten mit dem Herausgeber schon nach dem zweiten Heft niederlegte und die seit 1805 von Johann Carl Daniel Curio redigiert wurde. Die Zeitschrift war eines der bedeutendsten Hamburger Periodika zu Beginn des 19. Jahrhunderts und wurde eine oft zitierte Quelle zur Geschichte beider Städte. In Altona verfasste David zur Frage der europäischen Allianzen die »Betrachtungen über die fünf Friedensschlüsse« (1802), mit denen er sich erneut seinem Protektor Karl August von Hardenberg empfahl. Zu Beginn des Jahres 1804 begab er sich nach Berlin, wo er weiterhin als preußisch gesinnter Publizist tätig war. 1806 gab er den »Telegraphen« heraus, der nach der Einnahme Berlins durch Napoleon französische Interessen vertrat.

WERKE Schriftenverzeichnis in: G. Schulz, Aus Alexander Davesons Frühzeit, in: Michael – The Diaspora Research Institute Tel Aviv University – 2 (1973), S. 61–76.

LITERATUR Asendorf/von Bockel; Böning Bd. 1, Teil 3, Sp. 2083; Andrea Hofmeister-Hunger, Pressepolitik und Staatsreform. Die Institutionalisierung staatlicher Öffentlichkeitsarbeit bei Karl August von Hardenberg (1792–1822), Göttingen 1994 (Veröffentlichungen des Max-Planck-Instituts für Geschichte 107). *Hans-Werner Engels*

DAVOUT, Louis-Nicolas, Herzog von Auerstedt, Fürst von Eckmühl, geb. 10.5.1770 Annoux/Yonne, gest. 1.6.1823 Paris; kath.; Marschall, Kriegsminister.

Als Generalgouverneur der 1810 von Napoleon dem französischen Empire einverleibten drei Hanseatischen Departements hatte Louis-Nicolas Davout seinen Sitz in Hamburg, dem Hauptort des Departements der Elbmündungen und der 32. Militärdivision. Davout gehörte zu den Generälen, die in den Jahren nach der Französischen Revolution einen steilen Aufstieg erlebt hatten: Er war 1794 als Brigadegeneral ins linksrheinische Deutschland geschickt worden, und als Napoleon 1804 eine Anzahl Reichsmarschälle ernannte, war Davout der jüngste von allen. Er zeichnete sich vor allem im Verlauf der Schlacht von Jena und Auerstedt (1806) aus, ferner 1809 bei Wagram. Dafür ehrte Napoleon seinen »Cousin« mit den Titeln eines Herzogs von Auerstedt (1808) und eines Fürsten von Eckmühl (1809). Zwischen dem Vierten und dem Fünften Koalitionskrieg fungierte Davout als Generalgouverneur des Herzogtums Warschau, eines französischen Satellitenstaatswesens.

Nach dem Dekret vom 13. Dezember 1810, das endgültig Holland, nunmehr aber auch die Hansestädte nebst ihrem Hinterland zu »integrierenden Bestandteilen« des Empire machte, übernahm Davout im Februar 1811 den Vorsitz der von Napoleon eingesetzten Regierungskommission, die für eine Übergangszeit die höchste Gewalt in der 32. Militärdivision innehatte und noch über den Präfekten in Hamburg, Bremen und Osnabrück stand. Von Hamburg aus bereitete Davout den Russlandfeldzug mit vor und wirkte politisch und militärisch vor allem in Richtung Dänemark, Mecklenburg, Preußen und Warschau. Im Frühjahr 1812 verließ er sein Generalgouvernement und überquerte an der Spitze des I. Korps der *Grande Armée* – unter Mitnahme nach französischen Regeln zwangsrekrutierter Hanseaten – im Juni 1812 den Njemen. In den ersten Monaten des Russlandfeldzugs war er als Thronprätendent eines restaurierten Polen im Gespräch. Auf dem Rückweg vom katastrophal verlaufenen Feldzug kam Davout zunächst nach Dresden, wo er im März 1813 die Elbbrücke sprengen ließ. Dann eroberte er das Departement der Elbmündungen, dessen Städte Hamburg und Lübeck mittlerweile von leichten russi-

Louis-Nicolas Davout

schen Kräften unter General Friedrich Carl Freiherr von Tettenborn besetzt worden waren, zurück und stellte in der gesamten 32. Militärdivision, die Napoleon in den Ausnahmezustand versetzt hatte, Ruhe und Ordnung wieder her. Er war klug genug, manche Befehle Napoleons, die weniger sachkundig denn rachsüchtig waren, zu mildern. Bald wurde auch der Belagerungszustand über Hamburg und Lübeck verkündet, und Davout ließ Hamburg und Harburg durch Elbbrücken und eine Straße über Wilhelmsburg miteinander verbinden und zur »Festung Hamburg-Harburg« ausbauen. Zur Sicherung nach außen und innen wurde eine Zitadelle an der Alstermündung angelegt. Rings um die Mauern, vor allem in Richtung Altona (Hamburger Berg), wurden zum Zweck der Glacisbildung ganze Siedlungen zerstört. Im November 1813 konfiszierte der von rückwärtigen Verbindungen abgeschnittene Davout – gegen Quittung – die Bestände der Hamburger Bank. Um die Jahreswende 1813/14 wurden – nach zahlreichen Warnungen – wohl 25 000 Einwohner, die sich nicht mit Lebensmitteln für sechs Monate hatten versorgen können, in miserabel organisierter Weise aus der Stadt vertrieben. Nachdem Bremen im November und Lübeck im Dezember 1813 befreit worden waren, zog sich die Besetzung Hamburgs noch bis Ende Mai 1814 hin.

Nach Frankreich zurückgekehrt, sah Davout sich innenpolitisch motivierten Angriffen wegen verschiedener Maßnahmen während der Belagerungszeit ausgesetzt und verfasste eine Rechtfertigungsschrift, die dann Anlass für eine ganze Reihe deutscher Gegendarstellungen wurde, nicht zuletzt für eine Replik von Amandus Augustus Abendroth. Während Napoleons Cent Jours diente Davout als Kriegsminister. Hernach der Hauptstadt verwiesen, degradiert und enteignet, wurde er 1817 bereits rehabilitiert und 1819 in die Pairskammer berufen.

WERKE Memoire des Herrn Marschall's Davout, Fürsten von Eckmühl, an den König, o. O. 1814; Charles de Mazade (Hg.), Correspondance du maréchal Davout, prince d'Eckmühl. Ses commandements, son ministère. 1801–1815, 4 Bde., Paris 1885; Louise Adélaïde de Blocqueville (Hg.), Le Maréchal Davout, prince d'Eckmühl. Correspondance inédite 1790–1815: Pologne, Russie, Hambourg, Paris 1887.

LITERATUR Henri Vigier, Davout. Maréchal d'Empire, duc d'Auerstädt, prince d'Eckmühl (1770–1823), 2 Bde., 2. Aufl. Paris 1898; Carl Henke, Davout und die Festung Hamburg-Harburg 1813–1814, Berlin 1911; John G. Gallaher, The iron marshal. A biography of Louis N. Davout, London u. a. 1976.

Helmut Stubbe-da Luz

DEGKWITZ, Rudolf, geb. 19.1.1889 Ronneburg (Thüringen), gest. 21.5.1973 Emmendingen; kath.; Professor der Kinderheilkunde.

Rudolf Degkwitz, von 1932 bis 1948 Ordinarius am Eppendorfer Universitätskinderkrankenhaus, war ein renommierter Wissenschaftler und ein exzentrischer Intellektueller, der sich in widersprüchlicher Weise in die Politik einmischte.

Nach dem Ersten Weltkrieg als Assistenzarzt in München tätig, trat Degkwitz der NSDAP bei und nahm 1923 am Marsch auf die Feldherrnhalle teil. Als die Nationalsozialisten 1933 die Macht übernommen hatten, bezog der mittlerweile nach Hamburg berufene Mediziner öffentlich gegen die Diktatur Stellung und wurde für die zweite Hälfte des Jahres seines Dienstes enthoben.

In der Folgezeit setzte Degkwitz seine Regimekritik fort. 1944 vor dem Volksgerichtshof wegen »Wehrkraftzersetzung« angeklagt, entkam er einem Todesurteil nur aufgrund der Fürsprache des Direktors des Universitätskrankenhauses Hans Bürger-Prinz, saß bis April 1945 im Zuchthaus Celle und konnte bei einem Gefangenentransport auf dem Weg nach Hamburg entkommen.

Im Mai 1945 wurde Degkwitz von den Besatzern für kurze Zeit zum »Präsidenten« der Gesundheitsbehörde bestellt. Er trat im selben Jahr zunächst dem liberalen Bund Freies Hamburg bei, sodann – wie andere Katholiken auch – der Christlichen Arbeits-

Rudolf Degkwitz

gemeinschaft, aus der am 1. Oktober die Hamburger CDU hervorging. Degkwitz sprach sich im Zuge der Entnazifizierung vergeblich für die Entlassung aller Ärzte aus dem Staatsdienst aus, die Mitglied der NSDAP gewesen waren. Den britischen Militärbehörden, die nicht auf sämtliche belasteten Mediziner verzichten wollten und zudem schon bald auf Degkwitz' frühere Beziehungen zu Hitler und Rudolf Heß aufmerksam wurden, erschien diese Forderung ebenso überzogen wie dem Hamburger Senat und dem Universitätssenat. In seinem 1946 erschienenen Buch »Das alte und das neue Deutschland« spürte Degkwitz den Wurzeln des Nationalsozialismus nach und zog eine Kontinuitätslinie vom alten Preußen über das Kaiserreich bis 1933. Nachdem er wegen eines zu langen Auslandsaufenthalts von der Hochschulbehörde gemaßregelt worden war, quittierte der Mediziner 1948 den Dienst als Hochschullehrer unter Berufung auf die versäumte Chance zur Entnazifizierung und wechselte zu einem amerikanischen Chemiekonzern.

WERKE Über die Erziehung gesunder Kinder, Berlin 1946.

LITERATUR Jürgen R. Bierich, Erinnerungen an Rudolf Degkwitz (1889–1973), in: 100 Jahre Universitäts-Krankenhaus Eppendorf 1889–1989, hg. von Ursula Weisser, Tübingen 1989, S. 472–474; Hendrik van den Bussche (Hg.), Medizinische Wissenschaft im »Dritten Reich«. Kontinuität, Anpassung und Opposition an der Hamburger Medizinischen Fakultät, Berlin/Hamburg 1989 (Hamburger Beiträge zur Wissenschaftsgeschichte 5); ders., Rudolf Degkwitz. Die politische Kontroverse um einen außergewöhnlichen Kinderarzt, in: Kinder- und Jugendarzt 30 (1999), S. 425–431, 549–556. *Helmut Stubbe-da Luz*

DILL, Emil *Theodor* Franz Julius Bernhard,

geb. 3.12.1797 Groß Bartensleben bei Helmstedt, gest. 29.1.1885 Hamburg; luth.; Kaufmann.

Der Kaufmann und Commerzbürger Theodor Dill war in verschiedenen Ämtern für Hamburg tätig; berühmt geworden ist er jedoch durch die spektakuläre Rettung der neuen Börse, die er 1842 beim Großen Brand vor der Zerstörung bewahrte.

Dill trat nach einer kaufmännischen Ausbildung 1825 als stiller, 1835 als offener Teilhaber in das Geschäft von Johann Jürgen Nicolaus Albrecht ein. Von 1829 bis 1836 nahm er die Funktion eines Kapitäns des Bürgermilitärs wahr und trat wenig später für das St. Michaelis-Kirchspiel dem 180er-Kollegium bei. 1842 bis 1847 war er Mitglied der Commerzdeputation und 1864 Revisor der Patriotischen Gesellschaft.

Vom Ausbruch des Großen Brandes am 5. Mai 1842 war die Firma Albrecht & Dill, die ihren Sitz in der Deichstraße hatte, sofort betroffen; ihre Speicher und Dills Wohnhaus gingen in Flammen auf. Am zweiten Tag des Brandes begab sich Dill zur neuen Börse, um die dort lagernden Bücher der Commerzbibliothek feuerfest zu verpacken. Da sich die Bücher im Keller der Börse befanden, verpasste Dill die Räumung des von der Feuerwehr aufgegebenen Gebäudes und sah sich, als er in die Halle hochkam, von den Flammen eingeschlossen. Statt nun den letzten Fluchtweg zu nutzen, machte sich Dill an die scheinbar aussichtslose Aufgabe, das brennende Gebäude zu löschen. Unter seiner Leitung gelang es sieben weiteren Männern, die erst 1841 eingeweihte

Theodor Dill

neue Börse vor der Zerstörung zu bewahren. Dabei standen nur geringste Mengen an Löschwasser und -werkzeugen zur Verfügung.

Der fast vier Tage anhaltende Große Brand vernichtete nahezu ein Drittel der Stadt und hinterließ einen materiellen Schaden in Millionenhöhe. Dass Hamburgs Wirtschaft dennoch nicht zum Stillstand kam und dadurch ein rascher Wiederaufbau möglich wurde, ist auch auf die Rettung der Börse zurückzuführen: Schon am 13. Mai konnten die Geschäfte im Börsengebäude wieder aufgenommen werden.

Zum Dank für seinen unerschrockenen Einsatz überreichten 90 der führenden Kaufleute Hamburgs Theodor Dill eine Urkunde und ein Gemälde von Hermann Kauffmann, das die brennende Börse zeigt. Dill selbst scheint seine Tat als selbstverständlich betrachtet zu haben; ausdrücklich wird er von seinen Zeitgenossen für seine Bescheidenheit und Zurückhaltung gelobt. Er trat der Rats- und Bürgerschaftsdeputation für den Wiederaufbau bei, gehörte kurzfristig zum Kollegium der 60er und engagierte sich neben seiner kaufmännischen Tätigkeit weiterhin als Commerzbürger, bevor er sich 1851 aus gesundheitlichen Gründen von diesem Amt zurückzog. Seit 1890 erinnert die Dillstraße im Stadtteil Rotherbaum an den selbstlosen Einsatz des Kaufmanns.

LITERATUR Richard Nehlsen, Hamburgische Geschichte nach Quellen und Urkunden, 2 Bde., Hamburg 1896/97; Wilhelm Heyden, Die Mitglieder der Hamburger Bürgerschaft 1859–1862. Festschrift zum 6. Dezember 1909, Hamburg 1909, S. 29–31. *Ariane Knuth*

DISTEL, Hermann, geb. 5.9.1875 Weinsberg/Württemberg, gest. 5.8.1945 Hamburg-Bergedorf; luth.; Architekt, Architekturschriftsteller.

Hermann Distel

Das Studium des später fern seiner schwäbischen Heimat so erfolgreichen und das Stadtbild Hamburgs entscheidend bereichernden Architekten Hermann Distel an der Technischen Hochschule Karlsruhe war maßgeblich von der sicheren Stilarchitektur seines Lehrers Carl Schäfer geprägt. Nach verschiedenen Berufsstationen in ganz Deutschland assoziierte er sich mit seinem Studienfreund August Grubitz und gründete 1905 in Hamburg das bald sehr erfolgreiche Büro Distel & Grubitz.

In einer Zeit, die maßgeblich von Fritz Schumacher als Hochbaudirektor und seiner bewussten Wiederbelebung des Backsteinbaues geprägt war, hat das Büro Distel & Grubitz sich stets seine eigene Formensprache bewahrt, wenngleich es sich auch sehr gut dem Hamburger Architekturmilieu anpassen konnte. Das erste große Werk, mit dem es einen Meilenstein setzte, war der Bau des Vorlesungsgebäudes der späteren Universität an der Moorweide (1909/11), eines noch sehr süddeutsch geprägten, Schlossarchitektur zitierenden Putzbaues mit Kuppel, dessen mitgeplante seitliche Flügelbauten damals nicht ausgeführt wurden. Neben vielen anderen Baugattungen wie zum Beispiel Schulen, einfühlsam gestalteten städtischen und ländlichen Kirchen und Pastoraten sowie einer Siedlung für Kriegsheimkehrer in Hamburg-Volksdorf (1922/29) entstanden Kontorhäuser und Wohnblocks in Klinkerarchitektur sowie 1925/26 der monumental gestaltete Bühnenbau des Stadttheaters (1943/44 ausgebrannt, heute Staatsoper). Prägend für die Entwicklung der Innenstadt war der Bebauungsvorschlag, mit dem Distel & Grubitz den Wettbewerb für die Neugestaltung des Sanierungsgebietes »südliche Altstadt« gewannen, des späteren so genannten Kontorhausviertels. Mit diesem Plan prägten sie bereits die Baumassenverteilung der hier in den zwanziger Jahren errichteten Kontorhäuser (zum Beispiel des Chilehauses) vor.

Das Büro war bei vielen wichtigen Wettbewerben beteiligt, so 1913 für den Bau einer Deutschen Botschaft in Washington, in Hamburg für die Kongresshalle auf dem Heiligengeistfeld und die Neue Markthalle am Deichtormarkt. Bei dem berühmten

Wettbewerb für ein Messehaus östlich des Kontorhausviertels 1925 erhielt es neben Paul Bonatz einen ersten Preis für den einzigen stadträumlich überzeugenden Vorschlag im Rahmen dieser städtebaulich kaum lösbaren Aufgabe.

Das Spezialgebiet von Distel & Grubitz war freilich die Planung und der Bau von Krankenhäusern und Stiftsbauten, wofür sie mit dem Diakonissen-Krankenhaus Bethanien in Eppendorf (1927/28), dem Erweiterungsbau des Israelitischen Krankenhauses im Stadtteil St. Pauli (1928/30), den Stiftsbauten an der Farmsener Landstraße Nr. 60 in Hamburg-Volksdorf (1927) und dem villenartigen Jacobi-Stift in Winterhude (1928/29) hervorragende Beispiele boten. Mit dem Standortkommando der Wehrmacht an der Sophienterrasse (1936) und dem Standortlazarett in Wandsbek (1937/38) schwenkten auch sie in den klassizistisch-martialischen Stil der späteren dreißiger Jahre ein.

Das in süddeutsch-liebenswürdiger Sprache gehaltene eigene Wohnhaus Distels in Bergedorf, ein 1910 errichteter Putzbau im bescheidenen Landhausstil mit kleinen Dimensionen, anheimelnden Räumen und festen Einbauten und Mobiliar, steht seit 1990 unter Denkmalschutz. Die Belegenheit, die ehemalige Bismarckstraße, wurde 1949 nach Hermann Distel umbenannt. Als Verfasser vieler Publikationen in Fachzeitschriften hat sich Distel in ganz Deutschland vor allem als Spezialist für den Krankenhausbau einen Namen gemacht.

WERKE Ausstellungs- und Kongreßhallen in Deutschland, Hamburg 1929 (Veröffentlichungen der Patriotischen Gesellschaft Hamburg); Rationeller Krankenhaus-Bau, Stuttgart 1932; Krankenhäuser, Hellerau 1932.

LITERATUR ThB 9; Vollmer 1; J. A. Baader, Hamburger Bauten der Architekten Hermann Distel und August Grubitz, Hamburg, in: Bauwelt. Zeitschrift für das gesamte Bauwesen, 18. Jg., Heft 8 (1927), S. 1–8; Architekt Hermann Distel in Arbeitsgemeinschaft mit Architekt A. Grubitz, mit einer Einleitung von Carl Anton Piper, Berlin/Leipzig/Wien 1929 (Neue Werkkunst). *Manfred F. Fischer*

DOERMER, Karl *Ludwig*, geb. 19. 5. 1877 Gießen, gest. 28. 7. 1952 Lich in Oberhessen; luth.; Lehrer, Landesschulrat.

Ludwig Doermer

Als Lehrer und Landesschulrat wirkte Ludwig Doermer an der Gestaltung des Hamburger Schulwesens mit und reformierte den naturwissenschaftlichen und mathematischen Unterricht. Der Sohn eines Försters studierte in Gießen Naturwissenschaften, Mathematik und Geografie. Ein Jahr nach dem Staatsexamen trat er 1899 als Lehrer an der Gelehrtenschule des Johanneums in den hamburgischen Schuldienst. Von 1900 bis 1929, seit seiner Promotion im Jahre 1902 als Oberlehrer, lehrte Doermer an der ersten Hamburger Oberrealschule am Holstentor, der späteren Albrecht-Thaer-Schule. Von Anfang an war er aber auch in der Schulpolitik und in der pädagogischen Weiterentwicklung eines ganzheitlich erzieherisch wirkenden Schullebens aktiv. Er war Mitglied verschiedener naturwissenschaftlicher Vereine, wie des Vereins zur Förderung des mathematischen und naturwissenschaftlichen Unterrichts, und arbeitete im Vorstand des Bundes für Schulreform mit. Für den Chemieunterricht verfasste Doermer mehrere Lehrbücher, die in zahlreichen Auflagen verbreitet wurden. Während des Ersten Weltkriegs leitete er in Vertretung des zur Armee eingezogenen Direktors Albrecht Thaer die Oberrealschule vor dem Holstentor, baute den naturwissenschaftlichen Unterricht weiter auf und richtete vertiefende Wahlkurse für besonders interessierte Schüler ein. Im Jahr seiner Habilitation 1918 wurde Doermer, dessen wissenschaftliche und pädagogische Leistungen gerühmt wurden, in den Lehrerrat und 1929 als Vertreter der gesamten hamburgischen Lehrerschaft zum Mitglied der Oberschulbehörde gewählt. In einer reformorientierten Zeit entstanden unter seiner Mitwirkung die akademische Volksschullehrerbildung, der Oberbau der Volksschulen, die Schülerauslese und eine Reihe neuer Schulhäuser. Zum 1. August 1931 wurde er Landesschulrat; 1933 bat Doermer, nachdem er nach § 5 des »Gesetzes zur Wiederherstellung des Berufsbeamtentums« in das Amt eines Studienrates herabgestuft worden war, um seine Entlassung aus dem Schuldienst.

Im August 1945 – Doermer war in Hamburg ausgebombt worden und in seine alte Heimat gezogen – holte ihn die Schulbehörde noch einmal zurück in das Amt des Landesschulrats, das er allerdings aufgrund seiner geschwächten Gesundheit schon zum Ende des Jahres aufgeben musste. Doermer war seit 1905 mit Marie Krüß verheiratet; das Paar hatte einen Sohn und eine Tochter.

WERKE Chemie, Mineralogie und Geologie, in: Jahresberichte über das höhere Schulwesen, 27. Jg. (1912), XIII, S. 82–117; [folgende Veröffentlichungen gemeinsam mit Rudolf Arendt:] Leitfaden für den Unterricht in der Chemie und Mineralogie, 11. Aufl. Hamburg/Leipzig 1909; Grundzüge der Chemie und Mineralogie, 10., verb. und vermehrte Aufl. Hamburg/Leipzig 1910; Technik der anorganischen Experimentalchemie. Anleitung zur Ausführung chemischer Experimente, 4., umgearbeitete und wesentlich vermehrte Aufl. Hamburg/Leipzig 1910. *Iris Groschek*

DRANSFELD, Carl, geb. 11.11.1880 Berlin, gest. 9.11.1941 Hamburg; luth.; Lithograf, Fotograf.

Gemeinsam mit seinem Bruder, dem Maler Adolf Dransfeld (gest. 1927), gründete Carl Dransfeld 1902 in Berlin das Photographenatelier Gebr. Dransfeld, das schon 1904 nach Hamburg verlegt wurde. Die Brüder begannen hier zuerst mit Vergrößerungsarbeiten nach Vorlagen, später kamen Aufnahmen von Denkmälern und Bildhauerwerken hinzu. Den geschäftlichen Durchbruch und künstlerischen Erfolg erzielte die Firma mit dem Auftrag Fritz Schumachers, die von ihm seit 1909 errichteten Hamburger Staatsbauten zu dokumentieren. So wurde sie durch viele Publikationen schnell bekannt und empfahl sich auch anderen Architekten in Hamburg und anderenorts. Die Gebrüder Dransfeld verstanden es, ihren Fotos den Charakter von individuell gestalteten architektonischen Porträts zu geben, wobei sie alles Zufällige in Form von Straßenszenen nach Möglichkeit vermieden und menschliche Gestalten nur als Maßstabsgeber oder Funktionsinterpreten einsetzten. Auf diese Weise gelang es ihnen, die beabsichtigte Wirkung der Bauten im Bild stets dem Erleben durch die Betrachter und Benutzer in der täglichen Praxis anzupassen. So konnten schon die Zeitgenossen feststellen, »daß Dransfelds Objekte die treuesten Begleiter dieses siegreichen Vordringens neuzeitlicher Baukunst waren, und mittels der Bilder wurde der Ruhm der hamburgischen Baukunst in alle Welt verbreitet« (Das Buch der alten Firmen der Freien und Hansestadt Hamburg, Leipzig o. J. [1930]).

Das berühmteste Objekt ihrer Kunstfertigkeit jedoch wurden jene eigens zu Werbezwecken bestellten Aufnahmen, mit denen sie im Auftrag des Architekten Fritz Höger 1924 dessen soeben fertig gestelltes Chilehaus (1922/24) im Kontorhausviertel mit einer Spezialoptik in extremer Untersicht von Osten her dokumentierten, wodurch die scharfe östliche Spitze des Hauses in dramatischer Steigerung erschien. Nahezu alle in diesem Zusammenhang und danach publizierten Würdigungen des Hauses sind untrennbar von diesen suggestiven Aufnahmen beeinflusst. Die Dransfeld-Fotos vom Chilehaus haben in der heftigen fachlichen und ideologischen Debatte Kunstgeschichte geschrieben. Sie wurden die berühmtesten Architekturfotos, die jemals einem Gebäude in Hamburg gegolten haben.

Viele Negative der von den Gebrüdern Dransfeld im staatlichen Auftrag Hamburgs erstellten Fotos sind erhalten und werden heute in der Staats- und Universitätsbibliothek Hamburg verwahrt; das private künstlerische Archiv der Firma ist im Zweiten Weltkrieg zerstört worden.

LITERATUR Das Buch der alten Firmen der Freien und Hansestadt Hamburg, Leipzig o. J. [1930], Abschnitt XII, S. 4; Manfred F. Fischer, Das Chilehaus in Hamburg, Architektur und Vision, Berlin 1999. *Manfred F. Fischer*

EBELING, Christoph Daniel

Christoph Daniel Ebeling

Zeitschrift, die ausschließlich Themen der Neuen Welt behandelte. Im Alter litt Ebeling stark unter seiner zunehmenden Taubheit.

Seine bedeutende Amerika-Sammlung befindet sich heute in der Harvard University, Boston. 1977 wurde der Ebelingplatz im Stadtteil Hamm nach dem Bibliothekar und Amerikanisten benannt.

WERKE Erdbeschreibung und Geschichte von Amerika. Die Vereinigten Staaten von Nordamerika, 7 Bde., Hamburg 1793–1816.

LITERATUR ADB 5; NDB 4; LhS 2; Hermann Tiemann, Christoph Daniel Ebeling. Hamburger Amerikanist, Bibliothekar und Herausgeber Klopstocks, in: ZHG 41 (1951), S. 352–374; Gordon McNett Stewart, The literary contributions of Christoph Daniel Ebeling, Amsterdam 1978.

Horst Gronemeyer

EBELING, Christoph Daniel, geb. 20.11.1741 Garmissen bei Hildesheim, gest. 30.6.1817 Hamburg; luth.; Amerikanist, Bibliothekar.

Nach dem Studium der Theologie, Philologie, Geografie und Geschichte in den Jahren von 1763 bis 1767 in Göttingen und einer kurzen Zeit als Privatlehrer in Leipzig war Ebeling seit 1769 gemeinsam mit Johann Georg Büsch an der im Vorjahre gegründeten Handlungsakademie in Hamburg tätig. 1784 wurde er Professor für Geschichte und griechische Sprache am Hamburger Akademischen Gymnasium, und von 1799 bis zu seinem Lebensende war er mit der Leitung der Stadtbibliothek betraut. Ebeling war einer der führenden Köpfe im Hamburger geistigen Leben seiner Zeit. Sein musikalisches Interesse zeigte sich vor allem in zahlreichen Rezensionen für Hamburger Zeitungen; mit Carl Philipp Emanuel Bach war er eng verbunden. Durch seine Freundschaft mit Friedrich Gottlieb Klopstock fühlte er sich verpflichtet, nach dessen Tod (1803) die bei Göschen erscheinende Gesamtausgabe zu Ende zu führen. Sein besonderes Interesse galt den Vereinigten Staaten von Amerika, über die er ein viel beachtetes, auf der Auswertung amerikanischer Quellen beruhendes umfangreiches Werk veröffentlicht hat, das allerdings unvollendet geblieben ist. In den Jahren von 1795 bis 1797 gab Ebeling gemeinsam mit Dietrich Hermann Hegewisch das »Amerikanische Magazin, oder authentische Beiträge zur Erdbeschreibung, Staatskunde und Geschichte von Amerika, besonders aber der Vereinten Staaten« heraus, die erste

EDZARDUS (Edzard, Edzardi), Esdras, geb. 26. (28.) 6.1629 Hamburg, gest. 1. (2.) 1.1708 ebd.; luth.; Orientalist, Theologe, Judenmissionar.

Als Orientalist, der Studenten unentgeltlich in der hebräischen Sprache unterrichtete, und als erfolgreicher Judenmissionar war Esdras Edzardus seinerzeit über die Grenzen Hamburgs hinaus bekannt.

Edzardus war der Sohn des aus dem Jeverland stammenden Pastors an der St. Michaeliskirche Jodocus Edzardus (1595–1667), genannt Glanaeus, und der Hamburgerin Barbara Gravely (gest. 1667), einer Nichte des 1623 verstorbenen Bürgermeisters Sebastian von Bergen. Nach dem Besuch des Johanneums und des Akademischen Gymnasiums in Hamburg absolvierte Edzardus seit 1647 ein Studium der Philosophie, der orientalischen Sprachen und der Theologie an verschiedenen deutschen Universitäten, unter anderem in Leipzig, Wittenberg, Gotha, Tübingen, Straßburg und Gießen. 1650 studierte er rabbinische und talmudische Literatur bei Johannes Buxtorf II. in Basel. 1656 schloss Edzardus sein Studium an der Universität Rostock mit Thesen gegen Juden und Photinianer als Licentiat der Theologie ab.

Die 1657 in Hamburg geschlossene Ehe mit der wohlhabenden Kaufmannstochter Angelica Less (gest. 1688) sowie sein ererbtes Vermögen versetzten ihn in die Lage, in seiner Heimatstadt das unabhängige Leben eines Privatgelehrten zu führen. Wissenschaftliche Werke zu verfassen war Edzardus' Sache allerdings nicht, vielmehr betätigte er sich hauptsächlich im Bereich von Lehre und Unterweisung. Der kostenlose Unterricht in der hebräischen Sprache und Literatur, den Edzardus in seinem Haus in der Hamburger Neustadt erteilte, zog über Jahrzehnte eine große Zahl auch auswärtiger Schüler und Studenten an. Mit dieser Lehrtätigkeit wollte Edzardus auch dazu beitragen, die Fähigkeit nachwachsender Generationen lutherischer Theologen zur Auseinandersetzung mit den Juden und dem Judentum zu verbessern. Denn die Bekehrung der Juden zum lutherischen Glauben war das zentrale Ziel, das das Leben dieses Gelehrten bestimmte. Dazu begründete Edzardus 1667 in Hamburg eine Einrichtung, später bekannt unter dem Namen »Edzardische Proselytenanstalt«, die das Ziel hatte, Juden für den lutherischen Glauben zu gewinnen sowie den zumeist bedürftigen Konvertiten materielle Unterstützung zu gewähren. Edzardus gelang es, das von ihm selbst der Anstalt gestiftete Grundkapital durch viele, teils großzügige Spenden Hamburger Bürger und Geistlicher zu vermehren. Daran offenbart sich, dass die Zielrichtung der Proselytenanstalt, die Judenbekehrung, seinerzeit auf breite Zustimmung in Hamburg stieß. Nach den Lehrsätzen des lutherisch-orthodoxen Glaubens, der damals vorherrschenden, nach dem Vorbild Luthers judenfeindlich ausgerichteten Konfession in der Elbmetropole, durften Juden nur zum Zweck ihrer Bekehrung unter Christen geduldet werden. Edzardus, weder Philosemit noch Pietist, sondern orthodoxer Lutheraner, hatte mit der Institutionalisierung der Judenbekehrung in Gestalt der Proselytenanstalt auf privater Ebene verwirklicht, was Vorstellungen der Hamburger Geistlichkeit entgegenkam. Diese hatte seit der Mitte des 17. Jahrhunderts über Jahre vergeblich beim Senat, für den ökonomische Interessen Vorrang hatten, staatliche Maßnahmen eingefordert, um die Bekehrung der seit dem Jahrhundertanfang in der Stadt ansässigen sefardischen und aschkenasischen Juden zu fördern. Bemerkenswert ist, dass Edzardus die Proselytenanstalt zu einem Zeitpunkt begründete, als Juden allerorten noch unter dem Eindruck enttäuschter Messiashoffnung standen, nachdem im Jahr 1666 der selbst ernannte Messias der Juden, Sabbatai Zwi, in Smyrna zum Islam übergetreten war. Ob diese Umstände eine Rolle dabei spielten, dass während der Dauer von Edzardus' Wirken die erstaunlich hohe Anzahl von 148 Juden vor allem in der Hamburger St. Michaeliskirche getauft wurde, muss dahingestellt bleiben. Ungewöhnlich für die damalige lutherische Orthodoxie waren zweifellos die intensive religiöse Betreuung sowie die materielle Fürsorge, die Edzardus bekehrungswilligen Juden und Konvertiten aus dem Judentum angedeihen ließ. Für die Juden allerdings, deren Situation in Hamburg in jener Zeit ohnehin prekär war, stellte Edzardus' an Fanatismus grenzender und von feindseligem Misstrauen begleiteter Bekehrungseifer eine zusätzliche Belastung dar.

Unterstützt wurden die missionarischen Aktivitäten nicht nur von seinen Schülern und Studenten, sondern auch von seinen Söhnen. Von seinen acht männlichen Nachkommen war der älteste, der 1659 geborene Jodocus Pancratius, als Edzardus' Nachfolger ausersehen, doch starb er bereits im Jahr 1703. Weitergeführt wurde die Proselytenanstalt nach Edzardus' Tod von seinen Söhnen Georg Elieser (1661–1727) und Sebastian (1672–1736), jener Professor der Geschichte und der orientalischen Sprachen und dieser Professor für Logik und Metaphysik am Akademischen Gymnasium in Hamburg.

WERKE Theses sequentes de praecipuis doctrinae Christinae capitibus Adversus Judaeos et Photinianos, Rostock 1656; Consensus Antiquitatis Judaicae cum Explicatione Christianorum, super Locum Jeremiae, Cap. XXIII. 5.6. editus [...], Hamburg 1670; Consensus Judaeorum cum Explicatione Christianorum de Messia ad Ps. CX [...], Hamburg 1678.

LITERATUR ADB 5; NDB 4; LhS 2; RGG (4. Aufl.) 2; BBKL 1; C. W. Gleiss, Esdras Edzardus, ein alter Hamburger Judenfreund, Hamburg 1871; Heinrich Rinn, Der Hamburger Judenfreund Esdras Edzardus, in: Nathanael 2 (1886), S. 65–91; Martin Friedrich, Zwischen Abwehr und Bekehrung. Die Stellung der deutschen evangelischen Theologie zum Judentum im 17. Jahrhundert, Tübingen 1988 (Beiträge zur historischen Theologie 72), S. 107–123; Jutta Braden, Hamburger Judenpolitik im Zeitalter lutherischer Orthodoxie 1590–1710, Hamburg 2001 (Hamburger Beiträge zur Geschichte der deutschen Juden 23).

Jutta Braden

EHRE, Ida, geb. 9.7.1900 Prerau (Mähren), gest. 16.2.1989 Hamburg; isr.; Schauspielerin, Regisseurin, Intendantin der Hamburger Kammerspiele.

Der Vater Ida Ehres, Salomon Ehre, war Oberkantor der Synagoge in Prerau, einer tschechisch geprägten Bezirksstadt in Mähren. Als er 38-jährig gestorben war, verließ seine Witwe Bertha Ehre 1902 Prerau

Ida Ehre

und übersiedelte mit ihren sechs Kindern und ihrem 70-jährigen Vater nach Wien, um dort mit Näharbeiten die Existenz der Familie zu sichern. Ida war das zweitjüngste der sechs Geschwister. Sie wuchs in Wien in schwierigen finanziellen Verhältnissen auf, sprach aber stets von ihrer »unendlich schönen Kindheit«. Kaum 16-jährig erhielt sie ein dreijähriges Stipendium an der Wiener Akademie für Musik und darstellende Kunst. Unmittelbar nach dem glanzvollen Abschluss debütierte sie 1918 in der Bezirkshauptstadt Bielitz (Österreichisch-Schlesien) in der Titelrolle von Goethes »Iphigenie auf Tauris«. Sie war in ihrem Bühnenfach zunächst auf die Rolle der »Sentimentalen« und »jugendlichen Liebhaberin« festgelegt. Weitere Stationen ihrer Bühnenlaufbahn führten sie an das Deutsche Theater in Czernowitz (Bukowina), nach Bukarest, Cottbus, Frankfurt an der Oder, Bonn, Königsberg, Stuttgart und an das Nationaltheater in Mannheim.

1928 heiratete Ida Ehre den Arzt Dr. Bernhard Heyde, den sie während ihres Engagements in Stuttgart kennen gelernt hatte. Aus der Ehe stammt die 1928 geborene Tochter Ruth, ihr einziges Kind. Ihren künstlerischen Durchbruch sah die Schauspielerin gekommen, als sie 1931 am Lessing-Theater Berlin ein Engagement erhielt. Mit Rollen auch an anderen Berliner Bühnen, Arbeiten beim Rundfunk und einem Filmangebot im Jahr 1933 schien sie am Beginn einer bedeutenden Karriere zu stehen, doch die Machtübernahme durch die Nationalsozialisten machte diese Erwartungen und Hoffnungen zunichte. Ida Ehre erhielt als Jüdin Berufsverbot. Die Familie zog nach Böblingen bei Stuttgart, wo ihr Ehemann, der auch später trotz erheblichen Drucks die Scheidung verweigerte, eine Arztpraxis eröffnen konnte. Als mit dem Novemberpogrom 1938 auch im kleinstädtischen Leben Böblingens der Antisemitismus spürbar wurde, entschloss sich die Familie, Deutschland möglichst rasch zu verlassen. Über Hamburg als Auswandererhafen und als Stadt mit den meisten Konsulaten gelang es nach einigen Monaten, ein Visum nach Chile zu erhalten. Die Auswanderung missglückte indes wegen des ausbrechenden Zweiten Weltkriegs. Auf der Höhe der Azoren empfing der deutsche Frachter, auf dem sich die Familie zur Überfahrt nach Chile befand, per Funkspruch die Anweisung, sofort einen deutschen Hafen anzulaufen. In Hamburg, wohin das Schiff zurückkehrte, nahm die Gestapo die Familie in Empfang.

In den kommenden Jahren lebte Ida Ehre in Hamburg in »privilegierter Mischehe«, wie es in der Sprache des NS-Systems hieß. Bernhard Heyde, der aufgrund seiner Weigerung, sich von seiner Ehefrau scheiden zu lassen, als »wehrunwürdig« eingestuft wurde, musste den Lebensunterhalt für die Familie nun durch Praxisvertretungen aufbringen. Seit Oktober 1941 wurden Juden deportiert und wenig später ermordet. Der Fortbestand ihrer Ehe bewahrte Ida Ehre vor diesem letzten Zugriff der Gestapo. 1943 wurde sie aufgrund einer Denunziation verhaftet und blieb mehr als sechs Wochen im Konzentrationslager Hamburg-Fuhlsbüttel. Nach ihrer später mitgeteilten Überzeugung war die Freilassung allein darauf zurückzuführen, dass sich ihr Mann an seinen früheren Mitschüler Heinrich Himmler, den Reichsführer SS und Chef der Gestapo, gewandt hatte. Die Intervention ihres Mannes rettete sie vor der Deportation in ein Konzentrations- oder Vernichtungslager. Ihre Mutter und ihre Schwester Ottilie wurden in Lagern ermordet.

Unmittelbar nach Kriegsende wurde Ida Ehre mit der Unterstützung des Theateroffiziers der britischen Militärregierung John Olden, des späteren Ehemannes von Inge Meysel, die Leitung der Hamburger Kammerspiele übertragen. Mehr als 40 Jahre sollte sie dieses Theater als Prinzipalin mit Autorität, Engagement und Improvisationstalent führen. Die Hansestadt Hamburg erwarb auf Veranlassung ihres ersten nach Kriegsende frei gewählten Bürgermeisters Max Brauer das Haus in der Hartungstraße Nr. 9 als Domizil für die Bühne. Das Gebäude hatte von 1903 bis 1930 als Sitz der jüdischen Henry-Jones-Loge, von 1937 bis 1941 als letzte Zufluchtsstätte des Jüdischen Kulturbunds Hamburg gedient. Ida Ehre entwickelte eine außerordentliche Energie, um die Kammerspiele sowohl als Experimentierbühne als auch als Bühne für moderne und traditionelle Klassiker zu etablieren. Glanzvolle Erfolge waren ihr in den kommenden Jahren beschieden.

Bereits im Dezember 1945 eröffnete das Theater mit der Aufführung von Robert Ardreys »Leuchtfeuer«. Es war der Beginn des von Ida Ehre erträumten »Theaters der Menschlichkeit« oder auch eines »Theaters des guten Willens«. Im ersten Jahrzehnt nach Kriegsende wurden Werke amerikanischer, französischer, englischer und deutscher Dramatiker gespielt, unter ihnen Jean Anouilh, Jean Giradoux, Jean-Paul Sartre, Thornton Wilder, Tennessee Williams, William Saroyan, Arthur Miller, John Osborne, T. S. Eliot, Carl Sternheim und Georg Kaiser. Die Aufführung einiger dieser Stücke war in der NS-Zeit auf deutschen Bühnen verboten gewesen. 1947 konnte Ida Ehre den schon schwer kranken Wolfgang Borchert davon überzeugen, das ursprünglich für den Hörfunk geschriebene Stück »Draußen vor der Tür« für die Bühne umzuschreiben. Am 21. November 1947 wurde das Stück in den Kammerspielen uraufgeführt; es sollte ein legendäres Ereignis werden, das den Ruhm des Theaters, aber auch das Renommee der Intendantin mitbegründete. Frühzeitig wurden Stücke der neuen deutschsprachigen Schriftsteller wie Max Frisch oder Friedrich Dürrenmatt gespielt. Nicht nur die Theaterleitung, sondern auch die Tätigkeit als Regisseurin und Schauspielerin forderte die ganze Kraft Ida Ehres. Schauspielerische Triumphe feierte sie etwa in der Rolle der Mutter Courage im gleichnamigen Drama Bertolt Brechts oder als Königin Hekuba in »Die Troerinnen« (Euripides/Werfel). Bedeutende Theaterleute wie Wolfgang Liebeneiner, Helmut Käutner, Ulrich Erfurth, Günther Rennert, Eberhard Fechner, Werner Hinz und Axel von Ambesser sowie Hilde Krahl, Grethe Weiser und Edda Seippel konnte sie für Hamburg gewinnen. In den letzten Jahren ihrer Intendanz gerieten die Kammerspiele als Privattheater zunehmend in wirtschaftliche Schwierigkeiten. Bis zu ihrem Tod 1989 steuerte die »Courage des Theaters«, wie Ida Ehre genannt wurde, die Hamburger Kammerspiele mit Energie und Geschick letztlich durch alle krisenhaften und auch künstlerisch schwierigen Situationen.

An Ehrungen hat es für Ida Ehre bereits zu Lebzeiten nicht gefehlt: 1970 erhielt sie die Medaille für Kunst und Wissenschaft, 1975 den Professorentitel, 1983 das Große Verdienstkreuz des Verdienstordens der Bundesrepublik Deutschland und 1985 – als erste Frau – die seit 1813 verliehene Ehrenbürgerschaft der Freien und Hansestadt Hamburg. Seit 1994 erinnert eine Gedenktafel der Patriotischen Gesellschaft in der Hallerstraße Nr. 74 an die Prinzipalin; zu ihrem Gedenken wurde im Oktober 1999 ein Teil des Gerhart-Hauptmann-Platzes in Ida-Ehre-Platz umbenannt. Etwa 500 Dokumente aus ihrem Nachlass befinden sich seit 2000 in der Staats- und Universitätsbibliothek Hamburg.

WERKE Gott hat einen größeren Kopf, mein Kind ..., München/Hamburg 1985 [Autobiografie].

LITERATUR DBE 3; HL; Bake/Reimers, S. 114–116; Jutta Dick/Marina Sassenberg (Hg.), Jüdische Frauen im 19. und 20. Jahrhundert. Lexikon zu Leben und Werk, Reinbek bei Hamburg 1993, S. 102–105; Rolf Italiaander (Hg.), Mutter Courage und ihr Theater. Ida Ehre und die Hamburger Kammerspiele, Hamburg 1965; Erich Lüth, Die zehn dramatischen Jahre. Ein unvollständiger Querschnitt, in: Italiaander (siehe oben), S. 26–32; Jüdische Portraits. Photographien und Interviews von Herlinde Koelbl, Frankfurt a. M. 1989, S. 53–55.

Ina Lorenz

EHRENBERG, Richard, geb. 5.2.1857 Wolfenbüttel, gest. 17.12.1921 Rostock; luth.; Volkswirt.

Der aus einer jüdischen Lehrerfamilie im Harz stammende Richard Ehrenberg arbeitete nach dem Schulbesuch in Wolfenbüttel und einer kaufmännischen Lehrzeit in Hannover als Korrespondent im Hamburger Bankhaus C. L. Behrens & Sohn. Nach breit angelegten Privatstudien bezog er 1883 die Tübinger Universität und wurde dort drei Jahre später zum Doktor der Staatswissenschaften promoviert. Als Sekretär des Königlichen Commerz-Collegiums zu Altona verfasste Ehrenberg 1892 eine Abhandlung über diese 1738 gegründete kaufmännische Interessenvertretung sowie zahlreiche Arbeiten über die Geschichte der durch die dänischen Könige vielfach geförderten Stadt, so vor allem »Altona unter Schauenburgischer Herrschaft« (1893) und »Aus der Vorzeit von Blankenese und den benachbarten Ortschaften Wedel, Dockenhuden, Nienstedten und Flottbek« (1897). Als Hauptwerk gilt seine Monografie über den Geld- und Kreditverkehr im 16. Jahrhundert »Das Zeitalter der Fugger« (1896, drei Auflagen, Übersetzungen ins Englische und Französische). Im selben Jahr wurde Ehrenberg als Extraordinarius nach Göttingen berufen, 1899 erhielt er den Lehrstuhl für Nationalökonomie an der Universität Rostock. Dort hat er sich um die Bewahrung und Bearbeitung des Nachlasses von Johann Heinrich von Thünen verdient gemacht, der zu Anfang des 19. Jahrhunderts in Groß Flottbek seine landwirtschaftliche Standortlehre formuliert hatte. 1905 erschien sein Buch »Das Haus Parish in Hamburg« (2. Aufl. 1925). Seit 1950 erinnert die Ehrenbergstraße im Stadtteil Altona an den Volkswirt.

WERKE Schriftenverzeichnis in: Archiv für exakte Wirtschaftsforschung (Thünen-Archiv) 9 (1918/22), S. 464–468.

LITERATUR SHBL 3; Handwörterbuch der Sozialwissenschaften, hg. von Erwin von Beckerath, 12 Bde. und Registerband, Stuttgart u. a. 1956–68, Bd. 3 (1961).

Gerhard Ahrens

EICHHOLZ, Max, geb. 3.12.1881 Hamburg, ermordet 12.1.1943 Auschwitz; isr.; Rechtsanwalt, Bürgerschaftsabgeordneter.

Als Max Eichholz im September 1930 in der Hamburger Bürgerschaft davon sprach, dass es ein Fehler gewesen sei, »mit denen, die nur die Diktatur anerkennen, über Demokratie zu streiten«, konnte er schon auf eine langjährige Mitgliedschaft im Parlament der Hansestadt zurückblicken.

Nach dem Abitur am Wilhelm-Gymnasium hatte Max Eichholz Jura studiert. Der promovierte Jurist war seit 1907 in Hamburg als Rechtsanwalt zugelassen, unterbrochen wurde seine Anwaltstätigkeit von 1914 bis 1918 durch die Teilnahme am Ersten Weltkrieg. 1921 gründete er in Hamburg mit dem späteren Bürgerschaftspräsidenten Herbert Ruscheweyh eine Sozietät, die schnell beachtliches Renommee erlangte.

Eichholz, der sich schon vor dem Ersten Weltkrieg in der Hamburger Volksheim-Bewegung engagiert hatte, wurde nach 1918 Mitglied der DDP (ab 1930 DStP); von 1921 bis zur Auflösung des Parlaments 1933 war er Bürgerschaftsabgeordneter. Seine Arbeitsschwerpunkte lagen in den Bereichen Bau, Finanzen und Soziales. Als »religiöser und bewusster Jude« hat sich der brillante und von der Opposition gefürchtete Redner auch in der Bürgerschaft gegen den erstarkenden Antisemitismus zur Wehr gesetzt. Im Februar und Juli 1932 vertrat das von Max Eichholz und Herbert Ruscheweyh geführte Anwaltsbüro die Hamburger Sozialdemokratie, gegen die Adolf Hitler als Vorsitzender der NSDAP Gerichtsverfahren angestrengt hatte. Auch durch diese Verfahren zog Max Eichholz den Hass der Nationalsozialisten auf sich. Zwar konnte er seine Rechtsanwaltspraxis nach 1933 noch weiter fortführen, in gegen ihn geführten Ehrengerichtsverfahren und Zi-

Max Eichholz

vilprozessen sein Selbstbewusstsein und seine Unbeugsamkeit beweisen, aber gegen die systematische Behinderung und schließlich Verfolgung seiner Person war auch er machtlos. Wiederholt inhaftiert, wurde er wie die meisten anderen jüdischen Männer Hamburgs nach dem Judenpogrom vom November 1938 festgenommen, ins KZ Sachsenhausen verschleppt und erst im Januar 1939 freigelassen. Schon zwei Monate später, im März 1939, wurde er wegen des Verdachts der so genannten »Rassenschande« erneut verhaftet und im Juli 1939 vom Landgericht Hamburg zu fünf Jahren Zuchthaus verurteilt. Max Eichholz, den sein politischer Weggefährte Hans Robinsohn als einen besonders pflichtbewussten, philosophisch gebildeten und gerecht denkenden Mann charakterisiert hat, wurde aus der Haft nach Auschwitz deportiert und dort im Januar 1943 ermordet.

Im Stadtteil Lohbrügge wurde 1963 der Max-Eichholz-Ring nach dem Rechtsanwalt und Bürgerschaftsabgeordneten benannt.

LITERATUR Müller; Dr. Eichholz, der Fünfzigjährige, in: Hamburger Anzeiger vom 3.12.1931, S. 3; Hans Robinsohn, Justiz als politische Verfolgung. Die Rechtsprechung in »Rassenschandefällen« beim Landgericht Hamburg 1936–1943, Stuttgart 1977 (Schriftenreihe der Vierteljahrshefte für Zeitgeschichte 35); Wilfried Weinke, The Persecution of Jewish Lawyers in Hamburg. A Case Study: Max Eichholz and Herbert Michaelis, in: Leo Baeck Institute Year Book 42 (1997), S. 221–237 (auf Deutsch in: Angelika Ebbinghaus/ Karsten Linne (Hg.), Kein abgeschlossenes Kapitel: Hamburg im »Dritten Reich«, Hamburg 1997, S. 248–265).

Wilfried Weinke

ESSIG, Olga, geb. 15.7.1884 Gogolin (Kreis Kulm/Westpreußen), gest. 14.12.1965 Hamburg; luth.; Kontoristin, Fortbildungsschullehrerin, Direktorin, Oberschulrätin.

Als Direktorin der Allgemeinen Gewerbeschulen für das weibliche Geschlecht und Oberschulrätin für das Berufsschulwesen spielte Olga Essig eine wichtige Rolle im Auf- und Ausbau des Mädchenberufsschulwesens in Hamburg.

Im bäuerlichen Milieu Westpreußens mit mehreren Geschwistern aufgewachsen, konnte sie ihren Wunsch nach höherer Schulbildung nicht realisieren. Nach dem Besuch der Volksschule arbeitete Olga Essig in einem Kontor; daneben bereitete sie sich mit Privatunterricht auf das Abitur vor, das sie in der Oberrealschule in Kattowitz ablegte. Ab 1908 war sie als Lehrerin an der staatlichen kaufmännischen Fortbildungsschule in Bromberg tätig, bevor sie 1912 nach Frankfurt am Main ging, um eine Stelle im städtischen Fortbildungsschuldienst anzutreten. Nebenher absolvierte Olga Essig ein Studium an der Akademie für Sozial- und Handelswissenschaften, das sie 1914 mit der Diplomhandelslehrerprüfung abschloss. In den Kriegsjahren setzte sie ihr Studium der Wirtschafts- und Sozialwissenschaften zunächst in Breslau und später wieder in Frankfurt am Main fort. 1918 wurde sie im Fach Nationalökonomie promoviert.

Schon in der Zeit von 1919 bis 1922, in der sie zuerst als Lehrerin und später als Direktorin an der Städtischen Fortbildungsschule Frankfurt tätig war, setzte Olga Essig sich entschieden für eine Reform des Berufsschulwesens und eine Reorganisation der Mädchenfortbildungsschulen in Hessen ein. Mit dem Bund Entschiedener Schulreformer stand sie in enger Verbindung, und es ist wohl ihrem Engagement zuzuschreiben, dass der Bereich der Berufsbildung und insbesondere das Problem der Frauenberufsbildung ein stärkeres Gewicht in der sozialistischen Schulreformdebatte erhielten. In ihren programmatischen Schriften – wie zum Beispiel »Die Berufsschule als Glied der Produktionsschule« (1921) oder »Beruf und Menschentum« (1922) – ging es nicht nur um die Befreiung der Berufsschule von ihrer technokratischen und auf einseitiges Berufswissen angelegten Verengung, sondern auch um die Humanisierung des Produktions- und Arbeitsbereichs. Olga Essig, die nach der Novemberrevolution in die SPD eingetreten war, folgte 1922 – wie auch Anna Siemsen – einem Ruf der sozialistischen Regierung Thüringens und wurde im Ministerium für Volksbildung zum »Vortragenden Rat« für das Referat Mädchenberufsschulwesen ernannt. Mit dem Einmarsch der Reichswehr und der Etablierung einer »Ordnungsregierung« musste sie dieses Amt am 1. Mai 1924 wieder aufgeben; sie nahm im November einen Ruf nach Hamburg an, wo sie am Aufbau des allgemeinen Pflichtberufsschulwesens mitwirken sollte. Unter dem Präses der Oberschulbehörde Emil Krause wurde sie zur Direktorin der Allgemeinen Gewerbeschulen für das weibliche Geschlecht ernannt. Ihr unterstanden in dieser Funktion die Berufsschulen für weibliche Ungelernte, das heißt für diejenigen Mädchen, die keiner beruflichen Ausbildung oder Erwerbstätigkeit nachgingen, aber nach der neuen gesetzlichen Regelung (Gesetz über die Fortbildungsschulpflicht vom 18. April 1923) berufsschulpflichtig waren. Olga Essig übernahm in Hamburg ein schwieriges Amt, einerseits weil sich Widerstand gegen die Berufsschulpflicht formierte, andererseits weil sich die sozialen Probleme aufgrund verschlechterter wirtschaftlicher Bedingungen und Lehrstellenmangels verschärften. Ihre Hauptaufgabe sah sie darin, die Berufsbildung von Frauen generell und speziell von Mädchen in un- oder angelernten Arbeitsverhältnissen zu verbessern. Wie ernst sie dieses Ziel verfolgte, wird daran sichtbar, dass sie für weibliche Ungelernte einen Schulneubau durchsetzte, der – beeinflusst von ihren schulreformerischen Ideen – in seiner Konzeption neuartig war. Mit Turnhalle, Vortragsraum, Experimentierraum und Zeichensaal ausgestattet, galt die Allgemeine Gewerbeschule für Mädchen (heute: Staatliche Schule Ernährung und Hauswirtschaft) zur damaligen Zeit als einzigartig. Das von Fritz Schumacher entworfene Gebäude an der Uferstraße konnte 1929 bezogen werden. Dass das Hamburger Mädchenberufsschulwesen in den zwanziger Jahren eine führende Stellung einnahm, zeigt sich nicht zuletzt auch in dem von Olga Essig verfassten Beitrag »Die weibliche Berufsschule« im »Handbuch für Pädagogik« (1928).

1929 wurde Olga Essig zur Oberschulrätin befördert. Sie war damit nach Emmy Beckmann die zweite Frau in Hamburg, die vom Senat für dieses Amt ernannt wurde. Doch bereits am 17. März 1933 versetzte man sie aus politischen Gründen in den einstweiligen und sieben Monate später in den vollständigen Ruhestand. In dieser erzwungenen Amtspause beschäftigte sie sich mit wissenschaftlichen und journalistischen Aufgaben. Nach Kriegsende musste die von den Nationalsozialisten entlassene Oberschulrätin die Wiedererlangung ihrer Position in der Hamburger Schulbehörde regelrecht erkämpfen. Zuerst wollte man sie als Senatsrätin zur Betreuung der weiblichen Jugend im Arbeitsamt ansiedeln, dann sollte sie ohne Schulaufsichtsfunktion in die Schulverwaltung übernommen werden. Es vergingen drei Jahre, bis sie wieder als Oberschulrätin mit der Beaufsichtigung der weiblichen Jugend und des berufsbildenden Privatschulwesens betraut wurde. Dieses Amt übte sie über die Altersgrenze hinaus bis 1950 aus. Auch in dieser Zeit nahm sie auf die Gestaltung des Berufsschulwesens Einfluss. Zu einem ihrer späteren Projekte zählt die Schaffung einer Einrichtung, in der junge schwangere Mädchen schulisch und sozial betreut wurden.

Olga Essig

Olga Essig gehörte zu den Mitbegründerinnen des Hamburger Frauenrings e. V., dessen Vorsitzende sie von 1946 bis 1948 und von 1950 bis 1952 war. Zugleich wirkte sie am Aufbau der Arbeitsgemeinschaft Hamburger Frauenorganisationen mit.

Aufgrund der Verdienste, die sie sich durch die Gestaltung und intensive Förderung des Berufs- und Berufsfachschulwesens für Mädchen erworben hat, wurde ihr 1959 das Große Verdienstkreuz der Bundesrepublik verliehen. Trotz ihrer vielfältigen Leistungen ist bisher in Hamburg noch keine Schule nach ihr benannt worden.

WERKE Die Berufsschule als Glied der Produktionsschule. Mit Auszügen aus den Bestimmungen über Einrichtung und Lehrpläne der Fach- und Fortbildungsschulen sowie der Berufsschullehrerbildung in Preußen und kritischen Anmerkungen, Berlin 1921 (Die Lebensschule 5); Beruf und Menschentum. Vorträge, Abrisse und Leitsätze von den Bundestagungen in Frankfurt a. M., Berlin-Lankwitz und Offenbach, Berlin 1922; Im Kampf um die Berufsschule. Schulpolitische und organisatorische Pläne, Entwürfe, Anträge und Versuche, Berlin 1924 (Die Lebensschule 8/9); Die weibliche Berufsschule, in: Herman Nohl/Ludwig Pallat, Handbuch der Pädagogik, Bd. 4: Die Theorie der Schule und der Schulaufbau, Langensalza u. a. 1928, S. 193–202.

LITERATUR Otto Wagner, Dr. Olga Essig wurde achtzig. Eine Würdigung, zugleich ein Stückchen Schulgeschichte, in: Hamburger Lehrerzeitung 17 (1964), S. 387–389; Ingrid Neuner, Der Bund Entschiedener Schulreformer 1919–1933. Programmatik und Realisation, Bad Heilbrunn 1980 (Würzburger Arbeiten zur Erziehungswissenschaft), S. 197–204; Karen Hagemann, Olga Essig: Wegbereiterin der Berufsschulausbildung für Mädchen, in: Hans-Peter de Lorent/Volker Ullrich (Hg.), »Der Traum von der freien Schule«. Schule und Schulpolitik in der Weimarer Republik, Hamburg 1988 (Hamburger Schriftenreihe zur Schul- und Unterrichtsgeschichte 1), S. 356–360; Inge Hansen-Schaberg, Rückkehr und Neuanfang. Die Wirkungsmöglichkeiten der Pädagoginnen Olga Essig, Katharina Petersen, Anna Siemsen und Minna Specht im westlichen Deutschland der Nachkriegszeit, in: Historische Kommission der Deutschen Gesellschaft für Erziehungswissenschaft (Hg.), Jahrbuch für Historische Bildungsforschung, Bd. 1, Weinheim/München 1993, S. 319–338.

Christine Mayer

ETTLINGER, *Jacob* Aaron, geb. 17.3.1798 Karlsruhe, gest. 7.12.1871 Altona; isr.; Rabbiner.

In einer Phase des Übergangs, als die deutschen Juden den Weg aus dem Ghetto in die bürgerliche Gesellschaft beschritten und ihre rechtliche Emanzipation zu einem formalen Abschluss kam, unternahm Ettlinger als Architekt einer modernen Orthodoxie den Versuch, die Treue zu den Normen der religiösen Überlieferung mit einer Teilhabe an der allgemeinen Kultur und Bildung zu verbinden. Gemeinsam mit dem späteren Hamburger Oberrabbiner Isaac Bernays besuchte er zeitweilig Vorlesungen der Würzburger Universität, an der beide zu den ersten jüdischen Gasthörern gehörten. Neben seinen akademischen Lehrveranstaltungen betrieb Ettlinger ein klassisches Studium der talmudischen Literatur und erwarb die formelle Autorisation als Rabbiner. Zunächst besetzte er Positionen in den badischen Gemeinden Mannheim und Ladenburg, bis ihn die Altonaer Juden 1836 als ihren neuen Oberrabbiner beriefen. Mit dieser Stellung war auch das Amt des Vorsitzenden am Rabbinatsgericht (Bet Din) der jüdischen Gemeinde verbunden, das bis 1863, als ein dänisches Gesetz die innerjüdische Autonomie im Herzogtum Holstein aufhob, zivilrechtliche Streitfälle nach den Satzungen des Religionsgesetzes (Halacha) verhandelte. Als Lehrer und Interpret jüdischen Sakralrechts galt Ettlinger weithin als maßgebliche Instanz, und seine Rechtsgutachten (Responsen) wurden in traditionstreuen jüdischen Gemeinden des In- und Auslands als verbindlich anerkannt. Innerhalb der Altonaer »Hochdeutschen Israelitengemeinde« unterstanden auch Unterricht und Kultus der Aufsicht des Rabbiners. Als Leiter einer Talmudlehranstalt, einer Jeschiva, widmete sich Ettlinger der höheren religiösen Bildung einer elitären Schar junger, meist auswärtiger jüdischer Erwachsener. Ettlinger reorganisierte die »Talmud-Tora« genannte und von der Gemeinde unterhaltene Knabenschule, indem er sie als Lernort entwarf, der sich gleichermaßen der Vermittlung jüdischer Traditionsinhalte wie einer fortschrittlichen weltlichen Erziehung verschrieb. Zugleich gelang es ihm, seine Erziehungsideale in einer 1839 gegründeten privaten Lehranstalt umzusetzen, in der auch jüdische Mädchen eine zeitgemäße Schulbildung erhielten. Obwohl er seiner Gemeinde Möglichkeiten einer behutsamen Akkulturation aufzeigte und seine Kanzelreden in deutscher Sprache ein Zeichen für die Bereitschaft zur Veränderung setzten, blieb Ettlinger im Einklang mit der großen Mehrheit der Altonaer Juden ein erklärter Gegner religiöser Reformen, die sich allmählich im synagogalen Gottesdienst vieler jüdischer Gemeinden einen Weg bahnten. Im Streit um die Möglichkeiten und Grenzen des Wandels in der religiösen Praxis, sei es etwa in der Angelegenheit der Beschneidung oder in der Frage der jüdischen Feiertage, bezog er stets Stellung für das strenge Festhalten an den überlieferten Formen. 1841 machte er seinen Widerstand gegen liturgische Neuerungen erstmals in einem demonstrativen Veto publik, als er im Streit um die Neuauflage des vom Hamburger Israelitischen Tempelverein edierten Gebetbuches seinem Hamburger Amtsbruder Bernays zur Seite stand. Als 1844 eine Anzahl meist junger jüdischer Geistlicher in Braunschweig

Jacob Ettlinger

zusammentraf, um über ein gemeinsames Zukunftsprogramm zu größerer Einheitlichkeit ihrer bislang regional begrenzten Modernisierungsprojekte zu gelangen, organisierte Ettlinger den Protest orthodoxer jüdischer Rabbiner in ganz Europa, in dem sich allerdings eher ein Akt der Selbstvergewisserung vollzog, dessen Wirkung nach innen zielte. Um dem religiös gesetzestreuen Judentum, das sich bis zur Jahrhundertmitte immer noch in der deutlichen Mehrzahl befand, ein eigenes, periodisch erscheinendes Sprachrohr zu geben, gründete Ettlinger 1845 die deutschsprachige Wochenzeitung »Der Treue Zions-Wächter«, die er zusammen mit einer 1846 gegründeten hebräischen Beilage der Redaktion Samuel Enochs übergab, zu der er aber auch selbst zahlreiche Beiträge lieferte. Beide Teile der Zeitschrift, die mit Unterbrechungen bis 1854 bzw. 1856 erschienen, versorgten ihre jüdische Leserschaft mit alternativem Lesematerial und dokumentierten zugleich den Versuch, die publizistischen Möglichkeiten der Gegenwart für den Erhalt der Tradition zu nutzen. Auch in späteren Jahren und seiner angegriffenen Gesundheit zum Trotz blieb Ettlinger ein produktiver Schreiber, dessen mehrbändige Talmudnovellen bis in die Gegenwart die Anerkennung der orthodoxen jüdischen Gelehrtenwelt genießen.

WERKE bikkure ya'aqov (halachische Bestimmungen zu Sukkot), Altona 1836; 'arukh laner (Talmudnovellen), 5 Bde., Altona 1850–64, Warschau 1873; binyan tsion (Responsen), 2 Bde., Altona 1868/74; Abhandlungen und Reden von Rabbi Jacob Ettlinger, zu dessen hundertjährigem Geburtstage hg. von M. L. Bamberger, Schildberg 1899.

LITERATUR Encyclopaedia Judaica, 16 Bde., Jerusalem 1971/72, Bd. 6; Eduard Duckesz, Iwoh lemoschaw. Enthaltend Biographien und Grabstein-Inschriften der Rabbiner der drei Gemeinden Altona, Hamburg, Wandsbeck. Mit Anmerkungen von Salomon Buber (hebr.), Krakau 1903, S. 114–124; Akiba Posner/Ernest Freiman, Rabbi Jacob Ettlinger (1798–1871), in: Leo Jung (Hg.), Guardians of our Heritage (1724–1953), New York 1958, S. 231–243; Judith Bleich, Jacob Ettlinger, His Life and Work. The Emergence of Modern Orthodoxy in Germany, New York 1974. *Andreas Brämer*

EVERS, Joachim Lorenz, geb. 20.9.1758 Altona, gest. 10.11.1807 ebd.; luth.; Goldschmied, Journalist, Schriftsteller, Verleger, Theaterdirektor, Freimaurer.

Joachim Lorenz Evers, über dessen Herkunft und schulische Ausbildung wenig bekannt ist, zählt zu den namhaften Persönlichkeiten eines Kreises von gebildeten Bürgern, die das geistige Leben Altonas am Ende des 18. Jahrhunderts prägten.

Es scheint, dass er erst recht spät seinen Beruf als »Gold- und Silberarbeiter« einschränkte, um als Schriftsteller seinen Lebensunterhalt zu verdienen. Mit dem Beginn der Französischen Revolution wurde er zum politischen Schriftsteller. Evers veröffentlichte eine dreibändige »Geschichte der französischen Staatsrevolution« (1793–95) für »Weltbürger« und gab das »Journal der neuesten Weltbegebenheiten« (1795–1800) heraus. Diese politische Zeitschrift war eines der radikalsten Blätter im deutschsprachigen Raum. Die »Allgemeine Literatur Zeitung« behauptete 1799, dass sie durch ihren Demokratismus die Pariser Blätter noch übertreffe. Um 1800 leitete Evers zusammen mit Heinrich Gottlieb Schmieder vorübergehend die von dem Buchhändler Diederich Gottfried Leberecht Vollmer gegründete Altonaer Verlagsgesellschaft.

Von 1800 bis 1802 war er als Nachfolger von Johann Friedrich Ernst Albrecht Direktor des Altonaer National-Theaters und schrieb auch Stücke für diese Bühne. Trotz hoher Investitionen, die ihn sein Vermögen einbüßen ließen, scheiterte er. Als aktiver Freimaurer gehörte Evers seit 1790 der Hamburger Loge »Ferdinand zum Felsen« an. 1796 war er Mitbegründer der Loge »Carl zum Felsen« in Altona.

WERKE An meine Mitbürger. Ueber meine Theater-Unternehmung und ihre Auflösung, Altona 1802; William Pitt's Leben und Staats-Regierung, Altona 1806.

LITERATUR Kordes; Lübker/Schröder 1; Böning Bd. 2, Sp. 343–347; [anonym], Unpartheiische Beleuchtung der Rechtfertigungsschrift des Exdirektors Herrn Evers zu Altona, in Rücksicht seiner Verwaltung des National-Theaters und der Beschuldigungen des Hrn. J. Schramm zu Hamburg, von einem Wahrheitsfreunde, Hamburg 1802; Hans-Werner Engels, Altona – Weimar des Nordens? Vorgeschichte und Gründung der Altonaer Loge »Carl zum Felsen«. Tätigkeit einiger ihrer Brüder bis zum Jahre 1800, in: Zirkelkorrespondenz, 129. Jg., 4 (April 2001), S. 146–153.

Hans-Werner Engels

FAULWASSER, Julius

FAULWASSER, Carl *Julius*, geb. 17.1.1855 Hamburg, gest. 8.12.1944 Breslau; luth.; Architekt, Architekturhistoriker.

Julius Faulwasser besaß umfangreiche praktische und theoretische Kenntnisse, als er sich 1883 als Architekt selbstständig machte: Er hatte drei Jahre als Maurer und Bauzeichner gearbeitet, war zwei Jahre Schüler der Hamburger Baugewerkschule gewesen, hatte von 1873 bis 1877 unter Johann Otzen am Bau der Kadettenanstalt in Berlin-Lichterfelde mitgewirkt und war anschließend für verschiedene Hamburger Architekten und Baufirmen tätig gewesen. Zu seinen ersten größeren selbstständigen Arbeiten gehörten 1888/90 eine Kleinkinderschule in Stellingen und eine »Anstalt für gefallene Mädchen« in der Martinistraße (Louisenhof). Es folgten Stiftsbauten – 1894 das Koopstift in der Frickestraße und 1891 bis 1914 vier Gebäude der Sieveking-Stiftung in St. Georg –, Schulbauten, zum Beispiel die Warteschulen beim Zeughausmarkt (1894) sowie beim Bauerberg in Horn (1896) und die Haushaltungsschule samt Seminar in der Wallstraße (1909), Wohn- und Kontorhäuser sowie Industriebauten (zum Beispiel die Villa Kanitz in Bergedorf 1893, das Geschäftshaus für die Transatlantische Feuerversicherungsgesellschaft am Alten Wall 1898, das Elektrizitätswerk in Othmarschen 1894). 1889 wurde die von Faulwasser auf der Anscharhöhe errichtete Kirche »Zum guten Hirten« eingeweiht; 1892/93 entstand die (1937/38 von Bernhard Hopp und Rudolf Jäger gänzlich umgestaltete) neuromanische Lukas-Kirche in Fuhlsbüttel, 1909/10 im Heimatstil die Luther-Kirche in Bahrenfeld und 1910/11 als Zentralbau in neubarocken Stilformen die Matthäus-Kirche in Winterhude. Die Katharinenkirche und die Kirchen in Nienstedten, Eppendorf, Bergstedt, St. Georg, Altengamme, Ochsenwerder, Hamm und Kirchwerder wurden von Faulwasser umfassend instand gesetzt. Außerdem baute er mehrere Pastorate.

Neben seinem Beruf als Architekt machte sich Faulwasser mit zahlreichen Aufsätzen und Einzelveröffentlichungen als Architekturschriftsteller einen Namen. 1892, 50 Jahre nach dem Großen Brand, legte er einen gründlich recherchierten Band über jene Schreckenstage und Hamburgs Wiederaufbau vor. Im Auftrag des Vereins für Hamburgische Geschichte entstanden seine Untersuchungen über die Hauptkirchen St. Nikolai, St. Jacobi, St. Katharinen

Julius Faulwasser

und St. Michaelis. St. Michaelis war gewissermaßen »seine« Kirche; an der Englischen Planke hatte er einen Teil seiner Jugendzeit verbracht, an St. Michaelis war sein Vater Kirchenbeamter gewesen. Als die Kirche 1906 abgebrannt war, betraute man Faulwasser in Zusammenarbeit mit den Architekten Hermann Geißler und Wilhelm Emil Meerwein mit dem Wiederaufbau.

Faulwassers Wohnhaus in der Lübecker Straße wurde im Zweiten Weltkrieg durch Bomben zerstört. Zusammen mit seiner Frau Anni, geborene Lundt, die er 1890 geheiratet hatte, zog er zur jüngsten Tochter nach Breslau. Dort ist er im Alter von 89 Jahren gestorben. Nach der Überführung der Urnen in die Vaterstadt fanden er und seine Frau ihre letzte Ruhestätte auf dem Ohlsdorfer Friedhof.

WERKE Der große Brand und der Wiederaufbau von Hamburg. Ein Denkmal zu den fünfzigjährigen Erinnerungstagen des 5. bis 8. Mai 1842, Hamburg 1892 [Neuausgabe Hamburg 1978]; Die St. Jacobi-Kirche in Hamburg, Hamburg 1894; Die St. Katharinen-Kirche in Hamburg, Hamburg 1896; Die St. Michaelis-Kirche in Hamburg, Hamburg 1901; Die St. Nikolai-Kirche in Hamburg, Hamburg 1926.

LITERATUR Paul H. M. Gädtgens, Der Hamburger Architekt Carl Julius Faulwasser (1855-1944), in: HGH Bd. 10, Heft 10 (Dezember 1980), S. 251–256.

Renate Hauschild-Thiessen

FINAZZI, Filippo, geb. 1706 (?) Bergamo, gest. 21.4.1776 Jersbek; kath., nach 1746 luth.; italienischer Sänger (Soprankastrat) und Komponist.

Über Jugend und Ausbildungszeit Filippo Finazzis liegen keine Dokumente vor. Seine ersten nachgewiesenen öffentlichen Auftritte als Sänger fanden in der Karnevalssaison 1726 am Teatro S. Angelo in Venedig statt, wo er Nebenrollen in Opern von Antonio Vivaldi und Francesco Brusa sang. Bereits im nächsten Jahr stieg er zum primo uomo auf. Nach verschiedenen Engagements in Breslau, Venedig, Bologna und Modena schloss Finazzi sich 1743 der reisenden Operntruppe des Impresarios Pietro Mingotti an, für die er 1744 die Oper »Adelaide« schrieb. Im Oktober 1743 kam er zum ersten Mal nach Hamburg. Dort wirkte er auch bei Mingottis Gastspielen in den folgenden Jahren mit, nahm jedoch schon im Februar 1746 mit der Hauptrolle in seiner eigenen Oper »Temistocle« Abschied von der Bühne. Im gleichen Jahr trat Finazzi zum protestantischen Glauben über und erwarb das Hamburger Bürgerrecht. Als Musik- und Gesangslehrer beliebt und erfolgreich, konnte er 1756 ein kleines Landgut in Jersbek erwerben. Gertrud Steinmetz, die Witwe eines Schmieds, lebte als Haushälterin bei Finazzi und pflegte ihn aufopfernd gesund, nachdem er sich bei einem Reitunfall beide Beine gebrochen hatte. Finazzi sorgte für die Schulausbildung ihres Sohnes und stellte 1761 den Antrag auf eine Heiratserlaubnis beim Hamburger Senat. Zwar war es Kastraten offiziell untersagt, Ehen zu schließen, doch Finazzis untadeliger Lebenswandel, sein guter Charakter und die Absicht, der Witwe Steinmetz und ihrem Kind durch die Heirat eine Zukunft in Wohlstand zu sichern, bewogen den Senat zur Zustimmung. Allerdings durfte die Hochzeit nicht in der Stadt gehalten werden, sondern musste in aller Stille auf dem Lande stattfinden. Am 21. April 1762 wurden Finazzi und seine Lebensgefährtin in einem Landhaus in Billwerder durch den Pastor von Moorfleet getraut.

Dem gebildeten und charmanten Italiener gelang es offenbar schon bald nach seiner Ankunft in Hamburg, Zugang zu den Adels- und Gelehrtenkreisen der Stadt zu gewinnen. Unter seinen Freunden waren der Dichter Friedrich von Hagedorn, der Diplomat und Opernfreund Benedikt von Ahlefeldt und der Komponist Georg Philipp Telemann. Finazzis erhaltene Werke, darunter Intermezzi, Kantaten und sechs Sinfonien (Hamburg 1754), weisen einen überwiegend konservativen, aber in Details lebhaften und frischen Stil auf. Nach dem Ende seiner Bühnenkarriere widmete er sich offenbar, wie der Titel seiner »Zwölf Italienischen Oden für Liebhaber des Singens und Spielens« (Hamburg 1774) zeigt, vor allem dem Komponieren für die bürgerliche Hausmusik.

LITERATUR MGG (1. Aufl.) 16; Grove (2. Aufl.) 8; Erich H. Müller, Angelo und Pietro Mingotti. Ein Beitrag zur Geschichte der Oper im 18. Jahrhundert, Dresden 1917 [mit Anhang zu Finazzis Leben und Werken]. *Dorothea Schröder*

FISCHER, Hans W[aldemar], geb. 18.12.1876 Schweidnitz, gest. 18.7.1945 Berlin; Feuilletonist, Schriftsteller, Herausgeber.

Nach einem Studium der klassischen Philologie und Geschichte war der aus Schlesien stammende Hans W. Fischer 1898 in Jena mit der Arbeit »Ad artis veterum onirocriticae historiam symbola« promoviert worden. Das neue Jahrhundert begrüßte er mit dem Gedichtband »Sehnen und Leben« (1900). 1906 legte er den Aufsatzband »Soziale Anatomie« vor. In diesen Titeln klingt Fischers publizistische Grundhaltung schon an: Scharfe sezierende Kritik verband er stets mit sehnsuchtsvollem Nachschaffen eines geordneten Ganzen, des Kosmos. Aus Berlin floh der junge Autor, um seine »ersten wesentlichen Bücher zu zwingen« (Fischer), für zwei Jahre aufs Land, nach Roda/Sachsen-Altenburg (heute Stadtroda). Allein 1907 erschienen sieben selbstständige Publikationen – von Fischer eingeleitete »Alte deutsche Schwänke« und »Deutsche Hochzeitsgedichte«, Übersetzungen aus dem Altgriechischen (Lukian) und Französischen (Balzac) sowie eigene Lyrik und Prosa. Da die freie Schriftstellerei sich jedoch schlecht als Brotberuf eignete, übernahm der Familienvater 1909 die Verantwortung für das Feuilleton der »Neuen Hamburger Zeitung«, die im damaligen Spektrum Hamburger Blätter eine liberale, gemäßigt progressive Position bezog.

Unter »HWF«, wie Fischers Kürzel lautete, wurde der Kulturteil der »Neuen Hamburger Zeitung« zu einem lebendigen Forum. Hier entdeckte der Feuilletonchef junge Begabungen und später bekannt gewordene Hamburger Schriftsteller wie Hans Leip und Ludwig Beil, Carl Albert Lange und

Paul Schurek. Hugo Sieker, der spätere Feuilletonchef der »Hamburger Freien Presse«, ging ebenso aus seiner Schule hervor wie der langjährige Direktor der Staatlichen Pressestelle in Hamburg Erich Lüth. Konsequent setzte Fischer sich für die Hamburger Kammerspiele, Erich Ziegels Spielstätte expressionistischen Theaters, für die moderne Tanzkunst Mary Wigmans und für die künstlerischen Bestrebungen der Hamburgischen Sezession ein. Kulturschaffende aller Sparten vereinigte er in der »Tafelrunde«, einer zwanglosen Gemeinschaft, die sich zu einem wöchentlichen Jour fixe im Alsterlokal von Minna Seiler am Jungfernstieg/Ecke Neuer Wall zusammenfand. Mit dem Bildhauer Friedrich Wield war er befreundet.

Maßgeblichen Anteil hatte Fischer auch an den legendären frühen Hamburger Künstlerfesten.

1923 wurde die »Neue Hamburger Zeitung« inflationsbedingt eingestellt. Als Fischer die Stadt noch im selben Jahr verließ, um nach Berlin zurückzukehren und eine Tätigkeit als Herausgeber bei der Deutschen Buch-Gemeinschaft aufzunehmen, hatte er hiesigen Talenten des Theaters und des Tanzes, der schreibenden Zunft und der bildenden Kunst lange nachwirkende Impulse gegeben. Gleichsam als Schlusspunkt seiner fast 14-jährigen Hamburger Tätigkeit legte er 1923 seinen »Hamburger Kulturbilderbogen« vor, eine kritische Abrechnung mit dem kulturellen Leben der Hansestadt, die in dieser Hinsicht auch nach 1918 noch »Provinz geblieben« sei. Mit dieser kritischen Haltung machte Fischer sich nicht nur Freunde, doch würdigte Gustav Schiefler den Autor mit der Feststellung, dass Hamburg in Hans W. Fischer »die wohl am stärksten ausgeprägte Persönlichkeit unter seinen Markscheidern literarischen Metalls« besessen habe.

Schon zu seiner Hamburger Zeit war Fischer unter dem Pseudonym »Dr. Frosch« als Kolumnist der Berliner Wochenzeitung »Welt am Montag« hervorgetreten und hatte hier durchweg progressive Positionen vertreten. Nachdem die Zeitung 1933 verboten worden war, veröffentlichte der nun bereits im vorgerückten Alter befindliche Autor fast nur noch im Rahmen der Deutschen Buch-Gemeinschaft. Zu seinem 60. Geburtstag im Jahre 1936 wurde Fischer von Hamburger Freunden noch eine künstlerisch gestaltete (und heute in der Staats- und Universitätsbibliothek aufbewahrte) Gratulationsmappe überreicht. Seinem Kreis entstammende Hamburger Publizisten versuchten »Kulturarbeit im Widerstandsgeist« zu leisten und damit eine Tradition fortzusetzen, »die im früheren liberalistischen Feuilleton der ›Neuen Hamburger Zeitung‹ durch Hans W. Fischer begründet worden war« (Hugo Sieker). Bis zu seinem Tode betonte Fischer immer wieder, dass er die in der Hansestadt verbrachten Jahre als die »wesentlichsten und bewegtesten meines Lebens« betrachte. Er starb zwei Monate nach Ende des Zweiten Weltkriegs in seinem Berliner Heim am Zehlendorfer Fischtalpark. Ein nachgelassenes zeitkritisch-philosophisches Hauptwerk mit dem Titel »Lucidarius« blieb ungedruckt. Stärker als durch sein vielgestaltiges literarisches Werk dürfte Fischer durch die zahlreichen von ihm herausgegebenen Anthologien (»Das tönende Herz«, 1931; »Begegnung mit Gedichten«, 1952), Bildbände (»Körperschönheit und Körperkultur«, 1928; »Menschenschönheit«, 1935) sowie seine Sammlungen von Märchen, Sagen und Schwänken in die Breite gewirkt haben. In Hamburg wurde Fischers Wirken 1948 durch ein »Buch des Gedenkens«, 1998 durch eine Ausstellung in der Staats- und Universitätsbibliothek gewürdigt. Seine Kinder Hans Erasmus und Gerda, verheiratete Scott, sind ebenfalls publizistisch hervorgetreten.

Hans W. Fischer

WERKE Das Schlemmer-Paradies. Ein Taschenbuch für Lebenskünstler, München 1921; Hamburger Kulturbilderbogen, München 1923 [kommentierte Neuausgabe Hamburg 1998, siehe unter Literatur]; Arno Holz. Eine Einführung in sein Werk, Berlin 1924; Das Tanzbuch, München 1924.

LITERATUR KDL 1907 ff.; Junge Menschen. Monatshefte für Politik, Kunst, Literatur und Leben aus dem Geiste der jungen Generation, 8. Jg., Heft 1 (Januar 1927) [Ausgabe zum 50. Geburtstag Hans W. Fischers]; Hans W. Fischer. Ein Buch des Gedenkens, hg. von Hugo Sieker, Hamburg o. J. [1948]; Kai-Uwe Scholz, Mentor der Moderne im Hamburg der 20er Jahre: Der Feuilletonist und Kulturkritiker Hans W. Fischer (1876–1945), in: Hans W. Fischer, Hamburger Kulturbilderbogen. Eine Kulturgeschichte 1909–1922. Neu hg. und kommentiert von Kai-Uwe Scholz, Mathias Mainholz und Rüdiger Schütt, Hamburg 1998 (Schriften der Hamburgischen Kulturstiftung 8), S. 166–171.

Kai-Uwe Scholz

FLEMING (Flemig, Flemigk, Flemming), Paul, geb. 5.10.1609 Hartenstein (Vogtland), gest. 2.4. 1640 Hamburg; luth.; Dichter.

Paul Fleming

Am 28. März 1640, wenige Tage vor seinem frühen Tod, verfasste der auf der Durchreise in Hamburg weilende Paul Fleming eine Grabrede auf sich selbst, die wesentlich zu seinem literarischen Ruhm beitrug. Den Tod vor Augen versucht er hier, die Summe seines Lebens in einem ›dennoch‹ dichterisch zu bewältigen.

Die Familie ist flämischer Herkunft, der Vater war zunächst Lehrer und Diakon in Hartenstein, später Pastor unter anderem im sächsischen Topfseifersdorf. Fleming besuchte die Stadtschule in Mittweida, ab 1621 die Thomasschule in Leipzig, wo er bei Johann Hermann Schein erste dichterische Anregungen erhielt. Im Winter 1628 nahm er in Leipzig ein Philosophiestudium auf, das im Mai 1633 zur Promotion führte; hinzu kam ein medizinisches Bakkalaureat. Als gelehrter Reisedichter begleitete er unter Adam Olearius eine Gesandtschaft nach Russland und Persien, die im Auftrag Herzog Friedrichs III. von Holstein-Gottorf wirtschaftliche Kontakte herstellen sollte (1633–39). Zum Auftakt reiste Fleming im August 1633 über Hamburg nach Gottorf, um sich schließlich in Travemünde einzuschiffen. 1634 bis Anfang 1635 hielt er sich in Reval auf und knüpfte Beziehungen zu dem aus Hamburg stammenden Kaufmann Heinrich Niehusen. Nach Auflösung einer Verbindung mit dessen Tochter Elsabe, die sich auch literarisch niederschlug, verlobte er sich mit deren Schwester Anna. Um das in Aussicht gestellte Amt eines Revaler Stadtarztes antreten zu können, erwarb er im Januar 1640 an der Universität Leiden den medizinischen Doktorgrad. Auf der Rückreise starb Fleming wenige Wochen später in Hamburg und wurde in der St. Katharinenkirche beerdigt, wo die Familie Niehusen eine Grabstätte besaß. Seit 1910 erinnert die Flemingstraße in Winterhude an den in Hamburg gestorbenen Barockdichter.

Fleming trat vor allem als geistlicher Dichter hervor und verfasste zahlreiche neulateinische und deutsche Gelegenheitsgedichte. In enger Anlehnung an Martin Opitz gelang es ihm, Einflüsse des Petrarkismus wie auch des Neostoizismus mit einer eher überkonfessionellen Religiosität zu verschmelzen. Als beachtlich gilt seine Liebeslyrik, bei der es sich allerdings – entgegen älterer Auffassung – noch um eine vorindividualistische Gefühlsdichtung handelt, die durchaus den damaligen Konventionen entsprach. Wenngleich zum Druck vorbereitet, waren beim Tode Flemings die meisten seiner Gedichte noch unveröffentlicht. Erste Ausgaben wurden von Niehusen finanziert und von Olearius betreut. Die moderne Beschäftigung mit Flemings Werk geht auf den Hamburger Archivar Johann Martin Lappenberg zurück.

WERKE Poetischer Gedichten, so nach seinem Tode haben sollen herauß gegeben werden. Prodromus, Hamburg 1641 [Auswahl von Heinrich Niehusen mit einer Vorrede von Adam Olearius]; Teütsche Poemata, Lübeck o. J. [1642] [Nachdruck Hildesheim 1969]; Johann Martin Lappenberg (Hg.), Paul Flemings lateinische Gedichte, Stuttgart 1863 (Bibliothek des literarischen Vereins in Stuttgart 73) [Nachdruck Amsterdam 1969]; ders. (Hg.), Paul Flemings deutsche Gedichte, 2 Bde., Stuttgart 1865 (Bibliothek des literarischen Vereins in Stuttgart 82, 83) [Nachdruck Darmstadt 1965; Verzeichnis aller zu Flemings Lebzeiten erschienenen Einzeldrucke in: Bd. 2, S. 835–845].

F

FLÜGGE, Elisabeth

LITERATUR ADB 7; NDB 5; SHBL 3; Adam Olearius, Vermehrte newe Beschreibung der Muscowitischen vnd persischen Reyse [...], Schleswig 1656 [Nachdruck Tübingen 1971]; Hans Pyritz, Paul Flemings Liebeslyrik. Zur Geschichte des Petrarkismus, Göttingen 1963 (Palaestra 234); Heinz Entner, Paul Fleming. Ein deutscher Dichter im Dreißigjährigen Krieg, Leipzig 1989; Marian R. Sperberg-McQueen, The German poetry of Paul Fleming. Studies in genre and history, Chapel Hill 1990 (University of North Carolina studies in the Germanic languages and literatures 110) [Bibliografie S. 211–227]. *Martin Knauer*

FLÜGGE, Elisabeth, geb. Uhrbach, geb. 4.2.1895 Hamburg, gest. 2.2.1983 ebd.; luth.; Lehrerin.

Elisabeth Flügge

Elisabeth Flügge zeichnete sich in der Zeit der NS-Herrschaft durch großen Mut aus, als sie sich für ihre jüdischen Schülerinnen einsetzte und später ohne Rücksicht auf die eigene Sicherheit bedrohte jüdische Freunde vor der Deportation zu retten versuchte.

Die Tochter aus einem Elternhaus mit liberaler, kosmopolitischer Einstellung bestand 1916 die Lehramtsprüfung an der Hamburger Klosterschule und wurde anschließend an einer privaten Vorschule für Knaben eingestellt. Von 1919 bis 1926 widmete sie sich ihrer eigenen Familie mit zwei Kindern, nahm dann den Schuldienst wieder auf und legte 1930 die zweite Lehrerprüfung für das höhere Lehramt ab. Entscheidend für ihr weiteres Leben wurden die Jahre von 1926 bis 1938: Elisabeth Flügge unterrichtete an der Ria-Wirth-Schule am Mittelweg, einer privaten Realschule für Mädchen, die bevorzugt von jüdischen Schülerinnen aus religiös liberal eingestellten Elternhäusern besucht wurde. Diesen Kindern wandte sie sich nach 1933 besonders liebevoll zu, um sie vor Ausgrenzung und Diskriminierung zu schützen. Obwohl die Schulbehörde die Pädagogin unter Druck setzte, trat sie nicht in die NSDAP ein. Nach Auflösung der Ria-Wirth-Schule 1938 wurde Elisabeth Flügge Lehrerin an einer öffentlichen Mädchen-Volksschule in St. Pauli und lernte in diesem Arbeiterviertel die Not von Menschen kennen, die aus politischen Gründen verfolgt wurden. Erfolgreich wehrte sie sich gegen einen Einsatz in der »Kinderlandverschickung«. Als der Deportationsbefehl im Herbst 1941 zwei befreundete Ehepaare traf, half Elisabeth Flügge ihnen tage- und nächtelang beim Packen und Aufstellen von Inventarlisten. Mehr noch gefährdete sie sich später durch ihre – letztlich vergebliche – Intervention bei der Gestapo, um die Rückstellung einer jüdischen Freundin von der Deportation zu erreichen. 1943 nahm sie den ausgebombten, in so genannter »Mischehe« lebenden jüdischen Arzt Dr. Berthold Hannes mit seiner Frau und seinem Sohn in ihrem Haus auf. Die Familie überlebte.

Nach Kriegsende wurde Elisabeth Flügge Leiterin einer Hamburger Volksschule. Bei ihrer weiteren pädagogischen Arbeit in Hamburg und auf Auslandsreisen nach England, in die USA und nach Südamerika, die im Rahmen von Schulpartnerschaften stattfanden, engagierte sie sich unermüdlich für Völkerverständigung. Ehemalige Schülerinnen, die in die USA, nach England und nach Peru ausgewandert waren, luden sie ein und trafen sich mit ihr. 1976 verlieh der Staat Israel Elisabeth Flügge die höchste Auszeichnung für Nichtjuden: die Ehrung als »Gerechte unter den Völkern« in der Jerusalemer Gedenkstätte Yad Vashem. Die Bundesrepublik Deutschland verlieh ihr 1981 das Bundesverdienstkreuz.

LITERATUR Lutz van Dick, Oppositionelles Lehrerverhalten 1933–1945. Biographische Berichte über den aufrechten Gang von Lehrerinnen und Lehrern, Weinheim/München 1988 (Veröffentlichungen der Max-Traeger-Stiftung 6), S. 163–178. *Ursula Randt*

FRANK, *Paul* August Raimund, geb. 30.10.1878 Hamburg, gest. 19.5.1951 ebd.; Architekt, Erfinder, Politiker.

Das erste Laubenganghaus in Deutschland wurde 1927 in Barmbek-Nord nach den Plänen des Architekten und Erfinders Paul A. R. Frank errichtet. Angesichts der Wohnungsnot waren kostengünstige Lösungen im Kleinwohnungsbau gefragt. Durch die Erschließung der Wohnungen über offene Gänge waren weniger Treppenhäuser notwendig, sodass ein Zwölftel der Kosten gespart werden konnte.

Frank, Sohn eines Hamburger Kartonagefabrikanten, besuchte das Matthias-Claudius-Realgymnasium in Wandsbek. Nach dem frühen Tod der Mutter und der Wiederverheiratung des Vaters lebte er zeitweise im Waisenhaus. Im Anschluss an eine handwerkliche Lehre nahm er ein Studium an der Landeskunstschule Hamburg auf. Frühzeitig stellte er seine unternehmerischen Fähigkeiten unter Beweis, indem er das Studium durch die betrieblich organisierte Herstellung von Postkarten finanzierte, die nach seinen Vorgaben handgemalt wurden.

1912 gründete Frank eine Spezialbaufirma, die bereits zwei Jahre später 100 Mitarbeiter beschäftigte. Hier kamen zahlreiche Erfindungen zur Anwendung, die er im Zusammenhang mit dem noch jungen Baustoff Beton machte. Der Erlös aus seiner Erfindung zur Veredelung von Geigen, bei der der Instrumentenboden mit einer feinen Seidenbespannung versehen wurde, den Frank-Reiner-Geigen, bildete 1925 die Grundlage für ein gemeinsam mit seinem Bruder Hermann Frank gegründetes Wohnungsunternehmen, die spätere Siedlungsbau-Gesellschaft Hermann und Paul Frank.

Bereits 1913 hatte Paul A. R. Frank ein Architekturbüro gegründet und war an mehreren reformorientierten Projekten beteiligt, darunter Gartenstadt Wandsbek (1910–14) und Gartenstadt Steenkamp (1914–26). Mit zahlreichen Wettbewerbserfolgen gehörte Frank zu den renommiertesten deutschen Wohnungsbauarchitekten. Sein Markenzeichen blieb der Kleinwohnungsbau in norddeutscher Backsteinarchitektur mit einer starken Betonung der Horizontalen. Franksche Laubenganghäuser entstanden Ende der 1920er Jahre in der Jarrestadt und auf dem Dulsberg. Während der NS-Zeit konnten die Brüder zunächst die Bautätigkeit fortsetzen. Anknüpfend an die Gartenstadtprojekte verfolgten sie unter den neuen politischen Bedingungen den Kleinhausbau. 1935 begann die Errichtung der Reihenhausanlage in Klein-Borstel – im Volksmund die »Frank'sche Siedlung« genannt.

Nach 1945 beteiligte sich Frank am Wiederaufbau. Er gehörte der FDP an und war von 1946 bis zu seinem Tod Mitglied der Hamburger Bürgerschaft. Der Frankring in Hamburg-Volksdorf wurde 1957 nach den Frank-Brüdern benannt.

LITERATUR Dirk Schubert, Vergessene Reformer: Die Brüder Frank, in: Architektur in Hamburg, Jahrbuch 1995, S. 134–145; 75 Jahre Wohnungsbau. 75 Jahre Frank. 1925–2000, hg. von Antje Kossak, Hamburg 1999.

Holger Martens

Paul Frank

FRIEDRICH II., geb. 26.12.1194 Jesi (Provinz Ancona), gest. 13.12.1250 Fiorentino (bei Lucera, Provinz Foggia); König von Sizilien, König des deutschen Reiches, römischer Kaiser.

Friedrich II., König von Sizilien seit 1198, König des deutschen Reiches seit 1212 (zunächst noch im Thronstreit mit dem Welfen Otto IV., der 1218 starb) und Kaiser seit 1220, hat sich nur wenige Jahre in Deutschland aufgehalten: zwischen 1212 und 1220 und zweimal zwischen 1235 und 1237.

Außer zwei Fassungen des angeblichen Privilegs Kaiser Friedrichs I. für die Neustadt Hamburg gibt es zwei Urkunden Kaiser Friedrichs II. vom Mai 1232, die, erwirkt von Graf Adolf IV. von Holstein, nahezu übereinstimmend die Altstadt und die Neustadt Hamburg privilegieren, aber, als Bestätigungen des

Friedrich II.

seit 1224 vorliegenden, auf den Namen Graf Adolfs III. gefälschten Privilegs für die Neustadt Hamburg verstanden, zu inhaltsarm waren, als dass der Hamburger Stadtrat für sie hätte Gebühren zahlen mögen. Die Privilegien sind daher nie in die Hände des Hamburger Stadtrates gelangt, sondern beim Grafen von Holstein verblieben.

QUELLE Hamburgisches Urkundenbuch, Bd. 1, hg. v. Johann Martin Lappenberg, Hamburg 1842, S. 429–431, Nr. 498 und 499; Nr. 498 (für die Altstadt Hamburg) lateinisch-deutsch in: Hamburgs Weg zum Reich und in die Welt. Urkunden zur 750-Jahr-Feier des Hamburger Hafens, Hamburg 1939, S. 12–15.

LITERATUR ADB 7; NDB 5; Heinrich Reincke, Die ältesten Urkunden der Hansestadt Hamburg, in: ders., Forschungen und Skizzen zur hamburgischen Geschichte, Hamburg 1951 (Veröffentlichungen aus dem Staatsarchiv der Freien und Hansestadt Hamburg 3), S. 93–166, hier S. 124 f.; Gerhard Theuerkauf, Urkundenfälschungen der Stadt und des Domkapitels Hamburg in der Stauferzeit, in: Fälschungen im Mittelalter. Internationaler Kongreß der Monumenta Germaniae Historica, München, 16.–19. September 1986, Bd. 3: Diplomatische Fälschungen 1, Hannover 1988 (Monumenta Germaniae Historica. Schriften 33/3), S. 397–431, hier S. 401, 422.

Gerhard Theuerkauf

GENSLER, Johann *Günther*, geb. 28.2.1803 Hamburg, gest. 28.5.1884 ebd.; luth.; Bildnismaler.

Der Sohn eines wohlhabenden Goldplättners und Goldspinners hat zusammen mit seinen Brüdern Jacob und Martin das hamburgische Kunstleben seit den 1820er Jahren vielfältig repräsentiert. 1817 begann Johann Günther Gensler eine fünfjährige Lehrzeit im väterlichen Betrieb, und schon vor deren Abschluss hatte er Zeichenunterricht bei Gerdt Hardorff d. Ä. erhalten. Eine akademische Ausbildung schloss sich nicht an, wohl aber unternahm Gensler ausgedehnte Studienreisen nach Dresden (1829), Holland (1837) und Italien (1844/45). Der Verkauf des gut gehenden Familienbetriebs 1831 ermöglichte den drei Brüdern eine sorgenfreie und behagliche Existenz. Im folgenden Jahr gehörten sie zu den Mitgründern des Hamburger Künstlervereins; Johann Günther Genslers bekanntestes Gemälde zeigt die Mitglieder dieser Vereinigung (1840). Sein Wirken für den Bau eines öffentlichen Museums in der Hansestadt gipfelte 1869 in der Eröffnung der Hamburger Kunsthalle. Gensler überlebte seine Brüder und vermachte den gesamten Nachlass – 800 Gemälde, Aquarelle und Zeichnungen sowie die umfangreiche schriftliche Hinterlassenschaft – dieser Einrichtung. 1914 wurde die Genslerstraße im Stadtteil Barmbek-Nord nach den drei Brüdern benannt.

LITERATUR ADB 49; ThB 13; Alfred Lichtwark, Das Bildnis in Hamburg, 2 Bde., Hamburg 1898, Bd. 2, S. 175–186; Silke Reuther, Gensler. Drei Hamburger Maler [anlässlich der Ausstellung in der Hamburger Kunsthalle vom 6. August bis 14. November 1999], Hamburg 1999.

Gerhard Ahrens

Günther Gensler

Jacob Gensler

GENSLER, Johann *Jacob*, geb. 21.1.1808 Hamburg, gest. 26.1.1845 ebd.; luth.; Landschaftsmaler.

Der Handwerkersohn erhielt zunächst Zeichenunterricht bei seinem älteren Bruder Günther, setzte seine Studien 1824 bei Wilhelm Tischbein in Eutin fort und vollendete die künstlerische Ausbildung in der Vaterstadt bei Gerdt Hardorff d. Ä. und Siegfried Bendixen. Von 1828 bis 1831 besuchte Jacob Gensler zusammen mit dem Hamburger Hermann Kauffmann die Münchner Akademie. Genslers Genrebilder »Probsteier Fischer« (1835) und »Blankeneserinnen bei der Reepschlägerei« (1837) begründeten seinen Ruf. Ebenso wie sein jüngerer Bruder Martin wurde er nach dem Stadtbrand 1842 vom Rat mit der Anfertigung mehrerer Dankurkunden für geleistete Hilfe, die in deutschen Bundesstaaten und auch im Ausland überreicht werden sollten, beauftragt. Mit nur 37 Jahren starb Gensler an einer Lungenentzündung. 1914 wurde in Barmbek-Nord die Genslerstraße nach den drei Malerbrüdern, deren bedeutendster Jacob gewesen ist, benannt.

LITERATUR ADB 49; ThB 13; Alfred Lichtwark, Hermann Kauffmann und die Kunst in Hamburg 1800–1850, München 1893, besonders S. 60–65; Silke Reuther, Johann Jacob Gensler. Ein Maler aus Hamburg (1808–1845), Hamburg 1998.

Gerhard Ahrens

Martin Gensler

GENSLER, Martin, geb. 9.5.1811 Hamburg, gest. 14.12.1881 ebd.; luth.; Architekturmaler.

Zeichenunterricht erhielt Martin Gensler bei den beiden älteren Brüdern Günther und Jacob sowie bei Gerdt Hardorff d. Ä. 1828 begann eine nachhaltige Beschäftigung mit mittelalterlicher Architektur am Beispiel des baufälligen Dominikanerklosters St. Johannis in Hamburg, von dem der 17-Jährige ein Aquarell anfertigte. Eine 1830 unternommene Studienfahrt nach Mölln, Ratzeburg und Lübeck vertiefte dieses lebenslang verfolgte Interesse. Daneben widmete sich Gensler, der auch als Lehrer an der Gewerbeschule der Patriotischen Gesellschaft tätig war, zunehmend kunstgewerblichen Arbeiten. Beim Hamburger Brand 1842 hat er sich mit großem Einsatz um die Rettung von gefährdeten Kunstschätzen verdient gemacht. Zugleich entstanden zahlreiche Aquarelle und Zeichnungen, die uns ein Bild vom alten Hamburg überliefert haben. Die damals ins Leben gerufene Sammlung Hamburgischer Altertümer – sie bildet den Grundstock des Museums für Hamburgische Geschichte – ist Genslers Initiative zu danken. Auch die Anfänge des Museums für Kunst und Gewerbe hat er kenntnisreich begleitet. Als Mitglied des Komitees für den Bau einer Kunsthalle in der Hansestadt hat Gensler in den 1860er Jahren sowohl auf die Wahl der Architekten und deren Bauentwurf wie auch auf die Gestaltung der Innenräume und die erste Hängung großen Einfluss genommen. Die Genslerstraße in Barmbek-Nord erinnert seit 1914 an die drei Künstlerbrüder. Ein Reliefporträt zu Ehren Martin Genslers schmückt die Hamburger Rathausdiele.

LITERATUR ADB 49; ThB 13; Sebastian Husen, Vaterstädtische Geschichte im republikanischen Stadtstaat. Studien zur Entwicklung des Vereins für Hamburgische Geschichte (1839–1914), Hamburg 1999 (Veröffentlichungen des Vereins für Hamburgische Geschichte 45).

Gerhard Ahrens

GLINZER, *Hanna* Emilie, geb. 23.2.1874 Hamburg, gest. 1.4.1961 ebd.; konfessionslos; Schulleiterin.

Hanna Glinzer stammte aus einer Pädagogenfamilie. Ihr Vater war Lehrer für Naturwissenschaften an der Gewerbe- und Bauwerkschule, ihre Mutter leitete die von ihrer Pflegemutter Emilie Wüstenfeld gegründete Gewerbeschule für Mädchen. Hanna gehörte der ersten Generation von Frauen an, die sich durch ein Universitätsstudium zur Oberlehrerin qualifizierten. Nach dem Besuch einer höheren Mädchenschule nahm sie an Abendkursen teil und legte 1893 das höhere Lehrerinnenexamen ab. Sie erhielt eine Stelle als Lehrerin in St. Pauli und eine Vertretung an der Paulsenstiftschule. 1896 war sie ein Jahr lang in Frankreich, belegte Kurse an der Sorbonne und am Collège de France und war Erzieherin in einer normannischen Adelsfamilie. Danach kehrte sie an die Paulsenstiftschule zurück. Von 1901 bis 1904 studierte Hanna Glinzer in Berlin Deutsch und Französisch, legte das Oberlehrerinnenexamen und 1906 die Vorsteherinnenprüfung am Seminar der Klosterschule ab. 1911 wurde sie in Nachfolge von Anna Wohlwill Direktorin der Paulsenstiftschule.

Hanna Glinzer betätigte sich berufs- und frauenpolitisch. Sie war führendes Mitglied in den Hamburger Ortsgruppen des ADLV (Allgemeiner Deutscher Lehrerinnenverein) und des ADF (Allgemeiner Deutscher Frauenverein). 1918 wurde sie zusammen mit Gertrud Bäumer als Vertreterin der Oberlehrerinnen in den neu gegründeten Lehrerrat gewählt. Politisch stand Hanna Glinzer der DDP nahe. Helene Lange schlug ihr vor, für die Hamburger Bürgerschaft zu kandidieren, aber Glinzer wollte sich ungeteilt ihrer pädagogischen Aufgabe widmen.

Als Direktorin bewahrte Glinzer den besonderen Charakter der Paulsenstiftschule, die als einstige Armenschule eine Gründung der frühen bürgerlichen Frauenbewegung war. Im Gegensatz zu staatlichen

Hanna Glinzer

höheren Mädchenschulen hatte die Paulsenstiftschule nicht nur eine weibliche Leitung, sondern auch einen Lehrkörper, der ausschließlich aus Frauen bestand. Die geschlechtsspezifische Erziehung von Mädchen durch Frauen war ein pädagogisches Programm, das Glinzer ebenso wie Helene Lange verfolgte. Als die Paulsenstiftschule 1910 ihre Anerkennung als Lyzeum beantragte, war dies mit der Auflage verbunden, dass ein Drittel der Lehrkräfte männlich sein müsse. Hanna Glinzer wich der Charakteränderung ihrer Schule aus, indem sie die Stellen, die nebenamtlich besetzt wurden, an männliche Lehrer vergab. Es gelang ihr, den nicht öffentlichen Status der Schule und damit die Besonderheit weiblicher Dominanz weiter zu erhalten. Unter ihrer Leitung konnte die Paulsenstiftschule in den zwanziger Jahren zur Oberrealschule mit Abiturabschluss ausgebaut werden und erhielt zudem als zweiten Oberbau eine Frauenschule.

Unter dem Nationalsozialismus wurden privaten Schulen die Elementar- sowie die zum Abitur führenden Oberklassen entzogen. Um die Paulsenstiftschule nicht zu einem Torso verstümmeln zu lassen, entschloss sich Hanna Glinzer 1937, die Verstaatlichung zu beantragen. Weil sie aber den Treueid auf die nationalsozialistische Regierung nicht leisten wollte, trat sie vorzeitig in den Ruhestand. Ihre Nachfolgerin war regimetreu. Später quälten Glinzer Skrupel, durch ihren Rückzug Lehrerinnen und Schülerinnen im Stich gelassen zu haben. Im Krieg wurden die Schule und Hanna Glinzers Wohnung ausgebombt. Sie konnte erst 1949 nach Hamburg zurückkehren, als ihr ein Blankeneser Gartenhaus zugewiesen wurde. Bestattet wurde Hanna Glinzer auf dem Ohlsdorfer Friedhof.

WERKE Die Geschichte der Schule des Paulsenstifts zu Hamburg, in: 100-Jahr-Feier in der Charlotte-Paulsen-Schule, Hamburg 1949, S. 12–25.

LITERATUR Bake/Reimers, S. 258–260; Elke Kleinau, Bildung und Geschlecht. Eine Sozialgeschichte des höheren Mädchenschulwesens in Deutschland vom Vormärz bis zum Dritten Reich, Weinheim 1997 (Frauen- und Geschlechterforschung in der Historischen Pädagogik 2), S. 119–139.

Inge Grolle

GOBERT, Ascan Klée, geb. 19.3.1894 Hamburg, gest. 14.7.1967 ebd.; luth.; Versicherungskaufmann, Schriftsteller, Kulturpolitiker.

Ascan Klée Gobert gehörte zu den von Eugen Wohlhaupter 1953 so genannten »Dichterjuristen« und ist von Wilmont Haacke im selben Jahr zu den herausragenden deutschen Feuilletonisten der ersten Hälfte des 20. Jahrhunderts gerechnet worden.

Wie viele Söhne des gehobenen Bürgertums

studierte Gobert, unterbrochen durch den Ersten Weltkrieg, in Heidelberg Jurisprudenz. 1914 freiwillig eingerückt, meldete er sich zur Fliegertruppe und wurde Jagdflieger im Geschwader Udet. Mehrere Abstürze trugen ihm eine 30-prozentige Kriegsbeschädigung ein. Als Schriftsteller trat der promovierte Jurist, der ab 1926 selbstständiger Assekuradeur und seit Mitte der zwanziger Jahre freier Mitarbeiter der »Frankfurter Zeitung« war, erstmals mit seiner autobiografisch gefärbten, der jüngsten Tochter gewidmeten Sammlung von Erzählungen »Glück durch Sibylle« (1937) hervor. 1939 erneut einberufen, gehörte Gobert 1940 zu den Besatzungstruppen in Frankreich. In dem 1941 publizierten Band »Blaue Tage« übte er, jetzt als Hauptmann im Luftverteidigungskommando Hamburg tätig, verhaltene Kritik an den Lehrmethoden und der vaterländischen Ausrichtung der Gelehrtenschule des Johanneums, die er bis 1912 besucht und die seiner Ansicht nach zur Kriegsbegeisterung beigetragen hatte. Im Zweiten Weltkrieg verlor er seinen Sohn Ernst Ascan, der wie sein Vater Jagdflieger geworden war.

Ascan Klée Gobert

Nach Kriegsende gehörte Gobert zu den Gründern des von der britischen Besatzungsmacht als »antifaschistisch« eingestuften »Hamburger Clubs von 1945«, der im Herbst 1945 begann, »die Interessen Hamburgs im Wiederaufbau aus den materiellen und geistigen Trümmern zu unterstützen«, wie es in der Satzung heißt. Ende 1945 wurde Ascan Klée Gobert von den Briten auf Vorschlag des Bürgermeisters Rudolf Petersen zum Kultursenator ernannt, nachdem er zuvor der CDU beigetreten war; er bekleidete dieses Amt bis zum Ende der Ernannten Bürgerschaft (November 1946), der er zugleich angehörte. 1946 verfasste er – einem Aufruf der Bürgerschaft folgend – einen »Beitrag zur Kapitulation Hamburgs«, in dem er aufgrund seiner Beobachtungen im Bunker Rotherbaum die Rolle des umstrittenen Hamburger Gauleiters Karl Kaufmann analysierte. 1947 veröffentlichte Gobert eindringliche Kriegserzählungen (»Die Schwarze Fähre. Geschichten zwischen Leben und Tod«) und übernahm den Vorsitz der neu gegründeten deutsch-französischen Gesellschaft »Cluny«. Das Angebot Max Brauers, erneut Kultursenator zu werden, lehnte der inzwischen aus der CDU ausgetretene Gobert 1950 ab. 1951 konnte er den Vorsitz im Hauptausschuss der Freiwilligen Selbstkontrolle der deutschen Filmwirtschaft übernehmen und wurde – bis 1964 fortwährend in diesem Amt bestätigt – eine zentrale Figur im deutschen Filmwesen; Zeitungsartikel über Fragen der Selbstkontrolle und ihre Maßstäbe zeugen davon. Zuletzt betätigte Gobert sich noch als Firmenhistoriker.

Das literarische Hauptwerk Ascan Klée Goberts ist die Trilogie »Kindheit im Zwielicht« (1946), »Zacke und Loch. Hamburger Patrizier um 1900« (1963) und »Der Stundenplan. Die pünktliche Gesellschaft in Hamburg zu Beginn des 20. Jahrhunderts« (1967). In den dort zusammengestellten Erzählungen zeichnet er – nicht ohne einige Wiederholungen – ein teils liebevolles, teils kritisch-ironisches Bild des Hamburger Großbürgertums um 1900, wie es besonders für die Stadtteile Pöseldorf und Uhlenhorst typisch war. Der gleichaltrige Historiker Percy Ernst Schramm rühmte das »optische Gedächtnis« des Schriftstellers, das ihm zusammen mit Gehör und Geruchssinn beim »Erwecken der Vergangenheit« helfe. Goberts Talent auch für die soziologische Betrachtungsweise ist ebenfalls in vielen seiner über 200 Feuilletons zu spüren, von denen manche bis zu 80-mal in deutschen Zeitungen abgedruckt wurden; einige fanden Eingang in Anthologien. Ein durchschlagender kommerzieller Erfolg ist diesem über die Grenzen Hamburgs hinaus bekannt gewordenen Schriftsteller, dessen Werk um die positiven wie negativen Charakteristika des hanseatischen Großbürgertums kreist, nur mit seinen ersten beiden Büchern beschieden gewesen. Für sein Engagement zugunsten der deutsch-französischen Verständigung wurde Gobert 1959 Chevalier de l'Ordre des Palmes académiques und erhielt 1962 das Kreuz der Ehrenlegion.

WEITERE WERKE Spätlese. Gedichte, Hamburg 1946; Das Gartenfest. Drei Erzählungen, Lindau a.B. 1949.

Helmut Stubbe-da Luz

GÖTTSCHE, Claus, geb. 27.5.1899 Rendsburg, gest. 12.5.1945 Hamburg, Judenreferent der Hamburger Gestapo.

Claus Göttsche stammte aus Schleswig-Holstein. Sein Vater war Landwirt und nebenberuflich Schuhmacher. Auch der Sohn arbeitete vor seiner Einberufung zur Reichswehr in der Landwirtschaft. Er leistete von 1917 bis 1919 Militärdienst und wurde für seinen Einsatz mit dem Frontkämpfer-Ehrenkreuz ausgezeichnet. 1921 bewarb er sich – bis dahin ohne Berufsausbildung – als Hilfswachtmeister bei der Hamburger Ordnungspolizei, wo er zwölf Jahre blieb. 1932 wechselte er zur Sittenpolizei. 1936 legte Göttsche die Verwaltungsprüfung ab und wurde 1937 zum Polizeiinspektor, 1939 zum Oberinspektor befördert. Ab 1940 leitete er das »Sachgebiet Juden«, das ein eigenständiges Referat der Staatspolizeileitstelle Hamburg geworden war. In die NSDAP trat er am 1. Mai 1933 ein, später wurde er auch Mitglied der SS und erreichte dort den Rang eines Hauptsturmführers. Göttsche oblagen alle Angelegenheiten, die mit der Verfolgung der Hamburger Juden zusammenhingen. So nahm er denunzierte Juden in »Schutzhaft«, überwachte die »Judenhäuser« und initiierte die »Umquartierung« von Juden in dieselben, er inspizierte das Gepäck und schließlich die Deportation der Juden. In enger Zusammenarbeit mit Willibald Schallert kontrollierte er auch den Zwangsarbeitseinsatz. Zeitzeugen berichten von der Brutalität Göttsches bei Vernehmungen und von Bereicherungen an jüdischem Eigentum. Ab Herbst 1943 leitete Göttsche auch das Referat »N« (»Nachrichten«) der Staatspolizeileitstelle Hamburg. Nach dem Krieg konnte Claus Göttsche nicht vor Gericht gestellt werden: Er entzog sich der Verantwortung für seine Taten durch Selbstmord.

LITERATUR Gertrud Meyer, Nacht über Hamburg. Berichte und Dokumente 1933–1945, Frankfurt a. M. 1971 [dort falscher Vorname: Richard]; Beate Meyer, »Jüdische Mischlinge«. Rassenpolitik und Verfolgungserfahrung 1933–1945, Hamburg 1999 (Studien zur jüdischen Geschichte 6).

Beate Meyer

GÖTZE, Carl (Karl), geb. 2.1.1865 Pinneberg; gest. 2.5.1947 Cuxhaven; luth.; Lehrer, Schulrat, Schulreformer.

Am Ende des Kaiserreichs und vor allem in den Jahren der Weimarer Republik gehörte Carl Götze innerhalb und außerhalb Hamburgs zu den bedeutenden Repräsentanten der reformpädagogisch inspirierten Erneuerung von Schule und Unterricht.

Nach der Absolvierung des Lehrerseminars für angehende Volksschullehrer in Hamburg (1884–87) trat er 1887 in der Hansestadt seine erste Stelle im Schuldienst an. Der Vater von zwei Kindern, die aus der 1906 mit Gertrud Scheel geschlossenen Ehe hervorgegangen waren, wurde 1919 Schulleiter der Versuchsschule Telemannstraße in Eimsbüttel. Nachdem er 1920 in die Schulbehörde gewechselt hatte, avancierte er im Jahr darauf zum Oberschulrat und Leiter des gesamten Volksschulwesens. 1930 schied Götze aus Altersgründen aus dem Amt. Politisch stand er bereits im Kaiserreich der Sozialdemokratie nahe, trat jedoch erst nach 1918 der SPD bei.

Die schulreformerischen Aktivitäten Götzes begannen in den neunziger Jahren des 19. Jahrhunderts in der Gesellschaft der Freunde des vaterländischen Schul- und Erziehungswesens. 1896 wurde unter anderem auf seine Initiative hin die Lehrervereinigung zur Pflege der künstlerischen Bildung gegründet. Sein Bemühen um eine grundlegende Veränderung der ästhetischen Erziehung – weg vom reproduktiven und technisch orientierten Zeichenunterricht und hin zur kreativen Gestaltung – brachte Götze in Kontakt zum ersten Direktor der

Carl Götze

Kunsthalle, Alfred Lichtwark. Anregungen bekam er auch von den Reformen des Zeichenunterrichts in England, die er durch Hospitationen und Gespräche an englischen Schulen kennen lernte. Ein Standardwerk der englischen Zeichenreform, James Liberty Tadds »Neue Wege zur künstlerischen Erziehung der Jugend« (1900), bearbeitete er für den deutschen Buchmarkt. 1897 organisierten Götze und Lichtwark die weit über Hamburg hinaus bekannt gewordene Ausstellung »Das Kind als Künstler«, die freie Kinderzeichnungen in der Kunsthalle einem großen Publikum präsentierte. 1901, 1903 und 1905 gehörte Götze zu den Initiatoren der Kunsterziehungstage in Dresden, Weimar und Hamburg. Von 1905 bis 1914 war er Herausgeber der Kunstzeitschrift »Der Säemann«, seit 1908 führendes Mitglied des in Berlin gegründeten Bundes für Schulreform. Enge Arbeitskontakte pflegte er zu Georg Kerschensteiner in München und zum preußischen Zentralinstitut für Erziehung und Unterricht in Berlin.

Als leitender Oberschulrat für Hamburg begleitete Götze die weitreichende Schulreform der Weimarer Republik, zu der unter anderem die Selbstverwaltung der Schulen, die Arbeitsschule, freie Unterrichtsformen, praktisches Lernen und die Gründung des Instituts für Lehrerfortbildung gehörten. Die vier Hamburger Versuchsschulen im Volksschulwesen schützte er zusammen mit dem Schulsenator Emil Krause gegen die Angriffe konservativer Kreise. Die Hamburger Schulreform vertrat er auf zahlreichen Kongressen und Veranstaltungen inner- und außerhalb Deutschlands.

1991 wurde in Groß-Borstel die ehemalige Schule Brödermannsweg, an der Götze von 1914 bis 1919 als Lehrer tätig war, in Carl-Götze-Schule umbenannt.

WERKE Zur Reform des Zeichen-Unterrichts, Hamburg 1897; Das Kind als Künstler. Ausstellung von freien Kinderzeichnungen in der Kunsthalle zu Hamburg, Hamburg 1898; Methodik des Zeichenunterrichts in den Volksschulen, Hannover/Berlin 1903.

LITERATUR NDB 6; Heinrich Landahl, Carl Götze, in: Die Sammlung 2 (1947), S. 333–337; Heinrich Geffert, Erinnerungen an Carl Götze, in: Hamburger Lehrerzeitung, 8. Jg. (1955), Nr. 2, S. 1–5; Reiner Lehberger, Carl Götze: Ein Hamburger Schulreformer (1865–1947), in: Hamburger Lehrerzeitung, 44. Jg. (1992), Nr. 2, S. 36–39.

Reiner Lehberger

GOLDSCHMIDT, Berthold, geb. 18.1.1903 Hamburg, gest. 17.10.1996 London; isr.; Komponist, Dirigent.

Der Sohn des jüdischen Hamburger Kaufmanns Adolf Goldschmidt erhielt schon frühzeitig Musikunterricht. Prägend wurden für ihn vor allem die Orgelkonzerte in der Michaeliskirche, die Alfred Sittard besonders dem Werk Johann Sebastian Bachs widmete. Nach dem Abitur 1922 begann Goldschmidt zunächst ein Studium der Kunstgeschichte und Philosophie an der Universität seiner Vaterstadt, wechselte aber bereits nach einem Semester an die Hochschule für Musik in Berlin und studierte hier bis 1926 Komposition und Dirigieren unter anderem bei Franz Schreker. 1925 erhielt er den Mendelssohn-Staatspreis für seine »Passacaglia für Orchester op. 4«. Während seiner Anstellung am Darmstädter Theater (1927–31) entstand die Komposition seiner ersten Oper »Der gewaltige Hahnrei«, die 1932 in Mannheim uraufgeführt wurde. Seit 1931 an der Oper in Berlin tätig, wurde Goldschmidt als Jude infolge der Machtübernahme durch die Nationalsozialisten 1933 entlassen und arbeitete zunächst für die Künstlerhilfe der Jüdischen Gemeinde in Berlin. 1935 emigrierte er über die Schweiz nach London, wo er seitdem als freier Musiker unterrichtend, dirigierend und komponierend wirkte. 1936 heiratete er die Sängerin Elisabeth Karen Bothe. Seine Kompositionen – Opern, Schauspiel- und Ballettmusiken, Orchesterwerke, Lieder und Kammermusik – waren in Deutschland über viele Jahrzehnte nahezu vergessen, erleben jedoch seit den achtziger Jahren eine Renaissance. Im Herbst 1988 besuchte Goldschmidt Hamburg anlässlich der Ausstellung des Musikwissenschaftlichen Instituts der Universität »Zündende Lieder – Verbrannte Musik«. 1993 wurde ihm das Bundesverdienstkreuz verliehen. An der Akademie der Künste in Berlin gibt es ein Berthold-Goldschmidt-Archiv.

LITERATUR Peter Petersen (Hg.), Berthold Goldschmidt – Komponist und Dirigent. Ein Musiker-Leben zwischen Hamburg, Berlin und London, Hamburg 1994 (Verdrängte Musik 10).

Gisela Jaacks

GOLDSCHMIDT, Johanna, geb. Schwabe, geb. 11.12.1806 Bremerlehe, gest. 10.10.1884 Hamburg; isr.; Schriftstellerin, Pädagogin.

Johanna Goldschmidt war eine der ersten und eifrigsten Förderinnen der Fröbelschen Kindergärten. Mit fünf Jahren kam sie nach Hamburg. Durch ihre Mutter Henriette, geborene Lazarus, war sie mit gehobenen jüdischen Familien der Hansestadt verwandt. Ihr Vater, Marcus Hertz Schwabe, gehörte zu den Gründern des 1818 eingeweihten Neuen Israelitischen Tempels. Johanna wuchs in einer Atmosphäre von Liberalität und Reform auf. 20-jährig heiratete sie den ebenfalls reformerisch eingestellten Kaufmann Moritz David Goldschmidt und wurde Mutter von acht Kindern.

1847 erschien anonym ein von ihr verfasster Briefroman, in dem Johanna die äußerst bedrückte, unfreie Lage der Juden in Hamburg schildert. Das Buch lässt den Wunsch der akkulturierten Jüdin nach Gemeinsamkeit mit christlichen Kreisen erkennen und enthält den Entwurf eines interkonfessionellen Frauenvereins, der sich die Förderung von Mädchen aus ärmeren Schichten zum Ziel setzt. Von der Lektüre beeindruckt, suchte Amalie Westendarp, eine Tochter des Stockfabrikanten Heinrich Christian Meyer, die Bekanntschaft der Autorin und führte Johanna Goldschmidt in den seit kurzem bestehenden Frauenverein zur Unterstützung der Deutschkatholiken ein. Die deutschkatholische religiös-politische Dissidentenbewegung hatte sich von konfessionellen Grenzen losgesagt. Hier fand Johanna Goldschmidt Gleichgesinnte, die im Frühjahr 1848 zusammen mit Jüdinnen den Sozialen Verein zur Ausgleichung konfessioneller Gegensätze gründeten. Erster Zweck war das gegenseitige Kennenlernen der so unterschiedlich sozialisierten christlichen und jüdischen Frauen. Bei den regelmäßigen Vortrags- und Diskussionssitzungen liefen Fragen über die Emanzipation der Juden und die der Frauen parallel. Johanna Goldschmidt übernahm die Korrespondenz mit dem von ihr geschätzten Friedrich Fröbel, der auf Initiative des Vereins nach Hamburg eingeladen wurde, um Kindergärtnerinnen im Sinne einer freien, entwicklungsgerechten Kindererziehung auszubilden. Sie verfasste einen zweibändigen Ratgeber für junge Mütter mit vielen praktischen Beispielen, zu dem der bekannte Pädagoge Adolph Diesterweg ein Vorwort schrieb.

Johanna Goldschmidt

Innerhalb des von Charlotte Paulsen gegründeten freisinnigen Frauenvereins zur Unterstützung der Armenpflege richtete Johanna Goldschmidt zusammen mit Amalie Westendarp eine Armenschule ein, deren Elementarunterricht keine religiöse Unterweisung vorsah. Daran nahm die Regierung Anstoß und verbot vorübergehend die Schule, bis sie 1856 neu eröffnet werden und 1866 als offiziell anerkannte Mädchenschule in das neu gebaute Paulsenstift einziehen konnte. Allerdings war Johanna Goldschmidt mit der neuen Verfassung der Schule, insbesondere mit der Anstellung der jungen Anna Wohlwill als Direktorin, nicht einverstanden. Nach harter Auseinandersetzung mit der Anstaltsleiterin Emilie Wüstenfeld schied sie aus und wandte nun ihre ganze Energie der Verbreitung von Kindergärten zu.

Aus dem 1860 gegründeten Hamburger Fröbel-Verein ging die Kindergartenschule hervor. Johanna Goldschmidts originäre Idee zielte auf die Ausbildung von Familienkindergärtnerinnen, die an Familien vermittelt werden und den Müttern die Methode Fröbels nahe bringen sollten. Im Fröbelseminar wurden außerdem Mädchen mit Lyzeumsabschluss auf höherem Niveau in die Fröbel-Lehre eingeführt und zu leitenden Kindergärtnerinnen, Lehrerinnen an Elementarschulen oder an der Kindergartenschule qualifiziert.

Mit den vielfältigen nun entstehenden pädagogischen Berufen hat Johanna Goldschmidt den Frauen neue Erwerbsmöglichkeiten eröffnet, wobei sie Mütterlichkeit in jeder Stellung als natürlichen Beruf der Frau ansah. Sie selbst hat die damals für Frauen hohe Schwelle zur Öffentlichkeit überschritten, in Vorträgen vor großem Publikum für die Fröbel'sche Kindheitspflege geworben und zu diesem Thema unter ihrem Namen viele Aufsätze publiziert – auch in der Zeit, als Kindergärten in Preußen und anderen deutschen Ländern verboten waren. Die Leitung der Hamburger Fröbel-Anstalt legte Johanna Goldschmidt erst kurz vor ihrem Tode nieder.

WERKE Rebekka und Amalia. Briefwechsel zwischen einer Israelitin und einer Adeligen über Zeit- und Lebensfragen, Leipzig 1847; Muttersorgen und Mutterfreuden. Worte der Liebe und des Ernstes über Kindheitspflege. Von einer Mutter, 2 Bde., Hamburg 1849/51; Zur Sache Friedrich Fröbels. Herr Dr. Gutzkow und die Fröbel'schen Kindergärten, in: Rheinische Blätter für Erziehung und Unterricht, NF 47 (1853), S. 325–346.

LITERATUR DBE 4; LhS 2; Maya Fassmann, Jüdinnen in der deutschen Frauenbewegung, Hildesheim/Zürich/New York 1996, S. 137–156; Inge Grolle, Johanna Goldschmidt (1806–1884), in: dies., Die freisinnigen Frauen. Charlotte Paulsen, Johanna Goldschmidt, Emilie Wüstenfeld, Bremen 2000 (HLb 16), S. 49–90. *Inge Grolle*

GOLDSCHMIDT, Joseph, geb. 9.11.1842 Rakwitz (Posen), gest. 13.6.1925 Hamburg; isr.; Pädagoge, Schuldirektor.

Dr. Joseph Goldschmidt leitete von 1889 bis 1921 die Talmud Tora Schule in Hamburg. Als strenggläubiger Jude, nationalbewusster Deutscher und heimatverbundener Wahl-Hamburger gehörte er zu jenen jüdischen Deutschen der wilhelminischen Ära, die sich in Deutschland sicher und zugehörig fühlten und bestrebt waren, ihrem »Vaterland« durch Einsatz aller ihrer Kräfte und Fähigkeiten zu dienen.

Als Sohn eines Kantors wurde Goldschmidt früh mit jüdischer Lebensweise und der hebräischen Sprache vertraut. Von 1854 bis 1862 besuchte er das Gymnasium zu Krotoschin (Posen). Anschließend studierte er klassische Philologie und Geschichte an der Universität Berlin, wurde 1866 in Halle mit der Dissertation »De Judaeorum apud Romanos condicione« promoviert und 1876 in Kiel »pro facultate docendi« geprüft. Ihm wurde die Lehrbefähigung für Deutsch, Geschichte, Geografie und Latein zuerkannt. Akademisch ausgebildete jüdische Lehrer waren damals noch sehr selten, da sie an nichtjüdischen Schulen keine Anstellung fanden. Von 1869 bis

Joseph Goldschmidt

1876 unterrichtete Goldschmidt an der Talmud Tora Schule in Hamburg, die 1870 als »Höhere Bürgerschule« (Realschule) anerkannt wurde. Danach ging er an die Realschule der Israelitischen Religionsgesellschaft in Frankfurt am Main, bis er 1889 zum Direktor der Hamburger Talmud Tora Realschule berufen wurde. Damit war er der erste wissenschaftlich und pädagogisch ausgebildete Direktor der 1805 gegründeten, streng orthodox geführten Schule, die bis dahin von einer Direktion aus Laien unter Vorsitz des Oberrabbiners geleitet worden war. Für die Schule bedeutete das einen wesentlichen Schritt auf dem Weg zur gesellschaftlichen Integration.

Goldschmidt war äußerst pflichtbewusst, sein Führungsstil autoritär. Mit unnachsichtiger Strenge stellte er hohe Forderungen an sich selbst, sein Kollegium und seine Schüler. Da sich die Schule seit jeher ein zweifaches Bildungsziel gesetzt hatte, nämlich eine jüdisch-hebräische und eine deutsche Bildung zu vermitteln, mussten die Schüler ein doppeltes Pensum bewältigen. Das Leistungsniveau der Schule war anerkannt hoch. Im Deutsch- und Geschichtsunterricht legte Goldschmidt besonderen Wert auf die Lektüre deutscher Klassiker und auf nationale Erziehung. Die Ereignisse des Ersten Weltkriegs verfolgte er zunächst mit begeistertem Patriotismus, rief die Elternschaft zu Geldsammlungen für Kriegsanleihen auf und feierte mit seinen Schülern jeden deutschen Sieg. Freudig begrüßte er, dass sich junge Lehrer der Schule und zahlreiche ehemalige Schüler freiwillig zum Heeresdienst meldeten. Im August 1917 wurde ihm das Eiserne Kreuz am weiß-schwarzen Band verliehen. Dennoch stellte sich allmählich Ernüchterung ein, da er erkannte, dass trotz aller Opferbereitschaft ein ungebrochener Antisemitismus herrschte. Die Niederlage Deutschlands 1918 und das Ende der Monarchie trafen den kaisertreuen Goldschmidt tief. Die Republik befremdete ihn. Demokratische Bestrebungen an seiner Schule für Mitbestimmung von Kollegen und Eltern und pädagogische Reformen lehnte er strikt ab, konnte sich aber nicht durchsetzen. 1920 erklärte er seinen Rücktritt und blieb nur widerstrebend noch ein weiteres Jahr, bis er durch seinen Amtsnachfolger Dr. Joseph Carlebach abgelöst wurde. Zu seiner Abschiedsfeier 1921 wurde ihm sein größter Wunsch erfüllt: die Enthüllung einer Gedenktafel im Schulhaus für 122 Schüler und fünf Lehrer, die im Weltkrieg gefallen waren. Die von den Nationalsozialisten zerstörte, Jahrzehnte später erneuerte Gedenktafel hängt seit 1981 wieder im Treppenhaus des ehemaligen Schulgebäudes der Talmud Tora Schule (Grindelhof Nr. 30).

WERKE Die deutsche Ballade, in: Talmud Tora Höhere Bürgerschule. Bericht über das Schuljahr 1890 bis 1891, Hamburg 1891, S. 3–44; Geschichte der Talmud Tora-Realschule in Hamburg. Festschrift zur Hundertjahrfeier der Anstalt 1805–1905, Hamburg o. J. [1905].

LITERATUR Helga Krohn, Die Juden in Hamburg. Die politische, soziale und kulturelle Entwicklung einer jüdischen Großstadtgemeinde nach der Emanzipation 1848–1918, Hamburg 1974 (Hamburger Beiträge zur Geschichte der deutschen Juden 4), S. 152–154; Ursula Randt, Jüdische Schulen am Grindel, in: Ursula Wamser/Winfried Weinke (Hg.), Ehemals in Hamburg zu Hause: Jüdisches Leben am Grindel, Hamburg 1991, S. 36–55. *Ursula Randt*

GORAL-STERNHEIM, Arie (ursprünglich: Walter Lovis Sternheim), geb. 16.10.1909 Rheda/Westfalen, gest. 23.4.1996 Hamburg; isr.; Schriftsteller, Maler, Publizist.

Arie Goral-Sternheim war einer der letzten Vertreter des ehemals jüdischen Hamburger Grindel-Viertels, das es seit der Deportation und Ermordung der Hamburger Juden durch die Nationalsozialisten nicht mehr gibt. Nach seiner Rückkehr aus dem Exil in Palästina seit 1953 wieder in Hamburg ansässig, machte er in zahlreichen Schriften und öffentlichkeitswirksamen Aktionen auf diese verdrängte Geschichte der Stadt aufmerksam und erwarb sich so

Arie Goral-Sternheim

den Ruf eines unbequemen und streitbaren Mahners.

Der seit 1910/11 in Hamburg aufwachsende Goral-Sternheim gehörte seit 1921 der jüdischen Jugendbewegung an. Von 1925 bis 1927 absolvierte er eine kaufmännische Lehre bei der Firma Meyer Adolph Nathan Textil en Gros am Alten Wall. In der Hansestadt sowie ab 1927 auch in Berlin, wo er als Zeichner in der Konfektionsbranche arbeitete, erlebte Goral-Sternheim letzte Höhepunkte und schließlich das Ende der jüdischen Emanzipationsbestrebungen der Weimarer Zeit, mit denen er eng verbunden war. In Schulungsseminaren und Diskussionen begegnete er Martin Buber und anderen bedeutenden Repräsentanten der sozialistisch-zionistischen Bewegung. Er publizierte 1928 in der Zeitschrift »Der Junge Jude« und war 1930 Mitglied der Bundesleitung des Jung-Jüdischen Wanderbundes – Brit Haolim. Goral-Sternheim gehörte zu den entschiedenen Befürwortern des Hachschara-Gedankens, die eine praktisch-handwerkliche oder landwirtschaftliche Ausbildung als Vorbereitung der Jugend für die Auswanderung nach Palästina forderten. Von 1928 bis 1932 bereitete er sich als Angehöriger des Kibbuz Cherut bei Hameln, der zum Kern der jüdische Chaluz-Bewegung (Pionierbewegung) in Deutschland gehörte, selbst aktiv auf die Auswanderung nach Palästina vor. 1932 kehrte er nach Hamburg zurück, besuchte als Gasthörer Vorlesungen von Erwin Panofsky, Eduard Heimann und William Stern und arbeitete in der Buchabteilung des Kaufhauses Hermann Tietz im Alsterhaus. 1933 ging er zunächst nach Frankreich, Ende 1934 schließlich nach Palästina in die Emigration. Dort nahm er den Namen Arie Goral an. Er arbeitete im Kibbuz Givat Brenner und gehörte zum Kreis der deutschsprachigen Exil-Literaten um die Lyrikerin Else Lasker-Schüler. Von 1942 bis 1944 publizierte er in Jerusalem erste Gedichte. Goral-Sternheim nahm 1948 am Unabhängigkeitskrieg teil und richtete in Tel Aviv und Rechovoth Kindermalstudios ein, in denen er unter anderem kriegstraumatisierte Kinder zur Verarbeitung ihrer Erlebnisse anregte. 1950 kehrte er nach Europa zurück, studierte zunächst in Florenz Malerei und lebte seit 1953 wieder in Hamburg. Im selben Jahr stellte er auf Anregung Erich Kästners seine Sammlung israelischer Kindermalereien in München, Zürich und Hamburg (Amerika-Haus) aus. Neben seiner jugendpädagogischen Arbeit mit »Trümmerkindern« entfaltete Goral-Sternheim nun eine reichhaltige malerische Tätigkeit, die sich in Ausstellungen im In- und Ausland niederschlug. Als politischer Publizist entwickelte er zahlreiche Protestinitiativen, mit denen er restaurative und antisemitische Tendenzen in der Bundesrepublik anprangerte. So griff er 1963 den Hamburger Psychologieprofessor und ehemaligen Wehrmachtspsychologen Peter R. Hofstätter an, der die Ermordung der Juden als »legitime Kriegshandlungen« bezeichnet hatte, und enthüllte 1977 die antisemitische Vergangenheit des Grafikers A. Paul Weber. Er rückte das Schicksal des vertriebenen Hamburger Germanisten Walter A. Berendsohn wieder in den Blick, dem die Stadt lange die Rehabilitierung verweigert hatte, und setzte 1982 die Aufstellung eines neuen Heine-Denkmals auf dem Hamburger Rathausmarkt durch. Mit der Arbeit seiner am Grindel angesiedelten Intergalerie, die ebenso Kunst- wie Diskussionsforum war, wirkte Goral-Sternheim prägend auf viele junge Intellektuelle der Stadt. 1982 erhielt er die Senator-Biermann-Ratjen Medaille und wurde Alexander-Zinn-Preis-Stipendiat. 1992 wurde er zum Beiratsvorsitzenden des Jüdischen Museums Rendsburg gewählt.

WERKE Jeckepotz. Eine jüdisch-deutsche Jugend 1914–1933, Hamburg 1989; Hamburger Heiligengeist Felddomkantate. Hundepsalm, Hamburg, 1992; An der Grenzscheide: kein Weg als Deutscher und Jude? Münster/Hamburg 1994 (Anpassung – Selbstbehauptung – Widerstand 6).

LITERATUR Arie Goral. Gemälde, Gouachen und Radierungen aus dem Nachlass. Ausstellungskatalog mit Biographie, Jüdisches Museum Rendsburg und Dr. Bamberger-Haus, Rendsburg 1998; Thomas Dörr, Von ferne ins Vergangene. Topologien der Erinnerung bei Arie Goral, in: Mittelweg 36, Zeitschrift des Hamburger Instituts für Sozialforschung, Jg. 2000, Heft 1, S. 29–36.

Thomas Dörr

Gregor IV.

GREGOR IV., gest. 25.1.844; Papst.

Gregor IV., Papst seit 827, suchte in dem Erbfolgestreit im fränkischen Reich 833 gegen Kaiser Ludwig I. (den Frommen) und einen Teil der Reichsbischöfe vermittelnd die Interessen seines Sohnes Lothar I. zu vertreten. In diesem Zusammenhang formte er in einem Dekret den Vorrang des Papsttums (die Fülle der Amtsgewalt, plenitudo potestatis) gegenüber den Bischöfen kirchenrechtlich aus. Für die Vorgeschichte des Erzbistums Hamburg-Bremen ist Papst Gregor IV. wichtig, weil er 831 oder 832 in Hamburg wahrscheinlich einen Bischofssitz begründete. Sein Privileg hatte mindestens den folgenden Inhalt: Kaiser Ludwig I. (der Fromme) hat bei den Nordalbingern den Corveyer Mönch Ansgar in der Burg Hamburg als Bischof eingesetzt und dieses Bistum mit Kirchen und Zehnten der Bistümer Bremen und Verden beschenkt. Papst Gregor IV. bestätigt die Verfügungen Kaiser Ludwigs und erteilt Ansgar als Legaten die Missionsbefugnis bei den Nordalbingern. Ludwig I. wiederum konnte das Bistum Hamburg wegen des erwähnten Erbfolgestreits erst im Jahre 834 privilegieren. Im Anschluss an die Lebensbeschreibung Ansgars, die hauptsächlich von seinem Nachfolger, Erzbischof Rimbert von Hamburg-Bremen, verfasst worden ist, sehen manche Autoren bereits durch dieses Privileg das Erzbistum Hamburg oder mindestens ein Missionserzbistum Hamburg begründet.

LITERATUR RGG (3. Aufl.) 2; Wolfgang Seegrün, Das Erzbistum Hamburg in seinen ältesten Papsturkunden, Köln/Wien 1976 (Studien und Vorarbeiten zur Germania

Pontificia 5), S. 28–35; Gerhard Theuerkauf, Urkundenfälschungen des Erzbistums Hamburg-Bremen vom 9. bis zum 12. Jahrhundert, in: Niedersächsisches Jahrbuch für Landesgeschichte 60 (1988), S. 71–140, hier S. 79–86; Lexikon für Theologie und Kirche, 3., völlig neu bearb. Aufl., Bd. 4, Freiburg i. B. 1995, Sp. 1014 f. *Gerhard Theuerkauf*

GRUENWALDT, Louis, geb. 24. 8. 1856 Daulen (Kreis Rosenberg, Westpreußen), gest. 2. 2. 1931 Hamburg; isr.; Tapezierer, Gewerkschafter, Politiker.

Die ungebrochene politische Karriere des Juden Louis Gruenwaldt vom mittellosen Handwerksgesellen zum Senator wurde in Hamburg als eine Sensation wahrgenommen, der jedoch ein völliges Vergessen folgte.

Gruenwaldt hatte in Berlin Tapezierer gelernt und als Geselle gearbeitet. Dass er dort der Polizei als Mitglied der seit 1878 verbotenen Sozialistischen Arbeiterpartei Deutschlands und des lokalen Tapezierer-Vereins aufgefallen war, wurde nach Hamburg gemeldet, als er 1881 dorthin übersiedelte und sich mit einer Werkstatt selbstständig machte. Nach einem ersten, wegen des Sozialistengesetzes vereitelten Versuch gelang ihm 1883 die Gründung eines Tapezierer-Gehilfen-Vereins mit etwa 60 Mitgliedern und einer zugehörigen staatlich eingetragenen Hilfskasse in Hamburg. Aus dieser wurde bald darauf die Zentralkrankenkasse der Tapezierer, in der schon in der Anfangszeit rund 1000 Mitglieder in 20 Städten versichert waren. Der 1889 in Dresden gegründete Zentralverein der Tapezierer Deutschlands mit Sitz in Hamburg wählte Gruenwaldt zu seinem Vorsitzenden. Den Verband leitete er bis zum Umzug des Vorstands nach Berlin im Jahre 1906, die Krankenkasse bis 1919.

Schon 1883 bezeichnete die Polizei Gruenwaldt in einem Dossier als vorsichtigen und verschwiegenen Vertrauensmann der Sozialdemokraten. Er spielte eine führende Rolle im Verein Hamburgischer Staatsangehöriger. Als bewährter Wahlagitationsredner wurde er 1892 von den etwa 2500 Mitgliedern zum Vorsitzenden des Sozialdemokratischen Vereins für den 1. Hamburger Reichstagswahlkreis gewählt. Es war der Wahlkreis, der jahrzehntelang von August Bebel im Reichstag vertreten wurde. Neben diesem sprach Gruenwaldt 1906 bei der Einweihung des Hamburger Gewerkschaftshauses am Besenbin-

Louis Gruenwaldt

derhof, dessen Bau er maßgeblich politisch durchgesetzt hatte. Viele Reisen als Redner, als Delegierter auf den Parteitagen und auf dem Internationalen Sozialistenkongress 1910 in Kopenhagen notierte die Polizei in ihren Überwachungsberichten. Gruenwaldt wurde 1904 Mitglied der hamburgischen Bürgerschaft und leitete deren sozialdemokratische Fraktion in den Jahren von 1913 bis 1918. Auf Reichsebene wählte ihn der Würzburger Parteitag 1917 in die Kontrollkommission beim Parteivorstand.

Am 11. November 1918 kam er in die 30-köpfige Exekutive des Arbeiter- und Soldatenrates für Hamburg, Altona und Umgebung und hatte als Fraktionssprecher der SPD durch geschicktes Taktieren großen Anteil an der Entscheidung für die parlamentarische Demokratie. Nach der Wiederwahl in die Bürgerschaft im März 1919 wurde Gruenwaldt als erster bekennender Jude Mitglied des Hamburger Senats und blieb Gesundheitssenator bis zum 4. April 1928. Für das Ressort brachte er aus seiner jahrzehntelangen Leitung einer Berufskrankenkasse Kenntnisse und Reformwillen mit, die er bei der Neuordnung des bis dahin sehr zersplitterten Hamburger Gesundheitswesens erfolgreich einsetzte. Die Erfolge, vornehmlich die wirksamen Maßnahmen zur vorbeugenden Gesundheitspflege, bildeten ein bedeutendes Aktivum, auf das hauptsächlich in den Wahlkämpfen seitens der SPD verwiesen wurde. Besonders nach der für die Sozialdemokraten schwierigen Regierungsbildung im Anschluss an die Bügerschaftswahl 1924 sah sich der Senator zunehmend dem politischen und persönlichen Widerstand leitender Beamter aus dem rechtsbürgerlichen Lager in seiner Behörde ausgesetzt. Offenbar aus Koalitionsrücksichten bekam Gruenwaldt nur ungenügende Unterstützung von seiner Partei und von der Bürgerschaftsfraktion. Bei seinem Ausscheiden aus dem Amt erhielt er die nach seinem engen Kampfgefährten, Bürgermeister Otto Stolten, benannte Medaille, die höchste Senatsauszeichnung in Hamburg. Die offizielle Trauerfeier 1931 blieb bis heute die letzte öffentliche Ehrung.

LITERATUR Friedrich-Wilhelm Witt, Die Hamburger Sozialdemokratie in der Weimarer Republik. Unter besonderer Berücksichtigung der Jahre 1929/30–33, Hannover 1971 (Schriftenreihe des Forschungsinstituts der Friedrich-Ebert-Stiftung 89). *Ulrich Bauche*

GRUNWALD (ursprünglich Grünewald), Max,

geb. 10.10.1871 Zabrze/Oberschlesien (1915–45 Hindenburg/Oberschlesien), gest. 24.1.1953 Jerusalem; isr.; Rabbiner, Volkskundler, Historiker.

Als Rabbiner an der Neuen Dammtor-Synagoge initiierte Max Grunwald, unterstützt von der Hamburger Henry-Jons-Loge, ab 1896 die Gründung der Gesellschaft für jüdische Volkskunde, die zum Ausgangspunkt aller Gründungen jüdischer Museen im 20. Jahrhundert werden sollte.

An der Breslauer Universität wurde Grunwald nach dem Studium der Philosophie 1892 mit einer Arbeit über Spinoza promoviert; gleichzeitig besuchte er das dortige Jüdisch-Theologische Seminar, wo er Mitarbeiter des Historikers Heinrich Graetz (1817–91) wurde. 1895 an die gerade eingeweihte Neue Dammtor-Synagoge in Hamburg berufen, war er als liberaler Rabbiner aufgeschlossen gegenüber allen Gegenwartsfragen. Zugleich sah er in der traditionellen jüdischen Volkskultur ein Bindeglied zu einer verloren gegangenen oder zumindest durch die Assimilation weitgehend überdeckten Vergangenheit. Der Öffentlichkeit aber sollte durch die Sammlungen der Gesellschaft für jüdische Volkskunde der Beitrag der Juden zur gemeinsamen europäischen Kultur verdeutlicht werden. Neben der Sammlungstätigkeit kümmerte Grunwald sich um die fotografische Erfassung bedeutender Objekte. Auf ihn geht auch die Inventarisierung der Grabsteine auf dem jüdischen Friedhof in Altona zurück. Außer der Volkskunde befasste er sich mit der Geschichte der Hamburger Dreigemeinde.

1903 ging Grunwald als Rabbiner an die israelitische Kultusgemeinde Wien, wo er bis 1930 amtierte. Hier setzte er in führenden Gremien seine engagierte Arbeit fort, so als Herausgeber der »Mitteilungen der jüdischen Volkskunde« (1897–1922) sowie der »Jahrbücher der jüdischen Volkskunde« (ab 1923). Nach dem Anschluss Österreichs unter den Nationalsozialisten 1938 emigrierte Grunwald nach Palästina. Bis zu seinem Tod wirkte er in diversen Gesellschaften und Stiftungen zur Rekonstruktion der jüdischen Kultur mit.

WERKE Spinoza in Deutschland, Berlin 1897 [Nachdruck Aalen 1986]; Die Portugiesengräber auf deutscher Erde. Beiträge zur Kultur- und Kunstgeschichte, Hamburg 1902; Hamburgs deutsche Juden bis zur Auflösung der Dreigemeinden 1811, Hamburg 1904; Die Hygiene der Juden. Im Anschluß an die Internationale Hygiene-Ausstellung Dresden 1911, Dresden 1911.

LITERATUR Christoph Daxelmüller, Die »Gesellschaft für jüdische Volkskunde« in Hamburg, in: Arno Herzig (Hg.) in Zusammenarbeit mit Saskia Rohde, Die Juden in Hamburg 1590 bis 1990. Wissenschaftliche Beiträge der Universität Hamburg zur Ausstellung »400 Jahre Juden in Hamburg«, Hamburg 1991, S. 361–382. *Arno Herzig*

GUGENHEIM, Fromet, verh. Mendelssohn,

geb. 6.10.1737 Hamburg; gest. 5.3.1812 Altona; isr.; Hausfrau, Geschäftsfrau.

Durch Vermittlung des Arztes Emmerich Gumpertz (1723–69) lernte Fromet Gugenheim 1761 in Hamburg den Philosophen Moses Mendelssohn (1729–86) kennen, den sie am 22. Juni 1762 in Berlin heiratete. Als ältestes Kind des Hamburger Kaufmanns Abraham Gugenheim war sie, wie Mendelssohn seinem Freund Gotthold Ephraim Lessing mitteilte, ohne Vermögen, weder schön noch gelehrt. Während der Brautzeit spornte Moses Mendelssohn sie an, ihre Bildung zu vervollkommnen, und besorgte ihr den besten Sprachlehrer Hamburgs, den Übersetzer und Verleger Johann Joachim Christoph Bode (1730–97). Die Brautzeit ist dokumentiert durch den regen Briefwechsel, den beide während dieser Zeit führten, von dem aber nur die Briefe Mendelssohns überliefert sind. Aus ihnen wird deutlich, dass es sich um eine echte Liebesbeziehung handelte, die mit den jüdischen Konventionen brach. So verzichtete das Paar auf einen Ehevertrag. Die Eheschließung verzögerte sich, da Mendelssohn für seine Frau erst

Fromet Gugenheim

von König Friedrich II. das Niederlassungsrecht für Berlin erwirken musste. Als Ehefrau kümmerte Fromet sich um die Erziehung der zehn zwischen 1763 und 1782 geborenen Kinder, von denen aber nur drei Töchter (Brendel, Reda, Henriette) und drei Söhne (Joseph, Abraham, Nathan) das Erwachsenenalter erreichten. Bei Abwesenheit ihres Mannes kümmerte sie sich auch um die Geschäftskorrespondenz. Sie besuchte leidenschaftlich gern das Theater und nahm durch ihre Kontakte zu Lessing und dem Schriftsteller und Direktor des Berliner Nationaltheaters Johann Jakob Engel (1741–1802) regen Anteil am kulturellen Leben Berlins. Ihre Interessen werden deutlich aus den wenigen Briefen der Jahre 1773, 1774 und 1775, die von ihr erhalten sind. Nach dem frühen Tod ihres Mannes (1786) lebte sie zunächst zwölf Jahre von 1787 bis 1800 in Neustrelitz und kehrte dann nach Altona zurück, wo sie 1805 der dortigen Synagoge einen Tora-Vorhang stiftete, den sie und Moses Mendelssohn 1774/75 in Berlin hatten anfertigen lassen. Während ihrer 26 Witwenjahre blieb ihr Haus der Mittelpunkt der Familie. Hier brachte vorübergehend auch ihr ältester Sohn, der Bankier Joseph Mendelssohn (1770–1848), während der napoleonischen Kriege seine Familie unter. Während dieser Zeit wurde der berühmteste Enkel Fromets, der Komponist Felix Mendelssohn-Bartholdy (1809–47), geboren. Am 5. März 1812 verstorben, wurde Fromet Mendelssohn am 8. März auf dem jüdischen Friedhof an der Königstraße in Altona beigesetzt.

LITERATUR Moses Mendelssohn, Brautbriefe. Mit einer Einführung von Ismar Elbogen, Berlin 1936; Eva J. Engel, Fromet Gugenheim, in: Arno Herzig (Hg.) in Zusammenarbeit mit Saskia Rohde, Die Juden in Hamburg 1590 bis 1990. Wissenschaftliche Beiträge der Universität Hamburg zur Ausstellung »Vierhundert Jahre Juden in Hamburg«, Hamburg 1991, S. 227–235; Hermann Simon, Ein von Moses Mendelssohn gespendeter Toravorhang in der Altonaer Synagoge, in: ebd., S. 277–282. *Arno Herzig*

GUTSCHOW, Konstanty, geb. 10.12.1902 Hamburg, gest. 8.6.1978 ebd.; Architekt, Städteplaner.

Nach Fritz Schumacher hat kein anderer Architekt Hamburgs Grundstrukturen so prägen können wie Konstanty Gutschow, der in den Jahren des Nationalsozialismus weitestgehende Planungshoheit in seiner Heimatstadt erlangte.

Im Anschluss an den Besuch des Johanneums in Hamburg hatte Gutschow zunächst in Danzig, dann in Stuttgart bei Paul Bonatz und Paul Schmitthenner Architektur studiert. Während des Studiums absolvierte er ein Praktikum in Hamburg auf der Baustelle des Chilehauses und arbeitete an einem Buchmanuskript zum Norddeutschen Backsteinbau. 1926 erhielt er in Stuttgart das Abschlussdiplom, 1928 legte er dort die zweite Staatsprüfung (Regierungsbaumeister) ab. In diesem Jahr entstand nach Gutschows Entwurf ein Großwohnhaus in Stellingen. Er beteiligte sich seit 1927 mit Erfolg an Wettbewerben und Ausschreibungen und war, nach kurzfristiger Mitarbeit bei Fritz Höger und im Entwurfsbüro von Fritz Schumacher, von 1928 bis 1929 im Stadtplanungsamt Wandsbek tätig, bevor er sich als Architekt selbstständig machte. Nach 1930 änderten sich Gutschows architektonische und städtebauliche Vorstellungen: War er bislang eher den Ansätzen des Neuen Bauens verpflichtet gewesen (Entwurf des Turmhauses für die Lombardsbrücke), so näherten sich seine Arbeiten nun der konservativ orientierten Stuttgarter Schule an. Zugleich ist eine Tendenz zur Systematisierung städtebaulicher und grundrisstypologischer Probleme zu erkennen. Als 30-Jähriger realisierte er den Bau von 36 Häusern einer Stadtrandsiedlung in Hamburg-Horn. Gutschow trat dem «Kampfbund der Deutschen Architekten und Ingenieure« bei und plante 1933/34 die Sanierung von Altona, die auch nationalsozialistischen Vorstellungen von Modernisierung und Disziplinierung

GUTSCHOW, Konstanty

Konstanty Gutschow

Rechnung trug. Zugleich erhielt er zahlreiche Aufträge für den Bau von Wohnhäusern und Villen. Als Vertrauensarchitekt des Generalbauinspektors für das deutsche Straßenwesen, Fritz Todt, beaufsichtigte er den Bau der Reichsautobahnstrecken nach Lübeck und Berlin. 1937 baute er das Bad am Kaiser-Friedrich-Ufer (Kaifu-Bad) und die Gartenstadt Farmsen-Meilskamp. Der kompetente, aufstrebende junge Architekt, der im Juli 1933 in die SA eingetreten war (er erreichte dort den Dienstgrad eines »Hauptsturmführers«), wurde am 1. Mai 1937 Mitglied der NSDAP. Neben seiner Affinität zu zentralistischen Planungsansätzen erfüllte er nun auch die formalen Voraussetzungen für eine steile Karriere unter den Bedingungen des Nationalsozialismus.

Gutschow gewann den beschränkten Wettbewerb zur Elbufergestaltung und wurde 1939 von Reichsstatthalter Karl Kaufmann zum »Architekten des Elbufers« ernannt. Als gründlicher Systematiker versicherte er sich der Mitarbeit führender Experten. Bei Kriegsbeginn wurden die Arbeiten gedrosselt, um nach dem Sieg über Frankreich im Sommer 1940 intensiviert zu werden. Hamburg rückte nun – neben München, Nürnberg, Berlin und Linz – in den Rang einer »Führerstadt«. Gutschow erstellte einen Generalbebauungsplan und wurde Anfang 1941 zum »Architekten für die Neugestaltung der Hansestadt Hamburg« ernannt, wenig später auch zum Leiter des Amtes für kriegswichtigen Einsatz (AKE). Die Fäden für den Umbau Hamburgs liefen in Gutschows Dienststelle an der Palmaille Nr. 81 zusammen. In Absprache mit Hitler wurden vor allem im Bereich von Altona und Othmarschen Natursteinbauten von gigantischen Dimensionen projektiert, so etwa die Elbhochbrücke und das Verwaltungsforum mit einer Volkshalle für 50 000 Personen und einem 250 Meter hohen Gauhochhaus. Im Rahmen der penibel organisierten Materialbeschaffung entsandte Gutschow einerseits Mitarbeiter nach Skandinavien, um die Lieferbedingungen von Granit zu eruieren, und verhandelte andererseits mit der SS-eigenen Deutsche Erd- und Steinwerke GmbH, die im KZ Neuengamme das alte Klinkerwerk modernisiert hatte. Es ist davon auszugehen, dass die Arbeitsbedingungen im KZ Neuengamme Gutschow bekannt waren. Spätestens 1942 erlangte er eine unangefochtene Machtposition; alle Fragen des Bauwesens und der Stadtplanung Hamburgs wurden von ihm entschieden. Nach den schweren Luftangriffen wurde das AKE aufgelöst und Gutschow – in Abstimmung mit Albert Speer und dessen Arbeitsstab – mit der Planung des Wiederaufbaus beauftragt. 1944 legte er einen neuen Generalbebauungsplan vor.

Gutschow setzte die Wiederaufbauplanung nach Kriegsende unter der britischen Militärregierung bis Ende 1945 fort. Ende der vierziger Jahre wurde er Berater der Aufbaugemeinschaft Hannover, die von seinem früheren Mitarbeiter Rudolf Hillebrecht geleitet wurde. Er spezialisierte sich in den fünfziger Jahren auf den Krankenhausbau und entwarf mehrere Universitätskliniken. 1964 verlieh die Landesregierung Nordrhein-Westfalen Gutschow den Professorentitel. Im selben Jahr zeichnete die Stiftung F.V.S. Hamburg ihn mit dem Fritz-Schumacher-Preis aus.

WERKE (mit Hermann Zippel) Umbau. Fassadenveränderung, Ladeneinbau, Wohnhausumbau, Wohnungsteilung, seitliche Erweiterung, Aufstockung, Zweckveränderung. Planung und Konstruktion, Stuttgart 1932 (Die Baubücher 13); Stadtmitte Hannover. Beiträge zur Aufbauplanung der Innenstadt, Hannover 1949.

LITERATUR DBE 11/1; HL; Elke Pahl-Weber, Konstanty Gutschow – Architekt, in: « ... ein neues Hamburg entsteht ...«. Planen und Bauen von 1933–1945, Hamburg 1986 (Beiträge zur städtebaulichen Forschung 2), S.186–201; Werner Durth, Deutsche Architekten. Biographische Verflechtungen 1900–1970, Braunschweig 1986; Curare. Zeitschrift des allgemeinen Studierendenausschusses der Medizinischen Hochschule Hannover, Sonderausgabe November 1994: Wer war Konstanty Gutschow?

Christian Fuhrmeister

HAAS, Willy, (Ps. *Caliban)*, geb. 7.6.1891 Prag, gest. 4.9.1973 Hamburg; isr.; Journalist, Drehbuchautor, Essayist.

Nach seiner Rückkehr aus dem indischen Exil 1947 galt Willy Haas im Deutschland und Hamburg der Nachkriegszeit – laut Siegfried Lenz – als »Kompendium der Kulturgeschichte«.

Der Sohn des angesehenen Juristen Dr. Gustav Haas besuchte in Prag zunächst die Piaristenschule, dann zusammen mit Franz Werfel und Paul Kornfeld das Stephangymnasium. Hier lernte er auch seine Freunde Max Brod, Ernst Deutsch und Franz Kafka kennen. 1911, noch während des Studiums an der Prager Karls-Universität, gab er seine erste literarische Zeitschrift, die »Herder-Blätter«, heraus (Faksimile-Ausgabe zum 70. Geburtstag, Hamburg 1962), in denen unter anderem frühe Arbeiten von Franz Kafka, Franz Werfel, Max Brod und Robert Walser erschienen. 1914 kam er – durch Vermittlung von Franz Werfel – als Lektor zum Kurt Wolff Verlag nach Leipzig. Mit der Übersiedlung nach Berlin (1920) wurde Willy Haas Kritiker beim »Filmkurier«. 1925 gründete er zusammen mit Ernst Rowohlt »Die Literarische Welt«, die sich bis 1933 zu »einem Faktor des deutschen Geisteslebens jener Epoche« (Willy Haas) entwickelte. Zu den hier publizierten Entdeckungen des Herausgebers gehörte der Lyriker Peter Huchel. Als Mitarbeiter wurden unter anderem André Gide, die Colette, André Maurois, Karl Wolfskehl und Gottfried Benn gewonnen. Nach dem Reichstagsbrand und dem Verkauf der literarischen Wochenschrift 1933 sah Haas sich genötigt, als Literatur- und Filmkritiker in seine Heimatstadt Prag zurückzukehren. Ein Freund in Bombay ermöglichte ihm nach dem Einmarsch der deutschen Truppen die Emigration nach Indien. Hier verhalf ihm seine Erfahrung als Drehbuchautor zu einer karg entlohnten Tätigkeit in der Filmbranche. In Indien entstanden drei, in Deutschland zwölf Drehbücher. Der erste, 1922 entstandene Film hieß »Der brennende Acker«, das zweite Drehbuch, »Die freudlose Gasse«, wurde 1925 mit Asta Nielsen und der jungen Greta Garbo verfilmt. Haas selbst hielt das Drehbuch zu »Thérèse Raquin« nach Emile Zola für das beste.

1947 kehrte Willy Haas mit britischem Pass nach Europa zurück, heiratete in England die Kunsthistorikerin und Übersetzerin Herta Doctor und trat noch

Willy Haas

im Herbst des gleichen Jahres als Kritiker in die Redaktion der damals noch von den britischen Besatzungsbehörden betreuten, in Hamburg erscheinenden Tageszeitung »DIE WELT« ein. Zusammen mit Redakteuren anderer Zeitungen wie Theodor Heuss, Erich Kästner und Alfred Andersch setzte er hohe Maßstäbe für das Feuilleton der Nachkriegsära, dessen Stärke und Anziehungskraft oft darin bestand, objektive Sachverhalte in subjektiver Ausprägung darzustellen.

In der ab 1953 bis zu seinem Tode wöchentlich erscheinenden Kolumne »Caliban« knüpfte Willy Haas an die Themen aus der legendären Berliner Ära der »Literarischen Welt« an. Er schrieb über Maupassant und »Werthers Leiden«, »verschwenderisch Einsichten ausstreuend, Erinnerungen, auch furiose Polemik, Spott und Witz« (Nachruf von Günther Zehm, in: »DIE WELT« vom 5. September 1973). Die Kolumne zeitigte zwei Bücher: »Calibans Weltblick« (Hamburg 1957) und »Calibans Panoptikum« (Düsseldorf 1960). Aus der Beschäftigung mit Kafka, Brecht, Rembrandt, Richard Wagner, Hofmannsthal und Tucholsky gingen weitere Bücher hervor. Unter dem Titel »Mein Leben« gab Haas die Erinnerungen von Alma Mahler-Werfel heraus; die von ihm veröffentlichten »Briefe an Milena« von Kafka ergänzte er durch ein Porträt der Kafka-Freundin.

Willy Haas galt als Genie der Freundschaft, des fördernden Zuspruchs und Begleitens. Zahlreiche Ehrungen wurden ihm zuteil. Er war Mitglied der Freien Akademie der Künste in Hamburg, des Britischen P.E.N.-Clubs und des Deutschen P.E.N.-Zentrums. 1962 erhielt er den Herbstpreis der Frankfurter Gesellschaft für Literatur und 1965 das Große Bundesverdienstkreuz. In einem mit persönlichen Bildern und Erinnerungen ausgestatteten Arbeitszimmer im Hamburger WELT-Haus gewährte Axel Springer ihm bis zu seinem Tode Heimat. Die seit 1993 in Berlin erscheinende Tageszeitung hat den Namen und die Tradition der »Literarischen Welt« wieder aufgenommen. Ihrem Erfinder ist auf Seite 1 der Beilage ein Denkmal gesetzt: »Gegründet von Willy Haas, 1925«.

WERKE Das Spiel mit dem Feuer. Prosaschriften, Berlin 1923; Gestalten der Zeit, Berlin 1930 [Neuauflage 1962]; Die literarische Welt. Erinnerungen, München 1957 [Neuauflage 1983]; Bert Brecht, Berlin 1958, [6. Aufl. 1989] (Köpfe des 20. Jahrhunderts 7); Hugo von Hofmannsthal, Berlin 1964 (Köpfe des 20. Jahrhunderts 34); Über die Fremdlinge. Vier weltliche Erbauungsreden, Hamburg 1966.

LITERATUR Hermann Kesten, Willy Haas. Die literarische Welt, in: ders., Lauter Literaten. Porträts, Erinnerungen, Wien u.a. 1963, S. 341–358; Max Brod, Der junge Willy Haas in Prag, in: Jahrbuch der Freien Akademie der Künste in Hamburg, Hamburg 1966, S. 124–128; Karin Sandfort-Osterwald, Willy Haas, Hamburg 1969 (Hamburger Bibliographien 8); Willy Haas. Der Kritiker als Mitproduzent. Texte zum Film 1920-1933, hg. von Wolfgang Jacobsen, Karl Prümm und Enno Wenz, Berlin 1991 (Beiträge zu Theater, Film und Fernsehen aus dem Institut für Theaterwissenschaft der Freien Universität Berlin 6). *Karin von Behr*

HAENSGEN-DINGKUHN, Elsa, geb. 7.11.1898 Flensburg, gest. 7.5.1991 Hamburg; luth.; Malerin.

Elsa Haensgen, Tochter des Flensburger Werftdirektors Oskar Haensgen, erhielt ihre künstlerische Ausbildung zunächst an der Kunstgewerblichen Fachschule in Flensburg und ging dann nach Hamburg an die Kunstgewerbeschule, wo unter anderem Julius Wohlers und Arthur Illies ihre Lehrer wurden. 1922 heiratete sie den Maler Fritz A. Dingkuhn und arbeitete seitdem als freischaffende Malerin in Hamburg. Reisen führten sie zunächst in andere Gegenden Deutschlands und später auch ins Ausland. Mit der thematischen Ausrichtung ihres Werkes auf die Familie, auf Kinder und Mütter schuf Elsa Haensgen-Dingkuhn sich einen eigenen frauenspezifischen Bereich. Eigenständig war sie auch in ihrem Stil, der dem sachlichen Realismus der zwanziger Jahre verpflichtet blieb, sodass sie sich auch keiner

Elsa Haensgen-Dingkuhn

der jeweils avantgardistischen Künstlergruppen anschloss und zudem politische Thematik ausblendete. In ihren Milieuschilderungen dokumentierte die Künstlerin dennoch die sozialen Situationen ihrer Zeit, ohne jedoch vordergründig gesellschaftskritisch zu sein. Zugleich zeichnen sich ihre fast nüchternen Darstellungen zuweilen durch eine verhaltene Lyrik aus, die auch symbolhafte Bezüge aufnimmt. Zu ihren Lebzeiten war Elsa Haensgen-Dingkuhn an vielen Ausstellungen innerhalb und außerhalb Deutschlands beteiligt. Dennoch zählt sie nach wie vor zu den wenig bekannten Künstlerinnen Hamburgs.

LITERATUR Ulrike Wolff-Thomsen, Lexikon schleswig-holsteinischer Künstlerinnen, Heide 1994; Kinder und Heranwachsende im Zentrum eines malerischen Lebenswerks. Eine Themenausstellung mit Arbeiten der Hamburger Malerin Elsa Haensgen-Dingkuhn (1898–1991) aus Anlaß ihres 100. Geburtstages im Jahre 1998 (Katalog zur Ausstellung in der Galerie im Elysee vom 11. Mai bis 31. Juni 1998), Hamburg 1998. *Gisela Jaacks*

HAGEDORN, Friedrich von, geb. 23.4.1708 Hamburg, gest. 28.10.1754 ebd.; luth., später engl. High Church; Dichter.

Friedrich von Hagedorn war der Sohn des dänischen Konferenzrates Hans Statius von Hagedorn und seiner Ehefrau Anna Maria, geborene Schumacher. Der Fragwürdigkeit des Adelstitels, dessen Ursprung unklar ist, war sich Hagedorn bewusst. Nach dem frühen Tod des Vaters im Jahre 1722, der schon Gedichte des zwölfjährigen Sohnes hatte drucken lassen, geriet die Familie in wirtschaftliche Schwierigkeiten. Der Hauslehrer musste entlassen werden, und Hagedorn bezog 1723 das Akademische Gymnasium. Im Jahre 1726 wurde er an der Universität Jena immatrikuliert, um Rechtswissenschaften zu studieren. Sein Interesse galt aber auch der Philosophie, insbesondere den Auseinandersetzungen mit den Gedanken Christian Wolffs. 1727 kehrte Hagedorn unter Hinterlassung von Schulden nach Hamburg zurück. Von 1729 bis 1731 ging er als Privatsekretär des dänischen Gesandten Henrik Frederik von Söhlenthal nach London; diese Jahre zählte der Dichter zu den glücklichsten seines Lebens. Nach Hamburg zurückgekehrt, war er zunächst als Privatlehrer im Hause des englischen Gesandten Cyrill von Wich tätig, bis er 1733 eine Stellung als Sekretär der Company of Merchants Adventurers of England annahm, die er bis zu seinem Tode innehatte. Hagedorn wohnte im so genannten Englischen Hause, trat auch der English Church bei und heiratete 1737 die Engländerin Elisabeth Butler.

Nach der Veröffentlichung einiger Gelegenheitsgedichte und Beiträge zu den Hamburger Moralischen Wochenschriften »Der Patriot« und »Die Matrone« veröffentlichte Hagedorn 1729 den »Versuch einiger Gedichte, oder Erlesene Proben Poetischer Neben-Stunden«, von dem er sich später distanzierte, in dem aber gleichwohl seine dichterischen Fähigkeiten und seine eklektische philosophische Grundhaltung erkennbar werden. Einige der Gedichte hat er später in stark veränderter Form erneut veröffentlicht. Der literarische Durchbruch gelang ihm 1738 mit der Veröffentlichung der Lyriksammlung »Versuch in poetischen Fabeln und Erzehlungen« (Nachdruck 1974), in der er mit seinen literarischen Vorbildern wie etwa Jean de La Fontaine zu wetteifern und sie zu übertreffen suchte. Die größte Verbreitung fanden seine Oden und Lieder – der erste Band der »Sammlung neuer Oden und Lieder« erschien 1742 –, von denen viele von den unterschiedlichsten Komponisten vertont worden sind. Vorbild ist in vielen Fällen Horaz, dem sich Hagedorn geistesverwandt fühlte, aber auch die englische, französische und italienische Lyrik des frühen 18. Jahrhunderts. Eine Sammlung seiner zum Teil zunächst separat veröffentlichten Lehrgedichte und Epigramme erschien zuerst 1750 unter dem Titel »Moralische Gedichte«.

Friedrich von Hagedorn

Hagedorn war bei seinen Zeitgenossen wegen seiner Lyrik, die sich weitgehend des Reims bedient, hoch geachtet. In den literarischen Streitigkeiten seiner Zeit erhielt er sich ein unabhängiges Urteil. Die Überwindung spätbarocker Stilelemente führt bei Hagedorn zu einer anmutigen Leichtigkeit der Sprache, die den Weg zum Rokoko und zur Anakreontik weist. Sein pointierter Witz deckt die Verlogenheit der Gesellschaft auf und übernimmt Grundgedanken der Frühaufklärung. Aus seiner Korrespondenz, besonders derjenigen mit Johann Jacob Bodmer, gehen seine große Gelehrsamkeit und seine breite Kenntnis der antiken und zeitgenössischen europäischen Literatur hervor. Mit seinem jüngeren Bruder Christian Ludwig von Hagedorn, der sich als Kunstsammler und Kunstgelehrter einen Namen machte, stand er in einem lebenslangen Briefwechsel.

Die Hagedornstraße in Harvestehude wurde 1870 nach dem Dichter benannt; im selben Stadtteil erinnert seit 1897 ein Findling im Eichenpark an Friedrich von Hagedorn. Die Hamburger Rathausdiele schmückt ein Reliefporträt des Schriftstellers.

WERKE Schriftenverzeichnis in: LhS 3; Des Herrn Friedrichs von Hagedorn Poetische Werke, 3 Teile, Hamburg 1757; Friedrichs von Hagedorn Poetische Werke [...], hg. von Johann Joachim Eschenburg, 5 Teile, Hamburg 1800; Briefe, hg. von Horst Gronemeyer, 2 Bde., Berlin/New York 1997.

LITERATUR ADB 10; NDB 7; LhS 3; Hubert Stierling, Leben und Bildnis Friedrichs von Hagedorn, Hamburg 1911; Steffen Martus, Friedrich von Hagedorn – Konstellationen der Aufklärung, Berlin/New York 1999.

Horst Gronemeyer

HAMELAU, Hans, geb. um 1610, gest. 1670 Hamburg; luth.; Kunstmeister, Bauhofszimmermeister.

Neben Peter Marquard gilt Hans Hamelau als der bedeutendste Baumeister des 17. Jahrhunderts in Hamburg. Als Leiter des städtischen Bauhofes war er ab 1649 für alle Kommunalbauten zuständig und schuf sie in beachtlicher Zahl und Qualität. Das Neue Millerntor an der Straße nach Altona krönte er 1659 bis 1663 mit einem Turm als Blickpunkt im Befestigungsgürtel. Mit dem Kornhaus am Alten Wandrahm/Ecke Kleiner Bauhof schuf Hamelau 1660 bis 1663 einen ungewöhnlich großen Speicher von vier Geschossen in Holzfachwerkbauweise. Auch das Artilleriehaus am Zeughausmarkt von 1661 und den städtischen Bauhofkomplex (1666–75) führte er in dieser Bauweise aus. Architektonisch am bemerkenswertesten gelang Hamelau 1662 das als Gasthaus genutzte Baumhaus am Hafen. Über dem allseitig abgewalmten Dach des zweigeschossigen Gebäudes ordnete er einen Aussichtsraum mit zwei Altanen an, die einen weiten Blick über die Stadt und die Elbe ermöglichten. Im Inneren öffnete er die Erdgeschossdiele zu einer Galerie im Obergeschoss. Die Fassaden des Baumhauses und des Spinnhauses von 1666, der Stadtwaage von 1669 und des Werk- und Zuchthauses von 1670 gliederte der Baumeister mit Kolossalpilastern in Anlehnung an die niederländische Architektur des 17. Jahrhunderts. Auf die städtebauliche Entwicklung der Hamburger Neustadt nahm er mit der Anlage mehrerer Plätze maßgeblichen Einfluss. Heute erinnert an Hamelau und seine Tätigkeit, von der kein einziges Bauwerk erhalten blieb, noch der 1926 nach ihm benannte Hamelausweg in Winterhude.

LITERATUR NDB 7; ThB 15; HKL; Hermann Heckmann, Baukunst des Barock und Rokoko in Hamburg. Baukunst des Bürgertums, Berlin/Stuttgart 1990; ders., Baumeister des Barock und Rokoko in Mecklenburg, Schleswig-Holstein, Lübeck, Hamburg, Berlin 2000.

Hermann Heckmann

HARDER, Otto Fritz (»*Tull*«), geb. 25.11.1892 Braunschweig, gest. 4.3.1956 Hamburg; Fußballspieler.

Als legendärer Mittelstürmer des Hamburger SV prägte Otto Harder – neben Altonas Adolf Jäger – nachhaltig das Hamburger Fußballgeschehen der

Tull Harder

Zwischenkriegszeit und galt als gefeierte Sportgröße. Nach seiner Laufbahn manövrierte er sich jedoch als überzeugtes NSDAP-, später SS-Mitglied und verurteilter Kriegsverbrecher ins Abseits fußballerischer Bewunderung.

Harder begann seine Karriere 1908 beim FC Hohenzollern Braunschweig, spielte seit 1909 bei Eintracht Braunschweig und wechselte 1913 zum HSV-Vorgängerverein HFC 88, weil ihm die dortige Vereinsführung eine Anstellung als Versicherungsvertreter vermittelt hatte. Im Ersten Weltkrieg als Unteroffizier mit dem Eisernen Kreuz I. und II. Klasse ausgezeichnet und zeitweise als Gastspieler beim Stettiner SC im Einsatz, spielte Harder anschließend für den 1919 aus HFC 88, SC Germania 1887 und FC Falke entstandenen Großverein Hamburger SV, der in den zwanziger Jahren durch zahlreiche sportliche Erfolge zu einem der dominierenden Fußballvereine Deutschlands aufstieg. Der im Volksmund nach einem populären englischen Mittelstürmer nur »Tull« genannte 1,90-Meter-Recke nahm zwischen 1919 und 1931 an 21 Endrundenspielen teil, darunter fünf Endspiele um die Deutsche Meisterschaft. Er holte neun Nordmeistertitel und zwei Deutsche Meisterschaften an den Rothenbaum, die Heimstätte des HSV. Das Fußballidol jener Jahre spielte über 50 Mal in der Nordauswahl und bestritt 15 Länderspiele in den Jahren von 1914 bis 1926 bei einer Spielpause von 1915 bis 1919. Insgesamt erzielte er 14 Tore für die Nationalmannschaft. »Wenn spielt der Harder Tull, dann wird es drei zu null«, sangen die Hamburger im Kabarett oder auf der Straße. Ein Buch, das seine Karriere schilderte, erreichte eine Auflage von 10 000 Exemplaren, und die Hamburger Johannes GmbH vertrieb eine »Tull Harder Cigarette«, deren Packungen Bilder aus der Laufbahn des Stürmers beigelegt waren. Der Wechsel nach Differenzen mit seinem alten Verein zum Lokalrivalen SC Victoria an die Hoheluft, wo er 1934 im Alter von 41 Jahren seine aktive Zeit beendete, tat Harders Popularität keinen Abbruch. Vielmehr waren es die folgenden Jahre, die seine sportlichen Erfolge in den Hintergrund treten ließen.

Seit 1932 war Harder NSDAP-Mitglied, 1933 trat er in die SS ein und zeigte sich fortan als Zuschauer bei Fußballspielen oder anderen Ereignissen in SS-Uniform. 1939 wurde er als Wachmann in das KZ Sachsenhausen beordert, wo er zugleich als Trainer der dortigen SS-Sportmannschaft fungierte. Über die Zwischenstation Neuengamme wurde Harder, mittlerweile zum SS-Hauptscharführer aufgestiegen, zum Lagerführer des KZ Ahlem bestimmt. Unter seiner Leitung starben in diesem Arbeitslager für die Rüstungsproduktion von November 1944 bis Februar 1945 230 Menschen an den Folgen der Arbeit, mangelnder Ernährung und unzureichender Kleidung sowie an Misshandlungen.

Nach Kriegsende verhafteten die Alliierten Harder. 1947 verurteilte ihn ein britisches Militärgericht, das im Hamburger Curio-Haus, unweit der Stätte seiner größten Erfolge, tagte, als Kriegsverbrecher zu 15 Jahren Haft. Der HSV schloss ihn zunächst als Mitglied aus, nahm ihn jedoch nach seiner Entlassung aus der infolge eines Gnadengesuchs verkürzten Haft 1952 wieder auf. Die Zeit, in der die Menschen seinen Taten zugejubelt hatten, waren jedoch endgültig vorbei. Harder lebte einsam und verbittert in Bensdorf und starb 1956 nach einer Operation im Krankenhaus Hamburg-Barmbek.

LITERATUR Fritz Peters, Tull Harder stürmt für Deutschlands Fußballruhm, Hamburg 1942; Hamburger Fußball-Verband e. V. (Hg.), 100 Jahre Fußball in Hamburg, Hamburg 1994; Werner Skrentny/Jens Reimer Prüß, Hamburger Sportverein. Immer erste Klasse, Göttingen 1998.

Tim Cassel

HARTWIG I., gest. 11.10.1168; Erzbischof von Hamburg-Bremen.

Hartwig I., Erzbischof von Hamburg-Bremen seit 1148, war vorher Domherr in Magdeburg und dann Dompropst in Bremen. Er stammte aus der Familie der Grafen von Stade. Als Erbe der Grafschaft Stade (1144) verschaffte er dem Erzbistum Hamburg-Bremen den Anspruch auf diese – ein Anspruch, der mit den Welfen strittig blieb und erst 1236 zugunsten des Erzstifts Bremen entschieden wurde. – Hartwig konnte nur noch hinhaltend auf das Entgleiten des einstigen skandinavischen Missionsbereiches seiner Kirchenprovinz reagieren. Zwischen 1104 und 1164 entstanden die Erzbistümer Lund, Nidaros/Trondheim und Uppsala. In seiner engeren Kirchenprovinz wurde in Anknüpfung an die Organisation zur Zeit Erzbischof Adaldags (937–88), die durch slawische Aufstände 983 zerstört worden war, das Suffraganbistum Oldenburg (in Holstein) wiederbegründet, das 1160 nach Lübeck verlegt wurde; hinzu kamen die Bistümer Mecklenburg/Schwerin und Ratzeburg. Heinrich der Löwe, der Herzog von Sachsen, befand sich während des Episkopats Hartwigs I., besonders nachdem König Friedrich I. 1152 die Regierung angetreten hatte und bevor sich seit 1166 eine Opposition sächsischer Fürsten gegen ihn formierte, in einer starken Position. Zwischen Heinrich dem Löwen und Hartwig I. gab es eine Fülle von Konflikten, unter anderem um die Frage der Einsetzung von Bischöfen. Besonders dass Hartwig Vicelin 1149 zum Bischof von Oldenburg weihte, führte zum Streit mit Heinrich dem Löwen um das Investiturrecht; der Herzog setzte sich letztlich durch – zumal Hartwig sich durch Nichtbeteiligung an dem ersten Italienzug König Friedrichs I. ins Unrecht setzte und sich vorübergehend (1154) aus seinem Erzbistum nach Ostsachsen zurückziehen musste. Dagegen erreichte der Erzbischof 1158, dass ihn Kaiser Friedrich I. systematisch privilegierte; päpstliche Privilegien folgten in den nächsten zwei Jahren. Territorialpolitische Interessen, so zum Beispiel die Ansprüche auf die neu besiedelten Elb- und Wesermarschen, spielten nun eine größere Rolle als zuvor.

LITERATUR ADB 10; NDB 8; Günter Glaeske, Die Erzbischöfe von Hamburg-Bremen als Reichsfürsten (937–1258), Hildesheim 1962 (Quellen und Darstellungen zur Geschichte Niedersachsens 60), S. 145–179; Wolfgang Seegrün, Das Papsttum und Skandinavien bis zur Vollendung der nordischen Kirchenorganisation (1164), Neumünster 1967 (Quellen und Forschungen zur Geschichte Schleswig-Holsteins 51); Gerhard Theuerkauf, Urkundenfälschungen des Erzbistums Hamburg-Bremen vom 9. bis zum 12. Jahrhundert, in: Niedersächsisches Jahrbuch für Landesgeschichte 60 (1988), S. 71–140, hier S. 96–98, 106–112, 118, 133–140.

Gerhard Theuerkauf

Wilhelm Hasenclever

HASENCLEVER, Wilhelm, geb. 19. 4. 1837 Arnsberg/Westfalen, gest. 3. 7. 1889 Schöneberg bei Berlin; luth.; Lohgerber, Politiker, Schriftsteller, Journalist.

Als Linksliberaler trat Wilhelm Hasenclever 1864 in Hagen/Westfalen dem von Ferdinand Lassalle (1825–64) 1863 gegründeten sozialdemokratischen Allgemeinen Deutschen Arbeiter-Verein (ADAV) bei. Hier gehörte er bald zur Führungsgruppe. Seit 1871 Präsident, führte er 1875 die Einigung mit August Bebels Sozialdemokratischer Arbeiterpartei (SDAP) zur Sozialistischen Arbeiter-Partei (SAP) herbei. Der Gothaer Kongress von 1875 wählte Hasenclever in den Vorstand der neuen Partei und bestimmte Hamburg als »Hauptstadt des deutschen Sozialismus« (Bebel) zum Sitz des Vorstands. Von 1869 bis 1871 wurde Hasenclever für den Wahlkreis Duisburg in den Norddeutschen Reichstag gewählt. Hier stimmte er 1870 gegen die Bewilligung neuer Kriegskredite sowie die Annexion Elsass-Lothringens und für einen gerechten Frieden mit Frankreich. Ende November 1873 wurde er in einer öffentlichen Versammlung zum Kandidaten für den (8.) Wahlkreis Altona bestimmt. In seinem Wahlprogramm forderte er gemäß Lassalleschen Vorstellungen die Abschaffung der Frauen- und Kinderarbeit, die Festlegung eines Normalarbeitstages und die Einrichtung von Produktionsassoziationen mit Staatshilfe. Diese politischen Forderungen wurden auch ins Gothaer Parteiprogramm (1875) übernommen. Trotz der Verfolgungen der Lassalleschen Arbeiterpartei durch den Berliner Staatsanwalt Hermann Ernst Christian Tessendorf gelang es im preußischen Altona, seit der Wahl von 1871 die Stimmen zu vervierfachen und den Wahlkreis mit einem Stimmenanteil von 30 Prozent zu gewinnen. Nach der Wahl in den neuen Parteivorstand auf dem Gothaer Parteitag (1875) verlegte Hasenclever seinen Wohnsitz nach Hamburg und übernahm die Redaktion des »Hamburg-Altonaer Volksblattes«. Gemeinsam mit Wilhelm Liebknecht (1826-1900) redigierte er das sozialdemokratische Zentralorgan »Vorwärts«. Neben politischen Leitartikeln verfasste er für die Presse auch Gedichte und Erzählungen. Bei den Reichstagswahlen 1877 wurde Hasenclever sowohl für den (6.) Berliner Wahlkreis als auch für Altona in den Reichstag gewählt. Auf einer von mehr als 6000 Personen besuchten Parteiveranstaltung in Altona billigten die Teilnehmer Hasenclevers Entschluss, für Berlin in den Reichstag zu ziehen. In den Jahren des Sozialistengesetzes (1878–90) wurde er mehrmals aus seinen Wohnorten ausgewiesen. In der sozialdemokratischen Fraktion gehörte Hasenclever zum rechten Flügel. Er lehnte grundsätzlich die Regierungspolitik ab, war aber zu Kompromissen bereit, wenn er sich dabei Vorteile für die Arbeiter versprach. Seit 1887 zeigten sich Symptome einer Geisteskrankheit, sodass er in eine Heilanstalt in Berlin-Schöneberg eingeliefert wurde, wo er zwei Jahre später verstarb. Die Hasencleverstraße im Stadtteil Horn wurde 1945 nach dem Sozialdemokraten benannt.

WERKE Erlebtes. Erinnerungen 1857–1871, hg. anlässlich des 150. Geburtstages des in Arnsberg geborenen Sozialdemokraten von Ferdi Franke und Ludger Heid, kommentiert von Arno Herzig, Arnsberg 1987 [Nachdruck der Ausgabe Leipzig o. J.].

LITERATUR NDB 8; Franz Osterroth, Biographisches Lexikon des Sozialismus, Bd. 1: Verstorbene Persönlichkeiten, Hannover 1960; Geschichte der deutschen Arbeiterbewegung. Biographisches Lexikon, Berlin (Ost) 1970; Arno Herzig, Wilhelm Hasenclever und die deutsche Sozialdemokratie, in: Wilhelm Hasenclever, Erlebtes. Erinnerungen (siehe unter Werke), S. 13–38. *Arno Herzig*

HASSE, *Johann Adolf* Peter, geb. 25.3.1699 Bergedorf, gest. 16.12.1783 Venedig; luth., seit etwa 1729/30 kath.; Komponist.

Johann Adolf Hasse entstammte einer in Norddeutschland über mehrere Generationen tätigen Musikerfamilie. Nach dem ersten Musikunterricht bei seinem Vater, dem Bergedorfer Organisten Peter Hasse, konnte er seine Ausbildung mithilfe eines Stipendiums ab 1714 in Hamburg fortsetzen, wo er als Sänger in mehreren Oratorien Johann Matthesons am Dom mitwirkte. In Hamburg knüpfte er die ersten Kontakte zur Oper und ist vermutlich in kleineren Rollen im Haus am Gänsemarkt aufgetreten. Auf Empfehlung des für die Hamburger Oper als Librettist tätigen Literaten Johann Ulrich König ging Hasse 1719 als Sänger an die Braunschweiger Oper, wo er auch 1721 die erste von ihm komponierte Oper »Antioco« aufführen konnte. Der Braunschweiger Herzog erkannte das vielversprechende musikalische Talent und schickte ihn zur weiteren Vervollkommnung nach Italien. Über Venedig, Bologna, Florenz und Rom erreichte Hasse Neapel, das damalige Zentrum des Opernschaffens, und hier gelang ihm 1725 mit der Serenata »Marc' Antonio e Cleopatra« der entscheidende Erfolg, der seinen weiteren Ruhm und Aufstieg begründete. Kompositionsaufträge für die königliche Oper in Neapel folgten, und Hasse wurde schnell zum bedeutendsten und fruchtbarsten Vertreter der die Bühne beherrschenden Gattung der Opera seria. Während dieser Zeit konvertierte er zum Katholizismus und knüpfte erste Verbindungen zum sächsischen Kurfürsten. 1730 siedelte Hasse nach Venedig über, wo zum Karneval seine Oper »Artaserse« herauskam und er am 24. Juni die Sängerin Faustina Bordoni heiratete, die für die nächsten 20 Jahre zur wichtigsten Interpretin seiner Frauenpartien wurde. 1731 gab das Ehepaar Hasse auf Einladung des kursächsischen Hofes ein Gastspiel in Dresden, das mit der triumphalen Uraufführung von Hasses Oper »Cleofide« den Grund für die 1733 erfolgte Berufung Hasses zum »Königlich Polnischen und Kurfürstlich Sächsischen Kapellmeister« legte. Nahezu 30 Jahre war Hasse in Dresden für den Hof tätig, der sich rühmen konnte, den prominentesten Komponisten seiner Epoche für sich gewonnen zu haben. In Dresden entstanden in schneller Folge weitere Opern, Oratorien, Kantaten, geistliche und kammermusikalische Werke. Zugleich kümmerte Hasse sich erfolgreich um das musikalische Niveau des Hoforchesters, das bald internationales Renommee als »vollkommenstes Orchester« (Jean-Jacques Rousseau) seiner Zeit genoss. Wiederholt kehrten die Hasses für mehrmonatige Aufenthalte nach Venedig zurück, wo sie seit 1735 ein Haus gemietet hatten; Reisen führten sie nach Paris, München und Wien, deren Höfe ebenfalls den berühmten Komponisten mit Aufträgen versahen. Der Siebenjährige Krieg beendete die glanzvolle Zeit in Dresden; das Ehepaar Hasse verließ wegen der militärischen Bedrohung die Stadt, und 1764 musste der sächsische Kurfürst wegen der notwendigen Sparmaßnahmen seine Hofkapelle drastisch verkleinern und entließ Hasse aus seinen Diensten. Der Komponist fand mit seiner Gattin in Wien ein neues Zuhause, und Hasse arbeitete regelmäßig für den Kaiserhof, ohne jedoch eine feste Anstellung zu erhalten. 1773 kehrte das Ehepaar nach Venedig zurück und blieb dort bis zum Tode des Komponisten.

Johann Adolf Hasse

Hasses ungeheure Produktivität, deren Ausmaß bis heute nur geschätzt werden kann – bekannt sind über 60 Opere serie, zehn Intermezzi, mehr als 20 Serenaten und Kantaten sowie zwölf Oratorien neben unzähligen weiteren Kirchen- und Kammermusikwerken –, brachte ihm neben seiner Berühmtheit und Wohlhabenheit auch den Vorwurf der Vielschreiberei, der mangelnden Originalität und des Schematismus ein. Dieser Vorwurf betraf vor allem seine Hauptgattung, die Opera seria, die im 18. Jahrhundert textlich durch die Libretti des mit Hasse befreundeten Pietro Metastasio bestimmt wurde und in einer gleichförmigen Struktur ablief. Die höfische Sphäre, für die diese Werke geschaffen wurden, löste sich durch die Ereignisse der Französischen Revolution auf, und so geriet Hasse schon bald nach seinem Tod fast völlig in Vergessenheit, obwohl seine für Aufführungen im Privatkreise komponierten Intermezzi, Kantaten und Kammermusiken auch durchaus neue Wege beschritten. Erst in jüngster Zeit wird das Schaffen des Komponisten Hasse vor allem durch die Aktivitäten der Hasse-Gesellschaften in Hamburg-Bergedorf, Dresden, München und Italien wiederentdeckt. Zu seinen Lebzeiten hat Hasse Bergedorf und Hamburg allerdings nach 1719 nie wieder betreten, und auch von seinen Werken wurden nur wenige hier aufgeführt. 1910 wurde die Hassestraße in Bergedorf nach dem Komponisten benannt.

LITERATUR ADB 10; NDB 8; Wolfgang Hochstein, Johann Adolf Hasse. Eine biographische Skizze, Hamburg 1989 (Bergedorf-Porträt 4); Gisela Jaacks/Carsten Prange, Zeremoniell und Freiheit. Europa im 18. Jahrhundert – Die Welt des Johann Adolf Hasse, Hamburg 1999 [Bibliografie S. 198–205]. *Gisela Jaacks*

HAUSWEDELL, *Ernst* L(udwig),

geb. 3.9.1901 Hamburg, gest. 2.11.1983 ebd.; Verleger, Buchhändler, Antiquar, Sammler.

Ernst Hauswedell

Als Verleger und Auktionator von Büchern, Handschriften und Kunstgegenständen, aber auch durch die Übernahme zahlreicher Ehrenämter hat Ernst Hauswedell das kulturelle Leben in Hamburg im 20. Jahrhundert stark mitbestimmt und darüber hinaus erheblichen Einfluss auf die Entwicklung des Buchwesens in der Bundesrepublik ausgeübt. Die von Hauswedell veranstalteten Auktionen auf dem Buch- und Kunstsektor fanden weltweit Beachtung.

Als Sohn eines Hamburger Bankkaufmanns legte er 1918 das so genannte Notabitur ab, studierte anschließend in Freiburg und München Literaturwissenschaft und wurde im Jahre 1924 mit einer Arbeit über Dostojewskis Einfluss auf die deutsche Literatur promoviert. Nach einer kurzen Tätigkeit in einem Bankhaus wurde er im Jahre 1927 Mitbegründer der Firma Der Deutsche Buch-Club, die bis 1935 bestand und deren Ziele der Verlag Dr. Ernst Hauswedell weiterführte, dem auch ein Antiquariat angeschlossen war. Bereits 1930 begann die Auktionstätigkeit Hauswedells. Im Jahre 1969 wurde Ernst Nolte Teilhaber der Auktionsfirma, der Hauswedell dann noch bis 1977 angehörte. Der Verlag Dr. Ernst Hauswedell & Co. mit seinen Programmschwerpunkten Buchkunde und Bibliografie, Kunstwissenschaft, Literatur und Illustrierte Bücher wurde von seinem Gründer fortgeführt, bis er Ende 1982 in das Eigentum von Gerd Hiersemann und Dr. Reimar W. Fuchs in Stuttgart überging.

WERKE Ein Arbeitsbericht 1927–1981, Hamburg 1981.

LITERATUR Ernst Hauswedell 1901–1983, hg. im Auftrage der Maximilian-Gesellschaft von Gunnar A. Kaldewey, Hamburg 1987. *Horst Gronemeyer*

HEFFTER, Heinrich, geb. 17.5.1903 Polzin/Pommern, gest. 13.1.1975 Braunschweig; Historiker.

In Heinrich Heffters Leben waren die von 1949 bis 1954 in Hamburg verbrachten Jahre nicht mehr als eine Zwischenstation. Sein beruflicher Weg begann in Leipzig, wo er 1926 mit einer Arbeit über »Die Kreuzzeitungspartei und die Kartellpolitik Bismarcks« promoviert wurde und anschließend eine Tätigkeit als Fachreferent für Geschichte im Brockhaus-Verlag antrat. Nach 1933 gehörte er zu den Mitarbeitern der Brockhaus-Redaktion, die sich der

NSDAP bewusst verweigerten. Von 1942 bis 1945 war er Soldat. Nach Leipzig zurückgekehrt, bereitete Heffter sich auf die Habilitation vor. Nachdem er im Frühjahr 1949 die Sowjetische Besatzungszone verlassen hatte, habilitierte er sich noch im selben Jahr an der Universität Hamburg. Die von ihm vorgelegte Arbeit »Die deutsche Selbstverwaltung im 19. Jahrhundert. Geschichte der Ideen und Institutionen« (1950) galt lange als Standardwerk.

Als der Senat 1949 einen Leiter für die in Gründung befindliche »Forschungsstelle für die Geschichte Hamburgs von 1933 bis 1945« suchte, schlug die Universität Heffter vor. Der ihm daraufhin angetragenen Aufgabe hat sich der Historiker in den nächsten fünf Jahren mit großem persönlichem Einsatz gewidmet. Auch über Hamburg hinaus hat er in Abstimmung mit dem Freiburger Historiker Gerhard Ritter zur frühen Beschäftigung mit dem Nationalsozialismus beigetragen, so auf dem Marburger Historikertag, wo er die Sektion »Zeitgeschichte« leitete. Seine Tätigkeit in Hamburg endete 1954, als Heffter einem Ruf auf einen Lehrstuhl für Geschichte an der Technischen Universität Braunschweig folgte. Nach seinem Fortgang gestaltete sich die Fortführung der Forschungsstelle aus personellen Gründen zunehmend schwierig, sodass sie 1956 geschlossen wurde. 1960 erfolgte die Neugründung unter dem Namen »Forschungsstelle für die Geschichte des Nationalsozialismus« unter der Leitung von Werner Jochmann.

Heffter gehörte zu den Ersten, die in Hamburg um die wissenschaftliche Aufarbeitung der NS-Vergangenheit intensiv bemüht waren. Ein wesentliches Verdienst seiner Tätigkeit war vor allem die Sicherung von Quellen für die Geschichte der Hansestadt im »Dritten Reich«. Im Übrigen bestand sein Hauptanliegen darin, die Rolle des Gauleiters Karl Kaufmann aufzuklären. Er widersprach der »Kaufmann-Legende«, wonach der Gauleiter mehr der Stadt als Hitler gedient habe. Andererseits machte Heffter sich die verbreitete Auffassung zu Eigen, die NS-Zeit sei in Hamburg eine Art »Fremdherrschaft« gewesen, der gegenüber die hanseatische Tradition sich weitgehend als widerständig erwiesen habe, eine Annahme, die die spätere Forschung als unhaltbar erwiesen hat.

LITERATUR Joist Grolle, Schwierigkeiten mit der Vergangenheit. Die Anfänge der zeitgeschichtlichen Forschung nach 1945, in: ders., Hamburg und seine Historiker, Hamburg 1997 (Veröffentlichungen des Vereins für Hamburgische Geschichte 43), S. 186–201. *Joist Grolle*

Heinrich Heffter

HEINE, Peira *Betty*, geb. van Geldern, geb. 27.11.1771 Düsseldorf, gest. 3.9.1859 Hamburg; isr.; Mutter von Heinrich Heine.

Peira van Geldern, die ihren Vornamen später in Betty umwandelte, stammte aus einer prominenten jüdischen Familie von Hoffaktoren und Ärzten in Düsseldorf. Sie besaß eine für Frauen höherer Schichten damals übliche Bildung. Latein, Französisch und Englisch beherrschte sie so weit, dass sie Literatur im Original lesen konnte; Goethe und Rousseau mit seinem Erziehungsroman »Emile« waren ihre Lieblingsautoren. Ihr weiter aufklärerischer Horizont empörte sich gegen »modische Empfindsamkeit« und deutsche Kleinstaaterei. »Wohlanstand« statt Konvention und Etikette war die Richtschnur ihres Handelns.

1797 heiratete die junge Frau den sanften jüdischen Kaufmann Samson Heine. Dass die jüdische Gemeinde sich vehement gesträubt hatte, dem zugereisten Samson Heine eine Heirats- und Niederlassungserlaubnis zu erteilen, beantwortete die junge Ehefrau mit ihrem Rückzug aus dem Gemeindeleben. Ihre vier Kinder erzog sie nicht orthodox, sondern aufklärerisch-liberal, um ihnen den Weg zur Assimilierung zu ebnen. Während die drei jüngeren sich von den Vorstellungen der Mutter leiten ließen, widersetzte sich der älteste Sohn Heinrich ihren Plänen und wählte den Weg, den sie als brotlose Kunst

Betty Heine

am meisten fürchtete: den des Dichters. Das Verhältnis von Mutter und Sohn blieb davon jedoch unberührt: »Über meine wirkliche Denkart hat sie sich nie eine Herrschaft angemaßt und war für mich immer die Schonung und Liebe selbst«, heißt es in Heines »Memoiren«. Dort sowie in den Gedichten »An meine Mutter B. Heine, geborene v. Geldern« und »Nachtgedanken«, im Versepos »Deutschland, ein Wintermärchen« und an verschiedenen anderen Stellen ist Betty Heine im Werk ihres Sohnes präsent. Aber selbst dort, wo sich die Äußerungen biografisch geben, sind sie stilisiert und fiktionalisiert und können daher nicht mit der Realität gleichgesetzt werden. Die anfänglich recht erfolgreichen Geschäfte des Vaters gingen im Laufe der Zeit immer schlechter. 1819 musste er Bankrott anmelden. Betty Heine folgte ihrem Mann über Oldesloe und Lüneburg nach Hamburg, wo er noch im selben Jahr, 1828, starb. Der Bankier Salomon Heine, der die Familie seines Bruders seit dem Bankrott finanziell unterstützte, setzte seiner Schwägerin eine jährliche Rente von 1000 Mark aus. Zweimal, 1843 und 1844, besuchte Heine von Paris aus, wo er seit 1831 lebte, seine Mutter in Hamburg. Beim zweiten Mal brachte er seine Frau Mathilde mit, die sich aber in die Familie nicht einfügen konnte und vorzeitig abreiste. Der Briefwechsel zwischen Mutter und Sohn zeugt von einer starken emotionalen Bindung, auch wenn aufgrund einer Vernichtungsaktion Heines nur noch wenige Briefe der Mutter erhalten sind. Intellektuell hatte Betty Heine am Denken und Schaffen ihres Sohnes wenig Anteil. Aus Paris kamen allenfalls Bitten, kleine Aufträge bei Heines Hamburger Verleger Julius Campe zu erledigen. Betty Heine starb dreieinhalb Jahre nach dem Tod ihres Sohnes. Ihr Grabstein befindet sich auf dem Jüdischen Friedhof an der Ilandkoppel in Ohlsdorf.

LITERATUR Bake/Reimers, S. 33–37. *Brita Reimers*

HEINE, Beer *Carl*, geb. 20.1.1810 Hamburg, gest. 3.7.1865 ebd.; isr.; Bankier, Investor, Wohltäter.

Carl Heine war eines von sechs Kindern des Hamburger Bankiers Salomon Heine und dessen Frau Betty, geborene Goldschmidt. Nach dem frühen Tod seines Bruders Hermann wurde er als Haupterbe und Nachfolger Salomon Heines ausersehen und auf das Bankgeschäft vorbereitet. Nach dem Tod des Vaters übernahm Carl Heine 1844 die Leitung des Bankhauses Heckscher & Co. Er erbte ein großes Vermögen, das nach unterschiedlichen Angaben zwischen 17 und 30 Millionen Mark betrug.

Carl Heines Name ist untrennbar mit der Erschließung des späteren Stadtteils Uhlenhorst verbunden. 1837 hatte er sich mit den Unternehmern August Abendroth und Adolph Jencquel zusammengetan und – genau wie diese – 80 000 Mark Banco in die »Landunternehmung Uhlenhorst« investiert. Das Projekt erwies sich als äußerst gewinnbringend und bescherte Heine und seinen Erben zusätzliche finanzielle Mittel. Während der Weltwirtschaftskrise 1857 engagierte sich Heine zugunsten seiner Heimatstadt. Unter anderem erklärte er sich bereit, Hamburger Maklern Wechsel bis zu jeweils 20 000 Bancomark abzunehmen. Zur Stützung der städtischen Finanzen verhandelte er mit seinem Schwiegervater Achille Fould (Furtado), der später französischer Finanzminister wurde, über eine Anleihe aus dem Staatsschatz; gleichzeitig bat er englische Banken um die Überlassung von 500 000 Pfund Sterling auf ein Jahr. Schon zu Lebzeiten verteilte Carl Heine Teile seines Vermögens großzügig – unter anderem erhielten das von seinem Vater gestiftete Israelitische Krankenhaus 460 000 Mark und die Hamburger Kunsthalle 200 000 Mark. In Anerkennung seiner Zuwendungen entstand 1871 ein Porträtgemälde von Hermann Steinfurth, das sich nach wie vor im Besitz der Kunsthalle befindet. Das Verhältnis zwischen Carl Heine und seinem berühmten Vetter, dem Dichter Heinrich Heine, war ambiva-

Carl Heine

lent. »Er hat nur drey Leidenschaften: die Weiber, Zigarren und Ruhe« – so lautet ein überliefertes Urteil Heinrich Heines über Carl Heine; außerdem soll er diesem zwar ein gutes Herz bescheinigt haben, von seinem Herzen zur Tasche allerdings, so Heinrich Heine, gehe keine Eisenbahn. Nach dem Tod Salomon Heines entbrannte zwischen den Vettern ein erbitterter Streit über die finanziellen Zuwendungen für den Dichter, erst kurz vor Heinrich Heines Tod (1856) kam es zur Aussöhnung.

Carl Heine war seit 1838 mit Cécile Furtado (1821–96) verheiratet. Obwohl seine Frau Pauline Morel, die uneheliche Tochter ihres Bruders, adoptiert hatte, blieb die Ehe offiziell kinderlos. In seinem Testament verfügte Carl Heine die Liquidierung des Bankhauses Heckscher & Co., das seine beste Zeit bereits hinter sich hatte. Das verbliebene Geld ging in der Carl-Heine-Stiftung auf. Seit 1845 erinnert die Karlstraße auf der Uhlenhorst an den Unternehmer.

LITERATUR Joseph A. Kruse, Heines Hamburger Zeit, Hamburg 1972; Gerhard Ahrens, Krisenmanagement 1857. Staat und Kaufmannschaft in Hamburg während der ersten Weltwirtschaftskrise, Hamburg 1986 (Veröffentlichungen des Vereins für Hamburgische Geschichte 28).

Matthias Schmoock

HEINE, Christian Johann *Heinrich* (bis zur protestantischen Taufe am 28.6.1825: Harry), geb. 13.12.1797 (nach eigenen Angaben 1799) Düsseldorf, gest. 17.2.1856 Paris; isr., seit 1825 luth.; Dichter und Publizist.

Der politisch dem Jungen Deutschland und dem Linkshegelianismus nahe stehende Heine knüpfte als Lyriker zunächst an die romantische Tradition an und erlangte vor allem mit seinem »Buch der Lieder« (1827) weltliterarische Wirkung. Später näherte er sich einer realistischen, politisch ambitionierten Kunstauffassung an. Mit seinem geistreichen, ebenso ironischen wie stimmungsvollen Prosastil wurde er zu einem der Begründer des modernen Feuilletonismus.

Der als Sohn des Tuchkaufmanns Samson Heine (1764–1828) und seiner Ehefrau Betty (1771–1859) in Düsseldorf geborene Heinrich Heine hielt sich in den Jahren von 1815 bis 1831 mit längeren Unterbrechungen für sein Studium und seine Reisen in Hamburg auf. Nachdem er 1816 im Bankhaus seines Onkels Salomon Heine eine Lehre begonnen hatte, unternahm er 1818 den erfolglosen Versuch, in der Hansestadt eine eigene Handelsfirma für Manufakturwaren zu gründen; 1819 ging das Manufakturwarengeschäft Harry Heine & Co. in Konkurs. Noch in die Lehrzeit in Hamburg fallen die ersten dichterischen Versuche, zu denen Heine die unerfüllte Liebe zu seiner Cousine Amalie inspirierte. Der 22-Jährige wandte sich daraufhin von einer kaufmännischen Laufbahn ab und widmete sich dem Studium der Jurisprudenz (1819–25), das ihn nach Bonn, Berlin und Göttingen führte. In die Studienjahre fallen seine Verbindung zu Rahel Varnhagen von Enses Berliner Salon, eine Reise nach Polen (1822), seine Wanderung durch den Harz sowie die Begegnung mit Goethe (1824). Nach Abschluss seines Studiums in Göttingen und dem Übertritt zum Protestantismus (1825) erwog Heine sowohl eine Bewerbung als Ratssyndicus als auch die Niederlassung als Advokat in Hamburg, doch blieben diese Versuche ebenso erfolglos wie seine Bewerbungen als Professor in München und Berlin. Er hatte es als Lyriker breits zu Bekanntheit und literarischer Anerkennung gebracht (»Gedichte«, 1822; »Lyrisches Intermezzo«, 1823), als der Hamburger Verlag Hoffmann und Campe begann, neben den Büchern anderer Autoren des Jungen Deutschland auch die Schriften Heinrich Heines zu veröf-

Heinrich Heine

fentlichen, angefangen mit den »Reisebildern« (1826–31), denen zahlreiche weitere Bücher folgten. Nach einer England- (1826) und einer Italienreise (1828) sowie der Mitarbeit an Cottas »Neuen allgemeinen politischen Annalen« (1827/28) ging Heine im April 1831 als Korrespondent der »Allgemeinen Zeitung« (Augsburg) nach Paris, wo er mit Karl Marx und Ludwig Börne in Kontakt trat und sich den Saint-Simonisten anschloss. 1841 heiratete er Crescence Eugénie (Mathilde) Mirat (1815–83). Heine blieb bis zu seinem Tod in der französischen Hauptstadt, abgesehen von zwei Reisen in den Jahren 1843 und 1844, die ihn zum Besuch seiner Mutter und zu Verhandlungen mit seinem Verleger Campe auch für jeweils einige Wochen nach Hamburg führten. Der erste Aufenthalt in der Hansestadt fand seinen Niederschlag in dem satirischen Versepos »Deutschland, ein Wintermärchen« (1844), der zweite diente unter anderem dessen Drucklegung. Das ironisch-distanzierte Verhältnis des Schriftstellers zur Hansestadt kommt in dem novellistischen Prosastück »Aus den Memoiren des Herrn von Schnabelewopski« (1834) deutlich zum Ausdruck. Heines liebste Plätze in Hamburg waren die Kaffeehäuser an der Binnenalster, der Alsterpavillon und der Schweizer Pavillon. Am 17. Februar 1856 starb er nach achtjährigem Siechtum in der »Matratzengruft« (Heine) in Paris an einem Rückenmarksleiden.

Wie schwer Hamburg sich mit dem politisch unliebsamen Dichter jüdischer Herkunft tat, der den hanseatischen Kaufmannsgeist so oft ironisch verspottete und der Stadt doch in einer eigentümlichen Hassliebe verbunden blieb, zeigte sich 1909, als der Senat den Antrag Heinrich Julius Campes, einen öffentlichen Platz für ein Heine-Denkmal auszuweisen, ablehnte. Die von dem dänischen Bildhauer Ludvig Hasselriis ursprünglich im Auftrag der Kaiserin Elisabeth von Österreich für deren Schloss Achilleion auf Korfu geschaffene Skulptur stand dann ab 1910 im Hof von Campes Kontorhaus an der Mönckebergstraße, bevor Max Brauer sie 1927 demonstrativ nach Altona überführen und in Donners

Park aufstellen ließ, da das Denkmal in Hamburg immer wieder von antisemitischen Gegnern Heines verunstaltet worden war. Campes Erben schenkten die Skulptur 1939 der Stadt Toulon, um sie vor den Nationalsozialisten zu retten. Ein anderes Heine-Denkmal ging auf eine Initiative Alfred Kerrs zum 50. Todestag des Dichters im Jahre 1906 zurück und wurde von der Literarischen Gesellschaft zu Hamburg protegiert: Die von Hugo Lederer geschaffene und 1926 nach zahlreichen Verzögerungen und gegen den erbitterten Widerstand von Heine-Gegnern im Stadtpark eingeweihte Skulptur wurde 1933 von den nationalsozialistischen Machthabern entfernt und später eingeschmolzen; erhalten blieb allein das Modell. Erst ein halbes Jahrhundert später würdigte Hamburg den Dichter mit einem neuen Denkmal: In Anlehnung an das Ledererſche Vorbild schuf Waldemar Otto eine Skulptur, die seit 1982 auf dem Rathausmarkt steht. Zwei Sockelreliefs erinnern an die Entfernung des ursprünglichen Denkmals und an die Bücherverbrennung 1933, der auch die Schriften Heines zum Opfer gefallen waren. Seit 1945 tragen die Heinrich-Heine-Straße in Wilstorf und der Heinrich-Heine-Weg in Bergedorf den Namen des Schriftstellers. Eine weitere Skulptur des Dichters, ebenfalls von der Hand Waldemar Ottos, befindet sich seit 2000 vor dem nach Heinrich Heine benannten Gymnasium Harksheider Straße.

WERKE Historisch-kritische Gesamtausgabe der Werke, hg. von Manfred Windfuhr, 16 Bde., Hamburg 1973–97; Säkularausgabe. Werke, Briefwechsel, Lebenszeugnisse, hg. von den Nationalen Forschungs- und Gedenkstätten der klassischen deutschen Literatur in Weimar (später Stiftung Weimarer Klassik) und dem Centre National de la Recherche Scientifique in Paris, 27 Bde., Berlin/Paris 1970–98; Sämtliche Schriften, hg. von Klaus Briegleb, 6 Bde., München 1968–76; Schöne Wiege meiner Leiden. Hamburgische Miniaturen. Zusammengestellt und erläutert von Walther Vontin, 2., durchgesehene Aufl. Hamburg 1981.

LITERATUR ADB 11; NDB 8; LhS 3; Killy 5; Jeffrey L. Sammons, Heinrich Heine. A selected critical bibliography of secondary literature 1956–1980, New York 1982; Gottfried Wilhelm u. a., Heine-Bibliographie, Weimar 1960 ff., wird fortgesetzt durch: Erdmann von Wilamowitz-Moellendorff/Günther Mühlpfordt, Heine-Bibliographie 1983–1995, Stuttgart u. a. 1998 (Personalbibliographien zur neueren deutschen Literatur 2); Joseph A. Kruse, Heines Hamburger Zeit, Hamburg 1972; Udo Köster/Bernd Eilitz, Die »Leitartikel« zu den Hamburger Heinedenkmälern. Denkmalsgeschichte als Rezeptionsgeschichte. 1897, 1906, 1956, in: Germanica 4 (1997), S. 27–58. *Dirk Brietzke*

HEINICKE, Samuel, geb. 10. 4. 1727 Nautschütz/ Kursachsen, gest. 29. 4. 1790 Leipzig; luth.; Gehörlosenpädagoge.

Der Begründer der deutschen Gehörlosenpädagogik Samuel Heinicke lebte von 1758 bis 1778 in Hamburg. Als Eppendorfer Kantor nahm er »Taubstumme« bei sich im Hause auf und brachte ihnen die deutsche Lautsprache bei. Später gründete er Deutschlands erstes privates Gehörloseninstitut.

Der Sohn eines Bauern verließ im Alter von 23 Jahren seine Heimat, um in Dresden in den Dienst der Leibgarde des Kurfürsten Friedrich August II. von Sachsen zu treten. Er erweiterte seine Dorfschulausbildung autodidaktisch, gab außerdem Privatstunden in Schreiben und Musik. Unter seinen Schülern befand sich auch ein gehörloser Junge, den er in der geschriebenen Lautsprache unterrichtete. 1756 kam Heinicke nach Jena und studierte dort Philosophie, Mathematik und Naturlehre. Nach seiner Heirat mit Johanna Maria Elisabeth Kracht ging er im Sommer 1758 nach Hamburg und arbeitete hier als Privatlehrer, ab 1760 als Hauslehrer für die Kinder des dänischen Residenten Heinrich Carl Graf von Schimmelmann. Durch Vermittlung des Grafen wurde Heinicke zum 1. Januar 1769 Kantor, Organist und Schulmeister in Eppendorf. Zu seinen Schülern gehörte auch der gehörlose jüngere Bruder des dortigen Müllers, Elias Schröder. Nach der schriftlich abgelegten Konfirmation dieses Jungen 1773 bekam Heinicke weitere bei ihm wohnende gehörlose Schülerinnen und Schüler, mit denen er erste Versuche mit gesprochener Sprache unternahm. Nicht nur

Samuel Heinicke

dieser Unterricht erregte Aufsehen, auch mit seiner Lehrmethode an der Dorfschule, der »Lautiermethode«, die anstelle des Buchstabierens und Auswendiglernens das Erkennen von Silben und Begreifen einfacher Texte forderte, betrat er Neuland. Heinicke kritisierte als Vorkämpfer für die Verbesserung der Volksbildung die bestehende Not des Schulwesens und der Lehrerbildung. Mit dem Unterricht seiner gehörlosen Schüler wies er nach, dass das fehlende Gehör kein Hinweis auf fehlende Intelligenz ist. Er brachte 1775 das erste Lehrbuch für den Unterricht mit Gehörlosen heraus, entwickelte das Unterrichtsverfahren zum Erlernen der Lautsprache für Gehörlose und setzte es als Klassenunterricht ein. Anfang Oktober 1777 legte Samuel Heinicke sein Amt als Kantor der Eppendorfer St. Johanniskirche nieder und kümmerte sich fortan hauptberuflich um seine gehörlosen Schüler, die er ab Ende des Monats in Hamburg unterrichtete. Dort heiratete er drei Jahre nach dem Tod seiner ersten Frau die Schwester zweier seiner Schüler, Anna Catharina Elisabeth, geborene Kludt, verwitwete Morin. Noch im selben Jahr folgte Heinicke mit neun Zöglingen einem Ruf des Kurfürsten von Sachsen und ging im April 1778 nach Leipzig, wo er mit der Gründung der ersten staatlichen Taubstummenanstalt endgültig zum führenden Vertreter der deutschen Gehörlosenpädagogik avancierte. Ab 1880 wurde seine rein lautsprachlich orientierte »Deutsche Methode« für 100 Jahre auch international zur wichtigsten gehörlosenpädagogischen Lehrmeinung.

In Eppendorf wurde 1880 die Heinickestraße nach dem engagierten Pädagogen benannt. Im selben Stadtteil erinnert zwischen der Heilwigstraße und der Alster im Seelemannpark ein von dem gehörlosen Künstler Peter von Woedteke 1894/95 geschaffenes Denkmal an Samuel Heinicke.

WERKE Gesammelte Schriften, hg. von Georg und Paul Schumann, Leipzig 1912.

LITERATUR ADB 11; NDB 8; DBE 4; LhS 3; Heinrich Ernst Stötzner, Samuel Heinicke. Sein Leben und Wirken, Leipzig 1870; Georg und Paul Schumann, Neue Beiträge zur Kenntnis Samuel Heinickes, Leipzig 1909; Iris Groschek, Samuel Heinicke in Hamburg. Eine biographische Skizze, in: Auskunft. Mitteilungsblatt Hamburger Bibliotheken 18 (1998), S. 345–359.

Iris Groschek

Georg Arnold Heise

HEISE, Georg Arnold, geb. 2. 8. 1778 Hamburg, gest. 6. 2. 1851 Lübeck; luth.; Rechtswissenschaftler, Gerichtspräsident.

Nach einer in großbürgerlichem Rahmen verlebten Jugend absolvierte Georg Arnold Heise ein Jurastudium in knappen Verhältnissen, da sein Vater in der Wirtschaftskrise von 1799 hatte Konkurs anmelden müssen. Dem Studienbeginn in Jena folgten weitere Semester in Göttingen, wo Heise 1802 promoviert wurde. Der begabte Jurist trat bald in das Spruchkollegium der dortigen Fakultät ein. Auf Vermittlung seines Studienfreundes Carl Friedrich von Savigny erhielt Heise 1804 das Ordinariat für Kirchenrecht in Heidelberg. Zusammen mit Christoph Reinhard Dietrich Martin und Anton Friedrich Justus Thibaut bildete er dort das oft genannte »juristische Triumvirat«, das einflussreich im Sinne der Göttinger Rechtsschule gewirkt hat. Nach einem Jahrzehnt übernahm Heise den Lehrstuhl für Römisches Recht in Göttingen. Daneben spezialisierte er sich – für einen hanseatischen Kaufmannssohn nahe liegend – auf das Handelsrecht, dem er einen festen Platz im akademischen Unterricht erworben hatte. Heises Wunsch nach praktischem Wirken führte 1818 zu seinem Eintritt in das Justizdepartement in Hannover. Zwei Jahre später wurde er durch die Senate der vier freien Städte des Deutschen Bundes – Lübeck, Frankfurt, Bremen und Hamburg – zum Präsidenten ihres gemeinschaftlichen Oberappellationsgerichts gewählt. Der in Lübeck beheimatete, von Anfang an glänzend besetzte Gerichtshof hat in den drei Jahrzehnten seiner Amtsführung einen überragenden Ruf gewonnen. Zahlreiche Entscheidungen in Handelssachen, besonders in Wechsel- und Schifffahrtsangelegenheiten, haben rechtsbildend gewirkt und sind in die spätere Reichsgesetzgebung eingeflossen. Nach einer Äußerung des Pandektisten Bernhard Windscheid habe es in jener Zeit für einen wissenschaftlich ambitionierten Juristen zwei höchste Ehren gegeben: Nachfolger Savignys zu werden oder an Heises Stelle zu treten.

WERKE Schriftenverzeichnis in: LhS 3; Grundriss eines Systems des gemeinen Civilrechts zum Behuf von Pandecten-Vorlesungen, Heidelberg 1807 [3., verb. Aufl. Heidelberg 1819, mehrfache Nachdrucke]; Heise's Handelsrecht. Nach dem Original-Manuskript, hg. von A. Wunderlich, Frankfurt a. M. 1858.

LITERATUR ADB 11; NDB 8; LhS 3; SHBL 7; DG 21; Gerhard Ahrens, Von der Franzosenzeit bis zum Ersten Weltkrieg 1806–1914. Anpassung an die Forderungen der neuen Zeit, in: Antjekathrin Graßmann (Hg.), Lübeckische Geschichte, 3. Aufl. Lübeck 1997, S. 529–676, besonders S. 560–563.

Gerhard Ahrens

HELLMANN (Ps. *Dunkelmann*), Carl August,

geb. 5. 6. 1870 Hamburg, gest. 7. 8. 1939 ebd.; luth.; Volksschullehrer, Schulpolitiker.

Als wichtiges Verbindungsglied zwischen der reformpädagogisch engagierten Hamburger Lehrerbewegung und der Arbeiterbewegung fungierte August Hellmann in den beiden letzten Jahrzehnten des Kaiserreiches. In der Weimarer Republik war er als Schulpolitiker und in der Jugendwohlfahrt aktiv.

Nach der Ausbildung am Lehrerseminar wurde Hellmann 1891 Volksschullehrer in Hamburg. Er engagierte sich im Verein Hamburger Volksschullehrer und seit 1893 in der Gesellschaft der Freunde des vaterländischen Schul- und Erziehungswesens, hatte verschiedene führende Posten im Verein inne und gehörte zur Redaktion der vereinsnahen, als radikal bekannten Fachzeitschrift »Pädagogische Reform«. Gemeinsam mit Fritz von Borstel und Heinrich Wolgast führte er den in der Öffentlichkeit als sozialdemokratisch unterwandert angefeindeten Jugendschriftenausschuss der Gesellschaft der Freunde, der mit den Arbeiterbildungsvereinen in engem Kontakt stand. Hellmann entwickelte sich zum Exponenten des linken Flügels der Hamburger Lehrerschaft. Er arbeitete als Referent für die Arbeiterbildungsvereine, rekrutierte neue Mitarbeiter, gründete 1905 den Arbeiterjugendbund und war 1908 Mitbegründer

Carl August Hellmann

des Bildungsausschusses, den er als pädagogischer Leiter zusammen mit Heinrich Laufenberg und Emil Krause zum organisatorischen Zentrum des kulturellen Lebens der Hamburger Arbeiterbewegung machte. 1909 gründete er die Sozialwissenschaftliche Vereinigung, den verdeckt agierenden ersten sozialistischen Lehrerverein Deutschlands.

Von 1915 bis 1918 war Hellmann als Landsturmmann im litauischen Kowno im Lehrerbildungswesen tätig. Im Januar 1919 wurde er für die Hamburger SPD in die Weimarer Nationalversammlung gewählt, kurz darauf auch in die Bürgerschaft (bis 1921). In der Nationalversammlung und seit 1920 auch in Berlin im Reichstag kämpfte Hellmann für die weltliche Schule und gegen den Religionsunterricht. Er war im Bildungsausschuss des Reichstages, innerhalb der Sozialdemokratie, in der Lehrerschaft und in der Öffentlichkeit an den Auseinandersetzungen um die betreffenden Verfassungsartikel und ihre Ausführung in einem Reichsschulgesetz beteiligt. Als führendes Mitglied der Arbeitsgemeinschaft sozialdemokratischer Lehrer wirkte Hellmann 1921 an der Erstellung des Görlitzer Programms der SPD mit. Er gehörte zum engeren Kreis der sozialdemokratischen Schulpolitiker um Heinrich Schulz.

Im Januar 1923 legte Hellmann sein Reichstagsmandat nieder und wurde zweiter Direktor des Hamburger Jugendamtes. Gemeinsam mit dem Direktor Dr. Wilhelm Hertz modernisierte er die Fürsorgeerziehung und die Jugendpflege. Unter ihrer Ägide wurde die Prügelstrafe in den Anstalten des Jugendamtes abgeschafft, es wurden moderne Erziehungsmethoden durchgesetzt, und die Reformpädagogik hielt endlich auch in der Fürsorgeerziehung Einzug. In der Jugendpflege setzte die neue Leitung auf Kooperation mit den Jugendorganisationen statt auf deren Indoktrination. Von 1924 bis 1927 saß Hellmann erneut für die Sozialdemokratie in der Hamburger Bürgerschaft. Nach der Machtübernahme der Nationalsozialisten wurde er im Mai 1933 zwangspensioniert und zog sich ins Privatleben zurück.

LITERATUR DBE 4; Franz Osterroth, Biographisches Lexikon des Sozialismus, Bd. 1: Verstorbene Persönlichkeiten, Hannover 1960; Jan Hellmann, Carl August Hellmann (1870–1939) – ein Lehrer zwischen Schule, Arbeiterbewegung und außerschulischer Jugendarbeit, Diplomarbeit, Hamburg 1997. *Jan Hellmann*

HELMOLD VON BOSAU, gest. nach 1177; Geschichtsschreiber.

Helmold von Bosau, 1134 Augustinerchorherr in Segeberg, wurde 1139 bis 1143 in Braunschweig ausgebildet, war seit 1143 Augustinerchorherr in Neumünster und wurde bald nach 1156 Pfarrer in Bosau. Er hat eine »Slawenchronik« (»Cronica Slavorum«) verfasst, deren Schwerpunkt auf der Bekehrung der Slawen in Wagrien zum Christentum und auf der kirchlichen Organisation dieses Raumes bis 1171 liegt. In diesem Zusammenhang berücksichtigt er auch die weltliche Politik, besonders der Herzöge von Sachsen und der Grafen von Holstein, in deren Territorium Wagrien einbezogen wurde. Für die ältere Zeit zieht Helmold vor allem die »Geschichte der Erzbischöfe der Hamburger Kirche« von Adam von Bremen heran. Helmolds Slawenchronik ihrerseits ist durch die »Chronik« von Arnold von Lübeck fortgesetzt worden. – Insgesamt ist Helmold mehr an dem Erzbistum Hamburg-Bremen als an der Stadt Hamburg interessiert. Deutlich wird zum Beispiel in seiner Chronik, dass die Erzbischöfe, obwohl ihr Sitz Bremen war, sich mehrmals in Hamburg aufhielten, so Erzbischof Adalbero, der von 1123 bis 1148 amtierte, und Erzbischof Hartwig I., der sich 1167 aus den kriegerischen Wirren Bremens in die Einsamkeit und Ruhe Hamburgs zurückzog und sich mit Klosterbauten befasste.

WERK Chronica Slavorum (Slawenchronik), ed. Bernhard Schmeidler, Hannover 1937 (Monumenta Germaniae Historica, Scriptores rerum Germanicarum in usum scholarum [32]); lateinisch-deutsch hg. von Heinz Stoob, 5. Aufl. Darmstadt 1990 (Freiherr-vom-Stein-Gedächtnisausgabe, A 19).

LITERATUR ADB 11; NDB 8; Dieter Berg, Nördliches Sachsen und Missionsgebiete, in: Wilhelm Wattenbach/Franz-Josef Schmale, Deutschlands Geschichtsquellen im Mittelalter. Vom Tode Kaiser Heinrichs V. bis zum Ende des Interregnum, Bd. 1, Darmstadt 1976, S. 419–441, hier 427–433; Wolfgang Stammler/Karl Langosch/Kurt Ruh (Hg.), Die deutsche Literatur des Mittelalters. Verfasserlexikon, 2., völlig neu bearb. Aufl., Bd. 3, Berlin/New York 1981, Sp. 976–979. *Gerhard Theuerkauf*

HEMPELS, Cillie, gest. 1642 Hamburg; »Zauberin«.

Das Verfahren gegen Cillie Hempels stellt den letzten urkundlich bekannten Hamburger Zaubereiprozess dar. Am Montag, dem 22. August 1642 verurteilte das Hamburger Niedergericht die Strafgefangene wegen ihres »Abfalß von Gott, ihrer Zauberey und gegen ihren eigenen Mann begangene Mordthat« zum Tod durch das Feuer. Über die Vorgeschichte des Prozesses ist nichts bekannt. Das hamburgische Stadtrecht von 1605 sah bei Mord die Todesstrafe durch Enthaupten vor; die Verbrennungsstrafe für Cillie ist demnach allein auf den Vorwurf der Zauberei zurückzuführen. Das im Vergleich zu anderen Gebieten frühe Ende der Hexen- und Zaubereiprozesse in Hamburg kann auf den Einfluss der Frühaufklärung, die sich gegen übernatürliche Erklärungsmuster wandte, sowie den wirtschaftlichen Aufschwung seit dem 16. Jahrhundert, welcher die Aufmerksamkeit der Handel treibenden Stadtväter eher fesselte als spektakuläre Justizverfahren, zurückgeführt werden.

LITERATUR Roswitha Rogge, Hexenverfolgung in Hamburg? Schadenzauber im Alltag und in der Justiz, in: Geschichte in Wissenschaft und Unterricht 46 (1995), S. 381–401; dies., Schadenzauber, Hexerei und die Waffen der Justiz im frühneuzeitlichen Hamburg, in: Bernd Schmelz (Hg.), Hexerei, Magie und Volksmedizin. Beiträge aus dem Hexenarchiv des Museums für Völkerkunde Hamburg, Bonn 1997, S. 149–172. *Roswitha Rogge*

HESS, Jonas Ludwig von, geb. 8.7.1756 Stralsund, gest. 20.2.1823 Hamburg; luth.; Publizist, Politiker.

Heß war 24 Jahre alt, als er sich 1780 in der Elbmetropole niederließ. Über das Vorleben des aus dem schwedischen Stralsund stammenden jungen Mannes ist fast nichts bekannt. Es heißt, er sei als Leutnant aus der schwedischen Armee wegen eines unglücklichen Duells ausgeschieden. Bezüge aus vorpommerschem Familienbesitz erlaubten ihm den Entschluss, fortan in der Stadtrepublik Hamburg ganz seinen wissenschaftlichen und publizistischen Interessen zu leben. Er fand schnell in aufgeklärten Kreisen Anschluss. In den Familien Sieveking, Reimarus und Schuchmacher war er ein gern gesehener Gast. Der als idealistischer Feuerkopf geltende Heß, so wird berichtet, »führte dem geselligen Verkehr politischen Stoff zu«.

Der temperamentvolle Neuling scheute nicht publizistische Kärrnerarbeit. 1786/87 gab er das »Journal aller Journale« heraus, eine Zeitschrift, in der 50 deutsche und ausländische Periodika laufend ausgewertet und dem Leser durch Zitat oder Resümee auszugsweise zugänglich gemacht wurden. Anschließend veröffentlichte er eine dreibändige Hamburg-Topografie, in der sorgfältig recherchierte Informationen zur baulichen, sozialen und wirtschaftlichen Situation in den einzelnen Stadtquartieren zusammengetragen waren (»Hamburg topographisch, politisch und historisch beschrieben«, 1787–92, 2., überarb. und erw. Aufl. 1810/11). Der öffentliche Beifall war allgemein. Ein findiger Zeitgenosse brachte sogar ein Gesellschaftsspiel auf den Markt, um den für die Jugend wissenswerten Ertrag auf heitere Weise zu vermitteln. Im letzten Band seines Werkes, erschienen 1792, stellte Heß die auf Bürgerbeteiligung gegründete Verfassung der Stadtrepublik mit werbendem Impetus vor, wobei er Defizite in der Einlösung verbürgter Rechte offen ansprach. Gleichzeitig ging er an die Realisierung eines noch ehrgeizigeren Unternehmens. Heß durchwanderte nicht weniger als 15 der freien deutschen Reichsstädte, um sich ein Bild von deren sozialem und politischem Zustand zu machen. Seine Eindrücke hielt er unter dem Titel »Durchflüge durch Deutschland, die Niederlande und Frankreich« in sieben Bänden (1789–97) fest. Sie legen Zeugnis davon ab, dass der Autor stadtrepublikanische Sympathie mit höchst kritischer Beobachtungsgabe zu verbinden wusste.

Die Ereignisse im revolutionären Frankreich hatten Heß ebenso wie seine Hamburger Freunde mit großen Hoffnungen erfüllt. Umso schockierender waren für ihn Akte des Terrors, mit denen er sich im Sommer 1792 bei einem längeren Aufenthalt in Paris konfrontiert sah. In seinem Werk »Versuche zu sehen« (2 Bde., 1797, 1800) kritisierte er die Gewalttätigkeiten der Revolution ebenso wie die fanatischen Reaktionäre und plädierte dafür, »in die schlichte, ungeschmückte Bahn des Rechts und der Vernunft einzulenken«.

Kaum hatte Heß sein zeitkritisches Opus abgeschlossen, begab er sich nach Königsberg, wo er sich zum Wintersemester 1800 an der Universität immatrikulieren ließ. Er schrieb dort binnen weniger Wochen eine medizinische Doktorarbeit über »Die Wirkung von Giften im menschlichen Körper«, überdies gewann er Kontakt zu dem am Ort als Emeritus lebenden Kant. Zu ebendieser Zeit war Friedrich Hagemann, ein Bildhauer aus der Berliner Schadow-Werkstatt, angereist, um den Philosophen zu porträtieren. So ergab es sich, dass Kant den um seine Bekanntschaft bemühten Heß einlud, ihm bei den Sitzungen Gesellschaft zu leisten. Von dem während des Gesprächs entstandenen Modell war Heß so beeindruckt, dass er für sich eine Marmorfassung fertigen ließ. Die Büste gelangte Jahrzehnte später durch Stiftung in die Hamburger Kunsthalle und ist dort bis heute zu bewundern.

Als Heß 1801 an die Elbe zurückkehrte, erwarb er das hamburgische Bürgerrecht. Wiewohl zum Dr. med. promoviert, übte er ärztliche Tätigkeit – abgesehen von unentgeltlicher Hilfe für Arme – nicht aus. Nach wie vor engagierte er sich als Publizist. Alarmiert durch einen vorübergehenden Einmarsch dänischer Truppen in das neutrale Hamburg, veröffentlichte er im Sommer 1801 die Flugschrift »Hamburgs bestes Glück nicht von Außen«, in der er mit Verve die Unabhängigkeit der Stadt verteidigte.

Heß stand bereits im 50. Lebensjahr, als er 1805 zu aller Überraschung Thusnelda Hudtwalcker, Tochter des Senators Johann Michael Hudtwalcker, heiratete. Die als Schönheit geschilderte 21-jährige Frau hatte die Verbindung mit dem alternden, eher als hässlich geltenden Heß gegen den Rat ihrer Eltern und Freunde durchgesetzt. Im Jahr nach seiner Heirat verursachte Heß durch den Austritt aus dem Armen-Collegium, in das er zuvor gewählt worden war, einen politischen Eklat. Sein Schritt war ein Protest gegen soziale Sparmaßnahmen, die unter dem Druck der allgemeinen Finanzkrise eingeleitet worden waren. In einem offenen Brief schilderte er drastisch die existenzbedrohende Armut und drang darauf, die Maßnahmen zur Abhilfe nicht länger von freiwilligen Spenden abhängig zu machen, sondern die Vermögenden durch eine Steuer zur Finanzierung heranzuziehen – eine Forderung, die vergeblich blieb.

1810/11 erschien eine wesentlich erweiterte Ausgabe der Heß'schen Topografie. Insbesondere die sozialen Einrichtungen wurden vom Autor jetzt sehr viel eingehender als in der ersten Auflage vorgestellt. Das Waisenhaus erhielt hohes Lob, die Zustände im Werk- und Zuchthaus sowie im Krankenhof erfuhren dagegen vernichtende Kritik.

Als sich im Februar 1813 abzeichnete, dass die französischen Besatzungstruppen die Stadt räumen würden, gehörte Heß gemeinsam mit Friedrich Perthes, David Christopher Mettlerkamp und Ferdinand Beneke zu denen, die vorsorglich eine Bürgerwehr zur Aufrechterhaltung der Ordnung organisierten. Bezeichnend für die humanitäre Einstellung Heß' war, dass er dafür eintrat, nicht nur das Leben der Mitbürger, sondern auch das der Franzosen gegen Übergriffe von plündernden Gewalttätern zu schützen. Mit dieser Auffassung stieß er bei seinen Mitstreitern auf so heftigen Widerspruch, dass die Bürgerwehr sich zunächst wieder auflöste und es erst nach dem Einzug der von Oberst Friedrich Carl Freiherr von Tettenborn geführten Kosaken zur einvernehmlichen Bildung einer Bürgergarde kam, jetzt mit dem Ziel, die Stadt gegen einen befürchteten Angriff der Franzosen zu verteidigen. Heß wurde zum Kommandanten bestellt, eine Aufgabe, der er sich mit Eifer annahm, die ihn jedoch vor unlösbare Probleme stellte, nachdem Tettenborn sich mit den Kosaken vor der Übermacht der anrückenden Franzosen zurückgezogen hatte. Heß und seinen Freunden blieb Ende Mai schließlich nur, die Gegenwehr einzustellen und die Stadt fluchtartig zu verlassen.

Über Göteborg ging Heß nach London, wo er erfolgreich Subsidien einwarb. Die von ihm gesammelten Gelder dienten in erster Linie zur Finanzierung der »Hanseatischen Legion«, einer Freiwilligentruppe, die sich an der Seite der Preußen und Russen am Kampf gegen Napoleon beteiligte. Im Blick auf die Nachkriegsordnung verfasste Heß in England die in deutscher und englischer Sprache veröffentlichte Schrift »Über den Werth und die Wichtigkeit der Freiheit der Hanse-Städte« (1814). Er trug so seinen Teil dazu bei, dass auf dem Wiener Kongress die Selbstständigkeit von Hamburg, Bremen und Lübeck nicht angetastet wurde. Ebenfalls in England entstand das Manuskript des erst 1815 in Hamburg veröffentlichten Buches »Agonien der Republik im Frühjahr 1813«, in dem Heß mit Nachdruck die Auffassung vertrat, dass 1813 die Chance einer strukturellen Reform der Stadtrepublik verpasst worden sei. Man habe es unterlassen, das Gemeinwesen von »Eigennutz und Vorzugssucht« zu reinigen und die Verfassung auf ihren republikanischen Anspruch zurückzuführen. Das Buch erregte bei seinem Erscheinen in der Hansestadt erhebliches Aufsehen und führte zu einer ausgedehnten publizistischen Kontroverse.

Trotz seiner kritischen Haltung suchte Heß auch weiterhin hamburgischen Interessen zu dienen. Ab 1815 brachte er vier Jahre weitgehend in Paris zu, um dort Ansprüche von Kaufleuten gegenüber dem französischen Fiskus zu vertreten. Nach seiner Rückkehr hielt er auf Anregung der Handelskammer öffentliche Vorlesungen, so zu Fragen der Handelsgeschichte, der Handelsgeografie, der Schifffahrt und des Wechselrechts.

Die in Teilen der jüngeren Generation aufgekommene Sehnsucht nach einem deutschen Nationalstaat war Heß fremd. Bis zu seinem Tod blieb er sich treu als Verfechter stadtrepublikanischer Freiheit und Unabhängigkeit. Eine von ihm testamentarisch verfügte Stiftung und Wohnbleibe für augenkranke und blinde Mädchen wurde von Thusnelda von Heß bis zu ihrem Tod (1866) betreut. Der ursprünglich auf den Dammtorfriedhöfen für Heß gesetzte Grabstein ist erhalten; er steht heute auf dem Ohlsdorfer Friedhof im Heckengarten-Museum. In Hamm-Nord trägt seit 1928 der Von-Heß-Weg den Namen des Publizisten.

WERKE Schriftenverzeichnis in: LhS 3.

LITERATUR ADB 12; LhS 3; Joist Grolle, Eine Republik wird besichtigt. Das Hamburgbild des Aufklärers Jonas Ludwig von Heß, in: ZHG 79 (1993), S. 1–36; ders., Kant in Hamburg. Der Philosoph und sein Bildnis, Stuttgart 1995; ders., Republikanische Wanderungen. Die Fußreisen des Jonas Ludwig von Heß aus Hamburg durch die »Freien deutschen Reichsstädte« 1789–1800, in: ZHG 83/1 (1997), S. 299–321.

Joist Grolle

HESSEL, Peter (auch Petrus Hesselius), geb. 15.12.1639 Hamburg, gest. 26. (oder 27.) 12.1677 ebd.; luth.; Pastor, Schriftsteller.

Als Sohn eines wohlhabenden Käsehökers geboren, besuchte Hessel in seiner Vaterstadt die Gelehrtenschule des Johanneums und das Akademische Gymnasium, bevor er 1662 in Gießen Theologie studierte.

Peter Hessel

1671 wurde er in das angesehene Amt des Pesthofpredigers gewählt. Bis zu seinem frühen Tod erhielt der wortgewaltige Gottesmann fünf Berufungen an andere Gemeinden, die er indes sämtlich ausschlug. Während sein »Hamburger Palmbaum«, eine Chronik der Stadt, unveröffentlicht blieb und das Manuskript später verloren gegangen ist, erlangte die umfängliche Elbbeschreibung aus seiner Feder eine gewisse Bedeutung. Das mit barockem Sprachwust beladene Werk steht in der Tradition der Erdbeschreibung, stellt aber zugleich eine Vorstufe der späteren Topografie dar; sprachgeschichtlich gehört es jener Epoche an, die den Beginn einer eigenständigen deutschen Literatur bezeichnet.

WERKE Schriftenverzeichnis in: LhS 3; Herzfliessende Betrachtungen von dem Elbe-Strom [...], 1. [und einziger] Bd., Altona 1675 [Nachdruck Hannover 1983, mit einem Nachwort von Gerhard Ahrens].

LITERATUR ADB 12; LhS 3. *Gerhard Ahrens*

HEYDORN, Heinrich *Wilhelm* Karl Eduard,

geb. 4.9.1873 Neustadt/Holstein, gest. 27.12.1958 Hamburg; zeitweise kath., luth.; Offizier, Pastor, Heilpraktiker, Lehrer, Politiker.

Wilhelm Heydorn änderte in seinem Leben mehrfach seine berufliche Tätigkeit, seine Anschauungen und religiösen Positionen. Er war in einer immerwährenden Suche auf sich selbst bezogen, folgte nicht anderen, sondern ging seinen eigenen Weg.

Aufgewachsen in einer gemischt konfessionellen Ehe, wurde Heydorn schon als Kind in die Auseinandersetzungen zwischen dem evangelischen Vater und der katholischen Mutter hineingezogen; beide waren tief gläubig. Evangelisch getauft, trat er im Alter von 15 Jahren zum Katholizismus über, worauf ihn sein Vater 1890 vor Abschluss des Gymnasiums in die militärische Ausbildung gab; während einer Rekonvaleszenz konnte er in Kiel das Abitur nachholen. Von 1898 bis 1901 studierte Heydorn an der Berliner Kriegsakademie, schied aber 1902 aus dem Militär aus, weil ihm die Aufnahme in den Generalstab versagt worden war und er zudem gesundheitliche Probleme hatte. Bereits im Jahre 1900 war er wieder zum Protestantismus konvertiert und begann 1902 das Studium der evangelischen Theologie. Nach Ablegung der beiden Examina wurde er 1905 Hilfsprediger in Kiel, 1908 Pastor in Breslau, 1910 Hauptpastor in Burg auf Fehmarn und 1912 Pastor im Hamburger Arbeiterviertel Hammerbrook (Stephan-Kempe-Saal der zur Katharinenkirche gehörenden St. Annen-Gemeinde). Seine Wahl in der Hansestadt führte fast zu einer Kirchenspaltung, weil Heydorn bereits 1911 mit seiner in »100 Thesen« zusammengefassten kirchenkritischen Position für Aufruhr gesorgt hatte. So sah er beispielsweise die Bibel als Menschenwerk an und sprach sich für die Weiterentwicklung des Glaubens aus. Trotz der heftigen Proteste wurde er gewählt und versah seine Tätigkeit mit sehr großem Erfolg, wozu sicherlich auch seine charismatische Persönlichkeit beitrug. In seinen Predigten, die ihm eine große Anhängerschaft bescherten, betonte er Sittlichkeit, Demut, Bildung und Freundschaft; er selbst lebte sehr asketisch. Während des Ersten Weltkriegs wurde er wegen seiner in Artikeln publizierten pazifistischen Einstellung zu einer Geldstrafe verurteilt. Heydorn war Mitglied des Monistenbundes und führte 1918 die heute als eine der Weltreligionen anerkannte Bahá'í in Hamburg ein, trat aber aus beiden Gruppierungen bald wieder aus. Die Bahá'í sind Monotheisten, die Jesus Christus als Sendboten zwischen Gott und Mensch ansehen; als Sinn des Lebens gilt ihnen die Erkenntnis Gottes und die Unterordnung unter seinen Willen. Da Heydorn kirchliche Dogmen und rituelle Amtshandlungen ablehnte, wurde er 1920 suspendiert und im folgenden Jahr seines Amtes enthoben. Nachdem er aus der Kirche ausgetreten war, wurde ihm 1922 die Anstellungsfähigkeit als Pastor aberkannt und sein befristetes Ruhegehalt gekürzt.

Von 1922 bis 1924 studierte er an der Hamburgischen Universität Medizin und Klassische Philologie, arbeitete als Heilpraktiker und hielt bis 1933 Vorträge über religiöse Themen in Altonaer und Hamburger Schulen. Von 1926 bis 1928 studierte er erneut und legte die Prüfung für das Lehramt an Volksschulen ab. Bis zu seiner Entlassung aus dem Schuldienst 1935 wirkte er an der Versuchsschule Telemannstraße und als Hauslehrer für körperbehinderte Kinder. 1930 gründete er die Menschheitspartei, die in ihrer praktisch-wirtschaftlichen Zielsetzung zum Beispiel einen nicht gewinnorientierten Lebensmittelladen betrieb und die Menschen durch mehr Bildung und Wissen zu einer »wachsenden Versittlichung« erziehen wollte; 1933 wurde sie verboten. Heydorn gab nach seiner Entlassung Nachhilfeunterricht und verfasste weiterhin zahlreiche Abhandlungen. 1939 wurde er von einem Sondergericht wegen der Abfassung und Verbreitung staatsfeindlicher Schriften zu einer Geldstrafe verurteilt. Nachdem er bereits 1944 Pläne für das politische Handeln nach der von ihm erwarteten Niederlage Deutschlands entworfen hatte, gründete er 1946 den Menschheitsbund, der aber ebenfalls ohne Bedeutung blieb.

Wilhelm Heydorn war ein nonkonformistischer Querdenker, der seinen Weg in verschiedenen Berufen und zwischen unterschiedlichen religiösen wie weltanschaulichen Gruppierungen ging und dabei eine kleine Gemeinde um sich versammelte. Waren seine sehr liberalen Ansichten als evangelischer Pastor für die Kirchenleitung nicht mehr tragbar, so hat er doch vor allem unter Arbeitern und Landarbeitern mit sehr großem Erfolg gewirkt und viele kirchenferne Personen der Kirche, so wie er sie verstand, näher gebracht. Im Mittelpunkt seines Wirkens stand der Mensch, unabhängig von allen Dogmen und festen Grundsätzen. 1972 wurde in Blankenese gegenüber seinem Grundstück ein Weg nach Heydorn benannt.

WERKE Schriftenverzeichnis in: Wilhelm Heydorn, »Nur Mensch sein!« Lebenserinnerungen 1873 bis 1958, hg. von Iris Groschek und Rainer Hering, Hamburg 1999, S. 468–473.

LITERATUR BBKL 16; Iris Groschek, Wilhelm Heydorn und die Anfänge der Bahá'í in Hamburg, in: ZHG 84 (1998), S. 101–127. *Rainer Hering*

HINRICHSEN, Siegmund, geb. 17.1.1841 Hamburg, gest. 22.10.1902 ebd.; isr.; Bankier, Politiker.

Siegmund Hinrichsen besuchte die Stiftungsschule von 1815 in Hamburg, an der sein Vater als Schreib- und Rechenlehrer tätig war. Sie war als israelitische Freischule für arme jüdische Jungen gegründet worden, die zu vaterländischer Gesinnung und zur Überwindung jüdischer Vorprägungen erzogen werden sollten. Seit 1853 nahm sie auch christliche Schüler auf, sodass Hinrichsen im Geiste religiöser und sozialer Toleranz erzogen wurde. Nach Abschluss der Schulbildung durchlief er eine Banklehre und fand danach eine Anstellung bei der Norddeutschen Bank, bei der er es bis zum Prokuristen brachte. 1879 verließ er sie, um mit einem Kompagnon eine eigene Firma, die Privatbank Hardy & Hinrichsen, zu gründen und künftig selbstständig zu agieren. Das Unternehmen spezialisierte sich vor allem darauf, einem festen Kundenkreis Dienstleistungen im Hamburger Börsengeschäft anzubieten. Es erreichte nur eine bescheidene Größe, sicherte aber seinen Inhabern Wohlstand und Ansehen.

Neben dem Beruf widmete sich Hinrichsen zeitlebens Ehrenämtern und engagierte sich in der hamburgischen Politik. Hierbei kamen ihm seine liberale Gesinnung und sein ausgeprägter Gerechtigkeitssinn – beides sicherlich in der Schule vermittelt – ebenso zugute wie sein ausgleichendes Temperament und seine natürliche Freundlichkeit. Von den Ehrenämtern, die er in Hamburg bekleidete, ragen sein Wirken als Mitglied und zeitweiliger Präses der Handelskammer und sein Vorsitz der Freihafenlagerhausgesellschaft besonders heraus. Genauso wichtig nahm Hinrichsen seine Rolle als Mitglied und ab 1894 als Vorsitzender des Vorstandes der Stiftungsschule von 1815. In dieser Funktion bemühte er sich, Vorstellungen des Pädagogen Anton Rée (1815–91) folgend, praktische Umsetzungsmöglichkeiten dafür zu schaffen, dass durch die gemeinsame Erziehung von Kindern unterschiedlichen Glaubens, unterschiedlicher Herkunft und unterschiedlicher Gesellschaftsschichten Verständnis und Toleranz gefördert und auf diese Weise vorhandene religiöse und soziale Schranken abgebaut werden konnten. Sein Interesse an bildender Kunst und schönen Büchern bewirkte, dass Hinrichsen für die Vereinigung Hamburger Kunstfreunde um Alfred Lichtwark (1852–1914) gewonnen werden konnte. Die Domi-

Siegmund Hinrichsen

nanz im gemeinnützigen Engagement Hinrichsens hatte freilich die Politik. Als 30-Jähriger wurde der Bankier 1871 erstmals in die Hamburgische Bürgerschaft gewählt und gehörte ihr dann als Mitglied der Fraktion Linkes Zentrum über 30 Jahre bis zu seinem Tod, der ihn während einer Bürgerschaftssitzung ereilte, an. Wortgewandtheit, Humor, zielstrebige Argumentation und eine unverkennbare organisatorische Begabung zeichneten den Abgeordneten aus, weshalb er alsbald und dann in zunehmendem Maße in die allgemeine Geschäftsführung des Parlaments einbezogen wurde. Ab 1872 war er Schriftführer, 1880 bis 1892 Erster Vizepräsident und schließlich von 1892 bis zu seinem Tod 1902 Präsident der Bürgerschaft. Im Laufe seiner Zugehörigkeit zum hamburgischen Landesparlament beschäftigte sich Hinrichsen in Redebeiträgen im Plenum und in der Ausschussarbeit mit allen großen Fragen der hamburgischen Politik, wie zum Beispiel den Auswirkungen der Reichsgründung, dem Zollanschluss und der Choleraepidemie. Besonders nachhaltig war sein Einsatz für sachgerechte Lösungen im Bereich der Verfassungsgestaltung, der allgemeinen Verwaltung, der Geld- und Währungsvereinheitlichung, des Schulwesens und des Kulturlebens. Seit 1948 erinnert im Stadtteil Borgfelde die Hinrichsenstraße an den Bankier und Politiker.

LITERATUR NDB 9; Jürgen Bolland, Die Hamburgische Bürgerschaft in alter und neuer Zeit. Aus Anlaß des 100jährigen Jubiläums der gewählten Bürgerschaft in ihrem Auftrage verfaßt, Hamburg 1959.

Hans-Dieter Loose

HOCKER, Anton Heinrich *Wilhelm* Andreas, geb. 28.12.1812 Boizenburg, gest. 7.7.1850 Hamburg; Schriftsteller, Weinmakler.

Der von keinem Geringeren als Heinrich Heine geschätzte Literat des hamburgischen Vormärz Wilhelm Hocker war in den dreißiger und vierziger Jahren des 19. Jahrhunderts eine auffällige, von zahlreichen Anekdoten umrankte Persönlichkeit des öffentlichen Lebens der Hansestadt.

Als Sohn eines Küfers, der später als Weinhändler in Hamburg tätig war, wuchs Hocker zunächst in Boizenburg auf und kam im Alter von neun Jahren in die Hansestadt, wo er eine mäßige Schulbildung erhielt. Vom 15. bis zum 22. Lebensjahr arbeitete er in der väterlichen Weinhandlung und schrieb erste Gedichte. Amalie Schoppe förderte den jungen Poeten, indem sie Beiträge Hockers in ihre »Neuen Pariser Modeblätter« aufnahm und den Verfasser mit Friedrich Hebbel bekannt machte. Hockers 1835 veröffentlichtes satirisches Versepos »Der Maskenzug, eine Vision«, in dem er die Würdenträger der Hamburger Obrigkeit als Maskenfiguren eines Karnevalszuges persiflierte, trug dem Autor 14 Tage Arrest auf dem Winserbaum, dem Hamburger Stadtgefängnis, ein. 1835 bis 1838 wirkte Hocker als Küfer in Berlin. Nach Hamburg zurückgekehrt, erhielt er im Januar 1839 das Bürgerrecht und wurde im April 1840 zum Weinmakler gewählt. Weitere satirische Gedichte politischen Inhalts, die er in den Jahren von 1840 bis 1843 veröffentlichte, führten wiederholt zu gerichtlichen Untersuchungen und Gefängnisaufenthalten. Als Hocker mit seiner »Fabel aus der

Wilhelm Hocker

Mohren-Republik« am Beispiel des Kollegiums der Oberalten Kritik am nepotistischen Stadtregiment übte, verurteilte der Senat ihn zu drei Monaten Gefängnis oder 300 Talern Geldbuße. Nachdem er ein Drittel der Haft abgesessen hatte, wurde ihm der Rest der Strafe erlassen. Der Ausspruch »Ich bin derselben Meinung wie mein Kollege Mohr«, den der Schriftsteller in karikierender Absicht einem Oberalten in den Mund gelegt hatte, wurde in Hamburg zu einem geflügelten Wort. 1844 eröffnete Hocker eine große Weinhalle in der Poststraße/Ecke Neuer Wall, die jedoch schon zwei Jahre später Konkurs anmelden musste. Ab Januar 1849 wiederum inhaftiert, erkrankte der Schriftsteller und wurde aus dem Detentionshaus ins Allgemeine Krankenhaus überführt. Hier starb Wilhelm Hocker, im Vorwort zu seinen »Poetischen Schriften« als »d e r hamburgische Volksdichter« tituliert, im Alter von 37 Jahren an Tuberkulose.

WERKE Der Maskenzug, eine Vision (im Nibelungen-Versmaaße), Altenburg o. J. [1835]; Poetische Schriften politischen und unpolitischen Inhalts, von Wilhelm Hocker, Weinmakler in Hamburg, Kiel 1843 [3., vermehrte und verb. Aufl. Kiel 1844].

LITERATUR LhS 3; J. Heckscher, Erinnerungen an den hamburgischen Dichter Wilhelm Hocker, in: ZHG 12 (1908), S. 343–408; Rudolf Ferber, Aus meiner Hocker-Sammlung. Einige Ergänzungen, in: ZHG 12 (1908), S. 498–510; Heinz Stolte, Wilhelm Hocker. Dichter und Rebell aus dem hamburgischen Vormärz, in: Hebbel-Jahrbuch 1977, S. 9–53.

Dirk Brietzke

HOFFMANN, Johann Adolf, geb. 26. 8. 1676 Zarpen bei Lübeck, gest. 17. 11. 1731 Hamburg; luth.; Philosophischer Schriftsteller, Übersetzer, Privatgelehrter, Kaufmann.

Der Sohn des Zarpener Pastors Zacharias Hoffmann und der Plöner Bürgermeistertochter Anna Margaretha Ehlers kam im Herzogtum Plön auf die Welt. Johann Adolf Hoffmann wurde zunächst vom Vater und von Privatlehrern unterrichtet und besuchte ab 1694 die vier obersten Klassen des Katharineums in Lübeck. 1698 ging er nach Wittenberg und studierte Theologie, Philosophie und Philologie, kehrte 1701 nach Hause zurück und gab dort seinen ursprünglichen Berufswunsch, Geistlicher zu werden, nach einer Probepredigt auf. 1702 setzte Hoffmann das Fremdsprachenstudium an der Universität Kopenhagen fort, wo er zumal bei dem Gräzisten Johann Cramm hörte. Noch während des Kopenhagener Studiums wurde er Hofmeister und blieb es auch danach. In dieser Eigenschaft bereiste er mit den Söhnen der Gräfin Friesen die Niederlande, England, Frankreich, Italien und Deutschland, trat dann in den Dienst des Lehnsgrafen Christian Gyldenløve und begleitete ebenfalls dessen Söhne, Christian und Frederik Graf Danneskiold-Samsøe, und einen jungen Grafen Laurvig ins europäische Ausland. Seine Reisen führten ihn 1712 nach Hamburg zu Johann Albert Fabricius, mit dem er bereits 1709 korrespondiert hatte, und 1716 nach Oxford, wo er seine im Manuskript vorliegende kritische Ausgabe Justinus Martyrs subskribieren lassen wollte, deren Druck und Zeichnung jedoch verhindert wurde. Hoffmann beschloss, nunmehr das Leben eines Privatgelehrten zu führen und seinen Unterhalt als Kunst- und Juwelenhändler zu bestreiten, ließ sich in Amsterdam nieder, wurde aber 1719 in Hamburg ansässig und dort 1723 Mitglied der ersten Patriotischen Gesellschaft. Von Hamburg reiste er gelegentlich zum Juweleneinkauf nach Amsterdam, blieb dort zuletzt noch einmal anderthalb Jahre bis Ostern 1729 und begleitete Ende August zwei junge Adelige auf einer Auslandsreise, von der er erst 1731, drei Monate vor seinem Tod, nach Hamburg zurückkehrte.

Hoffmanns Öffentlichkeitswirkung beruhte darauf, dass er, darin nur Christian Thomasius und der bekannten Moralischen Wochenschrift »Der Patriot« (Hamburg 1724–26) vergleichbar, mit seinen Werken frühaufklärerische Maßstäbe praktischen Handelns setzte und damit gemeinverständlich in deutscher Sprache ein breites Publikum erreichte. Neben fünf Aufsätzen im »Patrioten«, der deutschen Ausgabe seiner »Politischen Anmerkungen über die wahre und falsche Staatskunst [...]« (Hamburg 1725), der erst nach Hoffmanns Tod von Hermann Samuel Reimarus 1733 herausgegebenen »Neuen Erklärung des Buchs Hiob [...]« sowie seinen Antonin- und Cicero-Übersetzungen (Hamburg 1723, 1727) sind es vor allem die »Zwey Bücher von der Zufriedenheit«, die Hoffmanns Bedeutung ausmachen. Diese stützen sich auf klassische und biblische Argumente und veranschaulichen an den Auswüchsen von Triebhaftigkeit, Habgier und Herrschsucht die Dürftigkeit menschlicher Leidenschaften angesichts der überlegenen Kraft innerer Freiheit und Gelassenheit, jener Zufriedenheit, welche die Pflichten des Alltags erfüllt und ihren Ruhm darin erblickt, den Mitmenschen nützlich zu sein. Hoffmann verstand dergleichen ebenso politisch wie religiös, durchaus merkantilistisch und nicht zuletzt philosophisch. Gelesen wurde das sensationell auflagenstarke Werk als Erbauungsliteratur, sein Reiz aber liegt in der Suggestion, mit der ein menschlicher Wunschtraum als erfüllbar dargestellt wird, was freilich nur für das erste der »Zwey Bücher« gilt.

WERKE [...] Zwey Bücher von der Zufriedenheit. Nach Anleitung der Vernunfft und Glaubens-Gründe [...], Hamburg 1722 [neun weitere, zum Teil verbesserte Aufl. bis 1766]; Des Römischen Kaysers Marcus Aurelius Antoninus Erbauliche Betrachtungen über sich selbst [...], Hamburg 1723 [vier weitere, zum Teil verbesserte Aufl. bis 1755]; Der Patriot, Hamburg 1724–26, Nr. 49, 74, 78, 94 und 138 [Buchausgabe in drei Bdn. Hamburg 1728/29, drei weitere Aufl. bis 1765; Neudruck nach der Originalausgabe 1724–26 in drei Textbdn. und einem Kommentarbd., hg. von Wolfgang Martens, Berlin 1969–84 (Ausgaben deutscher Literatur des XV. bis XVIII. Jahrhunderts 13, 21, 22, 109)]; Des Marcus Tullius Cicero Drey Bücher von der Menschlichen Pflicht [...], Hamburg 1727 [bearbeitet und mit einer Vorrede versehen von Johann Christoph Gottsched, Hamburg 1742, 1758].

LITERATUR LhS 3; Killy 5; Nachricht von dem Leben und den Schriften des Verfassers [Anhang zu den posthumen Aufl. der Zwey Bücher von der Zufriedenheit, siehe unter Werke]; Peter Nasse, Die Frauenzimmer-Bibliothek des Hamburger »Patrioten« von 1724. Zur weiblichen Bildung in der Frühaufklärung, Bd. 1, Stuttgart 1976, S. 138–151; Jürgen Rathje, Brockes' Bücherkatalog als Quelle zu Hamburgs geistigem Leben im frühen 18. Jahrhundert am Beispiel der Poesie der Nieder-Sachsen, in: Barthold Heinrich Brockes (1680–1747) im Spiegel seiner Bibliothek und Bildergalerie, hg. von Hans-Georg Kemper, Uwe-K[arsten] Ketelsen und Carsten Zelle. Unter Mitarbeit von Christine Krotzinger, 2 Bde., Wiesbaden 1998, Bd. 1, S. 83–123, hier S. 112–116 (Wolfenbütteler Forschungen 80. I, II); Wilhelm Schmidt-Biggemann, Erbauliche versus rationale Hermeneutik. Hermann Samuel Reimarus' Bearbeitung von Johann Adolf Hoffmanns »Neue Erklärung des Buchs Hiob«, in: Hermann Samuel Reimarus 1694–1768, Beiträge zur Reimarus-Renaissance in der Gegenwart, hg. von Wolfgang Walter, Göttingen 1998 (Veröffentlichung der Joachim Jungius-Gesellschaft der Wissenschaften Hamburg 85), S. 23–52.

Jürgen Rathje

HOLST, Amalia, geb. von Justi, geb. 1758, gest. 6.1.1829 Groß-Trunkenberg; luth.; pädagogische Schriftstellerin.

Als Tochter aus der zweiten Ehe des Ökonomie- und Cameral-Wissenschaftlers Johann Heinrich Gottlob von Justi erhielt Amalia eine hervorragende Bildung. Der Vater starb 1771 in Küstriner Gefängnishaft, in die er sich selbst begeben hatte, um eine Anklage wegen Veruntreuung von Staatsgeldern prozessual zu entkräften. Später stellte Amalia auf Wunsch des ihr freundschaftlich verbundenen Göttinger Professors Johann Beckmann die Situation ihres Vaters einfühlsam, kenntnisreich und doch kritisch dar. Beckmann veröffentlichte 1806 im »Vorrath kleiner Anmerkungen« das biografische Porträt des umstrittenen Gelehrten aus der Feder seiner Tochter. Wo sich Amalia von Justi in den 20 Jahren nach dem Tod des Vaters aufhielt, ist ungewiss. 1791 kam sie nach Hamburg und heiratete hier ein Jahr später Dr. Johann Ludwig Holst, der in St. Georg ein pädagogisches Institut leitete. Amalia Holst war, auch noch als Mutter von drei Kindern, als Lehrerin im Elementarbereich tätig, ehe sie 1802 in St. Georg ein eigenes Mädcheninstitut eröffnet haben soll. Die Stationen ihres Lebenswegs sind nur unsicher überliefert. Vermutlich trennte sie sich später von ihrem Mann und leitete zusammen mit ihren Töchtern Mädchenpensionate in Wittenburg und Parchim. Ihre letzten Lebensjahre hat sie bei ihrem Sohn auf dem Rittergut Groß-Trunkenberg bei Boizenburg verbracht.

Die Bedeutung von Amalia Holst liegt in ihren pädagogischen Schriften. Die selbstbewusste Autorin kleidete ihre Gedanken nicht, wie bei Frauen ihrer Zeit üblich, in Romanform, sondern schrieb in essayistischem Stil. Sie wagte es, die philanthropischen Autoritäten Johann Bernhard Basedow, Christian Gotthilf Salzmann und Joachim Heinrich Campe auf Widersprüche und Fehler in deren Rousseau-Rezeption hinzuweisen. In ihrem zweiten Werk »Über die Bestimmung des Weibes zur höhern Geistesbildung« (1802) folgte sie den neuhumanistischen Gedanken zur Allgemeinbildung und kritisierte das geschlechtsdifferente Erziehungskonzept Rousseaus. Sie hielt Frauen für ebenso bildungsfähig wie Männer und klagte das weibliche Recht auf Gelehrsamkeit ein. Diese müsse nicht notwendig zu einem Erwerbsberuf führen, sondern komme auch der weiblichen Pflichterfüllung als Hausfrau, Gattin und Mutter zugute. Die Forderung von Gleichheitstheoretikern nach staatsbürgerlicher Gleichstellung der Frauen teilte Holst jedoch nicht. Ihr Erziehungsentwurf zielte auf Töchter von Adligen und Bildungsbürgern. Sie forderte eine Verbesserung der Industrieschulen für Kinder niederer sozialer

Schichten, für die der Staat verantwortlich sein sollte. Von Hamburger Kritikern wurde der geborenen Preußin Standesdünkel vorgeworfen. Sie deutete diesen Tadel als verletzte Eigenliebe der Männer, die sie als Barbaren der Macht bezeichnet hatte.

WERKE Bemerkungen über die Fehler unserer modernen Erziehung von einer praktischen Erzieherin, hg. vom Verfasser des Siegfried von Lindenberg (Johann Gottwerth Müller), Leipzig 1791; Über die Bestimmung des Weibes zur höhern Geistesbildung, Berlin 1802 [Nachdruck Zürich 1984].

LITERATUR ADB 14 [Artikel über Johann Heinrich Gottlob von Justi]; LhS 3; Elke Kleinau, Pädagoginnen der Aufklärung und ihre Bildungstheorien, in: Claudia Opitz/Ulrike Weckel/Elke Kleinau (Hg.), Tugend, Vernunft und Gefühl. Geschlechterdiskurse der Aufklärung und weibliche Lebenswelten, Münster u. a. 2000, S. 309–338.

Inge Grolle

HOLTZBECKER, Hans Simon, gest. 21.3. (?) 1671 Hamburg; Maler.

Über Herkunft und Ausbildung Hans Simon Holtzbeckers ist nichts bekannt. Seit 1649 ist er durch Arbeiten für die Herzogsfamilie von Schleswig-Holstein-Gottorp als in Hamburg ansässig nachweisbar. Seine Spezialität war die Blumenmalerei; seine Kunst fand ihren Niederschlag aber nicht in der zu seiner Zeit beliebten Gattung der Blumenstillleben, sondern in so genannten Florilegien, Sammlungen von Blumendarstellungen, die die Pflanzen einzeln mit botanisch-fachlicher Detailtreue wiedergaben und vor allem von Gartenbesitzern und Blumenfreunden geschätzt wurden. So entstanden auch alle ihm bisher zugeschriebenen Arbeiten im Auftrag von Gartenfreunden: der »Gottorfer Codex« für Herzog Friedrich III., das kleinere »Gottorfer Florilegium« für die Herzogin Maria Elisabeth, zwei Florilegien für die Hamburger Eberhard und Caspar Anckelmann und ein fünfbändiger Blumen-Codex für den Hamburger Bürgermeister Barthold Moller. Zu seiner Zeit berühmt und geschätzt – auch der Dichter, Gartenfreund und Wedeler Pastor Johann Rist lobt ihn in seinen Schriften als »fürtreflich und kunstreich« –, geriet Holtzbecker nach seinem Tode bald in Vergessenheit und konnte erst in den letzten Jahren durch das neu erwachte Interesse für historische Gärten wieder eine gerechte Würdigung erfahren. Seine Hamburger Florilegien dokumentieren in einzigartiger Weise die barocke Gartenkultur dieser Stadt, die ohne sein Werk nur literarisch nachweisbar wäre.

LITERATUR Helga de Cuveland, Der Gottorfer Codex von Hans Simon Holtzbecker, Worms 1989 (Grüne Reihe 14); Staats- und Universitätsbibliothek Hamburg Carl von Ossietzky (Hg.), Das Moller-Florilegium des Hans Simon Holtzbecker, Berlin/Hamburg 1999 (Kulturstiftung der Länder – Patrimonia 174).

Gisela Jaacks

HOPP, Bernhard, geb. 28.10.1893 Hamburg, gest. 18.9.1962 ebd.; luth.; Architekt, Maler, Denkmalpfleger.

Nach dem Mittelschulabschluss absolvierte der Sohn eines Arbeiters aus Hamburg-Rothenburgsort eine Malerlehre. Sodann begab sich Bernhard Hopp in traditioneller Weise auf Wanderschaft, vor allem in Süddeutschland, bevor er 1922 den Meisterbrief erwarb und sich anschließend an der Kunstgewerbeschule Hamburg fortbildete. Er leitete in den zwanziger Jahren die Werkstätten für Kirchenkunst im Rauhen Haus und befasste sich seit 1930 mit der Reform in der Gestaltung von Kirchengerät und Paramentik. Zudem beteiligte er sich an der künstlerischen Gestaltung von Innenräumen, zum Beispiel der Hamburger Stadthalle im Stadtpark und des Bergedorfer Rathauses. Im Christlichen Verein Junger Männer war Hopp mit Rudolf Jäger (1903–78) zusammengetroffen, mit dem er nach dem Architektenexamen 1929/30 das Architekturbüro Hopp & Jäger gründete. Dieses debütierte 1934 erfolgreich mit dem Bau einer Dorfkirche in Born auf dem Darß und errichtete in der Folgezeit in Hamburg zahlreiche Kirchen im konservativen Backsteinstil, so gleichsam als Dorfkirche die Lutherkirche in Wellingsbüttel (1937), St. Lukas in Fuhlsbüttel (als Umbau, 1938) und die Maria-Magdalenen-Kirche in Klein Borstel (1938). Im Zweiten Weltkrieg wurde Hopp für Krankenhausbauten herangezogen. Dann bildete er, erst in Ostpreußen, vor allem aber 1943 in seiner Vaterstadt, einen freiwilligen Bergungstrupp, um während der Bombenangriffe kirchliches Kunstgut zu retten, zu sichern und zu archivieren.

Das daraus erwachsene hohe Ansehen Hopps führte dazu, dass er gleich nach Kriegsende unter dem von der britischen Besatzungsmacht eingesetzten Bürgermeister Rudolf Petersen zum kommissarischen Denkmalpfleger Hamburgs ernannt wurde und dieses Amt bis März 1950 ausübte. Mit großer

Bernhard Hopp

Tatkraft trieb er die Sicherung und ersten Wiederaufbaumaßnahmen von zahlreichen zerstörten oder schwer beschädigten Hamburger Baudenkmalen voran. In vielen Vorträgen und Aufsätzen entwarf Hopp eine Vision von der wichtigen Rolle der Baudenkmale für die künftige Entwicklung des wiederaufzubauenden Hamburg. Für fast alle bedeutenden Kirchen der Innenstadt hat er Grundlagen zum Wiederaufbau geschaffen oder eine provisorische Nutzbarmachung ermöglicht. Er erreichte die Sicherung der Alsterarkaden, den Beginn des Wiederaufbaus der klassizistischen Börse und die stilgerechte Reparatur des Rathausturms. Die damals noch bestehende Nordzeile der Esplanade konnte Hopp freilich nicht vor dem Abbruch retten. In einem gegenüber früheren Planungen stark reduzierten Umfang verfolgte er noch – freilich ohne Erfolg – die Schaffung einer so genannten »Traditionsinsel« mit historischen Bauten und translozierten Spolien in der Innenstadt. Vergeblich war auch sein Einsatz zur Rettung historischer topografischer Strukturen mancher Fleete und in den Wallanlagen im Westen der Stadt bei deren Auffüllung mit Trümmerschutt. Seine in diesen Jahren entstandenen umfangreichen Berichte von Dienstreisen für die Behörde sind heute eine unschätzbare kulturgeschichtliche Quelle.

Im Anschluss an diese kommissarische Tätigkeit führte Hopp mit seinem Büro, auf den amtlichen Erfahrungen fußend, den Wiederaufbau zweier innerstädtischer Hauptkirchen durch. Den 1959/62 wiedererrichteten Turm vom St. Jacobi fügte er – nach mehreren Planungsstufen – in Paraphrase seines ehemaligen neogotischen Oktogons in einer sehr überzeugenden neuen Form in die Turmsilhouette der Innenstadt ein. Für St. Katharinen entwarf er von 1950 bis 1956 auch Teile der neuen Ausstattung.

Im Kirchenneubau wandte sich das Büro nach 1950 modernen Bauformen zu, so zum Beispiel beim Wiederaufbau der Christuskirche am Wandsbeker Markt unter Verwendung weniger Reste des Altbaus (1953/54), bei der Philippuskirche in Horn (1956) und bei St. Marien in Fuhlsbüttel (1960), aber auch bei manchen Kirchenneubauten in Westfalen. Hopp & Jäger waren auch an dem Architektenteam beteiligt, das von 1946 bis 1956 die berühmten Grindelhochhäuser in Harvestehude plante und baute.

WERKE Hamburg (Berichte und Verzeichnisse über die Kunstzerstörungen in Deutschland), in: Die Kunstpflege. Beiträge zur Geschichte und Pflege deutscher Architektur und Kunst, im Auftrage der deutschen Denkmalpfleger hg. von Georg Lill, Erste Folge, Berlin 1948, S. 134–146; Über denkmalpflegerische Probleme beim Wiederaufbau Hamburgs, in: Baurundschau 37, Nr. 19/24 (Oktober-Dezember 1947), S. 114–128.

LITERATUR Oskar Beyer (Hg.), Bernhard Hopp 1893–1962. Aus Vorträgen und Briefen zusammengestellt, Hamburg o. J.; Hans-Georg Soeffner/Hans-Christian Knuth/Cornelius Nissle, Dächer der Hoffnung. Kirchenbau in Hamburg zwischen 1950 und 1970, Hamburg 1995; Manfred F. Fischer, Denkmalpflege in Hamburg. Idee – Gesetz – Geschichte, Hamburg 2000 (Arbeitshefte zur Denkmalpflege in Hamburg 19), S. 57–62. *Manfred F. Fischer*

HORBORCH, Wilhelm, gest. 1384 Rom; Kanonist.

Wilhelm Horborch stammte aus einer Hamburger Patrizierfamilie. Sein Vater Johann und sein Bruder Bertram waren Ratsherren und Bürgermeister in Hamburg. Nachdem Wilhelm in Paris die Freien Künste und Rechtswissenschaft studiert hatte, wurde er, nunmehr Magister der Freien Künste und Baccalarius des Kirchenrechts, 1361 von Papst Innozenz VI. zum Nuntius für die Erzdiözese Bremen und die Diözese Verden bestellt. Im Domkapitel zu Hamburg wurde er 1363 Dompropst, wechselte aber noch im selben Jahr auf die Würde des Domdekans über, zu dessen Aufgaben die kirchliche Gerichtsbarkeit gehörte; dieses Amt hatte er bis 1367 inne. Von kunsthistorischer Seite wird vermutet, dass er das Bildprogramm angeregt hat, das Meister Bertram von Minden, der seit 1367 in Hamburg bezeugt ist, für den Hochaltar der Pfarrkirche St. Petri in Hamburg ausführte (vollendet 1383). Während dieses gesamten Zeitraumes war Bertram Horborch, möglicherweise der Stifter des Altars, Bürgermeister von Hamburg. Wilhelm setzte von 1367 bis 1368 seine juristischen Studien in Bologna fort und promovierte zum Doktor des Kirchenrechts (Doctor decretorum). Kaiser Karl IV., der Gründer der Universität Prag, berief ihn 1371/72 dorthin als Professor des Kirchenrechts. 1375/76 wurde Horborch von Papst Gregor XI. zum Auditor der Rota Romana ernannt. Die »Sacra Rota Romana« war die Behörde, die für die äußere Gerichtsbarkeit der römischen Kirche, teilweise auch in weltlichen Sachen, zuständig war; die »auditores sacri palatii apostolici« waren die an ihr amtierenden Richter. Als Auditor hatte Wilhelm Horborch seinen Amtssitz zuerst in Avignon, später, bis zu seinem Tode, in Rom. Die Würde eines Dompropstes in Krakau, die er 1379 erhielt, ließ er durch einen Vikar wahrnehmen. Während seiner römischen Zeit hat er die chronologisch geordnete Sammlung der Entscheidungen der Rota Romana, deren erste (»Decisiones antiquae«) bis 1376 reichte, für die Jahre 1376 bis 1381 fortgesetzt (»Decisiones novae«). Die »Decisiones Rotae Romanae« sind in zahlreichen Handschriften und Drucken überliefert.

WERK Decisiones (novae) Rotae Romanae [für die Jahre 1376 bis 1381], gedruckt zum Beispiel Rom 1472, Mainz 1477, Venedig 1491, Köln 1581.

LITERATUR NDB 9; Bernard Vonderlage, Das hamburgische Domkapitel in seiner persönlichen Zusammensetzung bis zur Einführung der Reformation, Phil. Diss. Hamburg 1924, S. 33, 45, 96; Heinrich Reincke, Große Hamburger Juristen aus fünf Jahrhunderten, Hamburg 1954, S. 5–8; Helmut Coing (Hg.), Handbuch der Quellen und Literatur der neueren europäischen Privatrechtsgeschichte, Bd. 1, München 1973, S. 851–856; Christian Beutler, Meister Bertram. Der Hochaltar von Sankt Petri. Christliche Allegorie als protestantisches Ärgernis, Frankfurt a. M. 1984, S. 69–72.

Gerhard Theuerkauf

HORWITZ, Mirjam, verh. Ziegel-Horwitz, geb. 15.6.1882 Berlin, gest. 26.9.1967 Lütjensee; isr.; Schauspielerin, Regisseurin und Prinzipalin der Hamburger Kammerspiele.

Die Schülerin Max Reinhardts verbrachte ihre ersten Bühnenjahre bis 1913 vor allem in Berlin, wo sie an verschiedenen Theatern und Kleinkunstbühnen auftrat. Bereits bei ihrem ersten Berliner Engagement 1902 am Schiller-Theater lernte sie ihren späteren Mann, den Schauspieler und Regisseur Erich Ziegel, kennen. Fortan waren beider Karrieren eng miteinander verknüpft.

Als sich 1913 für Erich Ziegel aus einem Gastspiel die Möglichkeit der Leitung der Münchner Kammerspiele entwickelte, beendete Mirjam Horwitz ihre Arbeit mit dem Filmregisseur Oskar Meßter trotz seiner Warnung, eine große Filmkarriere zu verspielen, und folgte ihrem Mann. Als Antrittsrolle spielte sie die Malerin Bertha in August Strindbergs »Kameraden« an der Seite ihres Mannes. »[...] die mondäne, emanzipierte Frau, begabt, klug, reizvoll, selbstbewußt, attraktiv, nur ohne jede (mütterliche oder kindliche) Wärme«, urteilte Wolfgang Petzet in seiner Darstellung der Münchner Kammerspiele (1973). 1916 kündigte das Ehepaar Ziegel-Horwitz seine Verträge und ging nach Hamburg. In der Uraufführung von Paul Egers »Adam, Eva und die Schlange« stand Mirjam Horwitz im Deutschen Schauspielhaus neben Heinrich Lang zum ersten Mal auf einer Hamburger Bühne. Nach wenigen Monaten wechselte auch Erich Ziegel an das von Max Grube geleitete Haus, da er mit der eingespielten Truppe am Thalia Theater keine Entwicklungsmöglichkeiten sah. Aber auch am Schauspielhaus scheiterten die gemeinsamen Anstrengungen des Ehepaares Ziegel-Horwitz, literarisches Neuland zu gewinnen, sodass in ihnen die Idee reifte, in Hamburg eine neue literarische Bühne in der Art der Münchner Kammerspiele zu gründen. Es ging ihnen darum, moderne Autoren zu spielen und neue Inszenierungskonzepte auszuprobieren. Mit jungen bildungsfähigen Talenten wollten sie arbeiten; ihr Theater sollte der Trostlosigkeit und Zerstörung des Krieges etwas entgegensetzen und der jungen Generation den Weg weisen. Kurz vor Weihnachten 1917 kündigten sie ihre Verträge, und in der Silvesternacht 1917/18 beschlossen sie auf dem Heimweg von Freunden auf der Lombardsbrücke, das Unternehmen zu wagen.

Am 30. August 1918 wurden am Besenbinderhof die Hamburger Kammerspiele mit einer Frank-Wedekind-Woche zum Gedächtnis des im selben Jahr verstorbenen Dichters eröffnet; auf dem Programm stand »Hidalla oder Die Moral der Schönheit«. Bei allem Engagement, dem Neuen zur Darstellung zu verhelfen, standen die Kammerspiele nicht im Dienste des Expressionismus. Als Schauspielerin konnte

Mirjam Horwitz sich dieser Richtung weder aufgrund ihres Jahrgangs noch aufgrund ihres Naturells verpflichtet fühlen. Sie spielte unter anderem in Stücken von Frank Wedekind (Lulu in »Die Büchse der Pandora« und im »Erdgeist«, 1919; Katharina Alexandrowna Gräfin Totzky in »Der Liebestrank«, 1920; Titelrolle in »Lulu«, 1922), August Strindberg (Indras Tochter in »Ein Traumspiel«, 1919; Titelrolle in »Fräulein Julie«, 1920; Die Dame in »Nach Damaskus«, 1922; Bertha Alund in »Marodeure«, 1923; Bertha in »Kameraden«, 1923; Henriette in »Rausch«, 1923), Arthur Schnitzler (Cäcilie in »Zwischenspiel«, 1919; Die junge Frau im V. Bild in »Reigen«, 1920; Marie in »Der Ruf des Lebens«, 1925) und Gerhart Hauptmann (Titelrolle in »Elga«, 1921) sowie in klassischen Theaterstücken wie Gotthold Ephraim Lessings »Minna von Barnhelm« (1922) und William Shakespeares »Othello« (1922). Eine Rolle, die sie besonders liebte, war die der Candida in dem gleichnamigen Stück von George Bernard Shaw, diese große Liebeserklärung an die Frau, die sie an der Seite von Erich Ziegel als Ehemann und Gustaf Gründgens als jungem Dichter spielte. »Mirjam Horwitz, als Künstlerin ihrer Mittel vollkommen sicher, ganz charmante Frau in leichten und lockeren Rollen und tausend kleiner Teufeleien fähig, vertiefte sich als Candida zu klarer, heiterer Ruhe und gewann in großen Strindberg-Rollen – Tochter Indras, Dame im ›Nach Damaskus‹ – schweren eindringlichen Ernst. Einen ganz besonderen Reiz hat stets ihr Zusammenspiel mit ihrem Gatten Erich Ziegel; hier ist eine Partnerschaft, die auf jeden Druck, jede Strahlung antwortet«, schrieb der Schriftsteller und Journalist Hans W. Fischer 1923 in seinem »Hamburger Kulturbilderbogen« über die Schauspielerin, die selbst eine ganze Generation von Bühnendarstellern ausbildete. Ernst Fritz Fürbringer, Otto Kurth und Alexander Hunzinger gehörten dazu.

Als Erich Ziegel 1926 die Nachfolge des Intendanten Paul Eger am Deutschen Schauspielhaus antrat, übernahm Mirjam Ziegel-Horwitz, wie sie sich in ihrer neuen Funktion nannte, die Direktion der Kammerspiele. Die Schauspielerin, die sich bis dahin nicht viel um die Theaterleitung gekümmert hatte, eröffnete mit der Uraufführung von Ferdinand Bruckners »Krankheit der Jugend« und führte selbst Regie. 1927 inszenierte sie »Kilian oder Die Gelbe Rose« von Paul Kornfeld und »Das Kirschblütenfest« von Klabund, 1928 »Maya« von Simon Gantillon und die »Schülertragödie« von Edgar Walsemann. 1928 mussten die Kammerspiele dem Neubau des Gewerkschaftshauses weichen. Im selben Jahr wurde Erich Ziegel am Schauspielhaus gekündigt.

Mirjam Horwitz

Das Paar sah sich nach einer neuen Spielstätte um und eröffnete am 1. September 1928 die »Kammerspiele im Lustspielhaus« im ehemaligen Kleinen Lustspielhaus in den Großen Bleichen. 1932 übersiedelte Erich Ziegel mit seinem Ensemble ins Thalia Theater und benannte es in »Kammerspiele im Thalia Theater« um. 1934 musste er die Leitung wegen seiner Ehe mit einer Jüdin abgeben. Mirjam Horwitz hatte bereits seit 1933 Auftrittsverbot. Das Ehepaar verließ die Stadt, deren kulturelles Leben es fast zwei Jahrzehnte lang entscheidend geprägt hatte, und emigrierte 1934 nach Wien.

Nach dreijährigem gemeinsamem Engagement an den Kammerspielen in der Rotenturmstraße kehrte Erich Ziegel 1936 mit Genehmigung der Reichskulturkammer nach Berlin zu Gustaf Gründgens ans Staatliche Schauspielhaus am Gendarmenmarkt zurück. 1938 durfte Mirjam Horwitz, ebenfalls dank Gründgens' Intervention, ihrem Mann folgen, ohne allerdings eine Auftrittsgenehmigung zu erhalten. Sie konnte erst 1945 im Theater Die Insel in Wien als Schauspielerin und Regisseurin neben ihrem Mann als Oberspielleiter wieder künstlerisch tätig werden. Im Herbst 1949 kehrte das Ehepaar Ziegel-Horwitz erstmals nach Hamburg zurück, gastierte im Thalia Theater in Gerhart Hauptmanns »Der Biberpelz« als Wehrhahn und Mutter

Wolffen und im Theater am Besenbinderhof neben Albert Bassermann im Schwank der Brüder Schönthal »Der Raub der Sabinerinnen«. Darüber hinaus verschloss sich die Hamburger Kulturlandschaft dem Ehepaar Ziegel-Horwitz. Nach Erich Ziegels Tod 1950 siedelte Mirjam Horwitz dennoch nach Hamburg über und arbeitete fortan vor allem für den NWDR. Sie starb in einem Altersheim in Lütjensee bei Hamburg.

LITERATUR Bake/Reimers, S. 95–99.

Brita Reimers

HÜBNER, Johann, geb. 17.3.1668 Türchau bei Zittau (Oberlausitz), gest. 21.5.1731 Hamburg; luth.; Geograf, Historiker, Theologe, Schulbuchautor, Rektor des Johanneums.

Johann Hübner, der 20 Jahre der Gelehrtenschule des Johanneums als Rektor vorstand, gehört zu den zentralen Persönlichkeiten für die Popularisierung der Aufklärung in Deutschland und darüber hinaus. Er besuchte von 1679 bis 1689 das Gymnasium in Zittau, dessen Rektor, der für die Frühaufklärung bedeutende Dichter und Pädagoge Christian Weise, ihn förderte und durch sein Ideal einer umfassenden, weltmännischen, praxisorientierten Bildung prägte. 1689 bezog Hübner die Universität Leipzig, wo er neben Theologie auch Geschichte und Philosophie studierte und ab 1691 als Magister Rhetorik, Poesie, Geschichte und Geografie lehrte, bis ihm 1694 das Rektorat der Domschule zu Merseburg angetragen wurde. Hier entstanden in rascher Folge seine wichtigsten Lehrwerke. Er war also bereits eine pädagogische Berühmtheit, als er 1711 zum Rector Johannei in Hamburg gewählt wurde, unterließ es aber nicht, auch hier an Neuauflagen und weiteren Projekten zu arbeiten.

Schon 1693 waren seine »Kurzen Fragen aus der neuen und alten Geographie, auf den ryswijckischen Friedensschluß gegründet« erschienen, mit denen er der Verbindung von politischer Geografie und (zeit-)geschichtlich fundierter Staatenkunde zu einer großen Verbreitung verhalf. Damit betrat er nicht nur durch die Orientierung auf die Gegenwart Neuland, sondern ebnete auch dem Determinismus den Weg, der den Gang der Geschichte und den Charakter eines Volkes aus der Geografie, insbesondere dem Klima, zu erklären versuchte. Bis 1711 erschienen allein 20 Auflagen, noch zu Hübners Lebenszeit kam die 36. Auflage heraus. Das Werk wurde kontinuierlich aktualisiert, aber aus pädagogischen und Absatzgründen nur begrenzt erweitert. Erst Hübners Sohn Johann (d. J.) gestaltete es zur dreibändigen »Vollständigen Geographie« um. Seinen pädagogischen Intentionen entsprechend ergänzte Hübner das Buch 1710 um einen Schulatlas, den er mithilfe farbiger »Illuminationen« auf seine »Geographischen Fragen« abstimmte. Der systematische Einsatz von Rand- und Flächenfärbungen als Bedeutungsträger wirkte epochemachend auf die Kartografie.

In direktem Zusammenhang damit standen die ab 1697 in zehn Bänden publizierten »Kurzen Fragen aus der politischen Historie«, die sich methodisch-didaktisch in denselben Bahnen bewegten, aber nicht ganz an den Erfolg des Vorgängers heranreichten. Auch sie wurden in Supplementen ständig aktualisiert und ergänzt durch die »Drey hundert und drey und dreyßig genealogischen Tabellen [...] Zur Erläuterung Der Politischen Historie« (1708, vier Aufl. bis 1737). Schließlich trug Hübner mit seinen beiden knapp gefassten, zunächst einbändigen Lexika – dem »Realen Staats- und Zeitungs-Lexicon« (1704, 31. Aufl. 1824) und dem »Curieusen Natur- Kunst- Gewerck- und Handlungslexicon« (1712, 14. Aufl. 1795) – dem wachsenden Informationsbedürfnis eines bürgerlichen Lesepublikums Rechnung.

Darüber hinaus verfasste Hübner ein »Poetisches Handbuch« (1696), dessen angehängtes Reimlexikon als das literaturgeschichtlich bedeutendste nach dem des Philipp von Zesen (1641) gelten kann, sowie ein Lehrbuch der Rhetorik in fünf Teilen (1701 ff.), dessen letzter Teil 1730 passend zum 200. Jahrestag der Confessio Augustana eine Reformationsgeschichte in 50 Reden enthielt. Rhetorik und Poetik gehörten zum Fächerkanon in Merseburg wie in Hamburg, wobei nicht Tiefe oder Originalität in der Theorie, sondern das praxisorientierte Erlernen elaborierter sprachlicher Fähigkeiten im Mittelpunkt stand. Über Zielrichtung und Niveau dieses Unterrichts geben nicht nur einige erhalten gebliebene Schulreden aus der Zeit Hübners Auskunft, sondern auch die beiden gereimten Nachrufe auf ihn. In diese Kategorie gehören auch Hübners eigene Dichtungen, die er der »Teutsch-übenden Gesellschaft« vorlegte, deren Mitglied er neben Michael Richey, Barthold Hinrich Brockes, Johann Albrecht Fabricius

Johann Hübner

und anderen von 1715 bis 1717 war, sowie die Kantate, die Hübner zum 200. Jubiläum des Kollegiums der Oberalten 1728 dichtete (Vertonung durch Georg Philipp Telemann). Hübners Poesie, mehr noch seine Prosa, war von einem schlichten, ungekünstelten Stil und einer Klarheit und Präzision des Ausdrucks geprägt.

Hübner hielt sich von jeder konfessionellen Polemik und den Auseinandersetzungen zwischen lutherischer Orthodoxie und Pietismus fern. Wahrscheinlich zögerte er deswegen sogar die Veröffentlichung seiner »Zwey mal zwey und funnfzig Auserlesene Biblische Historien aus dem Alten und Neuen Testamente« bis 1714 hinaus. Wie seine anderen Lehrbücher waren sie so konzipiert, dass sie nicht nur in der Schule benutzt werden konnten, sondern auch für den häuslichen Unterricht durch Eltern und Privatlehrer sowie für das Selbststudium von Kindern und Erwachsenen geeignet waren. Der jeweils in einer leicht fasslichen Sprache erzählten Geschichte folgt eine Kette von Fragen, die vordergründig dem Memorieren dienen. Sodann schließen sich zu jeder Erzählung drei »nützliche Lehren« an, die die Anwendung des Inhalts auf das tägliche Leben aufzeigen sollen. Diese werden schließlich durch einen choralhaften Sechszeiler unterstützt. Ausgangspunkt und pädagogisches Ziel der »Biblischen Historien« sind eine tätige Religion, eine praktische Frömmigkeit und bürgerliche Nützlichkeit im Geist der Frühaufklärung, die ohne eine kirchliche Dogmatik auskommt. Dies dürfte den exorbitanten Erfolg des Buches mit seinen 44 Neuauflagen bis 1823, 55 Auflagen von Nachdrucken bis 1867 sowie über 290 Auflagen von Bearbeitungen bis 1902 erklären. Noch 1790 wurde es zusammen mit Luthers »Kleinem Katechismus« zur Grundlage des Religionsunterrichts an der Lehrschule der Allgemeinen Armenanstalt in Hamburg gemacht. Es wurde in fast alle europäischen Sprachen übersetzt. Die russische Fassung gehörte zu den prägenden Leseerlebnissen in Fjodor Dostojewskis Kindheit.

Dem Pädagogen Johann Hübner gebührt das Verdienst, die »sokratische« Lehrmethode, also den Dialog zwischen Lehrer und Schüler, aus dem Kontext des Katechismusunterrichts gelöst und ihre Übertragbarkeit auf andere Schulfächer erwiesen zu haben. Der emanzipatorische Zug der Methode, die das Verstehen und die Ausbildung der Verstandeskräfte vor das Auswendiglernen stellte, sollte für die Pädagogik der Aufklärung prägend werden. Im schulischen Fächerkanon kam es Hübner – parallel zu den Bestrebungen August Hermann Franckes und den pietistisch inspirierten Schulreformen – auf die Einbeziehung der Realien an, die sich jedoch im Lehrbetrieb des Johanneums aufgrund der starren Schulverfassung erst mehr als vier Jahrzehnte nach Hübners Tod ansatzweise realisieren ließ.

WERKE Schriftenverzeichnis in: LhS 3.

LITERATUR ADB 13; LhS 3; Friedrich Brachmann, Johann Hübner. Johannei Rector 1711–1731. Ein Beitrag zur Geschichte der deutschen Litteratur, Hamburg 1899; Günter Mühlpfordt, Populäraufklärung als Bildungsmacht. Johann Hübner – Werk und Wirkung im 18. Jahrhundert. Zur 250. Wiederkehr seines Todestages, in: Erich Donnert (Hg.), Gesellschaft und Kultur Rußlands in der 2. Hälfte des 18. Jahrhunderts, Teil 2: Literatur, Wissenschaft und Bildung, Halle/Saale 1983 (Beiträge zur Geschichte der UdSSR 6), S. 232–264; Christine Reents, Die Bibel als Schul- und Hausbuch für Kinder. Werkanalyse und Wirkungsgeschichte einer frühen Schul- und Kinderbibel im evangelischen Raum: Johann Hübner, Zweymal zwey und funffzig Auserlesene Biblische Historien, der Jugend zum Besten abgefasset …, Leipzig 1714 bis Leipzig 1874 und Schwelm 1902, Göttingen 1984 (Arbeiten zur Religionspädagogik 2). *Frank Hatje*

HUMBOLDT, Friedrich Wilhelm Heinrich *Alexander* Freiherr von, geb. 14.9.1769 Berlin, gest. 6.5.1859 ebd.; Naturforscher, Forschungsreisender.

Alexander von Humboldts neunmonatiger Aufenthalt in Hamburg war Teil eines Bildungsgangs von enzyklopädischen Ausmaßen. Nachdem er zusam-

Alexander von Humboldt

men mit seinem Bruder Wilhelm im Elternhaus von Privatlehrern wie Joachim Heinrich Campe, mit dem die Humboldts zeitlebens freundschaftlich verbunden blieben, unterrichtet worden war, studierte Alexander von Humboldt Kameralistik in Frankfurt an der Oder, nahm dann in Berlin Privatunterricht in Technologie, Physik, Mathematik, Zeichnen, Griechisch, Philosophie und Botanik, bevor er 1789/90 nach Göttingen ging, um sprachliche und naturwissenschaftliche Studien zu treiben (unter anderem bei Georg Christoph Lichtenberg). Nach einer fünfmonatigen Reise mit Georg Forster durch die Niederlande, Frankreich und England traf er im August 1790 in Hamburg ein, um dem Wunsch seiner Mutter entsprechend, die ihn für das Finanzfach bestimmt hatte, an der Handlungsakademie Johann Georg Büschs Vorlesung vom »Geldesumlauf« zu hören, Buchhaltung zu erlernen und genaue Kenntnisse von der kaufmännischen Praxis im Kontor zu erlangen. So lebte Humboldt bis April 1791 im Hause Büschs, dem ein so bedeutender Schüler zu Werbezwecken sehr gelegen kam. Den Unterricht schätzte er, obwohl sein Herz eigentlich für Botanik und Mineralogie schlug, als nützlich und gewinnbringend. Mehr jedoch schätzte er die Internationalität der Schülerschaft, aus der er Nutzen für seine Sprachkenntnisse zog, sowie die Kombination aus stiller Abgeschiedenheit auf seinem Internatszimmer und dem freien Zugang zu den reichhaltigen Bibliotheken Büschs, Christoph Daniel Ebelings und des mit beiden befreundeten Johann Albert Heinrich Reimarus. Das gesellschaftliche Leben Hamburgs war indes nicht nach seinem Geschmack. Seine Hamburger Zeit charakterisierte er als »zufrieden, aber nicht froh«. Nach weiteren Studien an der Freiberger Bergakademie trat Humboldt als leitender Beamter des Berg- und Hüttenwesens in den preußischen Staatsdienst und verfasste in dieser Funktion 1793 eine Denkschrift über das Münzwesen in Franken, die den Einfluss Büschs verrät. Nach dem Tod der Mutter konnte Humboldt seinen eigentlichen Interessen leben und schiffte sich 1799 von La Coruña (Spanien) aus nach Südamerika ein. Die Ergebnisse seiner Forschungsreise arbeitete er nach seiner Rückkehr 1804 in Paris aus und kehrte erst 1827 endgültig nach Berlin zurück, wo er im Rang eines Geheimrats und Kammerherrn als Prinzenerzieher am preußischen Hofe tätig war, zugleich öffentliche Vorlesungen abhielt und weiterhin wissenschaftlich arbeitete (unter anderem an der Erforschung des Erdmagnetismus).

Humboldt, der mithilfe zahlreicher exakter Messinstrumente erstmals ökologische Landschaftsforschung verwirklichte, begründete mit seinen Forschungen die moderne Landeskunde und die Pflanzengeografie. In Hamburg erinnern die Humboldtstraße in Barmbek-Süd (1859) und die Humboldtbrücke auf der Uhlenhorst (1970) an den Naturforscher.

WERKE Horst Fiedler/Ulrike Leitner, Alexander von Humboldts Schriften. Bibliographie der selbständig erschienenen Schriften, Berlin 2000 (Beiträge zur Alexander-von-Humboldt-Forschung 20).

LITERATUR ADB 13; NDB 10; Hanno Beck, Alexander von Humboldt, Wiesbaden 1959; Kurt-Reinhard Biermann, Alexander von Humboldt, 4., durchgesehene Aufl. Leipzig 1990 (Biographien hervorragender Naturwissenschaftler, Techniker und Mediziner 47); Ingo Schwarz, Alexander von Humboldt in Hamburg. Aus Anlaß des 200. Jahrestages seines Studienbeginns in Hamburg, Berlin 1990; Otto Krätz, Alexander von Humboldt. Wissenschaftler, Weltbürger, Revolutionär, 2., korrigierte Aufl. München 2000.

Frank Hatje

IMANUEL, Siegmund (bis 1809 Salomon Jacob Emanuel), geb. 4. 9. 1790 Hamburg, gest. 23. 12. 1847 Minden; isr., seit 1809 luth.; Philologe, Pädagoge.

Die pädagogischen Reformen Johannes Gurlitts am Hamburger Johanneum wirkten über seinen Schüler Siegmund Imanuel in das reformfreudige Preußen der nachhumboldtschen Ära hinein. Imanuel entwickelte als Direktor des Mindener Ratsgymnasiums sowohl den Typ des modernen humanistischen als auch den des Realgymnasiums.

Dem Sohn des jüdischen Gewürzhändlers Jacob Moses Emanuel und seiner Frau Liebe, geborene Beit, ermöglichte der Großvater Marcus Salomon Beit den Besuch des Altonaer Christianeums, das um 1800 als einziges Gymnasium im Hamburger Raum auch jüdischen Schülern offen stand. Mit Amtsantritt Gurlitts 1802 wurde dies nun auch auf dem Hamburger Johanneum möglich. Nach Abschluss der Prima in Altona besuchte Emanuel in Hamburg ab 1803 das Akademische Gymnasium mit dem Studienziel Medizin, der einzigen Fachrichtung, die damals von Juden an den Universitäten studiert werden durfte. Gurlitt, der neben seinem Rektorat am Johanneum auch als Professor für Orientalische Sprachen am Akademischen Gymnasium tätig war, richtete am Johanneum einen Leistungskurs für Alte Sprachen ein, der auch von Schülern des Akademischen Gymnasiums besucht werden konnte. Zu diesem Kurs gehörte neben Salomon Jacob Emanuel auch der spätere preußische Diplomat Karl August Varnhagen von Ense. Obwohl Gurlitt nicht der zeitgenössischen romantischen Erweckungsbewegung in der evangelischen Kirche nahe stand, sondern ein rationales Christentum vertrat, bewog er vermutlich sowohl Emanuels Mitschüler David Mendel (1789–1850), der später unter dem Namen August Wilhelm Neander ein berühmter protestantischer Kirchenhistoriker werden sollte, wie auch Emanuel selbst zur Konversion. Nach dem Schulabschluss (1809) ließ sich Emanuel in St. Katharinen taufen und trug fortan den Namen Siegmund Imanuel. Gurlitt, sein Taufpate, verfolgte mit Interesse seinen weiteren Lebensweg und unterstützte auch finanziell das anschließende Philologiestudium in Göttingen und Leipzig. Nach seiner Promotion 1813 in Leipzig nahm Imanuel 1814 eine Gymnasiallehrerstelle in Hirschberg/Schlesien an, nachdem sich seine Hoffnungen, als Lehrer nach Hamburg zurückzugehen, zerschlagen hatten. Obwohl ihm aufgrund seiner pädagogischen Fähigkeiten in Schlesien mehrere Prorektorenstellen angeboten wurden, zog es ihn – wie er an Gurlitt schrieb – »mit Macht nach dem nordischen Vaterlande«, sodass er 1822 den Ruf als Direktor an das Mindener Ratsgymnasium annahm. Nach dem Vorbild Gurlitts führte er in Minden eine geordnete Schulverwaltung durch, legte systematische Schülerverzeichnisse an, richtete gedruckte Schulnachrichten und Schulprogramme ein, um die wissenschaftliche Weiterbildung der Lehrer zu fördern, und veranstaltete öffentliche Prüfungs- und Deklamationsübungen der Schüler. Gegen die restaurativen Bestrebungen in Preußen nach 1820 setzte er die Humboldtsche Bildungsreform weiterhin durch, richtete aber, um wirtschaftlichen Interessen entgegenzukommen, neben dem humanistischen Schulzweig Realklassen am Gymnasium ein und initiierte somit den späteren Schultyp des Realgymnasiums. Vorbildlich für die übrigen Gymnasien Preußens war auch die Etablierung des Schulsports als Unterrichtsfach. Auf Imanuel geht zudem die Reform des Geschichtsunterrichts zurück, der anstelle einer reinen »Faktenhuberei« zu einem quellengestützten Verständnis der Weltgeschichte führen sollte.

WERKE Schriftenverzeichnis in: LhS 3; Siegmund Imanuel, Bemerkungen über den historischen Unterricht auf Gymnasien, in: Schulprogramm 1827, Minden 1827.

LITERATUR ADB 14; LhS 3; Marianne Nordsiek, Siegmund Imanuel (1790–1847) und die Reorganisation des Mindener Gymnasiums, in: Friedhelm Sundergeld (Hg.), Land und Leuten dienen. Ein Lesebuch zur Geschichte der Schule in Minden. Zum 450jährigen Bestehen im Auftrag des Ratsgymnasiums Minden, Minden 1980, S. 103–121.

Arno Herzig

JÄGER, Adolf, geb. 31.3.1889 Hamburg, gest. 21.11.1944 ebd.; Fußballspieler.

Der in Eimsbüttel geborene Adolf Jäger stieg bei dem Verein, der bis heute die schwarz-weiß-roten Farben des Kaiserreichs trägt, Altona 93, zu einem der ersten großen Fußballidole Deutschlands auf. Der Austragungsort seiner größten Spiele, das AFC-Stadion an der Griegstraße, 1944 bis 1945 in Adolf-Jäger-Kampfbahn umbenannt, erinnert mit einem Denkmal hinter dem Haupteingang an den schon zu Lebzeiten als Legende verehrten Mittelstürmer.

Weihnachten 1907 debütierte der 18-jährige Jäger in der ersten Mannschaft von Altona 93 im Freundschaftsspiel gegen den FV Dordrecht aus Holland und läutete damit eine große Erfolgswelle der Mannschaft aus der preußischen Nachbarstadt Hamburgs ein, die politisch erst durch den Vollzug des Groß-Hamburg-Gesetzes von 1937, fußballerisch aber schon seit dem 20. Oktober 1894 im Hamburg-Altonaer Fußball-Bund mit der Hansestadt verbunden war: Sechsmal wurde Altona 93 Hamburger Meister, fünfmal Vize, 1909 stand die Mannschaft im Halbfinale der Deutschen Meisterschaft, 1914 wurde sie erster Champion der neuen Oberliga Nord, 1925 war sie Hamburger Meister sowie Nord-Vize und stand ebenso wie 1914 im Viertelfinale der Deutschen Meisterschaft.

Besonders in den zwanziger Jahren, als der Fußball deutschlandweit ein immer größeres Zuschauerinteresse fand, war der Platz, auf dem Jäger seine Tore schoss, Anziehungspunkt vieler Tausender. Ein Zuschauerrekord wurde 1927 beim Repräsentativspiel Norddeutschlands gegen Südschweden (unter Beteiligung Jägers) mit 27 000 Menschen erreicht, doch auch bei vielen Spitzenspielen des AFC in diesen Jahren waren es selten weniger. Neben 51 Einsätzen in der Nordauswahl spielte Jäger 18-mal für die Nationalmannschaft – erstmals 1908 in Wien beim 2:3 gegen Österreich, letztmals 1924 in Stuttgart beim 1:1 gegen die Schweiz. Er wäre sicher zu wesentlich mehr Berufungen gekommen, hätte er nicht aufgrund seiner Militärzeit von 1909 bis 1911 eine Zwangspause einlegen müssen. Sein Regiment lehnte alle DFB-Gesuche, ihn freizustellen, ab. Außerdem fanden infolge des Ersten Weltkriegs von April 1914 bis Juni 1920 keine internationalen Begegnungen statt.

Auch nach Beendigung seiner Laufbahn 1927 blieb Jägers Popularität bestehen. Noch zehn Jahre

Adolf Jäger

später erschien ein Buch über »Adolf Jägers Meistertaten«. Auch seine berufliche Existenz, das Herrenausstattergeschäft Jäger und Koch am Jungfernstieg, das er mit einem ehemaligen Mitspieler betrieb, profitierte von seinem guten Ruf.

1944 wurde zum Schicksalsjahr der Familie Jäger. Sohn Rolf, der von 1920 bis 1942 als einer der talentiertesten Ligaspieler der Altonaer Mannschaft galt, kam am 10. Juni als Flaksoldat bei Kämpfen nach der alliierten Invasion auf einem französischen Flugplatz ums Leben. Sein Vater Adolf Jäger starb als Luftschutzhelfer bei einem Bombenangriff auf dem Altonaer Fischmarkt.

LITERATUR Bernd Rohr/Günter Simon, Lexikon Fußball, Leipzig 1987; Hamburger Fußball-Verband (Hg.), 100 Jahre Fußball in Hamburg, Hamburg 1994; Hardy Grüne, Vom Kronprinzen bis zur Bundesliga. 1890 bis 1963, Kassel 1996; Werner Skrentny/Jens Reimer Prüß, Hamburger Sportverein. Immer erste Klasse, Göttingen 1998.

Tim Cassel

JASTRAM, Cord, geb. 1634 Hamburg, gest. 4.10.1686 (hingerichtet) ebd.; luth.; Reeder, Politiker.

Über Cord Jastrams Jugend ist nur bekannt, dass er als Sohn eines Färbers gleichfalls das väterliche Handwerk erlernte. Als er sich in die hamburgische Politik einzumischen begann, war er erfolgreich als Reeder tätig und verfügte über eine ansehnliche Walfangflotte. Bei deren Aufbau soll er die Mitgift seiner Frau genutzt haben und erhielt möglicherweise finanzielle Hilfe von seinem politischen Partner, dem reichen Kaufmann Hieronymus Snitger

(1648–86). Zwischen 1672 und 1686 unternahmen Jastrams Schiffe mehr als 30 Fangfahrten in grönländische Gewässer und hatten gutes Jagdglück. Politisch exponierten sich Jastram und Snitger als Kontrahenten des Hamburger Rates in dessen sich in der zweiten Hälfte des 17. Jahrhunderts zuspitzenden Auseinandersetzungen mit der Bürgerschaft um die Machtverteilung in der Stadt. Soziale Unzufriedenheiten von Handwerkern und Kleingewerbetreibenden nutzend, schwangen sich beide zu Volksführern auf, die die Autorität des Rates unterminierten und ab 1683 erheblichen Einfluss auf die Politik der Stadt gewannen. Ihr Ziel dürfte nicht primär eine Verbesserung der sozialen Situation jener Schichten, deren sie sich bedienten, gewesen sein, sondern die Schaffung der Voraussetzungen für den eigenen Aufstieg in die höchste gesellschaftliche Schicht und damit in die politische Führung der Stadt. Sie scheiterten an der Verquickung von Innen- und Außenpolitik. Der von ihnen massiv bedrängte Bürgermeister Heinrich Meurer (1643–90) konnte fliehen und bewirkte, dass sich der Celler Herzog von Braunschweig-Lüneburg im kaiserlichen Auftrag um die Wiederherstellung der Ratsautorität bemühte. Als diplomatische Mittel nicht verfingen, ergriff der Herzog militärische Maßnahmen gegen Hamburg. Das veranlasste Jastram und Snitger, eine Annäherung an König Christian V. von Dänemark zu suchen. Dieser täuschte Hilfsabsichten vor, plante tatsächlich aber, die bedrängte Lage der Stadt zur Durchsetzung seiner Oberhoheitsansprüche auszunutzen. Er ließ seine Truppen nicht gegen den Welfen marschieren, sondern im August 1686 Hamburg belagern. Durch diese Wendung verloren Jastram und Snitger ihre bisherige Gefolgschaft. In gemeinsamer Verteidigungsanstrengung hielten Senat und Bürger der Belagerung so lange stand, bis die Dänen auf Druck und Vermittlung benachbarter Mächte abzogen und der äußere Friede wiederhergestellt war. Danach wurden Jastram und Snitger als Stadtverräter angeklagt. Ihre Unschuldsbeteuerungen beeindruckten das Gericht ebenso wenig wie die Tatsache, dass sie sich auch mit der Folter kein Geständnis abpressen ließen. Es verurteilte sie zum Tode, und die Obrigkeit hatte es eilig, die öffentliche Hinrichtung vornehmen zu lassen.

Cord Jastram

Literatur: ADB 50; NDB 10; Hans-Dieter Loose, Die Jastram-Snitgerschen Wirren in der zeitgenössischen Geschichtsschreibung, in: ZHG 53 (1967), S. 1–20.

Hans-Dieter Loose

JENCQUEL, Adolph, geb. 7.12.1792 Hamburg, gest. 8.6.1855 ebd.; luth.; Unternehmer.

Der Sohn des wohlhabenden Kaufmanns und Senators Jacob Hinrich Jencquel machte sich nach einer kaufmännischen Ausbildung – unter anderem in Schweden und England – mithilfe seines Vaters selbstständig. 1814 trat er der Freimaurerloge St. Johannes bei. Geerbtes Geld und die großzügige Mitgift seiner Frau ermöglichten es ihm früh, seine Geschäfte auszudehnen; unter anderem investierte Jencquel in Assekuranz-Aktien und eine Zigarrenfabrik. Infolge von Fehlspekulationen war sein Kapital zu Beginn der 1840er Jahre erheblich zusammengeschrumpft, doch durch enorme Kraftanstrengungen als Bodenspekulant gelang es ihm, wirtschaftlich wieder Fuß zu fassen. Neben seinem Engagement für die Hamburg-Bergedorfer Eisenbahn war es vor allem die Erschließung der Uhlenhorst, die sich letztlich für Jencquel bezahlt machte. Wie seine Mitinvestoren August Abendroth und Carl Heine hatte auch Jencquel 1837 80 000 Mark in die Erschließung der Gegend investiert, allerdings erlebte er den großen Erfolg der »Landunternehmung Uhlenhorst« nur noch kurzzeitig mit. Seit 1825 war Jencquel mit Emma, geborene Moller, verheiratet. Aus der Ehe gingen acht Kinder hervor. Die 1845 nach Jencquel benannte Adolfstraße auf der Uhlenhorst wurde 1985 nach dem ehemaligen Hamburger Bürgermeister in Herbert-Weichmann-Straße umbenannt.

Adolph Jencquel

LITERATUR DG 23; Percy Ernst Schramm, »Gewinn und Verlust«. Die Geschichte der Hamburger Senatorenfamilien Jencquel und Luis (16. bis 19. Jahrhundert), Hamburg 1970 (Veröffentlichungen des Vereins für Hamburgische Geschichte 24).

Matthias Schmoock

JOCHMANN, Werner, geb. 5. 8. 1921 Biesig/Kreis Görlitz, gest. 16. 11. 1994 Hamburg; luth.; Historiker, Leiter der Forschungsstelle für die Geschichte des Nationalsozialismus in Hamburg, Professor an der Universität Hamburg.

Im Mittelpunkt der wissenschaftlichen Lebensleistung von Werner Jochmann stand die »Forschungsstelle für die Geschichte des Nationalsozialismus in Hamburg«, die sich nach der Neugründung im Jahr 1960 unter seiner langjährigen Leitung zu einer international angesehenen Stätte zeithistorischer Forschung entwickelte. Jochmann gehörte zu der Generation von Historikern, deren Leben und Wirken durch die Erfahrung der nationalsozialistischen Diktatur und des Zweiten Weltkrieges entscheidend geprägt wurden.

Als Sohn eines Bauern, der 1929 an den Spätfolgen einer Kriegsverletzung starb, wuchs er in bescheidenen Verhältnissen auf. Dank eines Förderprogramms für Hochbegabte konnte er 1933 nach der sechsten Volksschulklasse an das Gymnasium in Reichenbach/Oberlausitz wechseln, wo er 1940 das Abitur ablegte. Unmittelbar anschließend wurde er zur Wehrmacht eingezogen und im August 1941 in Russland schwer verwundet. Nach der Entlassung aus dem Lazarett begann Jochmann im Sommer 1942 in Breslau mit dem Studium der Geschichte, Germanistik, Geografie und Philosophie. Nach Kriegsende versuchte er zunächst, das Studium in Jena fortzusetzen, wurde aber wegen einer Kontroverse mit einem kommunistischen Funktionär von der Universität verwiesen und folgte daraufhin 1946 auf abenteuerlichem Weg seinem Breslauer Lehrer Hermann Aubin zuerst nach Göttingen und wenige Monate später nach Hamburg, wo er 1949 mit einer Dissertation über den »Hamburger Handel im 13. und 14. Jahrhundert« promoviert wurde. Ein Zwischenspiel als Lehrer an einer Hamburger privaten Oberschule von 1948 bis 1953 bereitete die Wendung zur Zeitgeschichte vor. Als Assistent von Fritz Fischer am Historischen Seminar der Universität Hamburg befasste sich Jochmann in den folgenden sieben Jahren intensiv mit der deutschen Geschichte im 20. Jahrhundert. 1960 erhielt er Gelegenheit, die in dieser Zeit entwickelte Konzeption für eine neue, sozialgeschichtlich fundierte zeithistorische Arbeit beim Aufbau der »Forschungsstelle für die Geschichte des Nationalsozialismus in Hamburg« zu verwirklichen. Während sich eine ältere, von 1949 bis 1956 tätige Forschungsstelle unter der Leitung von Heinrich Heffter noch auf die Geschichte Hamburgs in der NS-Zeit hatte beschränken müssen, setzte Jochmann bei der Neugründung durch, dass der Nationalsozialismus im weiten Kontext der gesellschaftlichen Entwicklung Deutschlands seit der Reichsgründung 1871 zu untersuchen sei und dass die politischen, sozialen, ideologischen und mentalen Voraussetzungen ebenso berücksichtigt werden müssten wie die Gegenkräfte und die Nachwirkungen. Dank dieser Neuorientierung konnte 1966 die »Hamburger Bibliothek für Sozialgeschichte und Arbeiterbewegung« so in die Forschungsstelle integriert werden, dass beide Einrichtungen seit 1997 unter dem gemeinsamen Namen »Forschungsstelle für Zeitgeschichte in Hamburg« firmieren. In den 26 Jahren bis zu Jochmanns Pensionierung 1986 wurde aus dem Ein-Mann-Unternehmen ein im In- und Ausland bekanntes Institut mit einer Reihe fester Stellen, einer großen Spezialbibliothek und einem Archiv. Seine Aufgaben liegen seit der Ära Jochmann auf drei Gebieten: Forschung, historisch-politische Information sowie Dienstleistungen für alle Interessierten aus den Bereichen der Wissenschaft, der Bildung und der Schule, der Me-

Werner Jochmann

dien und der Politik. Die Grundlage der gesamten Arbeit war immer die gründliche empirische Forschung, deren Ergebnisse unter anderem in der Reihe »Hamburger Beiträge zur Sozial- und Zeitgeschichte« veröffentlicht werden. Jochmann selbst erarbeitete vielbeachtete Studien und Dokumentationen zur Geschichte des Nationalsozialismus in Hamburg und in Deutschland, zur Ausbreitung des Antisemitismus zwischen 1871 und 1945 und zur politischen Rolle der Protestanten in dieser Phase der deutschen Geschichte. In Presseartikeln und unzähligen Vorträgen suchte er ein breites Publikum anzusprechen. Demselben Ziel diente die meistens langjährige ehrenamtliche Tätigkeit in kirchlichen Institutionen und auf dem Feld der christlich-jüdischen Zusammenarbeit. Um die jüngere Generation zu erreichen, widmete er sich über viele Jahre der Lehre: von 1954 bis 1959 am Institut für Lehrerfortbildung, von 1959 bis 1963 an der Akademie für Politik und Wirtschaft und von 1967 bis 1984 am Historischen Seminar der Universität Hamburg. Als Gutachter in dem großen Hamburger NS-Prozess gegen den Kommandeur der Sicherheitspolizei und des SD in Warschau, Dr. Ludwig Hahn (1972/73), und in mehreren Sozialgerichtsverfahren stellte er sein Wissen in den Dienst der juristischen Bearbeitung der jüngsten Vergangenheit. Der moralische Antrieb seiner Arbeit kam besonders in den Schwerpunkten der Wissenschaftsbeziehungen zum Ausdruck: Bewusst suchte Jochmann früh Verbindung zu jüdischen Kollegen und Instituten sowie zu Wissenschaftlern in Polen. Nach der Pensionierung nahm er als Mitbegründer der Herbert und Elsbeth Weichmann-Stiftung zur Erforschung des deutschsprachigen Exils und einer deutsch-polnischen Kirchengeschichtskommission noch neue Aufgaben in Angriff.

Werke Schriftenverzeichnis in: Ursula Büttner, Werner Jochmanns Wirken als Leiter der Forschungsstelle für die Geschichte des Nationalsozialismus, in: dies. (Hg.), Das Unrechtsregime. Internationale Forschung über den Nationalsozialismus [Festschrift für Werner Jochmann zum 65. Geburtstag], Bd. 1: Ideologie, Herrschaftssystem, Wirkung in Europa., Hamburg 1986 (Hamburger Beiträge zur Sozial- und Zeitgeschichte 21), S. XXVIII–XXXII.

Literatur Büttner (siehe unter Werke), S. XV– XXVII.

Ursula Büttner

Johannes von dem Berge

(vom Berge, de Berge, de Bergen, de Monte), urkundlich bezeugt 1251–1288, gest. an einem 25.7.; Ratsherr, Lehnsmann.

Das Hamburger Stadtrecht untersagte schon in seiner ersten Fassung (1270), dass ein Ritter in der Stadt oder in ihrem Weichbild wohnen dürfe. Dennoch gab es vereinzelt auch in Hamburg Lehnsbürger, das heißt Bürger der Stadt Hamburg, die zugleich Lehnsleute eines benachbarten Landesherren waren. Die Familie von dem Berge ist ein Beispiel für diese Verbindung. Diese reiche Patrizierfamilie verfügte über umfangreichen Grundbesitz in dem Raum zwischen Langenhorn und Altrahlstedt und Wandsbek, unter anderem während des 13. bis 15. Jahrhunderts zeitweise über die Dörfer Fuhlsbüttel, Ohlsdorf, Winterhude, Langenhorn, Bramfeld und Alsterdorf. – Das erste urkundlich gut bezeugte Mitglied dieser Familie ist Johannes von dem Berge, Sohn Ecberts von dem Berge. Die unten erwähnten Nachrichten sind möglicherweise auf zwei gleichnamige Personen zweier aufeinander folgender Generationen zu verteilen; als »Sohn Ecberts« ist Johannes letztmalig 1256 bezeugt, von 1266 an fehlt dieser unterscheidende Zusatz. Johannes tritt einerseits in engen Beziehungen zu Grafen von Holstein und als Lehnsmann dieser Grafen sowie der Herzöge von Sachsen-Lauenburg, andererseits als Hamburger Bürger und Ratsherr hervor. Als die Grafen Johann und Gerhard von Holstein 1254 über Modalitäten des Hamburger Zolls verfügten, befand der Ratsherr Johannes sich unter den Zeugen. 1256 verkauften dieselben Grafen an Johannes die Mühle zu Schiffbek. Und als 1266 Graf Gerhard von Holstein die neue Mühle zu Hamburg an den Hamburger Bürger Heyne Rese verkaufte, gehörte Johannes zu den Zeugen. Als 1281 Graf Gerhard von Holstein und sein Sohn gleichen Namens der Stadt Hamburg Schutz in auswärtigen Streitigkeiten und die Bestätigung aller Privilegien gewährten, stand Johannes in der Mitte der Zeugenreihe, gleichermaßen gegen die vorausgehenden holsteinischen Ritter wie gegen die folgenden Hamburger Ratsherren abgesetzt – nirgends wird seine Zwischenstellung deutlicher. 1283 verkaufte Johannes seine in Fuhlsbüttel gelegenen Güter an das Kloster Reinfeld; Graf Gerhard von Holstein als der bisherige Lehnsherr bestätigte dies. War darin ein Zugeständnis an das Hamburger Stadtrecht zu sehen? Andererseits verlieh Herzog Albrecht von Sachsen-Lauenburg 1284 Johannes, seiner Ehefrau und seinen Söhnen Johannes und Heinrich Grundbesitz in Neuengamme und belehnte ihn mit der Vogtei und dem Zehnten, der dazugehörte.

1251 stiftete Johannes, Bürger in Hamburg, eine Vikarie im Hamburger Dom, mit der er eine Stiftung seines Vaters erweiterte. Als die Städte Hamburg und Lübeck 1255 ein Bündnis auf drei Jahre schlossen, gehörte Johannes zu den Hamburger Bürgern, die dieses Bündnis Repräsentanten der Stadt Lübeck gegenüber förmlich gelobten. Als Herzog Johann von Sachsen 1274 den Hamburger Bürgern die Freiheit von Ungeld bestätigte, war Johannes einer der zwei Hamburger Ratsherren, die dies bezeugten. Noch 1286 und 1288 ist Johannes als Ratsherr nachgewiesen. Dass um diese Zeit »Johannes de Monte senior« Bürgermeister von Hamburg gewesen sei, findet sich nur in einer späten Nachricht. Der 1294 als Knappe (famulus) bezeugte »Johannes de Monte« dürfte nicht mit dem hier behandelten Johannes von dem Berge identisch sein. Johannes' Sohn Bruno errichtete als Domkantor 1325 in seinem Testament für seinen verstorbenen Vater, den Sohn Ecberts, ein Seelgerät.

QUELLEN Hamburgisches Urkundenbuch, Bd. 1, hg. von Johann Martin Lappenberg, Hamburg 1842, besonders S. 848, 857; ebd. Bd. 2, Abt. 1: 1301–1310, hg. von Anton Hagedorn, Hamburg 1911, S. 123, Anm. 1; ebd. Bd. 2, Abt. 3: 1321-1330, hg. vom Staatsarchiv der Freien und Hansestadt Hamburg, Hamburg 1933, S. 498; ebd. Bd. 3: Register zum zweiten Band, bearb. von Hans Nirrnheim, hg. vom Staatsarchiv der Freien und Hansestadt Hamburg, Hamburg 1953, besonders S. 124.

LITERATUR Heinrich Reincke, Hamburgische Territorialpolitik, in: ZHG 38 (1939), S. 28–116, hier S. 40 f.; ders., Das Geschlecht der von dem Berge (de Monte) in Hamburg. Ein Beitrag zu Geschichte und Wesen des Patriziats, in: Zeitschrift für Niedersächsische Familienkunde 31 (1956), S. 81–94; Rolf Sprandel, Zur statistischen Auswertung der ältesten Hamburger Stadtbücher, in: ZHG 56 (1970), S. 1–24, hier S. 7, 9.

Gerhard Theuerkauf

JONAS, Alberto, geb. 19.2.1889 Dortmund, gest. 29.8.1942 Konzentrationslager Theresienstadt; isr.; Schuldirektor.

Dr. Alberto Jonas war der letzte Direktor der Israelitischen Töchterschule in Hamburg und leitete von 1940 bis 1942 die letzte jüdische Schule der Hansestadt. Hatte er in den ersten neun Jahren seiner Amtszeit als Direktor (1924–33) die jüdische Mädchenschule modernisiert und neu organisiert, so gelang es ihm in den verbleibenden neun Jahren, in wachsender Bedrängnis den Unterricht aufrechtzuerhalten, den Kindern in vielfältiger Weise beizustehen und vielen von ihnen den Weg ins rettende Ausland zu ebnen.

Jonas wuchs in Breslau (Wrocław) auf. Nach dem Studium alter Sprachen an der dortigen Universität wurde er 1915 mit der Arbeit »De ratione quae inter Josephum et litteras rabbinicas intercedit« promoviert. 1916 bestand er die Prüfung für das Lehramt an höheren Schulen für Hebräisch, Griechisch und Latein. Mehrere Jahre lang unterrichtete Jonas am Israelitischen Realgymnasium zu Halberstadt und an der Höheren Israelitischen Schule zu Leipzig, bevor er 1922 an die Talmud Tora Realschule in Hamburg berufen wurde. 1924 trat er als Nachfolger der Schulleiterin Mary Marcus sein Amt als Direktor der Israelitischen Töchterschule in Hamburg an, einer jüdischen Volksschule für Mädchen, deren Ursprung auf das Jahr 1798 zurückgeht. Unter seiner Leitung wurde neben dem Volksschulzug ein Realschulzug aufgebaut, der mit der Obersekundareife abschloss; die Realschule wurde 1930 staatlich anerkannt. Der geplante Ausbau zur Oberrealschule konnte wegen der Machtübernahme der Nationalsozialisten nicht mehr verwirklicht werden.

Die folgenden Jahre stellten Jonas und sein Kollegium vor völlig neue Aufgaben. Im Mittelpunkt stand die Vorbereitung der Schülerinnen auf die Auswanderung durch eine Stärkung ihres Selbstbewusstseins, die Intensivierung des Iwrith- und Englischunterrichts sowie die Hinwendung zu praktischen Berufen in Haushalt, Gärtnerei, Schneiderei

Alberto Jonas

und Landwirtschaft. Als nach dem Reichspogrom im November 1938 Transporte jüdischer Kinder nach England und in andere europäische Länder zusammengestellt wurden, setzte sich Jonas mit allen Kräften für diese Rettungsaktion ein und begleitete mehrere Transporte nach England. 1939 wurden die Talmud Tora Schule und die Israelitische Töchterschule im Gebäude der Mädchenschule zur Volks- und Höhere(n) Schule für Juden vereinigt, zu deren Direktor Jonas 1940 ernannt wurde. Zugleich verbot ihm die Gestapo die Auswanderung. Unter quälendsten äußeren Bedingungen und zunehmender Bedrohung gelang es Jonas und seinem Kollegium, den Kindern einen relativ normalen Schulalltag zu erhalten und ihnen in der Schule das Gefühl der Geborgenheit zu geben. Dabei setzte er den Nationalsozialisten einen starken, auf humaner Überzeugung und persönlichem Mut gründenden Widerstand entgegen. Vier Deportationstransporte im Spätherbst 1941 ließen die Zahl der Schülerinnen und Schüler von 350 (September 1941) auf 76 (Januar 1942) zurückgehen, doch noch immer bot die Schule für diese letzten jüdischen Schulkinder Hamburgs eine Zuflucht. Erst im Frühjahr 1942 befahl Gauleiter Karl Kaufmann die sofortige Räumung des Gebäudes, um es einer Schule für »deutschblütige« Kinder zur Verfügung zu stellen. Im jüdischen Waisenhaus wurde noch kurzfristig ein provisorischer Unterricht erteilt, bis am 30. Juni 1942 auch diese Einrichtung zusammen mit den letzten jüdischen Schulen im Reich geschlossen wurde. Am 19. Juli 1942 wurde Jonas mit seiner Frau, der Ärztin Dr. Marie-Anna Jonas, und seiner 18-jährigen Tochter Esther nach Theresienstadt deportiert, wo er nach wenigen Wochen einer schweren Krankheit erlag. Die Spur seiner Frau verliert sich 1944 in Auschwitz. Esther hat überlebt.

Im November 1998 erhielt das ehemalige Schulgebäude der Israelitischen Töchterschule in der Karolinenstraße 35 den Namen Dr. Alberto-Jonas-Haus. Die hier untergebrachte Gedenk- und Bildungsstätte Israelitische Töchterschule mit der Ausstellung »Jüdisches Schulleben am Grindel« soll die Erinnerung wach halten.

LITERATUR Ursula Randt, Carolinenstrasse 35. Geschichte der Mädchenschule der Deutsch-Israelitischen Gemeinde in Hamburg 1884–1942, Hamburg 1984 (Vorträge und Aufsätze, hg. vom Verein für Hamburgische Geschichte, 26).

Ursula Randt

JORDAN VON BOIZENBURG, urkundlich bezeugt seit 1236, gest. vor 1274; Ratsnotar.

Magister Jordan von Boizenburg, ein Verwandter (Enkel?) Wirads von Boizenburg, war Hamburger Bürger. Der Titel »Magister« weist auf ein Studium hin, über das sonst nichts bekannt ist. Der seit 1283 bezeugte Ratsherr Konrad von Boizenburg war ein Verwandter (Sohn?) Jordans. Im Dezember 1236 war Jordan, sich ausdrücklich als »Magister« bezeichnend, als »Vorleser« und Zeuge, also in einer notariellen Funktion, bei der Erteilung eines Hamburger Zollprivilegs des Grafen Adolf IV. von Holstein für die Kaufleute aus der Mark Brandenburg auf dessen Burg bei Hamburg anwesend. An der Erwirkung von Privilegien für Kaufleute des deutschen Reiches in Flandern 1252 und 1253 und für Hamburger Kaufleute in Schweden 1261 war Jordan maßgeblich beteiligt. Um die Verwaltung der Stadt Hamburg hat er sich große Verdienste erworben. Auf seine Tätigkeit gehen mehrere frühe Amtsbücher der Stadt zurück: das 1248 beginnende Erbe- und Rentebuch (»Liber resignationum«), das hauptsächlich ein laufend geführtes Protokoll über Grundstücksauflassungen ist, aber auch auf Grundstücken lastende Renten verzeichnet; das Kopialbuch von 1267 (»Liber quadratus«), das Abschriften von Urkunden für die Stadt Hamburg enthielt, geordnet nach dem ständischen Rang der Aussteller (1842 verbrannt); das wahrscheinlich vor 1270 begonnene »Schuldbuch«, das Schulden verzeichnete, aber auch Familienverträge aufnahm (erst ab 1288 erhalten); schließlich das

Stadtrecht von 1270 (»Ordelbok«), das in systematischer Ordnung das in zwölf Abschnitte gegliederte Stadtrecht mit einem seerechtlichen Anhang in mittelniederdeutscher Sprache enthält. Dass es zum »Ordelbok« eine lateinische Vorstufe (um 1220) gegeben habe, ist eine durch nichts belegte Vermutung. Jordan hat an einigen Stellen seines Stadtrechts den Sachsenspiegel herangezogen. Das Hamburger Stadtrecht von 1270 liegt dem 1279 aufgezeichneten Stader Stadtrecht zugrunde und wurde in dem Bremer Stadtrecht von 1303/08 benutzt. Für die Rechtsprechung des Stadtrates zu Hamburg ist das »Ordelbok« von 1270 schon im 14. Jahrhundert nicht mehr benutzt worden, da spätere, aber auf ihm aufbauende Redaktionen des Stadtrechts (von 1301 und 1497) es ersetzt hatten.

WERK Hamburgisches Stadtrecht vom Jahre 1270, in: Die ältesten Stadt-, Schiff- und Landrechte Hamburgs, hg. von Johann Martin Lappenberg, Hamburg 1845 (Hamburgische Rechtsaltertümer 1), S. 1–86 [Nachdruck Aalen 1966].

LITERATUR Heinrich Reincke, Das hamburgische Ordeelbook von 1270 und sein Verfasser, in: Zeitschrift der Savigny-Stiftung für Rechtsgeschichte, Germanistische Abteilung 72 (1955), S. 83–110; Jürgen Reetz, Hamburgs mittelalterliche Stadtbücher, in: ZHG 44 (1958), S. 95–139, hier S. 101 f., 107 f., 112, 117 f., 128 f.

Gerhard Theuerkauf

JOSEPHSOHN, Max, geb. 29.1.1868 Grünthal (Kreis Oberbarnim), gest. 2.2.1938 Hamburg; isr.; kaufmännischer Angestellter, Gewerkschafter und Genossenschafter.

Zwei Jahrzehnte stand Max Josephsohn in Hamburg an der Spitze des Kampfes der sozialdemokratisch orientierten Angestelltenbewegung gegen die nationalistisch-antisemitischen organisierten Handlungsgehilfen.

Nach dem Besuch des Gymnasiums und einer vierjährigen kaufmännischen Lehre in Eberswalde arbeitete Josephsohn als Angestellter in Lübeck und Hamburg. 1892 gehörte er zu den Gründern des Vereins der Handlungsgehilfen «Vorwärts« in Hamburg, der ersten sozialdemokratisch ausgerichteten Angestelltengewerkschaft, die hier in der Folgezeit Bestand haben sollte; 1894 wurde er deren Erster Vorsitzender. Der Verein wie auch Josephsohn persönlich waren von Anfang an heftigen Angriffen der in der Deutsch-Sozialen Reformpartei organisierten Antisemiten ausgesetzt, die damals auch in der Hamburger Bürgerschaft vertreten waren. Diese riefen 1893 als Gegenpart den Deutschnationalen Handlungsgehilfen-Verband ins Leben. Wenn auch von beiden Verbänden der Kampf um Arbeitnehmerrechte wie geregelte Arbeitszeiten und den Acht-Uhr-Ladenschluss geführt wurde, trennten sie doch politisch Welten. Josephsohn bewährte sich in den heftigen Auseinandersetzungen als hervorragender Versammlungsredner. Er wurde zum Organisator des 1897 in Leipzig aus Vereinen in sechs Städten gebildeten Zentralverbandes der Handlungsgehilfen und Gehilfinnen Deutschlands mit Sitz in Hamburg. Josephsohn übernahm dabei das Schriftführeramt und die Redaktion der Verbandszeitung »Handlungsgehülfen-Blatt«. 1902 wurde er Verbandsvorsitzender. Als eines seiner Hauptanliegen vertrat er in Referaten und Veröffentlichungen die Gleichberechtigung der weiblichen Angestellten. Mit einem Frauenanteil von 45 Prozent fiel sein Verband unter den Gewerkschaften in Hamburg besonders auf. 1904 war Josephsohn führend beteiligt an der Internationalen Konferenz der Handlungsgehilfen in Amsterdam, die zur Einrichtung einer Internationalen Auskunftsstelle in Hamburg führte. Mit seinem Ausscheiden aus der Verbandsleitung 1912 zog deren Büro nach Berlin um. Aus der Wahl seines Nachfolgers in der Ortsleitung kann vermutet werden, dass der von Josephsohn vertretene Internationalismus von der Mitgliedschaft nicht weiter mitgetragen wurde.

Josephsohn gehörte als einer der Gründer des Konsum-, Bau- und Sparvereins »Produktion« 1899/1900 dessen Aufsichtsrat an. Diese genossenschaftliche Aktivität empfahl ihn neben seinen großen organisatorischen Fähigkeiten für die Leitung der neu geschaffenen Abteilung Verwaltung in der Großeinkaufs-Gesellschaft Deutscher Konsumvereine in Hamburg (GEG), in der er 1914 auch die Prokura erhielt. 1933 schied Josephsohn 65-jährig aus seiner Anstellung. Ein natürlicher Tod im Jahre 1938 bewahrte ihn vor dem Schicksal seiner Schwester, seiner Ehefrau und seiner Tochter, die durch Deportationen 1941/42 bzw. durch Selbstmord den antisemitischen Verfolgungen durch das nationalsozialistische Regime zum Opfer fielen.

LITERATUR Heinrich Kaufmann, Die Großeinkaufs-Gesellschaft Deutscher Consumvereine mit beschränkter Haftung in Hamburg. Zum 25jährigen Bestehen 1894–1919, Hamburg 1919.

Ulrich Bauche

KARLSBERG (Ps. *Berg*), Bernhard, geb. 11.10. 1899 Hamburg, gest. 18.1.1985 Amsterdam; Rechtsanwalt, Widerstandskämpfer.

Bernhard Karlsberg

»Licht und Schatten« überschrieb er seine Erinnerungen an die Schulzeit am Hamburger Wilhelm-Gymnasium. Licht und Schatten bestimmten auch das Leben des 1899 in Hamburg geborenen Bernhard Karlsberg. In einer jüdischen Familie in gutbürgerlichen Lebensverhältnissen aufgewachsen, verbrachte er Kindheit und Schulzeit in Hamburg. Nach dem Notabitur 1917 nahm er am Ersten Weltkrieg teil, war bis 1918 Dolmetscher für die deutsch-türkischen Truppenverbände in Palästina. Nach Kriegsende studierte er in Kiel, München, Berlin und Hamburg Rechts- und Staatswissenschaften. In Hamburg wurde er 1921 zum Doktor der Staatswissenschaften promoviert. Wie schon zuvor der Vater arbeitete auch Bernhard Karlsberg fortan für die Reederei Cunard-Company. Bis 1933 engagierte er sich innerhalb der KPD, hielt Vorträge für die Internationale Arbeiterhilfe und die Marxistische Arbeiterschule.

Nach der Machtübertragung an die Nationalsozialisten beteiligte sich Bernhard Karlsberg am illegalen antifaschistischen Widerstand. Mit dem Rechtsanwalt Herbert Ruscheweyh, bis 1933 Präsident der Hamburger Bürgerschaft, organisierte er die Verteidigung politischer Gefangener. Als die Staatsanwaltschaft des Hanseatischen Oberlandesgerichts im Januar 1935 einen Steckbrief gegen Karlsberg ausschrieb, rettete er sich vor der drohenden Inhaftierung durch Flucht aus seiner Heimatstadt. Er floh zuerst in die Schweiz, später nach Prag, wohin ihm seine Frau Ilse gemeinsam mit den drei Kindern Rahel, Ruth und Walter folgte. 1937 erhielt er eine Arbeitserlaubnis für die Niederlande; dort konnte er wieder als Rechtsanwalt arbeiten. 1938, nach der Besetzung Österreichs, folgte seine Familie ihm nach Amsterdam. Auch seinen Eltern und der Schwiegermutter gelang die Emigration in die Niederlande.

Nach der Okkupation der Niederlande durch die deutsche Wehrmacht im Mai 1940 war Bernhard Karlsberg gezwungen, unterzutauchen und bis zur Befreiung in der Illegalität zu leben. Seine Frau wurde im September 1940 inhaftiert und nach Deutschland verschleppt. Das in Hamburg gegen sie angestrengte Verfahren wegen vermeintlichen Hochverrats musste eingestellt werden, ihre Freiheit erlangte sie jedoch nicht wieder. Von Hamburg aus wurde Ilse Karlsberg im September 1942 nach Theresienstadt deportiert, von hier im Oktober 1944 nach Auschwitz verschleppt und dort ermordet. Bernhard Karlsbergs Eltern sowie seine Schwiegermutter wurden aus den Niederlanden deportiert und in Sobibor ermordet.

Bernhard Karlsberg sowie alle drei Kinder überlebten die Okkupation dank der couragierten und unermüdlichen Hilfe von Hanna Lendner, einer Freundin der Familie aus Prag. Nach der Befreiung arbeitete er wieder in Amsterdam als Rechtsanwalt. Für seine Verdienste bei der Durchsetzung niederländischer Schadensersatzansprüche für geraubten Hausrat und geraubtes Vermögen wurde er im April 1965 zum Offizier im Orden von Oranje-Nassau ernannt. Bernhard Karlsberg, der 1948 Hanna Lendner geheiratet hatte, starb 1985, »ein Niederländer aus Überzeugung«, wie es in einem Nachruf hieß.

Fünf Jahre nach seinem Tod erfuhren seine in Amsterdam lebenden Angehörigen durch Zufall davon, dass Bernhard Karlsberg nicht nur im November 1937 die deutsche Staatsangehörigkeit aberkannt worden war, sondern dass ihm die »Hansische Universität« im September 1938 die Doktorwürde entzogen hatte. Dem Wunsch der Angehörigen nach vollständiger Rehabilitierung vermochte die heutige Universität Hamburg erst nach eineinhalbjähriger Korrespondenz und unter öffentlichem Druck nachzukommen. Erst am 6. November 1991 wurde mehr als 50 Jahre zuvor begangenes Unrecht aufgehoben.

KERNER, Georg

WERKE Geschichte und Bedeutung der deutschen Durchwandererkontrolle, Hamburg 1922; German federal compensation- and restitution laws and jewish victims in the Netherlands, in: Studia Rosenthaliana 2 (1968), S. 194–244; Licht und Schatten. Erinnerungen eines jüdischen Schülers um 1915, in: Peter-Rudolf Schulz (Hg.), Wilhelm-Gymnasium Hamburg 1881–1981. Eine Dokumentation über 100 Jahre Wilhelm-Gymnasium, Hamburg 1981, S. 80–83.

LITERATUR Ursula Wamser/Wilfried Weinke, Ein Niederländer aus Überzeugung: Bernhard Karlsberg, in: dies. (Hg.), Ehemals in Hamburg zu Hause: Jüdisches Leben am Grindel, Hamburg 1991, S. 189–195; Wilfried Weinke, »Es wird also einige Zeit dauern ...« Über die bis heute aberkannte Doktorwürde des jüdischen Staatswissenschaftlers Bernhard Karlsberg, in: Hamburger Rundschau vom 21. 3. 1991, S. 14; ders., Die von Ihnen gewünschte Entscheidung. Offener Brief an den Rektor der Hamburger Universität, Dr. Jürgen Lüthje, in: Hamburger Rundschau vom 24. 10. 1991, S. 4; Jennie Brookman, PhD Battle exposes Nazi shame, in: The Times Higher Education Supplement vom 10. 1. 1992, S. 8; Uni hh. Berichte, Meinungen aus der Universität Hamburg, Jg. 23 (1992), Nr. 1, S. 17 f.

Wilfried Weinke

KERNER, Johann *Georg* (Ps. *August Wattenburg, Gustav Scanderholm*), geb. 9. 4. 1770 Ludwigsburg, gest. 7. 4. 1812 Hamburg; luth.; Arzt, Publizist, politischer Schriftsteller.

Georg Kerner besuchte die Hohe Carlsschule zu Stuttgart und wurde 1791 zum Doktor der Medizin promoviert. Zur weiteren Ausbildung ging er nach Straßburg, schloss sich dort der Gesellschaft der Freunde der Konstitution an und reiste schließlich im November 1791, begeistert von den Idealen der Französischen Revolution, mittellos nach Paris. In den folgenden Jahren schrieb er von dort aus – bis zur Flucht vor seinen radikaleren politischen Gegnern in die Schweiz im April 1794 – Reportagen für die »Hamburgische Neue Zeitung«, deren Verleger Viktor Ludwig Christian Klopstock, ein Bruder des Dichters, war. Kerner sympathisierte mit der Gironde und verabscheute terroristische Gewalttaten. In Paris lernte er unter anderem Georg Forster kennen.

Als Privatsekretär des französischen Gesandten Karl Friedrich Reinhard kam er Ende des Jahres 1795 nach Hamburg. Er fand dort Zugang zum Kreis um den Kaufmann Georg Heinrich Sieveking und den Arzt Johann Albert Heinrich Reimarus. Kerner reiste in diplomatischer Mission mehrmals nach Paris und

Georg Kerner

veröffentlichte seine Eindrücke in dem Buch »Briefe über Frankreich, die Niederlande und Teutschland: geschrieben in den Jahren 1795, 1796 und 1797«, das 1798 in Altona erschien. 1797 gründete er zusammen mit seinem Jugendfreund Johann Gotthard Reinhold in Hamburg die Philanthropische Gesellschaft, welche auch jüdische Mitbürger aufnahm. Die Vereinigung erregte internationales Aufsehen und wurde als vermeintlich revolutionärer Klub verboten. 1798 begleitete Kerner Reinhard nach Florenz, wo dieser als Gesandter und Civilcommisar wirkte. Als sein Dienstherr im Jahr darauf nach einer kurzen Zwischenstation in Paris als Gesandter in die Schweiz versetzt wurde, folgte Kerner ihm nach Bern. Aus Enttäuschung über die napoleonische Machtpolitik legte er schließlich seinen Sekretärposten nieder und weilte zu Beginn des Jahres 1802 wieder in Hamburg. Die von ihm gegründete politische Zeitschrift »Der Nordstern« musste Kerner wegen Zensurschwierigkeiten schon nach zwei Monaten im Juli 1802 aufgeben. Er begab sich nun zunächst nach Kopenhagen und unternahm von Oktober bis Dezember eine Reise durch Schweden. Nachdem er in Kopenhagen seine medizinischen Kenntnisse erweitert hatte, ließ Kerner sich im August 1803 in Hamburg als Arzt nieder und wirkte hier auch als Armenarzt. 1804 heiratete er Johanna Friederike Duncker. Kerner spezialisierte sich auf die Geburtshilfe, organisierte die Bekämpfung von Epidemien und führte Schutzimpfungen durch. Auf seine Initiative hin impfte die Kaufmannsgattin Charlotte Friederike Amalia Klünder in Blankenese und den umliegenden Dörfern – zunächst mit Kerners Assistenz – über 1000 Kinder kostenlos gegen Pocken. 1810 übernahm Kerner das Amt des Arztes am Zuchthaus und an der Entbindungsanstalt. Als Agent des Bremischen Senats bei den französischen Oberbehörden in Hamburg versuchte er, Maßnahmen der französischen Besatzungsmacht zu lindern. Auch in jenen Jahren war Kerner schriftstellerisch tätig und schrieb Artikel für die von Alexander Bran herausgegebene Zeitung »Nordische Miszellen«. Von leidenschaftlichem Zorn auf die Eroberungskriege Napoleons ist sein Gedicht »Das blaue Fieber« getragen. Georg Kerner starb an Flecktyphus, mit dem er sich bei seinem selbstlosen ärztlichen Einsatz infiziert hatte. Die Enttäuschung über die politische Entwicklung, verbunden mit übermäßiger Anstrengung, hat seinen Tod beschleunigt. Der romantische Dichter Justinus Kerner setzte seinem älteren Bruder mit dem immer wieder aufgelegten »Bilderbuch aus meiner Knabenzeit« (1849) zwar ein Denkmal, verharmloste aber zugleich Kerners radikal-demokratische Einstellung. Am 7. April 2000 wurde zum 188. Todestag Kerners von der Patriotischen Gesellschaft am Großen Burstah 31 eine Gedenktafel enthüllt, die an das Wirken des Arztes und Schriftstellers in Hamburg erinnert.

WERKE Schriftenverzeichnis in: LhS 3; Reise über den Sund, Tübingen 1803; Hedwig Voegt (Hg.), Georg Kerner. Jakobiner und Armenarzt. Reisebriefe, Berichte, Lebenszeugnisse, Berlin 1978.

LITERATUR ADB 15; LhS 3; Adolf Wohlwill, Georg Kerner. Ein deutsches Lebensbild aus dem Zeitalter der Französischen Revolution, Hamburg/Leipzig 1886; Gunter Grimm (Hg.), Justinus Kerner. Ausgewählte Werke, Stuttgart 1981 [darin eine sorgfältig kommentierte Ausgabe von Justinus Kerners »Bilderbuch aus meiner Knabenzeit«]; Hans-Werner Engels, Republikaner ohne Republik. Georg Kerners »Reisen« 1796–1801, in: Europäische Reiseliteratur im 18. und frühen 19. Jahrhundert, hg. von Wolfgang Griep und Hans-Wolf Jäger, Heidelberg 1990, S. 311–331.

Hans-Werner Engels

KESSLER, Harry Graf, geb. 23.5.1868 Paris, gest. 30.11.1937 Lyon; Schriftsteller, Diplomat.

Sein reiches, gebildetes Elternhaus erlaubte Harry Graf Kessler das Leben eines privilegierten Intellektuellen und Reisenden, bestimmt von universaler Bildung, außenpolitischem Interesse und der Zugehörigkeit zur gesellschaftlichen Elite. Sein Vater

Harry Graf Kessler

Adolf, ein Nachfahre des Reformators Johannes Kessler, leitete die Pariser Filiale des bedeutenden Hamburger Handels- und Bankhauses Auffmordt, die Mutter Henriette Louise war irischer Herkunft und stammte aus dem Patriziergeschlecht der Auffmordts. Die gesellschaftlichen Verbindungen zum irischen und englischen Hochadel sowie zu Mitgliedern des englischen Parlaments und die freundschaftlichen Beziehungen zum deutschen Kaiserhaus, zur Familie Bismarck und zu weiten Kreisen der führenden Gesellschaft prägten Harry Graf Kesslers von patriotisch-kultureller Überzeugung und diplomatischen Aktivitäten bestimmtes Leben.

Nach ersten Schuljahren in Paris und Ascot kam Kessler 1882 ans Hamburger Johanneum, das er als Pensionsgast in Pastor Johann Friedrich Wilhelm Blümers Hamburger Waisenhaus bis zum Abitur im Jahre 1888 besuchte. Den Vielleser beeinflussten die antiken Schriftsteller, die englische und deutsche Literatur des 19. Jahrhunderts, der Bildungs- und Gesellschaftsbegriff Goethes, Fichtes und Herders, die protestantische Religiosität der reformierten Gemeinde Pastor Hermann Spörris und Bachscher Kirchenmusik sowie die Diskussionen im 1817 gegründeten Schülerverein des Johanneums. Die Universitätsjahre von 1888 bis 1891 in Bonn und Leipzig, in denen Kessler sich der Jurisprudenz und dem Studium generale widmete, sowie die Teilnahme am künstlerisch-politischen Diskurs (unter anderem mit Johannes R. Becher, Albert Einstein, André Gide, George Grosz, Hugo von Hofmannsthal, Alfred Lichtwark, Carl von Ossietzky, Walther Rathenau,

Max Reinhardt und Rainer Maria Rilke) festigten seine ästhetizistische, linksliberale und kosmopolitisch-patriotische Weltsicht im Konflikt mit Bismarcks Politikverständnis. Kessler nutzte in den zwanziger Jahren seine Stellung als Diplomat im Interesse der Friedensbewegung und der Völkerbundidee. Auch als Literat, Journalist, Verleger (Cranach-Presse, 1912–31) und Kunstpolitiker (Leiter des Weimarer Museums von 1902 bis 1906; Mitgründer des Deutschen Künstlerbundes 1903) suchte er die gesellschaftlich-kulturelle Entwicklung in Deutschland bis 1933 zu beeinflussen. Nach der Machtübernahme durch die Nationalsozialisten verbrachte er seine letzten Lebensjahre im französischen Exil.

WERKE Notizen über Mexico, Berlin 1898; Germany and Europe, New Haven 1923; Walther Rathenau. Sein Leben und sein Werk, Berlin 1928; Gesichter und Zeiten. Erinnerungen, Berlin 1935.

LITERATUR NDB 11; Bibliografie in: Gesammelte Schriften in drei Bänden, hg. von Cornelia Blasberg und Gerhard Schuster, Bd. 2, Frankfurt a. M. 1988, S. 302–335; Peter Grupp, Harry Graf Kessler 1868–1937. Eine Biographie, München 1995; Burkhard Stenzel, Harry Graf Kessler. Ein Leben zwischen Kultur und Politik, Weimar u. a. 1995; Gerhard Neumann/Günter Schnitzler (Hg.), Harry Graf Kessler. Ein Wegbereiter der Moderne, Freiburg 1997.

Alexander Ritter

KEYSER, Bertha, geb. 24. 6. 1868 Maroldsweisach bei Coburg, gest. 21. 12. 1964 Hamburg; luth.; der »Engel von St. Pauli«, Schwester der Straßenmission.

Bertha Keyser wuchs mit ihren vier Geschwistern in einem einfachen, gläubigen Elternhaus auf. Kurz nach dem Tod ihres Vaters, eines Schmiedemeisters, wurde sie konfirmiert und kam mit ihrer Schwester zu Verwandten nach Nürnberg, wo sie ihrem Onkel in dessen Bäckerei helfen musste. Nachdem ihre Mutter mit den anderen Kindern 1885 nach Nürnberg nachgezogen war, musste Bertha Keyser bis zum Tode der Mutter für deren Lebensunterhalt sorgen. Deshalb arbeitete sie zunächst in einer Spielzeugfabrik, ging 1890/91 für dreieinhalb Jahre nach England in Stellung und war danach als Reisebegleiterin und fünf Jahre lang als Erzieherin in der französischen Schweiz tätig.

Nach dem Tod ihrer Mutter stellte sich Bertha Keyser, die 1891 während ihres Aufenthalts in England die Arbeit der Heilsarmee kennen gelernt hatte,

Bertha Keyser

ganz in den »Dienst des Herrn«. Es folgten nun diverse unentgeltliche Arbeiten in unterschiedlichen sozialen Einrichtungen, so zum Beispiel in einem Diakonissenhaus, als Aufseherin in einem Frauengefängnis und als Erzieherin in einem Heim für »gefallene Mädchen« im Elsass. Doch nirgendwo blieb Bertha Keyser lange. Stets kollidierten ihre Vorstellungen von Nächstenliebe mit den rigiden Vorschriften der jeweiligen Heimleitung: Kleine materielle Zuwendungen für Patienten und Patientinnen, das Verschaffen von Arbeitserleichterungen für »gefallene Mädchen« und geistige Erbauung für Gefängnisinsassinnen waren nicht erwünscht. Auch von der Heilsarmee distanzierte sich Bertha Keyser, nachdem sie deren starres Reglement kennen gelernt hatte. 1909 zog sie nach Nürnberg, baute dort im Armenviertel eine eigene Missionsarbeit auf, übergab dreieinhalb Jahre später ihr Werk der Landeskirche und zog 1913 auf Bitten des damaligen Leiters der Hamburger Strandmission nach Hamburg. Dort kümmerte sie sich um Obdachlose, verband die Verkündigung von Gottes Wort stets mit der Vergabe von Almosen und versuchte alle ihre Schützlinge gleich zu behandeln. Dies wurde von einigen Missionsmitarbeitern neidisch und missgünstig beäugt, was Bertha Keyser dazu veranlasste, ein eigenes Missionswerk zu gründen, das sich ausschließlich durch Spenden finanzierte.

1914 wurden die ersten Räume am Alten Steinweg Nr. 25 gemietet. Die Straßenjugend und Obdachlose konnten in Bertha Keysers Mission Aufnahme finden. Im Laufe der Jahre kamen Armenspeisungen, so zum Beispiel drei Feldküchen, aus denen in den zwanziger Jahren täglich etwa 500 Essensportionen ausgeteilt wurden, Straßengottesdienste, Gefängnis- und Krankenbesuche sowie die Betreuung von Prostituierten hinzu.

Beschwerden der Nachbarn über den zu starken Betrieb in den Obdachlosenunterkünften führten dazu, dass Bertha Keyser immer wieder eine neue Bleibe suchen musste. So zog sie 1918 vom Alten in den Neuen Steinweg, von dort in die Jugendherberge in der Böhmkenstraße und von hier 1925 weiter in die Winkelstraße Nr. 16, wo sie 1927 im Haus Nr. 17 das Frauenobdachlosenheim »Fels des Heils« einrichtete. Als 1934 aus der Winkelstraße eine Bordellstraße wurde, fand Bertha Keyser ein neues Haus in der Rothesoodstraße, welches 1943 den Bomben zum Opfer fiel. 1945 mietete sie ein kleines Zimmer in der Langen Reihe Nr. 93, das täglich von bis zu 100 Hungernden aufgesucht wurde, doch musste sie auch diese Adresse nach Beschwerden von Seiten der Nachbarn wieder aufgeben. Eine Ladenwohnung im Bäckerbreitergang Nr. 7 wurde ihre letzte Station.

1983 wurde im Hamburger Stadtteil St. Pauli der Bertha-Keyser-Weg eingeweiht. Ein Jahr später initiierte die Patriotische Gesellschaft die Enthüllung einer Gedenktafel im Bäckerbreitergang. Seit 1989 erinnert ein Gemälde in der Krypta des Michels, gemalt von Hans Petersen, an den »Engel von St. Pauli«. Ihr Grabstein befindet sich auf dem Ohlsdorfer Friedhof im »Garten der Frauen«, einer Gedenkstätte für bedeutende Hamburger Frauen.

LITERATUR Bake/Reimers, S. 61–64; Mutter der Heimatlosen. Schwester Bertha Keyser 24. Juni 1868–24. Juni 1958. Nach der Lebensbeschreibung von Schwester Bertha Keyser, bearb. von Barbara Lüders, Hamburg o. J.

Rita Bake

KIPPING, Friedrich Wilhelm, geb. 12.6.1838 Breslau, gest. 22.10.1892 Hamburg; Branddirektor.

Nach seiner Militärdienstzeit trat der Artillerieoffizier der Reserve in den Feuerwehrdienst, zunächst 1862 in Berlin, dann 1864 in Danzig, wo er 1870 zum Leiter (Branddirektor) ernannt wurde. Zwei Jahre später wurde Friedrich Wilhelm Kipping Leiter und erster Branddirektor der am 12. November 1872 gegründeten Berufsfeuerwehr Hamburg. Während seiner 20-jährigen Dienstzeit baute er die Feuerwehr

Friedrich Wilhelm Kipping

zu einer anerkannten und effizienten Organisation auf. Die Zahl der Feuerwachen konnte er in dieser Zeit von drei auf acht erhöhen, die Mannschaftsstärke stieg von 48 auf 331 Feuerwehrmänner.

Am 22. Oktober 1892 wurde Kipping bei der Bekämpfung eines Speicherbrandes in der Arningstraße unter einer umstürzenden Giebelwand begraben und erlitt schwere Verletzungen, an deren Folgen er am nächsten Tag verstarb. Bereits 1893 wurde die Kippingstraße im Hamburger Stadtteil Rotherbaum nach dem ehemaligen Branddirektor benannt; von 1893 bis 1922 erinnerte zudem ein Denkmal in der Fassade der früheren Hauptfeuerwache am Schweinemarkt an Friedrich Wilhelm Kipping. Seit 1965 trägt das Feuerlöschboot »Branddirektor Kipping« (seit 1975 als Neubau) seinen Namen.

LITERATUR Manfred Gihl, Feuerwehr Hamburg Eins-Eins-Zwo. 125 Jahre Berufsfeuerwehr Hamburg, Erlensee 1997.

Manfred Gihl

KLEY, *Eduard* Israel, geb. 10.6.1789 Wartenberg/Schlesien, gest. 4.10.1867 Hamburg; isr.; Prediger, Pädagoge.

Kley war eine Persönlichkeit, die unter den Juden der Hansestadt nicht nur starken Einfluss ausübte, sondern auch heftigen Widerspruch erfuhr, weil er den Zugang seiner Glaubensgenossen zur bürgerlichen Gesellschaft durch eine konsequente Modernisierung von Unterricht und Gottesdienst zu beschleunigen suchte.

Eduard Kley

Seine Schulzeit verlebte Kley in Breslau. 1809 zog er nach Berlin, wo er ein Universitätsstudium mit der Promotion abschloss. 1817 wurde er als Oberlehrer an die ein Jahr zuvor in Hamburg gegründete Israelitische Freischule berufen, deren Curriculum sich von der Beschränkung traditioneller jüdischer Lehreinrichtungen auf die religiösen Studien löste, die zeitgenössischen pädagogischen Konzepte aufgriff und das säkulare Bildungsprogramm allgemeiner Volksschulen adaptierte. Kley verstand es überdies, das Interesse akkulturierter Hamburger Juden für religiöse Reformansätze zu wecken. So gab er den entscheidenden Impuls zur Gründung des Neuen Israelitischen Tempelvereins, der seit 1818 eigene, dem Zeitgeschmack angepasste Gottesdienste ausrichtete. Als erster Prediger vom Verein bestellt, bereitete Kley gemeinsam mit seinem Kollegen Gotthold Salomon der modernen jüdischen Kanzelrede den Weg. 1840 gab er seine Tätigkeit am Tempel auf, behielt jedoch bis 1848 die Leitung der Freischule. Nach 1856 zog sich Kley ganz ins Privatleben zurück.

WERKE Catechismus der mosaischen Religion, Leipzig 1814; Religiöse Lieder und Gesänge für Israeliten, zum Gebrauche häuslicher und öffentlicher Gottesverehrung, Hamburg 1818; Geschichtliche Darstellung der Israelitischen Freischule zu Hamburg, Hamburg 1841.

LITERATUR ADB 16; Hermann Jonas, Lebensskizze des Herrn Doctor Eduard Kley zunächst in seiner Wirksamkeit als Schulmann. Zur Feier seines siebzigsten Geburtstages als Festgabe den Schülern des Jubilars gewidmet, Hamburg 1859.

Andreas Brämer

KLOPSTOCK, Friedrich Gottlieb, geb. 2.7.1724 Quedlinburg, gest. 14.3.1803 Hamburg; luth.; Dichter.

Der bereits um die Mitte des 18. Jahrhunderts nach der Veröffentlichung der ersten drei Gesänge des »Messias« enthusiastisch gefeierte Dichter Friedrich Gottlieb Klopstock hat mehr als drei Jahrzehnte seines Lebens in Hamburg verbracht.

Geboren als Sohn des Stiftsadvokaten und fürstlich-mansfeldischen Kommissionsrats Gottlieb Heinrich Klopstock und seiner Ehefrau Anna Maria, erhielt Klopstock nach dem Besuch des Quedlinburger Gymnasiums 1739 eine Freistelle in Schulpforta. In seiner lateinisch verfassten Abschiedsrede aus dem Jahre 1745 forderte er bereits die Schaffung eines deutschen Epos. Im Herbst des Jahres 1745 wurde er an der Universität Jena immatrikuliert, um Theologie zu studieren. Im Frühjahr des folgenden Jahres wechselte er an die Universität Leipzig, wo er mit den Herausgebern der »Neuen Beyträge zum Vergnügen des Verstandes und Witzes«, der so genannten »Bremer Beiträge«, in denen die ersten drei Gesänge seines »Messias« im April 1748 erschienen, bekannt wurde. Die weitere Arbeit an diesem Werk von Christi Passion, seiner Auferstehung und dem Weltgericht hat Klopstock sein Leben lang – auch noch nach der Veröffentlichung der abschließenden Gesänge 16 bis 20 im Jahre 1773 – beschäftigt. In Leipzig begegnete er seiner Kusine Maria Sophia Schmidt, mit der er in nähere Verbindung trat, als er 1748 an ihrem Wohnort Langensalza eine Hauslehrertätigkeit übernommen hatte. Seine Liebe zu ihr, die in den so genannten Fanny-Oden ihren dichterischen Ausdruck fand, wurde nicht erwidert. Der frühe Ruhm des »Messias« veranlasste Johann Jacob Bodmer dazu, Klopstock in die Schweiz einzuladen, um ihm Gelegenheit zur Fortführung des Werkes zu geben. Schon bald nach dem Eintreffen in Zürich im Juli 1750 veranstaltete eine Gesellschaft junger Leute mit dem Dichter eine heitere Bootsfahrt, die ihn zu der Ode »Der Zürchersee« anregte. Das Verhältnis zu seinem Gastgeber trübte sich schnell und führte zu dem Entschluss, Bodmers Haus zu verlassen. Wenig vorher, im August 1750, hatte Klopstock von Johann Hartwig Ernst von Bernstorff erfahren, dass dieser bei dem dänischen König Friedrich V. eine jährliche Pension in Höhe von 400 Reichstalern für den Dichter erwirkt hatte. Auf der Durchreise nach Dänemark

Friedrich Gottlieb Klopstock

machte Klopstock im April 1751 in Hamburg Station, wo er Meta Moller kennen lernte und auch mit Friedrich von Hagedorn zusammentraf. Am Kopenhagener Hof genoss er hohes Ansehen und hatte ausreichend Muße für die Fortsetzung des »Messias« – die Kopenhagener Ausgabe von 1757 umfasste dann die Gesänge eins bis zehn –, für die Odendichtung und für sein erstes biblisches Drama, »Der Tod Adams« (1757). Bei einem erneuten Aufenthalt in Hamburg im Juni 1752 verlobte sich Klopstock mit Meta Moller, der »Cidli« seiner Oden, um sie dann zwei Jahre später, am 10. Juni 1754, zu heiraten. Nach einer glücklichen Zeit in Dänemark starb Meta Moller bei der Geburt ihres ersten Kindes am 28. November 1758 in Hamburg. Klopstock gab im Jahre 1759 ihre »Hinterlaßnen Schriften« heraus.

1764 kehrte er nach Kopenhagen zurück, nahm aber nach Bernstorffs Entlassung ab Herbst 1770 seinen dauerhaften Wohnsitz in Hamburg. Im Jahr 1771 erschien hier die erste authentische Ausgabe seiner »Oden«, die seinen dichterischen Ruhm erneuerte. In den Hamburger gesellschaftlichen Zirkeln war Klopstock ein gern gesehener Gast. Treffpunkt der im Jahre 1770 von ihm gegründeten Lesegesellschaft war zunächst das Haus der Nichte Meta Mollers, Johanna Elisabeth von Winthem, die Klopstock 1791 heiratete. Im Jahre 1774 wurde der Dichter an den Hof des Markgrafen Carl Friedrich von Baden eingeladen und erhielt eine jährliche Pension, die auch weitergezahlt wurde, als Klopstock bereits 1775 wieder nach Hamburg reiste und nicht zurückkehrte. Die Reise nach Karlsruhe hatte er in Göttingen unterbrochen, wo er von den Mitgliedern des Dichterbundes Göttinger Hain begeistert gefeiert worden war. In Frankfurt war er 1774 und 1775 mit Goethe zusammengetroffen; als jedoch Klopstock im Jahre 1776 Goethes Lebensführung in Weimar kritisierte, reagierte dieser verärgert. Von den Gedanken der Französischen Revolution beeindruckt, schuf Klopstock eine Reihe von Oden, von denen er zwei auf dem Hamburger Revolutionsfest des Jahres 1790, das in Georg Heinrich Sievekings Garten in Harvestehude gefeiert wurde, selbst vortrug. Die weitere politische Entwicklung in Frankreich nahm er mit Enttäuschung und Ablehnung auf; das ihm 1792 von der französischen Nationalversammlung verliehene Bürgerrecht gab er jedoch nicht zurück. Sein Ansehen als Dichter war auch gegen Ende des 18. Jahrhunderts ungebrochen. Auswärtige Besucher (Johann Caspar Lavater, Johann Gottfried Herder, Jens Baggesen, Wilhelm von Humboldt, Samuel Taylor Coleridge, William Wordsworth, Lord Nelson und Lady Hamilton) versäumten nicht, ihn aufzusuchen. Als Klopstock im Jahre 1803 starb, gerieten der Trauerzug und das Begräbnis in Ottensen zu einer Huldigung ungewohnten Ausmaßes; nach Berichten von Zeitgenossen säumten 50 000 Menschen aus Hamburg und Altona die Straßen.

Klopstocks Entscheidung für eine Existenz als Dichter ohne jegliche andere berufliche Bindung hat das Lebensgefühl der nachfolgenden Dichtergeneration stark mitbestimmt. Die Schaffung eines religiösen deutschen Epos, das von den Zeitgenossen nicht nur enthusiastisch begrüßt, sondern von dogmatischen Theologen auch heftig kritisiert wurde, gelang durch die sprachgewaltige Adaption des antiken Hexameters. Die Anwendung klassischer Metren und freier Rhythmen in den Oden war ebenfalls ein lange nachwirkender Neubeginn in der deutschen Lyrik. Klopstocks Bemühung, Schriftstellern und Gelehrten eine unabhängige Rolle in der Gesellschaft zuzuweisen, zeigte sich in dem so genannten »Wiener Plan«, dem misslungenen Versuch, Kaiser Joseph II. für die Förderung der Wissenschaften in Deutschland zu gewinnen. Die Vorstellung von einem Gelehrten- und Dichterstaat wurde in archaisierendem Stil in der Prosaschrift »Die deutsche Gelehrtenrepublik« niedergelegt, deren erster Teil 1774 auf Subskriptionsbasis erschien. Die hohen Erwartungen an dieses Werk wurden jedoch weitgehend enttäuscht; die Veröffentlichung eines zweiten

Teils kam zu Klopstocks Lebzeiten nicht zustande. In den letzten Jahrzehnten seines Lebens zeigt sich in Klopstocks Veröffentlichungen ein wachsendes Interesse an sprachwissenschaftlichen und poetologischen Fragestellungen. Die von ihm vorgeschlagene Orthografiereform setzte sich allerdings nicht durch. Auch den biblischen Dramen (»Der Tod Adams«, 1757; »Salomo«, 1764; »David«, 1772) und den von Klopstock so genannten »Bardieten« (»Hermanns Schlacht«, 1769; »Hermann und die Fürsten«, 1784; »Hermanns Tod«, 1787) war kein dem »Messias« und den »Oden« vergleichbarer Erfolg beschieden.

Im Stadtteil Ottensen erinnern seit 1846 die Klopstockstraße, seit 1908 die Klopstockterrasse und seit 1938 der Klopstockplatz an den Dichter. Das Klopstockhaus (Poststraße 36, erbaut 1908) bewahrt über dem Eingang eine Büste des Dichters, die hier 1859 in dessen ehemaligem Wohnhaus aufgestellt worden war. Ein Reliefporträt zu Ehren Klopstocks schmückt die Hamburger Rathausdiele. Die historisch-kritische »Hamburger Klopstock-Ausgabe« entsteht seit 1974 an der Klopstock-Arbeitsstelle in der Staats- und Universitätsbibliothek Hamburg Carl von Ossietzky.

WERKE Werke, 12 Bde., Leipzig 1798–1817; Werke und Briefe. Historisch-kritische Ausgabe (Hamburger Klopstock-Ausgabe), hg. von Horst Gronemeyer, Elisabeth Höpker-Herberg, Klaus Hurlebusch und Rose-Maria Hurlebusch, Bd. 1 ff., Berlin/New York 1974 ff. [bisher erschienen: 28 von 40 Bdn.].

LITERATUR ADB 16; NDB 12; LhS 4; Franz Muncker, Friedrich Gottlieb Klopstock. Geschichte seines Lebens und seiner Schriften, 2. Aufl. Berlin 1900; Gerhard Kaiser, Klopstock. Religion und Dichtung, 2., durchgesehene Aufl. Kronberg/Ts. 1975; Katrin Kohl, Friedrich Gottlieb Klopstock, Stuttgart/Weimar 2000. *Horst Gronemeyer*

KLOPSTOCK, Margareta (*Meta*), geb. Moller,

geb. 16.3.1728 Hamburg, gest. 28.11.1758 ebd.; luth.; Schriftstellerin.

Meta Klopstock wurde als Tochter des Hamburger Kaufmanns Peter Moller geboren, der schon 1736 starb. Die Mutter Catharina Margaretha, geborene Persent, ging 1737 eine zweite Ehe mit dem Kaufmann Martin Hulle ein. Als das Verhältnis zu ihrem Stiefvater sich zunehmend verschlechterte, zog Meta in das Haus ihrer Schwester Elisabeth Schmidt.

Meta Klopstock

Durch die Erziehung im Elternhaus, durch Sprachunterricht, aber auch durch eigene Studien hatte sich Meta eine beachtliche Bildung besonders auf dem Gebiet der Philosophie und Literatur angeeignet. Von den in den »Neuen Beyträgen zum Vergnügen des Verstandes und Witzes« anonym veröffentlichten ersten drei Gesängen des »Messias« war sie außerordentlich beeindruckt, erfuhr den Namen des Verfassers von Nicolaus Dietrich Giseke und bat diesen, eine Begegnung mit Friedrich Gottlieb Klopstock herbeizuführen. Über das erste Zusammentreffen im April 1751 berichtet Meta ausführlich in ihren Briefen, und obwohl ihre Familie gegen eine Verbindung mit dem Dichter war, verlobte sich das Paar im Sommer 1752. Klopstocks Hochzeit mit Meta, die er als »Cidli« in seinen Dichtungen feierte, fand am 10. Juni 1754 statt. Anschließend übersiedelten sie nach einer Reise zu Klopstocks Eltern nach Dänemark, wo sie vorwiegend in Lyngby bei Kopenhagen eine glückliche Zeit verbrachten. Im Jahre 1758 starb Meta bei der Entbindung eines toten Sohnes. Im Frühjahr des folgenden Jahres wurde sie auf den Kirchhof von Ottensen überführt.

Meta Klopstock war eine glänzende Briefschreiberin, die den überlieferten Formen dieser Gattung neue Lebendigkeit abgewann. Am dichterischen Schaffen ihres Ehemanns nahm sie großen Anteil und ließ sich auch zu eigenen Arbeiten anregen. Davon geben unter anderem ihre zehn »Briefe von Verstorbenen an Lebendige« und das Drama »Abels Tod« Zeugnis.

WERKE Hinterlaßne Schriften, Hamburg 1759; Briefwechsel mit Klopstock, ihren Verwandten und Freunden, hg. und mit Erläuterungen versehen von Hermann Tiemann, 3 Bde., Hamburg 1956 [spätere Auflagen unter den Titeln: Geschichte der Meta Klopstock in Briefen, hg. von Franziska und Hermann Tiemann, Bremen 1962 (Sammlung Dieterich 239); Es sind wunderliche Dinger, meine Briefe. Meta Klopstocks Briefwechsel mit Friedrich Gottlieb Klopstock und mit ihren Freunden 1751–1758, hg. von Franziska und Hermann Tiemann, München 1980].

LITERATUR LhS 4; Erich Trunz, Meta Moller und das 18. Jahrhundert, in: Meta Klopstock geborene Moller, Briefwechsel mit Klopstock, ihren Verwandten und Freunden (siehe unter Werke), Bd. 3: Erläuterungen, S. 955–974; Elisabeth Höpker-Herberg, Der Tod der Meta Klopstock. Ein Versuch über des Dichters Auffassungen vom Tode, in: Der Tod in Dichtung, Philosophie und Kunst, hg. von Hans Helmut Jansen, 2., neu bearb. und erweiterte Aufl. Darmstadt 1989, S. 249–265; Marianne Schuller, »Es sind wunderliche Dinger, meine Briefe.« Randbemerkungen zur Schreibweise Meta Klopstocks, in: Hamburg im Zeitalter der Aufklärung, hg. von Inge Stephan und Hans-Gerd Winter, Berlin/Hamburg 1989 (Hamburger Beiträge zur öffentlichen Wissenschaft 6), S. 269–283. *Horst Gronemeyer*

KNYPHAUSEN, Reichsfreiherr Dodo zu Innhausen und, geb. 22.6.1583 Lütetsburg/Ostfriesland, gest. 11.1.1636 bei Haselünne/Emsland; luth.; Königlich-schwedischer Feldmarschall.

Dodo zu Innhausen und Knyphausen

Knyphausen gehörte zu den Offizieren, deren militärischer Aufstieg durch die Ereignisse des Dreißigjährigen Krieges bestimmt wurde. Auf Akademien und durch Reisen vorgebildet, begann er seine äußerst wechselvolle Laufbahn 1602 unter Moritz von Oranien während des niederländischen Befreiungskrieges. 1607 vom Grafen Enno III. zum Drosten und Kommandanten der ostfriesischen Festung Stickhausen ernannt, nahm er in dessen Auftrag an den Krönungsfeierlichkeiten Karls IX. von Schweden teil und knüpfte dort für seine spätere Laufbahn wichtige Verbindungen. Im Oktober 1612 wurde Knyphausen Oberstleutnant im Dienst der Hansestädte unter deren Kriegsobersten Friedrich Graf zu Solms-Laubach und befehligte 1615 im Kriegszug nach Braunschweig die Vorhut von 2000 Mann, die sich noch vor der hanseatischen Hauptstreitmacht den Durchbruch in die von den Truppen des Braunschweiger Herzogs Friedrich Ulrich belagerte Stadt erkämpfte. Im Juni 1616 zum Oberstleutnant über das Kriegsvolk des Herzogs von Braunschweig-Celle bestellt, war er im Dezember desselben Jahres gleichzeitig als Stadthauptmann oder Kommandant in hamburgische Dienste getreten. Ihm unterstanden die durch den Bau der neuen Befestigungsanlagen erforderliche Neuorganisation und die Fortführung der schon einige Jahre zuvor begonnenen Ausbildungsverbesserung der Bürgerwache sowie die Anwerbung geschulter Truppen, die neben der Verteidigung der Stadt auch zum Kriegsdienst außerhalb Hamburgs in den festen Häusern Ritzebüttel und Bergedorf geeignet sein mussten. Schon drei Jahre später wechselte Knyphausen als Oberst zum Heer der Union nach Süddeutschland, war jedoch, um seinen Dienst bei der Stadt offiziell zu quittieren und seine Familie nach Süddeutschland zu holen, zufällig in Hamburg, als der Herzog von Braunschweig-Lüneburg im Februar 1620 wegen des seit langem umstrittenen Gammerdeiches in die Vier- und Marschlande einfiel. Hamburg hatte in aller Eile eine Streitmacht von 2000 Mann zu Fuß und 635 Reitern aufgestellt und zwang Knyphausen unter Berufung auf seinen geleisteten Eid, den Oberbefehl zu übernehmen. Da der Herzog eine direkte Konfrontation scheute, räumte er das Hamburger Gebiet, ohne dass es zu Kampfhandlungen kam. Nach Abschluss des Vertrags von Boitzenburg am 25. Juli 1620, der den Frieden wiederherstellte, konnte der Oberst Hamburg verlassen.

Ab 1621 diente Knyphausen Herzog Christian von Braunschweig, dem »Halberstädter«, und übernahm diplomatische und militärische Aufgaben, ab 1626 dem Söldnerführer Graf Mansfeld als Generaladjutant, geriet im selben Jahr in Wallensteinsche Gefangenschaft und trat nach seiner Flucht 1627 in dänische Dienste. Nach einem Zwischenspiel beim König von England, Karl I., wurde Knyphausen 1629 Generalwachtmeister in der schwedischen Armee, nahm 1632 an der Schlacht bei Lützen und den verschiedensten Kriegszügen teil. Im August 1633, inzwischen zum Königlich-schwedischen Feldmarschall avanciert, erhielt er von der schwedischen Königin Christine das Amt Meppen als erbliches Lehen zugesprochen. Im November 1635 mit der Führung der schwedischen Truppen in Westfalen betraut, fiel er am 11. Januar 1636 in einem Scharmützel bei Haselünne im Emsland.

LITERATUR ADB 16; NDB 12; Theodor Muhsfeldt, Das hamburgische Militär. Übersicht über seine Organisation und seine Offiziere vom Beginn des Dreißigjährigen Krieges bis zu seiner Auflösung im Jahre 1811, in: ZHG 14 (1909), S. 37–149; Günter Harringer, Der Streit des Hauses Braunschweig-Lüneburg mit den Hansestädten Hamburg und Lübeck um den Gammerdeich (1481–1620), in: ZHG 51 (1965), S. 1–48; Walter Ordemann, Der schwedische Feldmarschall Reichsfreiherr Dodo zu Inn- und Knyphausen, Herrscher im Emsland, in: Jahrbuch des Emsländischen Heimatbundes 27 (1981), S. 55–76. *Karl-Klaus Weber*

KÖNIGSMARCK, Maria Aurora Gräfin,

geb. 28.4.1662 Stade, gest. 16.2.1728 Quedlinburg; luth.; Stiftspröpstin, Librettistin, Dichterin.

Die Tochter des von 1664 bis 1772 als Vizegouverneur der Herzogtümer Bremen und Verden amtierenden schwedischen Generalmajors Curt Christoffer Graf Königsmarck und der Maria Christina Gräfin Wrangel wuchs mit ihren Geschwistern Carl Johann, Amalie Wilhelmine und Philipp Christoph größtenteils in Stade und dem benachbarten Schloss Agathenburg auf. Nachdem der Vater 1673 als niederländischer General im Krieg gegen Frankreich gefallen war, lebte Maria Aurora von Königsmarck mit den drei Geschwistern und der Mutter in Hamburg, wo sie Privatunterricht erhielt, fünf Fremdsprachen erlernte, sich in Geschichte, Musik, Poesie und zugleich in der Haushaltsführung ausbildete. Von Reichtum und Glanz umgeben, schön und gebildet, stand sie dort nach 1678 im Mittelpunkt künstlerischen und gesellschaftlichen Lebens. Von 1680 bis 1791 lebte die Familie in Stockholm. Nach dem Tod der Mutter kehrte Maria Aurora von Königsmarck

Maria Aurora von Königsmarck

mit ihrer Schwester nach Hamburg zurück. Sie verfügte, der schwedischen Reduktionspolitik wegen, nur mehr über geringe Mittel und reiste wiederholt nach Agathenburg, Hannover und Wolfenbüttel, 1692 aber auch nach Quedlinburg, um für den Fall der Nichtverheiratung ihre Aufnahme in das weltliche Damenstift vorzubereiten. Dessen damaligen Schirmherrn, Kurfürst Friedrich August I. von Sachsen, den späteren König August II. (den Starken) von Polen, suchte sie zwei Jahre später mehrmals in Dresden auf und wurde Ende 1694 bis Frühjahr 1696 seine Mätresse. Ihr gemeinsamer Sohn, Moritz von Sachsen (1696–1750), sollte als französischer Feldherr dereinst Berühmtheit erlangen. Maria Aurora von Königsmarck wurde 1698 Koadjutorin und 1700 Pröpstin des nunmehr brandenburgischen Stifts Quedlinburg und übernahm 1703 bis 1718 stellvertretend auch dessen Leitung.

Für Hamburg von besonderem Interesse ist ihre Verbindung zur Gänsemarktoper, wo sie 1680 als Textdichterin der zuvor in Ansbach mit der Musik Johann Wolfgang Francks aufgeführten und in Hamburg möglicherweise von Nikolaus Adam Strungk neu komponierten Oper »Die drey Töchter CECROPS« hervortrat. Bemerkenswert ist Maria Aurora von Königsmarcks Freundschaft mit den Komponisten Reinhard Keiser und Johann Mattheson. Letzterer, den sie in Hamburg 1703 anlässlich eines Konzerts beim Kaiserlichen Residenten Christian Graf Eck kennen gelernt hatte, suchte sie im folgenden Jahr und auch danach in Quedlinburg auf. Zu Matthesons Oper »Die geheimen Begebenheiten

HENRICO IV.« (Hamburg 1711) steuerte sie eine Arie bei, und er seinerseits widmete ihr sein 1713 in Hamburg erschienenes »Neu-Eröffnetes Orchestre«. Keiser wiederum dedizierte ihr 1712 seine Kantate »Die gekrönte Würdigkeit« und 1713 den Kantaten- und Ariendruck »Divertimenti serenissimi«, deren Arie »Ihr schönen Augen seyd selbst Richter« wiederum von ihr stammte. Eine gerechte Würdigung der Gräfin Königsmarck für das Geistesleben ihrer Zeit wird möglich sein, wenn überdies ihr bislang nur teilweise zugängliches lyrisches Werk, das sie zumal als Verfasserin galanter und geistlicher Gedichte ausweist, in ausreichendem Umfang vorliegt.

WERKE Die drey Töchter CECROPS, in einem Sing-Spiel vorgestellet, Hamburg 1680 [Faksimile in: Die Hamburger Oper. Eine Sammlung von Texten der Hamburger Oper aus der Zeit 1678–1730, hg. von Reinhart Meyer, 4 Bde., München 1980, hier Bd. 1, S. 125–170]; Georg Christian Lehms, Teutschlands Galante Poetinnen [...], Frankfurt a. M. 1745, S. 113–122 [2. Pag.] [enthält ein Lobgedicht auf Anton Ulrich, Herzog von Braunschweig-Lüneburg zu seinem 81. Geburtstag sowie drei Arien für Reinhard Keisers »Teutsches Magnificat«][Nachdruck Leipzig 1973]; Samlade Vitterhetsarbeten af Svenska Författere från Stjernhjelm till Dalin. [...] utgifna af [hg. von] P[er] Hanselli, Bd. 8, Upsala 1867, S. 33 f., 37–42, 61–65, 71–89 [Werkausgabe].

LITERATUR ADB 16; NDB 12; LhS 4; Killy 6; Friedrich Cramer, Denkwürdigkeiten der Gräfin Maria Aurora Königsmark und der Königsmark'schen Familie, 2 Bde., Leipzig 1836; Birger Graf Mörner, Maria Aurora Königsmarck. Eine Chronik, München 1922; Jean M. Woods, Nordischer Weyrauch: The Religious Lyrics of Aurora von Königsmarck and Her Circle, in: Daphnis 17 (1988), S. 267–326 [mit Nachdruck der gleichnamigen Sammlung]; dies., Aurora von Königsmarck. Epitome of a Galante Poetin, in: ebd., S. 457–465; Solveig Olsen, Aurora von Königsmarck's Singspiel Die drey Töchter Cecrops, in: ebd., S. 467–480; Ulrich Seelbach, Maria Aurora von Königsmarck's Stanzen über ihren Bruder Philipp Christoph, in: Daphnis 20 (1991), S. 403–422.

Jürgen Rathje

KÖRBER, Kurt A[dolf], geb. 7.9.1909 Berlin, gest. 10.8.1992 Hamburg; konfessionslos; Industrieller, Ingenieur, Stifter.

Der international renommierte Unternehmer Kurt A. Körber war ein herausragender Stifter und Mäzen des kulturellen, bildungs- und sozialpolitischen Lebens der Freien und Hansestadt Hamburg nach 1945. Der jüngere von zwei Söhnen eines Automobiltechnikers meldete als 15-Jähriger mit der automatisch gesteuerten Radiosender-Ableseskala sein erstes Patent an, dem er über 200 weitere folgen ließ.

Kurt A. Körber

Körber absolvierte die Real- und Höhere Handelsschule und anschließend eine Lehre bei der Allgemeinen Maschinenbau-Gesellschaft in Chemnitz. Nach Beendigung des Ingenieurstudiums in Mittweida ohne Diplom arbeitete er zunächst mehrere Jahre für die Siemens-Halske Werke in Berlin. 1933 heiratete er Anna Katharina Hiller. Von Berlin aus wechselte er 1935 zur Universelle Maschinenfabrik J. C. Müller & Co. in Dresden, einem führenden Hersteller von tabakverarbeitenden Maschinen, deren Technischer Direktor er 1940 wurde. Die Universelle übernahm frühzeitig Rüstungsaufgaben, wodurch ihre etwa 1500 Mitarbeiter inklusive Körber im Zweiten Weltkrieg vom Fronteinsatz verschont blieben. Ein persönliches Zugeständnis Körbers an die politischen Bedingungen dieser Zeit war der förmliche Eintritt in die NSDAP 1940. Nach Kriegsende engagierte er sich mithilfe der Fürsprache von Widerstandskämpfern an leitender Stelle für den Wiederaufbau der Universelle.

In Bergedorf gründete Körber 1946 eine Dependance des sächsischen Unternehmens, machte sich jedoch mit der HAUNI (HAnseatische UNIverselle) ein Jahr später selbstständig und errang in den 1950er Jahren eine monopolartige Position auf dem Weltmarkt in der Herstellung von Maschinen für die Produktion von Filterzigaretten. In den darauf folgenden Jahrzehnten erwuchs aus diesem Werk ein international führender Technologiekonzern für tabak-, papier- und tissueverarbeitende Maschinen sowie für Werkzeugmaschinen.

Körber, selbst begeisterter Hobbymaler und -musiker, widmete sich früh kulturpolitischen Aufgaben in Hamburg. Er gründete 1957 die Stiftung für den Wiederaufbau des Thalia Theaters mit. Drei Jahre später begann ein ähnliches Engagement für die Hamburgische Staatsoper, der er in vielfältiger Hinsicht als Unterstützer verbunden blieb. Jahrzehntelang war Körber auch Mitglied der Stiftung zur Förderung der Hamburgischen Kunstsammlungen, und Ende der 1980er Jahre stellte er etwa 25 Millionen Mark für die Umgestaltung der Deichtorhallen zu einem Ausstellungszentrum für moderne Kunst zur Verfügung.

Eigene Erfahrungen in der Tabakindustrie mit dem Aus-»Bildungsnotstand« inspirierten Körber, 1959 die Kurt A. Körber-Stiftung zu gründen. Zehn Jahre später kam die Hauni-Stiftung hinzu. Beide Stiftungen wurden 1981 zur heutigen Körber-Stiftung vereinigt, welche Alleinerbin seines Vermögens ist. Die von den Stiftungen getragenen Lehr- und Forschungseinrichtungen gingen in der von Körber mit einer Startfinanzierung unterstützten Fachhochschule Hamburg auf. Ende der 1970er Jahre nahm der Hamburger Senat aus haushaltspolitischen Erwägungen das Angebot Körbers nicht an, dem von ihm in Bergedorf errichteten »Haus im Park«, einem überregional beachteten Modellprojekt der offenen Altenhilfe und Seniorenarbeit, durch die Spende von je einer Million Mark vier weitere Einrichtungen dieser Art in anderen Stadtteilen folgen zu lassen. Die öffentliche Hand wollte sich angesichts knapper werdender Etatspielräume nicht für ein auf längere Sicht zuschussbedürftiges Vorhaben in die Pflicht nehmen lassen.

1961 initiierte Körber den »Bergedorfer Gesprächskreis«, der weltweit an wechselnden Orten, auch im Bergedorfer Schloss, internationale Tagungen zu Kernproblemen der Gesellschaft und zur Völkerverständigung durchführt. Zwölf Jahre später rief er zusammen mit Bundespräsident Gustav W. Heinemann den »Schülerwettbewerb Deutsche Geschichte um den Preis des Bundespräsidenten« ins Leben. Später lobte Körber zahlreiche weitere Preise wie den Boy-Gobert-Preis für den schauspielerischen Nachwuchs an Hamburger Bühnen aus. Für seine Verdienste um die Stadt Hamburg erhielt er unter anderem 1980 die Bürgermeister-Stolten-Medaille, 1988 die Ehrensenatorwürde der Universität Hamburg und 1991 die Ehrenbürgerwürde verliehen. 1998 wurde die Kampchaussee in Bergedorf in Kurt-A.-Körber-Chaussee umbenannt.

WERKE Das Profit-Programm. Ein Unternehmer geht stiften, Hamburg 1992.

LITERATUR Martin Beheim-Schwarzbach, Bergedorfer Offensive, Hamburg o.J. [1966]; Helmut Schmidt, Kurt A. Körber, in: Joachim Fest (Hg.), Die großen Stifter. Lebensbilder – Zeitbilder, Berlin 1997, S. 457–466.

Josef Schmid

KOHN (Deckname *Brak*), Joseph Berkowitz,

geb. 15.4.1841 Leczyca (Polen), gest. 4.4.1905 Hamburg; isr.; Kaufmann, Lehrer in Arbeiterbildungsvereinen, Politiker.

Als politischer Flüchtling nach Hamburg gekommen, wurde der polnische Jude Joseph Berkowitz Kohn hier eine bekannte Persönlichkeit, die in polnischen, jüdischen und sozialdemokratischen Vereinigungen für Toleranz, Internationalismus und soziale Gerechtigkeit eintrat.

In seiner Heimatstadt waren sein Vater und sein Großvater mütterlicherseits polnisch sprechende, im öffentlichen Leben engagierte Kaufleute. Sie ermunterten den jungen Joseph zur Teilnahme an der national-polnischen Aufstandsbewegung gegen die zaristische Russifizierungspolitik. Nach der Niederlage 1863 floh Kohn unter dem Decknamen Brak. Seit 1864 in Hamburg ansässig, wurde er Mitglied der jüdischen Gemeinde, und es gelang ihm, in wenigen Jahren als Kaufmann selbstständig zu werden und mit seiner aus Altona stammenden Frau Auguste, geborene Gabrielsen, eine große Familie zu gründen. Er engagierte sich in Vereinen polnischer Emigranten, in der jüdischen B'nai B'rith-Loge und seit 1874 für den Allgemeinen Deutschen Arbeiter-Verein als Redner zu den Reichstagswahlen. In verschiedenen Arbeiter-Fortbildungsvereinen erteilte er Unterricht in Geschichte, Buchhaltung und Ökonomie, im Eimsbütteler Verein übernahm er ein Vorstandsamt. Ebenso wurde Kohn im 1886 gegründeten Verein Hamburgischer Staatsangehöriger und in der Sozialdemokratischen Partei in Funktionen gewählt, die sich hauptsächlich auf Vortrags- und Schulungsarbeit bezogen. In seiner antiautoritären Haltung, die sich vornehmlich gegen die staatliche Machtausübung in Preußen und Russland richtete,

Joseph Berkowitz Kohn

kritisierte Kohn auch die Mitglieder des sozialdemokratischen Parteivorstandes in Berlin, die 1890 die vormalige Hamburger Genossenschaftsdruckerei als Auer & Co. in Besitz genommen hatten, ohne die ehemaligen Anteilsgeber zu beteiligen. Die Hamburger Sozialdemokraten wählten Kohn über lange Jahre zum Vorsitzenden ihrer Pressekommission zur Kontrolle des Parteiorgans »Hamburger Echo« und ihres Verlages. Als Kaufmann förderte Kohn das sozialdemokratisch orientierte Genossenschaftswesen. Er übernahm die Geschäftsführung der in Schwierigkeiten geratenen Bäckereigenossenschaft und gehörte von 1900 bis zu seinem Tod dem Aufsichtsrat des Konsum-, Bau- und Sparvereins »Produktion« an. In den letzten Lebensjahren schrieb er seine Erinnerungen nieder, großenteils mit Zitaten aus seinen früheren Tagebüchern. Während das »Hamburger Echo« im Nachruf vom »kleinen Kohn« sprach und damit kritiklos einen antisemitischen Topos bediente, zeigte sich die politische Polizei irritiert von der gemeinsamen Präsenz des jüdischen Ritus und sozialdemokratischer Symbole bei der Beerdigung.

WERKE Erinnerungen [Typoskript im Museum der Arbeit, Hamburg; Veröffentlichung in Vorbereitung].

LITERATUR Ulrich Bauche, Biographien im Spannungsfeld zwischen ethnischer und sozialpolitischer Exponiertheit. Jüdische Mitstreiter in der Hamburger Arbeiterbewegung, in: VOKUS – volkskundlich-kulturwissenschaftliche Schriften, Jahrgang 10 (2000), Heft 1, S. 16–28; zur Familie vgl. Reinhard Saloch/Dieter Thiele, Gerda Kohn. Ein tätiges Leben, Hamburg 1995. *Ulrich Bauche*

KRANTZ, Albert, geb. 1448 Hamburg, gest. 7.12.1517 ebd.; kath.; Theologe, Syndicus, Historiker.

Die Familie von Albert Krantz stammt aus Arendsee in der Altmark. Seit Ende des 14. Jahrhunderts lebte ein Zweig der Familie als Schiffer, Reeder und Kaufleute in Hamburg. Krantz' Vater war von 1461 bis 1471 Schlosshauptmann auf der Moorburg. Seine Mutter Margaretha war eine geborene Hovemann.

Nach dem Studium der Theologie und des kanonischen Rechts an der Universität Rostock, wo er auch als Dozent lehrte (1467/68 Magister, 1482 Rektor, 1481 bis 1486 mehrmals Dekan der Philosophischen Fakultät), bekam Krantz 1486 in Lübeck die Stelle des Syndicus. 1491 wurde er in Mainz zum Doktor des kanonischen Rechts promoviert, begab sich anschließend auf eine Bildungsreise nach Italien und erlangte in Perugia die Würde eines Doktors der Theologie. 1493 kehrte er in seine Heimatstadt zurück und erhielt das Amt des Lector primarius am Dom. Mit dieser Stellung waren auch ein Kanonikat und eine Präbende verbunden. 1508 zum Domdekan gewählt, war er in diesem Amt von 1509 bis 1514 mehrfach auf Visitationsreisen im nordelbischen Kirchsprengel unterwegs.

Für Lübeck, Hamburg und die Hanse unternahm Krantz im Laufe seines Lebens mehrere Gesandtschaften: 1489 nach Wismar zu Verhandlungen wegen Streitigkeiten zwischen den mecklenburgischen Herzögen und der Stadt Rostock; im Winter 1490/91 für Lübeck nach Riga, Dorpat und Reval zur Vermittlung in einem Streit Rigas mit dem Deutschen Orden; 1491, 1497, 1499 und 1504 nach Antwerpen und Brügge als Wortführer der deutschen Hanse in Verhandlungen mit England wegen Verletzung der Hanseprivilegien; 1493/94 mehrfach für Hamburg und Lübeck zu Tagungen der niedersächsischen Städte und zum Bremer Hansetag; 1497 für die Hanse nach Paris zu Verhandlungen wegen der Übergriffe französischer Seeräuber auf deutsche Schiffe; 1498 bis 1500 als hamburgischer Gesandter in Bremen zur Vermittlung im Streit des Erzbischofs mit Magnus von Sachsen; 1507 nach Nyköping/Falster als Unterhändler der wendischen Städte im dänisch-lübischen Konflikt; schließlich 1511 für Hamburg an den Kaiserhof in Sachen Reichsunmittelbarkeit; der Kaiser zog daraufhin eine Klage gegen den hamburgischen Rat beim Reichskammergericht zurück.

Albert Krantz

Als Lektor verfasste Krantz theologische und philosophische Schriften, darunter auch ein Breviar (1507) und ein Hamburger Missalbuch (1509). Von 1500 bis 1504 widmete er sich historischen Arbeiten. Die von ihm verfassten Werke wurden jedoch erst aus dem Nachlass herausgegeben; sie erschienen in Köln, Straßburg, Basel und Frankfurt am Main. Die »Wandalia« (1519) ist eine Geschichte der Wandalen, Wenden und Osteuropas, die »Saxonia« (1520) eine historische Darstellung Niedersachsens. Mit der »Chronica regnorum aquilonarium« (1545 deutsch, 1548 lateinisch) legte Krantz eine Geschichte Skandinaviens vor, aufgeteilt in die Bereiche Dania, Suecia und Norvagia, mit der »Metropolis« (1548) eine niedersächsische Kirchengeschichte. Die Werke des Historikers, der auf seinen zahlreichen Reisen in Bibliotheken und Archiven recherchierte, haben zur Verbreitung der Kenntnis des nördlichen Deutschland und Skandinaviens im 16. und 17. Jahrhundert viel beigetragen.

Krantz' Arbeiten wurden von dem Rostocker Theologie- und Geschichtsprofessor David Chytraeus fortgesetzt. Adam Tratziger hat seine Hamburger Chronik maßgeblich auf der Basis von Krantz' Werken geschrieben. Der Reformation gegenüber, von der er noch auf seinem Sterbebett erfahren hat, soll er skeptisch eingestellt gewesen sein. Gleichwohl stellte ihn die frühneuzeitliche Chronistik als Geistesverwandten Luthers dar. Heinrich Reincke bezeichnete Krantz 1933 als Mann der Resignation, der es nicht gewagt habe, sich dem nationalen Aufbruch anzuschließen. Neuere Forschungen wenden sich vor allem dem Humanisten und Historiker Krantz zu.

Werke Schriftenverzeichnis in: Ulrich Andermann, Albert Krantz. Wissenschaft und Historiographie um 1500, Weimar 1999 (Forschungen zur mittelalterlichen Geschichte 38), S. 335–338.

Literatur ADB 17; NDB 12; Heinrich Reincke, Albert Krantz als Geschichtsforscher und Geschichtsschreiber, in: Festschrift der Hamburger Universität für Werner von Melle, Hamburg 1933, S. 111–147; Heinz Stoob, Albert Krantz (1448–1517). Ein Gelehrter, Geistlicher und Hansischer Syndikus zwischen den Zeiten, in: HG 100 (1982), S. 87–109; Markus Müller, Die spätmittelalterliche Bistumsgeschichtsschreibung. Überlieferung und Entwicklung, Köln u. a. 1998 (Beihefte zum Archiv für Kulturgeschichte 44), S. 344–349, 454–459; Ulrich Andermann, Albert Krantz. Wissenschaft und Historiographie um 1500, Weimar 1999 (Forschungen zur mittelalterlichen Geschichte 38).

Susanne Rau

Krogmann, Richard Carl, geb. 9.4.1859 Hamburg, gest. 15.3.1932 Puerto Cruz (Teneriffa); luth.; Reeder, Verbandspolitiker.

Nach seiner Lehrzeit in der 1797 gegründeten väterlichen Firma Wachsmuth & Krogmann und längeren Auslandsaufenthalten wurde Krogmann 1885 Teilhaber des Unternehmens. Es gehörte zu den führenden Überseehäusern und bereederte eine eigene Flotte. Unter Krogmann wurden der Salpeterhandel mit Südamerika und vor allem das Reisgeschäft mit Burma aufgebaut. Durch Beteiligung an deutschen Reismühlen sicherte man den Absatz der eigenen Importprodukte.

Krogmanns Verdienste liegen in der Organisierung der deutschen Seeschifffahrt. 1893 in den Vorstand der See-Berufsgenossenschaft gewählt, übernahm er dort nach sieben Jahren den Vorsitz. Aufgabe dieser 1887 durch Reichsgesetz geschaffenen Körperschaft des öffentlichen Rechts, der jeder deutsche Reeder angehören musste, war die Unfallversicherung und -verhütung in diesem Erwerbszweig. Fast vier Jahrzehnte hat Krogmann das Gremium ehrenamtlich geleitet. Ein erster großer Erfolg waren die zusammen mit dem Germanischen Lloyd, dem führenden deutschen Schiffsklassifikationsinstitut, erarbeiteten Freibordvorschriften (1903), die schon bald international anerkannt wurden. Auch Krogmanns Mitwirkung an der Neufassung der Unfallverhütungsvorschriften (1925), für die er im selben Jahr die Ehrendoktorwürde der Technischen Hoch-

Richard Carl Krogmann

schule in Berlin-Charlottenburg erhielt, war ein Meilenstein auf dem Weg zum modernen Schiffbau. In diesen Zusammenhang gehört ebenfalls sein Engagement in der 1907 gegründeten Hamburgischen Schiffbau-Versuchsanstalt, die sich nach wenigen Jahren zur weltgrößten und meistbeschäftigten Institution dieser Art entwickelte. Für die sozialen Belange der Seeleute und ihrer Angehörigen wirkte Krogmann als Leiter der Seekasse (seit 1907) und der See-Krankenkasse (seit 1927). Diese weit ausgreifenden Tätigkeiten haben schon früh das Interesse Kaiser Wilhelms II. geweckt und dessen Unterstützung gefunden. Krogmann hat zeitlebens freundschaftliche Beziehungen zu ihm unterhalten.

LITERATUR NDB 13; DG 51; Arbeitsplatz Schiff. 100 Jahre See-Berufsgenossenschaft, hg. von Klaus-Peter Kiedel, Hamburg 1987 (Schriften des Deutschen Schiffahrtsmuseums 23). *Gerhard Ahrens*

KUHN, Johannes Nicolaus, get. 27.7.1670 Schweinfurt; gest. 13.11.1744 Hamburg; luth.; Baumeister.

Der Sohn eines Zimmermeisters Johannes Nicolaus Kuhn wurde am 15. Mai 1705 unter der Berufsbezeichnung »Informator« in das Hamburger Bürgerbuch eingetragen. Als Meister ließ ihn die Zunft angeblich wegen eines unehelichen Kindes nicht zu. Doch bald erteilten ihm Adlige Aufträge für ihre Bauten: 1709 errichtete Kuhn für den schleswig-holsteinischen Staatsminister Magnus von Wedderkopp ein dreigeschossiges Wohnhaus Speersort/Ecke Domstraße, das 1943 der Bombardierung Hamburgs zum Opfer fiel, und 1710 im Auftrag des holsteinisch-gottorfischen Gesandten Freiherr Georg Heinrich von Görtz das Palais Neuer Wall 86. Nach dem Tod des Freiherrn von der Stadt erworben und zunächst an den Kaiserlichen Gesandten vermietet, dann als Stadthaus für Verwaltungsaufgaben genutzt, besitzt dieser einzige Hamburger Adelspalast aus dem 18. Jahrhundert bis auf den Verputz der Backsteinfassade noch heute sein ursprüngliches äußeres Erscheinungsbild. Das Innere brannte im Zweiten Weltkrieg aus und wurde mit einem zusätzlichen Geschoss wiederhergestellt. Außerhalb Hamburgs baute Kuhn für den Landrat Gottfried von Wedderkopp 1721 das Herrenhaus Steinhorst. Heute im Besitz der Firma Schwartzkopf, wird es museal genutzt und beherbergt die Stiftung Herzogtum Lauenburg. In der Hansestadt errichtete Kuhn vier Jahre später noch das heute nicht mehr vorhandene Wohnhaus Beckhoff in der Katharinenstraße 31/32, dessen Giebel er im Gegensatz zur üblichen Gestaltung mit der geschweiften Umrissform von Borrominis Giebel am Oratorium des Fillipo Neri in Rom versah. Von Kuhns Sakralbauten ist die von 1732 bis 1738 an der Westfassade des Turmschaftes von St. Katharinen angebrachte Portal-Fenster-Kombination hervorzuheben. Die Westseite des Jacobikirchturms versah er 1737 mit einem weit bescheideneren Portal. In Billwerder errichtete Kuhn in den Jahren von 1737 bis 1739 das Schiff der Nikolaikirche, deren Turm erst 1883 angefügt wurde. Nach einem Brand im Jahre 1911 erhielt das Kirchenschiff wieder sein ursprüngliches Aussehen. Zu den weiteren Arbeiten des Baumeisters zählen Instandsetzungen kommunaler Gebäude in Hamburg sowie Gutachten.

Johannes Nicolaus Kuhn gilt als der bedeutendste Baumeister Hamburgs in der ersten Hälfte des 18. Jahrhunderts. Während die einheimischen Handwerksmeister noch dem Stil des ausgehenden 17. Jahrhunderts und niederländischen Anregungen verbunden blieben, gestaltete er die Fassaden seiner Bauten in Kenntnis der italienischen Architektur weit fortschrittlicher im barocken Sinne. Kuhn besaß die Begabung für eine ausgewogene, aber auch für eine originelle Gestaltung. Seine Verdienste würdigte die Stadt Hamburg 1907 mit der Benennung des Kuhnswegs im Stadtteil Winterhude.

LITERATUR NDB 13; HKL; ThB; Rump; Hermann Heckmann, Barock und Rokoko in Hamburg. Baukunst des

Bürgertums, Berlin/Stuttgart 1990; ders., Baumeister des Barock und Rokoko in Mecklenburg, Schleswig-Holstein, Lübeck, Hamburg, Berlin 2000; Daniel Tilgner, Die Geschichte des Görtz-Palais. »Vornehmer Fremdling in Hamburgs Straßen«, Hamburg 1995 (Veröffentlichungen des Vereins für Hamburgische Geschichte 40).

Hermann Heckmann

KUNERT, Marie Luise *Sophie*, verh. Benfey-Kunert, geb. 1.3.1896 Spandau, gest. 18.1.1960 Göttingen; luth.; Theologin.

Die erste Hamburger Theologin und eine der engagiertesten Kämpferinnen für die Zulassung von Frauen im geistlichen Amt war Sophie Kunert.

Aufgewachsen in großbürgerlichen Verhältnissen als jüngste Tochter eines vermögenden Oberlehrers in Spandau, entwickelte sie schon frühzeitig kämpferischen Elan und einen ausgeprägten Leistungsdrang. 1916 begann sie in Berlin, Philologie zu studieren, wechselte aber nach zwei Jahren zur Theologie und legte 1921 als eine der ersten Frauen an der Humboldt-Universität das Fakultätsexamen ab, dessen Einführung sie zuvor selbst mit durchgesetzt hatte. Da es zu diesem Zeitpunkt keine Berufsaussichten in den evangelischen Kirchen gab, arbeitete Sophie Kunert als Erzieherin und im kaufmännischen Bereich, studierte Nationalökonomie, publizierte zum Thema Frauen in der Kirche und wirkte in ihrer Freizeit als Seelsorgerin in einem Berliner Frauengefängnis.

Von dort wurde ihr eine Anstellung als Fürsorgerin und Seelsorgerin im Hamburger Strafvollzug vermittelt, die sie im Januar 1925 antrat. Da Kunert ihr Anliegen, die Gleichberechtigung der Theologinnen, weiter verfolgte und für ihre Arbeit im Frauengefängnis auch eine kirchliche Bestätigung haben wollte, beantragte sie erfolgreich die Zulassung zum Vikariat in der Hamburger Landeskirche, dessen Abschlussprüfung sie noch 1925 bestand. Nach langen Auseinandersetzungen konnte sie 1927 bewirken, dass Theologinnen als Pfarramtshelferinnen auch eine kirchliche Arbeitsmöglichkeit eingeräumt wurde – allerdings nur mit eingeschränkten Rechten und geringerer Bezahlung. Für ihren Dienst wurden sie eingesegnet und nicht wie Pastoren ordiniert. Sophie Kunert konnte sogar erreichen, dass ihr ausnahmsweise die sonst nur Männern vorbehaltene Sakramentsverwaltung für ihre Arbeit im Frauengefängnis übertragen wurde. Damit befand sie sich in Deutschland in einer einzigartigen Position. Kunert versah ihren Dienst im Frauengefängnis weitgehend selbstständig und war nur dem Präsidenten des Strafvollzugsamtes unmittelbar verpflichtet. Politisch engagierte sie sich für die Deutsche Volkspartei (DVP), für die sie bei der Reichstagswahl 1930 erfolglos kandidierte. Daneben hielt sie oft Vorträge und publizierte zahlreiche Artikel. Um ihre Arbeit mit den inhaftierten Frauen noch besser gestalten zu können, studierte Sophie Kunert nebenbei Psychologie und wurde 1933 bei William Stern (1871–1938) mit einer Arbeit über »Abhängigkeit, eine personale Struktur straffälliger Frauen« promoviert. Die wissenschaftliche Aufarbeitung ihrer zehnjährigen Erfahrung in Strafanstalten wurde für sie zum Abschluss ihres Berufslebens. Ende Februar 1934 schied sie auf eigenen Wunsch aus dem Dienst aus, da erhebliche Konflikte mit der katholischen Leiterin des Frauengefängnisses ihr die Arbeit erschwert hatten.

Sophie Kunert

Nach der Kündigung heiratete Kunert den aus einer judenchristlichen Familie stammenden Göttinger Pastor Bruno Benfey (1891–1962), der von den Nationalsozialisten aufgrund seiner Abstammung angegriffen und vom Landesbischof in den Ruhestand versetzt wurde. Im Anschluss an die reichsweiten Pogrome in der Nacht vom 9./10. November 1938 wurde er verhaftet und in das Konzentrationslager Buchenwald gebracht, aufgrund ökumenischer Kontakte jedoch nach einigen Wochen mit der Auflage, Deutschland zu verlassen, aus der Haft entlassen. Über die Schweiz, die sie nicht dauerhaft aufnehmen wollte, gelangte die Familie in die Niederlande, wo Bruno Benfey als Seelsorger wirkte und deutschsprachige protestantische Flüchtlinge in Lagern im ganzen Land betreute. Hier ergab sich für Sophie Benfey-Kunert die Möglichkeit, wieder als Geistliche zu arbeiten und Gottesdienste abzuhalten, wenn ihr Mann verhindert war. 1946 konnten beide nach Göttingen zurückkehren, wo ihr Mann seine alte Pfarrstelle wieder erhielt, ihr selbst aber von der Hannoverschen Landeskirche eine Berufstätigkeit als Theologin verwehrt wurde.

WERKE Die Bitte um Ordination für den Dienst in Fuhlsbüttel, in: Hamburgische Kirchenzeitung 1926, S. 1 f.; Über das Gesetz zur Verwendung theologisch vorgebildeter Frauen in der Hamburgischen Landeskirche, in: Die Frau 35 (1927/28), S. 163–166; Straffälligkeit bei Frauen, ihre Entstehung und Beschaffenheit, Leipzig 1933 (Beihefte zur Zeitschrift für angewandte Psychologie 67); Als Frau ins geistliche Amt, in: Gertrud Staewen-Ordemann (Hg.), Kameradin. Junge Frauen im Deutschen Schicksal 1910–1930, Berlin 1936, S. 100–104.

LITERATUR Rainer Hering, Frauen auf der Kanzel? Die Auseinandersetzungen um Frauenordination und Gleichberechtigung der Theologinnen in der Hamburger Landeskirche, in: ZHG 79 (1993), S. 163–209; ders., Die Theologinnen Sophie Kunert, Margarete Braun, Margarete Schuster, Hamburg 1997 (HLb 12), S. 11–69.

Rainer Hering

L

L'AIGLE, Alma de

L'AIGLE, Alma de, geb. 18.2.1889 Hamburg, gest. 14.3.1959 ebd.; Schriftstellerin, Reformpädagogin und Rosenspezialistin.

Alma de l'Aigle kam 1889, 100 Jahre nach der Französischen Revolution, vor der ihre adligen Vorfahren ins damals dänische Holstein geflohen waren, als älteste Tochter des Juristen Alexander de l'Aigle und seiner Ehefrau Christine, geborene Wokters, zur Welt. 1888 hatte der Vater die Möglichkeit ergriffen, sich aufgrund einer Justizreform von seinem Amt als Staatsaktuar mit halbem Gehalt zurückzuziehen, um vor den Toren Hamburgs einen Garten anzulegen. Das materiell eher bescheidene Leben in innigem und achtungsvollem Zusammenhang mit dem Werden und Vergehen der lebendigen Natur prägte die Kindheit und Jugend der drei Töchter Alma, Claudine und Anita nachhaltig. Angesichts der Zerstörungen des Zweiten Weltkriegs und der sich verändernden Großstadtlandschaft sollte Alma de l'Aigle über diese heile Welt später ein Buch mit dem schlichten Titel »Ein Garten« (1948) schreiben. Der Garten selbst wurde infolge unglücklicher Umstände 1990 verkauft und zum großen Teil überbaut. Ein Drittel konnte im letzten Moment zusammen mit seltenen Pflanzen gerettet werden und gehört heute zur Anscharhöhe im Stadtteil Lokstedt. Aus der Welt des Gartens heraus waren auch Alma de l'Aigles Kinderbücher »Häsi und anderes geliebtes Getier« (1930, 10. Aufl. 1957) und das »Starentagebuch« (1939) entstanden. Enttäuscht über die neuen Rosenzüchtungen, die sie 1951 auf der Gartenbauausstellung in Hannover gesehen und als eine von der Technik und nicht mehr vom Menschlichen bestimmte Entwicklung gewertet hatte, schrieb sie das Buch »Begegnung mit Rosen« (1957, Neuausgabe 1977), worin sie erstmals ein Duftvokabular entwickelte. Den etwa 1000 Quadratmeter großen verwilderten Garten des Geographischen Instituts der Universität Hamburg und den Innenhof des Curiohauses verwandelte sie in Rosengärten. Beide Anlagen sind nicht erhalten.

Bis zu ihrem neunten Lebensjahr hatte der Vater seine Tochter selbst unterrichtet, danach besuchte Alma de l'Aigle die private höhere Mädchenschule von Frl. de Fauquemont in Eppendorf. Gerne wäre sie Malerin geworden, musste sich aber den praktischen Erwägungen der Eltern beugen. Von 1905 bis 1909 absolvierte sie eine Ausbildung zur Lehrerin

Alma de l'Aigle

für mittlere und höhere Mädchenschulen am Lehrerinnen-Seminar der Klosterschule. Da sie sich jedoch nicht entschließen konnte, sich in ein geregeltes Schulleben einzufügen, arbeitete Alma de l'Aigle zunächst als Erzieherin und Privatlehrerin, trat 1912 dann aber doch in den öffentlichen Schuldienst ein, zunächst als Hilfslehrerin in der Hilfsschule Eppendorfer Landstraße, ab 1924 an der Gemeinschaftsschule Tieloh-Süd. 1926/27 ließ sie sich beurlauben, um eine einjährige Ausbildung zur technischen Lehrerin zu absolvieren. Ab 1927 war sie an der Volksschule Bei der Hauptfeuerwache 1 im armen Stadtteil St. Georg tätig und richtete dort eine Werkstatt für Nadelarbeit ein, in der sie auch Kurse für Mütter und Lehrerinnen anbot.

Alma de l'Aigle war eine engagierte Reformpädagogin, die sich weit über ihre Pflichten hinaus insbesondere für arme und zurückgebliebene Kinder einsetzte. Aus der Überzeugung heraus, dass lebendige Anschauung und Erfahrung wichtiger sind als alle Theorie, entwickelte sie einen höchst eigenwilligen Unterricht. Sie verlegte die Schulstunden häufig in Parks, Museen und Geschäfte und fuhr mit ihren Schülerinnen jährlich auf Klassenreise.

1944 wurde Alma de l'Aigle – vermutlich aus gesundheitlichen Gründen – als Hilfskraft in die Bibliothek des Pädagogischen Instituts versetzt. Diese leichtere Tätigkeit ermöglichte es ihr, den schon lange gefassten Plan eines Buches für Eltern in Angriff zu nehmen. »Aus Opposition gegen Hitler, der seine Ordnungen an die Stelle der Ordnungen Gottes gesetzt hatte», so Alma de l'Aigle, schrieb sie das umfangreiche Werk »Die ewigen Ordnungen in der Erziehung. Gespräche mit Müttern« (1948), dem der Verlag seit der zweiten, erweiterten Auflage den Titel »Elternfibel« voranstellte. In diesem ungewöhnlichen Buch, das auch heikelste Themen mit größter Selbstverständlichkeit und Natürlichkeit behandelt, appelliert sie an den Mutterinstinkt der Frauen. Ebenfalls aus pädagogischem Antrieb erdachte sie »Ganz kleine Geschichten. Zum Vorlesen – zum Selbstlesen für Knaben und Mädchen von 4–8 Jahren« (1951, 6. Aufl. 1962) und »Alles wird wieder gut« (1955, 4. Aufl. 1963). Sie wollte damit der sprachlichen Verarmung der Kinder und dem Mangel an kindgerechten Büchern entgegenwirken. Ab 1946 war Alma de l'Aigle als Dozentin für den Schulhelferabschlusslehrgang und die Lehrerfortbildung tätig. 1948 übernahm sie nochmals eine Schulklasse, dieses Mal eine Jungenklasse in der Schule in der Binderstraße, wurde aber auf eigenen Wunsch 1950 pensioniert. 1949 wählte die Bürgerschaft sie zum Mitglied der Dienststrafkammer beim Landesverwaltungsgericht. Außerdem wirkte sie in der Bundesprüfstelle für jugendgefährdende Schriften mit.

Alma de l'Aigles politisches Bewusstsein erwachte mit dem Ersten Weltkrieg und dem Zusammenbruch der Monarchie. Das den Frauen 1919 zuerkannte Stimmrecht begriff sie als eine große Mitverantwortung und engagierte sich in der sozialistischen Jugendbewegung. Zum Weimarer Parteitag der SPD im Juni 1919 verfasste sie die Flugschrift »Zehn Vorschläge für ein Aktionsprogramm der Sozialdemokratie«. Zusammen mit Gustav Dahrendorf und Theodor Haubach leitete sie die »Gruppe Neustadt« der Hamburger Jungsozialisten, die 1923 reichsweit zu einer Tagung nach Hofgeismar einlud, wo Alma de l'Aigle einen Vortrag über »Staat und Volk« hielt. Mit dem 1945 als Mitglied des Kreisauer Kreises hingerichteten Theodor Haubach, der 1923 nach Hamburg gekommen und von 1924 bis 1929 Redakteur des »Hamburger Echos« gewesen war, verband sie eine tiefe Freundschaft. »Meine Briefe von Theo Haubach« (1947) legen Zeugnis davon ab. Nach dem Zweiten Weltkrieg gehörte Alma de l'Aigle zu den aktiven Mitgliedern des Freideutschen Kreises in Hamburg. Sie wurde zu verschiedenen Entnazifizierungsaktionen herangezogen.

Alma de l'Aigle hatte einen großen Freundeskreis. Unter den Hamburger Künstlern war sie ebenso zu Hause wie unter den Rosenliebhabern und -züchtern in ganz Deutschland. Geheiratet hat sie nie; die Ehe wäre für sie nach eigenen Worten eine dauernde Todeszelle der Liebe gewesen. Begraben wurde Alma de l'Aigle auf dem Niendorfer Friedhof. Im Niendorfer Gehege setzte die Forstverwaltung ihr einen Gedenkstein. Die 1958 auf ihr Betreiben veredelte Rose Isabella wurde nach ihrem Tod in »Andenken an Alma de l'Aigle« umbenannt.

WERKE Ein Garten, Hamburg 1948 [Neuausgabe Hamburg 1996]; Die ewigen Ordnungen in der Erziehung. Gespräche mit Müttern, Hamburg 1948 [ab der 2., bearb. und erweiterten Aufl. Hamburg 1950 unter dem Obertitel »Elternfibel«]; Begegnung mit Rosen, Hamburg 1957, Stuttgart 1958 [Neuausgabe Moos, Bodensee 1977].

LITERATUR Hans Leip, Alma de l'Aigle (1889–1959), in: Fundamente. Jahrbuch der Freien Akademie der Künste in Hamburg, Hamburg 1959, S. 41–49.

Brita Reimers

LANDSHUT, *Siegfried* Salomon, geb. 7.8.1897 Straßburg/Elsass, gest. 8.12.1968 Hamburg; isr.; Politikwissenschaftler.

Siegfried Landshut war einer der Wiederbegründer der Politischen Wissenschaft in Deutschland und erster Lehrstuhlinhaber dieses Fachs an der Universität Hamburg. Er entstammte einer weitgehend assimilierten deutsch-jüdischen, in Straßburg ansässigen Familie. Nach dem Ende des Ersten Weltkriegs, in dessen Anfangstagen er sich als Kriegsfreiwilliger gemeldet hatte, begann Landshut zunächst mit dem juristischen, dann mit dem nationalökonomischen Studium. Bereits im Jahre 1921 wurde er mit einer Arbeit über den »Homo oeconomicus« bei Robert Liefmann in Freiburg i. Br. promoviert. Es folgten weitere philosophische und sozialwissenschaftliche Studien bei Edmund Husserl und Martin Heidegger, bei Max Scheler, Karl Jaspers und Alfred Weber. Im Jahre 1925 trat Landshut mit einer ersten größeren Veröffentlichung hervor, dem Aufsatz »Über einige Grundbegriffe der Politik«, nach Wilhelm Hennis »der eigentliche Neubeginn einer wissenschaftlichen Politik in Deutschland«.

Auf Empfehlung Alfred Webers wechselte Landshut im gleichen Jahr nach Hamburg, wo er zunächst in dem von Albrecht Mendelssohn Bartholdy geleiteten Institut für Auswärtige Politik tätig war; 1927 wurde er Assistent des Sozialökonomen Eduard Heimann an der Hamburgischen Universität. Dort bat

Siegfried Landshut

er im Jahr darauf als erster deutscher Wissenschaftler im 20. Jahrhundert um Zulassung zur Habilitation für »das Fach der Politik« – ein Fach, das es zu jenem Zeitpunkt an keiner Universität in Deutschland gab. Die Habilitationsschrift, deren Annahme am Veto des Soziologen Andreas Walther scheiterte und die im Jahre 1929 unter dem unglücklichen Verlagstitel »Kritik der Soziologie« erschien, avancierte zu einem der wichtigsten sozialwissenschaftlichen Beiträge in der Endphase der Weimarer Republik. Aufsehen erregte Landshut dann 1932 mit der von ihm – unter Mitwirkung von Jacob Peter Mayer – vorgelegten Ausgabe der Frühschriften von Karl Marx, durch die erstmals dessen philosophische Texte ins Zentrum des Werkes gerückt wurden.

Mit der Machtübernahme der Nationalsozialisten brach die Marx-Rezeption aber abrupt ab. Abgebrochen wurde 1933 auch Landshuts zweiter Versuch, sich an der Hamburgischen Universität zu habilitieren. Trotz bereits angenommener Habilitationsschrift teilte ihm die Fakultät im Mai 1933 mit, dass »mit Rücksicht auf die veränderten Verhältnisse« von der Weiterverfolgung seines Habilitationsverfahrens abzusehen sei. Kurz darauf verlor Landshut als Jude auch seine Assistentenstelle. Die Odyssee eines 17 Jahre währenden Exils führte ihn nach Ägypten (1933–36), Palästina (1936–45), wiederum Ägypten (1945–48) und Großbritannien (1948–50/51). Diese Zeit bedeutete für die fünfköpfige Familie – Landshut hatte 1921 die aus einer Hamburger jüdischen Familie stammende Edith Heß geheiratet – über weite Strecken existenzielle Not; für den Gelehrten war sie geprägt vom weitgehenden Verlust seiner Arbeits- und Wirkungsmöglichkeiten.

Trotz starker Zweifel kehrte Landshut schließlich nach Deutschland zurück: an jene Universität, von der er vertrieben worden war. Im Jahre 1951 erhielt er den neu eingerichteten Hamburger Lehrstuhl für die »Wissenschaft von der Politik«, einen der ersten in der Bundesrepublik. 14 Jahre lang, bis zu seiner Emeritierung 1965, vertrat Landshut die Politikwissenschaft in Hamburg, über zehn Jahre lang als einziger Professor in diesem Fach. Von 1952 bis 1959 hatte er zudem einen Lehrauftrag an der Akademie für Gemeinwirtschaft, der heutigen Hochschule für Wirtschaft und Politik, inne. Entgegen der verbreiteten Ansicht, es handele sich um eine neue, erst nach 1945 aus den USA »importierte« Wissenschaft, versuchte Landshut, die Politik aus ihrer 2000-jährigen abendländischen Tradition heraus wiederzubegründen. Darauf zielt sein gesamtes Werk. Für ihn war Politik nicht nur eine der ältesten Wissenschaften, sie galt ihm auch als die im aristotelischen Sinne königliche Disziplin, diejenige, die die bestimmenden Fragen des menschlichen Miteinanderlebens zum Thema habe und die sich als praktische Wissenschaft an einem Zweck orientiere: am Gemeinwohl. Vor diesem Hintergrund ist auch Landshuts Analyse der Moderne zu sehen, die – kritisch, aber nicht resignativ – den Verlust des Politischen akzentuiert. Von seinen Arbeiten nach der Remigration sind die Marx- und Tocqueville-Ausgaben und -Interpretationen hervorzuheben, die ihm einen Platz in der Geistesgeschichte des 20. Jahrhunderts sichern.

WERKE Kritik der Soziologie und andere Schriften zur Politik, Neuwied am Rhein/Berlin 1969. [Eine neue zweibändige Auswahlausgabe der Schriften Landshuts ist in Vorbereitung.]

LITERATUR NDB 13; Rainer Nicolaysen, Siegfried Landshut. Die Wiederentdeckung der Politik. Eine Biographie, Frankfurt a. M. 1997 [mit Bibliografie]; ders. (Hg.), Polis und Moderne. Siegfried Landshut in heutiger Sicht, Berlin/Hamburg 2000 (Hamburger Beiträge zur Wissenschaftsgeschichte 16).

Rainer Nicolaysen

Elke Lang

LANG, Elke, geb. 29.10.1952 Wiesbaden, gest. 12.1.1998 Hamburg; kath. get., später aus der Kirche ausgetreten; Regisseurin, Schauspielerin.

Eine als Kind mit dem Vater nach Hamburg an die Elbe unternommene Reise weckte in Elke Lang den Wunsch, später einmal in der »großen Stadt am Meer« zu wohnen. Als die Regisseurin und Schauspielerin 1992 diese Erinnerung notierte, war ihr Wunsch in vielfacher Hinsicht in Erfüllung gegangen, hatte sie sich doch in Hamburg als ernst zu nehmende Charakterdarstellerin etabliert und Anfang der achtziger Jahre ihr Regiedebüt gegeben.

Erste Erfahrungen mit dem Theater sammelte die einzige Tochter des Hausmeisters Albert Lang und seiner Frau Irmgard im Alter von zwölf Jahren als Chormitglied und Statistin am Hessischen Staatstheater in Wiesbaden. Ihrer Ausbildung zur Schauspielerin an der Otto-Falckenberg-Schule in München folgten erste Engagements an den Provinzbühnen Augsburg und Landshut, bevor sie 1977 in der Rolle der Genevieve in »Stern auf der Stirn« von Raymond Roussel in Basel ihren Durchbruch erlebte. 1978 wechselte Elke Lang nach Hamburg, wo sie am Deutschen Schauspielhaus und am Thalia Theater in diversen Rollen zu sehen war, unter anderem als Partnerin von Peter Striebeck in Georg Büchners »Woyzeck«. Der Wunsch, selbst Regie zu führen, ließ die ausdrucksstarke und ebenso anspruchsvolle wie bisweilen unbequeme Künstlerin im Sommer 1981 im Hamburger Theater Dankerrt ihre Dramatisierung der Autobiografie »Laure« nach Colette Peignot produzieren. Als Schauspielerin, Regisseurin und Bühnenbildnerin spielte und inszenierte sie im Folgenden kontinuierlich an bedeutenden Häusern, so am Stuttgarter Staatstheater sowie am Frankfurter Theater am Turm. Mit der Erarbeitung der Stücke »KüsseBisseRisse« und »Davon geht die Welt nicht unter« ihres Lebensgefährten und späteren Ehemannes Ulrich Waller gelangen ihr 1986 am Schauspielhaus Wien und 1991 am Schillertheater Berlin ihre erfolgreichsten Inszenierungen. Das Bestreben, die Zusammenarbeit von Autor, Schauspieler und Regisseur um eines höchsten Maßes an Eindringlichkeit willen zu verstärken, sowie eine expressive, von der Kritik zuweilen als manieriert monierte Art der Darstellung, die den Zuschauer gerade wegen ihrer großen Gesten und extremen Stilisierungen mit unmissverständlichen Botschaften konfrontierte, zeichneten ihre Arbeit aus. Im März 1993 kehrte sie nach Hamburg zurück, wo sie am Deutschen Schauspielhaus unter anderem in Shakespeares »Troilus und Cressida«, Molières »Menschenfeind« und Tschechows »Drei Schwestern« mitwirkte. Ungeachtet ihrer schweren Krebserkrankung zeugten auch ihre Auftritte an den Hamburger Kammerspielen wie in Jürg Laederachs »Fräulein Stefan« oder Heiner Müllers »Quartett« stets von dem Bemühen, verschiedenste Nuancen der von ihr verkörperten Charaktere präzise auszuloten und damit eine Annäherung an die Figuren zu ermöglichen, die auf jener bedingungslosen Entprivatisierung gründete, die sie stets von Schauspielern gefordert hat. Auf dem Heimweg von einer Probe zu dem Revolutionsdrama »Dantons Tod« des von ihr hochverehrten Georg Büchner starb Elke Lang am 12. Januar 1998, nachdem sie am Abend zuvor als Kaleria in ihrer Inszenierung von Gorkis »Sommergästen« zum letzten Mal auf der Bühne des Deutschen Schauspielhauses gestanden hatte.

LITERATUR Ulrich Waller, »Mein Weg dauert länger«. Elke Lang – Regisseurin und Schauspielerin, Hamburg 1999; Gerhard Stadelmeier, Die andere Uhr. Theaterfrau Elke Lang gestorben, in: Frankfurter Allgemeine Zeitung vom 14. 1. 1998, S. 31. *Astrid Froese*

LANGENBECK, Hermann, geb. 1452 Buxtehude, gest. 30. 4. 1517 Hamburg; Bürgermeister.

Hermann Langenbeck, ein Sohn des Buxtehuder Bürgermeisters Garlef Langenbeck, war unter den Hamburger Bürgermeistern nach Hinrich Murmester der zweite promovierte Jurist. Sein Studium begann Hermann Langenbeck 1467 in Rostock; 1471/72 wurde er Magister Artium und wechselte 1473 an die noch junge Universität Greifswald, wo er als Professor in der Artistenfakultät lehrte. 1475 und 1476/77 war er deren Dekan, dazwischen (1475/76)

Hermann Langenbeck

Rektor dieser Universität; 1477 begab er sich nach Italien und promovierte in Perugia 1478 zum Doktor beider Rechte. Nachdem er nach Deutschland zurückgekehrt war, betrieb er, wahrscheinlich mit Unterstützung des Hamburger Stadtrates, der in Murmester einen Juristen schätzen gelernt hatte, eine zügige Karriere in Hamburg. 1479 erwarb Langenbeck das hiesige Bürgerrecht und verlobte sich mit der Tochter des einstigen Hamburger Bürgermeisters Detlef Bremer; noch in demselben Jahr wurde er zum Ratsherrn gewählt und heiratete. 1480 wurde er Mitglied der Flandernfahrergesellschaft.

Von 1482 bis zu seinem Tode war Hermann Langenbeck Bürgermeister von Hamburg. In seine Amtszeit fielen die Teuerung des Getreides seit 1481 und die spekulativen Geschäfte, die Hamburger Kaufleute in diesem Zusammenhang tätigten, der Aufstand von 1483 sowie die Spitzenumsätze auf dem Hamburger Rentenmarkt in den Jahren 1477, 1484 und 1486/87. In seinem Todesjahr schlossen sich die Flandern-, die Schonen- und die Englandfahrergesellschaft zum »Gemeinen Kaufmann« zusammen. In politischer Hinsicht bewirkte die Personalunion der Herzogtümer Schleswig und Holstein mit dem Königreich Dänemark Distanz zum holsteinischen Stadt- und Landesherrn, zugleich aber bestand auch Distanz zum Reich. 1487 fand die zweite »Annehmung« des Landesherrn statt, eine gemilderte Form der Huldigung; 1508 klagte der Reichsfiskal gegen Hamburg wegen Verweigerung der Reichssteuern. Im Konflikt der wendischen Städte mit Dänemark (1509–12) blieb Hamburg zunächst neutral und leistete dann nur zögernd Hilfe.

In den Jahren 1479 bis 1481 überlappten sich Murmesters und Langenbecks Wirksamkeit in Hamburg. Ihre gemeinsame Tätigkeit gipfelte in der Mitwirkung an einer Kanzleifälschung (1480): Ein Stapelprivileg König Christians I. von Dänemark wurde um 15 Jahre rückdatiert und bildete die Grundlage für ein Stapelprivileg, das am 14. Juli 1482 Kaiser Friedrich III. der Stadt Hamburg erteilte. Langenbeck bereitete auch ein großes päpstliches Privileg vor, das die Elbhoheit der Stadt einschließlich der Bekämpfung des Seeraubes und des Strandrechtes auf der Niederelbe stützen sollte.

Unmittelbar nach dem Tode Murmesters stieg Langenbeck 1482 zum Bürgermeister auf. Durch seine Heirat hatte er ein Erbe mit Brauereigerechtigkeit im Kirchspiel St. Katharinen gewonnen; diesen Besitz verdoppelte er später durch Ankauf des benachbarten Erbes. Hinzu kamen unter anderem weitere Grundstücke, auch ein Bauernhof im Alten Land sowie zahlreiche Grundstücksrenten. Wahrscheinlich war Langenbeck auch an den spekulativen Getreideaufkäufen und -exporten beteiligt, die eine der Ursachen für den Aufstand von 1483 waren. Denn er legte in den Jahren von 1484 bis 1487 5000 Mark lübisch Kapital auf dem Hamburger Rentenmarkt an und lieh der Stadt Hamburg 2400 Mark, das sind insgesamt mehr als 70 Prozent der Kapitalien, die er bis 1500 überhaupt angelegt hat. Im Jahre 1517 besaß er ein Vermögen von etwa 18 000 Mark lübisch.

Während der Amtszeit Langenbecks steigerte sich im Vergleich zu der Murmesters die Gewalttätigkeit im Innern der Stadt; gleichzeitig wurde die Stellung des Stadtrates aggressiver juristisch fundiert. Langenbecks politisches Bewusstsein wurde nachhaltig von dem Aufstand von 1483 geprägt. Die Denkschrift, die er über diesen Aufstand verfasste, entstand in der vorliegenden Fassung nicht vor 1504/06, also möglicherweise etwa gleichzeitig mit der von Langenbeck in Auftrag gegebenen Bilderhandschrift des Hamburger Stadtrechtes von 1497, die um 1506 angefertigt wurde. Diese Denkschrift ist als eine Rechtfertigungs- und Lehrschrift zu begreifen, die zeigen soll, wie sich der Stadtrat verhalten muss, um einen Aufstand zu überstehen. Langenbeck stellt in ihr nicht nur den Verlauf des Aufstandes aus seiner Sicht dar, sondern verfolgt auch das böse Schicksal einiger, die an dem Aufstand beteiligt waren, bis zum Jahre 1489, um zu zeigen, dass Gottes Wirken die Unruhestifter, die der Stadtrat nach dem politischen Kompromiss nicht hatte belangen können, schließlich gerecht gestraft habe. Während des Aufstandes hatte Langenbeck, erst seit etwa einem Jahr Bürgermeister, schon so viel Erbitterung auf sich gezogen, dass er die Stadt vorübergehend verlassen und sich in seine Heimatstadt Buxtehude zurückziehen musste. Nachdem die Unruhen beigelegt waren, kehrte er, vom Rat förmlich eingeladen, in die Stadt zurück, durch einen Posaune blasenden Herold geleitet.

Langenbeck hat die 1497 beschlossene Neufassung des Hamburger Stadtrechts – mindestens überwiegend – redigiert; die Illustrationen der Bilderhandschrift des Hamburger Stadtrechts von 1497, die um 1506 vorlagen, gehen in ihrer juristischen Programmatik auf die Konzeption Langenbecks zurück. Neu sind an der von Langenbeck redigierten Fassung des Stadtrechts, die auf dem Hamburger Stadtrecht von 1301 aufbaut, zum Beispiel die Überschrift des Buches A, die zum ersten Mal den Ausdruck »höchste Obrigkeit« auf den Hamburger Stadtrat bezieht, die beigefügte Glosse, die Beziehungen zur Hamburger Rechtspraxis, zum Sachsenspiegel und zum gelehrten (römischen und kanonischen) Recht herstellt, und die Beifügung von Miniaturen. Die Hervorhebung der »höchsten Obrigkeit«, des »summum imperium«, stellte den Stadtrat den fürstlichen Obrigkeiten der Territorialstaaten gleich. Dazu passt, dass der Rat als Gerichtskollegium das Leitmotiv der beigegebenen Miniaturen ist und dass an prominenter Stelle, in der Initiale des Buches A, das Gericht durch einen Einzelrichter dargestellt wird. Die besondere gerichtliche Befugnis des Stadtrates wird in der Glosse zu Buch A, Artikel 1 ausdrücklich auf das Koreprivileg zurückgeführt, durch das die Grafen von Holstein 1292 dem Stadtrat das Privileg, Recht zu setzen und Urteile zu finden, verliehen hatten.

Dass für den Kopf des heiligen Hieronymus auf dem Gemälde des Halepagen-Altars der Kirche St. Petri in Buxtehude (um 1510) Hermann Langenbeck, Verwandter und Testamentsvollstrecker des Magisters Gert Halepage, porträtiert worden sei, ist eine ungesicherte Vermutung. Im Stadtteil Ohlsdorf erinnert seit 1929 die Straße Langenbeckshöh an den Bürgermeister und Juristen.

WERKE Hermann Langenbeck, Bericht über den Aufstand zu Hamburg im Jahre 1483, in: Johann Martin Lappenberg (Hg.), Hamburgische Chroniken in niedersächsischer Sprache, Hamburg 1861, S. 340–375; Hamburgisches Stadtrecht vom Jahre 1497 mit Auszügen aus der Langenbeck'schen Glosse, in: Die ältesten Stadt-, Schiff- und Landrechte Hamburgs, hg. von Johann Martin Lappenberg, Hamburg 1845 (Hamburgische Rechtsalterthümer 1), S. 163–320 [Nachdruck Aalen 1966]; Beate Binder, Illustriertes Recht. Die Miniaturen des Hamburger Stadtrechts von 1497, Hamburg 1988 (Veröffentlichungen des Vereins für Hamburgische Geschichte 32).

LITERATUR Heinrich Reincke, Dr. Hermann Langenbeck aus Buxtehude (1452–1517). Lehr- und Wanderjahre eines hamburgischen Bürgermeisters, in: ders., Forschungen und Skizzen zur hamburgischen Geschichte, Hamburg 1951 (Veröffentlichungen aus dem Staatsarchiv der Freien und Hansestadt Hamburg 3), S. 241–276; Gerhard Theuerkauf, Hinrich Murmester und Hermann Langenbeck, Bürgermeister von Hamburg (1467–1517), in: Detlef Kattinger/ Horst Wernicke (Hg.), Akteure und Gegner der Hanse – Zur Prosopographie der Hansezeit. Konrad-Fritze-Gedächtnisschrift, Weimar 1998 (Hansische Studien 9 = Abhandlungen zur Handels- und Sozialgeschichte 30), S. 173–181; Rainer Postel, Bürgermeister Dr. Hermann Langenbeck, in: Volker Plagemann (Hg.), Das Mittelalter in Hamburg. Kunstförderer, Burgen, Kirchen, Künstler und Kunstwerke, Hamburg 2000 (Vorträge der Stiftung Denkmalpflege Hamburg 1), S. 41–50.

Gerhard Theuerkauf

Langhans, Mary *Magda* Franziska, geb. Kelm, geb. 16.7.1903 Hamburg, gest. 17.1.1987 ebd.; Politikerin, Widerstandskämpferin.

Aufgewachsen mit sechs Geschwistern im Hamburger Arbeiterviertel Hammerbrook, besuchte Magda Langhans die Volksschule, arbeitete dann drei Jahre als Hausangestellte und erlernte später in einer Druckerei den Beruf der Anlegerin. Diese Arbeit übte sie mit längeren Unterbrechungen bis zu ihrer Pensionierung aus.

Im Alter von 18 Jahren trat sie den freien Gewerkschaften bei, mit 24 Jahren der KPD, wo sie ihren späteren Ehemann, den Dekorationsmaler Emil Heinrich Adolf Langhans, kennen lernte. Die Ehe blieb kinderlos. Nach dem einjährigen Besuch der Parteischule der KPD in Moskau in den Jahren 1929/30 wurde Magda Langhans 1931 in die Bezirksleitung der KPD Wasserkante gewählt. Von 1931 bis 1933 war sie Abgeordnete der Hamburgischen Bürgerschaft.

Nach der Machtübernahme durch die Nationalsozialisten arbeitete Magda Langhans im Widerstand. Sie half illegalen Betriebs- und Stadtteilgruppen bei der Herausgabe von Kleinzeitungen und Flugblättern und führte für Gegnerinnen und Gegner des NS-Regimes Schulungen in Hamburg und Kopenhagen durch, um ihnen argumentatives Rüstzeug für den politischen Kampf zu vermitteln. Im Mai 1934 wurde sie verhaftet, wegen »Vorbereitung zum Hochverrat« zu sechs Jahren Zuchthaus verurteilt und ins Gefängnis Lübeck-Lauerhof gebracht.

Magda Langhans

Nach dem Zweiten Weltkrieg wurde Magda Langhans im Februar 1946 in die Ernannte Bürgerschaft berufen. Bis 1953 war sie Abgeordnete und übte als erste Frau das Amt der Zweiten Vizepräsidentin der Hamburgischen Bürgerschaft aus.

Die einzige Kommunistin im Hamburger Parlament setzte sich intensiv für die Interessen der Frauen ein. Außerhalb des Parlaments arbeitete Magda Langhans in überparteilichen antifaschistischen Frauenausschüssen mit. So war sie von 1946 bis 1952 erste Vorsitzende des Frauen-Ausschusses Hamburg e.V. und wurde 1948 als Beisitzerin in den Vorstand des Hamburger Frauenrings gewählt. Innerhalb der KPD war sie von 1946 bis zum Verbot der Partei im Jahre 1956 als Frauensekretärin tätig.

Ihr Grab befindet sich auf dem Ohlsdorfer Friedhof im Areal der Geschwister-Scholl-Stiftung (Grab Nr. BN 73, 388).

LITERATUR Bake/Reimers, S. 293–294. *Rita Bake*

LASCH, Agathe, geb. 4.7.1879 Berlin, gest. nach dem 12.8.1942 in einem Konzentrationslager; isr.; Germanistin.

Agathe Lasch war die erste Frau, die an der neu gegründeten Hamburger Universität 1919 habilitiert und 1923 zur Professorin ernannt wurde. Mit ihrer Berufung auf das Extraordinariat für Niederdeutsche Philologie im Dezember 1926 war sie die erste weibliche Inhaberin eines Lehrstuhls der Hamburger Universität.

Als Tochter eines jüdischen Arztes wurde Agathe Lasch am 4. Juli 1879 in Berlin geboren. Aufgrund der beschränkten finanziellen Verhältnisse der kinderreichen Familie und der generellen Schwierigkeiten, die für Frauen in dieser Zeit mit einer akademischen Ausbildung verbunden waren, besuchte sie zunächst eine höhere Mädchenschule und anschließend das Lehrerinnenseminar. Neben ihrer Tätigkeit als Lehrerin legte Agathe Lasch 1906 an einem Gymnasium in Berlin-Charlottenburg ihr Abitur ab, sodass sie anschließend in Halle bei den Professoren Philipp Strauch und Otto Bremer ihr Studium der Germanistik und der zugehörigen Nebenfächer aufnehmen konnte. Schon 1907 ging sie nach Heidelberg zu Wilhelm Braune, der die begabte Studentin so intensiv förderte, dass sie bereits 1909 über die »Geschichte der Schriftsprache in Berlin bis zur Mitte des 16. Jahrhunderts« promovieren und ein Jahr später das Staatsexamen für das höhere Lehramt ablegen konnte.

Ihre hervorragende Arbeit, die in der wissenschaftlichen Welt wohlwollend aufgenommen wurde, brachte Agathe Lasch einen Ruf an die Frauenuniversität Bryn Mawr in Pennsylvania/USA ein. Dort war sie ab 1910 zunächst als Assistentin, dann als Associate Professor of Teutonic Philology tätig. Deutschfeindliche Stimmungen nach dem Ausbruch des Ersten Weltkriegs bewogen die junge Wissenschaftlerin 1916 nach dem Auslaufen ihres Vertrages zur Rückkehr nach Deutschland.

Ab 1917 war Agathe Lasch wissenschaftliche Hilfsarbeiterin am Deutschen Seminar des Kolonialinstituts und des Allgemeinen Vorlesungswesens in Hamburg. Nach Gründung der Universität wurde sie in dieser Funktion übernommen, habilitierte sich dann aber bereits am 4. November 1919 mit ihren bislang veröffentlichten Arbeiten und der Antrittsvorlesung »Der Anteil des Plattdeutschen am

Agathe Lasch

niederelbischen Geistesleben im 17. Jahrhundert«. In dieser Zeit lag das Schwergewicht ihrer Forschungstätigkeit bereits auf der Ausarbeitung der Artikel für das »Mittelniederdeutsche Handwörterbuch«, für dessen ersten Band sie sieben Lieferungen fast allein verfasst hat. Daneben betreute sie die Sammlungen für das ausgegliederte »Hamburgische Wörterbuch«, für die sie vor allem die Hamburger Lehrer zu aktivieren suchte. Auch als Hochschullehrerin hatte Agathe Lasch großen Erfolg, sodass bei der von den Nationalsozialisten schon im Sommer 1933 verfügten Entlassung ein Sturm der Entrüstung losbrach: 30 Studierende und 14 schwedische Hochschullehrer reichten beim Hamburger Schulsenator eine Petition für die Verlängerung der Lehrbefugnis ein. Die Initiative hatte nur für zwei Semester Erfolg; am 30. Juni 1934 wurde Agathe Lasch nach § 6 des »Gesetzes zur Wiederherstellung des Berufsbeamtentums« entlassen – vorerst allerdings noch mit voller Pension. Trotz des Publikationsverbots gelang es ihr, in ausländischen deutschsprachigen Zeitschriften weiterhin zu veröffentlichen, sodass die Universität Dorpat sie Anfang 1939 auf einen Lehrstuhl für deutsche Philologie berufen wollte. Eine Intervention des Reichserziehungsministeriums verhinderte, dass sie das Angebot annehmen konnte.

1937 war Agathe Lasch zu ihren Schwestern nach Berlin gezogen und hatte damit vielleicht einen taktischen Fehler begangen, weil in Hamburg viele Menschen über sie wachten und ein Auge auf ihr Wohlergehen hatten. In Berlin wurde ihr dagegen die Pension entzogen und ihre Bibliothek beschlagnahmt. Am 12. August 1942 wurde Agathe Lasch mit ihren Schwestern verhaftet und mit unbekanntem Ziel abtransportiert. Wie lange sie noch lebte und ob sie tatsächlich – wie Claudine de l'Aigle ausgeführt hat – in einem Konzentrationslager in Polen Vorträge für die Mitgefangenen gehalten hat, bleibt ungewiss. Sicher ist aber seit kurzem, dass sich das Germanische Seminar der Universität Berlin 1942 die Restbibliothek von Agathe Lasch angeeignet hat – nicht ohne sich darüber zu beschweren, dass die Philologin die wertvollsten Bücher ihrer Sammlung zur Aufbesserung ihres Lebensunterhalts bereits veräußert hatte.

1971 wurde der Agathe-Lasch-Weg in Othmarschen nach der Germanistin benannt. 1992 richtete der Senat den mit 5000 Mark dotierten Agathe Lasch-Preis zur Förderung des wissenschaftlichen Nachwuchses auf dem Gebiet der niederdeutschen Sprachforschung ein. Seit dem 4. November 1999 heißt der Hörsaal B im Hauptgebäude der Hamburger Universität »Agathe Lasch-Hörsaal«.

WERKE Schriftenverzeichnis in: Agathe Lasch, Ausgewählte Schriften zur Niederdeutschen Philologie, hg. von Robert Peters und Timothy Sodmann, Neumünster 1979, S. 487–494.

LITERATUR NDB 13; Conrad Borchling, Agathe Lasch zum Gedächtnis. Ansprache auf der Jahresversammlung des Vereins für niederdeutsche Sprachforschung zu Goslar am 28. September 1946, in: Niederdeutsche Mitteilungen 2 (1946), S. 7–20; Martta Jaatinen, Professor Dr. Agathe Lasch zum Gedächtnis. Ansprache im Neuphilologischen Verein in Helsinki am 29. März 1947, in: Neuphilologische Mitteilungen 48 (1947), S. 130–141; Claudine de l'Aigle, Agathe Lasch. Aus ihrem Leben, in: Jahrbuch des Vereins für niederdeutsche Sprachforschung 82 (1959), S. 1–5; Wolfgang Bachofer/Wolfgang Beck, Deutsche und niederdeutsche Philologie. Das Germanische Seminar zwischen 1933 und 1945, in: Hochschulalltag im »Dritten Reich«. Die Hamburger Universität 1933–1945, hg. von Eckart Krause, Ludwig Huber und Holger Fischer, 3 Teile, Berlin/Hamburg 1991 (Hamburger Beiträge zur Wissenschaftsgeschichte 3), Teil II, S. 641–704, hier S. 651–653.

Wolfgang Bachofer

LEDERER, Hugo, geb. 16.11.1871 Znaim (Mähren), gest. 1.8.1940 Berlin; Bildhauer.

Die in historischer Befangenheit aufgestellte These, dass der Österreicher Lederer ein »deutschnationaler Bildhauer« gewesen sei, spielt in der Rezeption seines Schaffens aus Hamburger Sicht eine untergeordnete Rolle. Denn mit der Figur des auf der ehemaligen Bastion Casparus in der Neustadt errichteten, weithin sichtbaren Bismarck-Denkmals schuf er ein Hamburger »Wahrzeichen« und einen bedeutenden Beitrag zur Entwicklung der künstlerischen Moderne im wilhelminischen Deutschland, bevor dieses Hauptwerk in nationalistischen und völkischen Kreisen zur Ikone stilisiert wurde.

Hugo Lederer

Nach seiner Ausbildung an der Fachhochschule für Tonindustrie in Znaim (1885–88) arbeitete Lederer als Gehilfe unter anderem in den Ateliers der Bildhauer Johannes Schilling (Dresden) und Christian Behrens (Breslau). Zwischen konventionellem Historismus (Bismarck-Denkmal, Barmen 1899) und künstlerischen Reformbestrebungen (Fechter-Brunnen, Breslau 1901–04) lavierend, gelang ihm 1902 in Zusammenarbeit mit dem Berliner Architekten Emil Schaudt im Wettbewerb zum Hamburger Bismarck-Denkmal der Durchbruch. Der Erfolg des in Kritikerkreisen enthusiastisch gefeierten, vom Denkmalkomitee als »Roland« apostrophierten Entwurfs beruhte auf dem formvereinheitlichenden Gesamtkonzept, an dem der Architekt maßgeblichen Anteil hatte, während Lederers Beitrag erst in der Bauphase die Monumentalisierung erfuhr. Öffentliche Streitigkeiten mit Schaudt um die künstlerischen Anteile und die eigenmächtige Vergrößerung der Figur um zwei Meter verzögerten und verteuerten die Ausführung. Das kompromisslose und selbstherrliche Verfahren des »ungebildeten Menschen« (Max von Schinckel) sorgte in den verantwortlichen Hamburger Kreisen für Unmut. Martin Haller bedauerte, dass man Lederer im Rahmen der national beachteten Einweihung (1906) eine Auszeichnung mit zwei Staatspreismedaillen nicht verwehren konnte. Die einmalige Popularität des Hamburger Bismarck-Denkmals beruhte auf der übereinstimmenden Rezeption durch avantgardistische und völkische Strömungen in der Kulturreform-Bewegung.

Lederers Entwurf für ein Heinrich-Heine-Denkmal, seit 1906 privat initiiert, konnte von dieser Konstellation nicht profitieren. Behindert von politischen Widerständen und antisemitischen Anfeindungen, wurde das bronzene Standbild von 1913, ein schlichtes Porträt des nachdenklichen Dichters, erst 1926 im Hamburger Stadtpark eingeweiht. Das Heinrich-Heine-Denkmal blieb die rühmliche Ausnahme im Schaffen von Lederer, seit 1909 Professor in Berlin, der mit seinen Entwürfen (Bismarck-Denkmal, Bingerbrück 1911; »Kriegsdenkmal«, Hamburg 1929) das Pathos der Denkmalaufgabe suchte. Von den Nationalsozialisten, die das Monument im Stadtpark 1933 entfernen und später einschmelzen ließen, blieben Lederer größere Aufträge versagt. Dennoch behielt er bis 1937 sein Meisteratelier an der Berliner Akademie, da er auch im Alterswerk (Stier-Brunnen, Berlin 1927–34) mit stilisierten Figuren dem symbolisierten Gestus von Schönheit durch Kraft und Größe treu blieb.

LITERATUR NDB 14; ThB 22; Vollmer 3; Fritz Stahl, Hugo Lederer, Berliner Kunst, 6. Sonderheft der Berliner Architekturwelt, Berlin 1906; Ilonka Jochum-Bohrmann, Hugo Lederer. Ein deutschnationaler Bildhauer des 20. Jahrhunderts, Frankfurt a. M. u. a. 1990 (Europäische Hochschulschriften, Reihe XXVIII, Bd. 109); Peter Bloch/Sybille Einholz/Jutta von Simson (Hg.), Ethos und Pathos. Die Berliner Bildhauerschule 1786–1914, Ausstellungskatalog, Staatliche Museen Preußischer Kulturbesitz, Berlin 1990, S. 167–172.

Jörg Schilling

LEHMANN, Johann Georg Christian, geb. 25. 2. 1791 Haselau bei Uetersen, gest. 12. 2. 1860 Hamburg; Botaniker, Bibliothekar, Professor am Akademischen Gymnasium, Begründer und erster Direktor des Botanischen Gartens.

Johann Georg Christian Lehmann war der sechste Sohn des Pastors Johann Gottlieb Lehmann und seiner Ehefrau Maria Elisabeth, geborene Zornickel. 1824 verheiratete er sich mit Dorothea, geborene Baltzer; einer seiner Söhne war der spätere Hamburger Bürgermeister Eugen Lehmann.

Johann Georg Christian Lehmann studierte in Kopenhagen, Jena und Göttingen und wurde 1813 zum Dr. med. et chir., 1814 zum Dr. phil. promoviert. Ab 1818 war er als Nachfolger von Johann Albert Heinrich Reimarus Professor der Physik und Naturgeschichte am Akademischen Gymnasium in Hamburg sowie als Nachfolger von Christoph Daniel Ebeling Erster Bibliothekar der Stadtbibliothek. 1821 begründete er in den Wallanlagen am Dammtor den Botanischen Garten, dessen Direktor er bis zu seinem Tod blieb, und pflanzte die heute nördlich der Gewächshäuser stehende mächtige Platane. Durch seine vielfältigen Verbindungen zu Botanikern und zu anderen Gärten sowie mithilfe seines tüchtigen Gärtners Johann Heinrich Ohlendorff brachte er den Hamburger Botanischen Garten in kurzer Zeit zu großem Ansehen. Ab 1828 lag er mit den Gärtnern Booth im Streit über die Frage, ob deren Rose »Königin von Dänemark« tatsächlich eine Neuzüchtung sei; schließlich musste Lehmann seinen Irrtum konzedieren. Durch zwei Schmähschriften von Lucas Andreas Staudinger, in denen dieser ihm zahlreiche Unregelmäßigkeiten bis hin zu Unterschlagungen unterstellte, geriet Lehmann in ein langwieriges Gerichtsverfahren und war in den Jahren von 1844 bis 1849 vom Dienst suspendiert. Nach seinem Freispruch nahm er seine Ämter mit Ausnahme der Bibliothekarstätigkeit, von der er 1851 endgültig Abschied nahm, nach und nach wieder auf. Lehmann war ein bedeutender Botaniker, der ein großes Herbar besaß, zahlreiche neue Gattungen und Arten beschrieb und eine umfangreiche

Johann Georg Christian Lehmann

wissenschaftliche Korrespondenz führte. Er förderte besonders die Erforschung der Pflanzenwelt Südafrikas und Westaustraliens und gab die »Plantae Preissianae« (2 Bde., Hamburg 1844/47) heraus. Sein Herbar wurde nach seinem Tod in Teilen verkauft und befindet sich heute in Melbourne, Leiden, Stockholm, Paris und Hamburg. Lehmann war Mitglied von 26 wissenschaftlichen Gesellschaften. 1818 wurde er (gleichzeitig mit Goethe) in die Leopoldina aufgenommen und war von 1843 bis an sein Lebensende einer der Adjunkten. 1833 wurde er zum Ritter des Roten Adler-Ordens dritter Klasse ernannt.

WERKE Schriftenverzeichnisse in: LhS 4 und Frans A. Stafleu/Richard S. Cowan, Taxonomic literature. A selective guide to botanical publications and collections with dates, commentaries and types, 2. Aufl., Bd. 2, Utrecht 1979, S. 819–824.

LITERATUR ADB 18; LhS 4; Stafleu/Cowan (siehe unter Werke). *Dietrich Roth*

LESSING, *Eva* Katharina, geb. Hahn, verw. König,

geb. 22.3.1736 Heidelberg, gest. 10.1.1778 Wolfenbüttel; luth.; Ehefrau von Gotthold Ephraim Lessing.

Dank der Korrespondenz mit ihrem späteren Gatten Gotthold Ephraim Lessing gehört Eva Lessing zu den großen Briefschreiberinnen der Aufklärungszeit, eine Frau, die laut Walter Jens »über jene Eigenschaft verfügte, die das 18. Jahrhundert Witz nannte: Scharfsinn, gepaart mit Amüsement, Logik in der Sprache des Herzens«. Die Tochter des Heidelberger Kaufmanns Heinrich Caspar Hahn (1688–1738) und seiner Frau Eva Katharina (1702–71), die nach dem frühen Tod des Mannes das Handelshaus weiterführte, heiratete 1756 in ihrer Heimatstadt den aus Lüttringhausen bei Elberfeld stammenden Kaufmann Engelbert König (1728–69). Dieser hatte 1754 das Hamburger Großbürgerrecht erworben. König gründete in Wien 1768 eine Seiden- und 1769 eine Tapetenfabrik. Auf einer Geschäftsreise starb er am 20. Dezember 1769 in Venedig. Lessing gehörte während seiner Hamburger Zeit zum Freundeskreis der Familie und übernahm die Patenschaft für den 1768 geborenen Sohn Friedrich Wilhelm (»Fritz«). Königs hatten drei weitere Kinder, Theodor Heinrich (1757–1809), Maria Amalia (»Malchen«, 1761–1848) und Johannes Engelbert (1765–96). Ein Sohn und zwei Töchter waren im frühen Kindesalter ge-

Eva Lessing

storben. Lessing nahm sich der Witwe und ihrer Kinder an, 1771 verlobte er sich mit Eva König. Erst am 8. Oktober 1776 konnte er sie heiraten. Die lange Brautzeit war durch die beiderseitigen Verpflichtungen bedingt, die langwierigen Bemühungen Evas, die Seiden- und Tapetenfabriken in Wien zu verkaufen, und Lessings Streben, seine Einkünfte zu verbessern, um für die Familie sorgen zu können. Die Hochzeit fand als Haustrauung auf dem Landsitz des Hamburger Kaufmanns Johannes Schuback, eines Freundes der Brautleute, in Jork im Alten Land statt. Nur ein gemeinsames Jahr war ihnen in Wolfenbüttel vergönnt. Am 27. Dezember 1777 starb der zwei Tage zuvor geborene Sohn Traugott, am 10. Januar 1778 folgte ihm die Mutter. Lessings tiefe Erschütterung über den Verlust von Frau und Sohn spiegelt sich in den Briefen an seinen Braunschweiger Freund Johann Joachim Eschenburg und an seinen Bruder Karl Gotthelf.

Der Briefwechsel zwischen Eva König und Lessing ist eines der eindrucksvollsten Dokumente menschlichen Lebens im 18. Jahrhundert. Beide waren Geistes- und Seelenverwandte: vernünftig und nicht vernünftelnd, empfindsam und nicht schwärmerisch, kritisch und nicht krittelnd. Die Briefe dokumentieren wachsende Freundschaft und Vertrautheit, Zuneigung und Liebe. Sie enthalten wertvolle Materialien zur Alltags-, zur Kultur- und Literaturgeschichte. Drei Orte stehen im Mittelpunkt: Wolfenbüttel, die Wirkungsstätte des Bibliothekars Lessing, Wien, wo sich Eva König mehrfach länger aufhielt, und Hamburg. Beider Freundes- und Bekanntenkreis ist einer der wichtigsten Gesprächsgegenstände. Kritisch-distanziert betrachteten beide die »Klopstockischen Schrittschuhe und Lesegesellschaften«. Mit großer Anteilnahme verfolgten sie das Schicksal des dänischen Staatsmannes und Reformers Johann Friedrich Struensee.

WERKE Meine liebste Madam. Gotthold Ephraim Lessings Briefwechsel mit Eva König 1770–1776, hg. von Günter und Ursula Schulz, München 1979; Gotthold Ephraim Lessing/Eva König, Briefe aus der Brautzeit 1770–1776. Mit einem einleitenden Essay von Walter Jens, neu hg. und kommentiert von Wolfgang Albrecht, Weimar 2000 [Bibliografie S. 437 f.].

LITERATUR Killy 6; Richard und Bruno Henneberg, Geschichte der Familie Henneberg (Braunschweig). Als Manuskript gedruckt, Gießen 1909, S. 202–260 [über Eva und Malchen König]; Heinrich Schneider, Eva Lessing in Wien, in: ders., Lessing. Zwölf biographische Studien, München 1951, S. 231–244, 300–302; Eva Horvath, Die Frau im gesellschaftlichen Leben Hamburgs · Meta Klopstock, Eva König, Elise Reimarus, in: Wolfenbütteler Studien zur Aufklärung 3 (1976), S. 175–194. *Franklin Kopitzsch*

LESSING, Gotthold Ephraim, geb. 22.1.1729 Kamenz (Oberlausitz), gest. 15.2.1781 Braunschweig; luth.; Schriftsteller, Kritiker.

»Ich stand eben am Markte und war müßig, niemand wollte mich dingen: ohne Zweifel, weil mich niemand zu brauchen wußte« – so beschrieb Lessing seine Situation im Jahre 1766. Als Schriftsteller und Kritiker hatte er sich inzwischen einen Namen erworben, schon als Student in Leipzig erste Erfolge als Bühnenautor gehabt, in Leipzig und Berlin versucht, vom Ertrag seiner Feder zu leben, während des Siebenjährigen Krieges in Breslau einem preußischen General als Sekretär gedient. Nun erreichte ihn das Angebot, am anspruchsvollen Projekt der »Hamburgischen Entreprise«, einem deutschen Nationaltheater, als Dramaturg und Kritiker mitzuwirken. 1767 zog Lessing nach Hamburg, doch die großen Erwartungen erfüllten sich nicht: Aufgrund interner Querelen, finanzieller Probleme, mangelnden Rückhalts in den Führungsschichten und der Kluft zwischen Ankündigung und Wirklichkeit war das neue Theater ein Fehlschlag. Erfolgreichstes Stück war Lessings Lustspiel »Minna von Barnhelm, oder das Soldatenglück«, ein kritisches Zeitstück mit selbstbewusst und selbstständig agierenden Frauengestalten. Die »Hamburgische Dramaturgie« sollte als Zeitschrift das Nationaltheater begleiten, doch verhinderten der Kritik abholde Akteure und Nachdrucker diesen Plan. In Buchform wurde die »Dramaturgie« ein Grundwerk der darstellenden Kunst, das der Blüte der deutschen Theaterkultur vorarbeitete. Was in Hamburg noch misslang, erreichten mit Conrad Ekhof und Abel Seyler Protagonisten des Nationaltheaters in Weimar und Gotha, dann auch Friedrich Ludwig Schröder in Hamburg und Wien. Wie das Theaterexperiment scheiterte auch das von Lessing und dem mit ihm befreundeten Schriftsteller und Übersetzer Johann Joachim Christoph Bode begonnene Druckerei- und Verlagsunternehmen. In Hamburg schrieb Lessing neben kleineren Beiträgen wichtige Werke zur Altertumswissenschaft, die »Briefe, antiquarischen Inhalts« und »Wie die Alten den Tod gebildet«.

Zu seinem Freundeskreis gehörten der Arzt und Aufklärer Johann Albert Heinrich Reimarus und dessen Schwester Elise, der Pädagoge, Wirtschaftswissenschaftler und Reformer Johann Georg Büsch, der Kaufmann Engelbert König und seine Frau Eva, Lehrer und Journalisten aus Hamburg und Altona. Besonders interessiert war Lessing an Hamburgs Opern- und Literaturgeschichte, so am Werk Friedrich von Hagedorns, an Bibliotheken, auch an der des Hauptpastors Johan Melchior Goeze.

1770 verließ Lessing Hamburg und wurde Bibliothekar in Wolfenbüttel. Dem Hamburger Freundeskreis, vor allem der inzwischen verwitweten Eva König, blieb er eng verbunden. Bei einem Aufenthalt in Hamburg 1771 schloss sich Lessing der Freimaurerei an. In der Loge »Zu den drei Rosen« wurde er in einer Sitzung zum Lehrling, Gesellen und Meister befördert. Von der Logenarbeit war Lessing enttäuscht, der Freimaurerei galt jedoch weiter sein Augenmerk. Sein Werk »Ernst und Falk. Gespräche für Freymäurer« (1778/79) fand auch in Hamburg große und bleibende Resonanz. In ihm stellte er den Logen die Aufgabe, »Klüften« und »Scheidemauern«, seien sie nationaler, konfessioneller, sozialer oder ökonomischer Natur, entgegenzuwirken.

Als Lessing »Fragmente eines Ungenannten«, Teile der radikalen Bibelkritik des Hermann Samuel Reimarus, die er in Hamburg kennen gelernt hatte, veröffentlichte, um ein Gespräch über Grundfragen und Grundlagen des christlichen Glaubens zu eröffnen, trat ihm Hauptpastor Goeze entgegen. Der Fragmentenstreit erregte 1778/79 großes Aufsehen.

Gotthold Ephraim Lessing

Der entschiedene Widerstand der lutherischen Orthodoxie und das Eingreifen seines Landesherrn zwangen Lessing, auf weitere Streitschriften zu verzichten. Sein Schlusswort wollte er auf seiner »alten Kanzel«, der Bühne, sprechen. In »Nathan der Weise« (1779; uraufgeführt in Berlin 1783) bekannte er sich zu Humanität und Toleranz, zur Bewährung des Glaubens in tätiger Nächstenliebe, zur Gleichberechtigung der Juden, für die er schon in jungen Jahren eingetreten war.

In seinen letzten Lebensjahren, als er in Wolfenbüttel zusehends vereinsamte, hielt sich Lessing besonders an seine Hamburger »Gemeine« um Johann Albert Heinrich und Elise Reimarus, die zu seiner wichtigsten Korrespondentin wurde, um den Pädagogen Joachim Heinrich Campe und seine Frau Dorothea Maria, den Kaufmann Moses Wessely, einen guten Bekannten des gemeinsamen Freundes Moses Mendelssohn, und den Altonaer Arzt Johann Christoph Unzer. Im November 1780 schrieb Lessing an Elise Reimarus: »Wer in dieser Gesellschaft hätte bleiben können! – Wer aus dieser Gesellschaft nur einen einzigen hier hätte«.

Als nach Lessings Tod das Hamburger Theater unter Leitung von Caspar Voght eine Trauerfeier veranstalten wollte, ließ der Rat zwar diese Ehrung, aber keine Zeitungsberichte darüber zu. Das Ratsprotokoll vom 7. März 1781 enthält den Vermerk, dass »davon keine Notiz zu nehmen« sei.

Das erste deutsche Lessing-Denkmal errichtete der in Hamburg residierende kurkölnische, spätere preußische Diplomat und Hamburger Ehrenbürger August Otto Freiherr von Grote auf seinem Gut Breese bei Dannenberg noch 1781. Zum 100. Todestag erhielt Lessing 1881 auf dem Gänsemarkt ein von Fritz Schaper geschaffenes Denkmal. Zum 200. Geburtstag stiftete der Senat den Lessing-Preis für Dichter, Schriftsteller und Gelehrte, »die auf den von Lessing gepflegten Wissensgebieten die Erkenntnis gefördert und zugleich durch ihre künstlerische Darstellung und sprachliche Form die deutsche Prosa weitergebildet haben«. Erster Preisträger war 1930 der Germanist Friedrich Gundolf. Seit 1953 wird mit dem Preis auch ein Stipendium vergeben, das als Erster Siegfried Lenz erhielt. Der Vorschlag des damaligen Rektors Heinrich Sieveking, die Universität nach Lessing zu benennen, blieb 1929 ohne größere Resonanz. Die Lessingstraße in Hohenfelde erhielt 1863 ihren Namen. Die Lessingstraße in Altona-Nord wurde 1951 in Julius-Leber-Straße umbenannt. Geblieben ist der Lessingtunnel, der als Bahnunterführung Altona-Nord und Ottensen verbindet.

WERKE Sämtliche Schriften, hg. von Karl Lachmann, 3., auf's neue durchgesehene und vermehrte Aufl., besorgt durch Franz Muncker, 23 Bde., Stuttgart, [ab Bd. 12] Leipzig, [ab Bd. 22] Berlin und Leipzig 1886–1924 [Nachdruck Berlin 1968]; Werke, hg. von Herbert G. Göpfert, 8 Bde., München 1970–78; Werke und Briefe. 14 Teile in 12 Bdn., hg. von Wilfried Barner, Frankfurt a. M. 1985 ff. [bisher erschienen: 10 Bde.].

LITERATUR ADB 18; NDB 14; Killy 7; LhS 4; Asendorf/von Bockel; Franklin Kopitzsch, Lessing und Hamburg. Aspekte und Aufgaben der Forschung, in: Wolfenbütteler Studien zur Aufklärung 2 (1975), S. 47–120, 3 (1976), S. 273–325; Wolfgang Albrecht, Gotthold Ephraim Lessing, Stuttgart/Weimar 1997 (Sammlung Metzler 297); Wilfried Barner u. a., Lessing. Epoche – Werk – Wirkung, 6. Aufl. München 1998 (Arbeitsbücher zur Literaturgeschichte).

Franklin Kopitzsch

LIEBESCHÜTZ, Hans, geb. 3.12.1893 Hamburg, gest. 28.10.1978 Crosby/Liverpool; isr.; Historiker.

Durch sein Wirken als Historiker auf dem Gebiet der Geistesgeschichte und seine Mitarbeit in zahlreichen kulturellen Vereinigungen in Hamburg leistete Hans Liebeschütz während der Weimarer Republik und der frühen dreißiger Jahre einen wichtigen Beitrag zum Kultur- und Geistesleben der Hansestadt.

Liebeschütz studierte nach dem Besuch des Johanneums in Hamburg von 1912 bis 1914 Alte Ge-

Hans Liebeschütz

schichte und Klassische Philologie an der Berliner Lehranstalt für die Wissenschaft des Judentums und an der Universität Berlin. Vom Fronteinsatz in Frankreich in den Jahren von 1914 bis 1916 kehrte er mit dauerhaft geschädigter Gesundheit zurück. 1918 setzte er sein Studium an der Universität Heidelberg fort, wo er 1920 mit einer Dissertation über Friedrich II. und England bei Karl Hampe promoviert wurde. Nach seiner Rückkehr nach Hamburg wurde Liebeschütz einer der ersten Mitarbeiter der Kulturwissenschaftlichen Bibliothek Warburg unter Fritz Saxl. Die Religionswissenschaftliche Gesellschaft nahm ihn 1921 als Mitglied auf. Von 1920 bis 1928 unterrichtete Liebeschütz an verschiedenen Hamburger Realschulen, von 1929 bis 1934 an der reformpädagogischen Lichtwarkschule. 1922 gehörte er zu den Mitbegründern der Nehemia Nobel B'nai B'rith Loge in Hamburg. 1929 erwarb Liebeschütz mit einer Arbeit über Hildegard von Bingen die Venia Legendi für mittelalterliche Philosophie an der Hamburger Universität, die ihm – neben seiner hauptamtlichen Arbeit an der Lichtwarkschule – erstmals zum Wintersemester 1929/30 einen Lehrauftrag für mittelalterliche Geistesgeschichte erteilte. 1934 aufgrund des »Gesetzes zur Wiederherstellung des Berufsbeamtentums« aus dem Staatsdienst entlassen, engagierte sich Liebeschütz fortan in der jüdischen Erwachsenenbildung der Franz-Rosenzweig-Gedächtnisstiftung sowie im Jüdischen Kulturbund Hamburg und arbeitete von 1936 bis 1939 als Dozent für weltliche Fächer an der Lehranstalt für die Wissenschaft des Judentums in Berlin. Während des Novemberpogroms wurde er 1938 in Hamburg verhaftet und ins Konzentrationslager Sachsenhausen gebracht. Nach vierwöchiger Haft emigrierte Liebeschütz im Frühjahr 1939 nach England, wo er von Mai bis Oktober 1940 auf der Isle of Man interniert wurde. Von 1942 bis 1946 unterrichtete er an verschiedenen Schulen in England Latein. 1946 erhielt Liebeschütz zunächst eine Stelle als Assistant Lecturer, später als Reader an der Universität Liverpool. Hier unterrichtete der Historiker, der 1947 die britische Staatsangehörigkeit erhielt, bis zu seiner Pensionierung 1959 mittelalterliche Geschichte. 1955 gehörte er zu den Mitgründern des Leo-Baeck-Instituts zur Erforschung des Judentums in Deutschland. Nachdem ihm die Universität Hamburg im Rahmen der Wiedergutmachung den Titel eines »außerplanmäßigen Professors« verliehen hatte, hielt Liebeschütz dort in den Sommersemestern 1960 bis 1963 Gastvorlesungen.

Hans Liebeschütz arbeitete während seiner gesamten wissenschaftlichen Laufbahn auf dem Gebiet der Geistesgeschichte. Sein Hauptanliegen bestand darin, die gegenseitige Beeinflussung von geistigen Strömungen und gleichzeitigen sozialen und politischen Entwicklungen aufzuzeigen. Zu Beginn seiner Laufbahn interessierte ihn besonders das Fortleben klassischer Ideen im Mittelalter, mit Beginn des »Dritten Reichs« und später im Exil zunehmend das Verhältnis zwischen Deutschland und den deutschen Juden.

WERKE Schriftenverzeichnis in: Synagoge und Ecclesia. Religionsgeschichtliche Studien über die Auseinandersetzung der Kirche mit dem Judentum im Hochmittelalter [verfasst 1938, aus dem Nachlass hg., mit einem Vorwort und einer Bibliografie versehen von Alexander Patschovsky], Heidelberg 1983 (Veröffentlichungen der Deutschen Akademie für Sprache und Dichtung 55).

LITERATUR NDB 14; BHdE 2; KDG 1976.

Silke Kaiser

LIEBESCHÜTZ-PLAUT, Elisabeth Amalie *Rahel*, geb. 21.6.1894 Leipzig, gest. 22.12.1993 Rochester/Kent; isr.; Physiologin.

Die Tochter des Bakteriologen Hugo Carl Plaut, der in Hamburg das Institut für Pilzforschung leitete, begann 1913 in Freiburg i. Br. Zoologie zu studieren. Nach einem Semester wechselte sie zur Medizin und studierte dieses Fach in Freiburg, Kiel und Bonn, wo sie 1918 ihr Staatsexamen ablegte und 1919 mit einer

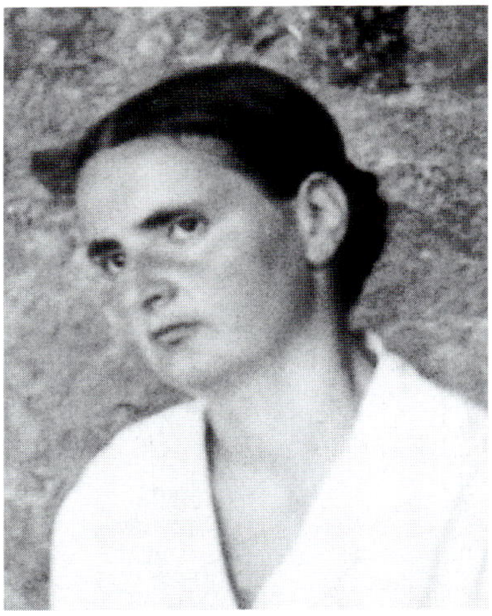

Rahel Liebeschütz-Plaut

Arbeit über das »spaltcystenbildende Adenom der Brustdrüse« bei Hugo Ribbert (Pathologische Anatomie) promoviert wurde. Im August 1919 wurde Rahel Plaut in die Matrikel der hamburgischen Ärzte aufgenommen, im November erhielt sie eine Stelle als wissenschaftliche Hilfsarbeiterin (Assistentin) am Physiologischen Institut der Hamburgischen Universität bei Otto Kestner. 1923 habilitierte sie sich im Alter von 28 Jahren als erste Frau an der Hamburger Medizinischen Fakultät mit einer Arbeit über die Sperrung des Skelettmuskels. Als Privatdozentin leitete sie in der Folgezeit das Physiologische Praktikum und hielt Vorlesungen über pathologische Physiologie. Die Heirat mit Hans Liebeschütz im Jahre 1924 bedeutete das Ende ihrer Assistententätigkeit, da seit 1923 eine Verordnung die Entlassung von Angestellten vorsah, wenn sie finanziell abgesichert waren. Rahel Liebeschütz-Plaut arbeitete nach ihrer Eheschließung unbezahlt am Physiologischen Institut weiter und hielt Lehrveranstaltungen ab. Von 1919 bis 1925 veröffentlichte sie über 25 Arbeiten zu Fragen der Muskelphysiologie, des Stoffwechsels und der Wärmeregulation. 1925 ließ sie sich als Ärztin in Hamburg nieder und hielt bis 1933 regelmäßig Vorlesungen am Physiologischen Institut der Hamburgischen Universität. Im Juli 1933 entzog ihr der hamburgische Senat als »Nicht-Arierin« die Venia Legendi. Rahel Liebeschütz-Plaut unterrichtete nach dem Entzug der Lehrbefugnis zeitweise Physiologie und Pathologie an einer jüdischen Hauswirtschaftsschule und am Israelitischen Krankenhaus in Hamburg. Im Dezember 1938 emigrierte sie nach England. Da ihre akademischen Qualifikationen dort nicht anerkannt wurden, widmete sie sich fortan ihrer Familie und engagierte sich in einer karitativen Organisation für ältere Menschen.

WERKE Über den Stoffwechsel bei der Wärmeregulation, in: Zeitschrift für Biologie 76 (1922), S. 183–212; Beobachtungen zur Sperrung des Skelettmuskels (Habilitationsschrift), in: Pflüger's Archiv für die gesamte Physiologie des Menschen und der Tiere 202 (1924), S. 410–428; Beitrag zur vergleichenden Physiologie der Wärmeregulation und des Fiebers, in: Archiv für die gesamte Physiologie 205 (1924), S. 52–62.

LITERATUR Hendrik van den Bussche (Hg.), Medizinische Wissenschaft im »Dritten Reich«. Kontinuität, Anpassung und Opposition an der Hamburger Medizinischen Fakultät, Berlin/Hamburg 1989 (Hamburger Beiträge zur Wissenschaftsgeschichte 5); ders. u. a., Die Medizinische Fakultät und das Universitätskrankenhaus Eppendorf, in: Hochschulalltag im »Dritten Reich«. Die Hamburger Universität 1933–1945, hg. von Eckart Krause, Ludwig Huber und Holger Fischer, 3 Teile, Berlin/Hamburg 1991 (Hamburger Beiträge zur Wissenschaftsgeschichte 3), Teil III, S. 1259–1384, hier S. 1264; Birgit Formanski, Rahel Liebeschütz-Plaut, in: Annette Kuhn/Valentine Rothe/Brigitte Mühlenbruch (Hg.), 100 Jahre Frauenstudium. Frauen an der Rheinischen Friedrich-Wilhelms-Universität Bonn, Dortmund 1996, S. 195 f. *Silke Kaiser*

LILIENCRON, Friedrich Adolf Axel Freiherr von

(Ps. *Detlev*), geb. 3.6.1844 Kiel, gest. 22.7.1909 Alt-Rahlstedt; luth.; Dichter.

Nach dem Schulbesuch in seiner Heimatstadt Kiel und in Erfurt trat Liliencron als Fahnenjunker in das Westfälische Füsilierregiment Nr. 37 ein, das zur preußischen Besatzung der Bundesfestung Mainz gehörte. Er nahm 1866 am Feldzug gegen Österreich und 1870/71 am Deutsch-Französischen Krieg teil – Ereignisse, die er später unter anderem in »Adjutantenritte und andere Gedichte« (1883) und in den »Kriegsnovellen« (1895) literarisch verarbeitete. Nach seinem Abschied aus dem Militärdienst wegen zu hoher Schuldenlast wanderte Liliencron 1875 in die USA aus. Am 11. April 1877 kehrte er von dort nach Hamburg zurück und nahm anschließend in Schleswig-Holstein verschiedene Tätigkeiten im preußischen Verwaltungsdienst auf. Während dieser Zeit hielt sich Liliencron immer wieder in Hamburg auf: 1879 entstanden hier seine ersten Gedichte (unter anderem »In einer großen Stadt«), 1880 leistete er eine militärische Übung in der Hansestadt ab. Über

Eckernförde, Flensburg und Plön führte ihn sein Weg als Hardesvogt nach Pellworm (1882/83) und anschließend als Kirchspielvogt nach Kellinghusen (1883–85), wo er 1886 wegen Überschuldung auf eigenen Wunsch aus dem Staatsdienst entlassen wurde und nunmehr als freier Schriftsteller lebte. In den Kellinghusener Jahren entstanden zahlreiche Werke (unter anderem »Knut, der Herr«, Drama, 1885; »Breide Hummelsbüttel«, Roman, 1887; »Der Mäcen«, Erzählungen, 1889; »Gedichte«, 1889). 1890 ging Liliencron nach München, wo er mit Otto Julius Bierbaum in Verbindung trat, kehrte jedoch bereits im Februar des folgenden Jahres erneut nach Hamburg zurück und bezog eine Wohnung in Ottensen, Bei der Kirche Nr. 33. Er wurde Mitglied der Hamburger Literarischen Gesellschaft und lernte die Schriftsteller Otto Ernst und Gustav Falke kennen. Am 4. April 1892 fand der erste Liliencron-Abend der Gesellschaft statt. Im Juni 1892 siedelte der Dichter nach Altona an die Palmaille Nr. 5 über. Seine Erlebnisse mit der 1892 in Hamburg grassierenden Choleraepidemie hielt Liliencron unter anderem in seinem Gedicht »Die Pest« fest, das in Maximilian Hardens Zeitschrift »Die Zukunft« veröffentlicht wurde. Obwohl er als Lyriker zu einiger Berühmtheit gelangte, war seine materielle Not in den neunziger Jahren offensichtlich. Im Jahr nach dem Erscheinen des Epos »Poggfred« (1896) wurde eine öffentliche Spendensammlung für den Dichter durchgeführt. 1898 begann Liliencron eine Vortragsreise durch Deutschland. In Weimar traf er 1900 auf Elisabeth Förster-Nietzsche, deren finanzielle Zuwendungen es dem Dichter ermöglichten, am 15. April 1901 mit seiner dritten Frau ein Haus in der Lindenstraße (heute Boytinstraße Nr. 11) in Alt-Rahlstedt zu beziehen. Ein Ehrengehalt von jährlich 2000 Mark, das ihm von Kaiser Wilhelm II. bewilligt wurde, stabilisierte seine finanzielle Lage. Von 1902 bis 1905 wohnte Liliencron in der Rahlstedter Bahnhofstraße Nr. 11, anschließend bis zu seinem Tod in dem Haus Nr. 39, das 1971 abgerissen wurde. In dem dort errichteten Neubau, dem Detlev von Liliencron-Haus, ist heute die Detlev von Liliencron-Bücherhalle untergebracht. 1904 wurden öffentliche Feiern zum 60. Geburtstag des Dichters abgehalten. Kurz nach seinem 65. Geburtstag verlieh ihm die Universität Kiel am 9. Juni 1909 die Ehrendoktorwürde. Noch nicht ganz von einem leichten Schlaganfall genesen, reiste Liliencron anschließend mit seiner Familie zu den

Detlev von Liliencron

ehemaligen Schlachtfeldern von Lothringen. Auf dieser Reise zog er sich eine Erkältung zu, die sich nach der Rückkehr zu einer Lungenentzündung ausweitete, an der Liliencron am 22. Juli 1909 in Alt-Rahlstedt starb.

Das von seinem Freund Richard Dehmel in Auftrag gegebene und von Richard Luksch geschaffene Grabmal auf dem Alt-Rahlstedter Friedhof wurde am 22. Juli 1910 enthüllt. 1928 kaufte die Gemeinde Rahlstedt das Mühlenteichgelände auf und ließ es trockenlegen. 1933/34 wurde hier der Liliencron-Park geschaffen, in dem zum 90. Geburtstag des Dichters am 3. Juni 1934 ein Denkmal von der Hand des Rahlstedter Bildhauers Arthur Wiechert (Quader mit Porträtbüste Liliencrons) enthüllt wurde. Seit 1950 erinnert die Liliencronstraße in Rahlstedt, seit 1989 eine Gedenktafel der Patriotischen Gesellschaft an der Palmaille Nr. 100 an den Schriftsteller. Liliencron gehörte zu den markantesten Vertretern des deutschen Impressionismus, sein vitaler, natürlich derber Stil rückt ihn allerdings auch in die Nähe des Naturalismus. Zeitgenossen wie Thomas Mann, Stefan Zweig, Theodor Storm und Christian Morgenstern verehrten ihn als größten lebenden deutschen Dichter, heute erweist sich sein Werk als stark zeitgebunden.

WERKE Gesammelte Werke, hg. von Richard Dehmel, 8 Bde., Berlin 1911–13.

LITERATUR NDB 14; SHBL 1; Heinz Stolte, Detlev von Liliencron. Leben und Werk, Husum 1980; Mathias Mainholz/Rüdiger Schütt/Sabine Walter, Artist, Royalist, Anarchist. Das abenteuerliche Leben des Baron Detlev Freiherr von Liliencron 1844–1909, Ausstellung in der Staats- und Universitätsbibliothek Hamburg Carl von Ossietzky vom 2. Juni bis 15. Juli 1994, Hamburg 1994 (Bibliothemata 12).

Michael Busch

LIPPMANN, Leo, geb. 16.5.1881 Hamburg, gest. 11.6.1943 ebd. (Freitod); isr.; Staatsrat in der Finanzbehörde, Vorstandsmitglied der Deutsch-Israelitischen Gemeinde Hamburg.

Leo Lippmann

Leo Lippmann, Sohn des 1870 aus Franken nach Hamburg gezogenen Kaufmanns Joseph Behr Lippmann, wuchs in einem am Reformjudentum orientierten Elternhaus auf. Er besuchte zuerst das Realgymnasium des Johanneums in Hamburg, anschließend die Gelehrtenschule des Johanneums, an der er Michaelis 1899 das Abiturexamen bestand. Daneben erhielt er von 1890 bis 1894 Unterricht in jüdischer Religion in der neu gegründeten liberalen Religionsschule des Tempelverbandes durch die Rabbiner Dr. Caesar Seligmann und Dr. David Leimdörfer.

Lippmann entschied sich für ein rechtswissenschaftliches Studium und bezog für die beiden ersten Semester 1899/1900 die Münchner Universität. Es folgten Studienjahre in Berlin und Kiel; dort bestand er am 25. März 1903 das erste juristische Staatsexamen. Nach Leistung des Bürgereides ernannte ihn der Hamburger Senat am 3. April 1903 zum Referendar. Das Referendariat schloss er 1906 in Hamburg mit dem Assessorexamen ab. Bereits am 28. April 1903 war er in Jena promoviert worden.

Lippmann strebte die Beamtenlaufbahn an. Zu seiner Überraschung übertrug der Hamburger Senat ihm 1906 ein neu geschaffenes Referat in der Finanzdeputation – ein ungewöhnlicher Schritt, da zu dieser Zeit in Hamburg die herausgehobene Verwaltungsarbeit großenteils von sachkundigen ehrenamtlichen Deputationsmitgliedern geleistet wurde. Der junge Regierungsrat vertrat die modernen Auffassungen seiner Universitätslehrer Lujo Brentano und Gustav Schmoller. Danach sollte der Staat im Sinne eines Wohlfahrtsstaates und einer gemäßigten Sozialgesetzgebung zugunsten eines sozialen Ausgleiches unter den Bevölkerungsschichten regelnd in das Wirtschafts- und Sozialleben eingreifen. Nach Ausbruch des Ersten Weltkriegs wurde zu Beginn des Jahres 1915 für die Lebensmittelversorgung Hamburgs – ähnlich wie in anderen Großstädten – ein Kriegsversorgungsamt eingesetzt. Lippmann schuf als erster Referent dieses Amtes die Grundlagen des damit verbundenen Verwaltungssystems. Der Hamburger Senat ernannte ihn im Juli 1919 zum Oberregierungsrat und im März 1920 zum Senatssekretär. Die damit dem kaum 40-Jährigen zuerkannte Stellung bewies, dass Lippmann sich durch seinen selbstlosen Einsatz für die Kriegsversorgung großes Vertrauen in seine Fähigkeiten erworben hatte. Die neue hamburgische Verfassung vom 7. Januar 1921 gestaltete die amtliche Stellung des Senatssekretärs unter der neuen Bezeichnung eines Staatsrates um. Lippmann hatte nunmehr unterhalb der Ebene der Senatoren das höchste Amt inne. Als Staatsrat und zugleich als Präsidialmitglied des Senates kehrte er in die Finanzdeputation zurück, für die er bis zur Machtübernahme durch die Nationalsozialisten 1933 tätig war. Zusammen mit dem zuständigen Senator (Präses) trug Lippmann während der gesamten Zeit der Weimarer Republik die Verantwortung für die umfassende Finanzpolitik des Stadtstaates Hamburg. Es gelang ihm, für Hamburg eine einheitliche, effiziente Steuerverwaltung einzuführen. In den Kommissionen des Reichsrats war Lippmann ein regelmäßiger Mitarbeiter, ebenso im Deutschen Städtetag und im Verband der deutschen gemeinnützigen Theater. In seiner 1934 verfassten umfangreichen Autobiografie gibt Lippmann einen sachkundigen Einblick in die Entwicklung der Inflation, die Probleme der Währungsstabilisierung, die Schwierigkeiten der Aufwertung und die Folgen der Weltwirtschaftskrise sowie in das Bemühen um ihre Bewältigung.

Die Machtübernahme durch die Nationalsozialisten 1933 veränderte das berufliche und soziale Leben Leo Lippmanns grundlegend. Drei Tage nach den Reichstagswahlen bildete sich in Hamburg am 8. März 1933 unter Eintritt von sechs der NSDAP angehörenden Senatoren ein neuer Senat, der Lippmann am 11. März zunächst in seinen Ämtern bestätigte. Erneut wurde er auch zum Stellvertretenden Bevollmächtigten Hamburgs beim Reichsrat ernannt. Bereits am 14. März jedoch ließ ihm der neue Bürgermeister Carl Vincent Krogmann (NSDAP) mitteilen, es sei für ihn untragbar, dass ein Jude ein hohes Staatsamt innehabe; er möge unverzüglich sein Urlaubsgesuch einreichen. Am 24. Juni 1933 erfuhr Lippmann aus der Zeitung, dass er aufgrund des »Gesetzes zur Wiederherstellung des Berufsbeamtentums« vom 7. April 1933 aus dem Staatsdienst entlassen sei.

Die so genannten Nürnberger Gesetze vom 15. September 1935 müssen Lippmann bewusst gemacht haben, dass für ihn eine erneute Tätigkeit im Staatsdienst oder in anderen staatlichen oder vom Staat kontrollierten Bereichen schlechterdings undenkbar sei. Bereits in den Monaten zuvor hatte er seine umfangreichen Lebenserinnerungen niedergeschrieben, sich gleichsam in einem Rechenschaftsbericht seiner bisherigen Tätigkeit versichernd. Im November 1935 ließ er sich in den Vorstand der Deutsch-Israelitischen Gemeinde mit dem Ziel wählen, dort das Finanzressort zu übernehmen. Hier leistete er Außerordentliches; die zerrütteten Gemeindefinanzen wurden schon im folgenden Haushaltsjahr ausgeglichen. Da die wirtschaftliche und soziale Existenz von Juden immer stärker eingeschränkt wurde, war die Gemeinde oft die letzte mögliche Hilfe. Nach dem Beschluss des Groß-Hamburg-Gesetzes von 1937 leitete Lippmann die Integration der Altonaer, der Wandsbeker und der Harburger jüdischen Gemeinden in die Hamburger »Kerngemeinde« ein. Der neuen jüdischen Gesamtgemeinde blieb kaum Zeit, sich einzurichten. Im Anschluss an die Reichspogromnacht beseitigte die Geheime Staatspolizei im Dezember 1938 alle Gemeindeorgane und setzte den bisherigen Gemeindesyndikus Dr. Max Plaut ein, der ihren Weisungen unterworfen wurde. Im November 1942 verlor die Gemeinde endgültig jede rechtliche Selbstständigkeit. Die Verfolgung und Zerstörung des hamburgischen Judentums ist in ihren Einzelheiten in den so genannten »Lippmann-Berichten«, 1939 und 1942 unter den Augen der Gestapo verfasst, dokumentiert. Die Berichte zeigen in distanzierter Sprache die objektive Aussichtslosigkeit aller Bemühungen, im NS-System für Juden einen eigenen Lebensweg zu finden.

Am 10. Juni 1943 eröffnete die Gestapo der Leitung der Gemeinde, dass die restlichen jüdischen Bewohner Hamburgs in wenigen Tagen nach Theresienstadt deportiert würden. In Kenntnis dieser Mitteilung schied Leo Lippmann zusammen mit seiner Frau in der Nacht vom 10. auf den 11. Juni 1943 durch Freitod aus dem Leben.

WERKE Mein Leben und meine amtliche Tätigkeit. Erinnerungen und ein Beitrag zur Finanzgeschichte Hamburgs. Aus dem Nachlaß hg. von Werner Jochmann, Hamburg 1964 (Veröffentlichungen des Vereins für Hamburgische Geschichte 19); »... daß ich wie ein guter Deutscher empfinde und handele«. Zur Geschichte der Deutsch-Israelitischen Gemeinde in Hamburg in der Zeit vom Herbst 1935 bis zum Ende 1942. Zwei Berichte. Mit Beiträgen von Wolfgang Curilla und Gabriela Fenyes und einer Einführung von Ina S. Lorenz, Hamburg 1993.

LITERATUR Kurt Lippmann, Our Lippmann Family. A chronicle spanning three centuries and three continents, Melbourne 1995.

Ina Lorenz

LLOSSAS, Juan, geb. 27.7.1900 Barcelona, gest. 21.5.1957 Salzburg; kath.; Komponist von Tanz- und Unterhaltungsmusik, Orchesterleiter.

Der »Tango-König« der Zwischen- und Nachkriegszeit, Sohn eines Textilkaufmanns aus Barcelona, lernte 1916/17 die lateinamerikanische Tanzmusik auf einer Reise nach Kuba und durch Südamerika kennen. 1921 zog er nach Berlin, um bei Richard Rössler und Paul Höffer an der Musikhochschule Klavier und Kompositionslehre zu studieren. Mit seinem eigenen, 1924 gegründeten Tanzorchester feierte er in Berlin, einem Zentrum der europäischen »Tangomanie« der zwanziger Jahre, erste große Erfolge. Llossas trat unter anderem im »Tanzpalast Femina« auf, der bis zu 2000 Gästen auf vier Tanzflächen Platz bot, unternahm aber auch ausgedehnte Gastspielreisen durch ganz Europa. Werbesprüche wie »Wer seine Sorgen nicht vergessen kann, hört sich Juan Llossas an« belegen die Popularität seiner temperamentvollen Musik in den Jahren der Weltwirtschaftskrise; Schallplatten- und Rundfunkaufnahmen machten seine Kompositionen einem brei-

Juan Llossas

ten Publikum bekannt. Von 1945 bis 1950 war Llossas mit einem auf etwa 40 Musiker ausgeweiteten Orchester bei British Forces Network, dem Hamburger Sender der BBC, verpflichtet. Seine einmal wöchentlich ausgestrahlte Sendung »Tango Time« erreichte wiederum eine große Hörerzahl, doch mit dem Aufkommen neuer Gesellschaftstänze in den fünfziger Jahren nahm das Interesse am Tango, vor allem bei der jungen Generation, bald ab. Llossas, der mit einer Hamburgerin verheiratet war, starb auf einer Tournee in Salzburg und wurde auf dem Ohlsdorfer Friedhof beigesetzt. Von seinen vielen Kompositionen, darunter »Danza flamenca«, »Tango pastorale«, »Carambita«, »Alborada«, »Primavera«, »Bahia grande« und »Palomita«, hat sich nur der schon 1923 geschriebene »Tango Bolero« bis heute im Tanzorchester-Repertoire gehalten.

LITERATUR Freitag, S. 184; Carl Dahlhaus (Hg.), Riemann Musik Lexikon, Ergänzungsband Personenteil L–Z, Mainz 1975; Arne Birkenstock/Helena Rüegg, Tango. Geschichte und Geschichten, 2. Aufl. München 2000.

Dorothea Schröder

LOEWENBERG (Löwenberg), Jakob (Jacob),

geb. 9.3.1856 (nach eigenen Angaben, laut Geburtsschein 16.3.1856) Niederntudorf/Westfalen, gest. 7.2.1929 Hamburg; isr.; Schriftsteller, Pädagoge, Schulleiter.

Als Pädagoge und Leiter einer privaten jüdischen Mädchenschule in Hamburg war Jakob Loewenberg in der zweiten Hälfte des Kaiserreichs und in den Jahren der Weimarer Republik ein herausragender Vertreter der pädagogischen Reform und der Kunsterziehungsbewegung. Als in ganz Deutschland bekannter Schriftsteller publizierte er Lyrik, Prosa, Dramen, Kinderliteratur und pädagogische Schriften. Zu seinen bekanntesten literarischen Arbeiten gehören der autobiografische Roman »Aus zwei Quellen« (1914), dessen Titel auf den jüdischen und deutschen Hintergrund des Autors anspielt, sowie die Gedichtanthologie »Vom goldenen Ueberfluß«, die zahlreiche Auflagen erlebte und mehr als 200 000-mal verkauft wurde. Nach 1933 ist sein schriftstellerisches Werk, das vor allem als Spiegelbild der deutsch-jüdischen Symbiose und Spannungen um die Jahrhundertwende von Bedeutung ist, erst aus der Öffentlichkeit verdrängt, dann vergessen worden.

In Niederntudorf/Westfalen als Sohn jüdischer Eltern geboren, durchlief Loewenberg eine wechselvolle berufliche Ausbildung: Nach seiner Lehrer- und Rektorenprüfung (1877/79) und Sprachaufenthalten in London und Paris (1881/83) begann er ein Studium der Germanistik, Anglistik und Romanistik in Marburg und Heidelberg, das er 1886 mit einer Promotion abschloss (»Ueber Otway's und Schiller's Don Carlos«).

1886 ging Loewenberg nach Hamburg und wurde Lehrer an der Realschule der Reformierten Gemeinde in St. Pauli. 1892 übernahm er die Höhere Mädchenschule von Dr. Moritz Katzenstein, die er bis zu seinem Tode leiten sollte und nach den Vorstellungen der Kunsterziehungsbewegung ausrichtete. Dazu gehörten eine Betonung der ästhetischen Fächer, die Weckung der kreativen Kräfte der Schülerinnen unter anderem im Literaturunterricht, Aufführungen und freie Schülervorträge sowie die künstlerische Ausgestaltung der Klassenräume ebenso wie eine enge Verbindung von Schule und Elternhaus und die freie Entwicklung der Lehrerpersönlichkeit. Mit Alfred Lichtwark, dem Direktor der Hamburger Kunsthalle, arbeitete die Schule eng zusammen. Lichtwarks berühmte »Übungen in der Betrachtung von Kunstwerken« (1897) entstanden in Zusammenarbeit mit einer Klasse der Höheren Mädchenschule. Namhafte Vertreter der Kunsterziehungsbewegung, darunter Otto Ernst, Hermann Leo Köster, Dr. Meier Spanier und Heinrich Scharrelmann waren an der Schule tätig.

Neben seiner pädagogischen und schriftstellerischen Arbeit trat Loewenberg auch als Vermittler

Jakob Loewenberg

von Literatur in der Öffentlichkeit hervor. Er hielt Vorträge und Lesungen, nicht zuletzt in Volksheimen und Bildungsveranstaltungen der Arbeiterbewegung, nach 1918 auch an Volkshochschulen. Als Gründungsmitglied der »Litterarischen Gesellschaft« wirkte er seit 1891 in deren Vorstand und trat zudem 1896 der Lehrervereinigung zur Pflege der künstlerischen Bildung bei. Es bildeten sich enge Freundschaften zu anderen bekannten Dichtern wie Richard Dehmel, Gustav Falke, Detlev von Liliencron und Otto Ernst, dessen nach 1918 deutlich werdender Antisemitismus allerdings die Verbindung zu Loewenberg abreißen ließ. Seit den neunziger Jahren war Loewenberg als Pazifist in der Deutschen Friedensgesellschaft aktiv. Berufspolitisch engagierte er sich in Organisationen und Vertretungen der Hamburger Lehrerschaft, so etwa in der Gesellschaft der Freunde des vaterländischen Schul- und Erziehungswesens, im Lehrerrat und in der Lehrerkammer. In den Jahren der Weimarer Republik galt sein berufspädagogisches Engagement der bedrohten Existenz des Privatschulwesens.

Das Privatleben Loewenbergs bestimmte seit 1895 die mit Jenny Loewenberg, geborene Stern, geschlossene Ehe, aus der drei Kinder hervorgingen. Einer der beiden Söhne, Dr. Ernst Loewenberg, übernahm nach dem Tod des Vaters 1929 dessen Schule, musste sie aber aus wirtschaftlichen Gründen 1931 schließen. 1937 veröffentlichte Ernst Loewenberg in der Reihe »Jüdische Lesehefte« (Nr. 17) des Berliner Schocken Verlags eine Auswahl von Geschichten Jakob Loewenbergs. Das letzte Gebäude der Loewenberg-Schule (Johnsallee 33) besteht noch heute; eine Tafel erinnert an die Schulgeschichte des Hauses. Im Stadtteil Iserbrook wurde 1952 die Loewenbergstraße nach dem Schulleiter und Schriftsteller benannt.

WERKE Lieder eines Semiten, Hamburg 1892; Geheime Miterzieher. Studien und Plaudereien für Eltern und Erzieher, Hamburg 1903; Aus zwei Quellen. Die Geschichte eines deutschen Juden, Berlin 1914 [Neuauflage Paderborn 1993]; Aus jüdischer Seele. Ausgewählte Werke, hg. von Winfried Kempf, Paderborn 1995 [Schriftenverzeichnis und Bibliografie S. 171 f.].

LITERATUR DBE 6; Ernst Loewenberg, Jakob Loewenberg. Lebensbild eines deutschen Juden, in: Jahrbuch für jüdische Geschichte und Literatur 29 (1931), S. 99–151; Bernd Wacker/Winfried Kempf, Jakob Loewenberg 1856–1929. Erinnerungen an sein Leben und Werk, Salzkotten 1992; Reiner Lehberger, Die Höhere Mädchenschule von Dr. Jakob Loewenberg – äußere Geschichte und pädagogische Gestaltung, in: Miriam Gillis-Carlebach/Wolfgang Grünberg (Hg.), »Den Himmel zu pflanzen und die Erde zu gründen«. Jüdisches Leben, Erziehung und Wissenschaft. Die Joseph-Carlebach-Konferenzen, Hamburg 1995, S. 198–222.

Reiner Lehberger

LOTHAR VON SUPPLINBURG

(Lothar von Süpplingenburg; als König und Kaiser Lothar III.), geb. 1075, gest. 4.12.1137 Breitenwang/Tirol; Herzog von Sachsen, König des deutschen Reiches, römischer Kaiser.

Lothar von Supplinburg, nach dem Aussterben der Billunger (1106) Herzog von Sachsen, seit 1125 König, seit 1133 Kaiser, hat sich als Herzog bemüht, locker an das Herzogtum Sachsen angegliederte westliche und nördliche Regionen enger mit ihm zu verbinden. In Westfalen festigte er die herzogliche Macht nach dem Sieg, den er am Welfesholz (bei Mansfeld) 1115 über Truppen Kaiser Heinrichs V. errang. In Nordelbien übertrug er den von der mittleren Weser stammenden Grafen von Schauenburg (Schaumburg) Ende 1110 oder Anfang 1111 die Grafschaft Holstein und Stormarn. Unter den ersten Grafen dieser Dynastie expandierte die Grafschaft in das östlich angrenzende slawische Wagrien. Mit der Siedlung einher ging die Ausbreitung des Christentums – durch den aus Bremen kommenden Vicelin. Auf seine Anregung ließ Kaiser Lothar 1134 die Burg Segeberg anlegen. Politische Grundlagen für den weiteren Ausbau der nordelbischen Region unter der Herrschaft der Grafen von Holstein und Stormarn und auch der Herzöge von Sachsen wurden so ge-

Lothar von Supplinburg

schaffen, unter anderem für den Ausbau Lübecks (seit 1143) und Hamburgs (seit 1186/87).

LITERATUR ADB 19; NDB 15; Lexikon des Mittelalters 5, München/Zürich 1991; Ruth Hildebrand, Herzog Lothar von Sachsen, Hildesheim 1986 (Beiträge zur Geschichte Niedersachsens und Westfalens); Wolfgang Petke, Lothar von Süpplingenburg (1125–1137), in: Helmut Beumann (Hg.), Kaisergestalten des Mittelalters, 3., durchgesehene Aufl. München 1991, S. 155–176. *Gerhard Theuerkauf*

LÜTTGE, Gustav, geb. 12. 6. 1909 Hamburg, gest. 23. 2. 1968 ebd.; luth.; Garten- und Landschaftsgestalter.

Der bei Karl Foerster und Heinrich Wiepking-Jürgensmann ausgebildete Gartenarchitekt Gustav Lüttge ist vor allem durch die Gestaltung des zuvor überwiegend privat genutzten Alstervorlandes bekannt geworden. Gerühmt wird seine auf die offene Wasserlandschaft bezogene räumliche Gestaltung des Bürgerparks an der Außenalster, der 1953 im Rahmen der Internationalen Gartenbauausstellung in Anwesenheit zahlreicher Künstler und hoher politischer Prominenz eröffnet wurde.

Gustav Lüttge wuchs in Hamburg auf. Der Sohn eines früh verstorbenen Kaufmanns besuchte von 1919 bis 1924 das Johanneum. Da die aus Frankfurt stammende Mutter mit zwei Söhnen in bedrängten Verhältnissen lebte, mussten die Jungen früh ins Erwerbsleben eintreten. Obwohl Gustav sich schon im jugendlichen Alter Parzellen zur Beobachtung von Pflanzen mietete und sich für Musik interessierte, drängte sein Vormund ihn in eine kaufmännische Lehre, die er in den Jahren von 1924 bis 1928 absolvierte. In Gartentagebüchern des 15-Jährigen finden sich detaillierte Notizen über das Wachstum von Rosen, Stauden und Sommerblumen, über das Gedeihen von Saatgut sowie Bemerkungen über Umbaupläne für den Vordergarten.

Kaum war Gustav Lüttge volljährig, sattelte er um, ging von 1929 bis 1931 in eine Lehre bei der Firma Oscar Röhe Baumschulen und Staudenkulturen, wechselte dann zu dem renommierten Staudenzüchter Karl Foerster nach Bornim bei Potsdam und kam schließlich 1931 als Volontär zu Heinrich Wiepking-Jürgensmann, dem weit gereisten Gartenarchitekten und späteren Professor und Direktor des Instituts für Gartengestaltung an der Landwirtschaftlichen Hochschule Berlin. Nach einer Englandreise mit dem Gartenarchitekten Hermann Thiele kehrte er 1933 ohne Berufsabschluss nach Hamburg zurück und machte sich hier »mit Fahrrad und Reißbrett« als freischaffender Gartengestalter selbstständig. In der zur »Führerstadt« des »Dritten Reiches« erklärten Heimat entwarf Lüttge die Pläne zur Begrünung der Zubringerstraßen für die Elbhochbrücke, fertigte Gartenentwürfe für neue Wohnsiedlungen und Tarnpflanzungen für die Werft Blohm + Voss auf Finkenwerder. Der Architekt Gerhard Langmaack zog ihn bei der Planung der »Hansischen Universität« hinzu. 1940 wurde Lüttge zur Marine nach Kiel eingezogen. In dieser Zeit publizierte er in der Zeitschrift »Gartenschönheit« und schuf auch einzelne Privatgärten im norddeutschen Raum. Von 1946 bis 1950 engagierte er sich im »Baukreis«, einer kulturpädagogischen Vereinigung Hamburger Künstler und Architekten. Aus den fünfziger Jahren sind Arbeiten an zwei Privatparks am Elbhang (1951 und 1956) dokumentiert, die Außenanlagen für die Siedlung Hohnerkamp (1953/54), zwei Mahnmale für Gefallene (Bad Bramstedt, 1954; Barmstedt, etwa 1965), ein Wohngarten in Lüneburg (1957), die Außenanlagen für das Hansaviertel Berlin (1957) und das Schwimmbadgelände für den Hamburger Land- und Golfclub in der Lüneburger Heide e.V. (1959). In den sechziger Jahren schuf Lüttge Gärten der Einfamilienhaussiedlung Quickborn-Marienhöhe (Architekt: Richard Neutra, 1962/63), die Außenanlagen für das Israelitische Krankenhaus in Hamburg (1963) sowie die Begrünung für das Krankenhaus Stade (1965) und die Siedlung Hemmingstedter

Gustav Lüttge

Weg (1966–68). Zu seinen Auftraggebern gehörten Hamburger Familien mit klangvollen Namen: Biermann-Ratjen, Blessing, Brinckmann, Bucerius, Couthino, Kühne, Reemtsma, Springer, Vidal, Voss und Warburg. Er arbeitete mit anerkannten Architekten wie Bernhard Hermkes, Jürgen Elingius, Rudolf Lodders, Joachim Matthaei, Friedrich R. Ostermeyer und Jürgen Ruscheweyh zusammen. 1958 ließ er sich von dem »Baukreis«-Freund Gustav Burmester ein Wohn- und Atelierhaus am Liethwisch in Lokstedt bauen, wo er Rhododendren kultivierte und bis zuletzt lebte. Der noch nicht erforschte Nachlass befindet sich im Hamburgischen Architekturarchiv. In seinen Entwürfen führte Lüttge durch bauliche Elemente wie lange Wegekanten, Sitzmauern und Pergolen die Linien der Gebäude ins Gartengelände hinein fort. Auf diese Weise schuf er Freiräume, in denen sich die »harte« gebaute Kante mit den »weichen« Rändern der Pflanzung zur gestalterischen Einheit verband. 1953 machte er sich vor allem durch die Gestaltung des westlichen Außenalsterufers einen Namen. Die schon von Alfred Lichtwark um 1910 publizierte Vorstellung eines großzügigen, von einem Künstler gestalteten Parks als einer Folge grüner Spielwiesen mit offenem Blick zum Wasser setzte Lüttge in diesem Sinne um. Besondere Bedeutung bekam dieser städtische Landschaftspark durch seine anfängliche Funktion: Zur Eröffnung der ersten Internationalen Gartenbauausstellung (IGA) nach dem Krieg diente die Grünanlage als festlicher Präsentationsraum für 50 Skulpturen unter freiem Himmel. Diese Aufgabe löste Lüttge bravourös, indem er durch Pflasterungen und Trockenmauern einerseits intime Nischen schuf, an langen Promenaden und weiten Rasenflächen aber die Kunstwerke auf Sockeln in spannungsvollen Kontrast mit Staudenrabatten und Baumsolitären brachte. Die Kunstschau »Plastik im Freien« wurde von Bundespräsident Theodor Heuss eröffnet und fand weit über Deutschlands Grenzen hinaus Beachtung.

LITERATUR Erinnerungen an Gustav Lüttge, in: Garten und Landschaft. Zeitschrift der Deutschen Gesellschaft für Gartenkunst und Landschaftspflege, 88. Jg., 2 (1978), S. 67–86; H.O. Dieter Schoppe, Der Alsterpark von Gustav Lüttge. Ein Gartendenkmal der 50er Jahre, in: »Was nützet mir ein schöner Garten …«. Historische Parks und Gärten in Hamburg, hg. von der Patriotischen Gesellschaft von 1765 und dem Verein der Freunde der Denkmalpflege e.V., Hamburg 1990, S. 91–103; Frank P. Hesse, Ein Lichtblick an der Alster? 40 Jahre Alsterpark. Gustav Lüttge zum 25. Todestag, in: Architektur in Hamburg, Jahrbuch 1993, Hamburg 1993, S. 150–159; Eine Stadt braucht Luft. Bauen in Hamburg 1945–65, Katalog zur Fotoausstellung im Ernst Barlach Haus Hamburg vom 29. Mai bis 28. August 1994, hg. von Hedwig Heggemann und Norbert Baues im Auftrag des Hamburgischen Architekturarchivs, Hamburg 1994.

Karin von Behr

LUTTEROTH, Ascan, geb. 5.10.1842 Hamburg, gest. 2.2.1923 ebd.; luth.; Landschaftsmaler.

Nach seiner Schulzeit in Hamburg und einer landwirtschaftlichen Ausbildung in England begann der Sohn des Senators Ascan Wilhelm Lutteroth 1861 mit Malstudien bei Alexandre Calame in Genf. Seit 1864 studierte er bei Oswald Achenbach an der Kunstakademie Düsseldorf, bevor er 1868 nach Italien ging. Der dreijährige Aufenthalt dort hat Lutteroths Schaffen nachhaltig geprägt, italienische Motive hat er lebenslang bevorzugt. Nach Jahren in Berlin, wo er unter anderem der Kronprinzessin Unterricht erteilt hatte, ließ er sich in Hamburg nieder. 1883 reiste er im Auftrag der Kunsthalle nach London, um den Erwerb der Gemäldesammlung des aus Hamburg stammenden Kaufmanns Gustav Christian Schwabe gutachterlich vorzubereiten.

Im Laufe der Jahre erwarben führende Museen seine Werke, ja in der Hansestadt galt es in tonangebenden Kreisen als selbstverständlich, einen »Lutteroth« im Salon hängen zu haben. In späteren Jahren suchte er seine Motive auch an Alster und Elbe, in Vierlanden und im Alten Land. Drei Gemälde im

Ascan Lutteroth

Ascan Wilhelm Lutteroth

Waisenzimmer des neuen Hamburger Rathauses (1897) legen Zeugnis ab von dieser Hinwendung zur Heimat. Neben Hermann Kauffmann und Valentin Ruths gilt Lutteroth als bedeutendster Hamburger Landschaftsmaler im letzten Drittel des 19. Jahrhunderts. Kaiser Wilhelm II. verlieh ihm 1890 den Professorentitel.

LITERATUR NDB 15; ThB 23; DG 18 und 171; Tilman Osterwold, Der Hamburger Maler Ascan Lutteroth als Vertreter des spätbürgerlichen Eklektizismus, Phil. Diss. Innsbruck 1969.

Gerhard Ahrens

LUTTEROTH, Ascan Wilhelm, geb. 22.9.1783 Mühlhausen/Thüringen, gest. 20.12.1867 Hamburg; luth.; Kaufmann, Politiker.

Nach der Ausbildung im väterlichen Handelshaus sammelte Lutteroth kaufmännische Erfahrungen in Lausanne, in Frankreich und Norditalien. Mit 21 Jahren wurde er Juniorpartner des Vaters, doch die zwei Jahre später verkündete Kontinentalsperre ließ ihn nach St. Petersburg ausweichen. 1815 gründete er in Hamburg die Firma Lutteroth & Comp., die unter den Vorzeichen des neu aufblühenden Außenhandels schon bald zu den führenden Merchant Banking-Häusern in der Hansestadt gehören sollte. Der sich damit einstellende Wohlstand ermöglichte es Lutteroth, sich mit ungewöhnlicher Intensität für die öffentlichen Belange seiner zweiten Heimat einzusetzen. Nach seiner Amtszeit als Präses der Commerzdeputation (1833/34) wurde er 1835 in den Rat gewählt. Ausgeprägte juristische Neigungen waren Anlass, ihm mehrfach auswärtige Missionen zu übertragen. 1848 wurde er sogar hamburgischer Bevollmächtigter zum Bundestag, und zwar als erster und einziger Kaufmann in der Bundesversammlung. Seine schwierigste Aufgabe übernahm Lutteroth, als er im September 1849 in die so genannte Neuner-Kommission entsandt wurde. Zusammen mit Vertretern der Erbgesessenen Bürgerschaft sollte dort die ins Stocken geratene Verfassungsreform abgeschlossen werden, was erst nach einem Jahrzehnt entsagungsvoller Verhandlungen gelang. Die spätere viermalige Wahl zum Zweiten Bürgermeister – höchste Ehre für ein kaufmännisches Senatsmitglied – bedeutete die Krönung seiner politischen Laufbahn.

In der Nähe seines früheren Landsitzes in Eimsbüttel wurde 1966 die Lutterothstraße nach dem Kaufmann und Politiker benannt.

WERKE Notizen aus meinem Leben 1844 [mit Nachträgen 1849 und 1851], in: Mathilde Lutteroth (Hg.), Das Geschlecht Lutteroth, Hamburg 1902, S. 350–386.

LITERATUR NDB 15; DG 18 und 171; Alexander Heskel, Bürgermeister Ascan Wilh. Lutteroth Legat (22. September 1783 bis 20. Dezember 1867) zum Gedächtnis, in: HGH 2. Jg. Nr. 4, (Dezember 1927), S. 225–246.

Gerhard Ahrens

MAETZEL-JOHANNSEN, Dora *Dorothea (Dolly)*, geb. Johannsen, geb. 6.2.1886 Lensahn/Holstein, gest. 8.2.1930 Hamburg; luth.; Malerin.

Dorothea Maetzel-Johannsen

Der Amtmann Christian August Johannsen und seine Ehefrau Friederike Auguste, geborene Körner, nannten das fünfte ihrer sechs Kinder Dora. Den Namen Dorothea legte sich das Mädchen selbst zu, als es entdeckte, dass sein Geburtstag der gleichnamigen Schutzheiligen der Gärtner geweiht ist. Dorothea war schon als Kind von zarter Gesundheit. Die damals übliche Behandlung von Gelenkrheumatismus mit Arsen führte zu einem lebenslangen Herzleiden, an dem sie mit 44 Jahren starb. Sie besuchte keine öffentliche Schule, sondern wurde von einer Hauslehrerin unterrichtet. Sehr früh begann sie zu zeichnen und zu malen. Ihren eigentlichen Wunsch, Malerin zu werden, behielt sie für sich, weil er den Rahmen der väterlichen finanziellen Möglichkeiten gesprengt hätte. Sie absolvierte von 1906 bis 1909 eine Ausbildung zur Zeichenlehrerin an der Gewerbeschule für Mädchen in Hamburg und bestand darauf, eine Zeit lang in Schleswig zu unterrichten, bevor sie 1910 den späteren Oberbaurat und Leiter der Städtebauabteilung Emil Maetzel heiratete, der selbst gerne Malerei studiert hätte.

Es begann eine Zeit intensiven gemeinsamen Lebens und Arbeitens, in der Dorothea Maetzel-Johannsen viel von ihrem Mann profitierte, indem er ihr die moderne Kunst und den Expressionismus nahe brachte. An der innigen Gemeinschaft des Paares änderte weder der Ausbruch des Ersten Weltkrieges noch die Geburt der vier Kinder (Ruth 1911, Bogumil 1913, Peter 1915, Monika 1917) etwas. Dorothea Maetzel-Johannsen war häufig bei ihrem Mann in Berlin, wo Emil Maetzel als Offizier stationiert war. Bis 1918 nahm sie dort wiederholt Unterricht bei Lovis Corinth, und gemeinsam mit ihrem Mann besuchte sie Abendaktkurse und zog mit ihm durch Kneipen, wo ganze Skizzenbücher voller herrlicher Typen entstanden.

Nach Kriegsende bezog die Familie in Hamburg eine geräumige Wohnung am Erlenkamp, 1921 mieteten beide Ehepartner jeweils ein eigenes Atelier. 1919 wurden sie Gründungsmitglieder der Hamburgischen Sezession, einer Vereinigung, die sich als künstlerische Avantgarde verstand und sich 1933 selbst auflöste, um ihre jüdischen Mitglieder nicht ausschließen zu müssen, wie es die nationalsozialistischen Machthaber verlangten. Dorothea Maetzel-Johannsen beteiligte sich an den Künstlerfesten der Sezession und zeigte auf deren Ausstellungen ihre großformatigen expressionistischen Kompositionen, die zwischen 1919 und 1921 entstanden. Ihre Themen in dieser Zeit waren arkadische Landschaften mit Mädchen, Akten und Tieren; das bekannteste Bild ist das »Kranke Mädchen« (1919). 1923 erhielt Dorothea Maetzel-Johannsen von Gustav Pauli, dem damaligen Direktor der Kunsthalle, den Auftrag, vier große gerahmte Supraporten in Öl für den Vorraum zum großen Vortragssaal der Kunsthalle zu malen. Dass sie in der Zeit des Nationalsozialismus nicht als »entartete Kunst« vernichtet wurden, ist der mutigen Tat eines Museumstischlers zu verdanken, der sie in einer Zwischenwand versteckte. Ab 1925 trennten sich die künstlerischen Wege der Ehepartner, und in der Folge lockerte sich auch die persönliche Bindung. Emil Maetzel wandte sich der Neuen Sachlichkeit zu, Dorothea Maetzel-Johannsen suchte eigene Wege. Mit der Unterstützung ihres Mannes, der seine Frau immer für die größere Begabung gehalten hatte, reiste Dorothea Maetzel-Johannsen für ein halbes Jahr nach Paris und Chartres. Sie malte den Pont Neuf, Häuser an der Seine, den Pont Michel, Notre Dame und die Winkel um die Kathedrale von Chartres. Die Konturen und die Farben ihrer Bilder wurden weicher, die Palette war bestimmt von Pastelltönen und viel Silbergrau. Ihre Bilder hatten fortan scheinbar anspruchslose Themen wie Blumen, Früchte und Stillleben zum Gegenstand.

M

Mahlau, Alfred

Nach der Rückkehr Dorothea Maetzel-Johannsens bezog die Familie 1926 das von Emil Maetzel entworfene Haus in Volksdorf. Ende 1926 entstanden überlebensgroße figürliche Kompositionen an zwei Wänden eines Kinderheims in Lüneburg, die nicht erhalten sind, und im Winter 1927/28 drei große Bilder für die Ausstellung »Raumgestaltung« des Architekten Karl Schneider. Das für die Wandelhalle des Planetariums entworfene Deckengemälde konnte sie nicht mehr selbst ausführen. Dorothea Maetzel-Johannsen starb wenige Monate nach einer Reise nach Gotland, wo sie bei Wind und Wetter ihre letzten großformatigen Bilder gemalt hatte.

Der langjährige Freund und Bildhauer Friedrich Wield, der auch ihr Atelier in der Ulmenau Nr. 3 übernahm, veranstaltete 1931 im Kunstverein eine Gedächtnisausstellung für Dorothea Maetzel-Johannsen. 120 Werke von ihr wurden zusammen mit seinen gezeigt. Das Grab der Künstlerin befindet sich auf dem Ohlsdorfer Friedhof. In Volksdorf wurde 1960 der Maetzelweg nach dem Künstlerehepaar benannt.

LITERATUR Bake/Reimers, S. 164–167; Mathias F. Hans (Hg.), Dorothea Maetzel-Johannsen 1886–1930. Monographie und kritischer Werkkatalog, Hamburg 1986.

Brita Reimers

Mahlau, Gottlieb Martin *Alfred*,

geb. 21.6.1894 Berlin, gest. 22.1.1967 Hamburg; Grafiker, Zeichner.

Alfred Mahlau

Seit der Übersiedlung nach Lübeck 1906 ist Alfred Mahlau dieser Stadt vier Jahrzehnte lang eng verbunden geblieben. Nach dem Abitur an der Oberrealschule zum Dom ging er 1913 an die Königliche Kunstschule in seiner Vaterstadt. Vier Jahre Kriegsdienst unterbrachen sein Studium, das er 1919 mit dem Zeichenlehrerexamen abschloss. Anschließend ließ Mahlau sich in Lübeck nieder, wo er zum vielbeschäftigten Gebrauchsgrafiker avancierte. Gefördert durch den Museumsdirektor Carl Georg Heise, gestaltete er ausdrucksstark die Werbung für die Stadtverwaltung und entwickelte ideenreiche Reklamekonzepte für Vereinigungen und Firmen (zum Beispiel Nordische Gesellschaft, Lübeck-Büchener Eisenbahn AG, Schwartauer Werke, J. G. Niederegger). Daneben entwarf er Briefmarken, zeichnete Bühnenbilder sowie Buchumschläge und lieferte Vorlagen für Wandteppiche. Im Herbst 1945 wurde Mahlau an die Landeskunstschule Hamburg berufen. Als Nachfolger Carl Otto Czeschkas leitete er bis 1959 die Klasse für Freie Graphik, Illustration und Entwurf. Zu seinen bekanntesten Schülern zählen Horst Janssen und Vicco von Bülow (Künstlername: Loriot). Auch in Hamburg hat Mahlau sich auf vielen Gebieten der Angewandten Kunst betätigt. Neben unverwechselbaren Entwürfen für Plakate und Gobelins seien genannt: Kinderspielzeug (Der Hamburger Hafen in der Schachtel, 1951), Buchgestaltung (Hamburger Gästebuch, 1952; Die Insel Helgoland, 1961), Glasmalerei (Neues Krematorium in Ohlsdorf, 1953) und Metallarbeiten (Zifferblätter am Turm der Hauptkirche St. Jacobi, 1960). In freien Stunden widmete Mahlau sich der Aquarellmalerei, der er, besonders in der Landschaftsdarstellung, reizvolle Intimität und zarte Farbigkeit zu geben verstand. Seit Anfang der sechziger Jahre litt er unter dem allmählichen Versiegen seiner künstlerischen Kräfte. Mahlau starb nach jahrelangem Leiden an Blutkrebs. Ausgezeichnet worden war er mit dem Professortitel (1955), dem Edwin-Scharff-Preis und der Ehrenplakette der Freien Akademie der Künste (beide 1963). Seit 1972 trägt eine Straße im Neubaugebiet Steilshoop seinen Namen.

LITERATUR NDB 15; SHBL 11; Peter Reindl, Alfred Mahlau und seine Schüler, Hamburg 1982 (Hamburger Künstler-Monographien zur Kunst des 20. Jahrhunderts 21); Alfred Mahlau. Maler und Graphiker. Begleitpublikation zur Ausstellung vom 19. August bis 9. Oktober 1994 im Burgkloster zu Lübeck, hg. von Susanne Mahlstedt und Ingaburgh Klatt, Kiel 1994.

Gerhard Ahrens

Hildegard von Marchtaler

MARCHTALER, Hildegard von, geb. Seelig, geb. 7.5.1897 Hamburg, gest. 2.9.1995 ebd.; kath.; Privatgelehrte und Genealogin.

Ihr Vater Geert Seelig war Rechtsanwalt in Hamburg, ihr Großvater Wilhelm Seelig ordentlicher Professor der Staats- und Finanzwissenschaften an der Christian-Albrechts-Universität in Kiel; ihre Mutter entstammte der Hamburger Kaufmannsfamilie Cramer. Hildegard Seelig machte 1915 als Externe am Wilhelm-Gymnasium ihr humanistisches Abitur; sie studierte Geschichte und Kunstgeschichte in Marburg, Würzburg und München, heiratete den Kaufmann (und späteren Privatgelehrten und Genealogen) Kurt von Marchtaler in Heilbronn und kehrte nach der Scheidung 1928 mit ihren beiden Kindern in das Hamburger Elternhaus zurück. Fortan schrieb sie Firmen- und Familiengeschichten, beispielsweise über die Saubers, die Slomans, die Gayens oder über die Stülckenwerft. Ihr Buch »Aus Alt-Hamburger Senatorenhäusern« hat der Verein für Hamburgische Geschichte als Band XVI seiner »Veröffentlichungen« herausgebracht. Das besondere Interesse Hildegard von Marchtalers galt der Genealogie: Sie hat die Stammtafeln aus den Erbebüchern im Hamburger Staatsarchiv erstellt, die Bände 9 bis 12 des Hamburger Geschlechterbuches herausgegeben und zahlreiche Einzelstudien veröffentlicht. Der Herold in Berlin und die Genealogische Gesellschaft in Hamburg ernannten sie zum korrespondierenden bzw. zum Ehrenmitglied, der Verein für Hamburgische Geschichte, dessen Ehrenmitglied sie ebenfalls war, verlieh ihr die Lappenberg-Medaille.

LITERATUR DG 200 und 210.

Renate Hauschild-Thiessen

MARCUS, Mary (Mirjam, Marianne), geb. 16.8.1844 Hamburg, gest. 22.4.1930 ebd.; isr.; Pädagogin, Schulleiterin.

Mary Marcus hat während ihrer 56-jährigen Amtszeit (1868–1924) als Leiterin einer Volksschule für jüdische Mädchen einen außerordentlichen Aufschwung der jüdischen Mädchenbildung in Hamburg bewirkt und sich um die Chancengleichheit im jüdischen Mädchenschulwesen verdient gemacht.

Als Tochter eines Kaufmanns für deutsche und englische Manufakturwaren, der sich meistens in England aufhielt, besuchte Mary in Hamburg gemeinsam mit christlichen Schülerinnen eine private Töchterschule und erhielt daneben jüdischen Religionsunterricht. In einem Seminarkurs und durch Privatstunden in verschiedenen Unterrichtsfächern bereitete sie sich auf den Lehrerinnenberuf vor, unterrichtete von 1859 bis 1862 an einer privaten höheren Schule für jüdische Mädchen und ging dann als Erzieherin zu einer jüdischen Familie nach Brünn.

1868 wurde ihr das Amt der Vorsteherin an der Unterrichtsanstalt für arme israelitische Mädchen in Hamburg übertragen, einer 1798 aus dem Geist der Aufklärung gegründeten Stiftungsschule. Hier lernte sie Schülerinnen kennen, die dreifach benachteiligt waren: als Jüdinnen, als Mädchen und als Kinder aus sozial schwachen Verhältnissen. Mary Marcus betrachtete es als ihre Lebensaufgabe, der Benachteiligung dieser Kinder durch eine sorgfältige Erziehung und Bildung entgegenzuwirken. Schon zu einem sehr frühen Zeitpunkt erkannte sie die Gründung von Ferienkolonien und Erholungsheimen für die oft schlecht ernährten, schwächlichen Schülerinnen als eine wichtige soziale Aufgabe, für die sie sich engagiert einsetzte. Als 1884 die Israelitische Mädchenschule von 1798 mit der Mädchenschule der Deutsch-Israelitischen Gemeinde von 1818 zur Israelitischen Töchterschule vereinigt wurde, übernahm Mary Marcus das Amt der Vorsteherin dieser jüdischen Volksschule mit 400 bis 500 Schülerinnen. Ein freiwilliges neuntes Schuljahr, die Selekta, wurde 1889 eingeführt. Der Lehrplan orientierte sich an

Mary Marcus

dem der Hamburger Volksschule, ging aber im Fremdsprachen- und Literaturunterricht weit darüber hinaus; das entsprach der Intention der Schulleiterin, alle Kinder ohne Rücksicht auf ihre soziale Herkunft gleichmäßig zu fördern. Ebenso wurden Turnen und Zeichnen, später auch Naturwissenschaften und Hauswirtschaftsunterricht gepflegt. Eine intensive Sprech- und Spracherziehung sollte zur gesellschaftlichen Anerkennung und Integration der Mädchen beitragen. 1894 bestätigte ein Schulrat, dass das Niveau dem einer Mittelschule entspreche. Auch die berufliche Fortbildung der Schülerinnen wurde von Mary Marcus gefördert. 1908 gründeten Freunde der Schule und ehemalige Schülerinnen die Mary Marcus-Stiftung, deren Erträge für die Berufsausbildung von Schulabgängerinnen bestimmt waren. Trägerin der Israelitischen Töchterschule war die Deutsch-Israelitische Gemeinde in Hamburg. Mary Marcus setzte ihre pädagogischen Ideen mehrmals gegen den Widerstand des Gemeindevorstands durch, der die Mädchenbildung lange vernachlässigt hatte und sich gegen Reformen wandte. So bereitete sie die Überwindung der Spaltung des jüdischen Mädchenschulwesens in Hamburg in eine private höhere Schule und eine gemeindeeigene Volksschule vor, deren Vollendung endlich ihrem Nachfolger Alberto Jonas gelang. Ihre pädagogische Arbeit kann noch heute als richtungweisend angesehen werden.

1985 wurde die Mary-Marcus-Kehre in Hamburg-Bergedorf nach der verdienten Schulleiterin benannt.

LITERATUR Bake; Ursula Randt, Carolinenstrasse 35. Geschichte der Mädchenschule der Deutsch-Israelitischen Gemeinde in Hamburg 1884–1942, Hamburg 1984 (Vorträge und Aufsätze, hg. vom Verein für Hamburgische Geschichte, 26), S. 34–48. *Ursula Randt*

MARQUARD, Peter, geb. um 1600 Plauen, gest. 1689/90 Hamburg; luth.; Zimmermeister.

In die Baugeschichte Hamburgs ging Marquard als Erbauer der höchsten und schönsten Turmspitzen des 17. Jahrhunderts ein. Er ist der einzige Baumeister seiner Zeit, von dem ein – von Johann Zacharias Kneller gemaltes – Bildnis überliefert worden ist. Als er um 1650 aus seiner sächsischen Heimat nach Hamburg kam, muss er bereits ein erfahrener Meister gewesen sein: 1669 wurde er ohne Vorlage eines Meisterstücks in die Innung aufgenommen, 1676 zum Beisitzmeister, 1684 zum Altermann gewählt. Vor allem hatte Marquard bereits 1656 die 1644 eingestürzte Nikolaikirchturmspitze durch drei übereinander gestellte Hauben und eine offene Laterne ersetzt und im Jahr darauf recht ähnlich, jedoch mit zwei offenen Laternen, die Spitze des Katharinenkirchturms als Ersatz für den 1648 zerstörten Turmaufbau errichtet. Nur diese ist noch in der ursprünglichen Form erhalten. Die dritte Turmspitze errichtete er auf dem Turmschaft der seit 1649 nach dem Entwurf des Altonaer Tischlermeisters Christoph Corbinus im Bau befindlichen Großen Michaeliskirche. Ein erster Entwurf, den Marquard statt der Py-

Peter Marquard

ramidenspitze mit einer abschließenden Haube versehen hatte, gelangte nicht zur Ausführung. Er baute sie von 1665 bis 1668 origineller, indem er die oberste Haube, fünfmal verjüngt, in eine Spitze überleitete. Vorbilder für die Gestaltung von Turmaufbauten mit mehreren Hauben und Laternen finden sich in Sachsen nicht. Die stattlichen niederländischen Kirchtürme lassen nur gewisse Vergleiche zu, sie sind aufwändiger mit Dekoration ausgestattet. Ähnliches gilt für die von niederländischen Baumeistern im 17. Jahrhundert in Dänemark errichteten Schlosstürme. Die wahrscheinlichste Anregung für die Gestaltung der drei Kirchturmspitzen Marquards dürfte der zwei Jahre vor der Spitze der Nikolaikirche auf den Dom St. Nikolai in Greifswald aufgesetzte Turmaufbau sein, der angeblich nach einem holländischen Entwurf errichtet worden war. Die Nachkommen Peter Marquards blieben in Hamburg und setzten die berufliche Tradition fort. Im Stadtteil Winterhude trägt seit 1907 die Peter-Marquard-Straße den Namen des Baumeisters.

LITERATUR HL; ThB 24; Hermann Heckmann, Barock und Rokoko in Hamburg. Baukunst des Bürgertums, Berlin/Stuttgart 1990; ders., Barockbaumeister in Mecklenburg, Schleswig-Holstein, Lübeck, Hamburg, Berlin 2000.

Hermann Heckmann

MAUKE, Johann Heinrich *Wilhelm*, geb. 1790 Jena, gest. 19.8.1859 Hamburg; luth.; Buchhändler, Verleger.

Wilhelm Mauke

Wilhelm Mauke, Sohn eines Jenaer Verlagsbuchhändlers, trat im Oktober 1811 als Gehilfe in die Hamburger Buchhandlung Friedrich Perthes' ein – zu einem Zeitpunkt, als die Stadt bereits seit einem knappen Jahr fester Bestandteil des französischen Kaiserreichs war. Durch die aktive Teilnahme des Firmeninhabers am Widerstand gegen die Franzosen fiel in den Jahren 1813/14 die Hauptlast des Geschäfts dessen Kompagnon Johann Heinrich Besser zu. Mauke stieg neben ihm zur wichtigsten Stütze des Unternehmens auf und heiratete dessen Tochter Auguste Wilhelmine Besser. Als Perthes 1821 aus der Buchhandlung ausschied, um sich in Gotha ausschließlich der Verlegertätigkeit zu widmen, rückte Mauke als Teilhaber der Firma Perthes & Besser nach. Das Geschäft stieg nach den Kriegsverlusten rasch wieder zu einem der angesehensten Hamburgs auf und erlaubte den Verlag neuer Werke, die allerdings oft von Perthes initiiert wurden. Dies änderte sich nach dem Tod Bessers im Jahre 1826. Mauke war nun bis zum Eintritt seines Schwagers Rudolf Besser (1836) alleinverantwortlicher Inhaber und konzentrierte sich zunehmend auf den Verlag von Schriften zu hamburgspezifischen Sachthemen, wie etwa das »Lexikon der hamburgischen Schriftsteller« (8 Bde., 1851–83). Nachdem es hinsichtlich des Programms häufiger zu Unstimmigkeiten mit Perthes gekommen war, gab dieser 1836 seine de jure noch bestehende Teilhaberschaft endgültig auf. Mauke und sein Schwager zahlten den Restbetrag für die Buchhandlung und firmierten fortan unter Perthes, Besser & Mauke. Große materielle Verluste brachte der Stadtbrand von 1842 mit sich, in dem sowohl das Geschäftshaus als auch das 80 000 Bände umfassende Bücherlager vernichtet wurden. Die Handlung blieb auch danach ein wichtiger Anlaufpunkt für die gehobeneren Hamburger Leserschichten und ging 1851 nach dem Ausscheiden von Rudolf Besser vollständig in den Besitz der Familie Mauke über. Unter der 1865 eingeführten Bezeichnung »W. Mauke Söhne« existiert sie trotz mehrmaligen Besitzerwechsels noch heute und gehört damit zu den traditionsreichsten und ältesten Buchhandlungen Hamburgs. In Billstedt wurde 1949 der Maukestieg nach dem Buchhändler und Verleger benannt.

LITERATUR Franz R. Bertheau, Geschichte der Buchhandlung W. Mauke Söhne, vormals Perthes, Besser & Mauke, gegründet 1796. Festschrift zum 125jährigen Bestehen des Geschäfts am 11. Juli 1921, Hamburg 1921, S. 73–92.

Dirk Moldenhauer

MELHOP, Wilhelm, geb. 11.3.1856 Hamm bei Hamburg, gest. 29.4.1943 Hamburg; luth.; Oberbaurat, Hamburg-Historiker.

Nach dem Studium der Architektur und des Bauingenieurwesens an der Technischen Hochschule Hannover (1875–79) fand der Sohn von Peter Wilhelm Melhop 1880 eine erste Anstellung als Zeichner im Vermessungsbüro des Hamburger Obergeometers Heinrich Stück. Seit 1884 war Wilhelm Melhop als Baukondukteur zweiter Klasse in Hamburgs Ingenieurwesen tätig, wo er mit dem Bau von Brücken befasst wurde. Zu seinen größeren Bauten gehörte die 1892 fertig gestellte Krugkoppelbrücke. Als Baumeister erster Gehaltsklasse wechselte er 1901 von der Baudeputation zur Deputation für das Beleuchtungswesen, in der er 1903 als Bauinspektor die Verantwortung für den Rohrnetzbetrieb, das heißt für die Planung und Ausführung großer Gasförderleitungen, übernahm. 1912 zum Baurat ernannt, trat er Ende März 1922 als Oberbaurat in den Ruhestand.

Bekannt ist Melhop vor allem als Verfasser der letzten großen Hamburg-Topografien. Auf Vorschlag von Oberingenieur Franz Andreas Meyer wurde er in den 1890er Jahren damit betraut, eine Fortsetzung für die 1880 erschienene »Historische Topographie« von Cipriano Francisco Gaedechens zu verfassen. Dieses übersichtlich gegliederte Werk erschien 1895 (mit hilfreichem Register auch für die Topografie von Gaedechens). Die Fortsetzung hierzu bildete die mit über 1350 Seiten noch umfangreichere historische Topografie für die Zeitspanne von 1895 bis 1920, die in zwei Bänden 1923/25 erschien. Melhops Topografien sind unverzichtbare Hilfsmittel für alle Studien zur Entwicklung der althamburgischen Gebietsteile und der Hamburger Infrastruktur. Zwei weitere seiner Werke haben regionalgeschichtliche Standards gesetzt: die »Alt-Hamburgische Bauweise« (1908) zur Entwicklung der städtischen Bürgerbauten und sein um 1915 bereits weitgehend fertig gestelltes, aber erst 1932 erschienenes Werk zur Geschichte des Alsterraums. Aus seiner Feder stammen ferner kleinere Beiträge für »Hamburg und seine Bauten« (1914) sowie für Zeitschriften und Vereinsblätter. Seine letzten Aufsätze erschienen in den vierziger Jahren im Jahrbuch des Alstervereins und befassen sich mit der Geschichte der Walddörfer.

Wilhelm Melhop

Seit seiner Kindheit war Melhop schwerhörig – dies war nach eigener Aussage ein Grund dafür, dass er große Gesellschaften mied. Verheiratet war er seit 1881 mit der aus Hannover stammenden Elise, geborene Schlüter, die bereits 1910 verstarb. Eine zweite Ehe ging er 1917 mit der Österreicherin Friederike Josephine, geborene Wagner, verwitwete Löhner, ein. In den zwanziger Jahren wohnte er in Ahrensburg, in den letzten Lebensjahren in Fuhlsbüttel. Der Hauptteil seines schriftlichen Nachlasses befindet sich wie der seines Vaters im Staatsarchiv Hamburg. Nach ihm wurde 1948 der Melhopweg in Wohldorf-Ohlstedt benannt.

WERKE Historische Topographie der Freien und Hansestadt Hamburg von 1880 bis 1895 (nebst vielen Nachträgen aus älterer Zeit) im Anschluß an die »Historische Topographie« von C. F. Gaedechens unter Benutzung amtlicher Quellen, Hamburg 1895; Alt-Hamburgische Bauweise. Kurze geschichtliche Entwicklung der Baustile in Hamburg, dargestellt am Profanbau bis zum Wiedererstehen der Stadt nach dem großen Brande von 1842 nebst chronistisch-biographischen Notizen, Hamburg 1908, 2., neubearb. Aufl. 1925 [Nachdruck Hamburg 1972]; Historische Topographie der Freien und Hansestadt Hamburg von 1895 bis 1920, mit Nachträgen bis 1924. Unter Benutzung amtlicher Quellen, 2 Bde. Hamburg 1923/25; Lebenslauf von Wilh. Melhop, in: Jahrbuch des Alstervereins 1925, S. 8–12; Die Alster. Geschichtlich, ortskundlich und flussbautechnisch beschrieben, Hamburg 1932 (Nachdruck Hamburg 1971).

Hans Walden

MENDEL, Max, geb. 19.5.1872 Hamburg, gest. 10.8.1942 Konzentrationslager Theresienstadt; isr.; Kaufmann, Genossenschafter, Politiker.

Unter den schwierigen Koalitionsbedingungen der hamburgischen Landesregierung in den Jahren 1925 und 1928 benannte die SPD den leitenden Geschäftsführer der großen Konsumgenossenschaft »Produktion« und frühen Verfechter der Gemeinwirtschaft Max Mendel für den Senat. Die politischen Auseinandersetzungen des Jahres 1929 führten zu seinem Rücktritt.

Das Realgymnasium des Johanneums musste Mendel 1886 wegen einer langwierigen Hüftgelenkerkrankung verlassen. Er erhielt Privatunterricht, wurde Buchhalter im väterlichen Großhandelsgeschäft und studierte schließlich einige Semester Volkswirtschaft und Sozialwissenschaft in Berlin. Ende der 1890er Jahre schloss er sich dem sozialdemokratisch orientierten Zentralverband der Handlungsgehilfen und Gehilfinnen Deutschlands an, für den er auch Vorträge hielt. Mit dem Verbandsleiter Max Josephsohn verband ihn dauernde Freundschaft. Durch ihn wurde Mendel in die 1899 erfolgte Gründung des Konsum-, Bau- und Sparvereins »Produktion« in Hamburg einbezogen und übernahm als Nachfolger von Josephsohn 1900 das Amt des Schriftführers im Aufsichtsrat der Genossenschaft. In deren vierköpfigen Vorstand wurde er 1909 aufgrund einer Ausschreibung zum Finanzgeschäftsführer berufen. Damals hatte die Genossenschaft einen gewaltigen Aufschwung genommen: Mit einer Mitgliederzahl von über 35 000 erzielte sie einen Jahresumsatz von rund acht Millionen Goldmark und besaß bebaute Grundstücke im Wert von über vier Millionen Mark. Die dominierende genossenschaftsfeindliche Haltung in Bürgerschaft und Senat führte 1911 zu der Sondersteuer des hamburgischen Staates auf acht Prozent des Umsatzes der Konsumvereine. Im Gegenzug organisierte Mendel erfolgreich den aus der Genossenschaft herausgelösten Warenhandel in der Handelsgesellschaft »Produktion« m.b.H. mit Verkauf an jedermann. Wie eine Rache wirkte das Strafverfahren, das der Staat 1915 wegen Kapitalbeteiligung der Genossenschaft an dem gewerkschaftlich-genossenschaftlichen Versicherungsunternehmen Volksfürsorge gegen Mendel durchsetzte.

Dieser war bekannt für seine gemeinwirtschaftliche Ausrichtung, als er 1921 Erster Vorsitzender von Genossenschaft und Handelsgesellschaft wurde. Zuvor war er bereits in die Aufsichtsräte der Großeinkaufs-Gesellschaft Deutscher Konsumvereine (GEG, 1913), der Volksfürsorge (1920) und mehrerer weiterer gemeinwirtschaftlicher Unternehmen gewählt worden.

Max Mendel

Ohne der Bürgerschaft anzugehören, war Mendel von 1921 bis 1925 sozialdemokratisches Mitglied in der Finanzdeputation. Am 18. März 1925 wurde er als stellvertretender Präses für das Ressort Handel, Schifffahrt und Gewerbe in den Hamburger Senat gewählt. Den Vorsitz hatte der nationalistisch-konservative Wilhelm Burchard-Motz, mit dem Mendel auch nach seiner Wiederwahl 1928 dieses Senatsamt wohl oder übel teilen musste. Als Senatsmitglied präsidierte Mendel dem Aufsichtsrat der Hamburger Gaswerke.

Die Genossenschaft und ihre quasiselbstständigen Sparten Sparkasse und Handelsgesellschaft erfuhren bis 1928 weitere stürmische Entwicklungen, an denen Mendel maßgeblich beteiligt war. Große Investitionen waren geplant. Gegen ihn agierte auf allen möglichen Ebenen die von Ferdinand Vieth geführte Richtung, die die Genossenschaft von der Vernetzung mit kommunalen und gewerkschaftseigenen Unternehmen frei machen wollte. Die Auseinandersetzung lieferte auch Argumente für den ungebrochen starken Antisemitismus in Staat, Wirtschaft und Gesellschaft. Seit 1927 musste sich die Genossenschaft »Produktion« in öffentlichen Versammlungen verstärkt gegen Vorwürfe der »Verjudung« wehren. Die Deutschnationale Volkspartei agitierte 1928 gegen die SPD mit dem Bild des von Juden geführten Molochs »Produktion«, dem Einzelhändler und Handwerksmeister schutzlos ausgeliefert seien. Die Vieth-Richtung erreichte in Genossenschaftsversammlungen zum Ende des Jahres 1928 die Abberufung Mendels. Seine Bitte um Rücktritt vom Senatorenamt im April 1929 war wahrscheinlich politisch erzwungen. Denn auch der für seine Finanzpolitik hoch anerkannte Senator Carl Cohn von der DDP musste zu gleicher Zeit sein Amt räumen. Damit schieden am 28. Juni 1929 die beiden letzten Juden aus dem Hamburger Senat aus. Im Mai 1933 ernannte die NSDAP einen ihrer Kreisleiter zum Staatskommissar für die Genossenschaft »Produktion«, der mit dem Vorwurf der Korruption sofort einen Prozess gegen Mendel vor dem Hamburger Landgericht anstrengte, welcher aber mit Freispruch endete. Eine Teilnahme am Widerstand, wie gelegentlich behauptet, war dem exponierten und gleichzeitig isolierten Mendel nicht möglich. Als kranker Mann wurde er zusammen mit mehreren Angehörigen am 19. Juli 1942 in das Konzentrationslager Theresienstadt deportiert.

An den engagierten Genossenschafter erinnert seit 1964 die Mendelstraße in Hamburg-Lohbrügge. Ehrend gedachte seiner Werner Jochmann am 2. Oktober 1983 anlässlich der Gedenkveranstaltung des Senats der Freien und Hansestadt Hamburg und der Jüdischen Gemeinde zum Untergang der Hamburger Juden.

WERKE (mit Josef Rieger) Die »Produktion« in Hamburg. Geschichte einer genossenschaftlichen Verbrauchervereinigung von der Gründung bis zum fünfundzwanzigsten Geschäftsabschluß, Hamburg 1924; Wirtschaftliche Tagesfragen. Referat auf der 3. Konferenz der Ortsausschüsse des 11. Bezirks des ADGB [...], Hamburg 1924.

LITERATUR Josef Rieger/Max Mendel/Walter Postelt, Die Hamburger Konsumgenossenschaft »Produktion« 1899–1949. Geschichte einer genossenschaftlichen Verbrauchervereinigung von der Gründung bis zum fünfzigsten Geschäftsabschluss und ihrer Vorläufer, Hamburg 1949 [unter Verwendung von Texten von Mendel und Rieger von 1924]; Friedrich-Wilhelm Witt, Die Hamburger Sozialdemokratie in der Weimarer Republik. Unter besonderer Berücksichtigung der Jahre 1929/30-33, Hannover 1971 (Schriftenreihe des Forschungsinstituts der Friedrich-Ebert-Stiftung 89); Werner Jochmann, Max Mendel, in: Der Untergang der Hamburger Juden. Gedenkveranstaltung des Senats der Freien und Hansestadt Hamburg, der jüdischen Gemeinde, des europäischen B'nai B'rith sowie der Joseph-Carlebach-Loge am 2. Oktober 1983 im Haus der Patriotischen Gesellschaft, hg. von der Staatlichen Pressestelle Hamburg, Hamburg 1984, S. 28–30; Ulrich Bauche, Max Mendel 1872–1942, in: Peter Freimark / Arno Herzig (Hg.), Die Hamburger Juden in der Emanzipationsphase 1780–1870, Hamburg 1989 (Veröffentlichungen des Hamburger Arbeitskreises für Regionalgeschichte 3 = Hamburger Beiträge zur Geschichte der deutschen Juden 15), S. 299–311.

Ulrich Bauche

MERCK, Ernst Freiherr von (österr. Adel, 1860), geb. 20.11.1811 Hamburg, gest. 6.7.1863 ebd.; luth.; Kaufmann, Politiker.

Aus angesehener Kaufmannsfamilie stammend, absolvierte Ernst Merck eine Lehre in der väterlichen Firma. Nach Aufenthalten bei Geschäftsfreunden in Antwerpen, Liverpool und Rio de Janeiro wurde er 1837 Teilhaber des Vaters und trug wesentlich dazu bei, dass das Unternehmen im Verlauf von zwei Jahrzehnten zu einem der bedeutendsten Merchant Banking-Häuser in der Hansestadt aufstieg. 1848 wurde Merck als einer von drei hamburgischen Abgeordneten in die Nationalversammlung gewählt. Dort galt sein besonderes Augenmerk der Sicherung der Handelsfreiheit und dem Aufbau einer deutschen Flotte. Seit 1839 mit Johanna Anna Borgnis aus wohlhabender Frankfurter Kaufmannsfamilie verheiratet, gelangte Merck schnell in die führenden Kreise der alten Kaiserstadt. Er gehörte der Delegation an, die dem preußischen König die Kaiserkrone vergeblich anbot, und übernahm im Mai 1849 auf Bitten des Reichsverwesers die Leitung der Finanzen im (zwei-

Ernst Merck

ten) Ministerium unter Grävell. Desillusioniert und enttäuscht gab Merck das Amt schon im Dezember auf und kehrte nach Hamburg zurück. Fortan hielt er sich von politischen Aufgaben fern, förderte aber tatkräftig wirtschaftliche Unternehmungen und gemeinnützige Projekte: Er wurde zum Mitgründer der HAPAG (1847) und der Norddeutschen Bank (1856); die Gründung des Zoologischen Gartens (1860) und die Durchführung der Internationalen Landwirtschaftlichen Ausstellung (1863) sind ihm zu verdanken. Auf der Höhe seines Wirkens starb Merck mit 51 Jahren, einen Tag bevor zu seinen Ehren eine Straße in der Vorstadt St. Georg nach ihm benannt werden sollte. Seit 1902 trägt die Ernst-Merck-Brücke seinen Namen.

WERKE Reise-Erinnerungen aus London und Paris, Hamburg 1851 [Nachdruck Hamburg 1900].

LITERATUR ADB 21; NDB 17; DG 18 und 171; Percy Ernst Schramm, Hamburg, Deutschland und die Welt. Leistung und Grenzen hanseatischen Bürgertums in der Zeit zwischen Napoleon I. und Bismarck. Ein Kapitel deutscher Geschichte, München 1943 [2., bearb. Aufl. Hamburg 1952].

Gerhard Ahrens

METTLERKAMP, David Christopher, geb. 8.6.1774 Hamburg, gest. 25.7.1850 ebd.; luth.; Dachdecker, Freiheitskämpfer.

David Christopher Mettlerkamp

Aus alteingesessener Handwerkerfamilie stammend, wurde David Christopher Mettlerkamp – wie schon sein Vater und Großvater – Bleideckermeister. Unter der Franzosenherrschaft erlitt das Gewerbe schwere Einbußen, doch mit der ersten Befreiung Hamburgs im März 1813 schlug Mettlerkamps Stunde: Zusammen mit Ferdinand Beneke, Friedrich Perthes, Karl Sieveking und anderen – sie wurden später »die Patrioten« genannt – betrieb er die Bewaffnung und militärische Ausbildung der Hamburger. In einer »Waffengenossenschaft der Bürger« sah er die Rechte des Bürgers mit den Pflichten des Soldaten verschmolzen, denn nach seiner Vorstellung sollte der republikanische Stadtstaat auf eigene Wehrhaftigkeit gegründet sein. Der Senat hat solche Bestrebungen nur halbherzig unterstützt und so den Versuch einer Verteidigung der Stadt zunichte gemacht. Durch die zurückkehrenden Franzosen zum Tode verurteilt, floh Mettlerkamp mit versprengten Resten seiner Truppe nach Mecklenburg und unterstellte sich der Vereinigten Nordarmee unter dem schwedischen Kronprinzen Jean-Baptiste-Jules Bernadotte. Dieser ernannte ihn zum Oberstleutnant und übertrug ihm das Kommando über die »Hansische Bürgergarde«. Die Schaffung dieses dem Landsturm vergleichbaren Freiwilligenverbandes ist vor allem Mettlerkamps Verdienst. Ein geborener militärischer Führer, hat er fortan mit seinen sechs Infanteriekompanien sowie je einer Reiter- und Jägerabteilung am Feldzug der Verbündeten teilgenommen. Mettlerkamps Erwartung, nach dem Friedensschluss zum hamburgischen Stadtkommandanten ernannt zu werden, erfüllte sich nicht. Verbittert wanderte er 1825 mit seiner Familie nach Bessarabien aus. Doch schon zwei Jahre später kam er nach Hamburg zurück und widmete sich dem Aufbau einer Eisengießerei. Der Aufstieg vom Handwerker zum Industriellen wollte ihm jedoch nicht recht gelingen, und so wurde drei Jahre nach seinem Tod die Neue Hamburgische Eisenhütte liquidiert. Zeitlebens war Mettlerkamp zeichnend und aquarellierend sowie als namhafter Kunstsammler tätig. Die seit 1817 in seinem Hause abgehaltenen Treffen mit Gleichgesinnten führten später zur Gründung des noch bestehenden Kunstvereins, der ältesten derartigen Einrichtung in Deutschland. Mettlerkamp wurde für seine Verdienste 1815 mit der Goldenen Denkmünze der Patriotischen Gesellschaft ausgezeichnet. Seit 1928 trägt eine Straße in Hamm-Nord seinen Namen. In der Hamburger Rathausdiele erinnert ein Reliefporträt an ihn.

LITERATUR ADB 21; NDB 17; LhS 5; DG 12.

Gerhard Ahrens

MEURER, Heinrich

MEURER, Heinrich, geb. 11.(?)10.1643 Hamburg, gest. 14.7.1690 ebd.; luth.; Jurist, Bürgermeister.

Heinrich Meurer

Durch den Besuch der Gelehrtenschulen in Hamburg und Stade war der Kaufmannssohn Heinrich Meurer auf das Studium der Jurisprudenz vorbereitet, das er 1661 in Gießen begann und 1665 in Straßburg als Licentiat der Rechte abschloss. Vor einer zweijährigen Bildungsreise durch Deutschland, Italien, Frankreich und die Niederlande war er einige Zeit Praktikant am Reichskammergericht in Speyer. Nach der Rückkehr in seine Geburtsstadt ließ sich Meurer als Advokat nieder und erwarb binnen kurzem einen hervorragenden Ruf, sodass er 1672 zum rechtsgelehrten Mitglied des Niedergerichts und noch im selben Jahr in den Rat gewählt wurde. Der junge Ratsherr setzte sich tatkräftig für die Aufrechterhaltung der durch Verfassungskonflikte bedrohten öffentlichen Ordnung in Hamburg ein. Zugleich übernahm er diplomatische Missionen, um die Interessen der Stadt bei benachbarten Fürsten, auf Niedersächsischen Kreistagen und beim Friedenskongress in Nimwegen (1678/79) zu vertreten. Meurers Durchsetzungsvermögen bewog den Senat, ihn 1678 zum Bürgermeister zu wählen und ihn damit zum Wortführer in den Auseinandersetzungen mit der Bürgerschaft um die Machtverteilung in der Stadt zu machen. Die Kämpfe um die verfassungsmäßige Stellung beider Gremien, des Senates und der Erbgesessenen Bürgerschaft, zueinander beherrschten in der zweiten Hälfte des 17. Jahrhunderts die hamburgische Innenpolitik. Anfang der 1680er Jahre erreichten sie mit den so genannten Jastram-Snitgerschen Wirren, in deren Verlauf sich Meurer durch zeitweilige Emigration in Sicherheit bringen musste, einen Höhepunkt. Soziale Unzufriedenheiten von Handwerkern und Kleingewerbetreibenden nutzend, gelang es dem Reeder Cord Jastram (1634–86) und dem Kaufmann Hieronymus Snitger (1648–86), bei Bürgern und Einwohnern eine große Gefolgschaft zu gewinnen und diese gegen obrigkeitliche Ansprüche des Rates zu mobilisieren. Zeitweilig schwangen sie sich zu Volksführern auf. Ihr Hauptgegenspieler wurde Bürgermeister Meurer, der wegen seiner Schroffheit wenig populär war. Um ihn auszuschalten, klagten die Oppositionsführer Jastram und Snitger ihn der Konspiration mit auswärtigen Mächten und des Stadtverrats an, ohne allerdings Beweise vorzulegen. Meurer floh aus Hamburg und veranlasste den Herzog von Braunschweig-Lüneburg in Celle und den Kaiser, für seine Rückkehr an die Senatsspitze und für die Wiederherstellung der Ratsautorität tätig zu werden. Als der Verhandlungsweg nicht zum Ziel führte, ergriff der Celler Herzog militärische Maßnahmen. Jastram und Snitger erhofften Beistand von König Christian V. von Dänemark. Dieser bekundete Hilfsbereitschaft, wollte in Wirklichkeit aber die Bedrängnis der Stadt nutzen, um seine Oberhoheitsansprüche gegen sie durchzusetzen. Statt gegen den Welfen zu marschieren, begann er im August 1686, Hamburg zu belagern. Die hereingelegten Volksführer verloren so ihre bisherigen Anhänger, die sich nun an den gemeinsamen Verteidigungsanstrengungen von Senat und Bürgern beteiligten. Der Belagerung konnten die Hamburger so lange standhalten, bis Vermittlungsbemühungen benachbarter Mächte Erfolg hatten und die Dänen abzogen. Nach Wiederherstellung des äußeren Friedens wurden Jastram und Snitger ihrerseits als Stadtverräter angeklagt. Ihrer Verurteilung folgte die Hinrichtung. Meurer wurde von der Bürgerschaft um Rückkehr gebeten und regierte bis zu seinem frühen Tod die Stadt fast diktatorisch. Ein Wiederaufflackern der Konflikte konnte er zu seinen Lebzeiten zwar verhindern, eine dauerhafte Lösung für die Zukunft fand er aber nicht.

Bald nach seinem Tod begannen die innenpolitischen Auseinandersetzungen mit den alten Frontstellungen und Machtansprüchen aufs Neue und erreichten ein bisher nicht gekanntes Ausmaß mit anarchischen Zuständen. Sie riefen eine kaiserliche

Kommission auf den Plan, mit deren Hilfe der Hauptrezess von 1712 zustande kam. Dieser legte fest, dass die höchste Gewalt in der Stadt ungeteilt bei Rat und Bürgerschaft gemeinsam liegen sollte. Das war die zukunftsträchtige Lösung, die für fast anderthalb Jahrhunderte die Verfassungsgrundlage in Hamburg blieb. Im Stadtteil Horn erinnert seit 1968 der Meurerweg an den Bürgermeister.

LITERATUR ADB 21; NDB 17; Buek (Bürgermeister); Johann Heinrich Bartels, Der Hamburger Bürgermeister Heinrich Meurer [...], Hamburg 1836; Heinrich Reincke, Hamburg. Ein kurzer Abriß der Stadtgeschichte von den Anfängen bis zur Gegenwart, Bremen 1925, S. 123–129; Hans-Dieter Loose, Die Jastram-Snitgerschen Wirren in der zeitgenössischen Geschichtsschreibung, in: ZHG 53 (1967), S. 1–20.

Hans-Dieter Loose

Herbert Michaelis

MICHAELIS, Herbert, geb. 3.9.1898 Hamburg, hingerichtet 14.6.1939 Berlin; isr.; Rechtsanwalt, Widerstandskämpfer.

Nach seiner Schulzeit an der Hamburger Talmud Tora Schule und der Oberrealschule in Eimsbüttel nahm Herbert Michaelis von 1916 bis 1918 am Ersten Weltkrieg teil. Im Anschluss an sein Jurastudium ließ er sich 1928 in Hamburg als Rechtsanwalt nieder. Seit 1924 war er Mitglied der KPD; im Haus der Graphischen Industrie am Valentinskamp, dem Sitz des Verlags der Hamburger KPD, bot er öffentliche Rechtsberatung an.

Schon kurz nach der Machtübernahme der Nationalsozialisten richteten sich anonyme Denunziationen gegen Michaelis, die ihn als fanatischen Kommunisten diffamierten. Polizeiliche Ermittlungen blieben zunächst folgenlos, doch die Staatspolizei hielt fest, bei Michaelis handele es sich um einen jüdischen Rechtsanwalt, »der mit allen Wassern gewaschen« sei. Als Herbert Michaelis im Januar 1936 von einer Reise in die Schweiz, wo er mit seiner dort geborenen Frau Verwandte besucht hatte, nach Hamburg zurückkehrte, war die Hamburger Gestapo auch darüber informiert. Seit November 1936 wurde jeder seiner Schritte observiert. Am 28. März 1937 wurde Michaelis verhaftet. Ihm und anderen Angeklagten, zu denen auch Dagobert Biermann, der Vater des Liedermachers Wolf Biermann, zählte, wurde vorgeworfen, »das hochverräterische Unternehmen, die Verfassung des Reiches mit Gewalt zu ändern«, vorbereitet zu haben. Tatsächlich konzentrierte sich die illegale Arbeit der Menschen, mit denen Herbert Michaelis in Verbindung stand, auf die Sammlung von Informationen über die Rüstungsproduktion in norddeutschen Häfen sowie über deutsche Waffenlieferungen an die putschenden Generäle unter Franco in Spanien. Obwohl solche Informationen zum Teil von der Gestapo lanciert waren, wurde im Februar 1939 die Anklage erhoben. Der 2. Senat des Volksgerichtshofs verurteilte Herbert Michaelis am 2. März 1939 in Hamburg zum Tode. Die gleichgeschaltete Hamburger Presse berichtete ausführlich über das Verfahren; zwei Tage nach dem Urteil erschien das nationalsozialistische »Hamburger Tageblatt« auf der Frontseite mit der Schlagzeile »Wie ein Hamburger Jude schweren Hochverrat trieb. Todesstrafe für Herbert Israel Michaelis«. Seine eigenen Gnadengesuche fanden ebenso wenig Gehör wie die seiner mittlerweile in der Schweiz lebenden Ehefrau und seiner in Berlin lebenden Eltern, die sich direkt an Adolf Hitler wandten. Im Alter von 40 Jahren wurde Herbert Michaelis im Gefängnis Berlin-Plötzensee mit dem Fallbeil hingerichtet, sein Körper der Anatomie zur Verfügung gestellt.

Das Unrechtsurteil des Volksgerichtshofs wurde nach intensiven Recherchen und Bemühungen des Sohnes Dalo Michaelis am 29. November 1954 vom Landgericht Berlin aufgehoben.

LITERATUR Konrad Kwiet/Helmut Eschwege (Hg.), Selbstbehauptung und Widerstand. Deutsche Juden im Kampf um Existenz und Menschenwürde 1933–1945, Hamburg 1984 (Hamburger Beiträge zur Sozial- und Zeitgeschichte 19); Ulrich Bauche u. a. (Hg.), »Wir sind die Kraft!«

Arbeiterbewegung in Hamburg von den Anfängen bis 1945. Katalogbuch zu Ausstellungen des Museums für Hamburgische Geschichte, Hamburg 1988; Ursula Wamser/ Wilfried Weinke, Der Fall des Hamburger Rechtsanwalts Herbert Michaelis, in: dies. (Hg.), Ehemals in Hamburg zu Hause: Jüdisches Leben am Grindel, Hamburg 1991, S. 195–200; Wilfried Weinke, The Persecution of Jewish Lawyers in Hamburg. A Case Study: Max Eichholz and Herbert Michaelis, in: Leo Baeck Institute Year Book 42 (1997), S. 221–337 (auf Deutsch in: Angelika Ebbinghaus/Karsten Linne (Hg.), Kein abgeschlossenes Kapitel: Hamburg im »Dritten Reich«, Hamburg 1997, S. 248–265).

Wilfried Weinke

MICHELS, Godeke (Ghodeke Mychels, Godeke Michahelis, Godeke Michahel, Godeke Wessels, Ghodeke Michelssone), gest. 1402 Hamburg (?); Hauptmann der Vitalienbrüder.

Godeke Michels war einer der Hauptleute der Vitalienbrüder und kaperte spätestens ab 1398 Handelsschiffe in der Nordsee. Er fügte auch Hamburger Kaufleuten empfindlichen Schaden zu.

Die Vitalienbrüder waren Hilfstruppen zur See, die keinen Sold bezogen, sondern sich auf ihren Kaperfahrten selbst versorgten. Die Grenze zur Seeräuberei in eigenem Interesse war dabei fließend. In den Zeiträumen von 1376/77 bis 1379 und von 1390 bis 1395 wurden die Vitalienbrüder im Konflikt um die Herrschaft über Dänemark und Schweden von der mecklenburgischen Partei angeworben, um die gegnerische dänisch-norwegische Seite durch einen Kaperkrieg zu schädigen. Sie waren auch an militärischen Aktionen der Mecklenburger beteiligt, vor allem am Überfall auf Bergen (1393) und an der Versorgungsfahrt zur belagerten Stadt Stockholm (Anfang 1394). Godeke Michels ist erstmals für das Jahr 1394 als einer der Hauptleute der Vitalienbrüder dokumentiert. Ab 1395 setzten die Vitalienbrüder ihre Kaperfahrten teils auf eigene Rechnung, teils im Bündnis mit kleinen Territorialmächten des Ostseeraumes fort. Einige Gruppen zogen in die Nordsee und fanden bei ostfriesischen Häuptlingen Winterquartiere sowie Absatzmärkte für ihre Beute. Spätestens ab 1398 hielt sich auch Michels im Nordseeraum auf, wo er unter anderem von Graf Konrad von Oldenburg aufgenommen wurde. Die Vitalienbrüder schädigten die Handelsschifffahrt in der Nordsee gravierend. Da die Hansestädte auf dem Verhandlungsweg mit den ostfriesischen Häuptlingen keine Ergebnisse erzielen konnten, lief am 22. April 1400 eine hamburgisch-lübische Flotte nach Ostfriesland aus und ging dort militärisch gegen die Vitalienbrüder und ihre Verbündeten vor. Michels konnte von Schloss Loquard fliehen, bevor es von den hansischen Truppen niedergebrannt wurde. Zusammen mit einem weiteren Hauptmann namens Wigbold und 200 Mann segelte er Richtung Norwegen, von wo er vermutlich im Frühjahr 1401 nach Ostfriesland zurückkehrte. Noch im selben Jahr führten die Hamburger Ratsherren Nikolaus Schoke und Hinrich Jenevelt bewaffnete Schiffe der Hamburger Englandfahrer gegen Michels und stellten ihn auf der Weser. Die gefangenen Vitalienbrüder, unter denen sich wahrscheinlich auch Michels befand, wurden vermutlich Anfang 1402 in Hamburg hingerichtet.

Die Hansestädte sahen in Godeke Michels ihren Hauptgegner unter den Anführern der Vitalienbrüder. Er wird in den zeitgenössischen Quellen deutlich häufiger erwähnt als Störtebeker, der ihm erst in der späteren historischen Überlieferung und Legendenbildung den Rang ablief. An seine Verbindung zur Geschichte Hamburgs erinnert seit 1940 der Gödeke-Michels-Weg in Neugraben.

LITERATUR Hartmut Roder, Klaus Störtebeker – Häuptling der Vitalienbrüder, in: Piraten. Die Herren der Sieben Meere, Katalog zur Ausstellung im Überseemuseum Bremen vom 15. Juni 2000 bis 15. Januar 2001, hg. von Hartmut Roder, Bremen 2000, S. 36–43; Matthias Puhle, Die Vitalienbrüder, Klaus Störtebeker und die Seeräuber der Hansezeit, Frankfurt a. M./New York 1992 [Bibliografie S. 189–192].

Gudula Mayr

MIGGE, Leberecht, geb. 20.3.1881 Danzig, gest. 30.5.1935 Berlin; Gartenarchitekt.

Neben seiner Tätigkeit als planender und ausführender Gartenarchitekt nahm Leberecht Migge durch zahlreiche Publikationen in Deutschland auch pädagogischen Einfluss auf die Siedlungsbewegung der zwanziger und dreißiger Jahre des 20. Jahrhunderts.

Er begann seine berufliche Laufbahn 1898 mit einer Gartenbaulehre in Hamburg. Bereits mit 23 Jahren wurde dem zunächst als Gartentechniker tätigen Westpreußen 1904 die künstlerische Leitung und Organisation des renommierten Gartenbaubetriebs von Jakob Ochs in Hamburg anvertraut. 1910 bildete er sich auf einer Studienreise durch England weiter. Nach der für beide Seiten sehr erfolgreichen Zusammenarbeit machte sich der wortgewandte und kämpferische Gartenkünstler 1913 wegen urheberrechtlicher Differenzen mit seinem Arbeitgeber Ochs in Hamburg-Blankenese selbstständig, wo er sich auch einen eigenen Hausgarten anlegte. In der Folgezeit entstanden große Projekte außerhalb der Hansestadt, unter anderem der Mariannenpark in Leipzig-Schönefeld (1913/14), der Zentralpark Rüstringen (1914–16) und der Ehrenfriedhof in Wilhelmshaven (1915–18). Nach dem Ersten Weltkrieg beschäftigten den sozial engagierten Gartenreformer Nahrungsmangel und Wohnungsknappheit; das Ergebnis war die Schrift »Jedermann Selbstversorger! Eine Lösung der Siedlungsfrage durch neuen Gartenbau« (1918). Ein Jahr später verkaufte Leberecht Migge das Haus in Blankenese und siedelte sich auf dem Sonnenhof in Worpswede an, wo er 1920 die »Intensive Siedlerschule« gründete und mit Heinrich Vogelers Arbeitsschule auf dem Barkenhoff zusammenwirkte. Parallel zu den Entwürfen von Muster-Großsiedlungen in Dessau, Celle, Frankfurt am Main, Düsseldorf und Berlin zwischen 1920 und 1930 gab er von 1923 bis 1929 die Zeitschrift »Siedlungswirtschaft« heraus. 1925 veranstaltete Migge zusammen mit Bruno Taut in Braunschweig die Ausstellung »Heim und Scholle« und warb mit dem Ziel autonomen Wirtschaftens auch hier für das Konzept des Intensivsiedlers, der seine landwirtschaftliche Arbeit darauf ausrichten sollte, durch hohen Einsatz von Zeit und Kapital, Arbeit und Düngemitteln hohe Erträge zu erzielen.Während sein Worpsweder Mitarbeiter Max Schemmel 1926 eine Niederlassung der Siedlerschule in Breslau betrieb, eröffnete Migge zur gleichen Zeit ein Büro in Berlin. Neben kleineren Hausgärten in Hamburg, Lübeck und Hellerau sowie größeren Villengärten und Privatparks in Hamburg (Reemtsma-Park in Othmarschen, 1931–33) und Mecklenburg entstanden auch Fabrik-, Krankenhaus-, Kasernen-, Friedhofs- und Bürgergärten. Migge arbeitete mit den bedeutendsten Architekten der Zeit zusammen, darunter Martin Elsaesser, Ernst May, Hermann Muthesius, Hans Poelzig, Richard Riemerschmid, Hans Scharoun, Bruno Taut, Martin Wagner und der Hagener Kunstsammler Karl Ernst Osthaus.

Für Hamburg ist die 1996 restaurierte Anlage des Wacholderparks in Fuhlsbüttel (zwischen Bergkoppel- und Wacholderweg, entstanden 1911) bedeutsam. Zu dieser Zeit noch als künstlerischer Leiter im Büro von Jakob Ochs tätig, realisierte Leberecht Migge hier seine Vorstellung von einem vielseitig und von allen Altersgruppen zu nutzenden Volksgarten. Das Zentrum bildet eine sonnige Spiel- und Lagerwiese mit Löwenzahn, Glockenblumen, Klee und bunten Gräsern, an einer Seite von einem Weißdornknick begleitet, an zwei weiteren durch einen Lindenlaubengang »zum Lustwandeln« begrenzt. Die letzte Seite wird durch zwei Haine geschlossen. Zwischen dem Birken- und dem Ahornhain liegt ein kleiner Kinderturn- und Spielplatz. Davor sollte ein artenreicher Stauden- und Sommerblumengarten dem Lern- und Schönheitsbedürfnis der Anwohner dienen.

Obwohl der streitbare Volkserzieher Leberecht Migge viele beispielhafte Siedlungen, Parkanlagen und private Gärten in Hamburg, Wilhelmshaven, Frankfurt am Main, Düsseldorf, Berlin und an vielen anderen Orten schuf, wurde er vor allem durch seine zahlreichen Publikationen berühmt. In der letzten Veröffentlichung »Der Mensch und die Fäkalie« (1935, gemeinsam mit Ernst Fuhrmann) versuchte er, die Siedlungsgemeinden zu einer produktiven Abfallwirtschaft zu bewegen. Sein Hauptverdienst besteht darin, die Gartenkultur in der ersten Hälfte des 20. Jahrhunderts nachhaltig zur Aufnahme sozialer Aspekte bewegt zu haben.

WERKE Der Hamburger Stadtpark und die Neuzeit. Die heutigen öffentlichen Gärten – dienen sie in Wahrheit dem Volke? Betrachtungen eines Praktikers, Hamburg 1909; Die Gartenkultur des 20. Jahrhunderts, Jena 1913; Jedermann Selbstversorger! Eine Lösung der Siedlungsfrage durch neuen Gartenbau, Jena 1918; Deutsche Binnen-Kolonisation. Sachgrundlagen des Siedlungswesens, Berlin 1926.

LITERATUR NDB 17; Wasmuths Lexikon der Baukunst, 5 Bde., Berlin 1929–37, Bd. 3 (1931), S. 618, Bd. 5 (1937), S. 388; Irmgard Sorge-Genthe, Hammonias Gärtner. Geschichte des Hamburger Gartenbaues in den letzten drei Jahrhunderten, Hamburg 1973, S. 187 f.; Gert Gröning/ Joachim Wolschke-Bulmahn, Grüne Biographien. Biographisches Handbuch zur Landschaftsarchitektur des 20. Jahrhunderts in Deutschland, Berlin/Hannover 1997, S. 261–264 [mit umfangreicher Bibliografie]. *Karin von Behr*

MÖNCKEBERG, Johann Georg, geb. 22.8.1839 Hamburg, gest. 27.3.1908 ebd.; luth.; Bürgermeister.

Mönckeberg entstammte einer Familie, die eng mit dem hamburgischen Gemeinwesen verbunden ist. Sein Großvater, der Jurist Johann Georg Mönckeberg (1766–1842), hatte von 1826 bis zu seinem Tod dem Senat angehört; sein Urgroßvater mütterlicherseits, der Kaufmann Christian Matthias Schröder (1742–1821), war 1799 in den Senat und 1816 zum Bürgermeister gewählt worden. Mönckebergs Vater Carl war Pastor an St. Nikolai, ein Mann mit vielen Interessen, ein gründlicher Kenner der hamburgischen Geschichte – ebenso wie Mönckeberg selbst es war. Aus den Tagebüchern seines Großvaters hat Mönckeberg Auszüge veröffentlicht; seinem Vater hat er eine Gedächtnisschrift gewidmet, die 1898 als »Manuscript für die Familien-Mitglieder« gedruckt worden ist. Und seine Schrift über »Die Entwickelung des hamburgischen Staatsschuldenwesens von 1861 bis 1901«, die im Dezember 1903 als Drucksache der Finanzdeputation erschien, begann bezeichnenderweise, gestützt auf alte Kämmereirechnungen, mit einem historischen Rückblick bis in die Mitte des 14. Jahrhunderts.

Nach dem Besuch des Johanneums und des Akademischen Gymnasiums studierte Mönckeberg Jura in Heidelberg und Göttingen. Im Anschluss an seine Promotion unternahm er eine Reise durch England, die Schweiz und Frankreich. Zu Beginn des Jahres 1863 etablierte er sich in Hamburg als Advokat. 1871 zog er als Abgeordneter der Rechten in die Bürgerschaft ein, und am 3. Juli 1876 wurde er, noch keine 37 Jahre alt, in den Senat gewählt, dem er bis zu seinem Tode angehörte. Seit 1890 bekleidete er wiederholt das Amt des Ersten Bürgermeisters. Damit war sein größter Wunsch, der Familientradition gemäß, in Erfüllung gegangen. Mönckebergs Domäne waren die Staatsfinanzen. Schon als Mitglied der Bürgerschaft war er Vorsitzender des Budgetausschusses gewesen. Als Mitglied des Senats gehörte er von 1877 bis 1880 der Finanzdeputation an; von 1885 bis zu seinem Tode war er deren Präses.

1876, als Mönckeberg in den Senat gewählt wurde, zählte die Stadt rund 400 000 Einwohner; 1908, als er starb, waren es mehr als doppelt so viele. Das bedeutete einen geradezu atemberaubenden Zuwachs an Handel, Verkehr und Industrie, an Wohn-

Johann Georg Mönckeberg

raum und Infrastruktur, an Staatseinnahmen und an Staatsausgaben. Nur stichwortartig seien einige Projekte genannt, die zu Mönckebergs Zeit verwirklicht bzw. in Angriff genommen worden sind: der Bau der Speicherstadt, die Hafenerweiterung, die Vertiefung des Fahrwassers, der Bau eines neuen Filtrierwerkes, die Errichtung von Schulen und Krankenhäusern. Nachdem die Choleraepidemie von 1892 und der große Hafenarbeiterstreik von 1896/97 die allgemeine Aufmerksamkeit auf die unzureichenden Wohnverhältnisse der Minderbemittelten gelenkt hatten, übernahm Mönckeberg die Leitung einer Sanierungskommission: Die ungesunden Quartiere wurden nach und nach abgerissen, statt der engen Höfe und Gänge entstanden für damalige Verhältnisse moderne Wohnungen – allerdings zum großen Teil nicht mehr in der Innenstadt, die sich mehr und mehr zur City entwickelte, sondern in den bisher nur dünn besiedelten Vororten. Den Vorsitz in der Kommission für die Bebauung der Vororte führte Mönckeberg; unter seiner Leitung wurde entschieden, wo Wohngebiete entstehen, wo Gewerbegebiete ausgewiesen werden sollten. Und auch in der Kommission für Verkehrsfragen hatte er den Vorsitz inne. 1907 wurde die alte, 1866 fertig gestellte Verbindungsbahn zwischen Hamburg und Altona bis Blankenese (mit Anschluss nach Wedel) und Ohlsdorf verlängert und elektrifiziert; in Ohlsdorf war 1877 der Central-Friedhof eingeweiht worden. Ebenfalls 1907 wurde mit dem Bau des Elbtunnels begonnen. Ein Jahr zuvor war die erste Teilstrecke der Hochbahn vom Hauptbahnhof nach Barmbek in

Angriff genommen worden; dem Hochbahnprojekt hatte Mönckeberg seine ganz besondere Aufmerksamkeit gewidmet, die Vorberatungen waren außerordentlich zeitraubend und kompliziert gewesen.

Mönckeberg war ein vorsichtiger Verwalter der hamburgischen Staatsfinanzen – seine Kritiker nannten ihn »Bürgermeister Pfennigfuchser«. »Luxusausgaben« lehnte er ab. Bei Kunst und Wissenschaft setzte er, mit Erfolg, auf Mäzenatentum. Zwar wurde unter seiner Leitung 1901 das Sierichsche Gehölz in Winterhude als Grundstock für einen neu zu schaffenden Stadtpark angekauft; doch weiteren Ausgaben für öffentliche Grünanlagen mochte er nicht zustimmen; da musste die Alster als »Lunge der Stadt« genügen. Auch eine Grundstückspolitik auf Vorrat war Mönckeberg nicht bereit mitzutragen. Im Gegenteil: Er setzte es durch, dass zur Finanzierung des Nahverkehrs städtische Grundstücke verkauft wurden.

Nach außen war Mönckeberg ein würdiger Vertreter seiner Vaterstadt. Ob im Ornat oder nur im Frack oder Gehrock – er machte, groß und stattlich wie er war, immer eine gute Figur. Bürgerstolz und Kaisertreue wusste er zu vereinen. Zu Bismarck, der ja nach seiner Entlassung in Friedrichsruh wohnte, trat er in ein freundschaftliches Verhältnis; nach dessen Tod übernahm er den Vorsitz im Komitee zur Errichtung des Denkmals auf der Elbhöhe, das im Sommer 1906 enthüllt wurde.

Die Nachricht von Mönckebergs plötzlichem Tod löste in Hamburg allgemeine Bestürzung aus. Die SPD hatte es ihm nicht vergessen, dass er sich 1905 gegen eine Einschränkung des Allgemeinen Wahlrechts zur Bürgerschaft zugunsten der Besserverdienenden gestemmt hatte. Die Juden rechneten es dem überzeugten Lutheraner hoch an, dass er auch Ungetauften den Zugang zur Beamtenlaufbahn ermöglichte. Und die Frauen waren ihm dankbar, weil er ihnen öffentlich das Recht auf außerhäusliche Tätigkeit zugestanden und den Mädchen den Weg zum realgymnasialen Abitur geebnet hatte.

Wenige Monate nach Mönckebergs Tod beschloss der Senat, die im Bau befindliche große Durchbruchstraße vom Rathaus zum Hauptbahnhof Mönckebergstraße zu nennen. Fritz Schumacher, der für ihre Gestaltung verantwortlich war, platzierte bei der Einmündung der Spitalerstraße als städtebaulichen Akzent einen kleinen Schmuckbau, in dem die Patriotische Gesellschaft die Zentralbibliothek der Öffentlichen Bücherhallen einrichtete. Dem Gebäude vorgelagert ist eine Denkmalanlage mit Brunnen; ein mit der Figur eines stehenden Löwen gekrönter Obelisk trägt ein Bildnismedaillon Mönckebergs.

WERKE Bürgermeister Johann Georg Mönckeberg. Eine Auswahl seiner Briefe und Aufzeichnungen, hg. von Carl Mönckeberg, Stuttgart/Berlin 1918.

LITERATUR NDB 17; Renate Hauschild-Thiessen, Bürgermeister Johann Georg Mönckeberg, Hamburg 1989 (HLb 1). *Renate Hauschild-Thiessen*

MOHR, *Erna* Wilhelmine, geb. 11.7.1894 Hamburg, gest. 10.9.1968 ebd.; konfessionslos; Zoologin.

Erna Mohr, eine der Wegbereiterinnen der Verhaltensforschung der Säugetiere, leistete auf vielen Gebieten der Zoologie Pionierarbeit. So setzte sie sich für das vom Aussterben bedrohte europäische Wisent ein und wurde die erste Zuchtbuchführerin aller in Zoos lebenden Wisente. Dadurch erreichte sie, dass die europäischen Wisente nicht mit ihren nordamerikanischen Verwandten gekreuzt wurden.

Die Tochter eines Lehrers begann ihre Laufbahn als Zoologin im Alter von 18 Jahren am Hamburger Naturhistorischen Museum als Spinnenzeichnerin. Zwei Jahre später bereiste sie Zoologische Gärten und fotografierte sie. Daraus entstand eine umfangreiche Dokumentensammlung über die Entwicklung der Zoologischen Gärten Europas. Gleichzeitig absolvierte Erna Mohr eine Lehrerinnenausbildung und war von 1914 bis 1934 als Volks- und Sonder-

Erna Mohr

schullehrerin tätig. Daneben arbeitete sie weiterhin am Naturhistorischen Museum, wo sie 1913 Mitarbeiterin in der fischereibiologischen Abteilung wurde. Als Erster gelang es ihr, Altersbestimmungen von Fischen anhand von Ctenoidschuppen durchzuführen. In der Museumsabteilung für niedere Wirbeltiere arbeitete Erna Mohr sich in die Anlage und Ordnung von Sammlungen ein, denn in der Hortung von Beständen für spätere wissenschaftliche Arbeiten sah sie eine der entscheidenden Grundlagen für die Zoologie. 1917 erschien im »Biologischen Zentralblatt« ihre erste Arbeit über Säugetiere, der noch mehr als 400 Veröffentlichungen folgen sollten.

1934 wurde Erna Mohr vom Schuldienst beurlaubt, um die Abteilung für niedere Wirbeltiere kommissarisch zu leiten. 1936 übernahm sie auch die Abteilung für höhere Wirbeltiere und damit die Verantwortung für entscheidende Teile der Schausammlung des alten Naturhistorischen Museums am Steintorplatz. 1943 zerstörten Bomben mit dem Museum auch einen großen Teil von Erna Mohrs Werk. 1944 wurde die Zoologin zum Mitglied der Kaiserlich-Leopoldinisch-Karolinischen Akademie der Naturforscher in Halle berufen.

Nach dem Krieg machte sie sich an den Wiederaufbau der Sammlungen. Als Anerkennung für ihren Einsatz wurde Erna Mohr am 1. Januar 1946 von der Hochschulverwaltung der Universität Hamburg als Kustodin der Wirbeltierabteilung des am heutigen Allende-Platz/Ecke Grindelhof in einem ehemaligen Hochbunker neu aufgebauten Zoologischen Museums angestellt. 1950 verlieh ihr die Universität München die Ehrendoktorwürde, 1954 wurde sie Ehrenmitglied des Verbandes deutscher Zoodirektoren. Auch nach ihrer Pensionierung 1959 trat Erna Mohr mit zahlreichen – zum Teil auch populärwissenschaftlichen – Veröffentlichungen hervor.

Noch heute besteht der Grundstock der von ihr zusammengetragenen wissenschaftlichen Sammlung im Zoologischen Museum der Universität Hamburg am Martin-Luther-King-Platz. Seit 1984 trägt die Erna-Mohr-Kehre im Stadtteil Bergedorf den Namen der Zoologin. Ihr Grab befindet sich auf dem Ohlsdorfer Friedhof (Grab Nr. AA5, 438).

WERKE Schriftenverzeichnis von P. J. H. van Bree, in: Mitteilungen aus dem Hamburger Zoologischen Museum und Institut 66 (1965), S. IX–XXIII.

LITERATUR NDB 17; SHBL 3; Bake/Reimers, S. 220–223.

Rita Bake

MÜLLER (genannt *Müller von Itzehoe*), Johann Gottwerth, geb. 17.5.1743 Hamburg, gest. 23.6. 1828 Itzehoe; luth.; Schriftsteller.

Im Kontext der europäischen Spätaufklärung verkörpert Johann Gottwerth Müller den enzyklopädisch gebildeten, polyglotten Gelehrten. Unter den Bedingungen von abgeschwächter Ständegesellschaft und aufgeklärtem Absolutismus im dänischen Gesamtstaat agierte er als Beförderer von Öffentlichkeit und Bürgerbewusstsein zwischen »Gelehrtenrepublik« und Provinz.

Weltoffenheit und Fremdsprachenkenntnis gewann der Arztsohn durch bildungsbürgerliche Erziehung im intellektuellen Elternhaus. Der aus Erfurt stammende Vater Johannes Nikolaus Müller, seit 1735 Arzt in Hamburg, und die Mutter Karoline Ehrenmuth, Tochter des holsteinischen Oberkonsistorialrats, Wortführers der orthodox lutherischen Kirche und Hauptpastors an St. Jacobi Erdmann Neumeister, gehörten zu den eng verbundenen Kreisen gehobener Bürgergesellschaft, in denen die Familie aufgeklärte Geselligkeit unter anderem mit dem Schriftsteller Friedrich von Hagedorn, dem Wundarzt Peter Carpser und dem »Vater der deutschen Schauspielkunst« Conrad Ekhof pflegte. Bis 1762 besuchte Müller zunächst die Hamburger Gelehrtenschule des Johanneums, sodann das Akademische Gymnasium. Beeinflusst wurde er – wie seine Freunde, die Literaten Bernhard Christoph d'Arien, Johann Joachim Eschenburg und Daniel Schiebeler – von dem Lehrer Leopold August Christoph Capsius und vor allem vom Rektor des Johanneums, Johann Samuel Müller.

Nach dem 1770 abgebrochenen Medizinstudium in Helmstedt und Halle initiierte die beruflich-familiäre Beziehung zum Verlagsbuchhändler Daniel Christian Hechtel (Magdeburg) Müllers Literatenkarriere, welche – nach buchhändlerischem Konkurs in Hamburg (1773) – in Itzehoe (Holstein) seine Lebenskonzeption bestimmte. Im Geiste praktizierter Aufklärung suchte er die Existenzsicherung als freier Schriftsteller mit einer sozialethischen Mentorenfunktion zu verbinden, indem er sämtliche kommunikativen Organisationsformen nutzte: als Romanautor (1775–1808), Übersetzer aus dem Französischen und Holländischen, Zeitschriftenbeiträger (»Allgemeine Deutsche Bibliothek«, »Allgemeine Literatur-Zeitung«, »Göttinger Musenalmanach«)

Johann Gottwerth Müller

und -herausgeber, Verlagsbuchhändler, Leihbibliothekar, Lesegesellschaftsleiter, Standespolitiker (Raubdruckdebatte 1788–92), Büchersammler und Korrespondent. Durch das Konzept belehrenden Schreibens in seiner Moralischen Wochenschrift »Der Deutsche« (1771–76) vorbereitet, beeinflusst von englischen Vorbildern (Tobias Smollett, Henry Fielding) und vom pragmatischen Roman, zielte Müllers Belletristik auf die ästhetisch-moralische Erziehung der Stände und beeinflusste mit gemäßigt kritischen, didaktisierten Texten die Dichotomisierung literarischer Entwicklung, Lesesozialisation und Geschmacksbildung. Das gilt besonders für den Erfolgstitel, die durch Raubdruck, zahlreiche Übersetzungen und den Leihverkehr popularisierte komische Ständesatire »Siegfried von Lindenberg« (1779). Gesundheitliche Probleme, die Sicherung des Lebensunterhalts sowie auch die Öffnung des Literaturmarktes und der Paradigmenwechsel zum Idealismus zwangen Müller ab 1783 zum Schreiben ums Geld; erst ab 1796 bezog er eine Pension vom dänischen König. Zu den zahlreichen berühmten Zeitgenossen, mit denen Johann Gottwerth Müller in Kontakt stand, zählen Georg Christoph Lichtenberg, Friedrich Nicolai, Heinrich Christian Boie, Adolph Freiherr Knigge, August Gottlieb Meißner und Johann Heinrich Voß. Im Alter konzentrierte sich das Interesse des Schriftstellers auf seine über 13000 Bände umfassende Bibliothek, die er zunächst durch Zukauf in Leipzig und ab 1804 über den Hamburger Kolonialwarenhändler und Kommissionär Johann Hinrich Schwormstädt aufgebaut hatte.

WERKE Schriftenverzeichnis in: Gero von Wilpert/Adolf Gühring, Erstausgaben deutscher Dichtung. Eine Bibliographie zur deutschen Literatur 1600 bis 1990, 2., vollständig überarb. Aufl. Stuttgart 1992, S. 1108–1110.

LITERATUR NDB 18; LhS 5; SHBL 3; Alexander Ritter (Hg.), J.G. Müller von Itzehoe und die deutsche Spätaufklärung. Studien zur Literatur und Gesellschaft im 18. Jahrhundert, Heide 1978 (Steinburger Studien 1); ders. (Hg.), Freier Schriftsteller in der europäischen Aufklärung. Johann Gottwerth Müller von Itzehoe, Heide 1986 (Steinburger Studien 4); ders., Bürger in der »Gelehrtenrepublik«: Johann Gottwerth Müller (gen. von Itzehoe), Levin Christian Sander, Ernst ChristianTrapp und die deutsche Spätaufklärung, in: Itzehoe. Geschichte einer Stadt in Schleswig Holstein, Bd. 2: Von 1814 bis zur Gegenwart, Itzehoe 1991, S. 239–249.

Alexander Ritter

MÜNSTERMANN (Münsterman), Ludwig,

geb. um 1570/75 (?), gest. 1637/38 Hamburg (?); luth.; Bildschnitzer.

Über den in Hamburg ansässigen Bildschnitzer Ludwig Münstermann, der als bedeutendster Vertreter des norddeutschen Spätmanierismus gilt, ist biografisch nur wenig bekannt. Weder Geburts- und Sterbedatum noch Geburts- und Sterbeort sind bisher feststellbar. Erst seine Aufnahme als Meister in das Hamburger Drechsleramt am 13. Juni 1599 ist durch das Morgensprachenbuch archivalisch belegt. Dass er dafür seine eheliche Geburt schriftlich nachweisen musste, bedeutet, entsprechend den Hamburger Amtsgepflogenheiten, dass er von auswärts nach Hamburg zugezogen war. Im selben Jahr ehelichte er Kathrine Meier und erhielt durch Erbschaft ein Grundstück mit Haus an den Kajen, wo er vermutlich auch seine Werkstatt einrichtete. Hamburg blieb, soweit es sich aus den Quellen ersehen lässt, bis zu seinem Tode sein Wohnsitz, da Münstermann seine Werke mit »L. M. van Hamborch« signierte. Hier wurden seine Kinder getauft, hier verheiratete er sich nach dem Tode seiner ersten Frau 1605 zum zweiten Male, hier war er ab 1628 als Ältermann des Drechsleramtes tätig. Seine Ausbildung hatte Münstermann außerhalb Hamburgs wahrscheinlich als Steinbildhauer erfahren, worauf sein Gebrauch eines Steinmetzzeichens als Hausmarke verweist. Allerdings sind von ihm nur wenige Werke in Sandstein und Alabaster überliefert. In den nahezu 40 Jahren seines von Hamburg ausgehenden Wirkens scheint er überwiegend in Holz gearbeitet zu haben, womit sich auch seine Bindung an das Drechsleramt erklärt. Der spezielle, eigenwillige Stil von Münstermanns Schaffen innerhalb der zeitgenössischen Bildhauer- und Bildschnitzerkunst gibt ebenfalls wenig Aufschluss über seine Ausbildungsstätten, mögliche Wanderungen und Vorbilder. Mit Sicherheit besaß er Kontakte nach Magdeburg, dem damaligen norddeutschen Zentrum für manieristische Skulptur, deren Expressivität von Münstermann noch gesteigert wurde. Architektonischer Aufbau und Ornamentik in Münstermanns Schaffen lassen dagegen niederländische Einflüsse in der Nachfolge des Antwerpener Bildhauers Cornelis II Floris erkennen, während die typische Drehbewegung seiner Figuren auf das Vorbild der »Serpentinata« des Giovanni da Bologna zurückgeht, das für die europäische Skulptur dieser Zeit allgemein prägend geworden war. Auf südeuropäischen Einfluss weist ferner die illusionistische Theatralik, die im Zusammenklang von Licht und Perspektive den erhaltenen Altären Münstermanns in Hohenkirchen, Rodenkirchen und Varel einen eigentümlichen magischen Ausdruck verleiht, der in Norddeutschland keine Parallele hat. Von Münstermanns bisher nachweisbaren Werken haben sich in Hamburg nur geschnitzte Gebälkkonsolen erhalten. Sein Wirken scheint sich ab 1608 vor allem auf den Bremer und Oldenburger Raum konzentriert zu haben, wo er von dem Bischof Philipp Sigismund von Osnabrück und Verden und den Grafen Anton II. und Anton Günther von Oldenburg und Delmenhorst, deren protestantische ausgleichstheologische Intentionen er am konsequentesten gestalterisch umzusetzen vermochte, mehrere Aufträge erhielt. Der Kontakt zu diesen fürstlichen Auftraggebern dürfte Münstermann über seine Hamburger Beziehungen vermittelt worden sein; er hatte Verbindungen zu der berühmten Orgelbauerfamilie Scherer, die im gesamten norddeutschen Raum tätig war, und speziell zu Hans Scherer d. Ä., der 1603 anlässlich der Hamburger Annehmung Christians IV. von Dänemark die Orgel der Petrikirche erweiterte, wozu möglicherweise Münstermann Schnitzarbeiten ausgeführt hat. Da sich sowohl Graf Anton Günther wie Bischof Philipp Sigismund im Gefolge Christians IV. in Hamburg befanden, könnten sie bei dieser Gelegenheit auf den Bildschnitzer Münstermann aufmerksam geworden sein. Hamburg war jedoch zu dieser Zeit ohnehin ein Zentrum für die Vermittlung künstlerischer und handwerklicher Aufträge. Als letzte Arbeit signierte Münstermann 1637 die Kanzel in Holle; die Kirchenrechnung für die Kanzel in Blexen von 1638 bezeichnet ihn bereits als »Sehl. M. Ludewig«, dessen Sohn Johann dann den Auftrag vollendete. So wenig also über Ludwig Münstermann bekannt ist, so zeugen doch seine erhaltenen Werke in den Kirchen des Oldenburger Landes von einer eigenständigen, bemerkenswerten Hamburger Künstlerpersönlichkeit. Der Münstermannsweg in Barmbek erinnert seit 1922 an den Bildschnitzer.

LITERATUR Martha Riesebieter, Ludwig Münsterman. Ein Beitrag zur Geschichte der frühen niederdeutschen Barockplastik, in: Jahrbuch für Kunstwissenschaft 1929, S. 1–60; Dietmar Jürgen Ponert, Noten zu Ludwig Münsterman, in: Jörg Rasmussen, Barockplastik in Norddeutschland, Mainz 1977, S. 93–103; Holger Reimers, Ludwig Münstermann. Zwischen protestantischer Askese und gegenreformatorischer Sinnlichkeit, Marburg 1993 (Materialien zur Kunst- und Kulturgeschichte in Nord- und Westdeutschland 8).

Gisela Jaacks

MÜNZEL, Robert, geb. 12.9.1859 Wiesbaden, gest. 11.7.1917 Hamburg; luth.; klassischer Philologe, Bibliothekar.

Nach dem Abitur in Wiesbaden und dem Studium der klassischen Philologie und Geschichte an der Universität Bonn, das er 1878 begonnen und 1883 mit einer Promotion sowie 1884 mit einer Prüfung für das höhere Lehramt abgeschlossen hatte, trat Robert Münzel 1884 als Volontär in die Universitätsbibliothek Bonn ein und wurde dort im folgenden Jahr als Assistent angestellt. Im Jahre 1888 wechselte er an die Königliche Bibliothek in Berlin, wurde 1891 zum Stellvertreter des Direktors an die Universitätsbibliothek Marburg berufen und ging im Jahre 1900 an die Universitätsbibliothek Berlin, ebenfalls als Stellvertreter des Direktors. An seiner Berufung auf die Stelle des Direktors der Stadtbibliothek Hamburg im Jahre 1902, ein Amt, das er bis zu seinem Tode im Jahre 1917 ausübte, hatte Werner von Melle erheblichen Anteil. Durch Münzels großes organisatorisches Talent erfuhr die Bibliothek zahlreiche Veränderungen und wurde auf die zukünftige Rolle einer Universitätsbibliothek vorbereitet. So verbesserte er die Kataloge, verstärkte die Sammeltätigkeit auf dem Gebiet der Hamburgensien, begründete die Papyrussammlung und veranstaltete viel beachtete Ausstellungen. Münzel genoss im Hamburger kul-

Robert Münzel

turellen und wissenschaftlichen Leben hohes Ansehen und wirkte in zahlreichen Gremien und Kreisen mit; so spielte er bei der Gründung der Gesellschaft der Bücherfreunde zu Hamburg im Jahre 1908 eine wesentliche Rolle.

WERKE De Apollodori Peri theon libris, Phil. Diss. Bonnae 1883; Quaestiones mythographae, Berolini 1883.

LITERATUR Fritz Burg u. a., Robert Münzel zum Gedächtnis, Hamburg 1918; Monika Schreiber, Robert Münzel (1859–1917). Leben, Werk und Wirken des Klassischen Philologen und Hamburger Bibliotheksdirektors, Göttingen 2000 (Göttinger Forum für Altertumswissenschaft, Beiheft 4). *Horst Gronemeyer*

MULLER, Robert, geb. 1.9.1925 Hamburg, gest. 27.5.1998 London; Autor, Drehbuchautor, Journalist.

»Es ist eine alte, traurige, groteske Wahrheit – aber niemand hat ›sein‹ Hamburg heißer geliebt als die Hamburger Juden … Ohne mein Leben in England verlieren zu wollen, brauche ich Hamburger Luft wie eine Art Lebenselixier.« »Hamburger Luft als Lebenselixier«, so war ein Artikel überschrieben, den der 1925 in Hamburg geborene, in London lebende Robert Muller 1992 veröffentlichte. Nur war er 1938 nicht nach England, wie die Zeitung beschönigend schrieb, »übergesiedelt«, er war geflohen. Sein Vater, der Bühnenbildner Alfred Müller (1883–1970), erhielt wegen seiner jüdischen Herkunft 1933 Berufsverbot. Lediglich im Jüdischen Kulturbund Hamburg hatte er die Chance, seine Arbeit fortzusetzen. Im April 1939 konnte er sich mit seiner Frau nach England retten. Sein Sohn Robert war schon mit dem ersten Kindertransport im Dezember 1938 dorthin entkommen.

Robert Muller arbeitete seit 1945 als Redakteur für den »US-Information-Service« in Paris, München und Hamburg; bis 1950 war er für die deutsche Zeitschrift »Heute« als London-Korrespondent, von 1953 bis 1957 als Redakteur der Londoner »Picture Post« tätig. Seit 1957 schrieb er als freier Mitarbeiter für die »Daily Mail« vor allem Theaterkritiken. Seit 1961 arbeitete er als freier Autor, in erster Linie als Drehbuchautor. Aus den mehr als 100 Drehbüchern für Film und Fernsehen ragen seine Fernsehadaption von Lion Feuchtwangers Roman »Exil« und ein viel beachteter Vierteiler über das Leben von Albert Schweitzer heraus. Sein Fernsehspiel »Rothenbaumchaussee« thematisiert den Aufbau des Nordwestdeutschen Rundfunks in Hamburg und die spezifische Atmosphäre im Nachkriegsdeutschland. Auch für den großen Publikumserfolg »Die Gentlemen bitten zur Kasse«, die Verfilmung des berühmten englischen Postraubs, schrieb er das Drehbuch.

Die bestimmenden Themen seiner Arbeit aber waren die Vertreibung aus seiner Heimat(-stadt) Hamburg und der Konflikt zwischen der deutsch-jüdischen und der englischen Identität.

1959 erschien sein Roman »The World That Summer«, ein Jahr später unter dem Titel »Die Welt in jenem Sommer« auch auf dem deutschen Buchmarkt. Die Welt in jenem Sommer meint das nationalsozialistische Deutschland im Olympiajahr 1936. Aus der

Robert Muller

Perspektive des Hamburger ›Jung‹ Hannes Hacker, zackiger Pimpf nach außen, im Innern voller Furcht, von den ›Kameraden‹ wegen seiner nicht-arischen Herkunft entdeckt zu werden, liefert der Roman beklemmende Einblicke in den alltäglichen Nationalsozialismus. Das Buch, das deutlich autobiografische Bezüge aufweist, erschien 1993 in überarbeiteter Fassung. Die Verfilmung aus dem Jahr 1979 wurde mehrfach im Fernsehen ausgestrahlt und prämiert.

Zu seiner Identität befragt, hat Robert Muller geantwortet: »Was ich bin, ist ein Flüchtlingskind. Das ist meine Identität.« Die Auseinandersetzung mit der eigenen Identität, der zerrissenen Kindheit, der gestohlenen Jugend wie der frühen Heimatberaubung beschäftigte Robert Muller auch in seinen letzten Arbeiten. Sein 1997 vom Rowohlt Theaterverlag angenommenes, noch nicht uraufgeführtes Stück »Der Unheimliche«, ein Auftragswerk für das Hamburger Thalia Theater, erzählt die Geschichte eines alten jüdischen Emigranten, der nach 50-jähriger Abwesenheit in seine Heimatstadt Hamburg zurückkehrt.

Der sich selbst als einen in »Hamburg verliebten Hamburg-Hasser« charakterisierende Robert Muller starb 1998 – in London.

WERKE Hamburg 1936 war so, wie mein Film es zeigte, in: Hamburger Abendblatt vom 20.2.1980, S. 10; Niemand rettete Muni. Erinnerung an eine verordnete »Abwanderung«, in: Die Zeit vom 31.1.1992, S. 80; Letters That Spelt Death, in: The Times Saturday Review vom 8.2.1992, S. 4–6; Hamburger Luft als Lebenselixier, in: Hamburger Abendblatt vom 7.9.1992, S. 10; Hamburg – ein Himmel und eine Hölle, in: Hamburger Abendblatt vom 19.9.1992, Wochenend-Journal, S. 2; Die Welt in jenem Sommer, München 1993; Der Unheimliche, Reinbek 1997.

LITERATUR Henning Voscherau, Ich lese gerade ... Robert Muller: Die Welt in jenem Sommer, in: Die Zeit vom 14.1.1994, S. 19; »Eigentlich habe ich überhaupt keine Identität.« Robert Mullers Erinnerungen an Hamburg im Jahr 1936. Interview von Matthias Gretzschel mit Robert Muller, in: Hamburger Abendblatt vom 7.2.1994, S. 5; Wilfried Weinke, »Flüchtlingskind« war seine Identität. Zum Tode von Robert Muller, in: Aufbau vom 19.6.1998, S. 21.

Wilfried Weinke

MURMESTER, Hinrich, gest. 19.4.1481 Hamburg; Bürgermeister.

Hinrich Murmester war unter den Hamburger Bürgermeistern der erste promovierte Jurist. Zu dieser Zeit war ein Anteil der Juristen am Stadtrat noch nicht institutionell festgelegt. Erst 1663 bestimmte in Hamburg ein Wahlrezess, dass der Rat zur Hälfte aus graduierten Rechtsgelehrten bestehen solle.

Murmesters Vater war Hamburger Bürger und Mitglied der Flandernfahrergesellschaft. Hinrich Murmester studierte seit 1452 in Erfurt, wurde 1458 Magister Artium und setzte sein Studium seit 1460/61 in Padua fort, wo er 1463 Rektor war und in demselben Jahr die Würde eines Doktors der Rechte erwarb. Bald nachdem er nach Hamburg zurückgekehrt war, wurde er 1465 Ratsherr und war von 1467 bis zu seinem Tode Bürgermeister. In die Amtszeit Murmesters fielen das Vordringen englischer und niederländischer Kaufleute und Schiffe in den Ostseeraum, der hansisch-englische Seekrieg von 1469/70 bis 1474, der Ausschluss Kölns aus der Hanse 1471, der Utrechter Frieden mit England 1474, die Wiederaufnahme Kölns in die Hanse auf dem Hansetag zu Bremen 1476, der Zusammenbruch des burgundischen Reiches 1477, die Eroberung Novgorods durch den Großfürsten Ivan III. von Moskau 1478 und der Waffenstillstand und Friedensschluss der Hanse mit Frankreich 1473/83. Der mit einer steigenden Bedeutung der Elbschifffahrt verbundene Handel, besonders der Getreidehandel, wuchs an; Hamburg versuchte, seinen Anspruch auf Stapelzwang durchzusetzen; 1470/71 und 1480 kam es zu bewaffneten Erhebungen gegen die Stadt in dem an Hamburg verpfändeten Amt Steinburg (Kremper- und Wilstermarsch). Seit den 1470er Jahren begann in Auseinandersetzung mit Lübeck und dem Hansekontor in Bergen die Hamburger Islandfahrt.

In den Jahren von 1479 bis 1481 überlappte sich Murmesters Wirksamkeit in Hamburg mit der Hermann Langenbecks, der ihm später als Bürgermeister nachfolgte. Ihre gemeinsame Tätigkeit gipfelte in ihrer Mitwirkung an einer Kanzleifälschung, durch welche die Ansprüche der Stadt Hamburg auf den Stapelzwang stabilisiert werden sollten. Der Bürgermeister Murmester, der Ratsherr Langenbeck und Beamte der königlich dänischen Kanzlei, besonders der Rat Albert Klitzing, beteiligten sich 1480 an der Herstellung eines um 15 Jahre auf den 19. November 1465 rückdatierten Stapelprivilegs König Christians I. von Dänemark. Dieses bildete die Grundlage für ein Stapelprivileg, das am 14. Juli 1482 Kaiser Friedrich III. der Stadt Hamburg erteilte.

Als Ratsherr und als Bürgermeister hat Murmester in 16 Jahren mindestens 228 Reisen unternommen. In den letzten Jahren des hansisch-englischen Seekrieges um 1470 nutzte er die Gelegenheit, sich privat an der Ausrüstung von Kaperschiffen, zum Beispiel an den Schiffen »Große Marie« und »Jesus«, zu beteiligen. Erfolgreiche Kaperfahrten brachten ihm in den Jahren 1472 und 1473 Gewinn an gekaperten Schiffen und deren Ladung. Während Murmester auf dem Hamburger Rentenmarkt noch 1458 als Kreditnehmer auftrat, ist seit 1467/70, also seitdem er Bürgermeister war, ein Anlageüberschuss zu beobachten. Bei seinem Tode im Jahre 1481 hinterließ er ein Rentenguthaben von 2580 Mark lübisch, das jährlichen Renteneinkünften von 148 Mark entsprach, und war Eigentümer von vier Erben (Grundstücken). Sein hinterlassenes Vermögen wird auf etwa 7000 Mark lübisch geschätzt.

Schon 1479 begannen im Rathaus Arbeiten zum Ausbau des Raumes für die Stadtbibliothek. In seinem Testament vom 29. Januar 1481 bedachte Murmester diese »neue Bibliothek« besonders. Zu den Jahren 1481 und 1482 verzeichnen die Kämmereirechnungen Beträge für das Einbinden und Paginieren der von Murmester gestifteten Bücher. Murmester hat testamentarisch »zum Bedarf und zum Nutzen der Stadt Hamburg« mit Titeln aufgeführte Bücher vermacht, die in der »neuen Bibliothek« aufgestellt werden sollten; jeder ehrbare Mann sollte zum Lesen derselben zugelassen werden. Diese Bücherschenkung gilt als ein Anfang der Hamburger Stadtbibliothek. Das im Testament enthaltene Verzeichnis nennt überwiegend Bücher zum römischen und kanonischen Recht, aber auch einige Titel, welche die Freien Künste, nämlich das Trivium, und auch die Theologie betreffen. Aus diesen Titeln ist nicht auf humanistische Interessen zu schließen, wohl aber auf ein nicht ausschließlich auf die Jurisprudenz beschränktes wissenschaftliches Interesse Murmesters.

In Murmesters Testament wird die Vorliebe für den heiligen Hieronymus deutlich. Sie äußert sich nicht nur darin, dass sich in seiner Bibliothek Briefe von ihm befanden, sondern auch in der Verfügung, dass am Fest des heiligen Hieronymus, am 30. September, im Anschluss an eine Prozession zur Verehrung der in der Pfarrkirche St. Nikolai vorhandenen Reliquie dieses Heiligen und eine Seelenmesse für die Verstorbenen in dem Hause an der Neuen Burg, wo Murmester zuletzt wohnte, von einer aus Lüneburg bezogenen Rente alljährlich 30 arme Schüler der St. Nikolaischule mit ihrem Lehrer gespeist werden sollten; diese Verfügung sollte nach dem Tode der Mutter Murmesters in Kraft treten. Das Interesse Murmesters am heiligen Hieronymus könnte nicht nur durch den mit der Hamburger Kirche St. Nikolai verbundenen Reliquienkult, sondern auch durch das traditionelle wissenschaftliche Profil dieses Heiligen mitbestimmt sein.

LITERATUR ADB 23; NDB 18; Hans Nirrnheim, Hinrich Murmester. Ein hamburgischer Bürgermeister in der hansischen Blütezeit, Leipzig 1908 (Pfingstblätter des Hansischen Geschichtsvereins 4); Hans-Georg Krause, Rückdatierte Urkunden des Spätmittelalters aus Norddeutschland, in: Fälschungen im Mittelalter. Internationaler Kongreß der Monumenta Germaniae Historica, München, 16.–19. September 1986, Bd. 3: Diplomatische Fälschungen 1, Hannover 1988 (Monumenta Germaniae Historica, Schriften 33/3), S. 461–500, hier S. 474–479; Gerhard Theuerkauf, Hinrich Murmester und Hermann Langenbeck, Bürgermeister von Hamburg (1467–1517), in: Detlef Kattinger/Horst Wernicke (Hg.), Akteure und Gegner der Hanse – Zur Prosopographie der Hansezeit. Konrad-Fritze-Gedächtnisschrift, Weimar 1998 (Hansische Studien 9 = Abhandlungen zur Handels- und Sozialgeschichte 30), S. 173–181.

Gerhard Theuerkauf

MUSSAPHIA, Binjamin (Dionys), geb. zwischen 1600 und 1606 Spanien, gest. 11.12.1674 Amsterdam; isr.; Arzt, Philologe, Autor.

Nach dem Studium der Medizin in Padua, das er 1625 mit der Promotion abschloss, ließ sich Binjamin Mussaphia in Hamburg nieder, wo er 1628 in erster Ehe Sara, Tochter des Dr. Semuel da Silva, heiratete. Der Arzt, polyglotte Schriftsteller, Lexikologe, Avisenschreiber und Alchimist war seit 1635 für den gottorfschen Hof tätig. Als bedeutendes Handels- und Wirtschaftszentrum bot Hamburg ihm viele Möglichkeiten, wertvolle Nachrichten an den Hof in Gottorf zu liefern. Mussaphia stand in engem Kontakt mit dem schwedischen Diplomaten Johan Adler Salvius sowie zahlreichen »portugiesischen« Gelehrten. Seine religionskritischen Schriften erregten immer wieder Aufsehen. Nach der Veröffentlichung der »Sacro-medicae sententiae toto V[etere] T[estamento]« (1640), einer aus Sicht der Lutheraner blasphemischen Abhandlung, musste Mussaphia für einige Zeit Hamburg verlassen. Er ließ sich in Glückstadt nieder, kehrte aber wenige Wochen später in die Hansestadt zurück. Binjamin Mussaphia hatte in seiner Schrift Passagen aus der Hebräischen Bibel zusammengetragen, die sich auf medizinische Angelegenheiten bezogen, was in den Augen der Lutheraner eine unstatthafte Vermischung von Medizin und Theologie darstellte. Ferner kritisierten sie, dass der Autor seinen Ausführungen ein jüdisches Gebet vorangestellt und die jungfräuliche Geburt geleugnet hatte. Mussaphias Schrift forderte nicht nur die Hamburger Lutheraner zu einer umfangreichen Protestschrift an den Rat heraus, sondern veranlasste zudem den Hauptpastor zu St. Petri Johannes Müller, sich seinerseits in seinem Buch »Judaismus« (1644) kritisch mit den Juden zu befassen. Als Mussaphia einer Frau aus dem holsteinischen Adel Arznei mit der Bemerkung verabreichte, er reiche ihr diese im Namen Jesu, sei dies – so Müller – aus »teuflischem Schimpf, Spott und Verachtung dieses Namens« geschehen. Weil Mussaphias Neigung zur Alchimie bekannt war, unterstellte Müller, der Arzt versuche mit »Charakteren«, also mit kabbalistischer Buchstabenmagie, Menschen zu heilen. Im Juli 1640 musste Mussaphia aufgrund einer Beschwerde der Geistlichkeit Hamburg verlassen. Von Glückstadt begab er sich nach Amsterdam, wo er Mitglied des Rabbinatskollegiums sowie zeitweiliger Vorsteher der Portugiesengemeinde und verschiedener Gemeindeinstitutionen wurde. 1666 unterschrieb er einen Lobbrief an Sabbatai Zwi, der im Heiligen Land als Messias auftrat und besonders die sefardischen Gemeinden in Hamburg und Amsterdam in einen messianischen Taumel versetzte. Binjamin Mussaphia starb am 11. Dezember 1674 in Amsterdam und wurde auf dem Portugiesenfriedhof in Ouderkerk in der Nähe von Amsterdam bestattet.

WERKE Zekher Rav, Amsterdam 1635 [Nachdrucke Hamburg 1638, Altona 1807, Prag 1868]; Sacro-medicae sententiae [...], Hamburg 1640; Mezahab, Hamburg 1640; Epistola regia de maris reciprocatione, Amsterdam 1642; Sefer Mussaf Aruh, Amsterdam 1655.

LITERATUR LhS 5; Jöcher 3; Raphael Patai, The Jewish alchemists. A history and source book, Princeton 1994, S. 437–446; Dieter Lohmeier, Die Mussaphia in Hamburg und Altona. Genealogisches zu den Hofjuden der Herzöge von Schleswig-Holstein-Gottorf, in: Familienkundliches Jahrbuch Schleswig-Holstein 37, 1998, S. 78–103; Michael Studemund-Halévy, Biographisches Lexikon der Hamburger Sefarden. Die Grabinschriften des Portugiesenfriedhofs an der Königstraße in Hamburg-Altona, Hamburg 2000, S. 660–662.

Michael Studemund-Halévy

NEUMANN, Rudolf Otto, geb. 29.6.1868 Seifhennersdorf/Sachsen, gest. 5.4.1952 Hamburg; luth.; Hygieniker, Mediziner, Bakteriologe.

Rudolf Otto Neumann

Rudolf Otto Neumann wuchs im sächsischen Seifhennersdorf auf. Sein Vater weckte in ihm und seinen drei Brüdern auf zahllosen Wanderungen die Faszination für die Natur. Obwohl er ein sehr guter Schüler war, musste Neumann aufgrund finanzieller Zwänge das Gymnasium vorzeitig verlassen und trat eine Apothekerausbildung in Pirna an der Elbe an.

Im Jahr 1894 machte Neumann in Würzburg die Bekanntschaft von Prof. Karl Bernhard Lehmann, einem Pionier der Mikrobiologie. Lehmann war beeindruckt vom Zeichentalent des jungen Apothekers und gewann Neumann als unbezahlten Mitarbeiter für die Abfassung eines Atlanten und einer Systematik der Bakteriologie. Neumann fertigte für dieses Projekt mehr als 1000 Zeichnungen an und verfasste auch den überwiegenden Teil des Textes. 1896 erschien die erste Auflage des zweibändigen Handbuchs »Atlas und Grundriß der Bakteriologie«, das zu einem internationalen Standardwerk und zu der ersten umfassenden Systematik der Bakteriologie überhaupt werden sollte.

Um Medizin studieren zu können, holte Neumann als 30-Jähriger das Abitur nach. Das 1897 in Würzburg aufgenommene Medizinstudium konnte er 1899 in Kiel abschließen. In der Folgezeit sammelte er wissenschaftliche Erfahrungen an verschiedenen europäischen, afrikanischen und lateinamerikanischen Fachinstituten, unter anderem am Tropeninstitut in Hamburg, am Pasteur-Institut in Paris, an der Tropenschule Liverpool, an der Medizinschule Kasr-El-Aini in Kairo und an der Gelbfieberstation des Oswaldo Cruz in Rio de Janeiro. Er leistete wichtige Beiträge zur Erforschung der Bilharziose, der Malaria und des Gelbfiebers. Im Jahr 1912 meldete er sich freiwillig zur Cholerabekämpfung im Rumänisch-Bulgarischen Krieg. Nach Ausbruch des Ersten Weltkriegs war Neumann, inzwischen zum Ordinarius für Hygiene in Bonn berufen, zunächst mit der Herstellung großer Mengen an Typhus- und Choleraimpfstoff betraut. Anschließend wurde er aufgrund seiner profunden Kenntnisse über die Cholera beratender Hygieniker des XX. und des VIII. Armeekorps.

Im Jahr 1922 berief der Hamburger Senat Neumann als Ordinarius für Hygiene an die neu gegründete Hamburgische Universität und übertrug ihm gleichzeitig das Direktorat des 1892 gegründeten Hygienischen Instituts. Dort widmete er sich intensiven Studien zur Lebensmittelchemie und zum Stoffwechsel des Menschen. In zahlreichen Selbstversuchen testete Neumann Nährwert, Verträglichkeit und Folgewirkungen von Nahrungsmitteln. Besonderes Augenmerk richtete er auf die Kontrolle der im Hamburger Hafen ankommenden Lebensmittel. Neumann begründete am Hygienischen Institut Hamburg, das er in »Hygienisches Staatsinstitut« umbenannte, die Spezialisierung auf die Lebensmittelchemie und Produktkontrolle im Dienste der Gesundheit. Unter seiner Leitung wurde das Hygienische Staatsinstitut in Hamburg zum größten und bekanntesten seiner Art in Deutschland.

1937 ging Neumann als Institutsdirektor in Pension, doch er arbeitete bis zu seinem Tod im Jahre 1952 weiter an der Komplettierung der von ihm zeit seines Lebens in Europa und auf mehreren Weltreisen zusammengetragenen Lehrsammlung am Hygienischen Institut. Diese einzigartige Kollektion umfasste schließlich über 15 000 Exponate aus allen Bereichen der Hygiene. 1937 erhielt Rudolf Otto Neumann die Große Bronzemedaille für die Verdienste um den Hamburger Staat.

WERKE (mit Karl Bernhard Lehmann) Atlas und Grundriß der Bakteriologie und Lehrbuch der speciellen bakteriologischen Diagnostik, 2 Bde., München 1896 (Lehmann's medicinische Handatlanten 10.1, 10.2), 7. Aufl. 1927; (mit Martin Mayer) Atlas und Lehrbuch wichtiger tierischer Parasiten und ihrer Überträger mit besonderer Berücksichtigung der Tropenpathologie, München 1914 (Lehmann's medicinische Handatlanten 11).

LITERATUR NDB 19; Karl Süpfle, Rudolf Otto Neumann zum 70. Geburtstag, in: Deutsche Medizinische Wochenschrift 26 (1938), S. 941–950; Klaus Göhring, Das Lebenswerk R. O. Neumanns, Med. Diss. Hamburg 1958; Ute Schroeter/Tatjana Timoschenko, Hygieia in Hamburg. Multimedia-Anwendung zur Ausstellung im Hygiene Institut Hamburg vom 25. Oktober bis 17. November 2001, hg. vom Hygiene Institut Hamburg in Zusammenarbeit mit Felix Brahm, Hamburg 2001. *Felix Brahm*

NEVERMANN, Paul, geb. 5.2.1902 Klein-Flottbek, gest. 22.3.1979 Puerto de la Cruz (Teneriffa); Senator, Erster Bürgermeister.

Paul Nevermann

Paul Nevermann war als Bausenator, Oppositionsführer und Erster Bürgermeister einer der prägenden Politiker der Nachkriegszeit in Hamburg. Seine Eltern waren aus Mecklenburg zugewandert. Vater Johann war ungelernter Brauereiarbeiter, Sozialdemokrat und Gewerkschafter, Mutter Louise, eine Lehrerstochter, »fromme Kirchgängerin«. Als drittes Kind des Paares wurde Nevermann in Teufelsbrück geboren und verlebte seine Kindheit »in voller Harmonie mit Eltern, Schule und Spielkameraden am Elbstrom«. Das Elternhaus, Lünkenberg Nr. 4, »war ganze 25 qm groß«. Nach dem Besuch der Volksschule in Klein-Flottbek erlernte Nevermann den Beruf des Schlossers und Maschinenbauers. Schon in jungen Jahren engagierte er sich in der Arbeiterjugend und im Metallarbeiterverband; 1920 trat er der SPD bei. Von 1923 bis 1926 absolvierte er mit Erfolg den ersten Hamburger Arbeiterabiturientenkurs. Den Lebensunterhalt verdiente er sich als Anzeigenwerber für Hamburger Zeitungen, bis er ein staatliches Stipendium erhielt. Nevermann studierte an der Hamburgischen Universität sowie in Innsbruck Jura und wurde 1930 mit einer verfassungsrechtlichen Untersuchung bei Rudolf Laun promoviert; 1932 wurde er Assessor am Hamburger Arbeitsamt, ein Jahr später als Sozialdemokrat entlassen. Im März 1933 wurde er bei der Kommunalwahl zum Stadtverordneten in Altona gewählt und war kurze Zeit als ehrenamtlicher Senator Mitglied des Magistrats. Danach war er als Rechtsanwalt tätig; 1935 erhielt er Verteidigerverbot in Hochverratsprozessen. Nach dem 20. Juli 1944 kam er in Haft.

Seit 1945 beteiligte sich Nevermann am Neuaufbau der SPD und am Wiederaufbau der Stadt. Er wurde zunächst Senatsdirektor im Landesfürsorgeamt, von November 1945 bis November 1946 war er Sozialsenator, 1946 bis 1953 Bausenator, von 1950 bis 1953 auch Zweiter Bürgermeister. 1946 gehörte er der Ernannten Bürgerschaft an, von 1946 bis 1974 der Hamburgischen Bürgerschaft. Nach dem Wahlsieg des bürgerlichen Hamburg-Blockes führte er von 1953 bis 1957 die sozialdemokratische Opposition im Landesparlament. Kompetenz, Schlagfertigkeit und Humor zeichneten den Fraktionsvorsitzenden aus, der großen Anteil am Wahlerfolg der SPD von 1957 hatte. Nevermann übernahm erneut das Amt des Bausenators. Am 17. November 1960 konnte er bei der Richtfeier der 300 000sten nach dem Zweiten Weltkrieg neu geschaffenen Wohnung eine eindrucksvolle Bilanz auch seiner Senatorentätigkeit ziehen. Am 1. Januar 1961 wurde er als Nachfolger Max Brauers Erster Bürgermeister. Größere Bürgernähe und engere Zusammenarbeit mit den Nachbarländern und Bremen waren ihm zentrale Anliegen. Nevermann, der sich größter Beliebtheit und Popularität erfreute, erreichte bei der Bürgerschaftswahl 1961 mit 57,4 Prozent das bis dahin beste Ergebnis für die SPD. Wenig später, im Februar 1962, suchte die Flutkatastrophe Hamburg heim und bot Helmut Schmidt, dem Senator der neu geschaffenen Innenbehörde, Gelegenheit zur Bewährung und Profilierung. Äußere Höhepunkte der Amtszeit Nevermanns waren die Staatsbesuche des französischen Präsidenten Charles de Gaulle 1962 und der englischen Königin Elizabeth II. 1965. Beim Letzteren wurde sichtbar, dass sich Nevermann von seiner

Frau Grete (1907–73), mit der er seit 1930 verheiratet war, getrennt hatte. Für die Zeitungen des Axel Springer Verlages war dies «keine Privatsache, sondern eine Angelegenheit der Staatsräson«. Nevermann sah in der Pressekampagne eine Reaktion auf seine entschiedene Ablehnung eines von Zeitungsverlegern bestimmten Zweiten Deutschen Fernsehens. Die SPD-Bürgerschaftsfraktion, die zunehmend an Selbstbewusstsein gewonnen hatte und mit der es schon zuvor zu Spannungen gekommen war, und der Landesvorstand legten dem Bürgermeister nahe, die Beziehung zu seiner Partnerin abzubrechen – »aus sehr kleinkarierter, kleinbürgerlicher Ehrpusseligkeit«, wie Helmut Schmidt rückblickend schrieb. Nevermann lehnte dies ab und trat am 9. Juni 1965 zurück, sein Nachfolger wurde Herbert Weichmann.

1966 wurde Nevermann in einer Kampfabstimmung gegen Helmut Schmidt mit 176 zu 139 Stimmen als Nachfolger von Karl Vittinghoff zum Landesvorsitzenden der Hamburger SPD gewählt. Auch in diesem Amt war er um Bürgernähe bemüht. Der profilierte Wohnungs- und Städtebaupolitiker, der schon 1958 eine Staffelung der Mieten im sozialen Wohnungsbau nach Einkommen empfohlen hatte, wurde noch 1965 Geschäftsführer der neuen Bundesarbeitsgemeinschaft sozialdemokratischer Wohnungswirtschaftler und Wohnungspolitiker. 1967 wurde Nevermann zum Präsidenten des Deutschen Mieterbundes gewählt. Für seine Verdienste um Hamburg erhielt er 1972 die Bürgermeister-Stolten-Medaille. Im Hamburger Rathaus erinnert ein von Harald Duwe 1982 geschaffenes Gemälde an ihn. 1984 wurde der Platz südlich des Altonaer Bahnhofs nach ihm benannt.

Alle Kinder Nevermanns engagierten sich in der Politik: Jan (geb. 1935) war Stadtrat und Bürgermeister in Pinneberg. Anke Fuchs (geb. 1937) kam 1971 in die Hamburgische Bürgerschaft und gehört seit 1980 dem Deutschen Bundestag an, dessen Vizepräsidentin sie seit 1998 ist; seit 1995 führt sie als Präsidentin den Deutschen Mieterbund. Knut (geb. 1944), einer der Wortführer der Studentenbewegung, war von 1988 bis 1997 Staatsrat der Hamburger Kulturbehörde und ist jetzt als Ministerialdirektor beim Beauftragten der Bundesregierung für Angelegenheiten der Kultur und der Medien tätig.

WERKE Die Auflösung der Hamburger Bürgerschaft im Jahre 1927. Eine Studie zum Wahlrecht und zur Auslegung der Reichsverfassung, Hamburg 1931; Stein auf Stein. Tatsachen und Reden, Bilder und Aufsätze vom Aufbau Hamburgs, Hamburg 1953; Der Weg zur Mehrheit. Reden und Aufsätze aus der Oppositionszeit 1953–1957, Hamburg 1959; Dem Ganzen verpflichtet. Reden und Aufsätze aus den Jahren 1959–1961, Hamburg 1961; Metaller, Bürgermeister, Mieterpräsident, Köln 1977.

LITERATUR NDB 19; Erich Lüth, Viel Steine lagen am Weg. Ein Querkopf berichtet, Hamburg 1966; Paul-Otto Vogel, Paul Nevermann – ein Leben voll Mut und Erfolg, in: Hamburger Kurs, Nr. 1 (1992), S. 12 f.; Helmut Schmidt, Weggefährten. Erinnerungen und Reflexionen, Berlin 1996; Uwe Bahnsen, Rathaus Hamburg. Die ersten 100 Jahre, Hamburg 1997, S. 176–188.

Franklin Kopitzsch

NIEKERKEN, Walther, geb. 16.2.1900 Tötensen (Kreis Harburg/Elbe), gest. 9.11.1974 Hamburg-Harburg; luth.; niederdeutscher Philologe.

Als Professor für niederdeutsche Sprache – so die Benennung des außerordentlichen Lehrstuhls bei seiner Einrichtung 1926 – hat Walther Niekerken für die Erhaltung des Niederdeutschen als Universitätsfach in Hamburg von seiner Ernennung zum Professor am 1. Oktober 1943 bis zur Emeritierung am 31. März 1968 eine große Rolle gespielt. In seinem Eintreten für das Niederdeutsche als eine mögliche Standard- und vor allem als aktiv ausgeübte Wissenschaftssprache war er ein echter Schüler Conrad Borchlings.

Am 16. Februar 1900 in Tötensen geboren, besuchte Niekerken zunächst in Hamburg-Harburg eine neunklassige Mittelschule, anschließend die

Walther Niekerken

Präparanden-Anstalt und das Lehrerseminar in der Nordheide. Nach kurzem Kriegsdienst 1918 absolvierte er im folgenden Jahr die erste Lehrerprüfung und war dann achteinhalb Jahre Volksschullehrer in Harburg und in der Lüneburger Heide. In dieser Zeit legte er den Grundstock für seine spätere Dissertation über »Das Feld und seine Bestellung im Niederdeutschen«. 1928 verließ Niekerken den Schuldienst und begann ein Studium der Deutschen, Englischen und Französischen Philologie sowie der Philosophie, das er im Dezember 1933 mit der Promotion zum Dr. phil. bei den Professoren Conrad Borchling, Otto Lauffer und Agathe Lasch – sie wurde erst 1934 als Jüdin aus dem Dienst entfernt – abschloss. Er wirkte nun zunächst als Borchlings Assistent am Germanischen Seminar der Universität Hamburg, daneben ab 1936 auch als Dozent an der Hamburger Hochschule für Lehrerbildung. Trotz Einberufung als Polizeioffizier wurde er zum 1. Oktober 1943 zum außerordentlichen Professor auf den ursprünglich für Agathe Lasch geschaffenen Lehrstuhl berufen.

Ungeachtet seiner Mitgliedschaft in der NSDAP und SA blieb Niekerken aufgrund einer Fülle positiver Leumundszeugnisse seiner Schüler und Kollegen auch nach 1945 im Amt und war seit dem Wintersemester 1945/46 der maßgebliche Vertreter der Niederdeutschen Philologie an der Universität Hamburg. Um die Erhaltung dieses Faches erwarb er sich in Auseinandersetzungen mit den Conrad Borchling- und Robert Petsch-Nachfolgern Ulrich Pretzel und Hans Pyritz große Verdienste, die ihm die Liebe und das Vertrauen seiner Schüler eingetragen haben.

WERKE Schriftenverzeichnis in: Wer ist wer? Das deutsche Who's who, XV. Ausgabe, Berlin 1967, S. 1390.

LITERATUR Claus Schuppenhauer, Denken an Prof. Dr. Walther Niekerken, in: Jahresgabe der Klaus-Groth-Gesellschaft 1975/76, Heide 1976, S. 64–75; Wolfgang Bachofer/Wolfgang Beck, Deutsche und niederdeutsche Philologie. Das Germanische Seminar zwischen 1933 und 1945, in: Hochschulalltag im »Dritten Reich«. Die Hamburger Universität 1933–1945, hg. von Eckart Krause, Ludwig Huber und Holger Fischer, 3 Teile, Berlin/Hamburg 1991 (Hamburger Beiträge zur Wissenschaftsgeschichte 3), Teil II, S. 641–704, hier S. 666–669.

Wolfgang Bachofer

NIKOLAUS I., gest. 13.11. 867; Papst.

Unter Nikolaus I., Papst seit 858, spitzte sich der Konflikt der römischen mit der griechisch-orthodoxen Kirche um den Primat zu. Der griechisch-orthodoxe Patriarch Photios von Konstantinopel wurde 863 von einer römischen Synode für abgesetzt und exkommuniziert erklärt, Nikolaus seinerseits 867 durch eine Synode in Konstantinopel abgesetzt – die Nachricht erreichte ihn nicht mehr bei Lebzeiten. Für die Geschichte des Erzbistums Hamburg-Bremen ist Nikolaus I. von besonderer Bedeutung. Denn wahrscheinlich begründete erst er, nicht schon Papst Gregor IV., das Erzbistum Hamburg und erhob Ansgar zum Erzbischof von Hamburg. Außerdem präzisierte er gegenüber dem Privileg Gregors IV. den Raum, für den Ansgar als Missionslegat zuständig sein sollte, nämlich für die Schweden, Dänen und Slawen, und vollzog einen kirchenrechtlich ungewöhnlichen Schritt: Wahrscheinlich erkannte er die Vereinigung der Diözesen Bremen und Hamburg an, die von Reichs wegen schon 848 vollzogen worden war. Diese Vereinigung aber war nach der Erhebung Hamburgs zur Erzdiözese konfliktträchtiger als zuvor, denn die Diözese Bremen wurde bis ins 11. Jahrhundert weiterhin von den Erzbischöfen von Köln als Teil ihrer Kirchenprovinz beansprucht, obwohl Bremen seit der Mitte des 9. Jahrhunderts zum Sitz des Bischofs/Erzbischofs von Hamburg-Bremen geworden war. Diejenigen Autoren, die im Anschluss an die Lebensbeschreibung Ansgars, die hauptsächlich von seinem Nachfolger, Erzbischof Rimbert von Hamburg-Bremen, verfasst worden ist, die Anfänge des Erzbistums Hamburg schon in den Jahren 831/32 sehen, entkoppeln die Begründung des Erzbistums und die Vereinigung der Diözesen Bremen und Hamburg und rechnen, was das Verhältnis von Bremen und Hamburg angeht, unter Umständen mit einem bis zum Ende des 9. Jahrhunderts dauernden kirchenrechtlichen Schwebezustand. Wenig Wahrscheinlichkeit für sich hat die Meinung, Nikolaus I. habe 864 ein Erzbistum Bremen begründet.

LITERATUR RGG (3. Aufl.) 4; Wolfgang Seegrün, Das Erzbistum Hamburg in seinen ältesten Papsturkunden, Köln/Wien 1976 (Studien und Vorarbeiten zur Germania Pontificia 5), S. 72, 102; Gerhard Theuerkauf, Urkundenfälschungen des Erzbistums Hamburg-Bremen vom 9. bis zum 12. Jahrhundert, in: Niedersächsisches Jahrbuch für Landesgeschichte 60 (1988), S. 71–140, hier S. 86–92; Lexikon für Theologie und Kirche, 3., völlig neu bearb. Aufl., Bd. 7, Freiburg i. B. 1998, Sp. 861 f.

Gerhard Theuerkauf

NORDHEIM (Nordheimer), Marcus (Marx, Max), geb. 23.9.1812 Memmelsdorf/Unterfranken, gest. 25.11.1899 Hamburg; isr.; Kaufmann, Wohltäter.

Marcus Nordheim

Marcus Nordheim, der Sohn eines kinderreichen Viehhändlers in Memmelsdorf, gründete 1836, noch keine 24 Jahre alt, in Hamburg eine eigene Firma. Er spezialisierte sich auf den Handel mit Häuten und Fellen und brachte es zu beträchtlichem Wohlstand und Ansehen. 1849, als die bürgerliche Gleichstellung der Israeliten durchgeführt wurde, erwarb er das Bürgerrecht; 1854 wurde er Großbürger. Die Deutsch-Israelitische Gemeinde in Hamburg wählte ihn 1876 in ihren Vorstand; 1889 wurde er Zweiter, 1890 Erster Vorsitzender. 1882, zu seinem 70. Geburtstag, errichtete Nordheim mit einem Kapital von 200 000 Mark Freiwohnungen für 27 unbemittelte und unbescholtene israelitische Familien in der Schlachterstraße (Marcus Nordheim-Stift). Ein Jahr später trug er entscheidend zum Bau der Israelitischen Töchterschule in der Karolinenstraße bei; er erfüllte damit einen Wunsch seiner damals schon leidenden Frau Sara, geborene Lion, mit der er seit 1839 in kinderloser Ehe lebte. Auch seinen Geburtsort Memmelsdorf unterstützte er mit beträchtlichen Spenden.

Ende 1896, im Alter von 85 Jahren, zog sich Nordheim aus dem Geschäftsleben zurück, Ende 1898 legte er den Vorsitz der Deutsch-Israelitischen Gemeinde nieder. Als er am 25. November 1899 starb, belief sich sein Vermögen auf rund zehn Millionen Mark. In seinem Testament hatte er Nichten und Neffen, das Haus- und das Kontorpersonal mit großzügigen Legaten bedacht, desgleichen auch diverse wohltätige und gemeinnützige Institutionen – nicht nur israelitische, sondern auch die Kunsthalle, das Pestalozzi-Stift und das Seemanns-Krankenhaus. Den Rest des Nachlasses – immerhin noch mehr als zwei Millionen Mark – durften die Testamentsvollstrecker (Nordheims Bruder Jacob und Isaac Wolffson) nach eigenem Ermessen verwenden. So konnte nicht nur mit 60 000 Mark am 1. Oktober 1901 der Marcus Nordheim Miethe-Hülfsverein ins Leben gerufen werden, der laut Satzung Mietzuschüsse an Minderbemittelte – zwei Drittel Juden, ein Drittel Anhörige anderer Konfessionen – auszuzahlen hatte. Es entstand auch, mit einem Kapital von 1,5 Millionen Mark, das Seehospital Sahlenburg bei Cuxhaven, das im September 1906 eingeweiht wurde; es sollte tuberkulosekranken Kindern Heilung bringen.

Das Gebäude der Israelitischen Töchterschule diente von 1939 bis zur Schließung 1942 den letzten jüdischen Schülern in Hamburg als Unterrichtsstätte. Der Marcus Nordheim Miethe-Hülfsverein fiel im Frühsommer 1943 der »Arisierung« anheim. Das Marcus Nordheim-Stift wurde ein Opfer des Bombenkrieges. Das Gebäude der Israelitischen Töchterschule gehört heute als Gedenk- und Bildungsstätte zur Volkshochschule. Das Seehospital in Sahlenburg trägt wieder den Namen Nordheim-Stiftung; es ist heute eine moderne Fachklinik für Orthopädie und Urologie.

Seit 1958 erinnert eine Straße in Ohlsdorf an den Kaufmann und Wohltäter. Und zum Senats-Silberschatz gehört ein Tafelaufsatz mit Kristallglasschale, der aus dem Besitz von Marcus Nordheim stammt.

LITERATUR Renate Hauschild-Thiessen, Marcus Nordheim (1812–1899), seine Familie und seine Stiftungen, in: HGH Bd. 11, Heft 3 (Oktober 1983), S. 49–69.

Renate Hauschild-Thiessen

O

Ochs, Jacob

Ochs, Jacob (später Jakob), geb. 10.8.1871 Hanau/Main, gest. 18.3.1927 Hamburg; Gärtner, Gartenbauunternehmer, Gartenarchitekt.

Jakob Ochs gilt als erster Gärtner, der sich in Hamburg als Landschaftsarchitekt qualifizierte, hier den Begriff Gartenbau prägte und in Deutschland durchsetzte. Von 1896 bis 1927 besaß er einen der bedeutendsten Gartenbaubetriebe in der Hansestadt mit einer Filiale in Berlin.

Nach der Kunstgärtnerlehre in seiner Heimat ging Jakob Ochs auf Wanderschaft durch Deutschland. Mittellos ließ er sich 1891 in Hamburg nieder, nahm Quartier bei einem Maurerpolier, von dem er erfuhr, wo Häuser gebaut wurden und Gärten entstanden. Dank wirtschaftlicher Effizienz, Kreativität, Fleiß und Tüchtigkeit konnte er sich bereits mit 25 Jahren selbstständig machen. Da er selbst nicht zeichnen konnte, beschäftigte er in seinem Büro stets mehrere Zeichner, die seine Ideen in Pläne und Entwürfe umsetzten. Im Gefolge der von Alfred Lichtwark in Hamburg und von Hermann Muthesius in Berlin protegierten Lebensreformbewegung und der damit einhergehenden Erneuerung der Gartenkunst wuchs der 1896 gegründete Gartenbaubetrieb durch erstklassige Ausführungen und geschickte Werbung auf ein Unternehmen mit differenzierten Zweigbetrieben an. Ochs unterhielt eigene Baumschulen und Versuchsgärten zunächst in Hamburg (Sasel), ab 1911 auch in Berlin (Schmargendorf) und an beiden Orten eigene Werkstätten für von Leberecht Migge entworfene Gartenmöbel. Migge, der von 1904 bis 1913 künstlerischer Leiter der Hamburger Gartenbaufirma war, brachte das Unternehmen durch seine Entwürfe und Publikationen ein bedeutsames Stück voran. Drei buchartig gestaltete Werbekataloge dokumentieren für die Jahre zwischen 1909 und 1915 die Expansion des erfolgreichen Betriebs. Besonders die Schrift »Deutsche Gärten« fand seinerzeit große Beachtung, weil sie den neuen deutschen Gartenstil – im Gegensatz zum englischen Landschaftsstil und zum französischen Formalismus – darstellte. Zu den Besonderheiten des Betriebs gehörte unter anderem, dass er bei der Neuanlage von Gärten eine Garantie für das Anwachsen der Pflanzen gab und eingegangene kostenlos ersetzte. Ochs galt als teuer, zahlte aber auch die höchsten Löhne im ganzen Hamburger Gebiet. Aus dem Ochsschen Gartenbaubetrieb gingen neben Leberecht Migge weitere bedeutende Gartenkünstler hervor, so zum Beispiel Wilhelm Luserke, der Leiter der Berliner Dependance, sein Nachfolger Heinrich Wiepking sowie Harry Maaß und Gustav Osbahr jun.

Dank der Zusammenarbeit mit renommierten Architekten, in Hamburg mit Martin Haller, Fritz Höger, Erich Elingius, Hans & Oskar Gerson und Jacob & Ameis, in Berlin mit Hermann Muthesius, Peter Behrens und Richard Riemerschmid, gelang es Jakob Ochs, auch an große Aufträge heranzukommen. Der Hamburg-Berliner Gartenbaubetrieb war an der Gestaltung des Völkerschlachtdenkmals in Leipzig (1913) sowie an den Gartenstädten Hellerau bei Dresden (fünf Gärten, 1911) und Marienbrunn bei Leipzig (1913) beteiligt. 1926 übernahm Ochs sich bei der Dresdner Gartenbauausstellung und ging in Konkurs. Von den zahlreichen Aufträgen zwischen 1896 und 1926 können mindestens 148 Parks und Gärten namentlich dokumentiert werden. Zwei von Jakob Ochs angelegte bedeutende Privatgärten sind im Hamburger Norden in ihren Grundstrukturen erhalten: Der im Edyeschen Familienbesitz verbliebene zwölf Hektar große Landschaftspark am Ende der Straße Duvenwischen in Volksdorf (Architekten: Jacob & Ameis) entstand 1910/11. Der vermutlich letzte Entwurf, der ebenfalls in diesem Stadtteil gelegene Landhausgarten Boesche am Saseler Weg (Architekt: Fritz Höger), ist auf den 23. Oktober 1926 datiert. Er dürfte erst im Todesjahr des Gartenkünstlers Jakob Ochs fertig geworden sein.

Werke Deutsche neuzeitliche Gärten, Berlin 1909, Hamburg 1911; Hamburger Gartenmöbel. Entworfen von Leberecht Migge, o. O. o. J. [um 1909/10]; Deutsche Gärten. Aus der Praxis des neuzeitlichen Gartenbaubetriebes von Jacob Ochs Gartenbau. Gegründet im Jahre 1896, Hamburg/Berlin o. J. [um 1915].

Literatur Hamburg und seine Bauten unter Berücksichtigung der Nachbarstädte Altona und Wandsbek 1914, hg. vom Architekten- und Ingenieur-Verein zu Hamburg, 2 Bde., Hamburg 1914, hier Bd. 1, S. 564–567; Irmgard Sorge-Genthe, Hammonias Gärtner. Geschichte des Hamburger Gartenbaues in den letzten drei Jahrhunderten, Hamburg 1973, S. 187–188; Karin von Behr, Auf den Spuren von Jakob Ochs in den Walddörfern, in: Blätterrauschen. Informationen der Gesellschaft zur Förderung der Gartenkultur 8 (1996), S. 14–18; Britta von Husen/Heino Grunert, Der Gartenarchitekt Jakob Ochs (1871–1927) und sein Atelier. Hamburger Reformgärten von der Jahrhundertwende bis zum 1. Weltkrieg, in: Die Gartenkunst, 11. Jahrgang (1999), Heft 1, S. 54–80.

Karin von Behr

Karl August Ohrt

OHRT, Karl August, geb. 20.2.1902 Schönwalde bei Eutin, gest. 5.10.1993 Hamburg; luth.; Bildhauer.

Aufgewachsen in einem evangelischen Pfarrhaus in Holstein, ging Karl August Ohrt zunächst in eine landwirtschaftliche Lehre. Erst 1924 begann seine künstlerische Ausbildung an der Hamburger Landeskunstschule am Lerchenfeld in der Malklasse von Julius Wohlers. Seit 1930 wandte er sich bildhauerischen Arbeiten zu und absolvierte am Lerchenfeld noch eine zusätzliche Ausbildung in der Bildhauerklasse von Richard Luksch. 1935 erhielt er den ersten öffentlichen Auftrag für eine Steinskulptur: »Tanzende Mädchen«, aufgestellt im Hamburger Stadtpark. Sie wurde 1936 als »nicht volkstümlich« entfernt und erst 1948 erneut aufgestellt. Fast alle übrigen seiner Frühwerke wurden bei einem Bombenangriff zerstört. Ab 1941 war Ohrt Soldat; während des Russlandfeldzugs fertigte er in der Etappe Bleistiftskizzen, die als Zeitdokumente wie als Zeugnisse seiner Zeichenkunst beeindrucken. 1945 geriet er für zwei Jahre in russische Gefangenschaft. Ab 1950 erhielt Ohrt in Hamburg im Zuge des Wiederaufbaus Aufträge zur Gestaltung des öffentlichen Raums (Straßenräume, Plätze, Freiflächen von Kindertagesstätten, Häusern der Jugend, Schulen, Altersheimen, Krankenhäusern und Wohnanlagen). Seine in Bronze, Aluminium, Stein und Keramik geschaffenen bildhauerischen Werke sind durch dynamische Figurationen gekennzeichnet und stellen Vögel, Tanzende, Spielende oder Sichbegegnende dar. Charakteristisch für die frühe Zeit ist die 1958 entstandene »Schwanengruppe« (Bronze) bei den Grindelhochhäusern. Seit den sechziger Jahren nahmen Ohrts Werke abstrakteren Charakter an, ohne jedoch auf einen Realitätsbezug zu verzichten, so zum Beispiel die Skulptur »Tanzende Steine« (Tuffstein) von 1968 vor dem Haus der Jugend in Bramfeld. Insgesamt ist der Künstler mit 40 großen bis monumentalen Arbeiten im öffentlichen Raum Hamburgs vertreten. Seine zahlreichen grafischen Arbeiten zeichnen sich ähnlich wie die Skulpturen durch spannungsreich bewegte Motive aus. Von 1960 bis zu seinem Tod lebte und arbeitete Ohrt in einem elbnahen Atelierhaus in Rissen. Der Künstler fand 1962 durch den Edwin-Scharff-Preis und 1984 durch die Senator-Biermann-Ratjen-Medaille öffentliche Anerkennung.

LITERATUR Karl August Ohrt. Skulpturen – Zeichnungen. Werkverzeichnis der Plastik [zum 90. Geburtstag von Karl August Ohrt und zur Ausstellung in den Räumen des Kunstvereins], Berlin 1991.

Joist Grolle

ORDULF, gest. 28.3.1072; Herzog von Sachsen.

Ordulf, Sohn Herzog Bernhards II. und Vater Magnus', mit dem die billungische Herzogsdynastie 1106 in männlicher Linie erlosch, war Herzog von Sachsen von 1059 bis 1072. Schon bei Lebzeiten seines Vaters, berichtet der Geschichtsschreiber Adam von Bremen, habe er erzbischöfliches Land in Friesland überfallen. Neben ihm, der einen Schwerpunkt in Lüneburg hatte, traten innerhalb des Herzogtums sein Bruder Hermann und sein Sohn Magnus sowie mehrere Große hervor, so im östlichen Sachsen Graf Otto von Northeim, der, 1070 als Herzog von Bayern abgesetzt, zu einem Anführer in der Auseinandersetzung sächsischer Adliger mit König Heinrich IV. wurde. Nachdem Erzbischof Adalbert von Hamburg-Bremen seine einflussreiche Stellung am Hofe König Heinrichs IV. verloren hatte, sah er sich auch in seiner Erzdiözese, besonders durch Ordulfs Sohn Magnus und durch den Grafen Udo von Stade, so bedrängt, dass er 1066 vorübergehend in den Harz floh. Diese Konflikte gingen einher mit Aufständen von Slawen, gegen die Ordulf sich vergeblich zur Wehr setzte. So verschlechterte sich die Lage des Erzbistums insgesamt. Herzog Ordulf hat bei Hamburg vermutlich die »neue Burg« in der Gegend des heutigen Rathausmarktes angelegt; dagegen ist die »neue Burg« in der Alsterschleife, aus der 1186/87 die

Neustadt Hamburg hervorging, vermutlich frühestens unter seinem Sohn Magnus angelegt worden. Eine abweichende, aber nicht durch archäologische Datierungen gestützte Interpretation sieht die Burganlage Ordulfs in der »neuen Burg« in der Alsterschleife.

1948 wurde die Ordulfstraße im Stadtteil Niendorf nach dem Sachsenherzog benannt.

LITERATUR NDB 19; Gerhard Theuerkauf, Hamburg und der Elbhandel im Mittelalter, in: Jürgen Ellermeyer/Rainer Postel (Hg.), Stadt und Hafen. Hamburger Beiträge zur Geschichte von Handel und Schiffahrt, Hamburg 1986 (Arbeitshefte zur Denkmalpflege in Hamburg 8 = Veröffentlichungen des Hamburger Arbeitskreises für Regionalgeschichte 2), S. 33–43, hier S. 41; Gerd Althoff, Die Billunger in der Salierzeit, in: Stefan Weinfurter (Hg.), Die Salier und das Reich, Bd. 1: Salier, Adel und Reichsverfassung, Sigmaringen 1991, S. 309–329, hier S. 323–328; Ralf Busch, Die Kunst des Mittelalters in Hamburg. Die Burgen, Hamburg 1999 (Veröffentlichungen des Helms-Museums. Hamburger Museum für Archäologie und die Geschichte Harburgs 85), S. 23–26.

Gerhard Theuerkauf

OSSIETZKY, Carl von (Ps. *Celsus, Thomas Murner, Lucius Schierling, Yatagan*), geb. 3.10.1889 Hamburg, gest. 4.5.1938 Berlin; kath. getauft, 1904 ev. konfirmiert; Publizist, journalistischer Schriftsteller.

Als Sohn des aus Oberschlesien nach Hamburg gekommenen ehemaligen Berufssoldaten Carl Ignatius von Ossietzky, der in der Anwaltspraxis des Senators Max Predöhl als Stenograf tätig war, wurde Carl von Ossietzky in der elterlichen Wohnung in der Großen Michaelisstraße Nr. 10 geboren. Nach dem Tod des Vaters im Jahre 1891 lebte die Familie in ärmlichen Verhältnissen; Ossietzkys Mutter, eine ehemalige Dienstmagd, betrieb eine »Speisewirthschaft« in der Nähe des Hafens, der Knabe wuchs vom zweiten bis zum zehnten Lebensjahr bei einer Tante väterlicherseits auf. Gemeinsam mit seinem Stiefvater, dem Bildhauer Gustav Walther, besuchte der junge Ossietzky Veranstaltungen der Hamburger Sozialdemokraten und zeigte sich vor allem von den Reden August Bebels beeindruckt. Einen prägenden Eindruck hinterließ auch die Friedenskämpferin Bertha von Suttner, deren Auftritt in der Hansestadt Ossietzky während seiner Schulzeit erlebte. Max Predöhl ermöglichte dem Sohn seines ehemaligen Mitarbeiters von 1896 bis 1904 den Besuch der angesehenen Rumbaumschen Schule, doch die schulischen Leistungen blieben mäßig; schwärmerische Gedichte des gegen bürgerliche Enge und Konvention aufbegehrenden Jünglings, die in diesen Jahren entstanden, zeugen vom geheimen Wunsch eines Poetenlebens.

Nach einem erfolglosen Versuch, am Privatinstitut Dr. Goldmann die Obersekundareife zu erlangen, wurde Ossietzky – wiederum durch tätige Hilfe Predöhls – 1907 Hilfsschreiber beim Amtsgericht Hamburg, 1910 folgte die Versetzung in die Schreibstube des Grundbuchamts. In diese Zeit fallen die ersten journalistischen Versuche. Die Wochenzeitung »Das freie Volk« der linksbürgerlichen Demokratischen Vereinigung, deren Mitglied Carl von Ossietzky seit 1908 war, veröffentlichte 1911 erste journalistische Arbeiten, aus denen sich rasch eine regelmäßige Mitarbeit entwickelte. Seit 1914 kamen Publikationen in den Organen des Deutschen Monistenbundes hinzu. Die Kritik des Militarismus gehörte schon jetzt zu den wichtigsten Anliegen des nebenberuflichen Journalisten und trug ihm im Mai 1914 eine Geldstrafe von 200 Reichsmark wegen »Beleidigung der Militärgerichtsbarkeit« ein. Am 1. Februar 1914 schied Ossietzky, seit einem halben Jahr mit der englischen Frauenrechtlerin Maud Hester Lichfield-Wood verheiratet, freiwillig aus dem Justizdienst aus, um freier Journalist zu werden, sah sich jedoch schon im Jahr darauf genötigt, aus finanzieller Not seine Tätigkeit im Grundbuchamt wieder aufzunehmen. Im Juni 1916 zum Militärdienst eingezogen, kehrte Ossietzky im Januar 1919 nach Hamburg zurück und quittierte nun endgültig den Justizdienst. In der Hansestadt wurde er freier Mitarbeiter des monistisch ausgerichteten Pfadweiser-Verlags, bevor er im Herbst des Jahres nach Berlin übersiedelte, um dort 1919/20 als Sekretär der Deutschen Friedensgesellschaft zu wirken, der er bereits 1912 beigetreten war.

In der Hauptstadt wurde er sodann Redakteur der »Berliner Volkszeitung« (1922–24), schloss sich dem »Friedensbund der Kriegsteilnehmer« an und initiierte die »Nie-wieder-Krieg«-Kundgebungen. Im Anschluss an den erfolglosen Versuch, mit der gemeinsam mit Karl Vetter gegründeten Republikanischen Partei Deutschlands (RPD) direkt ins politische Geschehen einzugreifen, setzte Ossietzky sein publizistisches Engagement für die Republik und gegen Reaktion und Militarismus als Redakteur der

Carl von Ossietzky

Wochenschrift »Das Tage-Buch« (1924/25) und des »Montag Morgen« (1925) fort. Früh warnte er vor der Gefahr des Nationalsozialismus und plädierte für ein linkes Bündnis von Sozialdemokraten und Kommunisten. Nach dem Tod Siegfried Jacobsohns wurde er im Oktober 1927 Herausgeber der »Weltbühne«, für die er schon seit 1926 als Redakteur gearbeitet hatte. Noch im selben Jahr wurde Ossietzky wegen »Beleidigung der Reichswehr« in einem Artikel seiner Zeitschrift zu 600 Reichsmark Geldstrafe verurteilt. Weitaus schwerwiegender war der »›Weltbühnen‹-Prozess« einige Jahre darauf: Im November 1931 verurteilte das Reichsgericht Leipzig den couragierten Publizisten wegen Hochverrats zu 18 Monaten Gefängnis, nachdem 1929 in einem Artikel der »Weltbühne« die gegen den Versailler Vertrag verstoßende geheime Aufrüstung der Reichswehr aufgedeckt worden war. Im Dezember 1932 amnestiert, wurde Ossietzky in der Nacht des Reichstagsbrands am 28. Februar 1933 erneut verhaftet, zunächst in Spandau interniert und am 6. April in das KZ Sonnenburg überführt. Nach seiner Verlegung ins KZ Esterwegen im Emsland im Februar 1934 begann eine internationale Kampagne zahlreicher Intellektueller, Künstler und Politiker für die Verleihung des Friedensnobelpreises an Carl von Ossietzky. Den am 23. November 1936 für das vorausgegangene Jahr verliehenen Preis durfte er nicht entgegennehmen. Ossietzky starb im Berliner Krankenhaus Nordend, wo er sich seit Dezember 1936 unter Aufsicht der Gestapo hatte aufhalten müssen, an den Folgen der Misshandlungen, die er während seiner Haft erlitten hatte. Seit 1947 erinnert in Hamburg-Jenfeld die Ossietzkystraße, seit 1989 im Stadtteil St. Georg der Carl-von-Ossietzky-Platz an den streitbaren Publizisten. 1983 benannte der Hamburger Senat die Staats- und Universitätsbibliothek nach Carl von Ossietzky. In der Hamburger Rathausdiele befindet sich ihm zu Ehren ein Reliefporträt.

WERKE Sämtliche Schriften. Oldenburger Ausgabe, hg. von Werner Boldt, Dirk Grathoff, Gerhard Kraiker und Elke Suhr unter Mitwirkung von Rosalinda von Ossietzky-Palm, 8 Bde., Reinbek 1994.

LITERATUR NDB 19; Killy 9; Elke Suhr, Carl von Ossietzky. Eine Biografie, Köln 1988; Gerhard Kraiker/Dirk Grathoff (Hg.), Carl von Ossietzky und die politische Kultur der Weimarer Republik. Symposion zum 100. Geburtstag, Oldenburg 1991; Wilhelm von Sternburg, »Es ist eine unheimliche Stimmung in Deutschland« – Carl von Ossietzky und seine Zeit, Berlin 1996; Manfred Weber, Carl von Ossietzky und die Nationalsozialisten, Berlin 1999 [Bibliografie S. 183–194].

Dirk Brietzke

PACIUS, Friedrich (Fredrik), geb. 19.3.1809 Hamburg, gest. 8.1.1891 Helsinki; luth.; Violinist, Komponist.

Der als »Vater der finnischen Musik« gepriesene Friedrich Pacius, Sohn eines Hamburger Weinhändlers, erhielt seinen ersten Musikunterricht in seiner Vaterstadt bei Albert Gottlieb Methfessel, der den talentierten Schüler 1824 zur weiteren Ausbildung nach Kassel zu Louis Spohr und Moritz Hauptmann schickte. Seit 1826 trat Pacius als Violinist auf und folgte 1828 einer Einladung schwedischer Musikliebhaber nach Stockholm, wo er bald Mitglied der königlichen Hofkapelle wurde. Im Februar 1835 übernahm er die Leitung des Musikunterrichts an der Universität Helsinki und gleichzeitig die Organisation des Konzertwesens der Stadt, die seit 1812 Hauptstadt des russischen Großfürstentums war. 1842 vermählte er sich mit Nina Lucia Martin. Zehn Jahre später erlebte Helsinki die Uraufführung seiner Oper »König Karls Jagd«, der ersten finnischen Oper überhaupt. Pacius' weiteres musikalisches Schaffen umfasste neben einer zweiten Oper zahlreiche Vokal- und Instrumentalwerke, und in Finnland ist er bis heute vor allem als Komponist der Nationalhymne und einiger Lieder in Erinnerung geblieben. 1860 zum Professor ernannt und 1877 mit der Ehrendoktorwürde der Universität Helsinki ausgezeichnet, zog Pacius sich seit dem Ende der sechziger Jahre von seinen offiziellen Verpflichtungen zurück. Sein sehnlichster Wunsch, seine Opern in seiner Heimatstadt Hamburg aufgeführt zu sehen, ging nicht in Erfüllung; wiederholte Versuche anlässlich seiner mehrmonatigen Deutschlandreisen, die ihn seit Mitte der fünfziger Jahre auch immer wieder nach Hamburg führten, waren erfolglos. Sein Schaffen blieb hier nahezu unbekannt, nur der 1975 nach dem Komponisten benannte Paciusweg in Eimsbüttel erinnert noch an ihn. *Gisela Jaacks*

PANOFSKY, Erwin, geb. 30.3.1892 Hannover, gest. 14.3.1968 Princeton/NJ; isr.; Kunsthistoriker.

Unter den führenden Kunsthistorikern des 20. Jahrhunderts hat Erwin Panofsky den wohl nachhaltigsten Einfluss auf das methodologische Selbstverständnis des Fachs ausgeübt, indem er die im Hamburger Warburg-Kreis entwickelte Ikonologie theoretisch fundiert und in einer Vielzahl heute klassischer Publikationen überlegen praktiziert hat.

Erwin Panofsky

Panofsky wuchs als Sohn vermögender jüdischer Eltern in Hannover und später Berlin auf und studierte nach zwei Semestern Jura ab 1911 Kunstgeschichte, Archäologie und Philosophie in München, Berlin und Freiburg. Dort wurde er 1915 bei Wilhelm Vöge mit einer Arbeit über »Die theoretische Kunstlehre Albrecht Dürers (Dürers Ästhetik)« promoviert, die aus einer in Berlin preisgekrönten Schrift zu Dürer und Leonardo hervorgegangen war. Vom Kriegsdienst bis 1917 zurückgestellt, setzte er sein Studium bei Adolph Goldschmidt in Berlin fort und heiratete 1916 seine Kommilitonin Dora Mosse. Dank der Fürsprache Gustav Paulis, des Direktors der Hamburger Kunsthalle, begann Panofsky seine Laufbahn an der neu gegründeten Universität Hamburg, wo er sich 1920 habilitierte und 1921, zunächst als Privatdozent, Aufbau und Leitung des Kunsthistorischen Seminars übernahm. Als er 1926 zum Ordinarius ernannt wurde, zählte er, wenngleich nicht unumstritten, bereits zu den bekanntesten Vertretern seines Fachs in Deutschland. Rufe nach Dorpat (1921), Heidelberg (1929) und New York (1932) lehnte er gleichwohl ab und verließ Hamburg nach seiner Entlassung durch die nationalsozialistischen Machthaber (1933) erst 1934, um ins amerikanische Exil zu gehen.

In seinen Hamburger Jahren entfaltete Panofsky eine außerordentliche Produktivität in Forschung und Lehre. Die Unterstützung durch die beiden Kunstmuseen, vor allem aber die enge Kooperation mit der Kulturwissenschaftlichen Bibliothek Warburg ermöglichten von Anbeginn eine Ausbildung auf höchstem Niveau, aus der unter anderen William S. Heckscher, Edgar Wind, Horst W. Janson und Ludwig H. Heydenreich als Schüler hervorgegangen sind. Auf Anregungen Aby Warburgs und Fritz Saxls hatte Panofsky bereits in seinem programmatischen Aufsatz »Dürers Stellung zur Antike« von 1921/22 reagiert, in dem er den Künstler in einen komplexen Auseinandersetzungsprozess der Renaissancekultur mit dem Antikenerbe hineinstellt. 1923 folgte die zusammen mit Saxl verfasste Monografie »Dürers ›Melencolia I‹. Eine quellen- und typengeschichtliche Untersuchung«, die Warburgs ikonologischen Ansatz anhand eines von diesem selbst bereits einschlägig bearbeiteten Gegenstandes aufgreift und ähnlich wie »Herkules am Scheidewege und andere antike Bildstoffe in der neueren Kunst« (1930) als ein maßgebendes Beispiel der Methode rezipiert wurde. Dabei ist Panofsky den Anregungen Warburgs nur partiell gefolgt und hat sie stets auf eigene Fragestellungen bezogen und mit einer systematischeren Vorgehensweise zu verbinden gesucht. Wie Warburg sah er in der Renaissance eine Schlüsselepoche der abendländischen Kulturgeschichte, an deren humanistischer Antikenaneignung ihn das aufklärerische Moment historischer Selbstbesinnung faszinierte. Aber er war zugleich ein engagierter Mediävist, der sich in der Tradition seiner Lehrer Goldschmidt und Vöge mit zum Teil unkonventionellen stilgeschichtlichen Studien zu Einzelproblemen wie auch großen Entwicklungszusammenhängen der mittelalterlichen Skulptur und Architektur hervortat (»Die deutsche Plastik des elften bis dreizehnten Jahrhunderts«, 1924). Gerade auf diesem Gebiet stand schon der junge Dozent in herausforderndem Gegensatz zu Autoritäten wie Wilhelm Pinder. Sein betont diskursiver Stil, der mit dem verbreiteten Sprachduktus einfühlender Wesensbestimmung deutlich kontrastiert, verweist dabei auf wissenschaftstheoretische Überlegungen, denen sich Panofsky bereits seit seiner Promotion widmete. Sie gelten der Möglichkeit der Objektivierung subjektiver Kunsterfahrungen mithilfe von antithetischen Grundbegriffen, in deren Spannungsfeld die künstlerischen Probleme fassbar würden, die eine Epoche oder ein individuelles Werk bewältigt habe. Zugleich betonte er, dass die gestalterischen Mittel in jeder Hinsicht »ausdrucksbedeutsam« seien und folglich die formalistische Trennung zwischen Form und Inhalt die organische Einheit des Kunstwerks übersehe und den Blick auf den »immanenten Sinn« verstelle, der es unbewusst mit Äußerungen auf anderen Gebieten der Kultur verbinde. Es ist bezeichnend für den Theoretiker Panofsky, dass er – unter kritischer Bezugnahme auf etablierte Positionen – in erster Linie an der Bestimmung des legitimen heuristischen Spielraums der Interpretation interessiert war und weniger an der Begründung einer verbindlichen Methode. Entsprechend frei konnte er sich selbst fallweise ikonographischer, stilkritischer oder auch historisch-philologischer Ansätze bedienen. Erst 1932 legte Panofsky in dem programmatischen Aufsatz »Zum Problem der Beschreibung und Inhaltsdeutung von Werken der bildenden Kunst« ein kohärentes Modell vor, das die kunsthistorische Interpretation auch als Verfahren veranschaulicht; in späteren Versionen (1939, 1955) bezeichnet er es in Anlehnung an Aby Warburg als Ikonologie. Der Ausgangspunkt ist hier nicht mehr die Frage nach dem Stil, sondern die nach der Ikonographie der Darstellung; das Ziel, die Gesamtheit der Wirkungsmomente des Bildes auf eine jenseits der intendierten Botschaft liegende Sinnschicht zu befragen, tritt nun klar in seiner kulturwissenschaftlichen Dimension hervor und wird im Sinne Ernst Cassirers als Beitrag zur interdisziplinären Erforschung kultureller Symbole begriffen.

Wenngleich Panofsky dieser berühmt gewordenen Abhandlung erst im amerikanischen Exil ihre endgültige Gestalt gegeben hat, wandte er sich in seiner neuen akademischen Umgebung von der Theoriediskussion ab. Nachdem er ab 1934 zunächst an der New York University gewirkt hatte, berief ihn 1935 das Institute for Advanced Studies in Princeton, wo er ohne regelmäßige Lehrverpflichtungen in einem kleinen Kreis von Wissenschaftlern aller Fachrichtungen, darunter Albert Einstein, seinen Forschungen nachgehen konnte. Hier entstanden die meisten seiner Hauptwerke, von den »Studies in Iconology« (1939) über die große Dürer-Monografie (1943), »Gothic Architecture and Scholasticism« (1951), »Early Netherlandish Painting« (1953), »Meaning in the Visual Arts« (1955) und »Renaissance and Renaissances in Western Art« (1960) bis hin zu den Spätwerken über die Grabplastik (1964) und über Tizian (posthum 1969). Mit ihnen inaugurierte er einen Siegeszug der Ikonologie in der amerikanischen

Kunstgeschichtsschreibung der Nachkriegszeit, den er selbst jedoch mit verhaltener Skepsis betrachtete. In seinen amerikanischen Schriften tritt neben innovative Interpretationsansätze zur Korrespondenz intellektueller und visueller Phänomene, etwa im mentalen Habitus gotischer Architekten oder der naturalistisch verborgenen Symbolik der altniederländischen Malerei, ein deutlicher Vorbehalt gegen die Überinterpretation und der Appell an den »common sense« des Kunsthistorikers, der nicht nur der Bildung, sondern auch dem Ethos nach Humanist zu sein habe.

Am 20. Juni 2000 benannte die Hamburger Universität den Hörsaal C ihres Hauptgebäudes nach Erwin Panofsky.

WERKE Herkules am Scheidewege und andere antike Bildstoffe in der neueren Kunst, Leipzig/Berlin 1930 (Studien der Bibliothek Warburg 18) [Nachdruck Berlin 1997]; Das Leben und die Kunst Albrecht Dürers, München 1977 [zuerst 1943 in englischer Sprache]; Studien zur Ikonologie. Humanistische Themen in der Kunst der Renaissance, Köln 1980 [zuerst 1939 in englischer Sprache; vollständiges Schriftenverzeichnis S. 477–491]; Deutschsprachige Aufsätze, hg. von Karen Michels und Martin Warnke, 2 Bde., Berlin 1998 (Studien aus dem Warburghaus 1); Altniederländische Malerei, hg. von Jochen Sander und Stephan Kemperdick, Köln 2001 [zuerst 1953 in englischer Sprache].

LITERATUR Michael Ann Holly, Panofsky and the Foundations of Art History, Ithaka/London 1984; Renate Heidt Heller, Erwin Panofsky (1892–1968), in: Heinrich Dilly (Hg.), Altmeister moderner Kunstgeschichte, Berlin 1990, S. 165–187; Bruno Reudenbach (Hg.), Erwin Panofsky. Beiträge des Symposions Hamburg 1992, Berlin 1994 (Schriften des Warburg-Archivs im Kunstgeschichtlichen Seminar der Universität Hamburg 3).

Rainer Donandt

PAULI, Magdalena, geb. Poel, geb. 23.2.1757 Archangelsk, gest. 4.1.1825 Bückeburg; ref.; Freundin und Muse von Caspar Voght.

Gemeinsam mit ihrem Vater Jakob Poel und dem Bruder Piter, dem späteren Herausgeber des »Altonaischen Merkur«, kam Magdalena schon in jungen Jahren aus St. Petersburg nach Hamburg. Der wohlhabende Vater setzte in der Hansestadt seine kaufmännische Tätigkeit fort. Aus seinem geschäftlichen Kontakt mit der Familie Pauli in Lübeck ergab sich die Bekanntschaft seiner Tochter mit dem sieben Jahre älteren Adrian Wilhelm Pauli, den sie 1776 heiratete. Der Ehe entsprossen fünf Kinder, unter ihnen der bedeutende Rechtsgelehrte und Historiker des Mittelalters Carl Wilhelm Pauli, in späteren Jahren Rat am Oberappellationsgericht der vier Hansestädte in Lübeck.

Gemeinsam mit Klopstocks späterer zweiter Gemahlin, Johanna Elisabeth von Winthem, stand Magdalena im Mittelpunkt der zumeist im Hause Johann Georg Büschs stattfindenden »Lesegesellschaft«. Die junge Frau, die neben Deutsch und Englisch auch Französisch und Italienisch sprach, bezauberte durch ihre jugendliche Anmut und eine liebliche, von italienischen Sängerinnen ausgebildete Stimme. Zu den Gästen der Gesellschaft gehörten Friedrich Gottlieb Klopstock, der Arzt Johann Christoph Unzer, der Domherr Friedrich Johann Lorenz Meyer, der Pastor an St. Katharinen Julius Gustav Alberti und Matthias Claudius. Unter den jüngeren waren unter anderen die Gebrüder Stolberg und der Homer-Übersetzer Johann Heinrich Voß. Bei den Zusammenkünften war es üblich, dass jedes Mitglied eine Reihe von Texten – meistens Gedichte – auswählte, die zunächst vorgelesen, anschließend wohl auch beurteilt wurden. Den Abschluss bildete eine gemeinsame Mahlzeit, deren heitere Stimmung durch den Gesang der beiden Damen belebt und gefördert wurde.

In diesem geselligen Kreis lernte Caspar Voght die frisch vermählte 19-jährige Magdalena Pauli kennen und verliebte sich leidenschaftlich in sie. Sie konnte singen, tanzen, schreiben, reiten und teilte alle seine Neigungen. Die Anfänge von Voghts »ornamented farm« in Flottbek sind zweifellos mit dieser Begegnung in Verbindung zu bringen. »Durch sie, für sie war alles«, schrieb er in seinen Lebenserinnerungen. Der gesellige Kreis Hamburger Freunde, der sich von 1781 bis 1786 auf dem Pauli'schen Gut Zierow in Mecklenburg versammelt hatte, verlor seinen Mittelpunkt, als die Paulis 1786 ihr Anwesen verkauften und das näher bei Lübeck gelegene Gut Rondeshagen erwarben. Die Eifersucht ihres Mannes verhinderte nun weitere Zusammenkünfte mit Voght; Magdalenas Freundin Johanna Sieveking ermöglichte jedoch einen geheimen Briefwechsel. Voght pries die Freundin 1790 in sehnsuchtsvollen, von Rousseaus »Nouvelle Heloïse« inspirierten Tagebuchblättern. Bei einem Besuch im Sommer 1790 sah Magdalena zum ersten Mal den von Voght in Flottbek angelegten Park, über den sie bisher nur durch seine Briefe unterrichtet worden war. Voght

Magdalena Pauli

begab sich 1793 nach England, von wo er erst 1795 zurückkehrte.

Im gleichen Jahr bezogen die Paulis ein Haus in Altona, das die Sievekings für sie gekauft hatten. Wegen der Geschäftsuntüchtigkeit Adrian Wilhelm Paulis hatte Rondeshagen verkauft werden müssen, und es scheint, dass Magdalena fortan von Freunden, darunter auch Voght, finanziell unterstützt wurde, während ihr Ehemann bei seiner Familie Unterkunft fand. Als Caspar Voght die Unterstützung nicht mehr im gleichen Umfang gewähren konnte, zog Magdalena Pauli mit ihren Kindern nach Bückeburg, wo sie am Hof des jungen Fürsten Georg Wilhelm von Schaumburg-Lippe freundliche Aufnahme fand. Schon bald scheinen ihre geselligen Talente im Hofleben eine Rolle gespielt zu haben, wie aus den Briefen an Johanna Sieveking hervorgeht. Um ihre Einkünfte aufzubessern, nahm sie junge Hamburger in Pension auf.

Als Voght 1812 von einem weiteren Auslandsaufenthalt nach Hamburg zurückgekehrt war, zwang ihn der Verlust seines Vermögens dazu, fortan von den Erträgen seines Landguts zu leben. Zu seiner großen Freude zog 1816 der engste Freund, Magdalenas Bruder Piter Poel, mit seiner Gattin Friederike, geborene Büsch, den Sommer über zu ihm nach Flottbek. 1817 gesellte sich Magdalena zu ihnen. Diese letzten gemeinsamen Sommermonate in Flottbek müssen ein Höhepunkt im Leben der Freunde gewesen sein.

Nach ihrer Rückkehr empfing Magdalena in Bückeburg einen Brief, in dem Voght sie als »theuerste« aller Freundinnen bezeichnet und das ruhige Glück preist, das er zuvor an ihrer Seite genossen hat. Seiner mehr als 40 Jahre währenden Freundschaft mit Magdalena Pauli hat Voght in seinen Briefen an Johanna Sieveking ein bewegendes Denkmal gesetzt. 1822 war Magdalena Pauli zum letzten Mal in Flottbek. Bei ihrer Beerdigung in Bückeburg gab ihr der 72-jährige Caspar Voght das letzte Geleit.

LITERATUR Gustav Poel, Bilder aus vergangener Zeit. Nach Mitteilungen aus großenteils ungedruckten Familienpapieren, Teil 1: Bilder aus Piter Poels und seiner Freunde Leben 1760–1787, Hamburg 1884; Caspar Voght und sein Hamburger Freundeskreis. Briefe aus einem tätigen Leben, Teil 1: Briefe aus den Jahren 1792 bis 1821 an Magdalene Pauli, geb. Poel, bearb. von Kurt Detlev Möller, Teil 2: Briefe aus den Jahren 1785 bis 1812 an Johanna Margaretha Sieveking, geb. Reimarus, bearb. von Annelise Tecke, Hamburg 1959/64 (Veröffentlichungen des Vereins für Hamburgische Geschichte 15.1, 15.2); Angela Kulenkampff, Caspar Voght und Flottbek. Ein Beitrag zum Thema Aufklärung und Empfindsamkeit, in: ZHG 78 (1992), S. 67–101.

Angela Kulenkampff

PAULSEN, Charlotte, geb. Thornton, geb. 4.11.1797 Hamburg, gest. 15.11.1862 ebd.; freireligiös; Wohltäterin.

Mit einer großen Geschwisterschar verlebte Charlotte, Tochter des reichen Bankiers Charles Thornton, ihre Kindheit auf dessen Anwesen in Othmarschen. In der Franzosenzeit büßte Thornton sein Vermögen ein. Er verheiratete die 16-jährige Charlotte mit dem 20 Jahre älteren Makler Andreas Christian Paulsen, dem er sich durch »eine Tat des Edelmuts im Geschäftsleben« verpflichtet fühlte. Charlotte fügte sich in die Konvenienzehe und achtete ihren Ehemann. Die 1815 geborene Tochter Elisabeth blieb das einzige Kind. Charlotte übernahm die Erziehung selbst und bildete sich dabei weiter, nahm aber auch gerne am Hamburger Gesellschaftsleben teil. Die Tochter heiratete früh den Apotheker Julius Lorenzen und zog nach Oldesloe. Die Gespräche mit dem hochgebildeten, demokratisch gesinnten Schwiegersohn verstärkten die freisinnige Gedankenrichtung Charlotte Paulsens. Als kurz nacheinander ihr verehrter Vater, der Schwiegersohn und die Enkelkinder gestorben waren, adoptierte Charlotte das uneheliche Kind eines Freundes und erzog es als ihr eigenes Enkelkind. Sie wollte ihrem Leben einen Sinn geben und etwas für die vom Schicksal Benachteiligten tun. Ein Vorbild sah sie in Amalie Sieve-

Charlotte Paulsen

king, die 1832 aus christlicher Motivation den Weiblichen Verein zur Armen- und Krankenpflege gegründet hatte. Sieveking lehnte jedoch die Mitarbeit der Freidenkerin Charlotte Paulsen ab. Diese fand eine ihrer Grundhaltung entsprechende Möglichkeit des Mitwirkens in dem liberalen, überkonfessionellen Pestalozzistift für verwahrloste Kinder, einem Gegenstück zu dem christlich-pietistisch geführten Rauhen Haus. Charlotte Paulsen trat dem Frauenverein zur Unterstützung des Pestalozzistifts bei und leitete bis 1850 die Finanzsektion. Von hier aus fand sie Anschluss an Gleichgesinnte. Sie wurde Mitglied in dem seit 1847 bestehenden Frauenverein zur Unterstützung der Deutschkatholiken. Die deutschkatholische Bewegung erstrebte ein auf freie christliche Liebe gegründetes Gemeindeleben mit demokratischer Verfassung ohne kirchliche Konfessionalität. Der Frauenverein unterstützte die mittellose Gemeinde, weitete seine Tätigkeit auf andere humane Zwecke aus und verstand sich zugleich als Forum zur kulturpolitischen Bildung der Frauen und zur Bestimmung ihrer Aufgaben in der Gesellschaft. Charlotte Paulsen wirkte ebenfalls im Sozialen Verein zur Bekämpfung konfessioneller Vorurteile mit, in dem sich christliche und jüdische Frauen zu gemeinsamen Gesprächen und Aktionen zusammenfanden. Die Revolution von 1848/49 weckte in diesen Frauen den Mut zu selbstständigem Handeln.

1849 gründete Charlotte Paulsen nach dem Vorbild der von ihr immer noch verehrten Amalie Sieveking den Frauenverein zur Unterstützung der Armenpflege. Wie der Sievekingsche leistete auch dieser neue Verein Einzelfallhilfe in Ergänzung zur öffentlichen Armenfürsorge. Organisation und Tätigkeit der beiden konkurrierenden Unternehmungen zielten auf ganz ähnliche praktische Hilfen: Hausbesuche, Hauspflege von Kranken, Austeilung von Suppen, Naturalien und Textilien sowie vor allem Arbeitsvermittlung an Männer und Frauen. Der Unterschied lag in der Wahrnehmung und Beurteilung von Armut. Der sozialkonservativen Haltung von Amalie Sieveking stand die egalitäre Auffassung von Charlotte Paulsen entgegen. Während Sieveking ihren Verein autoritär und hierarchisch führte, arbeitete Paulsen mit einem Team gleichberechtigter Mitglieder. Amalie Sieveking führte heftige Attacken gegen den von ihr als kommunistisches und atheistisches Teufelswerk bezeichneten freisinnigen Frauenverein, von dem sie eine Unterminierung ihrer standesbestimmten Armenerziehung befürchtete.

Ein Hauptziel von Charlotte Paulsen war die Überwindung der Standesschranken. Sie bildete eine Art genossenschaftlicher Gewerbeassoziation, die so genannte Arbeitgabe, wobei bürgerliche Frauen und Arbeiterinnen Hand in Hand wirkten. Der Verein erwarb günstig Stoffe, die zur Verarbeitung gegen Lohn an geschickte Frauen der betreuten Familien verteilt wurden, und sorgte anschließend für den Verkauf der fertigen Produkte. Zusammen mit Emilie Wüstenfeld sorgte Charlotte Paulsen für die Ausbildung von unbemittelten Mädchen in Haushaltsführung, Lesen, Schreiben und sprachlichem Ausdruck, um sie als Dienstboten an angesehene Familien vermitteln zu können.

Charlotte Paulsens Hauptaugenmerk galt der Erziehung und Bildung von Kindern aus der Armutsschicht. Sie richtete eine Bewahranstalt für Kinder arbeitender Mütter ein und bestellte für sie eine nach der freiheitlichen Fröbelschen Methode ausgebildete Kindergärtnerin. Die Sechsjährigen wurden anschließend in eine Vereinsschule aufgenommen, die Johanna Goldschmidt und Amalie Westendarp gegründet hatten. Frauen des Vereins und Lehrer unterrichteten unentgeltlich. Die Schule war mit einer regulären Unterrichtsanstalt nicht zu vergleichen, sondern ganz auf die Bedürfnisse der Kinder ausgerichtet.

Der Armenverein von Charlotte Paulsen fand die Anerkennung der Armenpfleger und des Hamburger Publikums. Aber mit zunehmender Reaktion wollte die Hamburger Regierung freisinnige Anstalten nicht länger tolerieren. Die Armenschule wurde 1851 unter dem Vorwand, die Lehrkräfte besäßen keine Konzession zum Unterrichten, geschlossen. Um den Weiterbestand der Schule führten die Frauen einen zähen Kampf, in dessen Verlauf Charlotte Paulsen polizeilich verhört wurde. Es gelang, die Schule mit reduzierter Schülerzahl in privaten Kleingruppen fortzuführen, bis sie 1856 mit 60 Kindern unter einer konzessionierten Lehrerin neu eröffnet werden konnte.

In der Zeit der Demokratenhetze verhalf Charlotte Paulsen manchem Gesinnungsgenossen zur Flucht aus Hamburg ins freie England oder nach Amerika, wo sie sich selbst 1851 neun Monate lang bei ihrer Schwester aufhielt. Andere Verfolgte unterstützte sie finanziell. Als ihr Mann 1855 starb, waren ihre Mittel so erschöpft, dass sie ihre Lebenshaltung aufs Äußerste einschränken musste. Eine Zeit lang wohnte sie mitten unter den Kindern in der Bewahranstalt am Holländischen Brook, später bezog sie mit ihrer Pflegetochter eine winzige Wohnung an der Mundsburg. Dennoch blieb Paulsen eine stadtbekannte Anwältin der Armen, besuchte bedürftige Familien, scheute keinen Bittgang für sie ins Rathaus. Ihr Traum, Schule und Bewahranstalt des Armenvereins unter einem Dach zu vereinen, blieb zu Lebzeiten unerfüllt. Erst vier Jahre nach ihrem Tod eröffnete ihre Freundin Emilie Wüstenfeld das Paulsenstift. Wie drei Jahre zuvor Amalie Sieveking wurde Charlotte Paulsen in einem Armensarg bestattet. Die Feier auf dem der Freien Gemeinde konzessionierten Begräbnisplatz des Gertrudenkirchhofs fand ohne kirchliche Zeremonie statt.

Das Hamburger Charlotte-Paulsen-Gymnasium geht auf die Armenschule zurück, die im Rahmen des von der Namenspatronin gegründeten freisinnigen Frauenvereins eingerichtet worden war. Als Wohltäterin geehrt wurde Paulsen durch die Anbringung ihres Porträts an einer Säule des 1897 eingeweihten Rathauses. Auf dem Ohlsdorfer Gedächtnisfriedhof erinnert eine Grabplatte an sie.

WERKE Jahresberichte des Frauenvereins zur Unterstützung der Armenpflege, Hamburg 1850-53.

LITERATUR ADB 25; LhS 6; Anna Wohlwill, Charlotte Paulsen, in: Schule des Paulsenstifts. Höhere Mädchenschule, Hamburg 1900, S. 1–12; Rudolf Kayser, Charlotte Paulsen, in: HGH 1. Jg., Nr. 2 (Juni 1926), S. 33–43; Inge Grolle, Charlotte Paulsen (1797–1862), in: dies., Die freisinnigen Frauen. Charlotte Paulsen, Johanna Goldschmidt, Emilie Wüstenfeld, Bremen 2000 (HLb 16), S. 11–48. *Inge Grolle*

PAULSEN, Wilhelm, geb. 27.9.1875 Norderbrarup/Schleswig, gest. 27.3.1943 Berlin; luth.; Lehrer, Berliner Stadtschulrat, pädagogischer Schriftsteller.

Nach einer Schulausbildung in Kiel und einer Volksschullehrerausbildung am Lehrerseminar in Segeberg/Holstein begann Wilhelm Paulsen 1897 seine Lehrerkarriere in Hamburg. Hier fand er schnell Anschluss an die reformpädagogische Bewegung. Der Pädagoge verfasste Beiträge für die Zeitschrift der Gesellschaft der Freunde des vaterländischen Schul- und Erziehungswesens, die »Pädagogische Reform«, und engagierte sich für die Selbstverwaltung der Schulen, die Trennung von Staat und Religion in Erziehungsfragen sowie für die Einrichtung einer Einheitsschule. Seit 1906 war Paulsen Delegierter der hamburgischen Lehrerschaft bei der deutschen Lehrerversammlung. Von 1911 bis 1919 wirkte er als Schriftleiter der »Pädagogischen Reform«, einer führenden Reformzeitschrift, die weit über Hamburg hinaus Resonanz fand. Aus seiner 1902 geschlossenen Ehe mit der Lehrerin, Frauenrechtlerin und Pazifistin Elsa Rieper gingen zwei Kinder hervor.

Anfang 1920 wurde Paulsen zum Schulleiter der Versuchsschule Tieloh-Süd in Barmbek berufen. Im selben Jahr begründete und organisierte er die Hamburgische Schulengemeinschaft, eine Vereinigung reformorientierter Schulen in der Hansestadt. Als Arbeitsgrundlage dieses Zusammenschlusses dienten die von Paulsen in der »Pädagogischen Reform« publizierten Leitsätze zum inneren und äußeren

Wilhelm Paulsen

Aufbau des Schulwesens, in denen er für die Einheitsschule, die Arbeitsschule, die Gemeinschaftsschule und die Freie Schule plädierte.

1921 wurde Paulsen, der bereits 1898 der SPD beigetreten war, von der sozialistischen Fraktion der Stadtverordnetenversammlung in Berlin zum Stadtschulrat gewählt. Damit er sein neues Amt als Leiter des gesamten Berliner Schulwesens (Volks-, Hilfs-, Berufsschulwesen, höhere Schulen) antreten konnte, übersiedelte die Familie nach Berlin, hielt aber Kontakt zum hamburgischen Freundeskreis um Wilhelm Lamszus, Hermann Leo Köster, Nicolaus Hennigsen und Heini Harten. Auch publizierte Paulsen weiterhin in der »Hamburger Lehrerzeitung«. Als Berliner Stadtschulrat widmete er seine Aufmerksamkeit den Lebensgemeinschafts- und weltlichen Schulen, dem von Fritz Karsen geleiteten Neuköllner Schulenkomplex – einer Art kooperativer Gesamtschule mit angeschlossener Referendarsausbildung und Arbeiter-Abiturientenkursen –, dem Aufbau einer Sozialfürsorge für Schüler und Jugendliche und dem Ausbau des Hilfsschulwesens. 1924 wurde er von den konservativen Parteien mit Unterstützung der KPD-Stimmen als Stadtschulrat abgewählt. Es folgte eine rege Publikations- und Vortragstätigkeit, aus der als wichtigste Schrift »Die Überwindung der Schule« hervorging. Paulsen entwickelte und veröffentlichte verschiedene Bildungs- und Strukturpläne für das braunschweigische, preußische und Berliner Schulwesen. 1929 übernahm er eine Honorarprofessur für Pädagogik an der Technischen Universität in Braunschweig, doch wurde sein Lehrauftrag bereits im Dezember 1932 vom NSDAP-Kultusminister Dietrich Klagges aufgehoben. 1933 setzten die Nationalsozialisten seine Pensionszahlungen aus, später wurde ihm eine auf ein Drittel gekürzte Weiterzahlung gewährt. Aus politischen Gründen musste er sich aus dem öffentlichen Leben völlig zurückziehen.

Nach Paulsens Tod und der Einäscherung wurde seine Urne nach Hamburg überführt und auf dem Ohlsdorfer Friedhof bestattet.

WERKE Die Überwindung der Schule – Begründung und Darstellung der Gemeinschaftsschule, Leipzig 1926; Das neue Schul- und Bildungsprogramm. Grundsätze und Richtlinien für den Ausbau des Schulwesens, Osterwieck am Harz 1930; Lösung der heutigen Bildungskrise. Stimmen aus der Öffentlichkeit, Aufbaupläne in Berlin, Langensalza u. a. 1933.

LITERATUR Reiner Lehberger, Wilhelm Paulsen: Von der »Pädagogischen Reform« zur »Überwindung der Schule«, in: Heinz Schernikau (Hg.), Reformpädagogik und Gesellschaftskritik – Was bleibt vom (freiheitlichen) Sozialismus?, Hamburg 1993 (Dokumentation Erziehungswissenschaft 5), S. 207–230. *Reiner Lehberger*

PAULUN, Dirks, geb. 10.12.1903 Shanghai, gest. 28.7.1976 Hamburg; Journalist, Schriftsteller, Kabarettist.

Erich Paulun war Hamburger Schiffsarzt, bevor er sich in Shanghai niederließ und dort unter anderem eine deutsch-chinesische Medizinerschule gründete. Als er 1909 verstarb, kam sein Sohn Dirks zur Großmutter nach Klein-Flottbek. Nach Ottensener Schulzeit und einer Lehre zum Exportkaufmann folgten Tätigkeiten als Übersetzer und Buchhändler, bevor Dirks Paulun seine journalistische Laufbahn als Pressefotograf bei Hinrich Springer in Altona begann. Er verfasste schon bald Kritiken und Feuilletons, wurde Mitarbeiter der »Hamburger Tribüne« und später des »Segeberger Kreisblatts«. 1933 entlassen und vom Schutzverband Deutscher Schriftsteller wegen Verdachts auf »marxistische Umtriebe« ausgeschlossen, jedoch vom Schriftleiterverband als »Kunstbetrachter« aufgenommen, veröffentlichte Paulun Satiren und Grotesken. 1936 begann seine gemeinsame Kabarettarbeit mit Hans Harbeck, Tetjus Tügel und anderen im »Bronzekeller« in der Wexstraße; nach dem Krieg veranstaltete Paulun seit 1946 mit vielen Gästen seine wöchentlich an verschiedenen Spielstätten stattfindende »Wendeltreppe«, deren Domizil heute der Ratsweinkeller ist. Als gefragter Journalist arbeitete er für verschiedene Zeitungen, seit 1948 fest für das »Hamburger Abendblatt«. Daneben entstanden zahlreiche Beiträge für Radio und Fernsehen. Insgesamt umfasst sein Werk mehr als 1000 Veröffentlichungen, darunter über 20 Bücher.

Seit 1935 entstanden seine »Studien in Hamburger Hochdeutsch«, die zuerst im »Hamburger Anzeiger«, später als Kolumne im »Hamburger Abendblatt« und in mehreren Buchausgaben erschienen. Paulun verfasste sie in »Missingsch«, wie die hamburgische Variante der Sprachmischung aus Hoch- und Plattdeutsch genannt wird. Sein bleibendes Verdienst ist die Dokumentation der Sprache der einfachen Hamburger Bevölkerung, und die Kunst des »Missingsch-Professors« und »Gemütsathleten« be-

Dirks Paulun

Caroline Perthes

stand darin, mit ihr auch die Lebens- und Wesensart der Menschen schlaglichtartig einzufangen (»Appunssuh muss ein mittn Scheff rehn«). Während seiner letzten Lebensjahre gewährte ihm der Senat einen monatlichen »Ehrensold« von 500 Mark. Seit 1984 erinnert in Blankenese der Dirks-Paulun-Weg an den Schriftsteller und Kabarettisten.

WERKE Missingsch. Studien in Hamburger Hochdeutsch, Hamburg 1950 [drei Folgebände 1951/52]; Is doch gediegen. Ein heiterer Streifzug durch das Dickicht des Hamburger Hochdeutsch. Zugleich eine kleine »Sprachlehre« für Zugereiste. Mit Zeichnungen von Wilhelm M. Busch, Hamburg 1973; Platt auf deutsch. Herkunft und Bedeutung plattdeutscher Wörter, München 1974.

LITERATUR KDL 1943 ff.; Erich Lüth, Der Mann, der Missingsch dichtet, in: Rheinischer Merkur vom 20. 9. 1968, S. 10; Walter Deppisch, Kleinkunst denkt nicht ans große Geld. Fragen an Dirks Paulun, in: Die Welt vom 30. 12. 1970, S. 21, 23.

Daniel Tilgner

PERTHES, Maria *Caroline* Elisabeth, geb. Claudius, geb. 7. 2. 1774 Wandsbek, gest. 28. 8. 1821 Hamburg; luth.; Buchhändlerfrau.

Caroline Perthes, die älteste Tochter von Matthias und Rebekka Claudius, übte einen weitaus stärkeren Einfluss auf das Hamburger Geistesleben des frühen 19. Jahrhunderts aus als bisher allgemein angenommen. Die Verschmelzung der christlich-traditionellen Werte des Vaters mit denen ihrer adligen Vertrauten, der katholischen Fürstin Amalie Gallitzin (Oberhaupt der Münsteraner »familia sacra«) und der Gräfin Julie Reventlow (Mittelpunkt des Emkendorfer Kreises), bewirkte bei ihr die Ausprägung einer intensiven, konfessionsübergreifenden Frömmigkeit. Nachdem Friedrich Perthes, mit dem sie seit 1797 verheiratet war, 1796 durch den Philosophen Friedrich Heinrich Jacobi in diese Kreise eingeführt worden war, fungierte Caroline Perthes als entscheidende Mittlerin, die ihre Weltanschauung nicht nur auf den Gatten, sondern auf den gesamten Freundeskreis um Johann Michael Speckter und Johann Daniel Runge übertrug und so einen Gegenpol zu den aufklärerischen Zirkeln um Georg Heinrich Sieveking und Johann Albert Heinrich Reimarus schuf. Damit bereitete sie der Erweckungsbewegung indirekt den Boden. Zugleich steht Caroline Perthes beispielhaft für die starke Integration der Bürgerfrauen in die Lebenswelt ihrer Männer. Nach dem Umzug an den Jungfernstieg (1805) entwickelte sich die Perthessche Verlagsbuchhandlung zu einer erstrangigen Kommunikationsplattform für Norddeutschland, woran die Verlegersgattin durch ihre Beziehungen wesentlichen Anteil hatte. Sie leistete außerdem mit der Durchführung von Hilfssammlungen und der Anfertigung hanseatischer Feldzeichen einen nicht zu unterschätzenden Beitrag zum Widerstand ihres Mannes gegen die französischen Besetzer (1813). Nach dem Fall der Stadt musste sie mit sieben Kindern nach Holstein zu den befreundeten Reventlows fliehen, wo sie bis zur Befreiung Hamburgs im Frühjahr 1814 blieb. Die zahlreichen Entbehrungen, die im anschließenden Wiederaufbau des Geschäfts gipfelten, führten schließlich zum verfrühten Tod. Ein Gedenkstein auf dem Ohlsdorfer Friedhof erinnert heute an Caroline Perthes.

LITERATUR Bake/Reimers, S. 26–31; Clemens Theodor Perthes, Friedrich Perthes' Leben. Nach dessen schriftlichen und mündlichen Mittheilungen aufgezeichnet, 3 Bde., 6. Aufl. Gotha 1872; Rudolf Kayser (Hg.), Karoline Perthes im Briefwechsel mit ihrer Familie und ihren Freunden, Hamburg 1926 (Veröffentlichungen des Vereins für Hamburgische Geschichte 6). *Dirk Moldenhauer*

PERTHES, *Friedrich* Christoph, geb. 21. 4. 1772 Rudolstadt, gest. 18. 5. 1843 Gotha; luth.; Buchhändler, Verleger.

Das Wirken dieser neben Johann Friedrich Cotta und Friedrich Arnold Brockhaus wohl markantesten Verlegerpersönlichkeit der Goethezeit wird heute in erster Linie mit der Neuorganisation des deutschen Buchhandels, darunter der Gründung des Börsenvereins (1825), in Verbindung gebracht. Mindestens ebenso bedeutsam war jedoch Friedrich Perthes' Tätigkeit aus wissenschaftsgeschichtlicher Sicht: Mit groß angelegten Buch- und Zeitschriftenprojekten bot er zahlreichen jüngeren Wissenschaftlern, vor allem Theologen und Historikern, optimale Ausgangsbedingungen zum innerfachlichen Aufstieg und zur Steigerung des öffentlichen Ansehens.

Perthes' Vorfahren standen väterlicher- wie mütterlicherseits als Beamte im Dienst der Fürsten von Schwarzburg-Rudolstadt. Er selbst folgte jedoch dem Vorbild seines Onkels, des Gothaer Verlagsbuchhändlers Justus Perthes, und trat 1787 eine Lehre beim Leipziger Verlagsbuchhändler Adam Friedrich Böhme an. Im Jahr 1793 nahm ihn Benjamin Hoffmann als Gehilfen in seine Hamburger Buchhandlung auf; dieser Wechsel in die norddeutsche Hansestadt brachte Friedrich Perthes die entscheidenden Impulse für sein weiteres Leben. Zunächst erwies sich der Kontakt zum Freundeskreis um Johann Speckter und Daniel Runge als ausschlaggebend, wo ihm das aufklärerische Denken Kants, Herders und Schillers näher gebracht wurde. Nicht zuletzt die guten Beziehungen zu den Hamburger Kaufmannsfamilien ermöglichten Perthes am 11. Juli 1796 die Gründung der ersten reinen Sortimentsbuchhandlung in Hamburg. Das Geschäft befand sich seit 1805 am Jungfernstieg Nr. 22 und zeichnete sich vor allem durch kundenfreundliche Innovationen wie das Angebot fertig gebundener Bücher in Regalen, Sitzmöglichkeiten und Schaufensterauslagen aus. Obwohl sie infolge des wirtschaftlichen Niedergangs Hamburgs seit 1799 schwere Umsatzeinbußen hinnehmen mussten, konnten Perthes und sein 1798 beigetretener Teilhaber und Schwager, Johann Heinrich Besser (1775–1826), das Geschäft dank Aufnahme eigener Verlagsprojekte sowie der finanziellen Intervention Hamburger und Leipziger Freunde und adliger Gönner aus dem Umkreis von Matthias Claudius stabilisieren und seit 1811 sogar ausweiten. Die Bekanntschaft mit Letztgenanntem ging auf die Vermittlung des Philosophen Friedrich Heinrich Jacobi zurück und führte Ende 1797 zur Hochzeit mit dessen Tochter Caroline. Der daraus erwachsende intensive Kontakt mit den befreundeten Adelskreisen in Emkendorf und Münster bewirkte einen tiefgreifenden Wandel in Perthes' Denken: Der Wunsch nach einer langsamen Reform der Gesellschaft auf der Basis eines konfessionsübergreifenden Christentums trat in den Vordergrund. Diese Umorientierung spiegelt sich auch im Verlagsprogramm wider: Die wichtigsten Autoren der ersten Jahre, darunter Matthias Claudius mit den letzten Teilen seiner Werkausgabe (1797–1812), Friedrich Wilhelm Schelling mit »Von der Weltseele« (1798) sowie Friedrich Leopold Graf von Stolberg mit der »Geschichte der Religion Jesu Christi« (1806–18), gehörten diesen christlich-konservativen Kreisen an.

Die Siege Napoleons über Österreich und Preußen und die anschließende Besetzung Hamburgs Ende 1806 empfand Perthes als politische Katastrophe. Sein Wunsch, den deutschen Intellektuellen in ihrem staatenübergreifenden Widerstand gegen das dominante Frankreich eine Diskussionsplattform bereitzustellen, mündete 1810/11 in das Zeitschriftenprojekt »Vaterländisches Museum« ein, an dem unter anderen Friedrich Schlegel, Joseph Görres und Jean Paul mitwirkten. Nach dem Scheitern Napoleons im Russlandfeldzug übernahm Friedrich Perthes leitende Funktionen in der Bürgergarde und beteiligte sich aktiv an der Vertreibung der französischen Besatzung im März 1813. Die zeitweilige Rückeroberung Hamburgs zwang ihn und seine Familie zur Flucht; das Geschäft wurde mit allen Waren konfisziert. Die intensive militärisch-politische Zusammenarbeit mit Ferdinand Beneke, Karl Sieveking und Carl Curtius gipfelte im August 1813 in der Bildung des Hanseatischen Direktoriums – einer Art

Friedrich Perthes

Exilregierung, in der Hamburgs Interessen gegenüber den Verbündeten vertreten wurden. Friedrich Perthes setzte sich für die Bildung eines an die alte Hanse anknüpfenden norddeutschen Staatenbundes ein, um die Unabhängigkeit der Städte zu sichern. Ebenfalls untrennbar verbunden mit den Verhandlungen des Wiener Kongresses war die 1816 anonym herausgegebene Schrift »Der deutsche Buchhandel als Bedingung des Daseyns einer deutschen Literatur«, in der Perthes aus der zentralen Bedeutung von Wissenschaft und Literatur für die Identität der Deutschen die Notwendigkeit eines wirksamen Verlagsrechts ableitete.

In den folgenden Jahren engagierte sich Friedrich Perthes im Rahmen der Erweckungsbewegung an führender Stelle in der Hamburgisch-Altonaischen Bibelgesellschaft. Nach dem Tod seiner ersten Frau (1821) verließ er im März 1822 Hamburg und siedelte nach Gotha über, wo er sich 1825 mit Charlotte Becker verheiratete. Im Zuge dieser Veränderung überließ er seinem Teilhaber die Sortimentsbuchhandlung Perthes & Besser, blieb jedoch zeichnungsberechtigt und übernahm den Großteil der Verlagsartikel. Gleichzeitig schädigte die Auseinandersetzung mit dem »Rationalisten« Johann Heinrich Voß, in deren Verlauf sich viele liberale Intellektuelle von Perthes abwandten, sein öffentliches Ansehen. Die äußerst schmerzhafte Erfahrung bewirkte Perthes' Abkehr vom publizistischen Wirken zugunsten einer indirekten Einflussnahme über die Förderung der Geisteswissenschaften. Folgerichtig unterstützte er die Bestrebungen zur Gründung eines Historischen Vereins in Hamburg (1822–24) und baute in Gotha einen neuen Verlag auf. Hier erschienen seit 1828 die »Theologischen Studien und Kritiken« (herausgegeben von Carl Ullmann und Friedrich Umbreit), seit 1829 die »Geschichte der Europäischen Staaten« (herausgegeben von Arnold Heeren und Friedrich Ukert) und 1832 die »Historisch-politische Zeitschrift« (herausgegeben von Leopold Ranke). Nachdem bereits 1837/40 die Einbeziehung des Sohnes Andreas in das Geschäft erfolgt war, blieb der Verlag Friedrich Andreas Perthes bis 1890 in Familienbesitz und wurde 1937 aufgelöst. Die Buchhandlung ging nach dem endgültigen Austritt von Friedrich Perthes im Jahr 1836 an die Erben von Johann Heinrich Besser und firmierte unter Perthes-Besser und Mauke. 1929 wurde in Hamm-Nord der Perthesweg nach Friedrich Perthes benannt. In der Hamburger Rathausdiele erinnert ein Reliefporträt an den Verleger.

LITERATUR ADB 25; LhS 6; Clemens Theodor Perthes, Friedrich Perthes' Leben nach dessen schriftlichen und mündlichen Mittheilungen, 3 Bde., Gotha 1848–55; Rudolf Schmidt, Deutsche Buchhändler. Deutsche Buchdrucker. Beiträge zu einer Firmengeschichte des deutschen Buchgewerbes, Bd. 4, Eberswalde 1907, S. 755–760; Rudolf Kayser, Friedrich Perthes und seine katholischen Freunde, in: ZHG 34 (1934), S. 1–24; Carl A. Holtbecker, Friedrich Christoph Perthes: Literatur, an ihrem Ursprung aufgesucht, in: Buchhandelsgeschichte. Eine Beilage der Historischen Kommission des Börsenvereins 3, 2. Juli 1974 (Beilage zum Börsenblatt für den Deutschen Buchhandel – Frankfurter Ausgabe – Nr. 52 vom 2. Juli 1974), S. B 129–136; Ernst Fischer, »Was bislang noch niemand wagte« – Friedrich Christoph Perthes und das erste ›reine Sortiment‹ 1796 in Hamburg, in: Buchhandelsgeschichte. Aufsätze, Rezensionen und Berichte zur Geschichte des Buchwesens, 1997/3, hg. von der Historischen Kommission des Börsenvereins (Beilage zum Börsenblatt für den Deutschen Buchhandel – Frankfurt und Leipzig – Nr. 76 vom 23. September 1997), S. B 108–114.

Dirk Moldenhauer

PETERSEN, *Carl* Friedrich, geb. 6.7.1809 Hamburg, gest. 14.11.1892 ebd.; luth.; Bürgermeister.

Die Vorfahren von Carl Petersen lassen sich in Hamburg bis ins 16. Jahrhundert zurückverfolgen; sie waren wohlsituierte Schiffer und Bäcker. Sein Vater war Stadtbuchschreiber (Hypothekenbeamter) gewesen, und als sich Carl Petersen in den 1870er Jahren mit der Geschichte seiner Familie befasste, schrieb er, er sei, verglichen mit anderen, »als ein homo novus in die Reihe der Hamburgischen Würdenträger eingetreten«.

Nach dem Besuch des Johanneums und des Akademischen Gymnasiums studierte Petersen Jura in Göttingen und Heidelberg. Seiner Promotion folgte ein Aufenthalt von mehreren Monaten in Paris. Am 6. Juli 1831, seinem 22. Geburtstag, erhielt er in Hamburg seine Zulassung als Advokat. Seine Praxis entwickelte sich schnell: Petersen sah gut aus, er war liebenswürdig, er hatte eine rasche Auffassungsgabe und ein sicheres Gespür für das Machbare – Qualitäten, die ihm später auch als Politiker zugute kamen.

Am öffentlichen Leben beteiligte er sich früh als Mitglied der Erbgesessenen Bürgerschaft, als Kapitän der Bürgergarde und als Armenpfleger. Nach dem Großen Brand von 1842 wurde er Präses der Schätzungskommission für die enteigneten Grundstücke. Von 1845 bis 1855 war er Syndikus der Berlin-Hamburger Eisenbahn-Gesellschaft. In den Verfassungskämpfen von 1848 trat Petersen als Präsident des gemäßigt liberalen Patriotischen Vereins hervor, der sich nach links gegen die Radikalen und nach rechts gegen die Altkonservativen absetzte. Als Mitglied der Neunerkommission war er an der Ausarbeitung der neuen Verfassung beteiligt.

Als Petersen am 7. Februar 1855, inzwischen Vater von vier Kindern, in den Senat gewählt wurde, sagte er zu seiner Frau Kathinka, geborene Hasche: »Jetzt heißt es Armut und Edelsinn.« Sein Senatorengehalt war gering gegenüber seinen Einnahmen als Advokat; doch sein neues Amt eröffnete ihm andere Möglichkeiten. Von 1861 bis 1875 war Petersen Polizeiherr. Amtsräume und Wohnung hatte er im Stadthaus, dem Görtz-Palais am Neuen Wall, das im Volksmund bald Petersen-Haus hieß. Der Polizeiherr hatte damals (bis 1869) noch weitgehende richterliche Befugnisse; er war Chef des Kriminaluntersuchungswesens und Strafrichter mit sehr ausgedehnter Kompetenz. Von morgens neun Uhr bis spät nachmittags hielt Petersen ununterbrochen Audienz. Er war für jedermann zu sprechen, auch für kleine oder größere Sünder, für streitende Eheleute etc. Petersen arbeitete zügig und entschied schnell. Manchen Streit beendete er mit einer ernsten Ermahnung, manche Gesetzesübertretung ahndete er mit einer kleinen Geldstrafe, die sofort entrichtet werden musste: Auf Petersens Schreibtisch standen zu diesem Zweck diverse Sammelbüchsen für verschiedene mildtätige Institutionen.

Außer der Polizei unterstand Petersen bis 1885 das Gesundheitswesen. Dass Hamburg neben dem 1823 eröffneten Allgemeinen Krankenhaus St. Georg 1885 in Eppendorf ein zweites Krankenhaus und 1864 in Friedrichsberg eine »Irrenanstalt« erhielt, war nicht zuletzt sein Verdienst.

»Außenpolitisch« bewegte sich Petersen mit sicherem Gespür auf dem schmalen Grat, der Hamburgs Selbstständigkeit mit dem erstarkenden Deutschen Reich unter Preußens Führung verband; beides war für ihn unverzichtbar. 1866 sprach sich sein Realitätssinn für eine rechtzeitige Annahme der preußischen Bedingungen aus – um der Erhaltung der, wenn auch jetzt eingeschränkten, hamburgischen Selbstständigkeit willen. Hamburg trat dem Norddeutschen Bund bei: Es konnte fortan keine Verträge mit auswärtigen Staaten mehr schließen und hatte keine eigenen Konsulate mehr; die hamburgische Handelsflagge wurde durch die schwarz-weiß-rote des Norddeutschen Bundes ersetzt; die Stadtpost wurde der des Norddeutschen Bundes eingegliedert; das Bürgermilitär wurde aufgelöst, und statt des hamburgischen Bundeskontingents gab es jetzt zwei Bataillone des 2. Hanseatischen Infanterie-Regiments Nr. 76 unter preußischer Führung. Dem zunächst schmerzhaften Amputationsprozess gewann Petersen jedoch nach und nach auch positive Seiten ab. Drei Jahre später, beim Ausbruch des Krieges gegen Frankreich, gehörte er, wie so viele andere auch, zu den Begeisterten. Die Einheit des Reiches nahm Gestalt an, und es ging gegen Frankreich; die Franzosenzeit, die seine Kindheit überschattet hatte, wurde in ihm wieder lebendig. Als am 28. Januar 1871, zehn Tage nach der Kaiserproklamation, Paris kapitulierte und sich eine große Menschenmenge vor dem Stadthaus versammelte, da trat Petersen auf den Balkon und hielt eine Ansprache, die mit den Worten schloss: »Wir Deutsche sind das erste Volk der Welt geworden, und Hamburg ist die Perle in der deutschen Kaiserkrone!« Zwar musste Hamburg auch jetzt wieder Einbußen hinnehmen: Statt der Hamburger Bank von 1619 gab es fortan die Reichsbank; Währung, Maße und Gewichte wurden reichseinheitlich auf das Dezimalsystem umgestellt. Aber Hamburg blieb als Stadtstaat bestehen. Einige Jahre später wurden die Bemühungen Bismarcks, Hamburgs Beitritt zum Zollverein zu erzwingen, erneut zur Belastungsprobe für den Senat. Auch Petersen vertrat anfangs die Meinung, dass der Zollan-

Carl Petersen

schluss nicht nur für Hamburg, sondern für ganz Deutschland nachteilig sei. Doch als sich die Möglichkeit eines Kompromisses abzeichnete, der Hamburg beim Zollanschluss die Beibehaltung eines Freihafens sichern sollte, da setzte er sich mit Erfolg für diese Lösung ein: Auf diese Weise, so versicherte er, werde Hamburg auch weiterhin die erste Handelsstadt Deutschlands bleiben, das Tor zur Welt.

1876 war Petersen zum Bürgermeister gewählt worden. Er verließ das Görtz-Palais und zog in die Theaterstraße, wo sein Haus zum Mittelpunkt gesellschaftlichen Lebens wurde. Einen wesentlichen Anteil daran hatte seine unverheiratete Tochter Antonie, genannt Toni (1840-1909), die ihm nach dem Tod seiner Frau (1863) den Haushalt führte. Bei Petersens verkehrten Staatsmänner, Diplomaten, die in Hamburg und Altona stationierten höheren Offiziere, Musiker, Künstler und Gelehrte. Auch Bismarck, der ja nach seiner Entlassung 1890 in Friedrichsruh lebte, war hin und wieder dort zu Gast. Petersen war Richard Wagner, Hans von Bülow und Johannes Brahms freundschaftlich verbunden, und dass Brahms 1889 das Hamburger Ehrenbürgerrecht erhielt, war vor allem Petersens Verdienst.

Das Hauptaugenmerk seiner letzten Jahre galt dem Neubau des Rathauses, dessen Grundsteinlegung am 6. Mai 1886 und dessen Richtfest am 7. Mai 1892 unter seiner Leitung stattfanden, dessen Einweihung am 26. Oktober 1897 er jedoch nicht mehr erlebt hat. Alois Denoth hat für die Giebelverdachung eines Rathausfensters eine Statue Petersens mit dem Rathausmodell geschaffen; an einem der beiden Eckrisaliten prangt Petersens Wappen; im Bürgermeistersaal wurde seine Büste aufgestellt, ein

Werk von Bruno Kruse aus dem Jahre 1891. Das noch heute benutzte Goldene Buch wurde dem Senat nach dem Tod des Bürgermeisters 1897 von seiner Familie übergeben. Zum Silberschatz des Senats gehören ein Tafelaufsatz, den die in Hamburg akkreditierten Diplomaten Petersen zum 80. Geburtstag verehrt hatten, sowie, als Geschenk seiner Familie zum 100. Geburtstag, eine Kanne und Becken.

Fünf Jahre nach Petersens Tod wurde vor dem Stadthaus sein Standbild in Bronze enthüllt, eine Arbeit des Wiener Künstlers Oskar Victor Tilgner (1844–96), für das private Spender die Kosten aufgebracht hatten. Das zu Petersens Entsetzen von Max Liebermann gemalte Porträt hängt in der Kunsthalle. Den Petersenkai gibt es bereits seit 1889, eine Ehrung für den damals 80-jährigen Bürgermeister.

LITERATUR DG 171; Adolf Wohlwill, Bürgermeister Petersen. Ein hamburgisches Lebensbild, Hamburg 1900; Gertrud Kolm, Die Bürgermeister. Fünf Führer Hamburgs zu Einheit und Reich, Hamburg 1931.

Renate Hauschild-Thiessen

PLAUT, Max, geb. 17.10.1901 Sohrau/Oberschlesien, gest. 8.3.1974 Hamburg; isr.; Jurist, Repräsentant der Deutsch Israelitischen Gemeinde Hamburgs (DIGH), später Leiter der Bezirksstelle Nordwestdeutschland der Reichsvereinigung der Juden in Deutschland (RVJD).

Max Plaut leitete maßgeblich die Geschicke der Hamburger Juden an verantwortlicher Stelle in der Deutsch-Israelitischen Gemeinde Hamburg (DIGH), im Jüdischen Religionsverband und in der Reichsvereinigung während der NS-Zeit.

Er kam als ältestes von fünf Kindern des orthodox-jüdischen Volksschulrektors Raphael Plaut und seiner Frau Else, geborene Fränkel, zur Welt. Sein Vater trat während der Unruhen, die 1919 in den von Polen beanspruchten oberschlesischen Gebieten ausbrachen, als Abstimmungskommissar aktiv gegen die Teilung Oberschlesiens ein und geriet so in Schwierigkeiten. Deshalb übersiedelte die Familie nach Hamburg. Von 1920 bis zu seinem Tod 1940 leitete Raphael Plaut dort das Deutsch-Israelitische Waiseninstitut.

Max Plaut schloss sich als junger Mann dem Freikorps »Verband Manfred Killinger« an und nahm an den Kämpfen um Annaberg teil. Dafür erhielt er 1920 den Schlesischen Adlerorden Erster Klasse. Er legte dann in Marburg sein Abitur ab und folgte sei-

Max Plaut

nen Eltern 1922 nach Hamburg. Im Bankhaus Warburg absolvierte der junge Plaut eine Lehre, anschließend studierte er in Rostock, Freiburg und Paris Jura und Nationalökonomie. 1926 und 1928 erwarb er seine beiden akademischen Titel, Dr. jur. und Dr. rer. pol. Anschließend arbeitete er bis 1930 wieder für das Bankhaus Warburg und sammelte praktische Erfahrungen in der öffentlichen Verwaltung, unter anderem als Volontär bei Altonas Oberbürgermeister Max Brauer (SPD). Während dieser Zeit engagierte Max Plaut sich politisch in der Deutschen Demokratischen Partei und in der DIGH. Dort widmete er sich besonders der Deutsch-Jüdischen Jugend, die dem Central-Verein deutscher Staatsbürger jüdischen Glaubens nahe stand. 1925 übernahm Plaut das Präsidentenamt des Jugendverbandes, der durch den erstarkenden Antisemitismus neue Mitglieder gewann und seine Aufgaben ausweitete. 1930 wurde er ins Repräsentanten-Kolleg der DIGH gewählt. Im selben Jahr gehörte er zu den Gründern der Franz-Rosenzweig-Stiftung und wurde zum Rechtsbeistand der jüdischen Gemeinde in Bremen berufen. Auch dort wurde er Vorstandsmitglied der Gemeinde. Am 1. Januar 1933 stellte die DIGH Plaut als hauptamtlichen Sekretär an. 1933 war er Mitbegründer der Jüdischen Gesellschaft der Künste und Wissenschaften Hamburg und Präsidiumsmitglied der B'nai B'rith Loge in Bremen. Nach der nationalsozialistischen Machtübernahme wurde er mehrfach kurzzeitig verhaftet, unter anderem 1937 wegen seiner Logenmitgliedschaft und 1938 im Rahmen der Pogromnacht.

Nach der zwangsweisen Umstrukturierung und Umbenennung der DIGH in den »Jüdischen Religionsverband Hamburg e.V.« beauftragte die Gestapo Max Plaut im Dezember 1938, dessen Geschäfte zu führen, und bestellte ihn gleichzeitig zum Vorstand aller jüdischen Organisationen in Hamburg. Als er 1939 von einer Englandreise zurückgekehrt war, wurde er von dem Hamburger Judenreferenten der Gestapo, Claus Göttsche, darüber informiert, dass besondere Arbeits- und Konzentrationslager für Juden geplant seien. Plaut gab dies sofort an die Zentrale der Reichsvereinigung der Juden in Deutschland (RVJD) in Berlin weiter und verstärkte seine Bemühungen um die Auswanderung der Hamburger Juden. Zwischen 1938 und 1941 organisierte er zusammen mit dem »Sekretariat Warburg« Ausreisemöglichkeiten für inhaftierte Juden, um deren Freilassung aus den Konzentrationslagern zu erreichen. Hinzu kamen vielerlei halb- und illegale Aktivitäten, um Pässe, Visa, Passagen oder finanzielle Mittel zu beschaffen.

Als die Stettiner Juden 1940 deportiert wurden, beauftragte die RVJD Plaut mit der Regelung von deren finanziellen Angelegenheiten. Er nahm durch den Verkauf von Grundstücken Deportierter so viel Geld ein, dass beschlagnahmte Güter, vor allem offensichtlich Kleidung, zurückgekauft und den nach Lublin Verschleppten nachgeschickt werden konnten.

Im November 1942 wurde der »Jüdische Religionsverband Hamburg e.V.« – ebenso wie die Verbände andernorts – per Anordnung in die Bezirksstelle Nordwest der RVJD eingegliedert und Plaut auch als deren Leiter eingesetzt. Außer für Hamburg war er nun für die Provinzen Schleswig-Holstein und Hannover, für Braunschweig, Mecklenburg und Oldenburg sowie Bremen zuständig. Zu den Aufgabengebieten der RVJD gehörten unter anderem die Erfassung der Juden, die Verteilung der Kennzeichen, die Fürsorge für die überalterten und verarmten Gemeinden, die räumliche Konzentration in »Judenhäusern« und schließlich die von der Gestapo erzwungene Mitwirkung an Deportationen.

Mit der offiziellen Auflösung der RVJD im Juni 1943 verlor Plaut seine Funktion, wurde jedoch nicht wie andere Repräsentanten der Vereinigung deportiert, sondern konnte – dank Protektion – Deutschland verlassen. Im Januar 1944 wurde er zusammen mit seiner Mutter in Dachau interniert, im Sommer 1944 dann ins Lager Vittel (Frankreich) gebracht und gegen deutsche Mitglieder des in Palästina ansässigen Templer-Ordens ausgetauscht. Dies war der dritte und letzte Austausch der »Palästinajuden« gegen Auslandsdeutsche. Als »langjähriger Zionist« angefordert, bestieg Max Plaut mit seiner Mutter den Sonderzug via Wien und die Türkei und traf im Juli 1944 in Haifa ein.

In Palästina heiratete er 1946 Ruth Jacobson. 1950 kehrte er nach Deutschland zurück und ließ sich in Bremen nieder, wo er 15 Jahre lang lebte. Dort war Plaut Stellvertretender Vorsitzender der jüdischen Gemeinde, engagierte sich für christlich-jüdische Zusammenarbeit in der Erwachsenenbildung und war Vorstandsmitglied der Zentralwohlfahrtsstelle der Juden in Deutschland. Im Prozess gegen Adolf Eichmann trat er als Zeuge auf. Von 1959 bis 1964 gehörte er der deutschen UNESCO-Kommission an. 1965 kehrte Max Plaut nach Hamburg zurück. Von 1971 bis zu seinem Tode 1974 stand er als Präsident der Lessing-Akademie Wolfenbüttel vor.

LITERATUR BHdE 1; Ina S. Lorenz, Die Juden in Hamburg zur Zeit der Weimarer Republik. Eine Dokumentation, 2 Bde., Hamburg 1987 (Hamburger Beiträge zur Geschichte der deutschen Juden 13.1, 13.2); Beate Meyer, »Jüdische Mischlinge«. Rassenpolitik und Verfolgungserfahrung 1933–1945, Hamburg 1999 (Studien zur jüdischen Geschichte 6); Baruch Zwi Ophir, Zur Geschichte der Hamburger Juden 1919–1939, in: Peter Freimark (Hg.), Juden in Preußen – Juden in Hamburg, Hamburg 1983 (Hamburger Beiträge zur Geschichte der deutschen Juden 10), S. 81–97; Abraham Naftali Oppenheim, The Chosen People. The Story of the ›222 Transport‹ from Bergen-Belsen to Palestine, London/Portland 1996. *Beate Meyer*

PLOMIN, *Karl* Heinz, geb. 1.1.1904 Hamburg, gest. 7.1.1986 ebd.; luth.; Gärtner, Gartenarchitekt.

Zwei Merkmale lassen den Hamburger Gärtner Karl Plomin in besonderem Licht erscheinen: Zum einen verstand er es, mit Pflanzen zu malen; in den 61 Jahren seiner Tätigkeit verwendete er Blumen mit ihren Farben, Formen und Blühzeiten als künstlerisches Ausdrucksmittel, in öffentlichen Parks ebenso wie in den etwa 800 privaten Gärten, die er entwarf. Er hat zudem – wie kein Kollege vor oder nach ihm – vier Gartenschauen seiner Heimatstadt geplant, drei davon vollständig, die vierte anteilig realisiert. Planten un Blomen, der hanseatische Vorzeigepark, verdankt Karl Plomin Gestalt und Ruhm.

Im Alter von 16 Jahren begann das in Winterhude

geborene zweite Kind von Aloysius und Luise Plomin seine dreijährige Gärtnerausbildung bei Schnackenberg & Siebold. Anschließend blieb Karl Plomin in der Firma, die die Verwendung von Naturstein in die Landschaftsgärtnerei einführte, noch zwei Jahre als angestellter Gehilfe. Zwischen 1922 und 1924 war er für Bauvorhaben in Sachsen, Pommern, Westfalen und im Rheinland zuständig. 1924 kehrte er in die Hansestadt zurück und studierte vier Semester in der Klasse »Architektur und Garten« bei Prof. Richard Schmidt an der Staatlichen Kunstgewerbeschule am Lerchenfeld. 1926 schloss Plomin als Gasthörer seine Ausbildung am Institut für Städtebau an der Technischen Hochschule München ab und arbeitete von 1927 bis 1930 bei einem Gartenarchitekten in Kempten im Allgäu. 1930 trat er eine Anstellung als Gartenbautechniker beim städtischen Gartenamt in Hamburg an. Hier fiel er durch seinen Entwurf und die Realisierung der Niederdeutschen Gartenschau auf dem Gelände des alten Friedhofs und des Tiergartens am Dammtor, des nachmaligen Parks Planten un Blomen, zum ersten Mal öffentlich auf. Der Erfolg ermutigte Plomin zum Sprung in die Selbstständigkeit. Er eröffnete sein eigenes Büro im Stadtteil Poppenbüttel. 1940 wurde er zum Militärdienst eingezogen und in Litauen, Polen und bei Leningrad eingesetzt, geriet bei Kriegsende in britische Gefangenschaft und konnte bereits 1945 seine Arbeit als freischaffender Gartenarchitekt wieder aufnehmen.

Schwerpunkt der Arbeit Plomins war nun zunächst die Neuanlage von Hausgärten. 1950 plante er die Staudenschau der ersten Bundesgartenschau in Hannover. 1951 folgte der erste Preis im Wettbewerb für die Internationale Gartenschau, die 1953 erstmals seit Kriegsende wieder in Hamburg stattfand. Um die umfangreichen Arbeiten auf dem mit Trümmerschutt modellierten Gelände, besonders auf den neu einbezogenen großen Wallanlagen, besser lenken zu können, richtete Plomin sein erweitertes Büro in den Kakteenhäusern von Planten un Blomen ein. 17 Nationen präsentierten auf dem 36 Hektar großen Gelände ihre Pflanzen. Die Aufpflanzungen waren nicht nach Nationalitäten, sondern erstmals nach Pflanzenarten geordnet. Durch die geschlossene Präsentation von Rhododendren, Wacholder, Rosen, Iris, Dahlien und Stauden ergab sich ein landschaftlich-künstlerisches Gesamtbild. Die für spätere Gartenschauen richtungweisende Olympiade der Gärtner wurde von fast fünf Millionen Menschen besucht. So war es kein Wunder, dass die zuständige Senatskommission Plomin 1957 auch mit der Gesamtleitung für die nächste, für das Jahr 1963 geplante Internationale Gartenausstellung (IGA) beauftragte. Während zwei andere Wettbewerbsgewinner die kleinen und die großen Wallanlagen planten, bearbeitete Plomin das alte Gelände von Planten un Blomen und den alten Botanischen Garten. Bei der IGA 1973 war Plomin an der Realisierung zum Beispiel des Tropengartens, der Wasserläufe und der Irishöfe beteiligt.

Karl Plomin

Neben der Anlage von Siedlungs-, Schul- und Altenheimgärten lag der Schwerpunkt des Plomin'schen Schaffens dennoch mit 67 Prozent bei den Hausgärten. 1967 trat der älteste Sohn Peter als Teilhaber in das Büro des Vaters ein. 1975 fasste Karl Plomin sein gärtnerisches Credo unter dem Titel »Der vollendete Garten« zusammen. 1976 wurde er in Hannoversch-Münden mit dem Karl-Foerster-Ring ausgezeichnet. Die Stärke des Hamburger Gartenarchitekten beruhte darauf, die Pflanzungen in einer klaren gestalterischen Konzeption zu präsentieren. Im Hotel Elysee ist sein letzter Entwurf bis heute zu sehen: Der Tropengarten mit Wasser, Fischen und wärmeliebenden Pflanzen wurde 1985 von Karl Plomin entworfen und im Todesjahr des Vaters von Peter Plomin ausgeführt.

WERKE Der vollendete Garten. Die Kunst mit Pflanzen umzugehen, dargestellt in 23 Vegetationsbildern, Stuttgart 1975 und 1977.

LITERATUR Hamburg und seine Bauten 1929–1953, hg. vom Architekten- und Ingenieur-Verein Hamburg,

Hamburg 1953, S. 113–117; Irmgard Sorge-Genthe, Hammonias Gärtner. Geschichte des Hamburger Gartenbaues in den letzten drei Jahrhunderten, Hamburg 1973; Gert Gröning/Joachim Wolschke-Bulmahn, Grüne Biographien. Biographisches Handbuch zur Landschaftsarchitektur des 20. Jahrhunderts in Deutschland, Berlin/Hannover 1997; Anja Dühring/Julia von Oertzen, Karl Plomin – Ein Gartenarchitekt des 20. Jahrhunderts, Diplomarbeit Fachhochschule Osnabrück 1998. *Karin von Behr*

POLEUER, Metke, gest. 1591 Hamburg; »Wickersche«.

Metke Poleuer gehörte zu den von der frühen feministischen Hexenforschung gern hervorgehobenen »weisen Frauen«, die in Holstein »Wickersche« genannt wurden. Diese galten als heilkundig und fähig, mithilfe von Segensformeln Zauber zu bewirken oder wegzunehmen. Dieses »ungebührliche Segnen und Böthen« sowie ihr damit verbundener Unglaube führten zur Anklage Metkes vor dem Hamburger Niedergericht wegen Schadenzauberei. Ihr Strafverteidiger Peter Wageninck wandte ein, dass Metke sich als schwaches Geschöpf habe verführen lassen, dass sie aber auch auf Initiative von »guten Leuten«, das heißt angesehenen Stadtbewohnern, hin tätig geworden sei und schließlich niemandem Schaden zugefügt habe. Das Niedergericht kam dem Antrag des Verteidigers auf Stadtverweisung nicht nach. Auf Metkes Urteilsschelte hin bestätigte der Hamburger Rat in seiner Funktion als städtisches Obergericht am 15. Januar 1591 das Niedergerichtsurteil auf Tod durch Verbrennen.

LITERATUR Roswitha Rogge, Hexenverfolgung in Hamburg? Schadenzauber im Alltag und in der Justiz, in: Geschichte in Wissenschaft und Unterricht 46 (1995), S. 381–401; dies., Schadenzauber, Hexerei und die Waffen der Justiz im frühneuzeitlichen Hamburg, in: Bernd Schmelz (Hg.), Hexerei, Magie und Volksmedizin. Beiträge aus dem Hexenarchiv des Museums für Völkerkunde Hamburg, Bonn 1997, S. 149–172. *Roswitha Rogge*

POSTEL, Christian Heinrich, geb. 11.10.1658 Freiburg/Land Kehdingen, gest. 22.3.1705 Hamburg; luth.; Anwalt, Librettist, Dichter.

Der Sohn des Freiburger Pastors Laurenz Postel und der Dorothea Isentrut siedelte mit Eltern und Geschwistern 1675 nach Hamburg über, wo der Vater 1676 Pastor an der Heiligen-Geist-Kirche und 1679 zugleich Prediger an St. Hiob wurde. Christian Heinrich Postel besuchte das Johanneum, studierte am Akademischen Gymnasium, dann 1680 in Leipzig bei Christian Thomasius und schließlich in Rostock, wo er 1683 zum Lizentiaten der Rechte promoviert wurde. Von Hamburg aus unternahm er von Juni bis Weihnachten 1683 eine Reise durch die Niederlande, England und Frankreich, begleitet von seinem Studienfreund, dem späteren lübischen Historiografen, Universalgelehrten und Prediger von St. Marien zu Lübeck Jacob von Melle. Nach seiner Rückkehr eröffnete Postel eine Anwaltspraxis. Sein Erfolg ermöglichte ihm, inmitten eines großen Freundeskreises das geregelte Leben eines unabhängigen Bürgers zu führen, sich zugleich mit Literatur und deutscher Geschichte zu beschäftigen und an Hamburgs gesellschaftlichem Leben teilzunehmen. Vor allem die Gänsemarktoper zog ihn an. Während das Theologengezänk um die Zulässigkeit der Oper erneut die »Bürgerlichen Unruhen« in Hamburg anzufachen drohte, brachte Postel 1688 sein erstes Singspiel auf die Bühne. Der um die Oper verdiente Anwalt und spätere Ratsherr Gerhard Schott wurde sein vertrauter Freund. Auch Johann Albert Fabricius stand ihm nahe. Postels Vorliebe für die Kunst, Geschichte und Literatur des Altertums ließen ihn von Januar bis September 1700 eine zweite Bildungsreise unternehmen, die ihn über Hannover – wo er Leibniz besuchte –, Süddeutschland und die Schweiz nach Italien führte. Nach der Rückkehr erreichte sein Ruhm als Dichter und Librettist den Höhepunkt. Seine letzten Jahre aber waren überschattet von zunehmender Krankheit und einer literarischen Fehde, bei der es um die Verteidigung seiner Vorbilder Daniel Casper von Lohenstein und Christian Hoffmann von Hoffmannswaldau gegen den Epigrammatiker Christian Wernicke ging.

Postels Werk umfasst eine ganze Reihe literarischer Gattungen, zumal 30 Libretti mit Helden aus Geschichte und Sage, klassischer und biblischer Mythologie. Er bewunderte Petrarca, Ariost, Tasso und Marino, war vertraut mit Corneille, Racine, französischen Moralisten und niederländischen Dramatikern, den englischen Epikern Spenser und Milton, mit Dryden und in seinen späteren Jahren auch mit der spanischen Literatur. Thema seiner Textbücher ist als Laster und Tugend die Liebe. Der Überlieferung europäischer Literatur getreu steht sie in ihrer belebenden, aber auch willensschwächenden Macht gegen Beständigkeit und Gelassenheit. Unbekümmert um klassizistische Formen und in bewusster Hinwendung zur hamburgischen Theatertradition sprengt Postel den Höhenflug fantastischer Handlung gern durch moralisierende, ironische Einlagen und verspottet so höfische Illusion ebenso wie Verworfenheit und Idealismus. Seine dramatischen Vorlagen vertonten Johann Philipp Förtsch, Johann Georg Conradi, Johann Sigismund Kusser und Reinhard Keiser, der die Musik zur viel bewunderten, 1699 aufgeführten »Iphigenia« schrieb. 1700 erschien Postels Übersetzung der Verse 153 bis 363 aus dem 14. Gesang der »Ilias«. Mit seiner Begeisterung für Homer und die Möglichkeiten der deutschen Sprache war er damals ein Einzelner. Von hier war es nur ein kleiner Schritt zu Postels posthum erschienenem Fragment des »Grossen Wittekind«, das epische Traditionen des Altertums und der Renaissance mit der Geschichte des nationalen Helden verbindet. 1704 wurde seine »Passion nach dem 19. Capitel des Evang. Johannes« aufgeführt: mit Arien, aber ohne Choräle. Es ist Georg Friedrich Händels erstes Oratorium – Postels letzter Gesangstext.

WERKE Die Wunderbahr-errettete IPHIGENIA. In einem Singe-Spiel Auff Dem Hamburgischen Schau-Platz vorgestellet, Hamburg 1699; Die Listige Juno. Wie solche von dem Grossen Homer/ Im vierzehenden Buche Der Ilias Abgebildet/ [...] Nunmehr in Teutschen Versen vorgestellet [...], Hamburg 1700; C[hristian] F[riedrich] Weichmanns Poesie der Nieder-Sachsen [...], 6 Teile, Hamburg 1721–38, Teil 1, S. 154–158, 182–186, 326–382, Teil 3, S. 351, Teil 4, S. 291–295. Faksimile-Nachdruck, hg. von Jürgen Stenzel, 6 Bde., München 1980; Der grosse Wittekind in einem Helden-Gedichte [posthum hg. von Christian Friedrich Weichmann], Hamburg 1724.

LITERATUR ADB 26; Killy 9; Solveig Olsen, Christian Heinrich Postels Beitrag zur deutschen Literatur. Versuch einer Darstellung, Amsterdam 1973 (Amsterdamer Publikationen zur Sprache und Literatur 7); dies., Christian Heinrich Postel (1658–1705) – Bibliographie, Amsterdam 1974 (Beschreibende Bibliographien 4); Christoph Perels/Jürgen Rathje/Jürgen Stenzel (Hg.), C. F. Weichmanns Poesie der Nieder-Sachsen (1721–1738), Nachweise und Register, Wolfenbüttel 1983, S. 138 f. (Repertorien zur Erforschung der frühen Neuzeit 7); Jürgen Rathje, Brockes' Bücherkatalog als Quelle zu Hamburgs geistigem Leben im frühen 18. Jahrhundert am Beispiel der Poesie der Nieder-Sachsen, in: Barthold Heinrich Brockes (1680–1747) im Spiegel seiner Bibliothek und Bildergalerie, hg. von Hans-Georg Kemper, Uwe-K[arsten] Ketelsen und Carsten Zelle. Unter Mitarbeit von Christine Krotzinger, 2 Bde., Wiesbaden 1998 (Wolfenbütteler Forschungen 80. I, II), Bd. 1, S. 83–123, hier S. 91–96.

Jürgen Rathje

PRECHT, Christian, geb. um 1635 (?) Oldenburg i. Oldenburg (?), gest. 1694/95 (?) Hamburg; luth.; Bildschnitzer.

Christian Precht gilt als der wichtigste Hamburger Bildschnitzer der zweiten Hälfte des 17. Jahrhunderts, zumal sich von ihm wesentlich mehr Werke in und um Hamburg erhalten haben als von den übrigen Hamburger Meistern dieses Fachs. Über sein Leben ist dagegen wenig bekannt. Sein Geburtsjahr wird aus dem zu dieser Zeit üblichen Alter bei der Niederlassung als selbstständiger zünftiger Handwerker erschlossen. Vermutlich erhielt Precht seine erste Ausbildung in Bremen, woran sich eine längere Wanderzeit durch die südlichen Niederlande anschloss. Wahrscheinlich kam er 1661 nach Hamburg, wo er 1663 zum ersten Mal in den archivalischen Quellen fassbar wird. In diesem Jahr zahlte er als Neubürger das Bürgergeld und vermählte sich mit Agnetha Rige (Riege). Um diese Zeit gründete Precht hier als Meister auch seine eigene Werkstatt. Er erhielt zahlreiche Aufträge für die Konvoischiffe der Hamburger Admiralität und vom Bauhof und war ebenso für die Ausstattung vieler Kirchen in und um Hamburg tätig. Etliche seiner Arbeiten bewahrt das Museum für Hamburgische Geschichte, während am ursprünglichen Bestimmungsort nur weniges erhalten geblieben ist: die Figuren des Moses und Aaron am Altaraufsatz der Kirche St. Peter und Paul in Bergedorf (1662), in St. Jacobi in Hamburg eine Figur des Jacobus (1678) und drei Figuren am Prospekt der Arp-Schnitger-Orgel (1690/91), ein Epitaph in der Otterndorfer Kirche (um 1680), der Altaraufsatz in der Kirche von Haselau (um 1685), der Kanzelaltar in St. Pankratius in Hamburg-Neuenfelde (1688) und als sein bedeutendstes Werk der Altar der Kirche in St. Cosmas und Damian in Stade, der 1674/77 entstand. Besonders mit dem Stader Altar konnte Precht formprägend auf seine jüngeren Kollegen wirken, von denen vermutlich auch einige in seiner Werkstatt gelernt haben. Zu seinen Schülern zählten mit Sicherheit zwei seiner Söhne, Johann (geboren 1665) und Ulrich (geboren 1681), die ebenfalls als Bildschnitzer in Hamburg tätig waren, und als berühmtester sein jüngerer Bruder Burchard, der künftige schwedische Hofbildhauer, der dann in seinen späteren Arbeiten den eher schwerfälligen Handwerkerstil seines Hamburger Bruders überwand. In

Barmbek-Nord wurde 1922 der Prechtsweg nach Christian Precht benannt.

LITERATUR Karin Eckhardt, Christian Precht. Ein Hamburger Bildhauer in der zweiten Hälfte des 17. Jahrhunderts, Hamburg 1987 (Beiträge zur Geschichte Hamburgs 32). *Gisela Jaacks*

PREY, Johann Leonhard, geb. um 1700 Gotha (?), gest. 1.12.1757 Hamburg; luth.; Steinmetzmeister, Baumeister.

Prey gilt als der bedeutendste Baumeister des zum Rokoko überleitenden Spätbarock in Hamburg. Seit 1736 führte ihn das Amt der Steinmetzen als Meister, er befasste sich jedoch auch mit Hochbauaufgaben von zunächst geringerer Bedeutung. Mit dem Bau der Dreieinigkeitskirche in der Vorstadt St. Georg von 1743 bis 1747 und der Kirche in Osten an der Oste von 1745 bis 1746 erwarb Prey sich dann aber so viel Vertrauen, dass er 1750 zum Baumeister des Wiederaufbaus der im gleichen Jahr abgebrannten Großen Michaeliskirche gewählt wurde. Zur Bewältigung der konstruktiven Probleme hatte ihn der mit mechanischen und theoretischen Kenntnissen hervorgetretene Ernst George Sonnin zu unterstützen. Die Zusammenarbeit führte zu Spannungen und endete mit Preys Tod noch vor der Weihe des Kirchenschiffes. Dessen Verdienste um den Bau der Großen Michaeliskirche litten lange Zeit zu Unrecht unter der einseitigen Herausstellung Sonnins. Zu den Alltagsarbeiten Preys zählten Gutachten, Vermessungen, der Bau der Kirchenhäuser St. Katharinen von 1750 bis 1754, untergeordnete Bauvorhaben und Instandsetzungen, auch von Brücken. Von der Dreieinigkeitskirche ließ er nach eigenen Zeichnungen 1748 von Jonas Haas hervorragende Kupferstiche anfertigen. 1751 folgten drei Kupferstiche von Seezeichen für Jacob Schubacks »Commentarius de jure littoris vom Strandrechte« (1751), die er von Gottfried Christian und Thomas Albrecht Pingeling ausführen ließ. Nach dem Stich der Neuwerker Feuerblüse wurde diese 1979 in Bremerhaven für das Deutsche Schifffahrtsmuseum nachgebaut. In Barmbek erinnert seit 1907 die Preystraße an den aus dem Handwerk hervorgegangenen Baumeister.

LITERATUR HL; ThB 27; Horst Lutter, Die St. Michaeliskirche in Hamburg. Der Anteil der Baumeister Prey, Sonnin und Heumann an ihrer Gestaltung, Hamburg 1966 (Arbeiten zur Kirchengeschichte Hamburgs 9); Hermann Heckmann, Barock und Rokoko in Hamburg. Baukunst des Bürgertums, Berlin/Stuttgart 1990; ders., Baumeister des Barock und Rokoko in Mecklenburg, Schleswig-Holstein, Lübeck, Hamburg, Berlin 2000. *Hermann Heckmann*

RADZIWILL, Franz

RADZIWILL, Franz, geb. 6.2.1895 Strohausen/Wesermarsch, gest. 12.8.1983 Wilhelmshaven; Maler.

Franz Radziwill

Franz Radziwill verbrachte Kindheit und Jugend in Bremen, wo der Vater als Töpfermeister ein ärmliches Auskommen hatte. Nach einer Maurerlehre und ersten Versuchen als Künstler wurde er im Ersten Weltkrieg Soldat. Anfänglich vom deutschen Expressionismus geprägt, wandte er sich seit Mitte der zwanziger Jahre einer realistisch orientierten Kunstauffassung zu, die ihn in den Umkreis der Neuen Sachlichkeit führte. Fester Zuordnung entzieht sich sein Werk, das zunehmend eine charakteristische künstlerische Handschrift aufweist. Insbesondere mit seinen Landschaftsbildern suchte Radziwill auf eigenständige Weise eine den Dingen innewohnende Magie aufzuspüren. Nachträglich hat man von »magischem Realismus« gesprochen.

Radziwills Biografie in der NS-Zeit ist von Widersprüchen gekennzeichnet: Er trat 1933 in die NSDAP ein und wurde an der Düsseldorfer Kunstakademie Nachfolger des entlassenen Paul Klee. Doch schon bald fand er sich in der Rolle des Geprellten wieder. Die Akademieprofessur wurde ihm 1935 aberkannt, etliche seiner Bilder wurden ebenso wie die Werke anderer »Entarteter« konfisziert. Die Reaktion des Künstlers war gemischt aus Kränkung und Anpassung. Nach 1945 nahm seine Produktivität noch einmal einen bemerkenswerten Aufschwung. Erst ab 1971 machte ein Augenleiden der Tätigkeit als Maler ein Ende. Ungeachtet zeitbedingter Zwiespältigkeiten kommt seinem Werk in der deutschen Kunst des 20. Jahrhunderts ein herausgehobener Platz zu.

Obwohl Radziwill seit Anfang der zwanziger Jahre fast die gesamte Zeit seines Lebens in dem am Jadebusen gelegenen Fischerdorf Dangast zugebracht hat, gibt es enge Beziehungen zu Hamburg. Hier hatte der junge Künstler 1917 mit einer Grafikausstellung im Kunstsalon von Maria Kunde den ersten Zugang zur Öffentlichkeit gefunden. Seit 1920 wurde sein maßgebender Promotor in Hamburg der Schriftsteller und Kunsthistoriker Wilhelm Niemeyer. Die jahrzehntelange Freundschaft dokumentieren zahlreiche, heute im Altonaer Museum befindliche Künstlerpostkarten. Niemeyer gab eine Mappe mit Radierungen Radziwills heraus, verfasste Aufsätze über dessen malerisches Schaffen und gehörte zu den ersten Käufern seiner Gemälde; zudem vermittelte er ihm Interessenten unter den Hamburger Sammlern. In jeder Weise gefördert wurde Radziwill auch von Rosa Schapire, einer hervorragenden Kunstkennerin im damaligen Hamburg. Auf solche Weise empfohlen, wurden dem jungen Maler vom Hamburger Kunstverein zwei Ausstellungen gewidmet, die erste 1922, die zweite 1930. Hinzu kamen mehrere Ausstellungen in Privatgalerien. Anfang der dreißiger Jahre erwarb Gustav Pauli für die Kunsthalle zwei Bilder: »Der Lilienstein an der Elbe« (1930) und »Kanal mit gelber Brücke« (1928). Mit Grund konnte Radziwill später schreiben: »Hamburg ist doch die Stadt meines Aufstiegs als Maler.«

In der NS-Zeit war es dann ausgerechnet die Hansestadt, von der die heftigsten Angriffe gegen Radziwill ausgingen. 1935 erhob der Kunstfunktionär Walter Hansen im Namen des nationalsozialistischen »Kampfbundes für deutsche Kultur« gegen den Künstler den Vorwurf des »Kulturbolschewismus«. Zwei Jahre später wurde auch gegen den an der Landeskunstschule am Lerchenfeld lehrenden Niemeyer, der Radziwill zur Seite gesprungen war, eine Kampagne gestartet.

Schon kurz nach dem Krieg fand 1946 wieder eine Radziwill-Ausstellung in Hamburg statt, eröffnet von Niemeyer im Alsterhaus. Es folgten Einzelausstellungen in der Galerie Commeter (1955), im Völkerkundemuseum (1961), in der Galerie Brockstedt (1965) und im Altonaer Museum (1975). 1980, drei Jahre vor Radziwills Tod, erwarb Werner Hofmann für die Kunsthalle das Gemälde »Angehaltene Zeit« (1922).

LITERATUR Gerhard Wietek, Franz Radziwill – Wilhelm Niemeyer. Dokumente einer Freundschaft, Oldenburg 1990; Biographisches Handbuch zur Geschichte des Landes Oldenburg, hg. von Hans Friedl u.a., Oldenburg 1992; Andrea Firmenich/Rainer W. Schulze, Franz Radziwill 1895 bis 1983. Monographie und Werkverzeichnis, Köln 1995; Expressionisten in Dangast. Karl Schmidt-Rottluff, Erich Heckel, Max Pechstein, Emma Ritter, Franz Radziwill, hg. von der Franz-Radziwill-Gesellschaft e.V., Oldenburg 1998. *Joist Grolle*

RAUPACH, Bernhard, geb. 20.4.1682 Tondern (Herzogtum Schleswig), gest. 21.6.1745 Hamburg; luth.; Theologe, Historiker.

Bernhard Raupach

Als der wohl bedeutendste Historiker des Protestantismus in Österreich vor den Josephinischen Reformgesetzen schuf der Hamburger Prediger an St. Nikolai Bernhard Raupach noch vor der so genannten Göttinger Schule ein umfangreiches historisches Werk, das auf einer kritischen Quellenforschung basiert.

Als Sohn eines Organisten und einer Ratsherrentochter geboren, besuchte Raupach von 1701 bis 1705 die Universität Rostock, wo er neben Theologie auch Philologie und »Welt-Weisheit« studierte. Seinen Lebensunterhalt verdiente er sich als Hofmeister in Pommern, Mecklenburg und Bremen. Ab 1710 setzte er sein Studium an der Universität Kiel fort, hielt aber bald auch selbst Kollegien an der Philosophischen Fakultät ab. Obgleich er bereits 1704 an der Universität Rostock mit einer Arbeit über die unbillige Verachtung der plattdeutschen Sprache promoviert und dann noch einmal von der Universität Tübingen in Absentia zum Doktor graduiert worden war, zerschlugen sich Raupachs Pläne für eine wissenschaftliche Karriere. 1717 wurde er Dorfpfarrer in Damshagen bei Wismar und bekleidete damit ein Amt, das ihm die Möglichkeit zu umfangreichen historischen Studien bot. Durch die Ehe mit der Witwe Agnesa Margarethe von Hagen, der Tochter eines Barons von Höpken, verfügte er über hinreichende finanzielle Mittel, um sich für seine Studien eine umfangreiche Bibliothek anzuschaffen, die bei seinem Tod über 5000 Bände umfasste. Einen Teil davon vermachte er testamentarisch der Hamburger Stadtbibliothek, der heutigen Staats- und Universitätsbibliothek. Der größere Teil wurde verkauft und der Erlös der Prediger-Witwen-Kasse zugeführt. Weitere Legate des Ehepaars Raupach, das keine Kinder hatte, gingen an das Hamburger Werk- und Zuchthaus, das Waisenhaus und den Pesthof.

1723 hielt Bernhard Raupach eine erste Wahlpredigt an der St. Petri-Kirche in Hamburg. Eine zweite Wahlpredigt, zu der er ein Jahr später aufgefordert wurde, bewirkte 1724 seine einmütige Wahl zum Diakon an St. Nikolai. Auf der Basis der in 15 Jahren gesammelten Quellen schrieb er sein »Evangelisches Oesterreich, das ist historische Nachricht von den vornehmsten Schicksahlen der evangelisch-lutherischen Kirchen in dem Ertz-Hertzogthum Oesterreich« für die Jahre von 1520 bis 1624, das 1732 in Hamburg bei Felginer erschien. Dem folgten 1736 als erste Fortsetzung »Erläutertes Evangelisches Oesterreich, das ist fortgesetzte historische Nachricht« für die Jahre von 1520 bis 1580 sowie in den Jahren 1738 und 1740 zwei weitere Fortsetzungen für die Zeit von 1581 bis 1736; schließlich brachte Raupach von 1741 bis 1744 den gesamten Text in zwei voluminösen Quartbänden heraus, ergänzt durch eine Presbyterologica austriaca und »kleine Nachlesen«. Obgleich Raupach sein Werk primär als Materialsammlung verstand, interpretierte er die Ereignisse und leitete durch seine historische Deutung einen Wandel in der Beurteilung des Kryptoprotestantismus ein, der in der evangelischen Kirche seit Luther als »Abgötterei« abgetan worden war. In seinem orthodoxen Selbstverständnis lehnte Raupach zwar die Teilnahme am Abendmahl in der anglikanischen Kirche ab, billigte aber die äußere Teilnahme der österreichischen Kryptoprotestanten an den katholischen Riten, da ihre innere Abscheu vor Gott Gnade finden würde. Der Kryptoprotestantismus war für ihn die Bestätigung für eine lebendige lutherische Orthodoxie, die sich trotz der zahlreichen Fürstenkonversionen zur katholischen Kirche gegen den Calvinismus, die Aufklärung und auch den Pietismus behauptete. Mit seiner Einschätzung fand er im streng orthodoxen Hamburg nicht nur Anhänger. Wohl auch zu Raupachs Rechtfertigung veröffentlichte sein Neffe Georg E. P. Raupach ein Jahr nach dessen Tod eine kurze Biografie über das Leben seines Onkels.

Werke Exercitationem academicam de linguae Saxoniae inferioris Neglectu atque contemtu iniusto = Von unbilliger Verachtung der plat-teutschen Sprache./Franc. Albertus Aepinus (Praes). Bernhardus Raupach (Resp.), Rostock 1704 [Nachdruck Leer 1984]; Commentatio de utilitate peregrinationis Danicae, Hamburg 1712/17; Evangelisches Oesterreich, das ist historische Nachricht von den vornehmsten Schicksahlen der evangelisch-lutherischen Kirchen in dem Ertz-Hertzogthum Oesterreich [...], 4 Bde., Hamburg 1732–40 [ergänzte Ausgabe in 2 Bdn. Hamburg 1741/44].

Literatur ADB 27; BBKL 7; Georg E. P. Raupach, Kurze Historische Nachricht von dem Leben und Schriften Des [...] Bernhard Raupach [...], Hamburg 1746; Arno Herzig, Der Zwang zum wahren Glauben. Rekatholisierung vom 16. bis zum 18. Jahrhundert, Göttingen 2000.

Arno Herzig

Reichardt, Caroline *Louise*, geb. 11.4.1779 Berlin, gest. 17.11.1826 Hamburg; luth.; Musiklehrerin, Chorleiterin, Komponistin.

Die Tochter des preußischen Hofkapellmeisters Johann Friedrich Reichardt und der früh verstorbenen Sängerin Juliane Benda war trotz des einschlägig geprägten Elternhauses musikalisch überwiegend Autodidaktin. Durch das gastfreundliche Haus ihres Vaters wurde sie jedoch mit vielen bedeutenden geistigen und literarischen Größen ihrer Zeit, vor allem den Romantikern, bekannt und von diesen wegen ihrer Talente und ihrer lebendigen Ausstrahlung geschätzt, die ihr äußerliches Handicap, die Entstellung durch Blatternnarben, vergessen ließen. In Giebichenstein bei Halle/Saale, wohin die Reichardts 1794 gezogen waren, und seit 1807 in Kassel lag die Verantwortung für die Haushaltsführung vor allem bei ihr als ältester Tochter, doch die Verarmung der Familie bewog Louise Reichardt, deren zwei Verlobungen durch den vorzeitigen Tod der Bräutigame nicht zur Eheschließung geführt hatten, selbst berufstätig zu werden. Sie siedelte 1809 nach Hamburg über, wo die Familie Sillem ihr Aufnahme und Unterstützung bot. Durch deren Vermittlung konnte sie bald zahlreiche junge Mädchen aus angesehenen Familien als Musikschülerinnen um sich scharen und war dabei so erfolgreich, dass sie fünf Jahre später die Einrichtung einer eigenen privaten Musik- und Singschule wagen konnte. 1816 gründete sie zusammen mit Johann Heinrich Clasing den Musikverein, in dem sie die Choreinstudierung übernahm. Vor allem seit dem von Louise Reichardt 1818 initiierten Musikfest war der Verein für die Pflege der Werke Georg Friedrich Händels in Hamburg von entscheidender Bedeutung. Da ihr Wirken hauptsächlich der Musikerziehung galt, beschränkte sich das kompositorische Schaffen auf Lieder, von denen die ersten bereits 1800 zusammen mit Werken ihres Vaters gedruckt wurden. Schon die »Allgemeine Musikalische Zeitung« rühmte 1818 die »Dem. Reichardt, welche das Verdienst hat, die Liebe für den Gesang in Hamburg neu angeregt [...] zu haben«. Seit 1823 zunehmend kränklich, starb sie am 17. November 1826 in Hamburg.

Literatur Iris Boffo-Stetter, Luise Reichardt als Musikpädagogin und Komponistin. Untersuchungen zu den Bedingungen beruflicher Musikausübung durch Frauen im frühen 19. Jahrhundert, Frankfurt a. M. 1996 (Beiträge zur Geschichte der Musikpädagogik 4). *Gisela Jaacks*

Reimarus, Christina *Sophie* Louise, geb. Hennings, geb. 14.4.1742 Pinneberg, gest. 30.9.1817 Hamburg; luth.; Aufklärerin.

Sophie Reimarus und ihr weit über die Grenzen Hamburgs hinaus berühmter »Theetisch« bildeten gegen Ende des 18. Jahrhunderts einen der Mittelpunkte der Hamburger Aufklärung. Die zweite Frau des Hamburger Arztes, Schriftstellers und Reformers Johann Albert Heinrich Reimarus wurde allgemein nur »die Doctorin« genannt. Sie war als Tochter des Etatsrates Martin Hennings aus Pinneberg 1770 nach Hamburg gekommen, um an der von Dr. Reimarus eingeführten Pockenimpfung teilzunehmen; kurze Zeit später heiratete Sophie ihren Arzt. Sophie Reimarus kam in einen literarisch, philosophisch und politisch sehr engagierten Familien- und Freundeskreis. Schon ihr Schwiegervater, Hermann Samuel Reimarus, hatte als Professor am Akademischen Gymnasium das geistige Leben Hamburgs we-

Sophie Reimarus

sentlich geprägt. Zusammen mit seinem Sohn gehörte Hermann Samuel Reimarus 1765 zu den Mitbegründern der Patriotischen Gesellschaft, und seine Tochter Elise war eine enge Freundin Gotthold Ephraim Lessings und Moses Mendelssohns. Caspar Voght, Johann Georg Büsch und Friedrich Gottlieb Klopstock gingen im Hause Reimarus ein und aus; der Kontakt mit der Familie Sieveking wurde noch enger, nachdem Sophies Stieftochter Johanna 1782 den Kaufmann Georg Heinrich Sieveking geheiratet hatte. Die sehr gebildete, gastfreundliche »Doctorin« Reimarus versammelte in den folgenden Jahren nahezu alle in Hamburg lebenden oder durch Hamburg reisenden Gelehrten und Schriftsteller um ihren »Theetisch«, an dem die Gäste in geistreicher, dabei aber völlig ungezwungener und heiterer Atmosphäre bei anregenden Diskussionen und Lesungen bewirtet wurden. Die Themen kreisten um Aufklärung, Toleranz, Pressefreiheit und die neuesten literarischen und philosophischen Publikationen; Adolph Freiherr Knigge, Karl Leonhard Reinhold oder Karl August Böttiger waren gern gesehene Besucher, während Sophie gegenüber Matthias Claudius, den Brüdern Stolberg und dem Emkendorfer Kreis, Johann Georg Zimmermann und Johann Caspar Lavater kaum Sympathien hegte. Hierbei stellte sie sich an die Seite ihres Bruders, des Philosophen und dänischen Amtmanns August Hennings, mit dem sie einen intensiven Briefwechsel pflegte. Lebhaften Anteil nahmen die »Doctorin« und ihre Freunde am Verlauf der Französischen Revolution, besonders nach der Heirat von Sophies Tochter Christine mit dem in französischen Diensten stehenden Diplomaten Karl Friedrich Reinhard, wobei sich die Reimarus' von begeisterten Befürwortern des Freiheitsgedankens zu enttäuschten Beobachtern der Schreckensherrschaft wandelten. Sophie Reimarus wird von ihren Zeitgenossen als intelligente und lebhafte Gesprächspartnerin, begabte Dichterin sowie als liebevolle Ehefrau und Mutter geschildert, die im Mittelpunkt ihrer Familie und eines großen Freundeskreises stand – ein Bild, das ihre erhalten gebliebenen geistreichen und amüsanten Briefe bestätigen. Die Briefe an ihren Bruder August Hennings aus den Jahren 1779 bis 1802, in denen sich Sophie scharfsinnig über Literatur, aktuelle Politik und die Gespräche ihrer Gäste am »Theetisch« äußert, Plaudereien und Privates wiedergibt, aber auch den Klatsch in Hamburg nicht verschmäht, sind von Hennings selbst gesammelt und stellenweise kommentiert worden. Eine Edition dieses Teils von Hennings' Nachlass ist in Vorbereitung.

Zur Erinnerung an die Familie Reimarus wurde 1902 die Reimarusstraße in der Neustadt benannt.

WERKE Adolph Freiherr von Knigge, Aus einer alten Kiste. Originalbriefe, Handschriften und Documente aus dem Nachlasse eines bekannten Mannes. Wiederaufgefundene Ergänzungen zur Würdigung vergangener Zeiten und Personen, hg. von Hermann Klencke, Leipzig 1853 [enthält Briefe von Sophie Reimarus].

LITERATUR Reinalter; Karl August Böttiger, Literarische Zustände und Zeitgenossen, hg. von Karl Wilhelm Böttiger. Nachdruck der Ausgabe von 1838, 2 Bde., Frankfurt a. M. 1972. *Ariane Knuth*

REIN, Gustav Adolf, geb. 16.8.1885 Eisenach, gest. 19.1.1979 Hamburg; luth.; Historiker, Wissenschaftspolitiker.

Gustav Adolf Rein, Sohn des renommierten Pädagogen Wilhelm Rein, wurde 1910 als Schüler von Karl Lamprecht promoviert und gelangte 1919 als Privatdozent an die neu gegründete Hamburger Universität, wo er sich mit Studien zur amerikanischen Verfassungsgeschichte und zur Übersee- und Kolonialgeschichte profilierte. 1927 wurde unter Verwendung von Reins Assistentenstelle eine außerordentliche Professur für Kolonial- und Überseegeschichte eingerichtet und ihm übertragen.

Adolf Rein – seinen ersten Vornamen gab er erst seit 1945 mit an – forderte eine politische Ausrichtung der deutschen Wissenschaft in einem nationa-

Gustav Adolf Rein

listisch-völkischen Sinne. Im Januar 1933 veröffentlichte er »Die Idee der politischen Universität«, die darauf abzielt, die Wissenschaft so zu »politisieren«, dass sie zur »Willenschaft« werde.

Auf Druck der nationalsozialistischen Studentenschaft hielt Rein, seit Mai 1933 Mitglied der NSDAP, 1933 anstelle des Rektors die Hauptrede anlässlich der 1. Mai-Feier der Hamburger Universität, bei der sich diese öffentlichkeitswirksam zum Nationalsozialismus bekannte. Wenige Wochen später wurde er kommissarischer Regierungsdirektor in der Landesunterrichtsbehörde und erhielt den Auftrag zur »Reform« der Universität. Bezeichnend für Reins Hochschulpolitik waren die unverzügliche Umwandlung des Lehrstuhls für Philosophie von Ernst Cassirer in einen Lehrstuhl für Rassenbiologie sowie die Umwidmung der Professur für Kunstgeschichte von Erwin Panofsky in einen Lehrstuhl für Überseegeschichte, den der Extraordinarius sich selbst einrichtete. Nachdem seine Wissenschaftskonzeption mit dem Hamburger Hochschulgesetz vom 19. Januar 1934 in wesentlichen Teilen Gesetzeskraft erlangt hatte, ließ er sich zum Rektor der Universität berufen. 1938 wurde er Direktor des wieder errichteten Kolonialinstituts, und 1940 bekam er von Alfred Rosenberg den Aufbau der Außenstelle der Hohen Schule, der angestrebten Parteihochschule der NSDAP, in Hamburg überantwortet.

Nach dem Krieg wurde Rein als belasteter Wissenschaftler vom Dienst suspendiert. Obgleich er unbeirrt an seinen politischen Ansichten festhielt, erreichte er 1949 eine weitgehende Rehabilitierung seiner Person.

Im außeruniversitären Bereich fand er Kontakt zu gesellschafts- und kulturpolitisch engagierten Kreisen, in denen er mit Vorträgen über Themen wie »Deutsche Eliten«, »Bismarck« und »Revolution und Kontinuität« seinen Einfluss geltend machte. Als Präsident der von ihm gegründeten Ranke-Gesellschaft, zu deren Mitgliedern führende Historiker der bundesrepublikanischen Geschichtswissenschaft zählten, und Vorstandsvorsitzender der Stiftung F.V.S. seines Mäzens und Freundes Alfred C. Toepfer gelangte er schließlich auch wieder in das nähere Umfeld der Universität Hamburg.

Werke Die Idee der politischen Universität, Hamburg 1933; Die Universität Hamburg als politische Universität, Hamburg 1935 (Hamburg im Dritten Reich 2); Europa und Übersee. Gesammelte Aufsätze, hg. von der Ranke-Gesellschaft, Göttingen/Berlin/Frankfurt a. M. 1961; Der Deutsche und die Politik, 2 Bde., Göttingen/Zürich/Frankfurt a. M. 1970, 1974.

Literatur Geoffrey J. Giles, Students and National Socialism in Germany, Princeton/N.Y. u.a. 1985; Manfred Asendorf, Was weiter wirkt. Die »Ranke-Gesellschaft – Vereinigung für Geschichte im öffentlichen Leben«, in: 1999. Zeitschrift für Sozialgeschichte des 20. und 21. Jahrhunderts, 4. Jg., Heft 4 (Juli 1989), S.29–61; Hochschulalltag im »Dritten Reich«. Die Hamburger Universität 1933–1945, hg. von Eckart Krause, Ludwig Huber und Holger Fischer, 3 Teile, Berlin/Hamburg 1991 (Hamburger Beiträge zur Wissenschaftsgeschichte 3).

Arnt Goede

Reincke, Heinrich, geb. 21.4.1881 Hamburg, gest. 3.11.1960 ebd.; luth.; Historiker, Archivdirektor.

Reincke stammte aus angesehener Hamburger Familie. Sein Vater Julius Reincke war Arzt, seit 1892 Leiter des Medizinalamtes der Stadt; mütterlicherseits gehörte zu seinen Vorfahren der Senatssyndikus Johann Michael Gries, der 1815 Hamburg auf dem Wiener Kongress vertrat. Nach Besuch der Vorschule von Dr. Bieber und des Johanneums studierte Reincke in Erlangen und Bonn Rechts- und Staatswissenschaften. 1906 wurde er mit der Arbeit »Der alte Reichstag und der neue Bundesrat« zum Dr. jur. promoviert, drei Jahre darauf legte er die juristische Assessorenprüfung ab. 1909 trat er den Dienst im Hamburger Staatsarchiv an. Nach Teilnahme am Ersten Weltkrieg – zuletzt als Leutnant – kehrte

Heinrich Reincke

Reincke an seinen Arbeitsplatz in Hamburg zurück. 1933 wurde er in Nachfolge von Hans Nirrnheim zum Archivdirektor bestellt. In den letzten beiden Jahren des Zweiten Weltkriegs übernahm er zusätzlich die kommissarische Leitung der Staats- und Universitätsbibliothek.

Mehr als der Archivverwaltung galt Reinckes Neigung der wissenschaftlichen Tätigkeit als Historiker und akademischer Lehrer. Bereits 1913 hatte er sich vom Archivdienst zur Vorbereitung auf eine akademische Laufbahn beurlauben lassen. Nach Unterbrechung durch den Krieg nahm Reincke seine wissenschaftlichen Aktivitäten wieder auf. Die Universität Hamburg erteilte ihm 1925 die Venia Legendi für hamburgische und hansische Geschichte sowie für niederdeutsche Landesgeschichte, 1928 verlieh sie ihm den Professorentitel. Die Zahl der Veröffentlichungen Reinckes ist bemerkenswert, darunter zahlreiche Arbeiten, die auf grundlegender Quellenforschung beruhen. Schwerpunkte seines hamburggeschichtlichen Interesses waren Stadtrechtsgeschichte, territoriale Entwicklung des Stadtgebiets, Bevölkerungsgeschichte, mittelalterliche Kunstgeschichte und Reformationsgeschichte. Eine zusammenfassende Darstellung der Stadtgeschichte unternahm er 1925. Über Hamburg hinaus engagierte sich Reincke auf dem Gebiet der Hanseforschung; seit 1938 gab er zusammen mit Fritz Rörig die »Hansischen Geschichtsblätter« heraus.

Reinckes wissenschaftliches Verdienst ist überschattet durch kritiklose Gefolgschaftstreue während der NS-Zeit. Bereits im Jahre 1933 erschien seine Hamburg-Geschichte in einer überarbeiteten Ausgabe, die durchgehend an den Geist der neuen Machthaber angepasst war. In den kirchlichen Auseinandersetzungen des beginnenden »Dritten Reiches« stand er auf Seiten der »Deutschen Christen« und des von ihnen anfänglich unterstützten Bischofs Simon Schöffel. Nach Aufhebung der von der NSDAP verfügten Mitgliedersperre trat Reincke 1937 der Partei bei. Bei offiziellen Anlässen war er ein dem Regime ergebener Festredner. Während des Krieges stellte er seine Feder als Historiker vorbehaltlos in den Dienst der Eroberungspolitik Hitlers. Im Dezember 1945 wurde Reincke von der britischen Militärregierung als Archivdirektor amtsenthoben, im September 1946 jedoch wieder eingesetzt. Mit Erreichen der Altersgrenze trat er im Januar 1948 in den Ruhestand.

Anlässlich seines 70. Geburtstages schrieb Reincke 1951 einem befreundeten Kollegen: »Ich habe das sichere Gefühl, dass mir, wie dem Mimen, die ›Nachwelt‹ die Kränze nicht mehr flechten wird, die mir jetzt so beschämend reich auf das Haupt gestülpt werden.« Die Mitwelt hielt dies nicht von weiteren Ehrungen ab. Zu Reinckes 75. Geburtstag verlieh ihm die Philosophische Fakultät der Universität Hamburg die Ehrendoktorwürde, der Verein für Hamburgische Geschichte die Lappenberg-Medaille in Gold. 1975 wurde der Reinckeweg in Hummelsbüttel nach dem Historiker und seinem Vater Julius Reincke benannt.

WERKE Schriftenverzeichnis [zusammengestellt von Annelise Tecke] in: ZHG 47 (1961), S. 35–44; Hamburg. Ein Abriß der Stadtgeschichte von den Anfängen bis zur Gegenwart, Bremen 1925; Hamburg. Einst und Jetzt, Hamburg 1933; Forschungen und Skizzen zur hamburgischen Geschichte, Hamburg 1951 (Veröffentlichungen aus dem Staatsarchiv der Freien und Hansestadt Hamburg 3).

LITERATUR Hans Kellinghusen, Heinrich Reincke, Professor Dr. iur. Dr. phil. h. c., Direktor des Staatsarchivs. Nachruf, gehalten am 19. April 1961, in: ZHG 47 (1961), S. 1–15; Joist Grolle, Von der Verfügbarkeit des Historikers. Heinrich Reincke in der NS-Zeit, in: ders., Hamburg und seine Historiker, Hamburg 1997 (Veröffentlichungen des Vereins für Hamburgische Geschichte 43), S. 123–149.

Joist Grolle

Rezzori, Gregor von

Rezzori (Rezori d'Arezzo), *Gregor* Arnulph Herbert Hilarius von, geb. 13.5.1914 Czernowitz, gest. 23.4.1998 Donnini; Schriftsteller, Journalist.

Als Hörfunkautor der ersten Stunde wirkte Gregor von Rezzori ab 1946 beim Aufbau des Nordwestdeutschen Rundfunks (NWDR) in Hamburg mit, einer Stadt, in die ihn, wie er später bekannte, »das Zeitgeschehen hingeschwemmt hatte« und der er sich niemals zugehörig fühlte.

In dem von ihm liebevoll als »Schlawiner-Hochburg« bezeichneten Czernowitz in der Bukowina geboren, studierte der Sohn eines k.u.k.-Staatsbeamten nach wechselvoller Schullaufbahn Bergbau, Architektur und Medizin in Leoben und Wien, verdingte sich in Bukarest als Dekorateur von Drogerievitrinen und unternahm einige vergebliche Anläufe als Karikaturist, ehe er 1938 in Berlin mit Unterhaltungsromanen seine Karriere als Schriftsteller begann. Auf Empfehlung von Jürgen Schüddekopf kam Rezzori direkt nach Kriegsende zum unter britischer Kontrolle stehenden NWDR. Als Assistent von Bruno Erich Werner betreute er zunächst das »Kabarett der Zeit« und produzierte mit Kurt Reiss kabarettistische Hörspiele. Für das Nachtprogramm entwarf Rezzori zusammen mit Elef Sossidi und Herbert Blank 1947 eine Sendereihe, die ihn als präzisen Analytiker des Nationalsozialismus auswies (»Atlanta oder die Jagd von Kalydon«). Die von Kurt Marek, dem damaligen Cheflektor des Rowohlt Verlags, angeregte Veröffentlichung der ebenfalls für das Nachtprogramm entstandenen »Maghrebinischen Geschichten«, einer Sammlung märchenhafter Anekdoten und Legenden voller Eindrücke aus seiner bukowinischen Heimat, begründete 1952 den Ruhm des amüsanten Erzählers mit der scharfen, bisweilen boshaften Beobachtungsgabe. Als Nachfolger von Axel Eggebrecht übernahm Rezzori die Leitung der ins Reeducation-Programm gehörenden Sendung »Um den runden Tisch«, in deren Rahmen er auch über die Kriegsverbrecherprozesse in Nürnberg berichtete. Die Übergabe des Senders an die deutsche Verwaltungsmacht beendete 1948 eine von Rezzori in melancholischem Rückblick als »Interregnum der Intellektuellen« empfundene Periode journalistischer Freiheit. Bis 1956 verfasste er als freier Mitarbeiter Beiträge für den Hörfunk, unter anderem die von Boris Blacher vertonte »Seeräubergeschichte« und die satirische Reihe »Idiotenführer durch die deutsche Gesellschaft«. Literarische Anerkennung wurde dem humorvollen Chronisten, der, obwohl von der deutschen Kritik als seichter Schriftsteller beargwöhnt, unbeirrt zwischen den Genres wechselte und sich als Schreiber einen »ordentlichen Chaoten« genannt hat, erst durch die Romane »Der Tod meines Bruders Abel« und »Memoiren eines Antisemiten« sowie die selbstironischen autobiografischen Werke »Greisengemurmel« und »Mir auf der Spur« zuteil. In dritter Ehe mit der Mailänder Galeristin Beatrice Monti della Corte verheiratet, lebte der Kosmopolit und Lebenskünstler seit 1966 auf einem Landsitz in der Toskana, wo er im Frühjahr 1998 starb.

Gregor von Rezzori

Werke Maghrebinische Geschichten, Reinbek 1952; Männerfibel, Reinbek 1954; Idiotenführer durch die deutsche Gesellschaft, 3 Bde., Reinbek 1962–65.

Literatur DBE 11.1; KDL 1998; Killy 9; Horst Ohde, Das Haus an der Rothenbaumchaussee. Zur Geschichte des NWDR, in: Dann waren die Sieger da. Studien zur literarischen Kultur in Hamburg 1945–1950, hg. von Ludwig Fischer u. a., Hamburg 1999 (Schriftenreihe der Hamburgischen Kulturstiftung 7), S. 291–320.

Astrid Froese

Richey, Michael

Richey, Michael, geb. 1.10.1678 Hamburg, gest. 10.5.1761 ebd.; luth.; Professor für Geschichte und griechische Sprache, Polyhistor, Dichter.

Der einzige Sohn des aus Braunschweig zugewanderten Hamburger Kaufmanns und Bürgerkapitäns Johann Richey und der von niederländischen Religionsflüchtlingen abstammenden Esther Engel wurde anfangs privat unterrichtet, besuchte ab Ostern 1690 das Johanneum und wurde am 8. Mai 1696 am Akademischen Gymnasium immatrikuliert. Michael Richey hörte bei Gerhard Meier und Vincent Placcius, bildete sich wissenschaftlich weiter bei dem damaligen Privatgelehrten Johann Albert Fabricius und wurde von dem außerordentlichen Professor und Hauptpastor an St. Jacobi Johann Friedrich Mayer gefördert. 1699 studierte Richey in Wittenberg Theologie, Naturlehre, Mathematik, Geschichte und Schöne Wissenschaften, promovierte zum Magister bei Konrad Samuel Schurtzfleisch, der ihm Hoffnung auf einen Lehrstuhl der Philosophie machte, kehrte jedoch nach Abbruch seines Studiums aus gesundheitlichen Gründen 1701 nach Hamburg zurück. 1702 erwirkte der zum Prokanzler der Universität Greifswald aufgestiegene Johann Friedrich Mayer einen Ruf für Richey dorthin, aber dieser lehnte ab und übernahm 1704 auf Empfehlung seines akademischen Lehrers, des nunmehrigen Bremer Superintendenten Gerhard Meier, das Rektorat des Stader Gymnasiums. 1706 heiratete Richey Anna Catharina Schulte. 1712 floh er aus dem von den Dänen belagerten Stade nach Hamburg, wo wenige Monate später seine Frau starb. 1713 legte er das Rektorat nieder und lebte die folgenden Jahre seiner angegriffenen Gesundheit wegen als Privatmann. Von 1715 bis 1717/18 war Richey Mitglied der »Teutschübenden Gesellschaft«. 1717 übernahm er den Lehrstuhl für Geschichte und griechische Sprache am Akademischen Gymnasium. Von 1724 bis 1726 gehörte er der Redaktionsgemeinschaft der bekannten Moralischen Wochenschrift »Der Patriot« an; Mitglied – und oft auch Wortführer – der ersten Patriotischen Gesellschaft aber war er zeit ihres Bestehens: von 1724 bis 1748.

Richey machte sich durch zahlreiche wissenschaftliche Schriften um Philologie, Theologie, Geschichtswissenschaft, Literatur- und Gelehrtengeschichte verdient. Von den bekannten deutschen Dichterbibliotheken besaß er die umfangreichste und hatte maßgeblichen Anteil am geistigen Leben seiner Generation und an ihren gemeinnützigen Bestrebungen. Durch öffentlich wirksames Eintreten für bürgerliche Eigeninitiative und Freiheiten aber wurde Richey zu einem Wegbereiter politischer Kultur.

Die »Teutsch-übende Gesellschaft« vereinte, mit dem Ziel verstärkter Emanzipation deutscher Spra-

Michael Richey

che und Dichtung, Richey mit Fabricius, Barthold Heinrich Brockes und vier anderen Persönlichkeiten des öffentlichen Lebens. Zur Redaktionsgemeinschaft des »Patrioten« gehörten außer Richey, Fabricius und Brockes vier weitere Ratspolitiker, zwei Theologen, ein Journalist und ein Kaufmann. Von Richey selbst stammen nachweisbar sechs Aufsätze. »Der Patriot«, seine Redaktionsgemeinschaft, deren Einfluss im Rat und die von Mitgliedern der Patriotischen Gesellschaft organisierten Feste zu kaiserlichen, kirchlichen und städtisch-republikanischen Gedenktagen wehrten latenten absolutistischen Bestrebungen des Rats ebenso wie einem dem lutherischen Fundamentalismus willkommenen Wiederaufflammen der »Bürgerlichen Unruhen« und gewannen schließlich eine qualifizierte Minderheit Hamburger Bürger für die freiwillige Betätigung in öffentlichen Ämtern und Ehrenämtern. Diese anscheinend geringfügige Veränderung bürgerlichen Selbstverständnisses lief praktisch auf eine Wende der politischen Verhältnisse hinaus.

Das von der ersten Patriotischen Gesellschaft ausgehende neue Bewusstsein dieser einflussreichen Minderheit stand gegen jene, die ihre demokratischen Forderungen unter Ausschluss aller Nichtlutheraner nicht nur davon ableiteten, dass Hamburg die politische Mitsprache seiner Bürger der Reformation verdankte, sondern auch darauf beharrten, dass es sie nur im Bündnis mit seiner lutherischen Staatskirche bewahren könne. Denn auf der Reformation beruhte Hamburgs erste bürgerliche Ratsverfassung (1529). Nach weniger als 200 Jahren war die Kirche der Reformation in Hamburg nur mehr ein Hort konfessioneller und politischer Intoleranz, hatte jedoch immer noch eine überwältigende Mehrheit von ebenso fundamentalistisch denkenden Bürgern und Einwohnern auf ihrer Seite. Auf solchen Einfluss gründete sich der politische Alleinvertretungsanspruch dieser Staatskirche, und so hatte sie die Bürger während der »Bürgerlichen Unruhen« zwar in ihren berechtigten Forderungen unterstützt, sie vor allem aber in populistischer Weise gegen den Rat aufgehetzt und drohte das auch weiterhin zu tun. Trotz der Reichsexekution (1708) gegen die am Ende demokratischen, wenn auch chaotischen, bürgerkriegsähnlichen Verhältnisse und der neuen, nicht gerade bürgerfreundlichen Verfassung von 1712 war Hamburg noch einmal glimpflich davongekommen. Ein Wiederaufflammen der »Bürgerlichen Unruhen«, abermalige Reichsexekution und militärisches Eingreifen auswärtiger Mächte jedoch hätten weder Hamburgs Selbstständigkeit als Stadtrepublik noch seine inzwischen – wenn auch unter drastischen Einschränkungen – garantierten bürgerlichen Freiheiten überlebt. Die von der ersten Patriotischen Gesellschaft eingeleitete Wende der politischen Verhältnisse bewirkte, dass eine überzeugte qualifizierte Minderheit die bürgerlichen Freiheiten nicht länger mit dem Alleinvertretungsanspruch und der Intoleranz der lutherischen Staatskirche, sondern mit Naturrecht und Vernunft verband und dass sie durch gemeinnütziges Engagement ebenso wie durch entschiedenes Wahrnehmen ihrer Rechte den absolutistischen Neigungen des Rats entgegentrat, diesen aber in seiner Toleranzpolitik gegen die lutherische Orthodoxie unterstützte und so dem Gemeinwesen Stabilität verschaffte. Diese Voraussetzungen waren es, welche die große aufklärerische Bewegung auf politischem, sozialem und konfessionellem Gebiet in Hamburg überhaupt erst möglich machten.

In diesem Sinne appellieren Richeys »Deutsche Gedichte« – sein Hauptwerk – in der Sprache politisch Gleicher an die Selbstachtung einer durch das unglückliche Ende der »Bürgerlichen Unruhen« gedemütigten Bürgerschaft. Stärker noch und als Richeys eigentliche dichterische Leistung wirkten seine öffentlich aufgeführten Singgedichte zu Feierlichkeiten bürgerlich-reichsstädtischer Institutionen – der Colonellschaft, der Admiralität und des Akademischen Gymnasiums. Moralische Autorität und ungemeine Beliebtheit zumal nutzte Richey während seiner 44-jährigen Lehrtätigkeit dazu, die Führungsschicht mehrerer Generationen im Sinne der Frühaufklärung und der vom »Patrioten« gesetzten Maßstäbe menschlichen Zusammenlebens zu prägen.

Die Richeystraße in den Stadtteilen Barmbek-Nord/Steilshoop wurde 1951 nach dem Dichter benannt. In der Diele des Hamburger Rathauses erinnert ein Reliefporträt an Richey.

WERKE Der Patriot, Hamburg 1724–26, Nr. 4, 16, 25, 27, 64 und 79, [Buchausgabe in drei Bdn. Hamburg 1728/29, drei weitere Aufl. bis 1765; Neudruck nach der Originalausgabe 1724–26 in drei Textbdn. und einem Kommentarbd., hg. von Wolfgang Martens, Berlin 1969–84 (Ausgaben deutscher Literatur des XV. bis XVIII. Jahrhunderts 13, 21, 22, 109)]; Idioticon Hamburgense [...], Hamburg 1743 [2. Aufl. 1754, andere Exemplare der 2. Aufl. erschienen 1755; Nachdruck der Ausgabe von 1743: Hamburg 1975; Nachdruck der Ausgabe von 1755: Leipzig 1976]; Deutsche Gedichte, hg. von Gottfried Schütze, 3 Teile, Hamburg 1764–66.

LITERATUR ADB 28; Killy 9; LhS 6; Gottfried Schütze, Vorrede, in: Richey, Deutsche Gedichte (siehe unter Werke), Teil 2, S. III–XLVIII; F[riedrich] L[orenz] Hoffmann, Hamburgische Bibliophilen, Bibliographen und Litterarhistoriker XV. Michael Richey, in: Serapeum 24 (1863), S. 369–381, 25 (1864), S. 17–27.

Jürgen Rathje

RIEBESELL, Paul, geb. 9.6.1883 Hamburg, gest. 16.3.1950 ebd.; luth.; Versicherungsmathematiker, Unternehmensleiter.

Der durch seine versicherungsmathematischen Arbeiten weit über die Grenzen der Hansestadt hinaus wirkende Paul Riebesell bestimmte als Direktor der Hamburger Feuerkasse von 1923 bis 1934 und von 1946 bis 1950 die Geschicke der traditionsreichen Versicherungsgesellschaft.

Aufgewachsen als Sohn eines Kaufmanns in seiner Geburtsstadt Hamburg, begann Riebesell nach der Reifeprüfung am Realgymnasium Vor dem Holstentor ein Studium der Mathematik und der Naturwissenschaften in München. Nachdem er die Staatsprüfung für das Lehramt an höheren Schulen abgelegt hatte, wurde er 1905 promoviert. Der junge Lehrer trat 1906 in den höheren Schuldienst Hamburgs ein und erhielt 1909 eine Festanstellung als Studienrat an der Oberrealschule im Stadtteil St. Georg. Die schweren Verletzungen, mit denen er aus dem Ersten Weltkrieg heimkehrte, zwangen Riebesell, aus

Paul Riebesell

dem Schuldienst auszuscheiden. Seit 1918 stand er als Zweiter Direktor dem Hamburger Jugendamt vor, bevor der Senat den 40-Jährigen 1923 zum Direktor der Hamburger Feuerkasse ernannte. 1934 wurde er als Präsident des Reichsverbandes der öffentlich-rechtlichen Versicherungen nach Berlin berufen. Einen Einschnitt in seiner Laufbahn brachte das Jahr 1937: Da Riebesell die Arbeit eines jüdischen Wissenschaftlers positiv beurteilt hatte, musste er seine öffentlichen Ämter niederlegen. Er übernahm daraufhin 1938 die Leitung der Isar-Lebensversicherungs-AG in München.

Nach Kriegsende wurde Riebesell erneut die Direktion der Hamburger Feuerkasse sowie auch die Leitung der inzwischen gegründeteten Hamburger Mobiliar-Feuerkasse übertragen, die er bis zu seinem Tod innehatte. In die Amtszeit von Riebesell fielen für die Feuerkasse wichtige Entscheidungen, die er maßgeblich beeinflusst hat: 1923 führte ein Gesetz die wertbeständige Neuwertversicherung für Gebäude ein; im Jahr darauf schloss die Feuerkasse ihren ersten Rückversicherungsvertrag ab. 1929, als die Hamburger Feuerkasse die Trägerschaft der Feuerwehr-Unfallkasse Hamburg übernahm, machte eine Verwaltungsreform die Abschaffung der Feuerkassendeputation und die Einrichtung eines Verwaltungsrats erforderlich. Ab 1930 wurden auf Anraten Riebesells durch Sturm und Hagel verursachte Gebäudeschäden mitversichert.

Neben seinem praktischen Wirken im Versicherungswesen war Paul Riebesell zeit seines Lebens wissenschaftlich tätig. Nach seiner Habilitation (1919) lehrte er 1920 als Privatdozent und seit dem darauf folgenden Jahr als außerordentlicher Professor für Versicherungsmathematik und Statistik an der Universität Hamburg. Sein Hauptforschungsgebiet war die Mathematik der Sachversicherung. 1934/35 wurde er Honorarprofessor an der Universität und an der Technischen Hochschule in Berlin, 1938 an der Universität München. Nach seiner Rückkehr nach Hamburg erhielt er auch hier eine Honorarprofessur. Riebesell setzte sich dafür ein, dass in

Hamburg eine Professur der versicherungswissenschaftlichen Fakultät (Versicherungsrecht) eingerichtet wurde; er war Gründer des Versicherungswissenschaftlichen Vereins in Hamburg (1916) und der Deutschen Gesellschaft für Versicherungsmathematik (1949) sowie Mitbegründer und Leiter des Deutschen Aktuarvereins (1935). Zudem bekleidete er zahlreiche Ehrenämter, so etwa als Vorsitzender der Deutschen Gesellschaft für Versicherungsmathematik und des Verbandes der Sachversicherer, als Präsidiumsmitglied des Gesamtverbandes der Deutschen Versicherungswirtschaft und als Ehrenmitglied des Verbandes der Deutschen Lebensversicherungsunternehmen.

WERKE Wertbeständige Versicherung, in: Zeitschrift für die gesamte Versicherungswissenschaft 23 (1923), S. 90–98; Probleme der wertbeständigen Versicherung, in: Assekuranz-Jahrbuch 52 (1933), S. 151–157; Einführung in die Sachversicherungsmathematik, Berlin 1936 (Veröffentlichungen des Deutschen Vereins für Versicherungswissenschaft 56); Deutsche Versicherungswirtschaft. Ein Schulungs- und Nachschlagewerk in Unterrichtsbriefen, 6 Bde., Berlin 1936–39.

LITERATUR DBE 8; Robert Brückner, Die Versicherungsmathematik der Gegenwart, in: Praxis und Theorie der Versicherungsbetriebslehre, Festgabe für Heinz Leo Müller-Lutz zum 60. Geburtstag, hg. von Paul Braess, Dieter Farny und Reimer Schmidt, Karlsruhe 1972, S. 13–22; Ernst von der Thüsen, Bewegte Zeiten des Deutschen Vereins. Anmerkungen zur Arbeit des Deutschen Vereins für Versicherungswissenschaft in den Jahren von 1935 bis 1945, in: Zeitschrift für die gesamte Versicherungswissenschaft 82 (1993), S. 615–636; Wolfgang Poppelbaum, Hamburger Feuerkasse. Seit 1676 Hamburgs Gebäudeversicherer, 4., erweiterte Aufl. Hamburg 1994, S. 64 f.; Peter Koch, Geschichte der Versicherungswissenschaft in Deutschland, hg. vom Deutschen Verein für Versicherungswissenschaft, Karlsruhe 1998.

Wolfgang Poppelbaum

RIEFESELL, Johannes *Theobald*, geb. 1.7.1836 Hamburg, gest. 19.1.1895 ebd.; Maler, Zeichenlehrer.

Nach dem Besuch der Nikolai-Kirchenschule in Hamburg musste der Sohn eines Steinzeughändlers zunächst eine Gärtnerlehre absolvieren, während der er aber bereits die von Martin Gensler geleitete Zeichenschule der Patriotischen Gesellschaft besuchte. Erst nach Abschluss der Gärtnerlehre konnte Riefesell seiner wahren Neigung folgen und lernte in der Lithographischen Anstalt von Charles Fuchs

Theobald Riefesell

sowie bei dem als Hamburgensienmaler bekannten Wilhelm Heuer das Metier des Grafikers und Malers. Aufgrund seines Könnens erhielt er 1856 die Silbermedaille der Patriotischen Gesellschaft und ein Stipendium, das ihm den Besuch der Kunstakademien in Düsseldorf und Wien ermöglichte. 1860 nach Hamburg zurückgekehrt, arbeitete Riefesell hier als freischaffender Maler und Zeichenlehrer, der privat die Kinder wohlhabender Hamburger Familien unterrichtete. Zu seinen Schülerinnen zählten unter anderem Molly und Helene Cramer, Marie Zacharias und Ebba Tesdorpf. Seine Bedeutung für Hamburg liegt in seinen Zeichnungen, von denen sich über 1000 erhalten haben. In ihnen hielt er das Aussehen vor allem der Hamburger Innenstadt vor den durchgreifenden Veränderungen am Ende des 19. Jahrhunderts fest, dokumentierte aber auch Abriss und Zerstörung und gab durch die eingestreuten figürlichen Szenen einen Einblick in die Sozialstruktur und die Atmosphäre der alten Stadtteile. Am 19. Januar 1895 erlag er einem Krebsleiden. Die Riefesellstraße in Barmbek wurde 1956 nach ihm benannt.

LITERATUR Gisela Jaacks/Andres W. Jahnke/Rüdiger Wagner, Hamburg – Augenblicke einer Stadt – 1882–1894. In 50 Zeichnungen von Johann Theobald Riefesell, Hamburg 1981; Gisela Jaacks, Das »Alte Hamburg« in der Dokumentation durch Künstler und Photographen, in: Geschichte in Hamburg, ZHG 74/75 (1989), S. 297–317.

Gisela Jaacks

RIMBERT, gest. 11. 6. 888 Bremen; Erzbischof von Hamburg-Bremen.

Rimbert wurde 865, nach Ansgars Tod, dessen Nachfolger als Erzbischof von Hamburg-Bremen. Er war ein enger Gefährte Ansgars. Wie dieser kam er aus der Diözese Amiens und war zugleich Erzbischof und Corveyer Mönch. Zwischen 865 und 876 hat Rimbert die Lebensbeschreibung Ansgars (»Vita Anskarii«) verfasst – wenn man nicht einen Schreibfehler in der »Vita Rimberti« annehmen will, gemeinsam mit einem zweiten Autor, vermutlich mit Adalgar, der später sein Nachfolger als Erzbischof wurde. In der Lebensbeschreibung Ansgars verbinden sich Gesta, die Beschreibung seiner äußeren Taten, und Legende, die Herausstellung seiner Heiligkeit. Die äußere Wirksamkeit Ansgars wird besonders hinsichtlich der Mission in Dänemark und Schweden und im Blick auf die Begründung des Erzbistums Hamburg dargestellt. Auch über Rimbert ist eine Lebensbeschreibung (»Vita Rimberti«) verfasst worden. Sie wurde während der Amtszeit seines Nachfolgers Adalgar (888–909) von einem unbekannten Autor geschrieben. In dieser Lebensbeschreibung überwiegen die Züge der Legende; so wird an einem Aufenthalt Rimberts in Dänemark der entbehrungsreiche Loskauf Gefangener hervorgehoben. Gemeinsam haben die Lebensbeschreibungen Ansgars und Rimberts, dass das Leben der Protagonisten von Visionen begleitet und dass die Askese in der Verbindung von Kleriker- und Mönchtum betont wird.

Während bei Ansgar die asketische Wendung zur Mission überwog, trat bei Rimbert die Sorge um die Sicherung des Erzbistums Hamburg-Bremen hervor. Rimbert wurde durch Erzbischof Liutbert von Mainz geweiht und erhielt von Papst Nikolaus I. noch 865 ein Palliumsprivileg, in das päpstliche Kritik am Glaubensbekenntnis Rimberts einfloss. Das Recht, an bestimmten Festtagen das Pallium zu tragen, versinnbildlichte die Anerkennung des Erzbischofs durch den Papst. Ansgar hatte ein solches Privileg nicht erhalten, wahrscheinlich sich gar nicht darum bemüht. Rimbert gelang es am Ende seines Pontifikats, auch von königlicher Seite ein Privileg zu erlangen. König Arnolf bestätigte ihm das Recht der freien (Erz-)Bischofswahl und verlieh für Bremen, das faktisch der Sitz der Erzbischöfe von Hamburg-Bremen war, ein Münz-, Markt- und Zollprivileg – mit der Begründung, dass dieser Markt in Hamburg nicht mehr gehalten werden könne. Zu diesen echten Privilegien kamen in der Zeit Rimberts und über sie hinaus Umdeutungen der hamburg-bremischen Frühgeschichte. Sie sollten zunächst vor allem die Zugehörigkeit der Diözese Bremen zum Erzbistum Hamburg-Bremen sichern. Nach wie vor, noch bis in das 11. Jahrhundert, wurde die Diözese Bremen von den Erzbischöfen von Köln beansprucht. Die Umdeutungen begannen in der Lebensbeschreibung Ansgars und setzten sich in Urkundenfälschungen fort. Der Geschichtsschreiber Adam von Bremen fasste das verfälschte Bild zusammen und fügte nur wenig Neues hinzu.

Rimbert erhielt enge Beziehungen zum Kloster Corbie, dem Heimatkloster seines Vorgängers Ansgar, aufrecht. Dessen Lebensbeschreibung widmete Rimbert den Mönchen von Corbie. Von dem gelehrten Mönch Ratramnus von Corbie holte er mindestens zweimal Gutachten zu seelsorgerlichen Fragen ein. Noch im Sterben zeigte sich Rimberts Verehrung gegenüber Ansgar: Während dieser im Dom vor dem Marienaltar beigesetzt worden war, wählte Rimbert sein Grab außerhalb des Doms an dessen Ostseite, also an einem weniger hervorragenden Ort, aber in der Nähe Ansgars.

1962 wurde der Rimbertweg im Stadtteil Lokstedt nach dem Erzbischof von Hamburg-Bremen benannt.

WERK Vita Anskarii, hg. von Georg Waitz, Hannover 1884 (Monumenta Germaniae Historica, Scriptores rerum Germanicarum in usum scholarum 55), lateinisch-deutsch in: Werner Trillmich/Rudolf Buchner (Hg.), Quellen des 9. und 11. Jahrhunderts zur Geschichte der Hamburgischen Kirche und des Reiches, 7., um einen Nachtrag von Volker Scior erweiterte Aufl. Darmstadt 2000 (Freiherr-vom-Stein-Gedächtnisausgabe, A 11), S. 1–133.

LITERATUR ADB 28; Wilhelm Wattenbach/Wilhelm Levison, Deutschlands Geschichtsquellen im Mittelalter. Vorzeit und Karolinger, Bd. 6: Die Karolinger vom Vertrag von Verdun bis zum Herrschaftsantritt der Herrscher aus dem sächsischen Hause, bearb. von Heinz Löwe, Weimar 1990, S. 842–846; Gerhard Theuerkauf, Urkundenfälschungen des Erzbistums Hamburg-Bremen vom 9. bis zum 12. Jahrhundert, in: Niedersächsisches Jahrbuch für Landesgeschichte 60 (1988), S. 71–140, hier S. 93, 99–101; Rimbert, der Nachfolger Ansgars, hg. von der Katholischen Akademie Hamburg, Hamburg 2000.

Gerhard Theuerkauf

Rist, Johann

Rist, Johann, geb. 8.3.1607 Ottensen, gest. 31.8.1667 Wedel (Holstein); luth.; Pastor, Dichter.

Der Sohn eines Ottensener Pastors gehört zu jenen Dichtern des Barock, deren Leben und Werk entscheidend vom Dreißigjährigen Krieg geprägt wurden. 1626, nach einer ersten Ausbildung am Hamburger Johanneum sowie am akademischen Gymnasium Illustre in Bremen, begann Rist ein Studium in Rostock, wobei er neben Theologie unter anderem auch Jurisprudenz, Pharmazie und Medizin belegte. Nach der Besetzung der Stadt durch die Truppen Wallensteins wich er nach Rinteln aus; 1630 musste jedoch auch die schaumburgische Landesuniversität ihre Pforten schließen, ohne dass Rist zu einem Abschluss gekommen war; erst Ende 1634 konnte er sich in Bückeburg dem Examen unterziehen. Erste literarische Versuche fallen noch in die Studienzeit, darunter das zusammen mit Ernst Stapel verfasste Drama »IRENAROMACHIA«, das 1630 in Hamburg aufgeführt wurde. Nach einer Hauslehrertätigkeit in Heide (Holstein) ließ sich Rist 1635 als Pastor in Wedel nieder. In den folgenden Jahren flüchtete er wiederholt nach Hamburg, wobei die Ereignisse der Zeit etwa in den »Kriegs vnd Friedens Spiegel« (1640) sowie in das Gedicht »Holsteins erbärmliches Klag- und Jammer-Lied« (1644) eingegangen sind. Seit 1645 Mitglied im Nürnberger Pegnesischen Blumenorden (Gesellschaftsname: Daphnis aus Cimbrien), wurde Rist ein Jahr später auf Betreiben Georg Philipp Harsdörffers als »der Rüstige« in die hoch angesehene Fruchtbringende Gesellschaft aufgenommen. Literarische Ehren brachten auch der Titel eines »Poeta laureatus Caesarius« (1646) sowie die Ernennung zum »Kaiserlichen Hofpfalzgrafen« (1653). Letztere verschaffte ihm das Recht, Dichter zu krönen. Der 1658 gegründete Elbschwanenorden, dem Rist als »Palatin« vorstand, blieb allerdings unter den Zeitgenossen umstritten. Zu seinen über 40 Mitgliedern gehörten der zeitweise in Hamburg lebende Georg Greflinger, Redakteur des »Nordischen Mercurius«, sowie Conrad von Hövelen (Candorin). Rist verstand sich als Hauptvertreter des Opitzianismus in Norddeutschland. Seine literarischen Ambitionen zeigen sich vor allem in zahlreichen Ehrengedichten und Widmungsschriften. So bestanden Kontakte unter anderem zu Justus Georg Schottelius sowie dem Hamburger Dichter Philipp von Zesen. Rist war zunächst Dichter von Kirchenliedern, von

Johann Rist

denen etwa 650 bekannt sind. Zahlreiche der häuslichen Andachtslieder wurden vertont, so etwa von Johann Schop, einem der wichtigsten Vertreter der so genannten Hamburger Liedschule. Sein in zahlreichen Schriften zum Ausdruck kommender Kampf um die Reinhaltung der deutschen Sprache galt bereits vielen Zeitgenossen als überzogen. Zeithistorisch bedeutend sind die beiden Friedensspiele »Das Friedewünschende Teutschland« (1647) und »Das Friedejauchtzende Teutschland« (1653). Anhand der allegorischen Figur des »Ratio Status« bzw. der »Madame Mißtrau« kritisiert Rist hier die Idee der Staatsräson, die er als machiavellistische Fehlentwicklung brandmarkt. Stattdessen plädiert er für ein ›wahres‹, irenäisches Christentum. Auch die seit 1663 erscheinenden »Monatsgespräche«, die auf Harsdörffers »Gesprächsspiele« Bezug nehmen, geben wichtige Einblicke in die Kultur der Zeit und enthalten Beobachtungen zu Alltag und Wirtschaftsleben in Hamburg. An die Bedeutung Johann Rists für Hamburg erinnert seit 1929 die Riststraße in Winterhude.

Werke Sämtliche Werke, hg. von Eberhard Mannack, 12 Bde. [bisher erschienen: Bde. 1, 2, 4–7], Berlin/New York 1967 ff. (Ausgaben deutscher Literatur des XV. bis XVIII. Jahrhunderts 3, 35, 37, 51, 66, 99).

Literatur ADB 30; SHBL 6; Dieter Lohmeier/Klaus Reichelt, Johann Rist, in: Harald Steinhagen/Benno von Wiese (Hg.), Deutsche Dichter des 17. Jahrhunderts. Ihr Leben und Werk, Berlin 1984, S. 347–364; Günter Dammann, Johann Rist als Statthalter des Opitzianismus in Holstein. Aspekte seiner literaturpolitischen Strategie anhand der Widmungsbriefe und Vorreden, in: Literaten in der Provinz

– Provinzielle Literatur? Schriftsteller einer norddeutschen Region, hg. von Alexander Ritter, Heide 1991 (Steinburger Studien 6), S. 47–66; Horst Joachim Frank, Johann Rist, in: ders., Literatur in Schleswig-Holstein, Bd. 1: Von den Anfängen bis 1700, Neumünster 1995, S. 330–387; Martin Knauer, Die Beschwörung des Friedens. Johann Rist und der Dreißigjährige Krieg, in: Beiträge zur Wedeler Stadtgeschichte, Bd. 3, Bad Segeberg 1998, S. 9–27.

Martin Knauer

RODIG, Erich Wasa, geb. 23.8.1869 Horka/Niederlausitz, gest. 26.10.1940 Hamburg; luth.; Jurist, Kommunalbeamter, Bürgermeister.

Als Oberbürgermeister im preußischen Wandsbek in den Jahren von 1913 bis 1931 war Erich Wasa Rodig von der Notwendigkeit des Aufgehens der Stadt in »Groß-Hamburg« überzeugt und setzte sich dafür auch gegenüber seiner Regierung ein. Seine berufliche Laufbahn begann er 1901 als Magistratsassessor in Görlitz; im Jahr darauf wurde er besoldeter Stadtrat in Schweidnitz, 1904 Zweiter Bürgermeister in Forst (Lausitz), 1907 in Potsdam. In Wandsbek wurde er nach zehnjähriger Amtszeit als Oberbürgermeister 1923 wiedergewählt, 1931 schied er aus gesundheitlichen Gründen aus und wurde Wandsbeker Ehrenbürger. Rodig gehörte zu den durch stete Bewerbungen zielbewusst aufstrebenden, in einem weiteren Sinn linksliberalen und »munizipalsozialistischen« Kommunalpolitikern, die im letzten Viertel des 19. und im ersten Drittel des 20. Jahrhunderts die städtische Leistungsverwaltung auf- und ausbauten. Unter seiner Leitung überstand Wandsbek den Weltkrieg, die Revolution und einen Teil der Weltwirtschaftskrise. Rodig, der in Potsdam die Probleme einer im Gravitationsfeld einer großstädtischen Metropole sich bewegenden Mittelstadt kennen gelernt und planend am Zustandekommen Groß-Berlins teilgenommen hatte (obgleich Potsdam nicht mit einbezogen wurde), forderte schon 1916 zusammen mit seinem Altonaer Amtskollegen Bernhard Schnackenburg, Wandsbek und andere Hamburger Randgemeinden nach Hamburg einzugliedern. Er wirkte zunächst darauf hin, Wandsbek zu vergrößern – als Selbstzweck und als vorbereitende Maßnahme für Groß-Hamburg. Zudem war er bestrebt, vor allem durch Industrieansiedlung die Steuereinnahmen zu erhöhen, um eine Sozialpolitik finanzieren zu können, die Wandsbek vor dem Herabsinken zu einer »Proletariervorstadt« Hamburgs bewahren sollte. Diesem Ziel diente auch die Orientierung der

Erich Wasa Rodig

in Wandsbek gültigen kommunalpolitischen Standards an denen Hamburgs; die Abwanderung steuerkräftiger Bevölkerungskreise sollte so verhindert werden. Rodig setzte sich in programmatischen Zeitungsartikeln, aber auch in der Praxis für eine transkommunale Zusammenarbeit zwischen Hamburg, Wandsbek und weiteren Gebietskörperschaften östlich der Alster in der Wasser- und Energieversorgung, der Stadtplanung und der Grünpolitik ein. Verkehrspolitisch orientierte er sich an dem 1921 vom Hamburger Oberbaudirektor Fritz Schumacher publizierten »Schema der natürlichen Entwicklung des Organismus Hamburg«, demzufolge Wandsbek die Pflege der von Hamburg ausgehenden Achsen ins Alstertal, zu den Walddörfern und nach Lübeck oblag. 1927 entstand durch die Eingemeindung des westlichen Teils von Tonndorf-Lohe und von Jenfeld ein »Groß-Wandsbek«. Die NS-Machthaber zeigten bei der Schaffung Groß-Hamburgs 1937 kein Interesse, an die Vorarbeit Rodigs zu erinnern, dessen Politik sie auch zuvor schon als »System Rodig« verfemt hatten. 1947 wurde die Rodigallee, die sich von Marienthal bis Jenfeld erstreckt, nach dem Politiker benannt.

WERKE Thomas P. Reiter (Hg.), Zwischen Preußen und Hamburg. Die Wandsbeker Lebenserinnerungen des Erich Wasa Rodig, Hamburg 1998 (Heinevetter Dokumentationen).

LITERATUR Helmut Stubbe-da Luz, Die Oberbürgermeister Heinrich Denicke, Harburg, Bernhard Schnackenburg, Altona, Erich Wasa Rodig, Wandsbek, Hamburg 1992 (HLb 6).

Helmut Stubbe-da Luz

Meta Rötting

Rötting, Meta, geb. 7.5.1895 Altona, gest. 23.5.1979 Garding; Hausangestellte, Arbeiterin, Schneiderin.

Sie würde zu dem großen Heer der Namenlosen gehören, wenn sie nicht »Erinnerungen« hinterlassen hätte: Meta Rötting, die Tochter eines früh verstorbenen Arbeiters, die mit ihren zwei Brüdern und der Mutter Unterkunft im Knackerügge-Stift in St. Georg fand, einer Einrichtung, die der Oberalte Hieronymus Knackerügge und sein Schwiegersohn Johann Sillem 1613 als mietfreie Wohngelegenheit für bedürftige Witwen mit Kindern geschaffen hatten. Schon während ihrer Schulzeit musste Meta Rötting als »Laufmädchen« für eine Weißnäherei etwas dazuverdienen. Mit 14 Jahren ging sie »in Stellung«, so wie es auch ihre Mutter einst getan hatte. Nach dem Ersten Weltkrieg war sie als Zuarbeiterin in einer Damenschneiderei tätig; während der Inflation wurde sie entlassen. Die Weltwirtschaftskrise von 1929 beendete ihre Tätigkeit als Arbeiterin in der Chemischen Fabrik Promonta. Heimarbeit für die Hamburger Kinderstube brachte nur wenig Verdienst. Die kranke Mutter, mit der Meta Rötting die Wohnung – nun nicht mehr im Knackerügge-Stift, sondern in der nahe gelegenen Bohmbachs-Passage – teilte, musste gepflegt werden. Die Brüder hatten geheiratet; sie blieb ledig, der Freund war im Ersten Weltkrieg gefallen. Nach dem Tod der Mutter zog Meta Rötting nach Neumünster; dort lebte einer der Brüder, und dort war alles billiger. In einer kleinen Wohnung eröffnete sie eine Schneiderei für Kinderkleidung. Sie wurde zweimal ausgebombt und verlor mit der Nähmaschine ihre Existenzgrundlage. Fortan arbeitete sie als Hausschneiderin, mal hier, mal dort. Später zog sie in ein Altersheim in Neumünster; als ihre Kräfte weiter nachließen, kam sie in ein Pflegeheim nach Garding. Beigesetzt wurde sie auf dem Ohlsdorfer Friedhof in ihrem geliebten Hamburg. Das Leben Meta Röttings steht für ein Schicksal, wie es so oder ähnlich Tausende erlebt haben.

Werke Meta Rötting, Die Hausangestellte, Arbeiterin, Schneiderin. Erinnerungen, bearb. von Renate Hauschild-Thiessen, Hamburg 1997 (HLb 11).

Renate Hauschild-Thiessen

Rougemont, Charlotte, geb. 22.1.1901 Hamburg, gest. 11.2.1987 ebd.; Märchenerzählerin.

Nach einer behüteten Kindheit, die sie zusammen mit dem jüngeren Bruder auf der Uhlenhorst verbrachte, wurde Charlotte Rougemont zunächst Medizinisch-Technische Assistentin und arbeitete im Eppendorfer Krankenhaus. Doch sie liebte die Welt der Märchen, und als ein Student sie Ende der zwanziger Jahre zu einer Veranstaltung der Märchenerzählerin Vilma Mönckeberg-Kollmar mitnahm, wurde dieses Ereignis zum Wendepunkt in ihrem Leben. Neben ihrem Beruf begann das jahrelange mühsame Auswendiglernen von Märchen. Vilma Mönckeberg-Kollmars Vortrag hatte ihr deutlich gemacht, dass Märchen ihren ganzen Zauber erst entfalten, wenn sie wortgetreu nach der schriftlichen Fassung mündlich erzählt werden. Charlotte Rougemonts erste Zuhörer waren die Patienten im Krankenhaus Bethesda und der Bruder, der ihr strenger Kritiker und liebevoller Berater werden sollte. Allmählich wuchs der Hörerkreis, gesellige Zusammenkünfte innerhalb des Krankenhausbetriebes, Märchennachmittage in Altersheimen, Mütterabende, Kinderkreise und allerlei Vereine folgten. 1941 kam der geliebte Bruder als Soldat in Russland ums Leben, im Juli 1943 wurden bei einem Bombenangriff das Elternhaus und das Krankenhaus Bethesda zerstört. Da wagte Charlotte Rougemont den Sprung auf gänzlich uneingefahrene Gleise und wurde Märchenerzählerin. Im Bewusstsein der Verantwortung für ein kostbares Gut machte sie sich die Verbreitung von Volksmärchen zu Beruf und Lebensaufgabe. Von Flensburg aus, wo sie mit ihren Eltern ein neues Zuhause gefunden hatte, begann sie im Frühsommer 1944 ihr

Charlotte Rougemont

beschwerliches Reise- und Wanderleben als Märchenerzählerin. Ihre erste Rundreise führte Charlotte Rougemont nach Nordschleswig, in Schulen, Ferienheime für Kinder aus bombengefährdeten Gebieten, Frauenvereine und in ein großes Lazarett. Für zwei Jahre war sie Mitglied der kulturellen Lazarettbetreuungsstelle in Flensburg und wanderte täglich erzählend durch die Militärkrankenhäuser. Mehrere Male wurde sie auch vom Jugendamt in Hamburg zum Märchenerzählen angefordert. Sie verstand es nicht nur, die Märchen wahrhaftig zu erzählen, sondern auch eine behutsame Einstimmung zu geben und die äußere Situation und die Zuhörer bei der Wahl der Geschichten richtig einzuschätzen. Am liebsten waren Charlotte Rougemont, die nach 30 Jahren etwa 150 Märchen im Kopf hatte, mit denen sie Hamburger Schulen und Heime besuchte und in Städte und Dörfer sowie auf die Inseln Norddeutschlands reiste, zeitlebens die Grimm'schen Märchen mit dem ihnen eigenen Ton. Besonders setzte sie sich auch für die Verbreitung eines der ältesten gedruckten deutschen Märchen, »Das Erdkühlein«, ein, das um 1560 von Martinus Montanus von Straßburg aufgezeichnet worden war.

Charlotte Rougemont lebte zuletzt im Altenheim Rabenhorst in Hamburg und wurde auf dem Friedhof Ohlsdorf beigesetzt.

WERKE ... dann leben sie noch heute. Erlebnisse und Erfahrungen beim Märchenerzählen, Münster 1962 (Schriften der Gesellschaft zur Pflege des Märchengutes der Europäischen Völker 1) [8. Aufl. 1984].

LITERATUR Bake/Reimers, S. 116–119. *Brita Reimers*

ROWOHLT, *Ernst* Hermann Heinrich, geb. 23.6.1887 Bremen, gest. 1.12.1960 Hamburg; luth.; Verleger.

Wie nur wenige andere prägte Ernst Rowohlt das deutsche Verlagswesen nach dem Zweiten Weltkrieg, wobei der Durchsetzung des Taschenbuchs eine zentrale Bedeutung zukommt. Durch die Vermittlung vor allem angloamerikanischer und französischer Literatur ist er auch dem Idealtypus des aktiv auf die Gesellschaft einwirkenden »Kulturverlegers« recht nahe gekommen.

Rowohlt stammte aus einer Bremer Kaufmannsfamilie und trat zunächst in die Fußstapfen des Vaters, als er eine Banklehre aufnahm. Dieser Berufsweg fand jedoch im Jahre 1905 ein abruptes Ende, als ihm der mit seiner Mutter befreundete Anton Kippenberg, Geschäftsführer des Insel Verlags, ein Volontariat bei der traditionsreichen Leipziger Druckerei Breitkopf & Härtel anbot. Laut Rowohlts eigener Aussage hatte Kippenberg neben Samuel Fischer den größten Einfluss auf seine spätere Verlegertätigkeit. Im Jahre 1908 gründete Rowohlt in Leipzig seinen ersten Verlag, dessen stiller Teilhaber zum Jahresende Kurt Wolff wurde. Beide spezialisierten sich auf zeitgenössische Literatur, trennten sich nach Auseinandersetzungen aber bereits 1913 voneinander. Wolff übernahm sämtliche Verlagsrechte und zahlte Rowohlt aus. Erst 1919 gründete dieser seinen Verlag in Berlin neu, wobei zunächst eine Spezialisierung auf Bühnenwerke erfolgte. In den folgenden Jahren der Weimarer Republik versammelte Rowohlt solch bedeutende Autoren wie Franz Blei, Alfred Polgar, Joachim Ringelnatz, Hans Fallada, Mascha Kaléko, Kurt Tucholsky, Robert Musil sowie Sinclair Lewis, Ernest Hemingway und William Faulkner um sich, die häufig eng mit ihm befreundet waren und gerade in den Turbulenzen dieser Periode Rückhalt bei ihm fanden. Diese engen Beziehungen bildeten die wichtigste Säule des Verlagsprogramms. Daneben erschienen erste Taschenbuchausgaben der Werke von Balzac und Casanova. Obwohl Rowohlt sich über sein Verlagsprofil nicht eindeutig einer politischen Richtung zuordnen ließ, erhielt er 1938 Berufsverbot wegen angeblicher Tarnung jüdischer Schriftsteller. Er ging bis 1940 in die Emigration nach Brasilien, während sein Verlag der Deutschen Verlags-Anstalt in Stuttgart als Tochtergesellschaft angegliedert wurde. Deren Leitung hat-

Ernst Rowohlt

te bis zur endgültigen Schließung (1943) sein unehelicher Sohn Heinrich Maria Ledig inne. Nach Kriegsende begann für den Rowohlt Verlag eine neue Ära: Nachdem Ledig bereits für Stuttgart eine amerikanische Verlagslizenz erworben hatte, erschienen dort 1946 die ersten der legendären »Rowohlt-Rotations-Romane« (RO-RO-RO) im Zeitungsformat in einer Auflage von je 100 000 Exemplaren zum Preis von 50 Pfennig. Im gleichen Jahr erwarb Ernst Rowohlt auch eine französische (Baden-Baden), englische (Hamburg) und sowjetische (Berlin) Lizenz und knüpfte die ersten Kontakte zu wichtigen französischen Autoren wie Jean-Paul Sartre, Simone de Beauvoir, Albert Camus, Jacques Prévert sowie jungen deutschen Literaten wie Wolfgang Borchert und Arno Schmidt. Neben der zeitgenössischen Belletristik gewannen nun gesellschaftswissenschaftliche Werke im Verlagsprogramm zunehmend an Gewicht. Das Zentrum der Buchproduktion verlagerte sich in diesen Jahren mehr und mehr nach Hamburg, wo Ernst Rowohlt seit 1945 lebte. Folgerichtig wurden die anderen Niederlassungen bis 1950 aufgegeben. Die anfängliche Finanzkrise des Verlags endete mit dem Erscheinen von Bestsellern wie C. W. Cerams »Götter, Gräber und Gelehrte« (1949), vor allem aber ab 1950 mit der Einführung monatlich und in hoher Auflage erscheinender, preiswerter Taschenbuchausgaben (rororo) nach amerikanischem Vorbild. Dieses Modell wurde bald von anderen Verlagen imitiert und führte zu einer radikalen Umstrukturierung des Buchmarkts. Weitere Innovationen stellten das Schalten von Werbeseiten in Büchern, das Anregen von Schaufensteraktionen in den Buchläden sowie die Schaffung solch unverwechselbarer Marken wie der Reihe »rowohlts monographien« (1958) dar. Im Jahre 1957 erhielt Rowohlt das Große Bundesverdienstkreuz und die Ehrendoktorwürde der Universität Leipzig. Nachdem er dem Verlag sämtliche Rechte an Tucholskys Werken gesichert und den Umzug von Hamburg nach Reinbek abgeschlossen hatte, verstarb Ernst Rowohlt an den Folgen eines Herzinfarkts. Die Geschicke des Hauses wurden anschließend bis zum endgültigen Verkauf der Familienanteile an den Holtzbrinck-Konzern (1982) von Heinrich Maria Ledig-Rowohlt gelenkt.

LITERATUR Walther Kiaulehn, Mein Freund der Verleger. Ernst Rowohlt und seine Zeit, Reinbek bei Hamburg 1967; Paul Mayer, Ernst Rowohlt in Selbstzeugnissen und Bilddokumenten, Reinbek bei Hamburg 1968; Wolfram Göbel, Der Ernst Rowohlt Verlag 1910-1913, in: Buchhandelsgeschichte 1974, S. B 57–127; Wolfram Göbel, Ernst Rowohlt und Kurt Wolff, in: Buchhandelsgeschichte 1987, S. B 118–122; Sabine Krecker, Neuanfang in vier Zonen. Der Rowohlt Verlag nach 1945. Hamburg, Stuttgart, Baden-Baden, Berlin, in: Ludwig Fischer u. a. (Hg.), »Dann waren die Sieger da«. Studien zur literarischen Kultur in Hamburg 1945–1950, Hamburg 1999 (Schriftenreihe der Hamburgischen Kulturstiftung 7), S. 212–228. *Dirk Moldenhauer*

RUDOLPHI, *Caroline* Christiane Louise, geb. 24. 8. 1754 Magdeburg, gest. 15. 4. 1811 Heidelberg; luth.; Lyrikerin, Erzieherin, pädagogische Schriftstellerin.

Caroline Rudolphi stammte aus einer Pädagogenfamilie. Ihr Vater, zuletzt Lehrer am Potsdamer Militärwaisenhaus, starb früh. Caroline musste durch Handarbeiten zum Broterwerb der Familie beitragen und konnte sich nach dem Elementarunterricht nur autodidaktisch weiterbilden. Ihre in empfindsamem Stil verfassten Gedichte wurden von dem Komponisten Johann Friedrich Reichardt veröffentlicht und fanden viel Beachtung. Caroline wurde Gouvernante auf einem Rittergut bei Neubrandenburg, wo sie ihre pädagogische Begabung entfaltete. Als sie die Stellung wechseln wollte, baten die Eltern sie, ihre vier Töchter zur weiteren Erziehung mit sich zu nehmen. Sie zog mit ihnen zunächst nach Trittau, wo ihr Bruder Ludwig, mit dem sie in intensiver Verbindung stand, als Hauslehrer bei dem Pädagogen Joachim Heinrich Campe wirkte. In Campes »Kinderbibliothek« hatte Caroline Rudophi bereits Ge-

Caroline Rudolphi

dichte und Artikel veröffentlicht. Von der Nähe zu ihm versprach sie sich Anregung und Hilfe. Tatsächlich kann das von ihr 1785 gegründete Erziehungsinstitut für junge Demoiselles als weibliches Pendant zu Campes pädagogischer Anstalt betrachtet werden. Eine Dauerbleibe fand Rudolphis Einrichtung in einem Haus in Hamm, das Georg Heinrich Sieveking zur Verfügung stellte. In Hamburg fand die gefeierte Dichterin Kontakt zu den Kreisen um Friedrich Gottlieb Klopstock und zu der Familie Reimarus, die einen Mittelpunkt der Hamburger Aufklärung bildete.

Caroline Rudolphi gestaltete ihr Erziehungsinstitut familienähnlich und begegnete damit der allgemeinen Skepsis gegen außerhäusliche Bildung von Mädchen. Den Altersunterschied der Mädchen zwischen sechs und 21 Jahren nutzte sie pädagogisch: Die älteren wurden in der Haushaltsführung und zur Erziehung der jüngeren eingesetzt und erhielten auf diese Weise eine Ausbildung zur Gouvernante. Den Elementarunterricht übernahm sie selbst, Fachunterricht hingegen erteilten Privatlehrer aus Hamburg. Für die wissenschaftlichen Fächer wurde ein Lehrer fest angestellt. Diese Aufgabe übernahm zunächst Rudolphis Bruder Ludwig, nach dessen Tod ein junger Kandidat.

Ihre pädagogischen Ansichten legte Caroline Rudolphi in einem empfindsamen Briefroman dar, womit sie dem Geschmack des weiblichen Lesepublikums entsprach. Sie vertrat eine geschlechtsspezifische Bildung: Ihrer Meinung nach sollte alle Verstandeskultur vom Manne ausgehen, die Entwicklung des eigentlich weiblichen Charakters, des Zartgefühls, hingegen Aufgabe von Frauen sein. Die von Rousseau propagierte negative Erziehung, die Förderung natürlicher Anlagen, wollte sie auch auf die weibliche Erziehung anwenden. Finanzielle Schwierigkeiten zwangen Caroline Rudolphi 1803, Hamburg zu verlassen und ihr Erziehungsinstitut nach Heidelberg zu verlegen.

In Hamburg wurde 1930 der Rudolphiplatz im Stadtteil Barmbek nach der Pädagogin benannt.

WERKE Gemälde weiblicher Erziehung, 2 Bde., Heidelberg 1807; Schriftlicher Nachlass von Caroline Rudolphi [Autobiografie], Heidelberg 1835.

LITERATUR LhS 6; Killy 10; Elke Kleinau, Pädagoginnen der Aufklärung und ihre Bildungstheorien, in: Claudia Opitz/Ulrike Weckel/Elke Kleinau (Hg.), Tugend, Vernunft und Gefühl. Geschlechterdiskurse der Aufklärung und weibliche Lebenswelten, Münster u.a. 2000, S. 309–321.

Inge Grolle

S

SAHRHAGE, Heinrich

SAHRHAGE, *Heinrich* Hermann Dietrich, geb. 21.4.1892 Hamburg, gest. 23.5.1969 ebd.; luth.; Lehrer.

Heinrich Sahrhage ist der bekannteste Vertreter der deutschen Schullandheimbewegung. Nachdem er sein Studium in Kiel abgeschlossen hatte, trat Sahrhage – zunächst als Hilfslehrer – 1915 in die Oberrealschule vor dem Holstentor (die spätere Albrecht-Thaer-Schule) ein. Im folgenden Jahr wurde er, inzwischen promoviert, als Kandidat des Höheren Lehramts mit der Lehrberechtigung für Zoologie, Botanik, Chemie, Mineralogie und Geografie dort angestellt und blieb an dieser Schule bis zu seiner Pensionierung (1957) als Lehrer, später Oberlehrer und Oberstudienrat, tätig. Anschließend übernahm er die Verwaltung des Schullandheims und wirkte weiterhin im Rahmen eines Lehrauftrags. Die Reformpädagogik, die an dieser Schule aktiv betrieben wurde, inspirierte den jungen Lehrer ebenso wie die Ideen der Jugendbewegung. Er begann Wandertage einzurichten, ab 1919 kamen längere Aufenthalte mit seinen Schülern in der ländlichen Umgebung Hamburgs hinzu. 1921 wurde auf sein Betreiben der Schulverein seiner Schule gegründet. Dieser erwarb ein Jahr später ein altes niedersächsisches Bauernhaus in Hoisdorf, das zum ersten Schullandheim wurde und 1955 zu Ehren seines Gründers in Dr.-Heinrich-Sahrhage-Heim umbenannt wurde. 1925 übernahm Sahrhage den Vorsitz der im Jahr zuvor gegründeten Arbeitsgemeinschaft Hamburger Schulheime und wurde in den Vorstand des Reichsbunds der deutschen Schullandheime gewählt, dem er bis 1945 angehörte. 1950 setzte er diese Arbeit als Erster Vorsitzender des Verbandes deutscher Schullandheime fort. Ab 1940 organisierte er als Schulbeauftragter und Schulinspekteur die erweiterte Kinderlandverschickung, die groß angelegte längerfristige Unterbringung Hamburger Schülerinnen und Schüler zusammen mit ihren Lehrkräften auf dem Land. Nach dem Krieg bemühte sich Sahrhage in Zusammenarbeit mit der Schulbehörde um den Wiederaufbau der Hamburger Schullandheime.

Heinrich Sahrhage gab mehrere Schriftenreihen zur Schullandheimbewegung heraus und war in zahlreichen wohltätigen Organisationen tätig, so etwa im Deutschen Paritätischen Wohlfahrtsverband und im Deutschen Jugendgesundheitsdienst. Er leitete die Hamburger Sommerferienaktion, die jährlich 2500 Schulkindern einen Aufenthalt in einem Schullandheim ermöglichte. Als Wegbereiter der Schullandheim-Idee wurde ihm 1961 das Bundesverdienstkreuz 1. Klasse verliehen; seine Heimatstadt ehrte ihn bereits 1958 mit der Medaille für treue Dienste.

Heinrich Sahrhage

WERKE Werden und Wirken der deutschen Schullandheimbewegung. Auszüge aus ihrem 25jährigen Schrifttum, hg. von Heinrich Sahrhage, Bielefeld 1950 (»Unsere Schule«, Reihe H, Nr. 2); Deutsche Schullandheime, hg. zur Bundestagung des Verbandes deutscher Schullandheime von Heinrich Sahrhage, Bremen 1953; Hamburger Schullandheime, hg. zur Bundestagung des Verbandes deutscher Schullandheime e. V. in Hamburg 1967 von Heinrich Sahrhage, Hamburg 1967; Südstormarn. Unsere Heimat zwischen Ahrensburg und Trittau, Hamburg 1950 (Unterrichtliche Merkblätter für die Hand des Lehrers 3).

Iris Groschek

SALOMON, Gotthold, geb. 1.11.1784 Sandersleben, gest. 17.11.1862 Hamburg; isr.; Prediger, Pädagoge, Schriftsteller.

In der Geschichte des deutschen Judentums hat sich Gotthold Salomon vor allem als Wegbereiter der modernen Synagogenpredigt einen Namen gemacht. In Dessau, wo er seit 1800 lebte, betrieb er traditionelle Studien des Talmud, vertiefte aber im intensiven Selbstunterricht auch seine allgemeine Bildung. Schon im Alter von 18 Jahren war Salomon als Lehrer an der örtlichen jüdischen Reformschule tätig. 1818 übertrug ihm der Hamburger Neue Israelitische Tempelverein das Amt des zweiten Predigers. Aus

Gotthold Salomon

der privaten jüdischen Knabenschule, die Salomon in der Hansestadt gründete, zog er sich bald zurück, um sich uneingeschränkt seinen geistlichen Funktionen sowie seinen schriftstellerischen Neigungen widmen zu können. Von Salomon erschienen nicht nur zahlreiche Predigtsammlungen, sondern auch eine deutsche Übersetzung der hebräischen Bibel, mehrere Streitschriften für die Emanzipation der Juden sowie zahlreiche Aufsätze in der jüdischen Presse. Als der Tempel 1841 eine Neuauflage seines Gebetbuchs druckte, verteidigte Salomon die darin enthaltenen liturgischen Veränderungen gegen die massive Kritik seiner jüdischen Zeitgenossen. Zeitlebens blieb er ein Fürsprecher durchgreifender Kultusreformen, für die er auch auf den von 1844 bis 1846 stattfindenden Rabbinerversammlungen das Wort ergriff. 1857 trat Salomon als Kanzelredner in den Ruhestand.

WERKE Briefe an Herrn Anton Theodor Hartmann, [...] über die von demselben aufgeworfene Frage: Darf eine völlige Gleichstellung in staatsbürgerlichen Rechten sämmtlichen Juden schon jetzt bewilligt werden?, Altona 1835; Kurzgefaßte Geschichte des neuen Israelitischen Tempels in Hamburg während der ersten 25 Jahre seines Bestehens, Hamburg 1844; Selbst-Biographie, Leipzig 1863.

LITERATUR ADB 31; Phöbus Philippson, Biographische Skizzen. Drittes Heft: Gotthold Salomon, Leipzig 1866; Moses Rosenmann, Briefe Gotthold Salomons an Isak Noa Mannheimer, in: Jahrbuch für jüdische Geschichte und Literatur 22 (1919), S. 68–110. *Andreas Brämer*

SAUCKE, *Kurt* Heinrich Wilhelm, geb. 10.9.1895 Hamburg, gest. 22.2.1970 ebd.; luth.; Sortimentsbuchhändler und Verleger.

Kurt Saucke zählt zu den bekanntesten Persönlichkeiten des deutschen Sortimentsbuchhandels im 20. Jahrhundert.

Der Sohn eines Hamburger Bankiers verließ 1911 das Heinrich-Hertz-Realgymnasium, um eine Ausbildung im Buchhandel zu beginnen. Auf Anraten des Buchhändlers Richard Friederichsen sen. entschied Saucke sich jedoch zunächst für eine Kaufmannslehre. Seine Ausbildung in der Exportfirma Hülsz & Co. endete mit Beginn des Ersten Weltkriegs, an dem er als Freiwilliger teilnahm. Im Oktober 1919 kehrte er aus mehrjähriger Kriegsgefangenschaft, die er zu literarischen und wissenschaftlichen Studien genutzt hatte, nach Hamburg zurück und wurde im selben Jahr Mitarbeiter der Buchhandlung L. Friederichsen & Co. Saucke übernahm im Sortimentsgeschäft, das auf geografische Fachliteratur und Kartografie spezialisiert war, den Aufbau der Abteilungen für Belletristik und Geisteswissenschaften; 1922 wurde er Teilhaber und erweiterte das Unternehmen um ein bibliophiles Antiquariat.

Mitte der zwanziger Jahre entwickelte Saucke für den Hamburg-Altonaer-Buchhändler-Verband (H.A.B.V.) eine Veranstaltungsreihe, in der Autoren und Wissenschaftler wie Stefan Zweig, Jakob Wassermann, Ludwig Klages und Hans Prinzhorn öffentliche Vorträge hielten. 1927 gründete er mit seinem Neffen Dr. Ernst L. Hauswedell und dem

Kurt Saucke

Drucker Rudolf Hartung den Deutschen Buch-Club, an dem sich auch Siegfried Buchenau beteiligte. Für das Ehrenpräsidium der Buchgemeinschaft, die nach dem Vorbild des amerikanischen Book-of-the-Month-Club gegründet worden war, konnte Saucke unter anderen Hugo von Hofmannsthal gewinnen. Am 10. April 1928 eröffnete Kurt Saucke unter eigenem Namen eine Sortimentsbuchhandlung, nachdem er sich von seinem Kompagnon einvernehmlich getrennt und dessen Geschäftsräume in der Bergstraße übernommen hatte. Er nutzte sein literarisch und geisteswissenschaftlich ausgerichtetes Sortimentsgeschäft fortan für die Veranstaltung von Lesungen sowie Vortragsabenden. In den Anfangsjahren lasen bei Kurt Saucke & Co. zum Beispiel Hans Carossa, Albrecht Schaeffer, Ludwig Klages, Hermann Stehr und Rudolf Alexander Schröder. In Hamburg war Saucke einer der ersten Buchhändler mit einem regelmäßigen Veranstaltungsprogramm, wodurch seine Buchhandlung zu einem Zentrum für das literarische und kulturelle Leben in der Hansestadt wurde. Ende der zwanziger Jahre wurde Saucke, der mit den Buchbindermeisterinnen Annie Peters und Ilse Hahne sowie mit dem Kunsthistoriker und Lyriker Wilhelm Niemeyer befreundet war, Vorstandsmitglied in der Gesellschaft der Bücherfreunde zu Hamburg. Die Verdienste ihres Mitbegründers Aby Warburg würdigte er 1929 in einem Nachruf. Die Buchhandlung Kurt Saucke & Co., die um die Bereiche Kunst, Bibliophilie und Medizin erweitert wurde, gehörte zu den ersten Hamburger Sortimentsfirmen mit einer speziellen Abteilung für Kinder- und Jugendliteratur. 1930 und 1931 präsentierte Saucke eine umfangreiche Auswahl europäischer Kinderbücher in zwei Ausstellungen, die überregional große Beachtung fanden. Anfang der dreißiger Jahre beteiligte er sich im Auftrag der Akademischen Auslandsstelle der Universität Hamburg an der Planung zahlreicher Veranstaltungen, die ausländischen Studierenden als Ferienkurse angeboten wurden. Infolge der politischen Veränderungen nach der Machtübernahme durch die Nationalsozialisten 1933 wurden, zum Teil durch aktive Mitwirkung ihrer Standesvertreter, die alten buchhändlerischen Organisationen den neuen Verhältnissen angepasst und entweder in die »Reichsschrifttumskammer« (»RSK«) eingegliedert oder aufgelöst. Saucke, der dem H.A.B.V. und dem Buchhändler-Verband Kreis Norden zeitweise als Vorstandsmitglied angehörte, trat dieser Organisation bei, als die Mitgliedschaft in der »RSK« für alle Buchhändler obligatorisch wurde. Zunächst lehnte Saucke, der im August 1933 das Hamburger Vortragsamt des »Kampfbundes für deutsche Kultur« leitete, alle Ämter im Hamburger Landesverband der »RSK« ab; 1936 übernahm er schließlich für den Hamburger Buchhandel die Position eines »Fachschaftsberaters« im »Bund Reichsdeutscher Buchhändler« und wurde 1939 für mehrere Monate zum »Landesleiter« in der »RSK« ernannt. Zu Beginn des Zweiten Weltkriegs legte er sein Amt nieder und meldete sich als Offizier zur Wehrmacht. Saucke unterstützte seinen Hamburger Verlegerfreund Christian Wegner, als dieser 1943 wegen regimekritischer Äußerungen unter Anklage stand. Im August 1945 wurde er aus amerikanischer Kriegsgefangenschaft entlassen und erhielt bereits im September desselben Jahres von der britischen Besatzungsbehörde eine Lizenz zur Wiedereröffnung seiner Buchhandlung. In den ersten Nachkriegsjahren widmete er sich dem Wiederaufbau seines Unternehmens und verlegte auch weiterhin Bücher in bibliophiler Ausstattung. Seit 1950 organisierte Saucke in seiner Buchhandlung mehr als 160 Veranstaltungen, für die er Autoren, Wissenschaftler und Künstler einlud, denen er zumeist freundschaftlich verbunden war. Zu Gast waren unter anderen Albrecht Schaeffer, der nach seiner Rückkehr aus der Emigration die erste Lesung in Deutschland bei Saucke abhielt, Erhart Kästner, Hannah Arendt, Martin Buber, Paul Celan, Hans Erich Nossack, Hermann Kasack, Marguerite Yourcenar, Günter Eich, Max Frisch, Günter Grass, Heimito von Doderer, Ingeborg Bachmann, Uwe Johnson, Walter Jens, Paul Flora und Siegfried Lenz. Saucke beeinflusste auch maßgeblich das Veranstaltungsprogramm literarischer Vereinigungen in Hamburg, denen er als Vorstandsmitglied angehörte. Für die Hamburger Sektion der Goethe-Gesellschaft, mit der er auch bei seiner eigenen Veranstaltungsplanung kooperierte, eröffnete er in seiner Firma eine Geschäftsstelle. Neben seinem langjährigen Engagement für Autoren, wie zum Beispiel für Ludwig Klages, Kurt Kluge, Erhart Kästner, Hans Erich Nossack und Heimito von Doderer, war Kurt Saucke auch für viele Verleger ein wichtiger Partner in literarischen und buchhändlerischen Fragen. Christian Wegner, Anton Kippenberg, Ernst Rowohlt, Carl Hanser, Peter Suhrkamp, Siegfried Unseld, Klaus Wagenbach und andere fanden bei ihm freundschaftliche Unterstützung für ihre Arbeit. 1958 wurde Saucke vom Kultursenator Hans Harder Biermann-Ratjen in die Jury zur Vergabe des Hamburger Lessingpreises berufen. 1970 verlieh ihm der Norddeutsche Verleger- und Buchhändler-Verband die Ehrenmitgliedschaft. Der Verleger Siegfried Unseld nannte Saucke 1999 in einer Umfrage des Börsenvereins des Deutschen Buchhandels einen »Jahrhundertbuchhändler«.

LITERATUR Siegfried Unseld, Zum Tode von Kurt Saucke, in: Börsenblatt für den Deutschen Buchhandel – Frankfurter Ausgabe – Nr. 37 vom 8.5.1970, S. 987 f.; Bernhard Zeller, Kurt Saucke (1895–1970) Buchhändler und Sammler, in: Imprimatur N.F. VII, hg. v. Heinz Sarkowski, Frankfurt a. M. 1972, S. 99–104; Heinz Sarkowski, »Der Deutsche Buch-Club«, Hamburg (1927–1935), in: Ernst Hauswedell 1901–1983, hg. im Auftrage der Maximilian-Gesellschaft von Gunnar A. Kaldewey, Hamburg 1987, S. 9–35; Mein Jahrhundert. Verleger und Buchhändler blicken auf das ausgehende Jahrhundert zurück, in: Börsenblatt für den Deutschen Buchhandel, Nr. 72 vom 10.9.1999, S. 22.

Harald S. Butz

Fritz Saxl

SAXL, Fritz, geb. 8.1.1890 Wien, gest. 22.3.1948 London; isr.; Kunsthistoriker.

Als engster Mitarbeiter und Nachfolger des Kunst- und Kulturhistorikers Aby Warburg hatte Fritz Saxl entscheidenden Anteil an der Entwicklung der privaten Forschungsbibliothek des Hamburger Gelehrten zu einem wissenschaftlichen Institut von Weltruf.

Der Sohn eines österreichischen Juristen studierte Kunstgeschichte und Archäologie in Wien bei Max Dvořák sowie in Berlin bei Heinrich Wölfflin und wurde 1912 in Wien mit einer Arbeit über Rembrandt promoviert. Bereits als Student begann er sich mit mittelalterlichen astrologischen Illustrationen auseinander zu setzen, deren Katalogisierung und kulturwissenschaftliche Interpretation ihm zur Lebensaufgabe werden sollte. 1910 kam es darüber zur ersten Begegnung mit Aby Warburg in Hamburg. Als Kapazität auf dem Gebiet der abendländischen Überlieferungsgeschichte des antiken Sternenglaubens erkannte Warburg den Wert der Arbeit Saxls und begann sie intensiv zu fördern. 1914 stellte er Saxl als Assistenten in seiner Bibliothek an, die er in ein reguläres wissenschaftliches Institut umzuwandeln im Begriff stand, bis der Kriegsausbruch solche Planungen gegenstandslos machte. Noch nach seiner Einberufung ins österreichisch-ungarische Heer konnte Saxl 1915 den ersten Band seines »Verzeichnisses astrologischer und mythologischer illustrierter Handschriften des lateinischen Mittelalters« publizieren, dessen programmatische Einleitung die mit Warburg geteilte Überzeugung von der konstitutiven Bedeutung der Antikenrezeption für die Genese der modernen Kultur dokumentiert.

1918 erlitt Warburg einen psychischen Zusammenbruch und verbrachte die folgenden sechs Jahre in einem Sanatorium. Saxl, der nach Kriegsende in der Abteilung für Volksbildung des österreichischen Heeresamtes Anstellung gefunden hatte, wurde 1920 von der Familie des Erkrankten nach Hamburg zurückgerufen und übernahm als wissenschaftlicher Mitarbeiter kommissarisch dessen Geschäfte. Im Sinne des Gründers und in größtmöglicher Abstimmung mit ihm etablierte Saxl die Kulturwissenschaftliche Bibliothek Warburg als unabhängige Forschungs- und Bildungseinrichtung neben der neu gegründeten Universität. Warburgs Programm einer Kulturwissenschaft mit disziplinenübergreifendem Ansatz, gewidmet dem Problem des »Nachlebens der Antike« in Mittelalter und Renaissance als einer Art zivilisationsgeschichtlicher Anamnese, fand dank Saxls vielfältiger Initiative rasch internationale Aufmerksamkeit. Vor allem zwei 1922 begonnene Publikationsreihen, die »Studien« sowie die »Vorträge der Bibliothek Warburg«, trugen dazu bei, dienten zugleich aber auch der Bildung eines engeren Kreises von Forschern, der unmittelbaren Anteil an den Aktivitäten der Bibliothek nahm und ihre intellektuellen Impulse in eigenen Arbeiten aufgriff. In Hamburg zählten dazu namentlich der Philosoph Ernst Cassirer sowie dessen Schüler Edgar Wind, die Kunsthistoriker Erwin Panofsky und Gustav Pauli, der Orientalist Hellmut Ritter, der Byzantinist Richard Salomon und die Philologen Hans Liebeschütz und Karl Reinhardt.

Besondere Aufmerksamkeit widmete Saxl, der sich 1922 habilitierte und 1926 zum außerordentlichen Professor ernannt wurde, den Beziehungen zum Kunsthistorischen Seminar der Universität, dessen Studenten durch gemeinsam veranstaltete Übungen mit Erwin Panofsky in den eigenen Räumen sowie durch Stipendien und wissenschaftliche Hilfstätigkeiten an die Bibliothek herangeführt wurden. Dass sich in den Jahren vor 1933 Ansätze einer regelrechten Hamburger Schule der Kunstgeschichte herausbildeten, beruhte somit auch auf intellektuellen und organisatorischen Leistungen Saxls.

Nach Warburgs Rückkehr, 1924, widmete sich Saxl verstärkt der eigenen Forschung und legte neben einem Folgeband seines Verzeichnisses astrologischer Handschriften mehrere Studien zur Kunst des 16. und 17. Jahrhunderts vor. Als besonders fruchtbar erwies sich die langjährige Zusammenarbeit mit Erwin Panofsky, aus der drei gemeinsam verfasste Schriften hervorgingen: »Dürers ›Melencolia I‹. Eine quellen- und typengeschichtliche Untersuchung« (1923) erschien im Rahmen der Studienreihe der Bibliothek und wurde im Anschluss zu einer umfassenden Monografie über die Melancholie erweitert; ihr folgten eine ikonographische Miszelle zum allegorischen Dreigesicht (1926) sowie ein Aufsatz über »Classical Mythology in Medieval Art« (1933), die beide den Keim zu späteren Arbeiten Panofskys legten. Saxls Buch »Mithras. Typengeschichtliche Untersuchungen« von 1931 gehört in den methodischen Umkreis der Dürerstudie und hatte darin sein Gegenstück in einer Publikation Panofskys zur Herkules-Ikonographie (1930).

1929 trat Saxl die Nachfolge des verstorbenen Warburg als Direktor der Bibliothek an, die zunächst im Zeichen der Konsolidierung des Erreichten stand. Letzte Projekte Warburgs, wie seine Ausstellung über »Sternglaube und Sternkunde« für das Hamburger Planetarium, wurden abgeschlossen, und 1932 erschienen die beiden ersten Bände seiner »Gesammelten Schriften«. Den entscheidenden Wendepunkt in der Geschichte des Instituts stellte dann 1933 die nationalsozialistische Machtübernahme dar, auf die Saxl entschlossen und rasch reagierte, indem er durchsetzte, dass die Bibliothek samt ihren überwiegend jüdischen Mitarbeitern noch im selben Jahr nach London verlegt wurde. Abermals vor die Aufgabe gestellt, die Bibliothek organisatorisch und intellektuell in ein Umfeld zu integrieren, das mit ihrem Programm erst vertraut gemacht werden musste, initiierte Saxl hochkarätig besetzte Vortragsreihen, führte die Reihe der »Studien« in englischer Sprache fort und gründete 1937 das »Journal of the Warburg Institute«. Ausstellungen zu kunst- und kulturhistorischen Problemen, die, auf der Basis von Reproduktionsfotografien realisiert, nicht den kennerschaftlichen Kunstsinn, sondern das Motivinteresse ansprachen, vermochten es zudem, den spezifischen Ansatz der immer häufiger so genannten »warburgian studies« auch einem breiteren Publikum sinnfällig zu machen. 1944 wurde das Institut der Universität London angegliedert und Saxl, seit 1939 britischer Staatsbürger und seit 1941 Fellow der British Academy, zum ordentlichen Professor für die Geschichte der Klassischen Überlieferung ernannt.

Saxl sah sich zeitlebens in der geistigen Nachfolge Aby Warburgs, dessen kultur- und symboltheoretische Ideen er seit den frühen zwanziger Jahren auch publizistisch zu verbreiten suchte. Seine eigenen Arbeiten, vor allem diejenigen zu astrologischen Problemen, knüpfen in Fragestellung und Methode an Warburg an, stellen aber das künstlerische Ausgangsmaterial stärker in den Vordergrund, das sie oft zu typengeschichtlichen Entwicklungsreihen ordnen. Zunehmend vertraute er dabei der Evidenz des Bildes selbst, sodass neben magistralen ikonologischen Deutungen von Werken der Renaissancekunst auch Schriften wie das Mithrasbuch entstanden, die ihr Argument weitgehend aus der vergleichenden Anschauung selbst beziehen.

WERKE Verzeichnis astrologischer und mythologischer illustrierter Handschriften des lateinischen Mittelalters, 3 Bde., Bd. 1: In römischen Bibliotheken, in: Sitzungsberichte der Heidelberger Akademie der Wissenschaften, Philosophisch-historische Klasse, Bd. 6, Heidelberg 1915, Bd. 2: Die Handschriften der National-Bibliothek in Wien, in: ebd., Bd. 16, Heidelberg 1925/27, Bd. 3 hg. von Harry Bober unter dem Titel: Catalogue of Astrological and Mythological Illuminated Manuscripts of the Latin Middle Ages, III: Manuscripts in English Libraries, London 1953; Mithras.

Typengeschichtliche Untersuchungen, Berlin 1931; (mit Rudolf Wittkower) British Art and the Mediterranean, London 1948; Lectures, hg. von Gertrud Bing, 2 Bde., London 1957 [mit Bibliografie].

LITERATUR Gertrud Bing, Fritz Saxl (1890–1948). A memoir, in: D. J. Gordon (Hg.), Fritz Saxl 1890–1948. A Volume of Memorial Essays from his friends in England, London u. a. 1957, S. 1–46; Carlo Ginzburg, Kunst und soziales Gedächtnis. Die Warburg-Tradition, in: ders., Spurensicherung. Über verborgene Geschichte, Kunst und soziales Gedächtnis, München 1988, S. 149–233 [zuerst 1966 in italienischer Sprache]; Dorothea McEwan, Ausreiten der Ecken. Die Aby Warburg-Fritz Saxl Korrespondenz 1910 bis 1919, Hamburg 1998 (Kleine Schriften des Warburg Institute London und des Warburg-Archivs im Warburg-Haus Hamburg 1). *Rainer Donandt*

Hermann Schäfer

SCHÄFER, Rudolf *Hermann*, geb. 6.4.1892 Remscheid, gest. 26.5.1966 Bad Godesberg; Verbandsgeschäftsführer, Politiker.

Hermann Schäfer saß 1948/49 neben Adolph Schönfelder und Paul de Chapeaurouge als dritter Hamburger im Bonner Parlamentarischen Rat. Der Unternehmersohn hatte Staats- und Wirtschaftswissenschaften sowie Zeitungskunde in Leipzig und Heidelberg studiert. Er wurde 1914 mit einer Arbeit über die Presse der deutschen Arbeiterbewegung promoviert. In den Jahren der Weimarer Republik wirkte er als Redakteur, Geschäftsführer und Vorstandsmitglied bei der Vereinigung der leitenden Angestellten (Vela) in Köln. Seit 1927 war er dort auch DDP-Stadtverordneter. Nachdem Vela und Deutsche Staatspartei (ehemals DDP) 1933 aufgelöst worden waren, fand Schäfer im Jahr darauf Beschäftigung bei der Hanseatischen von 1826 und Merkur Ersatzkasse, rückte 1937 in deren Hamburger Hauptverwaltung auf und trat 1946 an die Spitze des Verbandes der Angestelltenkrankenkassen. Seit 1945 Mitglied der Hamburger FDP, wurde Hermann Schäfer 1947 im Zonenbeirat der britischen Besatzungszone tätig, der in Hamburg tagte. Er schrieb zahlreiche Grundsatzartikel für das Parteiorgan »Die Freie Stadt« und die FDP-nahe »Hamburger Freie Presse«. 1948 gelangte er über die FDP Niedersachsens in den Parlamentarischen Rat, der das Grundgesetz erarbeitete, und wurde dort Zweiter Vizepräsident. 1949 und 1953 kam Schäfer über die Hamburger Landesliste in den Bundestag, wurde dessen Vizepräsident und amtierte ab 1953 als Bundesminister für besondere Aufgaben. 1956 verließ er die FDP, verlor sein Ministeramt und gehörte zu den Gründern der Freien Volkspartei, die politisch erfolglos blieb. Nach einer weiteren Zwischenstation bei der Deutschen Partei kehrte Schäfer 1960 zur FDP zurück. Seine letzte Funktion übte er in Brüssel als Mitglied im Wirtschafts- und Sozialrat der EWG aus.

WERKE Zwischen den Fronten. Um eine Neugestaltung in Staat und Wirtschaft, Berlin 1932.

LITERATUR Helmut Stubbe-da Luz, Für Niedersachsen im Parlamentarischen Rat: Der Hamburger Dr. Hermann Schäfer/FDP, in: Franklin Kopitzsch/Helmut Stubbe-da Luz, Drei Hamburger im Parlamentarischen Rat: Adolph Schönfelder und Paul de Chapeaurouge, Hermann Schäfer, Hamburg 1999, S. 101–114; Friedrich Henning, Hermann Schäfer (1892–1966), in: Geschichte im Westen 15 (2000), S. 115–124. *Helmut Stubbe-da Luz*

SCHALLERT, Willibald, geb. 2.4.1896 Charlottenburg bei Berlin, gest. 9.9.1961 Schenefeld; Leiter des »Arbeitseinsatzes für Juden« in Hamburg 1940–45.

Willibald Schallert, SA-Mann seit 1930, erlangte erst durch das Sonderprogramm der NSDAP für »alte Kämpfer« eine Stellung im Arbeitsamt Hamburg, die ihm zu unbeschränkter Macht über die zur Zwangsarbeit verpflichteten Jüdinnen und Juden verhalf. Er hatte sich während des Ersten Weltkriegs freiwillig zur Marine gemeldet und dann im Baltikum in einem Freikorps gekämpft. Danach lebte Schallert in Altona, war als Kellner, Werftarbeiter,

Taxifahrer oder Hausdiener tätig, bevor er von 1930 bis 1933 arbeitslos wurde. Während der Erwerbslosigkeit stieg er zum SA-Sturmführer auf. Eine Tätigkeit als Arbeitsamtsleiter im Gau Wartheland musste er nach kurzer Zeit abbrechen, weil er in einer Kneipe auf einen Polen geschossen hatte. Als das Hanseatische Sondergericht ihn zu drei Monaten Gefängnis wegen versuchter Tötung verurteilt hatte, wurde ihm diese Strafe zwar auf dem Gnadenweg erlassen, doch führte der Vorfall zum Ausschluss aus der SA. Fortsetzen konnte er hingegen auf anderer Ebene sein Wirken beim Arbeitsamt: Seit 1933 Sachbearbeiter in Altona, übernahm Schallert 1940 die ausgelagerte Dienststelle, die die Zwangsarbeit der Juden Hamburgs organisierte. Alle Männer zwischen 14 und 65 Jahren sowie alle Frauen zwischen 15 und 55 Jahren waren prinzipiell arbeitspflichtig und damit Schallert ausgeliefert. In enger Zusammenarbeit mit der Gestapo und der Hamburger Bezirksstelle der Reichsvereinigung der Juden in Deutschland (RVJD) setzte Schallert die Betroffenen in Unternehmen, in städtischen Betrieben oder jüdischen Einrichtungen ein, kontrollierte sie am Arbeitsplatz und zu Hause oder stellte sie frei. Er konnte jede »Arbeitsverfehlung« auf direktem Wege der Gestapo melden und die Betroffenen so auf Verhaftungslisten setzen lassen. Hemmungslos nutzte er seine Machtposition, um materielle Güter und von Frauen sexuelle Dienstleistungen zu erpressen. Als am 27./28. Februar 1943 im Zuge der »Fabrik-Aktion« alle jüdischen Zwangsarbeiter im »Altreich« verhaftet und nach Auschwitz deportiert wurden, erhielt Schallert vom »Judenreferenten« der Gestapo, Claus Göttsche, die Anweisung, Arbeitssaboteure aufzulisten. Die 17 von ihm benannten Juden, darunter der ehemalige Modehausbesitzer Benno Hirschfeld, der wegen seines Alters nicht mehr arbeitspflichtig war, wurden bis auf einen nach Auschwitz deportiert und ermordet. Diese Aktion war der Anlass dafür, dass nach dem Krieg gegen Willibald Schallert ermittelt wurde. Das Landgericht Hamburg verurteilte ihn 1950 wegen »Unmenschlichkeitsverbrechen« zu einer Zuchthausstrafe von dreieinhalb Jahren und zur Aberkennung der bürgerlichen Ehrenrechte.

LITERATUR Beate Meyer, »Jüdische Mischlinge«. Rassenpolitik und Verfolgungserfahrung 1933–1945, Hamburg 1999 (Studien zur jüdischen Geschichte 6).

Beate Meyer

Hugo Scharnberg

SCHARNBERG, Hugo, geb. 18.6.1893 Hamburg, gest. 25.2.1979 Starnberg; luth.; Bankdirektor, Mitglied der Hamburger Bürgerschaft und des Deutschen Bundestags.

Hugo Scharnberg, einer der einflussreichsten Hamburger Wirtschaftsvertreter und CDU-Politiker der Jahre nach dem Zweiten Weltkrieg, begann seine politische Tätigkeit als Vorsitzender der Fraktion der Parteilosen, die sich Anfang 1946 in der von der britischen Militärregierung eingesetzten Ernannten Bürgerschaft bildete; Scharnberg war als Repräsentant des Bankwesens berufen worden.

Nach kaufmännischer Lehre in einer Hamburger Im- und Exportfirma und Teilnahme am Ersten Weltkrieg war Scharnberg zunächst in der oberschlesischen Industrie tätig. 1922 trat er in den Dienst der Dresdner Bank in Berlin und wechselte 1936 als Mitglied der Geschäftsleitung in deren Hamburger Niederlassung. Er saß in den Aufsichtsräten mehrerer großer Hamburger Firmen, unter anderem bei der Hamburger Hochbahn AG, der Vereinigten Jute-Spinnereien und Webereien AG und der Reemtsma-Cigaretten-Fabrik. Im Sommer 1946 schloss sich Scharnberg im Gefolge des Bürgermeisters Rudolf Petersen der CDU an. Von 1948 bis 1954 und erneut von 1956 bis 1958 war er Landesvorsitzender. 1948 trat Scharnberg in den Frankfurter Bizonen-Wirtschaftsrat ein und leistete zusammen mit dem katholischen, »ordoliberalen« Volkswirtschaftsprofessor Bernhard Pfister, der damals in Hamburg lehrte, einige Beiträge zu den betont marktwirtschaftlich orientierten »Düsseldorfer Leitsätzen« der CDU (1949). Von 1949 bis 1961 war er Mitglied des Bundestags und setzte sich auf Bundesebene für ein Wahlsystem ein, das die Konzentration des politischen Geschehens auf zwei Parteien gefördert und sich zum Nachteil der FDP ausgewirkt hätte (»Graben-Wahlsystem«).

LITERATUR Helmut Stubbe-da Luz, Von der »Arbeitsgemeinschaft« zur Großstadtpartei. 40 Jahre Christlich-Demokratische Union in Hamburg (1945–1985), Hamburg o. J. [1985]; ders., Union der Christen – Splittergruppe – Integrationspartei. Wurzeln und Anfänge der Hamburger CDU bis Ende 1946, Hamburg 1990.

Helmut Stubbe-da Luz

Emil Schaudt

SCHAUDT, Johann *Emil*, geb. 14.8.1874 Stuttgart, gest. 6.4.1957 Berlin, Architekt.

Geriet der Berliner Architekt Emil Schaudt in der Historiografie der architektonischen Moderne zu Unrecht in Vergessenheit? Zumindest in Hamburg, wo er einige markante Arbeiten im Stadtbild hinterließ, drängt sich diese Frage auf.

Der ehemalige Schüler Skjold Neckelmanns und Paul Wallots verdankte dem Einfluss des Letzteren seinen Erfolg im viel beachteten Hamburger Bismarck-Denkmal-Wettbewerb, den er in Zusammenarbeit mit dem Bildhauer Hugo Lederer 1902 gewinnen konnte. Schaudts dynamisch gestaffelter Entwurf, in dem er populäre Zitate der Architekturgeschichte (Theoderich-Grabmal in Ravenna, um 520) abstrahierte, wurde ursprünglich durch eine große Freitreppe geprägt, die den Hang der Elbhöhe, der ehemaligen Bastion Casparus, bestimmen sollte. In Fachkreisen fand sein formvereinigendes Gesamtkonzept Anerkennung, während das Hamburger Publikum in der öffentlich ausgetragenen Auseinandersetzung um die künstlerischen Anteile dem Bildhauer beipflichtete. Durch Lederers eigenmächtige Vergrößerung der Bismarck-Figur und den mit Etatproblemen begründeten Wegfall der Freitreppe wurden in diesem Streitpunkt Tatsachen geschaffen. Die nationale und künstlerische Bedeutung des 1906 eingeweihten Denkmals ermutigte Emil Schaudt zu der »Taktlosigkeit« (Martin Haller), Bürgermeister Johann Georg Mönckeberg, den Vorsitzenden des Denkmalkomitees, um die Ernennung zum Professor zu bitten. Er wurde stattdessen mit zwei Staatspreismedaillen bedacht, konnte sich aber mit seinen abstrakt-pathetischen Bauformen für architektonische Aufgaben der Hamburger Ringbahn (1906–12) empfehlen. Schaudt war für die Gestaltung des ganzen Streckenabschnitts zwischen den Haltestellen Eppendorfer Baum und Schlump verantwortlich. Es zeichnet ihn als Vertreter des architektonischen Reformstils aus, dass er den monumentalen Ausdruck in der Einfachheit der Ausformung suchte, so etwa in dem vertikal betonten Eingangsbereich der repräsentativen, im Zweiten Weltkrieg zerstörten Haltestelle Hafentor. Mit diesem Bauwerk unterhalb des Bismarck-Monuments sowie der Brücke über die Helgoländer Allee mit ihren denkmalartigen Pylonen und der Haltestelle Millerntor oblag Schaudt die Gestaltung eines ganzen städtebaulichen Ensembles. Obwohl er in Architektengemeinschaften (Emil Janda, Walter Puritz) Geschäftshäuser, das Hamburger Hochbahnkraftwerk (1907/08) und die kulturell interessante Bauaufgabe des Curio-Hauses (1910/11) verwirklichte, zog es ihn wieder nach Berlin zurück. Hier machte sich Schaudt ebenfalls mit U-Bahnhöfen sowie dem Kaufhaus des Westens (1906/07) einen Namen und gehörte in den dreißiger Jahren durch den Bau zahlreicher Geschäftshäuser (KaDeWe-Umbau 1929–31) zu den bekannteren Architekten Berlins. Sein künstlerischer Grenzgang zwischen Reform und Tradition ermöglichte ihm nach 1933 die Ausführung der Dänischen Gesandtschaft (1938–40) und die Mitarbeit an Entwürfen (1941/42) im Rahmen der »Neugestaltung für die Reichshauptstadt«, bevor die Überlieferung seines Wirkens abbrach.

S

SCHEFFLER, Karl

WERKE Das Bismarck-Denkmal in Hamburg, in: Zentralblatt der Bauverwaltung, 16. Juni 1906, S. 308 f.

LITERATUR Rump; ThB 29; Max Osborn, Emil Schaudt, in: Moderne Bauformen. Monatshefte für Architektur und Raumkunst, Dezember 1907, S. 473–500; ders., Johann Emil Schaudt. Mit einem Nachwort zur Neuausgabe von Wolfgang Schäche, Darmstadt 1996 [Nachdruck der Ausgabe Berlin u. a. 1930]; Max Wagenführ, Architekt Emil Schaudt, Berlin – Hamburg, in: Moderne Bauformen. Monatshefte für Architektur und Raumkunst, Juli 1913, S. 321–346; Wolfgang Ribbe/Wolfgang Schäche (Hg.), Baumeister/Architekten/Stadtplaner. Biographien zur baulichen Entwicklung Berlins, Berlin 1987. *Jörg Schilling*

Karl Scheffler

SCHEFFLER, Karl, geb. 27. 2. 1869 Eppendorf, gest. 25. 10. 1951 Überlingen/Bodensee; Publizist.

Kunstkritiker, -journalist, -essayist und -schriftsteller – nur bedingt erfassen die ungefähren Berufsbezeichnungen die Bedeutung Karl Schefflers, der Kunstgeschichte schrieb, ohne Kunsthistoriker zu sein. Mit mehr als 50 Büchern und Hunderten von Artikeln zu den unterschiedlichsten Kulturthemen wurde der Autodidakt zu einem einflussreichen Vermittler allgemeinen Kunstverständnisses abseits der akademischen Pfade.

Aufgewachsen im kleinbürgerlichen Handwerkermilieu Eppendorfs, absolvierte Scheffler eine Lehre, bevor er 1888 als Malergehilfe nach Berlin ging und sich dort an der Kunstgewerbeschule zum Dekorationsmaler fortbilden ließ. Später entwarf er erfolgreich Tapetenmuster. Ein starkes Bildungsbedürfnis erweckte in ihm das Bewusstsein für die kulturellen Fragen seiner Zeit. In zunehmender Entfremdung von der eigenen Arbeit entwickelte er eine ablehnende Haltung gegenüber dem Materialismus der wilhelminischen Epoche. Erste Artikel im Sinne der kunstgewerblichen Reformbewegung veröffentlichte Scheffler ab 1897 in Julius Meier-Graefes Zeitschrift »Dekorative Kunst«. Mit Beiträgen für Maximilian Hardens »Zukunft« seit 1899 schloss er sich der Opposition gegen die Kulturpolitik Wilhelms II. an. Seine Hoffnungen auf einen »Zukunftsstaat der Ästhetik« sah er in Berlin, der »undeutscheste(n) Stadt im ganzen Reich«, nicht erfüllbar. Als Alternative pries Scheffler »Das alte und das neue Hamburg«. So hieß der Beitrag in der Hamburger Zeitschrift »Der Lotse« (1901), mit dem er am Beispiel des traditionellen Bürgerhauses als Ausdruck des »selbstsicheren Patriziertums« und der Speicherbauten als Vorbild für Einheitlichkeit die Synthese eines bürgerlichen Gegenentwurfs zum dynastisch-repräsentativen Charakter der Hauptstadt versuchte. Wie viele Mitstreiter war Scheffler der nationalistischen Reformterminologie verhaftet, doch gelang es ihm, sich den ideologischen Phrasen mit der zunehmenden Zahl seiner Aufsätze zu entziehen. In einer klaren Sprache schuf er differenzierte Beschreibungen von Kunstwerken, in denen er die Widersprüche nicht ausließ. Schon früh (1902) wies er auf die Entwicklungsmöglichkeiten des im künstlerischen Ausdruck noch ziellosen Ernst Barlach hin. Es war Scheffler, der aus Anlass des siegreichen Entwurfs zum Hamburger Bismarck-Denkmal 1902 öffentlich und nachdrücklich vor der »Verflachung und Popularisierung« der neuen Ideen warnte. Die »Massenpoesie« des Bildhauers Hugo Lederer erschien ihm als ernste Gefahr für den »wahrhaft großen modernen Kunstgedanken«.

Im Jahre 1906 übernahm Karl Scheffler die Redaktion der Zeitschrift »Kunst und Künstler« im Verlag Bruno Cassirers. Er entwickelte sie zur wichtigsten deutschen Kunstzeitschrift und blieb bis 1933 ihr Herausgeber. In »Der Deutsche und seine Kunst« rechnete er 1907 mit der Vereinnahmung der heimischen Kunst durch »Pseudoidealisten« und nationalistisch-völkische Theorien ab. Das Prinzip der Kunst war für ihn etwas Undefinierbares, das sich über Gesetzlichkeiten hinwegsetzt. In seinem Eintreten für Max Liebermann und den deutschen Impressionismus trafen sich Schefflers Forderungen nach »innerer Größe« mit den Vorstellungen Alfred

Lichtwarks, der ihn in seine Sammlungspläne einweihte. Karl Scheffler sah im Direktor der Hamburger Kunsthalle eine »Erfüllung« für die Heimatstadt und einen »Erzieher der Nation«. 1911 ließ er sich vor Ort den geplanten Neubau der Hamburger Kunsthalle erläutern. Doch die Hoffnungen auf Lichtwarks »Musterinstitut« wandelten sich mit der durch den Ersten Weltkrieg verzögerten Eröffnung 1919 in »Betroffenheit«.

Sie stand stellvertretend für die Enttäuschung über das Ausbleiben des bei Kriegsausbruch im nationalen Überschwang erhofften, 1908 bereits angekündigten »reinigenden Gewitters«. Als Scheffler 1919 weiter zur geistigen Erneuerung aufrief und in »Die Zukunft der deutschen Kunst« (1920) zur Vorsicht im Umgang mit ideellen Programmen mahnte, wurde er vom Kollegen Adolf Behne der »Magisterhaftigkeit« gescholten. Unversehens befand sich der 50-Jährige zwei Jahre später im so genannten »Berliner Museumskrieg« und im konservativen Abseits. In den neuen Kunstrichtungen, vor allem im Expressionismus, sah er ein pathetisches Wollen, aber kein Können. Seine Ablehnung des Idealismus in der Kunst entwickelte idealistische Züge. Sie steigerte sich in eine elitäre Haltung, »weil das Künstlerische seiner Natur nach aristokratisch ist«.

1927 veröffentlichte Karl Scheffler die Autobiografie seiner Jugend, in der er mit kulturpessimistischen Untertönen die Entwicklung des Heimatdorfes zum Vorort der Großstadt Hamburg schildert. Aufschlussreich ist die genaue und selbstkritische Beschreibung seines Werdegangs, die Selbsterziehung und Lebenserfahrung über theoretisch erlerntes Wissen stellt. Eine 1929 gescheiterte Ehren-Promotion in Hamburg aus Anlass seines 60. Geburtstages, die der Ordinarius für Kunstgeschichte Erwin Panofsky abgelehnt haben soll, weil Schefflers Schriften »antiwissenschaftlich« seien, kommentierte der Zurückgewiesene 1946 selbstgefällig in seinem »Arbeits- und Lebensbericht«. Umso wichtiger erschien Scheffler die Verleihung des Doktortitels »honoris causa« 1944 durch die Universität Zürich. Sie demonstrierte ihm, der 1932 die »nationale Kunst« eines Max Liebermann gegen die »dilettantischen Rassentheorien« der NSDAP verteidigt hatte, 1933 in die innere Emigration gezwungen worden war und 1935 Liebermanns Grabrede gehalten hatte, dass er dem »besseren« Deutschland angehörte. Doch seine Versuche, das Geschehene und die Schuldfrage an angeblichen Gesetzmäßigkeiten der Weltkultur zu erläutern, offenbarten nur die tiefe Zerrissenheit seines Nationalverständnisses.

Nach 1945 besann man sich auch in der Vaterstadt des Sohnes und verlieh Scheffler am 27. Februar 1948 das erste Nachkriegsexemplar der neu geschaffenen Medaille »Preis der Hansestadt Hamburg«. Der Kunsthallendirektor Carl Georg Heise hatte unter Berufung auf Schefflers viele Verehrer unter den Hamburger Kulturschaffenden die Ehrung des »geistigen Vorkämpfers« initiiert. Auf Vorschlag der Professoren Heise, Wolfgang Schöne und Erich Meyer wurde Karl Scheffler außerdem aus Anlass seines 80. Geburtstags am 27. Februar 1949 zum Ehrenmitglied der Hamburger Universität ernannt. Die Erinnerung an den »unzünftige(n) Kunsthistoriker« (Heise) bewahrt auch der 1957 benannte Schefflerweg, eine kleine Sackgasse im Hamburger Stadtteil Othmarschen, die bezeichnenderweise von der Liebermannstraße abgeht.

WERKE Der Deutsche und seine Kunst. Eine notgedrungene Streitschrift, München 1907; Der junge Tobias. Eine Jugend und ihre Umwelt, Leipzig 1927 [Neuausgabe Hamburg 1962]; Die fetten und die mageren Jahre. Ein Arbeits- und Lebensbericht, Leipzig/München 1946; Eine Auswahl seiner Essays aus Kunst und Leben 1905–1950, hg. und kommentiert von Carl Georg Heise und Johannes Langner, Hamburg 1969.

LITERATUR DBE 8; Killy 10; Metzler Kunsthistoriker Lexikon. Zweihundert Porträts deutschsprachiger Autoren aus vier Jahrhunderten, Stuttgart/Weimar 1999; Carl Georg Heise, Karl Scheffler zum achtzigsten Geburtstag (1949), in: ders., Der gegenwärtige Augenblick. Reden und Aufsätze aus vier Jahrzehnten, Berlin 1960, S. 85 f.; Sigrun Paas, »Kunst und Künstler«. 1902–1933. Eine Zeitschrift in der Auseinandersetzung um den Impressionismus in Deutschland, Phil. Diss. Heidelberg 1976 (Deutsche Hochschulschriften, Alte Reihe 390).

Jörg Schilling

SCHIEFLER, Heinrich Wilhelm August *Gustav*, geb. 28.12.1857 Hildesheim, gest. 9.8.1935 Mellingstedt bei Hamburg; luth.; Jurist, Kunstsammler und -förderer, Publizist.

Der seit 1888 in Hamburg lebende Gustav Schiefler war einer der wichtigsten Wegbereiter der Expressionisten in Deutschland. Zugleich darf er als der bedeutendste Kunstförderer Hamburgs in der ersten Hälfte des 20. Jahrhunderts gelten. Durch Kauf und Sammlung, persönliche Kontakte und Vermittlungen und besonders durch die Erarbeitung und Veröffentlichung von Werkverzeichnissen zahlreicher Künstler der Avantgarde trug er wesentlich zu ihrer Rezeption, Anerkennung und Existenzsicherung bei. Nicht wenige dankten es ihm mit berühmt gewordenen Porträts, so etwa Emil Nolde, Edvard Munch, Karl Schmidt-Rottluff und Karl Kluth.

Nach dem Abitur in Hildesheim studierte Schiefler von 1876 bis 1879 Jura in Göttingen, Tübingen und Leipzig und bestand nach dem Referendariat im März 1884 das 2. Staatsexamen. Seine Assessorenzeit brachte ihn im Sommer 1884 auch für kurze Zeit nach Altona. Obwohl er in diesen Monaten keinen guten Eindruck von der großen Nachbarstadt gewann, bewarb er sich bei der hamburgischen Justizverwaltung und konnte im April des Jahres seinen Dienst als Amtsrichter antreten. Am 16. August 1888 heiratete er die ebenfalls aus Hildesheim stammende Luise von Rose (1865–1967). 1889, 1891, 1894 und 1899 wurden die Kinder Luise, Johanna, Carl Gustav und Ottilie geboren. Schieflers wohnten seit 1894 in einem eigenen Haus in der Oberstraße. Ab 1912 verbrachten sie die Sommermonate in einem kleinen Landhaus an der Alster in Mellingstedt, das 1920 zum Alterssitz wurde.

Schiefler hatte während des Studiums kunsthistorische Interessen entwickelt und sammelte Reproduktionsgrafik. Kurz nach seiner Etablierung in Hamburg erwarb er erstmals ein Blatt eines lebenden Künstlers, des als modern geltenden Max Klinger. Dies war eine direkte Folge der Beziehung zu Alfred Lichtwark, in dessen Bann Schiefler bereits im Herbst 1888 geraten war. Fast anderthalb Jahrzehnte war der Direktor der Hamburger Kunsthalle Schieflers Vorbild und Mentor. Lichtwarks Ideal der »ästhetischen Erziehung des Dilettanten« wurde wohl am besten von Schiefler verkörpert, der sich bei zahlreichen Unternehmungen Lichtwarks engagierte und mit seinen frühen feuilletonistischen Veröffentlichungen seit 1893 zum Sprachrohr des Kunstpädagogen avancierte. 1899 erschien Schieflers erste größere Veröffentlichung »Hamburgische Kulturaufgaben«. Seine pragmatische Gegenwartsorientierung und sein Interesse für alles Moderne brachten ihm den Beifall der liberalen Presse ein, führten aber schließlich auch zur Emanzipation von Lichtwark. Dieser hatte Schiefler mit der Malerei der »Jungen Hamburger«, darunter Arthur Illies, Ernst Eitner, Friedrich Schaper und Arthur Siebelist, vertraut ge-

Gustav Schiefler

macht. 1905 erschien Schieflers Verzeichnis der grafischen Werke neuerer hamburgischer Künstler, womit er die ihm am besten liegende und in den nächsten Jahrzehnten immer wieder verwendete Form der Aneignung und Weitergabe künstlerischen Wissens gefunden hatte. Zusammen mit Lichtwark stand er die aufgeregte Skandalisierung der von großen Teilen des Hamburger Bürgertums als allzu gewagt abgelehnten impressionistischen Werke durch. Doch Schieflers Offenheit gegenüber ausländischen Künstlern – er setzte sich sehr für die als revolutionär empfundenen Gemälde van Goghs ein – und sein Interesse am Expressionismus gingen Lichtwark zu weit. Die beiden wurden nicht zu Gegnern, gingen aber getrennte Wege. Das Ableben des Kunsthallen-Direktors 1914 traf Schiefler tief.

Schiefler ließ sich durch den Lübecker Arzt und Mäzen Max Linde zur intensiven Beschäftigung mit der Grafik Edvard Munchs anregen. Im Dezember 1902 besuchte er den Norweger in Berlin – es war für beide eine Begegnung von einschneidender Bedeutung. Der Briefwechsel der zu Freunden werdenden Männer wurde 1987 und 1989 ediert. Er zeigt die Rolle, die Schiefler für die Rezeption Munchs in Deutschland hatte. Schiefler erwarb nicht nur Grafiken und Gemälde, die heute in öffentlichen Sammlungen hängen, sondern förderte Ausstellungen, verfasste Artikel und Katalogbeiträge und veröffentlichte 1907 ein Verzeichnis des grafischen Werks Munchs. Im selben Jahr erschien sein Verzeichnis zur Grafik Max Liebermanns, 1911/26 folgte Emil Nolde, Munch wurde 1927 fortgeführt.

Über Nolde, der ihn 1906 in Hamburg besuchte und zu dem sich ebenfalls freundschaftliche Bande entwickelten, kam Schiefler in Kontakt zur Künstlergemeinschaft »Brücke«. Schmidt-Rottluff trug ihm die passive Mitgliedschaft an. Dank Schieflers Engagement entstand in Hamburg schnell ein Kreis von »Brücke«-Anhängern. Unter den »Brücke«-Künstlern war es Ernst Ludwig Kirchner, zu dem Schiefler den engsten, wenn auch spannungsvollsten Kontakt gewann. 1924/31 erschien Schieflers Verzeichnis der Grafik des Künstlers. Ihr 1910 einsetzender Briefwechsel wurde 1990 ediert.

Neben der modernen Kunst galt Schieflers Interesse besonders der zeitgenössischen Literatur. Richard Dehmel, Otto Ernst, Detlev von Liliencron, Gustav Falke waren seine Gäste. Aber auch für alle anderen Erscheinungsformen des modernen Kulturlebens zeigte er intensives Interesse. Von seiner Beobachtungsgabe und seinem kritischen Urteil zeugt die erst 1985 erschienene »Hamburgische Kulturgeschichte 1890-1920«.

Nachdem er sich im August 1914 wegen der Verschlimmerung eines ihn seit der Kindheit quälenden Augenleidens als Landgerichtsdirektor hatte pensionieren lassen müssen, übernahm Schiefler 1915 die Redaktion der Monatszeitschrift »Die Literarische Gesellschaft«. Sein Engagement in der Hamburger Kulturpolitik fand hier ihr Forum. Mit einem Sonderheft setzte er sich 1918 – wie schon seit der Jahrhundertwende immer wieder – massiv für die Gründung einer Hamburgischen Universität ein. Unmittelbar nach der Novemberrevolution bildete Schiefler zusammen mit einem Kreis Gleichgesinnter, zu dem unter anderen Fritz Schumacher, Peter Petersen, Carl Mönckeberg und Gustav Pauli gehörten, den Werkbund Geistiger Arbeiter, um an der Neuregelung der öffentlichen Verhältnisse mitwirken zu können. Der größte Erfolg des Engagements war die Mitwirkung an der Gründung der Universität 1919. Schieflers Anteil daran wurde von der neuen Hochschule 1925 mit der Verleihung der Ehrenmitgliedschaft und 1928 mit der Ehrenmünze gewürdigt.

Dass Schiefler sich trotz der als schmerzlich empfundenen Kriegsniederlage sofort auf den Boden der demokratischen Ordnung stellte, war nicht überraschend. Schon anderthalb Jahrzehnte früher hatte er zu den liberalen Kräften gehört, die sich der Diskriminierung der Sozialdemokratie und der Verschlechterung des hamburgischen Wahlrechts 1906 entschieden entgegenstellten.

Schieflers Leben, Werk und Wirken wurden anlässlich seines 70. Geburtstages mit einem Heft der Zeitschrift »Der Kreis« gefeiert. Zum 75. Geburtstag gratulierte der Senat durch den Besuch von Bürgermeister Rudolf Ross. Der Kunstverein machte ihn 1932 zu seinem ersten Ehrenmitglied. Die letzten Jahre waren von seinem zunehmenden Augenleiden überschattet, das ihn fast völlig erblinden ließ. Die Verfemung der von ihm geliebten Künstler und Werke durch die Nationalsozialisten musste er nicht mehr in aller Konsequenz erleben. Schieflers Grab liegt auf dem Friedhof in Bergstedt. Der schriftliche Nachlass wird – dem letzten Willen Schieflers entsprechend – in der Staats- und Universitätsbibliothek verwahrt.

WERKE Vollständiges Schriftenverzeichnis in: Indina Woesthoff, »Der glückliche Mensch«. Gustav Schiefler (1857–1935). Sammler, Dilettant und Kunstfreund, Hamburg 1996 (Veröffentlichungen des Vereins für Hamburgische Geschichte 42), S. 368–380.

LITERATUR Woesthoff (siehe unter Werke); Petra Blödorn-Meyer/Hans Wilhelm Eckardt/Indina Woesthoff, Gustav Schiefler. Der schriftliche Nachlaß, Berlin/Hamburg 1999 (Patrimonia 149).

Hans Wilhelm Eckardt

SCHLICHTING, Hedwig von, geb. 29.10.1861 Berlin, gest. 14.11.1924 Hamburg; luth.; Erste Oberin im Allgemeinen Krankenhaus Eppendorf, Gründerin des Schwestern-Vereins der Allgemeinen Hamburgischen Staatskrankenanstalten.

Die Generalstochter Hedwig von Schlichting trug um die Wende zum 20. Jahrhundert zu einer grundlegenden Reform des Krankenpflegewesens in Hamburg bei.

Hedwig von Schlichting hatte im Alter von 15 Jahren ihre Ausbildung zur Krankenpflegerin am Berliner Augusta-Hospital begonnen. 1889 wurde sie Oberin an der Chirurgischen Universitätsklinik Heidelberg und wechselte 1894 an das Neue Allgemeine Krankenhaus nach Hamburg. Ein Jahr später erhielt sie als erste Frau in diesem Krankenhaus den Posten einer Oberin und gründete noch im selben Jahr den Schwestern-Verein der Allgemeinen Hamburgischen Staatskrankenanstalten. Das Wohnheim dieser Erika-Schwestern – das Erika-Haus – befindet sich noch heute auf dem Gelände des Universitätskrankenhauses in Hamburg-Eppendorf. Mit der

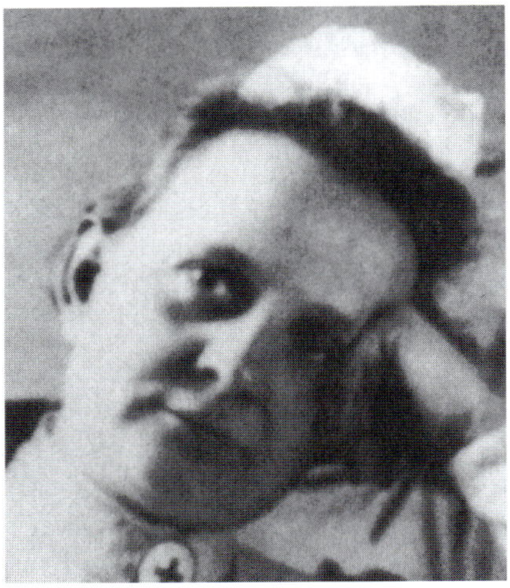

Hedwig von Schlichting

Gründung eines unabhängigen Schwesternvereins wurde die Voraussetzung für eine qualifizierte Ausbildung und die soziale Absicherung des Pflegepersonals geschaffen. Bisher waren die Pflegekräfte meist aus der Arbeiterschicht gekommen, hatten nur über eine dürftige Schulbildung verfügt und lediglich eine kurze Einweisung in ihre Tätigkeit erhalten. Die Erika-Schwestern rekrutierten sich dagegen in erster Linie aus dem Bürgertum. Junge Mädchen aus diesen Kreisen sollten die Möglichkeit bekommen, sich für einen nützlichen Beruf im sozialen Bereich ausbilden zu lassen.

Hedwig von Schlichting besaß mit ihrer Doppelfunktion als Leiterin des Schwesternvereins und der Schwesternschule sowie als Oberin des Krankenhauses einen großen Kompetenzbereich, was zu erheblichen Differenzen zwischen ihr und dem damaligen Krankenhausdirektor Theodor Rumpf und schließlich zu dessen Rücktritt führte. Nachdem ein Bürgerschaftsausschuss die Doppelfunktion Hedwig von Schlichtings als Ursache des Konfliktes benannt hatte und daraufhin eine Trennung der Kompetenzbereiche beschlossen worden war, verließ Hedwig von Schlichting 1902, ein Jahr nach diesem Eklat, das Krankenhaus Eppendorf und übernahm das Präsidium des Verbandes Deutscher Schwesternvereine.

Werke Hedwig von Schlichting, Der Schwestern-Verein der Hamburgischen Staatskrankenanstalten, in: Das Rothe Kreuz. Central-Organ für alle deutschen Wohlfahrts- und Wohltätigkeitsbestrebungen, Jg. XIX, Nr. 3 (1. Februar 1901), S. 40–42.

Literatur Bake/Reimers, S. 215–217; Theodor Rumpf, Lebenserinnerungen, Bonn 1925. *Rita Bake*

Schmidt, *Arno* Otto, geb. 18.1.1914 Hamburg, gest. 3.6.1979 Celle; Schriftsteller, Übersetzer.

In Hamburg-Hamm als Sohn des Polizei-Oberwachtmeisters Friedrich Otto Schmidt und seiner Ehefrau Clara Gertrud, geborene Ehrentraut, zur Welt gekommen, verbrachte Arno Schmidt die ersten 15 Jahre seines Lebens in der Hansestadt. Ab Ostern 1920 besuchte er als beflissener Musterschüler die Volksschule Pröbenweg-Hammerweg, ab Ostern 1924 die Realschule Brekelbaumspark. Nach dem Tod des Vaters im Jahre 1928 zog die Mutter mit Arno und seiner drei Jahre älteren Schwester Luzie Hildegard nach Lauban (Schlesien). Der junge Schmidt machte in Görlitz Abitur, absolvierte eine kaufmännische Lehre und war von 1934 bis 1940 als Lagerbuchhalter in Greiffenberg tätig; in diese Zeit fallen seine ersten schriftstellerischen Versuche. Nach Teilnahme am Zweiten Weltkrieg und britischer Kriegsgefangenschaft arbeitete er gemeinsam mit seiner Ehefrau Alice, die er 1937 geheiratet hatte, an der britischen Hilfspolizeischule Benefeld/Lüneburger Heide als Dolmetscher. Ab 1947 als freier Schriftsteller und Übersetzer tätig, gelangte der unter anderem von Alfred Andersch geförderte Schmidt über Cordingen, Gau-Bickelheim (Rheinhessen) und Darmstadt 1958 nach Bargfeld. Nach 21 Jahren eines äußerst produktiven Schaffens in der Abgeschiedenheit des Heidedorfes starb Arno Schmidt an den Folgen eines Gehirnschlags.

Bereits in den Kurzromanen und Erzählungen der fünfziger und sechziger Jahre (zum Beispiel »Aus dem Leben eines Fauns«, 1953; »Das steinerne Herz. Historischer Roman aus dem Jahre 1954«, 1956; »Die Gelehrtenrepublik«, 1957; »Kühe in Halbtrauer«, 1964), von denen einige im Hamburger Rowohlt Verlag erschienen, verbinden sich die Verwendung von Textkürzeln (»Foto«-Technik), eine eigenwillige Orthografie und eine assoziationsreiche Sprache zur Darstellung von Bewusstseinsprozessen, die einer diskontinuierlichen Wahrnehmung und der Wirkung unbewusster Prozesse Ausdruck verleihen. In den großen Typoskriptbänden, die in den siebziger Jahren veröffentlicht wurden (»Zettels Traum«, 1970; »Die Schule der Atheisten«, 1972; »Abend mit Goldrand«, 1975), wird dieses Kompositionsprinzip anhand mehrsträngiger Erzählungen durchgeführt und um eine von Sigmund Freud und James Joyce beeinflusste Theorie vom

Arno Schmidt

akustischen Ausdruck (»Etym«) des unbewussten Trieblebens erweitert. Zu den zahlreichen Übersetzungsarbeiten Schmidts gehören unter anderem die Werke Edgar Allan Poes und James Fenimore Coopers. In seinen dialogisch angelegten Rundfunkessays würdigte er unter anderem auch die Hamburger Dichter Barthold Heinrich Brockes und Friedrich Gottlieb Klopstock. In zahlreiche Texte Schmidts hat die Erfahrung der Kindheitsjahre in Hamburg, insbesondere der beengten Wohnverhältnisse und der bedrückenden familiären Situation, Eingang gefunden.

1981 gründeten der Hamburger Literaturwissenschaftler und Mäzen Jan Philipp Reemtsma, der den Autor bereits seit 1977 finanziell unterstützt hatte, und Alice Schmidt die Arno-Schmidt-Stiftung, die die Werke herausgibt, den Nachlass betreut und einen Arno-Schmidt-Preis vergibt. Ein Bildnis Arno Schmidts mit dem Titel »Der Sänger, Hommage à Arno Schmidt zum 70. Geburtstag. Mit Selbstbildnis des Künstlers« von der Hand des mit dem Schriftsteller befreundeteten Malers Eberhard Schlotter befindet sich im Museum für Hamburgische Geschichte.

WERKE Bargfelder Ausgabe. Werkgruppe I in 4 Bdn.: Romane, Erzählungen, Gedichte, Juvenalia, Arno-Schmidt-Stiftung im Haffmans Verlag, Zürich 1986 ff.; Werkgruppe II in drei Bdn.: Dialoge, Arno-Schmidt-Stiftung im Haffmans Verlag, Zürich 1990 ff.; Werkgruppe III in 4 Bdn.: Essays und Biografisches, Zürich 1993 ff.; Werkgruppe IV in 4 Bdn.: Das Spätwerk, Zürich 1992 ff.

LITERATUR Killy 10; Karl-Heinz Müther, Bibliographie Arno Schmidt 1949–91, Bielefeld 1992 (Bibliographien zur deutschen Literaturgeschichte 1) [4 Nachlieferungen bis 1999]; ders. u. a. (Hg.), Arno Schmidt (1914–1979). Bibliographie und audiovisuelle Zeugnisse zu Leben, Werk und Wirkung, CD-ROM, Bielefeld 1995; Wolfgang Martynkewicz, Selbstinszenierung. Untersuchungen zum psychosozialen Habitus Arno Schmidts, München 1991; Wolfgang Albrecht, Arno Schmidt, Stuttgart u. a. 1998 (Sammlung Metzler 312).

Dirk Brietzke

SCHÖFFEL, Johann *Simon*, geb. 22.10.1880 Nürnberg, gest. 28.5.1959 Hamburg; luth.; Hamburger Landesbischof.

Der aus Franken stammende Simon Schöffel wurde 1933 der erste lutherische Landesbischof Hamburgs. Nach dem Abschluss des Theologiestudiums 1903 war der sehr ehrgeizige und pflichtbewusste Sohn eines Gerichtsschreibers Hofkaplan in Schönberg/Hessen, absolvierte das Vikariat und legte 1908 das zweite theologische Examen ab. 1909 übernahm er eine Pfarrstelle in Schweinfurt, 1921 das dortige Dekanat. An der Erlanger Universität wurde Schöffel mit Arbeiten zur Schweinfurter Kirchengeschichte 1916 zum Dr. phil. und 1918 zum Lic. theol. promoviert, 1922 erhielt er dort die theologische Ehrendoktorwürde.

1921 wählte man Simon Schöffel zum Hauptpastor an St. Michaelis in Hamburg, 1922 zum Vorsitzenden des konservativen Evangelischen Elternbundes und 1929 auch zum Präsidenten der Synode. Schöffel war der führende Vertreter der orthodoxen, »positiven« kirchlichen Richtung. Besonders engagierte er sich in grundsätzlichen Angelegenheiten der Kirchenleitung und in der Schulpolitik, um schon frühzeitig Einfluss auf die Jugendlichen nehmen zu können. Der Gegner einer Trennung von Kirche und Staat beharrte auf der Einrichtung von Konfessionsschulen, was im liberalen Hamburg undenkbar war. Seit seinem Wechsel in die Hansestadt setzte er sich für die Einrichtung des hierarchischen Bischofsamtes ein, das seiner Meinung nach wesentlich zur lutherischen Kirche gehöre. Der Bischof war für ihn Garant der reinen Lehre und der Bekenntniswahrung.

1933 konnten Schöffel und seine Mitstreiter sich nach der Etablierung des Führerprinzips im staatlichen Bereich auch in der Hamburger Kirche durchsetzen. Simon Schöffel wurde im Mai nach dem erzwungenen Rücktritt des Seniors Karl Horn zum ersten Landesbischof gewählt, wobei der amtsältere liberale Hauptpastor an St. Nikolai, Heinz Beckmann, ausgeschaltet wurde. Ein entsprechendes Gesetz hob die demokratischen Elemente der Kirchenverfassung von 1923 auf, sodass alle Entscheidungsbefugnisse nunmehr in der Hand des Landesbischofs lagen. Schöffel bekannte sich nachdrücklich zum nationalsozialistischen Staat, obwohl er der NSDAP nicht beitrat, und stärkte damit dessen Akzeptanz in der kirchennahen Bevölkerung. Auch auf Reichsebene war der Hamburger Landesbischof aktiv: Er wirkte am Sturz Friedrich von Bodelschwinghs (1877–1946) und an der Wahl des deutschchristlichen Wehrkreispfarrers Ludwig Müller (1883–1945) zum Reichsbischof mit, der ihn im September 1933 in sein Geistliches Ministerium berief. Dort war Schöffel für die gesamte christliche Erziehung, das Verhältnis zu anderen Gemeinschaften und Kirchen, die Missionen und das Außenamt der Kirche zuständig. Aufgrund von Spannungen mit den Deutschen Christen und Rivalitäten mit deren radikalerem Reichsleiter, Joachim Hossenfelder (1899–1976), verlor er schon zwei Monate später seine Funktion auf Reichsebene und im März 1934 auch das Bischofsamt in Hamburg. Schöffel widmete sich fortan wieder seiner Tätigkeit als Hauptpastor, die er auch als Bischof weiterhin ausgeübt hatte. Kirchenpolitisch trat er der Bekenntnisgemeinschaft bei und wurde 1936 Mitglied des geschäftsführenden Ausschusses. Dem Pfarrernotbund Martin Niemöllers (1892–1984) stellte er mit der Lutherischen Kameradschaft einen eigenen, betont lutherischen Pastorenzusammenschluss entgegen und verhinderte 1938 eine Solidaritätserklärung für den inhaftierten Niemöller. Nach dem Rücktritt seines Nachfolgers Franz Tügel im Juli 1945 wurde Simon Schöffel im Februar 1946 durch Zuruf erneut zum Hamburger Landesbischof gewählt und amtierte bis zum Eintritt in den Ruhestand im Dezember 1954. Schwerpunkt in seiner zweiten Amtsperiode war die Ausbildung des Nachwuchses. Seit seinem Amtsantritt lehrte er Kirchengeschichte und später Systematische Theologie im Rahmen des Allgemeinen Vorlesungswesens der Universität, von 1931 bis 1937 auch für die Religionslehrerausbildung und von 1945 bis 1954 am Kirchlichen Vorlesungswerk bzw. der Kirchlichen Hochschule Hamburg. 1950 verlieh ihm der Landeskirchenrat den Titel »Professor der Theologie an der Kirchlichen Hochschule Hamburg«. Schöffel publizierte zahlreiche wissenschaftliche Abhandlungen, darunter den ersten Band einer Hamburger Kirchengeschichte über die frühe Zeit und die Bistumsgründung durch Ansgar (831/834); die weiteren beiden geplanten Bände kamen aufgrund seiner Arbeitsbelastung nicht zustande. Simon Schöffel war ein ehrgeiziger Theologe, ein produktiver Wissenschaftler und verdienstvoller Seelsorger. Theologisch verfocht er streng lutherische Positionen, politisch war er konservativ eingestellt und vertrat zeitweise antidemokratisch-völkisches Ideengut.

Simon Schöffel

WERKE Schriftenverzeichnis in: BBKL 9.

LITERATUR BBKL 9; Heinrich Wilhelmi, Die Hamburger Kirche in der nationalsozialistischen Zeit 1933–1945, Göttingen 1968 (Arbeiten zur Geschichte des Kirchenkampfes, Ergänzungsreihe, 5); Klaus Scholder, Die Kirchen und das Dritte Reich, Bd. 1: Vorgeschichte und Zeit der Illusionen 1918–1934, Frankfurt a.M./Berlin/Wien 1977, Bd. 2: Das Jahr der Ernüchterung 1934, Berlin 1985; Rainer Hering, Die Bischöfe Simon Schöffel und Franz Tügel, Hamburg 1995 (HLb 10), S. 9–47.

Rainer Hering

SCHRAMM, Percy Ernst, geb. 14.10.1894 Hamburg, gest. 12.11.1970 Göttingen; luth.; Historiker.

Percy Ernst Schramm stammte aus angesehener, seit 1665 in Hamburg ansässiger Kaufmannsfamilie. Der Vater, Rechtsanwalt Dr. Max Schramm, gehörte seit 1912 dem Senat an, von 1925 bis 1928 als Zweiter Bürgermeister. Schramm besuchte die private Schule von Adolph Thomsen und anschließend den realgymnasialen Zweig des Johanneums. Bereits als älterer Schüler gewann er Kontakt zu dem benachbart wohnenden Aby Warburg. Von ihm und seiner kulturwissenschaftlichen Bibliothek erhielt der junge Schramm lebenslang nachwirkende Anregungen.

Von 1914 bis 1918 nahm Schramm am Ersten Weltkrieg teil. Zu Beginn der Republik stellte er sich in Hamburg dem Freikorps der Bahrenfelder als Zeitfreiwilliger zur Verfügung, zuerst gegen die Kommunisten, dann gegen die Kapp-Putschisten. Im Mittelpunkt seines 1919 aufgenommenen Studiums stand die mittelalterliche Geschichte. Erste akademische Stationen waren Promotion (1922) und Habilitation (1924) in Heidelberg. Das zweibändige Werk »Kaiser, Rom und Renovatio« (1929) brachte den Durchbruch. Noch im selben Jahr erhielt Schramm einen Ruf auf eine Professur für Mittlere und Neuere Geschichte an der Universität Göttingen. Bei der Reichspräsidentenwahl 1932 setzte er sich als Vorsitzender des Göttinger Hindenburg-Ausschusses für die Wiederwahl des greisen Reichspräsidenten ein.

Dem NS-Regime stand Schramm gespalten gegenüber. Rassismus und Antisemitismus lehnte er ab, andererseits bewunderte er Hitlers außenpolitische Erfolge. Im Mai 1939 trat er in die NSDAP ein. Mit Ausbruch des Zweiten Weltkriegs als Reserveoffizier reaktiviert, war Schramm von 1943 bis 1945 im Wehrmachtführungsstab verantwortlich für die Abfassung des Kriegstagebuchs, einer später von ihm edierten wichtigen Quelle zur Geschichte des Zweiten Weltkriegs. Nach Internierung durch die Alliierten verwehrte ihm die britische Besatzungsmacht zunächst die Rückkehr auf seinen Göttinger Lehrstuhl. Erst Ende 1948 wurde das Verbot aufgehoben. Der seither wieder an der Georgia Augusta Lehrende gehörte 1955 zu den Professoren, die durch ihren öffentlichkeitswirksamen Protest erreichten, dass der trotz rechtsextremer Vergangenheit zum niedersächsischen Kultusminister ernannte Leonhard Schlüter zurücktreten musste.

Schramms Hauptinteresse als Mediävist galt der Erforschung der mittelalterlichen Herrschaftszeichen. Daneben widmete er sich, gestützt auf ein reiches Familienarchiv, der Vergangenheit seiner Vaterstadt. Unter seinen fesselnd geschriebenen hamburggeschichtlichen Darstellungen ragen »Hamburg, Deutschland und die Welt. Leistung und Grenzen hanseatischen Bürgertums in der Zeit zwischen Napoleon I. und Bismarck« (1943) und »Neun Generationen. Dreihundert Jahre deutscher ›Kulturgeschichte‹ im Lichte der Schicksale einer Hamburger

Percy Ernst Schramm

Bürgerfamilie (1648–1948)« (2 Bde., 1963/64) hervor. Thesenartig hat Schramm sein Hamburg-Bild in dem Vortrag »Hamburg – ein Sonderfall in der Geschichte Deutschlands« (1964) zusammengefasst. Für seine Verdienste um die Hamburg-Forschung bekam der Historiker 1964 vom Verein für Hamburgische Geschichte die Lappenberg-Medaille in Gold und vom Hamburger Senat die Medaille für Kunst und Wissenschaft verliehen. Im Jahr zuvor hatten ihn die Mitglieder des Ordens »Pour le Mérite für Wissenschaften und Künste« zu ihrem Kanzler gewählt. Der 1963 emeritierte Schramm verstarb sieben Jahre später in Göttingen. Er wurde in Hamburg im Schrammschen Familiengrab auf dem Ohlsdorfer Friedhof beigesetzt. Aus der 1925 geschlossenen Ehe mit der promovierten Historikerin Ehrengard von Thadden (1900–85) gingen drei Kinder hervor. In der NS-Zeit stand Ehrengard von Thadden dem Regime sehr viel distanzierter gegenüber als ihr Mann. Ihre Schwester Elisabeth wurde 1944 wegen Verbindungen zu Widerstandskreisen hingerichtet.

WERKE Schriftenverzeichnis in: Festschrift Percy Ernst Schramm zu seinem 70. Geburtstag von seinen Schülern und Freunden zugeeignet, hg. von Peter Classen und Peter Scheibert, 2 Bde., Wiesbaden 1964.

LITERATUR Norbert Kamp, Percy Ernst Schramm und die Mittelalterforschung, in: Geschichtswissenschaft in Göttingen. Eine Vorlesungsreihe, hg. von Hartmut Boockmann und Hermann Wellenreuther, Göttingen 1987, S. 344–363; Joist Grolle, Der Hamburger Percy Ernst Schramm – ein Historiker auf der Suche nach der Wirklichkeit, Hamburg 1989 (Vorträge und Aufsätze, hg. vom Verein für Hamburgische Geschichte, 28); ders., Percy Ernst

Schramm – Fritz Saxl. Die Geschichte einer zerbrochenen Freundschaft, in: ZHG 76 (1990), S. 145–167; ders., Hamburg und seine Historiker, Hamburg 1997 (Veröffentlichungen des Vereins für Hamburgische Geschichte 43), S. 203–228; Helga-Maria Kühn, Ehrengard Schramm. Eine engagierte Göttinger Bürgerin, in: Göttinger Jahrbuch 41 (1993), S. 211–224. *Joist Grolle*

SCHRÖDER, Anna Christina, geb. Hart,

geb. 9.11.1755 St. Petersburg, gest. 25.6.1829 Rellingen bei Hamburg; luth.; Schauspielerin.

Anna Christina Schröder

Als Tochter deutscher Eltern in St. Petersburg geboren, wurde Anna Christina schon als kleines Mädchen in die von Katharina II. gegründete stehende Scolary's Tanzschule gegeben, um für die Bühne ausgebildet zu werden. Der Prinzipal Johann Christian Wäser engagierte die Neunjährige für seine Truppe und nahm sie mit nach Deutschland. Da er eine hohe Meinung vom Talent seines Schützlings hatte, empfahl er sie nach Hamburg an die berühmte Ackermann'sche Truppe, deren Leitung Konrad Ernst Ackermann ein halbes Jahr vor seinem Tod (1771) seiner Frau, der Schauspielerin Sophie Charlotte Ackermann, und ihrem Sohn Friedrich Ludwig Schröder übergeben hatte. Friedrich Ludwig Schröder gehörte zu den bedeutenden Theatermännern des 18. Jahrhunderts. Er führte Shakespeare in Deutschland ein und bahnte damit dem großen nationalen Drama den Weg. In der Darstellung drang er zu einer natürlichen Menschengestaltung vor. Ein halbes Jahr nach Anna Christinas Ankunft fand am 26. Juni 1773 ihre Hochzeit mit Schröder statt, der diesen Tag später immer wieder als den glückbringendsten seines Lebens gepriesen hat. Ob diese Liebe Schröder – und bald auch die wohlmeinenden Freunde des Hauses – blind gegenüber einem nur mäßigen Talent machte oder ob Anna Christina Schröder eine hervorragende Schauspielerin war, darüber gehen die zeitgenössischen Meinungen auseinander.

In den ersten Jahren wirkte Anna Christina Schröder fast ausschließlich als Tänzerin. Nur hin und wieder sang sie in der Oper oder trat in Nebenrollen im Schauspiel auf. Als dann aber die vom Hamburger Theaterpublikum angebetete Stiefschwester ihres Mannes, Charlotte Ackermann, 1775 im Alter von nur 17 Jahren gestorben war und 1778 auch die zweite Stiefschwester, die hoch begabte Dorothea Caroline Ackermann, mit ihrer Heirat von der Bühne abgetreten war, musste Anna Christina Schröder zum Teil deren Plätze einnehmen und auch die großen Frauenrollen Lessings und Shakespeares spielen, so etwa die Emilia Galotti (1777) neben ihrem Mann als Odoardo oder die Ophelia (1778). Johann Friedrich Schütze, der 1794 eine »Hamburgische Theater-Geschichte« schrieb, erschien sie als ihren großen Vorgängerinnen ebenbürtig. Und für den Freund und Schröder-Biografen Friedrich Ludwig Wilhelm Meyer war ihr Spiel »unübertrefflich«. Anders urteilten der dänische Schriftsteller Jens Baggesen, der sie 1789 auf seiner Reise durch Deutschland in Hamburg als Cordelia sah, und der Schröder-Biograf Berthold Litzmann (1894). Allgemeine Übereinstimmung herrschte dagegen über die Person Anna Christina Schröder. Sie war belesen, besaß eine treffliche Menschenkenntnis und ein großes Einfühlungsvermögen, das es ihr ermöglichte, die Künstlernatur ihres Mannes, deren Unausgeglichenheit und leichte Erregbarkeit durch eine ans Unmenschliche grenzende Erziehung noch verstärkt worden war, zu verstehen und zu beeinflussen.

Als Friedrich Ludwig Schröder 1780 wegen interner Schwierigkeiten die Direktion des Theaters am Gänsemarkt niedergelegt hatte, folgte seine Frau ihm 1781 ans Hofburgtheater nach Wien. 1785 kam das Paar nach Hamburg zurück, wo Schröder von 1786 bis 1797 erneut die Leitung des Theaters am Gänsemarkt übernahm und häufig an der Seite seiner Frau spielte. Sanfte und duldende Frauen- und Mädchenrollen entsprachen Anna Christina Schröders Temperament am besten. 1787 spielte sie in der Aufführung des »Don Carlos« neben ihrem Mann als König Philipp die Elisabeth. 1795 zog sie sich aufgrund ihres Gesundheitszustands vom Theater zurück. Als ihr Mann jedoch durch interne Querelen in Personalnot geriet, war sie sofort bereit, einzuspringen und auch neue Rollen einzustudieren. Sie starb 13 Jahre nach dem Tod ihres Mannes auf einem Landsitz in Rellingen, wohin sich das Paar nach Schröders Abgang vom Theater zurückgezogen hatte.

LITERATUR Bake/Reimers, S. 70–73; Johann Friedrich Schütze, Hamburgische Theater-Geschichte, Hamburg 1794; Berthold Litzmann, Friedrich Ludwig Schröder. Ein Beitrag zur deutschen Litteratur- und Theatergeschichte, 2 Teile, Hamburg/Leipzig 1890/94. *Brita Reimers*

Friedrich Ludwig Schröder

SCHRÖDER, *Friedrich* Ulrich *Ludwig*,

geb. 3.11.1744 Schwerin, gest. 3.9.1816 Rellingen bei Hamburg; luth.; Schauspieler, Theaterdirektor, Freimaurer.

Friedrich Ludwig Schröder gehörte zu den berühmten Schauspielern und Schauspielunternehmern des späten 18. Jahrhunderts. Seine Zeitgenossen nannten ihn den »großen Schröder«. Das Hamburger Theater am Gänsemarkt erreichte ab 1771 unter seiner Direktion eine beachtliche Glanzperiode.

Schröder war der Sohn des früh verstorbenen Organisten Johann Diedrich Schröder und seiner Frau Sophie Charlotte, geborene Biereichel. Seine Mutter, die Schauspielerin wurde, heiratete 1748 den Bühnendarsteller Konrad Ernst Ackermann. Schröder wurde von einem Privatlehrer erzogen und besuchte 1756/57 das Collegium Fridericanum in Königsberg. 1759 gaben die Eltern ihn bei einem Kaufmann in Lübeck in die Lehre; er hielt es dort jedoch nicht lange aus und folgte seinen Eltern in die Schweiz.

Nach einem Wanderleben als Schauspieler und Leiter einer Theatertruppe erbaute Ackermann 1765 das Komödienhaus am Gänsemarkt. Schröder trat dort zuerst in komischen Bedientenrollen auf und überzeugte als Pantomime, Bühnentänzer und Possenreißer. Nach dem Tod Ackermanns (1771) leitete er zusammen mit seiner Mutter das Theater. Seine erste Direktion in den Jahren von 1771 bis 1780 ist theatergeschichtlich bedeutsam. 1773 heiratete Schröder die Schauspielerin Anna Christina Hart aus Petersburg und führte mit ihr eine glückliche, kinderlose Ehe. Zusammen mit seinen Stiefschwestern Dorothea und Charlotte Ackermann eroberte er das Hamburger Publikum. Gefördert wurde der junge Direktor von Theaterfreunden, zu denen auch der begüterte Hamburger Kaufmann Caspar Voght gehörte. Durch eine Aufführung des von ihm selbst bearbeiteten »Hamlet« am 20. September 1776 konnte Schröder die deutschen Bühnen für William Shakespeare gewinnen. Schon im November desselben Jahres wurde »Othello« gegeben, und weitere Stücke des Engländers folgten. Beachtenswert war Schröders Versuch, dem Publikum Stücke des Sturm und Drang nahe zu bringen. »Clavigo«, »Götz von Berlichingen» und »Stella« von Johann Wolfgang Goethe führte er trotz der Zurückhaltung des Publikums auf. Zudem sorgte er dafür, dass Schauspiele von Jakob Michael Reinhold Lenz, so das Stück »Der Hofmeister«, und Friedrich Maximilian Klingers »Die Zwillinge« gezeigt wurden. Nach einer Kunstreise durch Deutschland und vier Jahren am Wiener Burgtheater folgte von 1785 bis 1797 Schröders zweite Direktion. Zwar versuchte er als Prinzipal vergeblich, Friedrich Schiller als dramatischen Schriftsteller für Hamburg zu gewinnen; am 29. August 1787 wurde aber des Dichters »Don Carlos« in einer besonderen, von Schiller bearbeiteten Fassung »mit rauschendem Beifall« (Meyer) in Hamburg uraufgeführt. Aufgrund des Publikumsgeschmacks reduzierte sich jedoch insgesamt die Aufführung klassischer Stücke, und es dominierte das bürgerliche Rührstück. Neben Bühnenwerken von August Wilhelm Iffland und August von Kotzebue führte Schröder auch eigene Werke auf. Sein erfolgreichstes Stück war »Der Vetter in Lissabon« (1784). Nachdem er am 30. März 1798 zum letzten Mal aufgetreten war, zog Schröder sich vom Theater zurück und lebte als Landwirt auf seinem Gut in Rellingen. Er führte eine umfangreiche Korrespondenz mit einigen Größen seiner Zeit, so etwa mit Johann Gottlieb Fichte und August von Kotzebue. Noch einmal leitete er von 1811 bis 1812 – Hamburg war zu dieser Zeit von den Franzosen okkupiert – ohne Erfolg das Theater am Gänsemarkt. Als Prinzipal lag es ihm am Herzen, den nicht anerkannten Schauspielerberuf aufzuwerten. Dazu dienten die von ihm verfügten, vor allem das moralische Verhalten der Schauspielerinnen betreffenden »Theatergesetze« (1787) sowie die Gründung einer Pensionskasse für Schauspieler (1793). In Rellingen widmete Schröder sich Studien über die Geschichte der Freimaurerei. Hier entstand sein vierbändiges Werk »Materialien zur Geschichte der Freimaurerei, seit ihrer Wiederherstellung von 1717 bis zum Anfange des neuen Jahrhunderts« (1815). Bereits 1774 war er auf Vorschlag von Johann Joachim Christoph Bode in die Loge »Emanuel zur Maienblume« aufgenommen worden. 1787 wurde er zum Meister vom Stuhl der Loge »Emanuel« gewählt und übte dieses Amt bis 1799 aus. Seiner Initiative war es mit zu verdanken, dass 1795 das Freimaurerkrankenhaus in Hamburg eröffnet wurde. 1802 bildete Schröder aus den Meistern der Johannislogen den Kreis der vertrauten Brüder, »Engbund« genannt, dessen Bestimmung es war, Freimaurer zu eigenen wissenschaftlichen Arbeiten zusammenzuführen. 1811 regte er an, dass sich die »Große Loge von Hamburg« als selbstständige Großloge etablierte. Von 1814 bis zu seinem Tode stand er dieser Loge als Großmeister vor. Intensive Forschungen und der Gedankenaustausch mit Ignaz Aurelius Feßler, Johann Gottfried Herder und seinem ersten Biografen Friedrich Ludwig Wilhelm Meyer trugen zur Entstehung seines Ritualwerkes bei. Es wird heute als »Schrödersche Lehrart« von vielen Bauhütten auch außerhalb Deutschlands gepflegt. Schröder wurde auf dem St. Jacobi-Friedhof vor dem Dammtor beigesetzt. Bei der Auflassung des Friedhofs wurden seine Gebeine auf den Ehrenfriedhof nach Ohlsdorf überführt. In der Diele des Hamburger Rathauses erinnert ein Reliefporträt an den Schauspieler und Theaterdirektor.

WERKE Schriftenverzeichnis in: LhS 7.

LITERATUR ADB 32; LhS 7; Freitag, S. 11; Friedrich Ludwig Wilhelm Meyer, Friedrich Ludwig Schröder. Beitrag zur Kunde des Menschen und des Künstlers, 2 Bde., Hamburg 1819; Berthold Litzmann, Friedrich Ludwig Schröder. Ein Beitrag zur deutschen Literatur- und Theatergeschichte, 2 Bde., Hamburg/Leipzig 1890, 1894; Susanne Eigenmann, Zwischen ästhetischer Raserei und aufgeklärter Disziplin. Hamburger Theater im späten 18. Jahrhundert, Stuttgart/Weimar 1994; Rolf Appel, Schröders Erbe. 200 Jahre vereinigte Fünf Hamburgische Logen, seit 1811 Große Loge von Hamburg, Hamburg 2000.

Hans-Werner Engels

SCHRÖDER, Hans, geb. 25.5.1796 Krempdorf/Holstein, gest. 19.8.1855 Altona; Privatgelehrter, Lexikograf.

An seiner Wiege hätte niemand Hans Schröder ein Gelehrtenleben vorausgesagt. In einer wohlhabenden Bauernfamilie als ältester Sohn geboren, war er dazu bestimmt, eines Tages den väterlichen Hof in der Kremper Marsch (nördlich von Glückstadt) zu übernehmen. Doch solcher Erwartung entzog sich der mit schwacher Konstitution ausgestattete Sohn schon früh. Nach anfänglichen Bedenken gaben die Eltern seinem Bildungsstreben nach und ließen ihn die Gelehrtenschule in Glückstadt besuchen. Anschließend ermöglichten sie ihm, an den Universitäten Jena und Kiel juristischen und historisch-literarischen Studien nachzugehen. 1831 verlieh ihm die Universität Kiel für seine literarhistorischen Verdienste den Titel eines Dr. phil. Nach dem Tod der Eltern übernahm Schröder 1837 zunächst die Bewirtschaftung des Hofes, entschloss sich aber 1843, ihn zu verkaufen. Er siedelte mit seiner Frau nach Altona über, wo er sich als Privatgelehrter nur noch seinen wissenschaftlichen Interessen widmete. Diese hatten von früh an ihren Schwerpunkt in biografischen Arbeiten. Zusammen mit Detlev Lorenz Lübker gab er das »Lexikon der Schleswig-Holstein-Lauenburgischen und Eutinischen Schriftsteller von 1796 bis 1828« heraus (1829/30). Über den zeitgenössischen Romanautor Johann Gottwerth Müller (Verfasser des »Siegfried von Lindenberg«) schrieb er eine ausführliche Lebensbeschreibung (1843). Zum »Neuen Nekrolog der Deutschen« steuerte er von 1829 bis 1853 für den Bereich Schleswig-Holstein nahezu 400 biografische Artikel bei. Krönender Abschluss seines gelehrten Lebenswerkes war das

»Lexikon der hamburgischen Schriftsteller bis zur Gegenwart«. Der Wunsch nach einem solchen Werk war in der literarischen Sektion des 1839 gegründeten Vereins für Hamburgische Geschichte schon früh geäußert worden, doch erst seit der Verein 1846 Schröder als Bearbeiter hatte gewinnen können, nahm das Projekt konkrete Gestalt an. Dank seiner umfangreichen Sammelarbeit war 1851 der erste Band komplett. Schröder brachte auch noch den zweiten Band heraus, ein Jahr vor Vollendung des dritten Bandes starb er 1855. Seither verlangsamte sich das Herausgabetempo; erst 1883 wurde das Lexikon von seinen Nachfolgern mit Band 8 abgeschlossen; insgesamt wurden rund 4600 Schriftsteller erfasst.

LITERATUR ADB 32; Christian Petersen, Hans Schröder's Leben, in: LhS 3, S. III–XIX [mit Bibliografie]; Sebastian Husen, Vaterstädtische Geschichte im republikanischen Stadtstaat. Studien zur Entwicklung des Vereins für Hamburgische Geschichte (1839–1914), Hamburg 1999 (Veröffentlichungen des Vereins für Hamburgische Geschichte 45), S. 158–161.

Joist Grolle

SCHÜTZE, Johann Friedrich (Ps. *Jäger*), geb. 1.4.1758 Altona; gest. 15.10.1810 ebd.; luth.; Schriftsteller.

Johann Friedrich Schütze besuchte in Hamburg die Gelehrtenschule des Johanneums, an der sein Vater, der bedeutende Theologe Gottfried Schütze, als Professor wirkte. Nach einem Studium der Rechtswissenschaft in Leipzig und Kiel in den Jahren von 1780 bis 1783 privatisierte er während der folgenden zehn Jahre in Hamburg. 1793 wurde Schütze zum Kanzleisekretär und 1797 als Nachfolger des Dichters Heinrich Wilhelm von Gerstenberg zum Generaladministrator des Altonaer Lottos berufen. Neben seinem Beruf fand er Zeit, sich vielseitigen Interessen zu widmen. Er verfasste auf der Grundlage jahrelang gesammelter Materialien eine »Hamburgische Theater-Geschichte« (1794, Nachdruck 1975), die zu einem Standardwerk wurde. Schütze schrieb zudem zahlreiche Theaterkritiken, besonders über Aufführungen im Altonaer Nationaltheater, das unter der Direktion von Johann Friedrich Ernst Albrecht zwischen 1796 und 1800 eine kurze Blütezeit erlebte. Seine Erfahrungen ließ er in ein »Satyrisch-ästhetisches Hand- und Taschen-Wörterbuch für Schauspieler und Theaterfreunde beides Geschlechts«

Johann Friedrich Schütze

(1800) einfließen. Bedeutend ist des Weiteren sein Wörterbuch »Holsteinisches Idiotikon. Ein Beitrag zur Volkssittengeschichte« (4 Teile, 1800–06, Nachdruck 1976), an dem er mehrere Jahre arbeitete und das unter anderem auch plattdeutsche Redensarten und Sprichwörter enthält. Schütze schrieb zudem Romane, Reisebeschreibungen und zahlreiche Beiträge in bedeutenden Zeitschriften seiner Zeit. Er war Mitarbeiter des in Weimar erscheinenden »Journals des Luxus und der Moden« und übersetzte Schriften aus dem Französischen und Dänischen. Schütze, der ganz für seine publizistischen und wissenschaftlichen Interessen lebte, starb unverheiratet.

WERKE Schriftenverzeichnis in: LhS 7; Werner Otto (Hg.), Satirisch-ästhetisches Taschenwörterbuch von Johann Friedrich Schütze. Mit einem Nachwort und Anmerkungen des Herausgebers [Nachdruck der Ausgabe Hamburg 1800], Berlin 1984 (Cortina 4).

LITERATUR ADB 33; Kordes; Lübker/Schröder 2; LhS 7; Friedrich Rieck, Johann Friedrich Schütze und die Volkskunde: ein Beitrag zur Geschichte der niederdeutschen Volkskunde des ausgehenden 18. Jahrhunderts, o. O. 1934.

Hans-Werner Engels

SCHULDT, Abraham Philipp, geb. 9.4.1807 Hamburg, gest. 29.2.1892 ebd.; luth.; Stifter.

Viel Freude hatte der Kaufmann Joachim Michael Schuldt an seinem Sohn Abraham Philipp nicht. Der Sohn liebte gewagte Spekulationen; er verabscheute geregelte Arbeit und lebte seinen persönlichen Neigungen. Der Tod des Vaters am 16. März 1857 machte

Abraham Philipp Schuldt

ihn zum reichen Mann. Zwar durfte er laut Testament den ihm nun zugefallenen umfangreichen Grundbesitz, von einigen Ausnahmen abgesehen, nicht verkaufen oder hypothekarisch belasten, doch flossen ihm jetzt die Mieteinnahmen zu, und die vom Vater in zahlreichen Hypotheken angelegten Gelder brachten sichere Zinsen. Bereits ein Jahr nach dem Tod des Vaters kaufte Abraham Philipp Schuldt das herrschaftliche Anwesen des Kgl. Bayerischen Generalkonsuls Adolph Ritter von Hildebrandt an den Hohen Bleichen. Das 1852 von Auguste de Meuron erbaute Wohnhaus wurde von Martin Haller den Wünschen Schuldts entsprechend umgestaltet. Es bot im Winter den Rahmen für Diners und Abendgesellschaften, die an Luxus kaum zu überbieten waren, während im Sommer Schuldts Jagdgesellschaften in der Rahlstedter Feldmark für Aufsehen sorgten. Sein ganzer Lebenszuschnitt war fürstlich. Seine Bildergalerie zählte nach dem Hamburger Adressbuch zu den Sehenswürdigkeiten der Stadt.

Doch auf der anderen Seite hatte Schuldt auch ein Herz für die Mühseligen und Beladenen. Er war ein großzügiger Hauswirt, der nicht nur die Mieten nie erhöhte, sondern auch denen, die Not litten, unter die Arme griff – allerdings oft in einer Art, die nicht jedermanns Geschmack war. Die Mieten waren damals halbjährlich zu bezahlen, am 1. Mai und am 1. November. Und vor jedem Mietetermin strömten Scharen von Menschen nach den Hohen Bleichen, wo Schuldt auf der Rampe seines Hauses stand und Geldstücke in die Menge warf. Schutzleute mussten dafür sorgen, dass die Balgereien nicht in Mord und Totschlag ausarteten.

Schuldt blieb unverheiratet. Nach seinem Tode, so hatte er verfügt, sollte sein ganzes Vermögen liquide gemacht und zur Gründung einer nach ihm benannten Stiftung verwandt werden; ihr Zweck sollte die Errichtung kleiner Wohnungen für Minderbemittelte sein. Im März 1896 war Block I an den Hütten bezugsfertig, im November desselben Jahres Block II am Pilatuspool; im Sommer 1901 folgte Block III im Dreieck Zeughausstraße/Seewartenstraße/Neumayerstraße. Alle drei haben, wenn auch zum Teil schwer beschädigt, den Krieg überstanden; sie sind inzwischen im Innern modernisiert, haben aber die äußere Fassade behalten. Seit 1973 gibt es einen Block IV in der Poolstraße, und heute ist die Stiftung weiter auf Expansionskurs. Die Verwaltung befindet sich seit eh und je im Hause Hütten 8, über dessen Eingang das von dem Bildhauer Walther Zehle geschaffene Standbild des Stifters steht. Den Sitzungssaal schmückt ein Gemälde von Otto Speckter, das Schuldts Reitpferd, gehalten von einem Stallknecht, und seine Lieblingshunde vor dem Haus an den Hohen Bleichen zeigt; dazu gibt es drei Porträts von Schuldt, eines von Carl Gottfried Eybe, eines von dem Dänen Vilhelm Gertner und eines von einem unbekannten Meister. Schuldts Wohnhaus an den Hohen Bleichen erwarb nach einigem Hin und Her der Hamburger Staat; 1970 wurde es abgerissen, um Platz für das neue und inzwischen auch schon wieder abgerissene Staatsarchiv zu schaffen; zuletzt hatte eine Polizeiwache dort ihr Domizil gehabt. Schuldts Grabmal, eine von Engelbert Peiffer angefertigte, sich verjüngende Stele mit großem, flachem Dreiecksgiebel auf gestuftem Postament, zeigt sein Porträtmedaillon. Das Grabmal stand zunächst auf dem Jacobi-Kirchhof; nach dessen Auflösung wurde es ausgelagert, bis es im November 1955 auf dem Ohlsdorfer Friedhof seinen heutigen Platz fand.

LITERATUR Renate Hauschild-Thiessen, 100 Jahre Abraham-Philipp-Schuldt-Stiftung, Hamburg 1996.

Renate Hauschild-Thiessen

SCHULZE, Fritz (*Fiete*) Karl Franz, geb. 22.10. 1894 Schiffbek (bei Hamburg), gest. 6.6.1935 Hamburg (hingerichtet); Schlosser, Hafenarbeiter, Widerstandskämpfer.

Fiete Schulze

Knapp zwei Monate vor seiner Hinrichtung schrieb Fiete Schulze seiner Schwester: »Es kann und darf nicht Eure Aufgabe sein, mein Sterben zu bejammern, denn nur dann – wenn Ihr es bejammert – ist es nutzlos und verfehlt.« Zwei Jahre hatte die NS-Justiz vergeblich versucht, Schulze die Beteiligung an einem Überfall mit Todesfolge auf zwei SA-Lokale anzulasten, ehe sie ihn mit dem Handbeil hinrichten ließ. Erst 1981 rehabilitierte das Hanseatische Oberlandesgericht den früheren KPD-Politiker und hob das Todesurteil auf.

Schulze wuchs mit seinen vier Geschwistern in Schiffbek (heute Hamburg-Billstedt) auf. Nach der Schule absolvierte er eine Schlosserlehre und arbeitete als Nieter bei verschiedenen Hamburger Werften. Mit 19 Jahren trat der von seinen Freunden nur »Fiete« genannte Sohn eines Arbeiters in die SPD ein. 1915 heiratete er die Arbeiterin Johanna Schröder und wurde noch im gleichen Jahr zur Infanterie eingezogen. Mit einer schweren Verwundung kehrte er aus dem Ersten Weltkrieg zurück. Die Ereignisse des Krieges und der Novemberrevolution veranlassten Fiete Schulze, 1919 zunächst in das politische Lager der USPD zu wechseln und ein Jahr später in die KPD einzutreten. Vor dem Hintergrund der wirtschaftlichen und politischen Krise des Jahres 1923 versuchte die KPD mit dem »Hamburger Aufstand« (23.–25. Oktober) gewaltsam die politische Macht zu übernehmen. Nach der Niederschlagung der Revolte musste Fiete Schulze als Hauptverantwortlicher und Mitorganisator das Land verlassen. Er ging zunächst nach Chile und emigrierte dann 1926 in die Sowjetunion, wo er insgesamt sechseinhalb Jahre politisches Asyl fand.

Obwohl die politische Polizei immer noch nach ihm fahndete, entschloss Schulze sich 1932 zur Rückkehr nach Hamburg. In der Illegalität organisierte er an der Seite Franz Jacobs den Kampf gegen den Nationalsozialismus. Am 16. April 1933 verhaftete ihn ein Suchkommando der Hamburger Polizei. Das Hanseatische Oberlandesgericht verurteilte den KPD-Funktionär am 18. März 1935 dreimal zum Tode und zu 260 Jahren Zuchthaus.

Unerschrockenheit, Selbstlosigkeit und Intelligenz liest man aus den letzten Briefen des Arbeiterführers Fiete Schulze an seine Familienangehörigen. Seine Ideale und die Idee des Kommunismus dominierten seine Gedanken bis zuletzt. Er stufte sie höher ein als sein persönliches Schicksal und verdrängte Trauer und egoistische Motive.

Der Tod Fiete Schulzes beschäftigte in der Nachkriegszeit nicht nur die Justiz, die eine Aufhebung des Todesurteils zunächst mehrere Male ablehnte. Nachdem am 20. Juli 1969 der Bundespräsident Gustav W. Heinemann den Brief Schulzes an seine Schwester im Rahmen einer Gedenkrede in Berlin-Plötzensee zitiert hatte, veröffentlichte die rechtsgerichtete »Deutsche National-Zeitung« einen Artikel mit der Überschrift »Heinemanns verbrecherische Vorbilder«, in dem behauptet wurde, der Bundespräsident habe ein Loblied auf »einen rechtskräftig verurteilten Mörder und Killer« gesungen. Der von der Tochter Schulzes angestrengte Prozess gegen Gerhard Frey als Herausgeber der Zeitung endete 1971 mit einem bizzaren Richterspruch: Der »National-Zeitung« wurde untersagt, Schulze als Killer zu bezeichnen; Mörder durfte sie ihn aber weiterhin nennen.

WERKE Institut für Marxismus-Leninismus beim ZK der SED (Hg.), Fiete Schulze. Briefe und Aufzeichnungen aus dem Gestapo-Gefängnis in Hamburg. Mit einer einleitenden Skizze von Erich Weinert, Berlin 1959.

LITERATUR Institut für Marxismus-Leninismus beim ZK der SED (Hg.), Deutsche Widerstandskämpfer 1933–1945. Biographien und Briefe, Bd. 2, Berlin 1970, S. 214–218; Fiete Schulze oder das dritte Urteil, bearb. von Ursel Hochmuth, Hamburg 1971 (Vereinigung der Antifaschisten und Verfolgten des Nazi-Regimes, Landesverband

Hamburg. Dokumentation, Bd. 3); Gertrud Meyer, Nacht über Hamburg. Berichte und Dokumente 1933–1945, Frankfurt a. M. 1971, S. 38–45; Ernst Thälmann und Kampfgefährten – eine Hamburger Ausstellung in Bild und Text, hg. vom Kuratorium »Gedenkstätte Ernst Thälmann« e. V., Hamburg 2000.

Andreas Seeger

SCHUSTER, *Margarete* Adele Caroline Elisabeth, geb. 21. 5. 1899 Oldenburg (Großherzogtum Oldenburg), gest. 9. 2. 1978 Hamburg; luth.; Gemeindehelferin und Pastorin i. R.

Margarete Schuster war eine der ersten Theologinnen der Evangelisch-lutherischen Kirche im hamburgischen Staate, konnte aber 20 Jahre lang nur in der deutlich geringer bezahlten und angesehenen Position einer Gemeindehelferin an der Hauptkirche St. Michaelis wirken.

Die Tochter eines früh verstorbenen Gymnasialprofessors studierte unter schwierigen finanziellen Bedingungen Theologie, legte 1925 in Erlangen und 1930 in Hamburg die theologischen Examina ab. Seit 1926 arbeitete sie als Gemeindehelferin an der Michaeliskirche. Zuständig war Margarete Schuster für die Jugendarbeit, den Kindergottesdienst, die Frauenhilfe und die Seelsorge für kirchenferne Gruppen, also Ausgetretene, kirchlich nicht getraute Paare und Familien, die ihre Kinder nicht taufen ließen. Vereinzelt übernahm sie auch den Konfirmandenunterricht und hielt die Gemeindebibelstunde. Neben dieser regen Tätigkeit vermittelte Margarete Schuster Besucher zur Betreuung von Familien und Alleinstehenden sowie Familien für Pflegekinder. Sie erledigte Behördengänge und kümmerte sich in der weiblichen Jugendarbeit um die drei »Jungmädchenvereine« der Gemeinde. 1928 unterrichtete sie zusätzlich das Fach Religion in der ersten und zweiten Klasse der Wetkenschen Schule. Erst 1947 wurde sie zur Pfarramtshelferin ernannt, da vorher keine entsprechende Planstelle zur Verfügung stand. Einen freien Tag in der Woche genehmigte der Kirchenvorstand nicht. Mit Wirkung zum 1. Juli 1950 ließ Margarete Schuster sich aus gesundheitlichen Gründen in den Ruhestand versetzen, doch auch nach der Pensionierung blieb die Michaeliskirche weiterhin ihr Lebensmittelpunkt. 1969 erhielt sie die Amtsbezeichnung »Pastorin i. R.«, machte von den damit verbundenen Rechten aber keinen Gebrauch mehr.

Margarete Schuster

WERKE Schriftenverzeichnis in: BBKL 9.

LITERATUR BBKL 9; Rainer Hering, Frauen auf der Kanzel? Die Auseinandersetzung um Frauenordination und Gleichberechtigung der Theologinnen in der Hamburger Landeskirche, in: ZHG 79 (1993), S. 163–209; ders., Die Theologinnen. Sophie Kunert, Margarete Braun, Margarete Schuster, Hamburg 1997 (HLb 12), S. 99–125.

Rainer Hering

SEELER, Erwin (*»Old Erwin«*, *»Vadder«*), geb. 29. 4. 1910 Hamburg, gest. 11. 7. 1997 ebd.; Fußballspieler.

Erwin Seeler steht für ein ganz besonderes Kapitel Hamburger und deutscher Fußballgeschichte: den Konflikt zwischen bürgerlichem Sport und Arbeitersport. Aufgewachsen im hafennahen Arbeiterviertel Rothenburgsort, begann der Sohn eines sozialdemokratischen Gastwirts seine Laufbahn 1919 im Arbeitersportverein Freie Turnerschaft FT Hammerbrook-Rothenburgsort, ehe er 1927 als Ligaspieler auf der Mittelstürmerposition zum großen Verein des Viertels, SC Lorbeer 06, wechselte. Dieser Verein war im Arbeiter-, Turn- und Sportbund (ATSB) organisiert, der seine Fußballmeisterschaften unabhängig vom bürgerlichen DFB austrug. Die Mitgliedschaft in dem sozialdemokratisch organisierten Sportverband, der bis zu seinem Verbot durch die Nationalsozialisten 1933 in Hamburg eine Hochburg besaß, war gleichbedeutend mit der Übernahme seiner sportideologischen Prinzipien. Seit seiner Gründung 1893 standen im ATSB der Breitensport und die Förderung des Klassenkampfes im Vorder-

Erwin Seeler

grund. Man glaubte, durch die Art und Weise, wie der Arbeitersport betrieben wurde, den Gemeinschaftssinn und die Körperertüchtigung der Arbeiterklasse zu fördern und den Nationalismus sowie den individualistischen Geist, die man als Bestandteile des bürgerlichen Sports betrachtete, zu bekämpfen. So wurde zum Beispiel in der Fußballberichterstattung der »Arbeiter-, Turn- und Sportzeitung« eine ideologisch begründete Ausblendung des einzelnen Sportlers betrieben, um keine individualistischen Helden zu kreieren. Erwin Seeler war einer der populären Arbeitersportler, deren Leistungen in der Arbeiterpresse kaum hervorgehoben wurden. Er gewann mit dem SC Lorbeer 06 1929 und 1931 zweimal die Deutsche Fußballmeisterschaft des ATSB auf dem Victoria-Platz an der Hoheluft, gehörte der Bundesauswahl des ATSB und der »Nationalmannschaft« der Arbeitersportler an und erzielte bei der Arbeiter-Olympiade 1931 in Wien vor 60 000 Zuschauern sieben Tore beim 9:0 gegen Ungarn.

Ein Jahr später fanden Seeler und sein Mannschaftskamerad Alwin Springer doch einmal große Beachtung in einer SPD-Zeitung: Das »Hamburger Echo« kommentierte im Februar 1932 den als Verrat an der Arbeiterklasse empfundenen Wechsel der beiden Fußballspieler zum bürgerlichen SC Victoria unter der Überschrift »Verirrte Proletarier!« mit den Worten: »Als Paradepferde für die Klasse der bürgerlichen Bewegung herhalten zu müssen, dafür müssen sich Proletarier zu schade fühlen«. Seeler, der während seiner gesamten Fußballkarriere und danach bis 1973 im Hamburger Hafen als Ewerführer, Stauer oder Lagervorarbeiter beschäftigt war, rühmte zwar den besonderen Mannschaftsgeist beim SC Lorbeer 06, wehrte sich jedoch gegen die massive politische Vereinnahmung der Fußballvereine durch die Arbeiterverbände. 1938 wechselte er im bürgerlichen Lager von Victoria zum HSV, wo er nach einem Wadenbeinbruch 1949 seine fußballerische Laufbahn beendete. Viele Hamburger Fußballfans behaupten noch heute scherzhaft, dass »Old Erwin« seinen besten Treffer außerhalb des Fußballplatzes mit seinem Sohn Uwe erzielt habe, der unbestritten zu den größten und beliebtesten deutschen Fußballspielern aller Zeiten gehört.

LITERATUR Die Chronik: Hundert Jahre HSV 1887–1987, Hamburg 1987; Hans Joachim Teichler/Gerhard Hauk (Hg.), Illustrierte Geschichte des Arbeitersports, Berlin/Bonn 1987; Hardy Grüne, Vom Kronprinzen bis zur Bundesliga. 1890 bis 1963, Kassel 1996. *Tim Cassel*

SEMPER, Gottfried, geb. 29.11.1803 Hamburg, gest. 15.5.1879 Rom; ref.; Architekt, Architekturtheoretiker.

Für das Verständnis von bürgerlicher Baukultur in der zweiten Hälfte des 19. Jahrhunderts kommt Gottfried Semper eine Schlüsselrolle zu. Sowohl die von ihm geschaffenen Bauten als auch seine theoretischen Beiträge markieren eine neue Stufe in der historistischen Architekturauffassung.

Semper, Sohn eines Altonaer Wollfabrikanten, besuchte das renommierte Johanneum in Hamburg. Um seinen anfänglich militärwissenschaftlichen Interessen eine Grundlage zu geben, begann er 1823 in Göttingen Mathematik zu studieren, entschied sich aber dann für ein Studium der Architektur. 1826, nach einem kurzen Zwischenspiel in München, nahm er seine Studien in der Pariser Privatschule Franz Christian Gaus auf. Prägend wurden für ihn Gaus neue Ansätze zur Architekturgeschichte und die aktuellen Erkenntnisse über die farbige Fassung antiker Bauten. Während einer mehrjährigen Studienreise durch Italien und Griechenland (1830–34) sammelte Semper weitere Indizien, die diese Farbigkeit belegen konnten. 1834 nach Altona zurückgekehrt, gelang es ihm, die von Gaus Kollegen Jakob Ignaz Hittorff aufgeworfenen Thesen auszuweiten und mit seiner ersten Publikation »Vorläufige Bemerkungen über bemalte Architektur und Plastik bei den Alten« die hitzig geführte Debatte über das tatsächliche Ausmaß antiker Polychromie voranzutreiben.

Noch im gleichen Jahr wurde er auf Empfehlung Gaus als Architekturprofessor nach Dresden vermittelt. Zwar bildete die Reformierung des akademischen Lehrbetriebs den Schwerpunkt seiner Anstellung; Semper gelang es aber auch mit einer Reihe von Bauten, seinen Namen über Dresden hinaus zu etablieren. Seine Ideen zu einem neuen Renaissancestil, die er aus Frankreich mitgebracht hatte, verwirklichte er in hervorragender Weise mit dem Hoftheater und der Gemäldegalerie in Dresden.

Seine Verbindungen zu Hamburg blieben bestehen. Im Jahr vor der Berufung nach Dresden hatte er für den Altonaer Kaufmann Conrad Hinrich Donner mit dem Bau eines Pavillons begonnen, der zugleich als Orangerie und Skulpturensammlung dienen sollte. Wenige Jahre später folgte ein Entwurf für die Hamburger Börse. Nach dem Großen Brand im Mai 1842 wurde Semper gebeten, sich an der Neugestaltung der Hamburger Innenstadt zu beteiligen. Er fertigte einen Wiederaufbauplan für das zerstörte Gebiet zwischen Binnenalster und Elbe an, der eine Lösung für die noch offenen ästhetischen Probleme der vorausgegangenen Entwürfe des Ingenieurs William Lindley bot. Der Plan wurde zwar zur Kenntnis genommen, eine weitere Beteiligung des Architekten aber abgelehnt. Fritz Schumacher sah rückblickend von Sempers Idee einer Verknüpfung der Börse mit dem Rathaus sowie des Marktplatzes mit der Alster einen entscheidenden Impuls ausgehen, der von den Plänen der Nachfolger aufgenommen und schließlich auch verwirklicht wurde. Sempers Bemühungen um den Neubau der Nikolaikirche blieben trotz großer Anstrengungen und des Zuspruchs des Sachverständigenrats erfolglos. Ausgeführt wurden in Hamburg eine Apotheke in der Großen Bäckerstraße, die Semper für seinen Bruder entworfen hatte, und ein Wohnhaus in Altona, das für seine Mutter neben dem elterlichen Geschäftshaus errichtet wurde. Keiner der Bauten hat sich bis heute erhalten.

Der wichtigste biografische Einschnitt verbindet sich mit dem Revolutionsjahr 1849. Nach der Niederschlagung des Dresdener Maiaufstandes musste Semper untertauchen, da die unter seiner Anleitung errichtete Barrikade der Aufständischen den königlichen Truppen besonders lange widerstanden hatte. Seine Flucht nach Paris mündete schließlich in

Gottfried Semper

ein langjähriges Exil. 1850 ging er nach London, beteiligte sich an der Ausgestaltung der Weltausstellung und arbeitete danach als Dozent an einer Kunstschule, dem Department of Practical Art. Während dieser Zeit formulierte er erstmalig seine Vorstellungen zur »Bekleidung« in der Baukunst, deren Grundlage eine neue Theorie über die textilen Ursprünge der Gebäudewand bildete. Nach fünf Jahren Aufenthalt in England siedelte Semper durch Vermittlung seines Freundes Richard Wagner in die Schweiz über, um eine Professur am neu gegründeten Züricher Polytechnikum anzutreten.

Als der Hamburger Kunstverein 1862 einen Wettbewerb für die Errichtung einer Kunsthalle ausschrieb, ergab sich für Semper noch einmal die Möglichkeit, in Hamburg als Architekt aufzutreten. Nachdem er für die Bauaufgabe bereits eine Reihe von Zeichnungen begonnen hatte, wurde er um Mitwirkung in der Jury gebeten.

Seine letzte Wirkungsstätte wurde Wien, wo er 1871 das Angebot zur Mitgestaltung des Wiener Forums erhielt. Aus dieser Arbeit gingen die Bauten des Kunstmuseums und des Burgtheaters hervor, die aber erst nach Sempers Tod fertig gestellt wurden.

Die Wirkung Gottfried Sempers ist vielfältig. Sein wechselvoller Lebenslauf ließ ihn, anders als zeitgenössische Kollegen, deren Lebenswerke meist regional beschränkt blieben, zu einer europaweit tätigen Figur werden. Er gab wichtige Impulse für einen Historismus in der Architektur, der die Fixierung auf entweder griechisch-antike oder mittelalterlich-gotische Vorbilder überwand. Seine »Stoffwechseltheorie« untersucht die Einflussnahme von Material und Verarbeitungstechnik auf den Stil und die symbolische Ausdrucksfähigkeit in der Architektur.

In Hamburg erinnern die Semperstraße (1907) und der Semperplatz (1928) in Winterhude sowie das Semperhaus in der Spitalerstraße (1905–06) an den Architekten. Die Rathausdiele schmückt ein Reliefporträt Sempers.

WERKE Die vier Elemente der Baukunst. Ein Beitrag zur vergleichenden Baukunde, Braunschweig 1851; Der Stil in den technischen und tektonischen Künsten oder praktische Ästhetik. Ein Handbuch für Techniker, Künstler und Kunstfreunde, 2 Bde., Frankfurt a. M. 1860–63.

LITERATUR ADB 33; DBE 9; Wolfgang Herrmann, Gottfried Semper. In search of architecture, Cambridge/London 1984; Bernd Franck, Die Nikolaikirche nach dem Hamburger großen Brand: Gottfried Semper und die Entwurfsgeschichte für den Hopfenmarkt mit dem Kirchenbau 1842–1845, Hamburg 1989 (Arbeiten zur Kirchengeschichte Hamburgs 17); Heidrun Laudel, Gottfried Semper. Architektur und Stil, Dresden 1991 (Fundus-Bücher 126); Harry Francis Mallgrave, Gottfried Semper. Architect of the Nineteenth Century, New Haven 1996. *Wolfgang Sarges*

SENGELMANN, *Heinrich* Matthias,

geb. 25.5.1821 Hamburg, gest. 3.2.1899 ebd.; luth.; Pastor, Gründer und Direktor der Alsterdorfer Anstalten, Gründer und Präsident der »Conferenz für Idioten-Heil-Pflege«.

Heinrich Sengelmann

Heinrich Sengelmann lebte und wirkte in einer Zeit gesellschaftlicher und kirchlicher Umbrüche: der Revolution von 1848, der Industriellen Revolution, der beginnenden Demokratisierung und der Trennung von Kirche und Staat. Aus einer eigenständigen, pietistisch geprägten Glaubensüberzeugung und einer vom liberalen Konservatismus bestimmten politischen Grundhaltung heraus hat er sich als Kirchenreformer und überregional wirksamer Gründer der ersten norddeutschen Behinderteneinrichtung für die Interessen behinderter Menschen eingesetzt.

Nach seiner Schulzeit (1825–40), die er am Johanneum als »primus omnium« abschloss, studierte Sengelmann ab 1840 in Leipzig und Halle zunächst Orientalistik, dann Theologie und beendete seine Studienzeit 1843 mit der Promotion zum Doktor der Philosophie und dem theologischen Examen. Während der üblichen Wartezeit bis zur Anstellung als Pastor unterrichtete er vor allem in der von Johann Wilhelm Rautenberg in St. Georg gegründeten Sonntagsschule, die von Kindern aus sozial benachteiligten Familien besucht wurde. 1850 übernahm Sengelmann seine erste Pfarrstelle an St. Nicolai in der ländlichen Hamburger Vorortgemeinde Moorfleth, wo er er sich als Seelsorger, Schulvisitator und Gründer der Christlichen Arbeitsschule (1850), einer Bildungs- und Ausbildungseinrichtung für sozial benachteiligte Kinder, verdient machte.

1853 wechselte Sengelmann als Pastor an die St. Michaeliskirche in der Hamburger Neustadt und war in diesem damaligen sozialen Brennpunkt mit der Not vieler Familien direkt konfrontiert. Zugleich kümmerte er sich um die weitere Entwicklung der Christlichen Arbeitsschule; die 1853 in die Stiftung St. Nicolai-Stift umgewandelte Einrichtung wurde 1860 nach Alsterdorf verlegt und bildete hier die Keimzelle der Alsterdorfer Anstalten. Der inhaltlichen Unglaubwürdigkeit und organisatorischen Schwäche der Kirche setzte Sengelmann seine aus lutherischer Tradition begründeten, fundierten Reformvorstellungen in einer kontrovers aufgenommenen Vortragsreihe entgegen, die 1862 veröffentlicht wurde. Anlässlich einer Haustaufe bei einer kinderreichen armen Familie im Gängeviertel begegnete er dem behinderten und verwahrlosten Carl Koops, für den er 1863 in Alsterdorf eine neue Abteilung zur Betreuung »schwach- und blödsinniger Kinder« eröffnete, die später den Schwerpunkt seiner Arbeit in den Alsterdorfer Anstalten bilden sollte.

1867 gab Sengelmann sein Pfarramt an St. Michaelis aus Enttäuschung über die kirchlichen Missstände auf. Er widmete sich fortan ausschließlich seiner Aufgabe als Direktor der beständig expandierenden Alsterdorfer Anstalten und lebte vom ererbten Vermögen. Die Behinderteneinrichtung umfasste an seinem Lebensende 38 Haupt- und Nebengebäude, in denen 604 hilfsbedürftige Menschen von 140 Angestellten betreut wurden.

Das Konzept von Sengelmanns Arbeit mit Behinderten war von seinem theologischen, pietistisch beeinflussten Menschenbild geprägt: Die »Liebe Christi« sollte Leitmotiv aller Arbeit sein. Aus ihr leitete Sengelmann die Gleichwertigkeit aller Menschen und die Verpflichtung zur Solidarität mit den Schwachen, insbesondere den damals von Kirche und Gesellschaft vernachlässigten Behinderten, ab. Nach dem Vorbild der Zinzendorf'schen »Brüdergemeinde« organisierte er die Alsterdorfer Anstalten in Form einer »Kolonie«: In den einzelnen Häusern lebten Behinderte und Betreuer unter der Verantwortung von »Hauseltern« im Familienverbund zusammen. Neben der Pflege und medizinischen Betreuung standen die religiöse Erziehung, die Vermittlung von Kulturtechniken und Allgemeinbildung, die handwerkliche und landwirtschaftliche Ausbildung und die Arbeit der Behinderten im Vordergrund der Bemühungen. Soweit die damaligen sozialen Verhältnisse es zuließen, wurden Behinderte auf Sengelmanns Initiative in die Gesellschaft, vor allem in Familien von selbstständigen Handwerkern, integriert. Um dem hohen Anspruch an Bildung und Ausbildung zu entsprechen, betrieb Sengelmann von 1870 bis 1889 eine Präparanden-Anstalt, ein (sozialpädagogisches) Ausbildungsinstitut für die Angestellten.

1874 gehörte Sengelmann zu den Mitbegründern der »Conferenz für Idioten-Heil-Pflege«, der er bis zu seinem Tod als Präsident bzw. Ehrenpräsident vorstand. Ziel dieser »Wander«-Konferenzen war der Zusammenschluss und fachliche Austausch aller in der Behindertenarbeit tätigen Funktionsträger und Fachleute. Die damals noch unübliche überkonfessionelle und interdisziplinäre Zusammenarbeit ermöglichte die Behandlung eines breiten Spektrums von Fachthemen gesellschaftlicher, medizinischer, pädagogischer, arbeitspädagogischer und organisatorischer Art. Die »Conferenzen« trugen wesentlich zur Entwicklung des Sonderschulwesens in Deutschland bei. In seinem wissenschaftlichen Hauptwerk »Idiotophilus« fasste Sengelmann 1885 den Stand der damaligen medizinischen und pädagogischen Diskussion zur Arbeit mit behinderten Menschen zusammen. Im Rahmen seiner Präsidentschaft unternahm er zahlreiche Informations- und Vortragsreisen in Deutschland, Europa und nach Übersee. 1874/75 war er als erster Pastor Mitglied der Hamburgischen Bürgerschaft.

Zu seinem 50. Ordinationsjubiläum 1896 verlieh ihm die Universität Halle die theologische Ehrendoktorwürde; der Hamburger Senat würdigte ihn durch eine Ehrengabe. In seinem Todesjahr erhielt die an seiner Einrichtung verlaufende Straße den Namen Sengelmannstraße. Sengelmanns Arbeit mit Behinderten hat in ihrer konzeptionellen Prägung bis auf den heutigen Tag eine nachwirkende Bedeutung.

WERKE Die Gegenwart der evangelisch-lutherischen Kirche Hamburgs, dargestellt, aus ihrer Vergangenheit erklärt, und nach ihren Forderungen für die Zukunft gedeutet, Hamburg 1862; Idiotophilus – Systematisches Lehrbuch der Idioten-Heilpflege – 3 Bände: Band I: Systematisches Lehrbuch der Idioten-Heilpflege, Band II: Aphorismen, Band III: Bilder aus dem Leben der Idioten und Idioten-Anstalten, Norden 1885 [Nachdruck von Bd. I: Heinrich Matthias Sengelmann – Sorgen für geistig Behinderte. Eine originalgetreue Wiedergabe seines Hauptwerkes »Idiotophilus« aus dem Jahr 1885, vorgelegt von Hans-Georg Schmidt, Hamburg 1975 (Arbeiten zur Kirchengeschichte Hamburgs 14)]; Die Arbeit an den Schwach- und Blödsinnigen, Gotha 1891 (Zimmers Handbibliothek der praktischen Theologie XI-XIV, Abt. 29).

LITERATUR Georg Behrmann, Pastor Heinrich Matthias Sengelmann, Dr. – Eine biographische Skizze, Hamburg 1896; Gerhard Mittelstädt, Erziehung, Therapie und Glaube am Beispiel der heilpädagogischen Bewegung im Blick auf Sengelmann. Anthropologische Motive in der Praxis, Hamburg 1965; Bodo Schümann, Heinrich Matthias Sengelmann als Stifter und Anstifter der Behindertenarbeit, Münster/Hamburg/London 2001 (Hamburger theologische Studien 22).

Bodo Schümann

SIEMSEN, Anna (Ps. *Friedrich Mark*), geb. 18.1.1882 Mark/Westfalen, gest. 22.1.1951 Hamburg; Literaturwissenschaftlerin, Pädagogin, Hochschullehrerin, Bildungspolitikerin, Sozialistin.

Anna Siemsen lebte nach ihrem Schweizer Exil von 1946 bis 1951 in der Hansestadt. Die verwaltungsbürokratischen und finanzpolitischen Verhältnisse im

Anna Siemsen

Hamburg der Nachkriegszeit behinderten allerdings ihre wissenschaftliche Reintegration.

Nach dem Abitur als Externe (1905) studierte Anna Siemsen Altphilologie in München, Münster und Bonn. Im Anschluss an ihre Promotion in Literaturwissenschaft (1909) und eine Tätigkeit als Lehrerin an verschiedenen höheren Mädchenschulen (1910–19) wechselte sie mit wachsendem politischem Interesse in den Bereich der Schulverwaltung: zunächst als Mitarbeiterin im Volksministerium in Berlin (1919/20), dann als Beigeordnete für das Fach- und Berufsschulwesen in Düsseldorf (1920/21) und schließlich als Oberschulrätin für das Fach- und Berufsschulwesen in Berlin (1921–23). Unter dem Eindruck des Ersten Weltkriegs hatte sich Anna Siemsen 1919 der USPD angeschlossen. 1921 wechselte sie zur SPD und gehörte als Vertreterin des linken Parteiflügels von 1928 bis 1930 dem Reichstag an. Anfang der dreißiger Jahre trat sie unter anderem aus Protest gegen die Zustimmung der SPD zu den Notverordnungen zur SAP (Sozialistische Arbeiterpartei) über.

1923 war Anna Siemsen (zusammen mit Olga Essig) einem Ruf der sozialistischen Regierung Thüringens gefolgt und hatte dort eine Stelle als Schulrätin in Verbindung mit einer Honorarprofessur an der Universität Jena angenommen. Ihr vielfältiges schulpolitisches und sozialistisches Engagement zielte auf eine grundlegende Reform des Bildungswesens ab. Im Bund Entschiedener Schulreformer verfolgte sie zu Beginn der zwanziger Jahre die Idee, durch Integration von Berufsbildung und Allgemeinbildung ein Modell für eine neue Einheitsschule auf der Basis des Arbeitsschulgedankens zu entwickeln. In ihrem wohl bedeutendsten Werk »Beruf und Erziehung« legte sie 1926 die theoretischen Grundlagen für ein neues Verständnis von Erziehung dar, das auf dem Vermittlungszusammenhang von Erziehung und Gesellschaft auf der Grundlage des Berufs aufbaute. Mit dem Scheitern der sozialistischen Regierung in Thüringen musste Anna Siemsen ihr Amt aufgeben; 1932 wurde ihr vom nationalsozialistischen thüringischen Innenminister Wilhelm Frick auch die Professur entzogen. Um dem nationalsozialistischen Terror zu entgehen, war sie gezwungen, am 15. März 1933 in die Schweiz zu emigrieren.

Auf Initiative des Hamburger Schulsenators Heinrich Landahl wurde Anna Siemsen nach Kriegsende zunächst eine etatmäßige Stelle als Oberstudiendirektorin unter Anrechnung der Dienstjahre mit gleichzeitiger Übertragung eines Lehrauftrags für Neuere Literatur an der Universität angeboten; zu einer Realisierung kam es jedoch nicht. Zuerst wurde die Neuschaffung einer Planstelle abgelehnt, dann standen Kostengründe aufgrund ihres Alters einer Ernennung im Wege. Siemsen, die sich schon im Exil auf eine Mitarbeit in der universitären Lehrerausbildung vorbereitet hatte, leitete ab dem 1. Januar 1947 den »Notausbildungslehrgang« für zukünftige Lehrkräfte in Hamburg, der aus finanziellen Gründen jedoch schon im Januar 1948 wieder eingestellt wurde. Ihr Wunsch, am Aufbau eines demokratischen Schulwesens mitzuwirken, ging nicht in Erfüllung.

In Hamburg trägt die 1947 gegründete Staatliche Gewerbeschule Bekleidung Anna Siemsens Namen; außerdem erinnert seit 1984 in Bergedorf (Nettelnburg) der Anna-Siemsen-Gang an die engagierte Wissenschaftlerin und Politikerin.

WERKE Literarische Streifzüge durch die Entwicklung der europäischen Gesellschaft, Jena 1925 [3. Aufl. Frankfurt a.M. 1948]; Beruf und Erziehung, Berlin 1926 (Schriftenreihe Neue Menschen); Die gesellschaftlichen Grundlagen der Erziehung, Hamburg 1948 (Menschheitserziehung 1); Ralf Schmölders, Personalbibliographie Anna Siemsen (1882–1951), hg. vom Archiv der Arbeiterjugendbewegung, Oer-Erkenschwick 1992 (Archiv der Arbeiterjugendbewegung, Archivhilfe 5).

LITERATUR Asendorf/von Bockel; August Siemsen, Anna Siemsen. Leben und Werk, Hamburg 1951; Ralf Schmölders, Anna Siemsen – sozialistische Pädagogin in der Weimarer Republik, in: Ilse Brehmer (Hg.), Mütterlichkeit als Profession? Lebensläufe deutscher Pädagoginnen in der ersten Hälfte dieses Jahrhunderts, Bd. 1, Pfaffenweiler 1990 (Frauen in Geschichte und Gesellschaft 4/1), S. 110–124; Inge Hansen-Schaberg, Rückkehr und Neuanfang. Die Wirkungsmöglichkeiten der Pädagoginnen Olga Essig, Katharina Petersen, Anna Siemsen und Minna Specht im westlichen Deutschland der Nachkriegszeit, in: Historische Kommission der Deutschen Gesellschaft für Erziehungswissenschaft (Hg.), Jahrbuch für Historische Bildungsforschung, Bd. 1, Weinheim/München 1993, S. 319–338; Christa Kersting, Erziehungswissenschaft in Hamburg nach 1945. Zum Umgang der Disziplin mit Emigranten, in: Zeitschrift für Pädagogik 40 (1994), S. 745–764. *Christine Mayer*

SIEVEKING, *Amalie* Wilhelmine, geb. 25.7.1794 Hamburg, gest. 1.4.1859 ebd.; luth.; Pädagogin, religiöse Schriftstellerin, Stifterin weiblicher Diakonie.

Amalie Sieveking

Aus angesehener Familie stammend, verlebte die früh verwaiste Amalie eine von Trennungsschmerz und finanzieller Enge beschattete Jugend. In Pension bei einer Schwägerin Klopstocks trug sie durch Handarbeiten zu ihrem Unterhalt bei, kam dann als Gesellschafterin zu einer weitläufig Verwandten. Ihr Tagebuch zeugt von kritischer Selbstkontrolle, religiösen Zweifeln und Sehnsucht nach Heilsgewissheit. Eine befriedigende Aufgabe fand sie durch das Unterrichten einiger Kinder, woraus eine kleine Schule entstand. Bis an ihr Lebensende führte Amalie Sieveking Schulkurse und Gespräche mit schulentlassenen konfirmierten Mädchen durch. Erzieherisches Wirken verstand sie auch bei den späteren karitativen Tätigkeiten als ihren eigentlichen Beruf. Für ihre religiösen und pädagogischen Fragen fand sie Verständnis bei ihrem Bruder Gustav, der Theologie studierte. Sein früher Tod bewirkte eine Wende ihres inneren Lebens. Gustavs Freund Johann Wilhelm Rautenberg brachte ihr die subjektiven Glaubensformen der so genannten Erweckten nahe. In deren Gemeinschaft fand die verstandesbestimmte Amalie Sieveking ihre Eigenart als »rationalistische Mystikerin«.

Einerseits hoffte sie, es sei ihr der »gewöhnliche« Weg bestimmt, Ehefrau und Mutter zu werden, andererseits schwebte ihr die Gründung eines barmherzigen Schwesternordens für ledige Frauen vor, für den sie Statuten entwarf. Er sollte nicht hinter Klostermauern, sondern mitten im Leben wirken. Für die Verwirklichung dieser Idee glaubte sie sich jedoch noch nicht reif und wartete jahrelang auf die innere Berufung. 1831 brach in Hamburgs Armenvierteln die Cholera aus. Amalie Sievekings »Aufruf an christliche Seelen« im »Bergedorfer Boten«, gemeinsam mit ihr die Kranken zu pflegen, blieb ohne Echo. Allein und gegen den Willen ihrer Verwandten trat sie den Krankendienst im Seuchenhospital an. Ihr Umgang mit den Kranken und ihre Organisation des Pflegedienstes fanden die Anerkennung der Ärzte, ebenso ihr Entwurf eines Armen- und Krankenvereins. In diesem verbanden sich die beiden Ziele, notdürftigen Armen im Krankheitsfall zu helfen und Frauen aus dem Hamburger Bürgertum, vor allem Unverheirateten, eine sinnvolle Aufgabe zu geben. Nach dem Abflauen der Cholera gründete Amalie Sieveking mit sechs verheirateten Frauen und sieben Mädchen am 23. Mai 1832 den Weiblichen Verein für Armen- und Krankenpflege. Nach Anfangsschwierigkeiten fand er bald großen Zuspruch. In Absprache mit den männlichen Armenpflegern übernahmen die Frauen die subsidiäre Aufgabe, in nicht erfassten Fällen einzugreifen. In Einschätzung der Leistungsfähigkeit des Vereins lehnte Sieveking die Betreuung von Bettlern und Vagabunden ab und beschränkte die Hilfstätigkeit auf den Kreis der rechtlichen Armen. Von den Mitgliedern verlangte sie christliche Gesinnung. Bei Hausbesuchen mussten sie die Verhältnisse der Armen genau erfassen und schriftlichen Bericht darüber erstatten. Den jeweils ersten Besuch machte Amalie Sieveking selbst. Als über einen Zeitraum von 27 Jahren immer wiedergewählte Vorsteherin gab sie dem Verein eine wirksame Organisation. Die Ergebnisse der Vereinsarbeit veröffentlichte sie in umfänglichen Jahresberichten. Nach dem Beispiel des Hamburger Vereins entstanden ähnliche Einrichtungen in vielen deutschen Städten und im Ausland.

Die Ursache vieler Nöte sah Amalie Sieveking in den beengten Wohnverhältnissen der Armenquartiere. Eine große Schenkung bestimmte sie deshalb zum Bau von Armenwohnungen. 1840 entstand das von Alexis de Chateauneuf entworfene, heute unter Denkmalschutz stehende Erste Amalienstift (Stiftstraße Nr. 65) mit neun Wohnungen und einem Kinderhospital mit 14 Betten. Nach dem großen Brand von 1842 folgten zwei weitere Wohnstifte. Aufgenommen wurden arme Familien als Auszeichnung für Wohlverhalten. Amalie Sieveking achtete auf Beobachtung der strengen Hausordnung und hielt die Bewohner unter ständiger Kontrolle.

In der Revolutionszeit von 1848/49 erstand dem christlichen Verein ein Konkurrenzunternehmen in dem überkonfessionellen Armenverein der Charlotte Paulsen. Sieveking, überzeugt von der gottgefügten Ordnung der Stände, wollte die Armen dazu erziehen, ihren Stand in Würde anzunehmen. Von der demokratischen Auffassung der Freisinnigen sah sie nun ihr Werk bedroht und übte schärfste Kritik an dem neuen weiblichen Armenverein. Jedoch beklagte sich auch Sieveking über ungerechte Löhne und unsoziales Verhalten von Unternehmern.

Während der Vereinsarbeit führte Amalie Sieveking ihre Schulkurse weiter. Auch beteiligte sie sich unterrichtend an einer Freischule und einem Institut für Erzieherinnen. Verschiedene Angebote, die sie dem ursprünglichen Ziel einer diakonischen Schwesternschaft hätten näher bringen können, lehnte sie ab, so die Leitung der Fliednerschen Diakonissenanstalt in Kaiserswerth und die Oberaufsicht im weiblichen Flügel des Allgemeinen Krankenhauses in Hamburg. Sie blieb dem von ihr angefangenen Werk verpflichtet.

1859 erlag Amalie Sieveking einem Lungenleiden. Um dem Vorurteil gegenüber dem Armenbegräbnis entgegenzutreten, hatte sie verfügt, in einem Armensarg bestattet zu werden. Beigesetzt wurde sie im Erbbegräbnis des Syndikus Sieveking in Hamm.

In Hamburg lebt der Name Amalie Sieveking weiter in der Stiftung von Wohnungen in St. Georg. Nach ihr benannt sind ferner das Volksdorfer Krankenhaus und seit 1957 der im selben Stadtteil gelegene Amalie-Sieveking-Weg. Zu Ehren der Wohltäterin befindet sich ihr Reliefporträt an einer Säule in der Diele des Hamburger Rathauses.

WERKE Betrachtungen über einzelne Abschnitte der heiligen Schrift, Hamburg 1823; Beschäftigungen mit der heiligen Schrift, Hamburg 1827; Unterhaltungen über einzelne Abschnitte der heiligen Schrift, 2. Aufl. Leipzig 1856; Jahresberichte des weiblichen Vereins für Armen- und Krankenpflege, Hamburg 1833–53.

LITERATUR Emma Poel, Denkwürdigkeiten aus dem Leben von Amalie Sieveking, in deren Auftrage von einer Freundin derselben verfasst. Mit einem Vorwort von Dr. Wichern, Hamburg 1860; Elisabeth Haupt, Amalie Sieveking als Gründerin des weiblichen Vereins für Armen- und Krankenpflege in Hamburg, Berlin-Spandau 1933; Stephen Pielhoff, Paternalismus und Stadtarmut. Armutswahrnehmung und Privatwohltätigkeit im Hamburger Bürgertum 1830-1914, Hamburg 1999 (Beiträge zur Geschichte Hamburgs 56), S. 224–292.

Inge Grolle

SIEVEKING, Georg Heinrich, geb. 28.1.1751 Hamburg, gest. 25.1.1799 ebd.; luth.; Kaufmann, Aufklärer.

Georg Heinrich Sieveking verkörpert in Hamburg den Typus des erfolgreichen, weltoffenen, vielseitig interessierten und gemeinnützig-aufklärerisch tätigen Kaufmanns, der zu seiner Zeit in vielen europäischen Handels- und Hafenstädten zu finden war. Sein Vater, der Kaufmann und Tuchhändler Peter Niclaes Sieveking (1718–63), war aus dem westfälischen Versmold nach Hamburg gekommen und dort zu Ansehen und Einfluss gelangt. Sein ältester Sohn erhielt zunächst Privatunterricht, absolvierte dann eine Kaufmannslehre und besuchte die Handelsakademie von Johann Georg Büsch. 1777 wurde Sieveking Teilhaber, 1793 Alleininhaber des Handelshauses »Voght und Sieveking«. Er war einer der erfolgreichsten Kaufleute der Stadt, seine Handelsverbindungen reichten von Russland bis Nordamerika, von West- bis Ostindien und bezogen Afrika ein. Besonders enge Beziehungen bestanden zu Frankreich, das damals Hamburgs wichtigster Handelspartner war.

Mit seinen Jugendfreunden Johann Michael Hudtwalcker und Caspar Voght, dem Sohn seines Prinzipals, zählte Sieveking zu den Kaufleuten, die sich früh der Aufklärung zuwandten. Aufklärung und Empfindsamkeit prägten ihren Mitte der sechziger Jahre entstandenen Zirkel, dem sich auch Peter Ochs, der spätere Baseler Politiker und Geschichtsschreiber, anschloss. Aus diesem Kreis entstand 1770 eine Lesegesellschaft. Großen Einfluss auf die jungen Leute übten die Werke Friedrich Gottlieb Klopstocks, Gotthold Ephraim Lessings und Moses Mendelssohns aus. Sieveking war aktives Mitglied der Hamburgischen Gesellschaft zur Beförderung der Künste und nützlichen Gewerbe (Patriotische Gesellschaft von 1765). Auch in der Freimaurerei, in der er einen Bund der Aufgeklärten sah, engagierte er sich. In den Ämtern der städtischen und kaufmännischen Selbstverwaltung, mit denen er betraut wurde, trat er für Reformen und konsequente Nutzung der Mitbestimmungsrechte ein. Sievekings politisches Denken und Handeln wurde von den Menschenrechten bestimmt, die er als Jahresvorsteher des Werk-, Zucht- und Armenhauses 1790 ausdrücklich auch dessen Insassen zubilligte.

Am 14. Juli 1790, dem ersten Jahrestag des Sturms auf die Bastille, feierte Sieveking im Garten seiner Familie vor dem Dammtor an der Alster ein Freiheitsfest, das als Bekenntnis zur Französischen Revolution weit über Hamburg hinaus Aufsehen erregte. Unter den Teilnehmern waren Klopstock, der eigene Oden vortrug, und Adolph Freiherr Knigge, der wie Sophie Reimarus einen Bericht über das Fest verfasste. Sieveking hatte ein »Freiheitslied« geschrieben, in dem er sich zu den Idealen der Revolution bekannte und den weltweiten Sieg der Freiheit und Aufklärung erhoffte. Auch sein Jugendfreund Ochs würdigte im Juni 1790 in einem Gedicht zum Straßburger Konföderationsfest aus gleicher Grundhaltung die Revolution. 1792 wurde Sieveking Präsident der »Société de Lecture«, in der sich Kaufleute und Publizisten mit Franzosen um den Gesandten François Lehoc trafen. Ende 1792 musste diese Lesegesellschaft auf Druck konservativer Kräfte inner- und außerhalb Hamburgs aufgelöst werden. Gegen den Vorwurf, ein Jakobiner zu sein, wehrte sich Sieveking 1793 mit der Schrift »An meine Mitbürger«. Auch der mit ihm gut bekannte Pädagoge und Aufklärer Joachim Heinrich Campe in Braunschweig antwortete mit einer Schrift gleichen Titels auf solche Angriffe. Sieveking bekannte sich zur »glücklichen Verfassung« seiner Vaterstadt, deren »Verbesserungen« durch Vernunft und Reform er für möglich hielt. Als Gegner der Todesstrafe lehnte er auch die Hinrichtung Ludwigs XVI. ab.

Georg Heinrich Sieveking

Von seinem Zögling Fritz von Stein, der in Hamburg die Büsch'sche Handelsakademie besuchte und Zugang zu Sievekings Kontor hatte, erfuhr Johann Wolfgang von Goethe vom Denken und Handeln des revolutionsfreundlichen Großkaufmanns. Am 23. Oktober 1793 schrieb Goethe seinem ehemaligen Schüler, die Marseillaise stehe »in keiner Sprache wohlhabenden Leuten« an, sie sei ein Lied für die »armen Teufel«. Sieveking allerdings wusste um die Ursachen und Folgen von Ungleichheit und Ungerechtigkeit. Er plädierte für freiwillige Vereinbarungen, übertriebenen Luxus abzuschaffen, Abgaben und Steuern ehrlich zu leisten. Er entwarf auch den Plan für eine Ersparniskasse zur Sicherung arbeitender Menschen im Falle von Arbeitslosigkeit und Krankheit, die von Wohlhabenden unterstützt werden sollte. Der Weimarer Gymnasialdirektor Karl August Böttiger, der 1795 Hamburg besuchte – der Bericht erschien posthum in seinen »Literarischen Zuständen und Zeitgenossen« 1838 –, beschrieb Sieveking als ein »Thätigkeitsungeheuer«, das sich neben seinen Geschäften ausgiebig der Presse und den Flugschriften aus vielen Ländern wie den belletristischen Novitäten widme, sodass er »das Orakel der leselustigen Frauen« sei. Mit seiner Frau Johanna Margaretha (Hannchen), die er 1782 geheiratet hatte, führte er ein gastfreundliches Haus. Sein Landsitz in Neumühlen, den er 1793 mit seinen Freunden Conrad Johann Matthiessen und Piter Poel erwarb, war ein kosmopolitischer und polyglotter Ort unvoreingenommener Begegnungen und offenen Gedankenaustauschs von europäischem Rang.

Sieveking war der begeistertste Vertreter der Ideale der Französischen Revolution in der hamburgischen Führungsschicht, bekannt und befreundet mit vielen Demokraten und Liberalen. 1796 übernahm er eine im Konflikt um die Anerkennung des französischen Gesandten in Hamburg heikle diplomatische Mission und vertrat in Paris mit hohem Einsatz und persönlichem Risiko die Interessen der Stadt. Er erreichte die Aufhebung des Embargos auf hamburgische Schiffe. Auf seiner Reise begleitete ihn der Domherr und Aufklärer Friedrich Johann Lorenz Meyer. Mit Sievekings frühem Tod verlor die Hamburger Aufklärung einen ihrer engagiertesten Förderer. Sein Sohn Karl (1787–1847) wurde Senatssyndicus, sein Sohn Friedrich (1798–1872) Bürgermeister. Sein Urenkel, der Wirtschaftshistoriker Heinrich Sieveking (1871–1945) verfasste 1913 ein bis heute nicht übertroffenes Lebensbild seines Vorfahren.

WERKE Schriftenverzeichnis in: LhS 7.

LITERATUR ADB 34; DG 142; Reinalter; Asendorf/von Bockel; Heinrich Sieveking, Georg Heinrich Sieveking. Lebensbild eines Hamburgischen Kaufmanns aus dem Zeitalter der französischen Revolution, Berlin 1913; Walter Grab, Demokratische Strömungen in Hamburg und Schleswig-Holstein zur Zeit der ersten französischen Republik, Hamburg 1966 (Veröffentlichungen des Vereins für Hamburgische Geschichte 21); Franklin Kopitzsch, Ein Lied für arme Teufel. Georg Heinrich Sieveking, Johann Wolfgang Goethe und die Französische Revolution, in: Jörgen Bracker (Hg.), Frieden für das Welttheater. Goethe – ein Mitwirkender, Beobachter und Vermittler zwischen Welt und Theater, Politik und Geschichte, Hamburg 1982, S. 88–98; ders., Grundzüge einer Sozialgeschichte der Aufklärung in Hamburg und Altona, 2., erg. Aufl. Hamburg 1990 (Beiträge zur Geschichte Hamburgs 21). *Franklin Kopitzsch*

SIEVEKING, Johanna (*Hannchen*) Margaretha,

geb. Reimarus, geb. 20.11.1760 Hamburg, gest. 12.6.1832 ebd.; Mittelpunkt der Geselligkeit auf dem Sievekingschen Landsitz in Neumühlen.

Hannchen, wie sie allgemein genannt wurde, war die Tochter des Arztes und Gelehrten Johann Albert Heinrich Reimarus. Nach dem frühen Tod der Mutter Anna Maria Thorbecke nahm sich Elise Reimarus, Freundin Gotthold Ephraim Lessings, der Nichte an. Als der Vater 1770 Sophie Hennings, die hochgebildete Schwester des Aufklärers August Hennings, heiratete, wurde das Haus zu einem gast-

Hannchen Sieveking

lichen Mittelpunkt des geistigen und literarischen Lebens in der Hansestadt. Zu den zahlreichen Besuchern gehörte auch der Kaufmann Georg Heinrich Sieveking, den Hannchen 1782 heiratete und mit dem sie fünf Kinder hatte: Johannes (1785), Karl (1787), Wilhelm (1789), Sophie (1791) und Friedrich (1798).

1793 erwarb Georg Heinrich Sieveking gemeinsam mit zwei Freunden, dem Kaufmann Conrad Johann Matthiessen und dem Schriftsteller und Herausgeber des »Altonaischen Merkur« Piter Poel, ein Landhaus in Neumühlen, ein schlichtes, auf dem Hang gelegenes Anwesen mit einem herrlichen Blick über die Elbe. Mit der Ausgestaltung von Haus und Garten beauftragte man den aus Frankreich stammenden Baumeister und Gartenarchitekten Joseph Ramée. Auf diesem Landsitz, der bald zu einem gesellschaftlichen Mittelpunkt der Stadt werden sollte, führten die Frauen, Hannchen Sieveking und Friederike Poel, das Regiment. Allsonntäglich waren hier die Geschäftspartner, die im Laufe der Woche das Handelshaus besucht hatten, zu Gast. Dazu gesellten sich Freunde aus der Stadt und durchreisende Schriftsteller und Gelehrte, später auch unzählige Emigranten. Oft wurde am Sonntag der Tisch für 80 und mehr Personen gedeckt. Der Altphilologe und Schriftsteller Karl August Böttiger berichtet, wie zwanglos und herzlich es dabei zuging. Man bediente sich an der reich gedeckten Tafel, wandelte im Garten, allein oder im Gespräch mit anderen, oder betrachtete Kunstwerke und Bücher. Die Geselligkeit beschränkte sich jedoch nicht nur auf die sonntäglichen Feste. Auf dem Landsitz in Neumühlen wurden Friedrich Gottlieb Klopstocks Geburtstage begangen, Hochzeiten und Taufen von Mitgliedern des weiteren Familienkreises gefeiert. Im Sommer weilten häufig Logiergäste in dem geräumigen Haus. Mitbewohner und Besucher waren sich in ihrem überschwänglichen Lob für Hannchen Sieveking einig. Karl August Böttiger, der schwedische Diplomat Gustav von Brinkmann, Wilhelm von Humboldt, Friedrich Heinrich Jacobi, Peter Poel, der dänische Diplomat und Schriftsteller Johann Georg Rist, der norwegische Naturphilosoph Henrik Steffens – sie alle berichteten über Hannchen Sieveking und priesen ihre Schönheit und Anmut, ihr sanftes, wohltätiges und liebevolles Wesen. Eine besonders enge Freundschaft verband sie lebenslang mit dem weit gereisten Hamburger Kaufmann, Philanthropen und Besitzer des Mustergutes Flottbek Caspar Voght, mit dem sie einen vielseitigen und regen Briefwechsel führte.

Als Georg Heinrich Sieveking 1799 überraschend starb, führte Hannchen Sieveking das Handelshaus zusammen mit den Teilhabern Jean François Bertheau und Friedrich Joachim Schlüter weiter und erhielt der Familie und den Freunden auch den Landsitz in Neumühlen. Bedingt durch äußere Umstände wurden die wirtschaftlichen Schwierigkeiten jedoch so groß, dass das Handelshaus 1811 Konkurs anmelden musste. Im selben Jahr kehrte der an einem schweren Leiden erkrankte Sohn Wilhelm aus Italien zurück. Im Jahr zuvor war die Tochter Sophie an einer Lungenentzündung gestorben. Hannchen Sieveking blieb dennoch ruhig und gefasst. Mit Mut und Verstand sorgte sie dafür, dass die Forderungen der Gläubiger so weit wie möglich befriedigt wurden. Sie selbst kehrte in ihr Elternhaus in der Fuhlentwiete zurück, wo sie nach dem Tod der Eltern einige Zimmer vermietete und eine wenn auch weit bescheidenere Gastlichkeit ins Leben rief. Ihr Grabstein befindet sich auf dem Ohlsdorfer Friedhof.

Werke Caspar Voght und sein Hamburger Freundeskreis. Briefe aus einem tätigen Leben, Teil 2: Briefe aus den Jahren 1785 bis 1812 an Johanna Margaretha Sieveking, geb. Reimarus, bearb. von Annelise Tecke, Hamburg 1964 (Veröffentlichungen des Vereins für Hamburgische Geschichte 15.2). [Der Band enthält auch die acht Briefe aus den Jahren 1786 und 1794/95, die von Hannchen Sieveking erhalten sind.]

Literatur Bake/Reimers, S. 22–26.

Brita Reimers

Sieveking, Kurt, geb. 21.2.1897 Hamburg, gest. 16.3.1986 ebd.; luth.; Jurist, Syndikus, Diplomat, Bürgermeister.

Kurt Sieveking war in den Jahren von 1953 bis 1957 Präses des Hamburg-Block-Senats, der einzigen »bürgerlichen« Regierung Hamburgs in der zweiten Hälfte des 20. Jahrhunderts.

Nach Notabitur und Kriegsteilnahme – er verlor den linken Arm bei der Kampffliegerausbildung – absolvierte Sieveking 1918 bis 1922 ein Jurastudium mit anschließendem Referendariat im Bankwesen und in der Amerikastelle des Berliner Auswärtigen Amtes (1922–24; Promotion 1924). 1925 trat er in die Hamburger Anwaltssozietät Dres. Behn, Kaemmerer, Predöhl, Baur, Rolf Behn ein, die eine bedeutsame Rolle im Bereich der Seeversicherung spielte. Im selben Jahr heiratete er die aus einer kaum weniger bekannten Großbürgerfamilie stammende Ellen Ruperti und betätigte sich politisch in der DVP, wo er mit Freunden nach eigenen Worten »so etwas wie eine Jugendopposition« bildete. 1929 entstand die »Dezember-Gemeinschaft«, worin Mitglieder vor allem der DVP-Jugend und der Hochschulgruppe unter Führung Sievekings und Eric Warburgs den gemäßigten Chapeaurouge-Flügel der DVP unterstützten und 1930 die Fortsetzung der Koalition aus SPD, DDP und DVP forderten. Zur Bürgerschaftswahl 1931 ersannen Sieveking, Warburg, Paul de Chapeaurouge, Heinrich Landahl (DDP) und Herbert Ruscheweyh (SPD) die Parole »Haltet das Tor offen [...]. Nationalsozialismus heißt: das Tor schließen. Kommunismus heißt: das Tor schließen«. Gemeint war das Tor im Hamburger Wappen, das »Tor zur Welt«. Nach der Machtübernahme durch die Nationalsozialisten schied Sieveking wegen divergierender politischer Ansichten aus seiner Anwaltssozietät aus. 1935 trat er – im Anschluss an eine Zwischenstation in einem Düsseldorfer Syndikatsbüro – als Syndikus in das jüdische Hamburger Bankhaus Warburg ein. Querelen mit dem NS-Rechtswahrerbund (NSRB), der diesen Schritt als Ausdruck einer oppositionellen Haltung beargwöhnte, führten dazu, dass Sieveking 1936 aus dieser Organisation ausschied, andererseits jedoch gegenüber der Rechtsanwaltskammer und dem Hanseatischen Oberlandesgericht erklärte, dass er die Stelle bei Warburg übernommen habe, weil alle »Nichtarier« mit der Zeit wohl Deutschland verlassen würden und er sich für die Übernahme der sonst verwaisten Geschäftsbeziehungen eine günstige Ausgangssituation habe schaffen wollen. Die Reichspogromnacht am 9. November 1938 erlebte er als Leiter des Berliner Warburg-Büros. Nachdem die Warburgs 1938 tatsächlich emigriert waren, war Sieveking im Hamburger Bankhaus Brinckmann, Wirtz & Co. tätig, wo er am Ende des Zweiten Weltkrieges – im August 1944 war er ungeachtet seiner Kriegsverletzung noch einmal zum Militär nach Dänemark abkommandiert worden – die Stellung eines Generalbevollmächtigten innehatte. Im Sommer 1945 von Bürgermeister Rudolf Petersen zum Senatssyndikus berufen, war er vor allem für die Verbindungen zur britischen Militärregierung zuständig. Als der Sozialdemokrat Max Brauer nach der ersten Bürgerschaftswahl 1946 Petersen (mittlerweile CDU) als Bürgermeister ablöste, nahm er das Rücktrittsgesuch des parteilos gebliebenen Sieveking nicht an. 1951 ging Sieveking als Generalkonsul der Bundesrepublik nach Stockholm und wurde bald darauf deutscher Gesandter. Ende 1953 nominierte der Hamburg-Block e. V. (CDU-FDP-DP-BHE), eine verfassungs- und parteienrechtlich umstrittene Rahmenpartei, ihn als Spitzenkandidaten für die Bürgerschaftswahl. In den Wahlkampf griff Sieveking nicht ein, trat aber einen Monat vor der Wahl in die CDU ein und stellte sich 1954 an die Spitze des Hamburg-Blocks, hinter dem auch die Bürgervereine standen und dessen Einnahmen zu wesentlichen Teilen von dem von Unternehmern unterstützten Verein zur Förderung des hamburgischen Wirtschaftslebens stammten. Im Landesvorstand der CDU, der seinen Wunschkandidaten Erik Blumenfeld gegenüber den anderen Blockparteien nicht durchzusetzen vermocht hatte, blickte man von Anfang an misstrauisch auf Sievekings zurückhaltende, von dem Politikwissenschaftler Theodor Eschenburg (früher DVP) als »hanseatisch« gelobte, innerhalb der Partei aber vielfach als »unpolitisch« verachtete Einstellung vor allem in der Personalpolitik. Blumenfeld, der Fraktionsvorsitzender des Hamburg-Blocks geworden war, trat 1955 auch aus Protest gegen Sievekings unprätentiöse, angeblich zu wenig spektakuläre und medienwirksame Amtsführung zurück. Sieveking hatte andererseits nicht die glückliche Hand, seinen Widersachern die Überlegenheit eines Senats der versierten und integren Fachleute zu beweisen. Er gewann zwar aus Tübingen (durch

Kurt Sieveking

Vermittlung Eschenburgs) den Schulsenator Hans Wenke, hatte aber nicht die Kraft, sich über manche Personalvorschläge der Blockparteien hinwegzusetzen. Bei CDU- und DP-Senatoren kamen wiederholt Skandale ans Tageslicht. Sieveking trat in der Theorie für einen starken Ersten Bürgermeister ein, den er sich als durchsetzungsfähige Person, aber auch als über die Stellung eines Primus inter pares hinaus entwickelte Institution vorstellte. Er beneidete Max Brauer wohl um dessen Erfahrungen und Gewohnheiten aus der Zeit als Oberbürgermeister der preußischen Stadt Altona, und er hätte sich eine Richtlinienkompetenz gewünscht. Im heterogenen Senat stützte er sich wesentlich auf die Institution der Syndici, der er selbst entstammte. Der Senat schaffte – den Wahlversprechen gemäß – die 1949 eingeführte sechsjährige Grundschule wieder ab und bemühte sich um die Mittelstandspolitik. Sieveking war bestrebt, die deutsche Außen- und Außenhandelspolitik mitzugestalten, die »nicht nur die Wiedervereinigung Deutschlands, sondern auch die Wiederherstellung eines Gesamteuropa« herbeiführen sollte. Die Annahme einer vom sowjetischen Botschafter Andrej Smirnow 1956 ausgesprochenen Einladung nach Leningrad durch den Hamburger Senat führte 1957 zu einem an Sieveking persönlich gerichteten Protestschreiben des Bundeskanzlers Konrad Adenauer. 1956/57 zerbröckelte der Hamburg-Block, der von der FDP, die 1957 erneut in eine Koalition mit der SPD eintrat, ohnehin nur als Übergangslösung betrachtet worden war. Sieveking blieb nach der Wahlniederlage CDU-Fraktionsvorsitzender, hatte 1961 aber als Bürgermeisterkandidat gegen Paul Nevermann (SPD) keinen Erfolg. 1965 legt er sein Mandat nieder, um noch einige Zeit als Rechtsanwalt zu arbeiten.

WERKE Hamburgs erstes Jahr unter der britischen Militärregierung (1945/46), in: Miterlebtes. Berichte aus fünf Jahrzehnten hamburgischer Geschichte, Hamburg 1979 (Vorträge und Aufsätze, hg. vom Verein für Hamburgische Geschichte 22), S. 31–47; Nach vier Jahren [1949], in: Freie und Hansestadt Hamburg. 40 Jahre Bundesland 1949–1989, Hamburg 1989, S. 62–65.

LITERATUR DG 142; Bürgermeister a. D. Dr. Kurt Sieveking zum 70. Geburtstag am 21. Februar 1967, hg. von Renatus Weber, Carl-Gisbert Schultze-Schlutius und Wilhelm Güssefeld, Hamburg 1967; Helmut Stubbe-da Luz, Die Politiker Paul de Chapeaurouge, Rudolf Petersen, Kurt Sieveking. Hamburg 1990 (HLb 4); Manuel Ruoff, Bürgermeister Kurt Sieveking, Magisterarbeit Hamburg 1991.

Helmut Stubbe-da Luz

SIMON, Anna, geb. Schwarz, geb. 3.8.1892 Hamburg, gest. 16.12.1964 ebd.; Direktorin des St. Pauli-Theaters.

Anna Simon

Seit dem plötzlichen Tod ihres Mannes Siegfried Simon im Jahre 1924 leitete Anna Simon das Ernst-Drucker-Theater, welches ihr Mann drei Jahre zuvor von dem Vorbesitzer und Namensgeber übernommen hatte. Es war Hamburgs ältestes Volkstheater; eröffnet am 24. Mai 1841 unter dem Namen Urania-Theater, 1844 umbenannt in Actien-Theater und 1863 in Varieté-Theater, hieß es ab 1895 Ernst-Drucker-Theater. Aufgeführt wurden Schauspiele, Opern, Lustspiele und Possen. Ab 1884 kamen vorwiegend Volksstücke und Lokalpossen in Hamburger Platt auf die Bühne.

Anna Simon arbeitete sich schnell in den Theaterbetrieb ein. Sie war schon während ihrer Kindheit durch ihren Vater, einen Straßenbauunternehmer, mit der plattdeutschen Kultur bekannt geworden und hatte darüber hinaus viel vom Geschäftsleben ihres Vaters mitbekommen. Ihre beiden Kinder unterstützten sie später bei der Arbeit: Edith Simon (1918–82) kümmerte sich um den kaufmännischen Bereich, Kurt Simon (1916–75) wurde künstlerischer Leiter.

Zum 100-jährigen Bühnenjubiläum am 24. Mai 1941 ließen die Nationalsozialisten das Theater aufgrund der jüdischen Herkunft Ernst Druckers in St. Pauli-Theater umbenennen. Die Jubiläums-Festschrift durfte nicht verbreitet werden, weil darin die beiden so genannten »nicht-arischen« Kinder Anna Simons, Kurt und Edith, abgebildet waren; der Vater Siegfried Simon war jüdischer Herkunft gewesen.

Gleich nach dem Zweiten Weltkrieg erhielt das St. Pauli-Theater, das von Bomben verschont geblieben war, als erste Hamburger Bühne von dem britischen Oberkommandierenden, Feldmarschall Bernard Law Montgomery, eine Sonderlizenz zur Wiedereröffnung. Das erste Stück nach dem Krieg wurde am 29. August 1945 aufgeführt. Es war das von Paul Möhring geschriebene Volksstück von der Zitronenjette, mit dem das Theater bereits 1940 seinen größten Erfolg erzielt hatte.

Trotz ihres schweren Krebsleidens stand Anna Simon dem Theater bis zuletzt vor. Sie kümmerte sich nicht nur um die Schauspielerinnen und Schauspieler, sondern auch um die Autoren, die Dekoration, die Kostüme und die Kasse. Zu ihrem 65. Geburtstag verlieh der Senat der Freien und Hansestadt Hamburg Anna Simon die Medaille für treue Arbeit im Dienste des Volkes. Ihr Grab befindet sich auf dem Ohlsdorfer Friedhof (Grab Nr. Z10, 118-123).

LITERATUR Bake/Reimers, S. 107–109; Freitag, S. 59; Paul Möhring, 100 Jahre Ernst-Drucker-Theater 1841–1941, Hamburg 1941; St. Pauli-Theater. Das Hamburger Volkstheater. Direktion: Geschwister Kurt und Edith Simon. Denkschrift an unsere Freunde! o.O. 1965; Marilen Andrist, Das St. Pauli-Theater. 150 Jahre Volkstheater am Spielbudenplatz, Hamburg 1991.

Rita Bake

SNITGER, Hieronymus, geb. 11. 9. 1648 Hamburg, gest. 4. 10. 1686 (hingerichtet) ebd.; luth.; Kaufmann, Politiker.

Hieronymus Snitger stammte aus einer angesehenen Hamburger Kaufmannsfamilie. Nach dem Besuch des Akademischen Gymnasiums in Hamburg bildete er sich auf Reisen, sammelte Geschäftserfahrungen und trat in die Fußstapfen seines Vaters, dessen kaufmännischer Schwerpunkt im Spanienhandel lag. Die geschäftlichen Erfolge und verwandtschaftliche Beziehungen zu angesehenen Hamburger Kaufleuten bestärkten sein Selbstbewusstsein. Snitger war redegewandt und verstand es, Menschen für sich einzunehmen. Gerühmt wurden seine Leutseligkeit und seine Freigebigkeit. Seine Risikobereitschaft grenzte gelegentlich an Verwegenheit. Politisch exponierte er sich auf Seiten der Bürger im Zuge der Auseinandersetzungen zwischen Senat und Bürgerschaft um die Machtverteilung in Hamburg. Hierbei bildete er mit dem 14 Jahre älteren Cord Jastram (1634–86) ein unzertrennliches Gespann. Trotz unterschiedlicher sozialer Herkunft opponierten beide im gleichen Sinn gegen den Senat und dessen Herrschaftsansprüche. Geschickt nutzten sie soziale Unzufriedenheit von Handwerkern und Kleingewerbetreibenden zur Gewinnung eines schlagkräftigen Anhanges. Mit seiner Hilfe konnten sie sich zu Volksführern aufschwingen und in den so genannten Jastram-Snitgerschen Wirren die Autorität des Rates unterminieren. Ab 1683 beherrschten sie über weite Strecken die Politik der Stadt. Ihr Ziel dürfte dauerhafte Teilhabe an der politischen Führung gewesen sein. Auf dem Weg dorthin scheiterten sie an der Verquickung von Innen- und Außenpolitik. Ihr innenpolitischer Hauptgegner, Bürgermeister Heinrich Meurer (1643–90), sah sich durch Verratsvorwürfe und Inhaftierung massiv bedroht. Er floh an den Hof des Herzogs von Braunschweig-Lüneburg nach Celle und bewirkte vom Kaiser unterstützte Celler Aktivitäten zur Wiederherstellung der Autorität des Hamburger Rates. Da der Herzog auf dem Verhandlungsweg keinen Erfolg hatte, setzte er auf militärische Mittel gegen Hamburg. Snitger und Jastram reagierten darauf mit einer Annäherung an König Christian V. von Dänemark. Dieser stellte Hilfe in Aussicht, wollte tatsächlich aber die bedrängte Lage der Stadt nutzen, um ihre Unterwerfung zu erzwingen. Statt gegen den Welfen zu marschieren,

Hieronymus Snitger

begann Christian im August 1686 eine Belagerung Hamburgs. Schlagartig wandte sich die bisherige Gefolgschaft von Snitger und Jastram ab und beteiligte sich an den Verteidigungsanstrengungen. Gemeinsam hielten Senat und Bürger der Belagerung so lange stand, bis die Dänen sie auf Druck und Vermittlung benachbarter Mächte beenden mussten. Nachdem der äußere Friede wiederhergestellt war, wurden Snitger und Jastram des Stadtverrats angeklagt und zum Tode verurteilt. Gemeinsam, wie sie politisch gehandelt hatten, bestiegen sie das Schafott, und der Henker waltete vor einer großen Zuschauermenge seines Amtes. Proteste gegen die Hinrichtung der einstigen Volkshelden gab es nicht, wohl aber Gerüchte hinsichtlich eines nicht über alle Zweifel erhabenen Gerichtsverfahrens. Individuell zurechenbare Anteile beider Protagonisten an den Wirren lassen sich aus historischer Sicht nicht festlegen. Nach den Quellen stimmten Snitger und Jastram im politischen Ansatz und in der politischen Vorgehensweise überein. Einer war der verlässliche politische Partner des anderen. Ihr politisches Gewicht wurde von den Zeitgenossen freilich unterschiedlich eingeschätzt: Jastram galt bei seinen innenpolitischen Gegnern als der verbissenere und damit gefährlichere von beiden, während Snitger von den auswärtigen Mächten für die treibende Kraft gehalten wurde, weshalb ihn der kaiserliche Resident 1685 durch eine – gescheiterte – Entführung unschädlich machen wollte. Im Stadtteil Horn wurde 1929 die Snitgerreihe und 1931 der Snitgerstieg nach dem Politiker und Kaufmann benannt.

SOLMITZ, Walter

LITERATUR ADB 50 [unter Jastram]; Hans-Dieter Loose, Die Jastram-Snitgerschen Wirren in der zeitgenössischen Geschichtsschreibung, in: ZHG 53 (1967), S. 1–20.

Hans-Dieter Loose

SOLMITZ, Walter, geb. 19.1.1905 Braunschweig, gest. 23.8.1962 Brunswick/Maine, USA; isr.; Philosoph, College-Lehrer.

Aus einer assimilierten jüdischen Familie stammend, erfuhr Walter Solmitz als Schüler erste nachhaltige Prägung durch die von dem Reformpädagogen Paul Geheeb gegründete Odenwaldschule. Das Studium der Philosophie führte ihn an die Universität Hamburg, wo Ernst Cassirer sein Lehrer und Doktorvater wurde. Durch diesen vermittelt, gewann er Zugang zu Aby Warburg, an dessen Kulturwissenschaftlicher Bibliothek er seit 1927 als wissenschaftliche Hilfskraft tätig war. Zeugnis seiner Beziehung zu Warburg ist die Gedenkrede, die er für den 1929 gestorbenen Gelehrten hielt. Nachdem zu Beginn der NS-Zeit Cassirer seinen Lehrstuhl verloren hatte und die Warburg-Bibliothek in einer dramatischen Rettungsaktion nach London verlegt worden war, leitete der in Hamburg zurückgebliebene Solmitz von 1933 bis 1936 philosophische Arbeitsgemeinschaften, die im Rahmen der Franz Rosenzweig-Stiftung in den Räumen der jüdischen Reformgemeinde in der Oberstraße durchgeführt wurden. Zusammen mit seiner zukünftigen Frau Elly Reis, einer als Jüdin vom Besuch der Landeskunstschule am Lerchenfeld ausgeschlossenen Studentin, übersiedelte er 1936 nach München. Dort wurde er 1938 in der Reichspogromnacht verhaftet und für vier Wochen in das KZ Dachau verbracht. Nach der Entlassung emigrierte Solmitz mit seiner Frau im Januar 1939 nach England; seine bereits 1933 geflohenen Freunde von der Warburg-Bibliothek, Fritz Saxl und Gertrud Bing, hatten den beiden Emigranten die Einreiseerlaubnis verschafft. In London verfasste Solmitz für das »Refugee Committee« einen ausführlichen »Bericht über Dachau«. Im Mai 1940 folgte die Weiterreise in die USA. Nach Erwerb des M.A. an der Harvard University wurde Solmitz dort 1943 Lehrer für Deutsch. Als der inzwischen an der Columbia University in New York lehrende Cassirer 1945 überraschend gestorben war, sprach Solmitz für die deutschen Schüler die Gedenkworte. 1946 wechselte er an das angesehene Bowdoin College in Brunswick/Maine; er lehrte dort deutsche Sprache und Literatur, später Philosophie. Von schweren nervlichen Krisen heimgesucht, nahm er sich 1962 das Leben.

Walter Solmitz

Der bis zu seinem Tode geführte Briefwechsel mit dem Ehepaar Paul und Edith Geheeb ist erhalten und dokumentiert das Leben eines ebenso begabten wie angefochtenen Menschen.

LITERATUR Joist Grolle, Bericht von einem schwierigen Leben. Walter Solmitz. 1905 bis 1962. Schüler von Aby Warburg und Ernst Cassirer, Berlin/Hamburg 1994 (Hamburger Beiträge zur Wissenschaftsgeschichte 13).

Joist Grolle

SONNIN, Ernst George, geb. 10.6.1713 Quitzow bei Perleberg, gest. 8.7.1794 Hamburg; luth.; Mechanikus, Baumeister.

Unter den Hamburger Baumeistern des 18. Jahrhunderts genießt Sonnin das größte Ansehen schon durch den Bau des Michaeliskirchturms, des Wahrzeichens der Stadt. Außerdem verdankt er seinen Ruf kühnen und originellen Ideen für die Lösung baukonstruktiver Probleme sowie seinem Wirken als der bedeutendste Vertreter der Aufklärung im Bauwesen und Mitbegründer der Patriotischen Gesellschaft von 1765. Bereits drei Jahre zuvor hatte Sonnin die Errichtung eines neuen Gebäudes als Ersatz für Lorenz Dohmsens baufälliges Waisenhaus am Rödingsmarkt vorgeschlagen, wohl angeregt von August Hermann Franckes Anstalten in Halle. Die 1767 von der Patriotischen Gesellschaft eingerichtete Zeichenschule für Handwerker, aus der sich die Hamburger Gewerbeschulen und die heutigen Baufachbereiche der Fachhochschule entwickelt haben, dürfte auf ihn und Johann Georg Büsch zurückgehen.

Ungewöhnlich war Sonnins berufliche Laufbahn: Das Studium der Theologie in Halle brach er 1736 ab, da ihn die Naturwissenschaften mehr interessierten. In Hamburg eröffnete er mit seinem Freund Cord Michael Möller in der Steinstraße eine mechanische Werkstatt und fertigte Wasser- und Pendeluhren, Nivellierinstrumente, achromatische Objektive, Erd- und Himmelskugeln sowie parabolische Laternen. Im Bauwesen befasste Sonnin sich zunächst mit der Trockenlegung von Kellern. Zum Wiederaufbau der 1750 abgebrannten Großen Michaeliskirche wurde er aufgrund seines guten Rufes als Mechanikus und seines überzeugenden Gutachtens zur Wiederverwendung der Fundamente hinzugezogen. Er sollte den Steinmetzmeister Johann Leonhard Prey mit konstruktiven Ratschlägen unterstützen, gewann jedoch so viel Einfluss, dass er lange Zeit als der maßgebliche Erbauer des Kirchenschiffes galt. Nach Preys Tod wurde Sonnin allein der Bau des Turmes (1777–86) übertragen. Der den Turm krönende Monopteros ist in Hamburg das erste Zeichen des Vorklassizismus, offenbar beeinflusst von Carl Philipp Christian von Gontards wenige Jahre zuvor errichtetem Waisenhaustürmchen in Potsdam. Zur Anerkennung von Sonnins Kompetenz im Bauwesen trugen die spektakulären Geraderichtungen der infolge von Durchfeuchtung geneigten Turmspitzen des Domes St. Marien (1761–65) sowie der Hauptkirchen St. Nikolai (1759) und St. Katharinen (1770) bei, nachdem er bereits 1759 die Kirche St. Petri und Pauli in Bergedorf instand gesetzt hatte. 1770 folgte die Restaurierung der Dreifaltigkeitskirche Harburg, drei Jahre später die der Kirche Wilhelmsburg. Besonderes Interesse zeigte Sonnin auch an wasserbautechnischen Aufgaben. Er gab Gutachten zur Elbregulierung und Vergrößerung des Niederhafens, zu Entwässerungen, Schleusen und Mühlen ab. Gemeinsam mit Büsch baute er 1767 bis 1771 den Herrengraben zu einem befahrbaren Kanal aus und legte 1772 die Admiralitätstraße an. Beim Hochwasser von 1771 war Sonnin mit Ratschlägen zur Minderung der Gefahr für die Stadt zur Stelle.

Auch in Schleswig-Holstein erhielt er zahlreiche Aufträge für Gutachten und Instandsetzungen. Hier

Ernst George Sonnin

ist sein Hauptwerk die von 1774 bis 1780 erbaute Kirche in Wilster, bei der er im Gegensatz zum damaligen konventionellen Sakralbau die Dominanz des gut belichteten Innenraumes verwirklichte. In Kiel ließ er die alten Blendgiebel des Schlosses abtragen und das Dach 1763 bis 1765 durch ein abgewalmtes Mansarddach ersetzen. Seit 1775 befasste Sonnin sich mit der Verbesserung der Lüneburger Saline. Zur Soleförderung legte er 1781/82 von der Ratsmühle an der Ilmenau bis zur Saline ein Feldgestänge von über einem Kilometer Länge an, wie es im Bergbau zur Wasserhaltung eingesetzt wurde. 1784 bis 1787 erbaute er die Pastorenhäuser der Johanniskirche, die einzigen noch erhaltenen Wohngebäude Sonnins. Seine auch in Lüneburg erfolgreichen bautechnischen Vorschläge führten 1785 zur Berufung des 72-Jährigen zum Stadtbaumeister. Hamburg hatte ihm dieses Amt 1767 verweigert.

In Hamburg tragen die Sonninstraße (seit 1843) und ein Kanal im Stadtteil Hammerbrook sowie das Kontorhaus Sonninhof in der Sonninstraße den Namen des Baumeisters. An einer Säule in der Diele des Hamburger Rathauses erinnert ein Reliefporträt an ihn. Sonnins Aussehen überliefern ein Gemälde und Kupferstiche von Johann Marcus David aus den Jahren 1802/03 und ein Stich von Friedrich Fleischmann.

LITERATUR ADB 34; SHBL 1; LhS 7; ThB 31; Hermann Heckmann, Sonnin – Baumeister des Rationalismus in Norddeutschland, Hamburg 1977 (Mitteilungen aus dem Museum für Hamburgische Geschichte 11); ders., Barock und Rokoko in Hamburg. Baukunst des Bürgertums, Berlin/Stuttgart 1990; ders., Die Gutachten des Baumeisters Ernst George Sonnin, Weinheim 1990 (Aus Deutschlands Mitte 23); ders., Baumeister des Barock und Rokoko in Mecklenburg, Schleswig-Holstein, Lübeck, Hamburg/Berlin 2000. *Hermann Heckmann*

SPECKTER, *Johann* Michael, geb. 5.7.1764 Uthlede/Herzogtum Bremen, gest. 1.3.1845 Hamburg; luth.; Kaufmann, Lithograf.

Johann Michael Speckter stammte aus einer hannoverschen Lehrerfamilie und kam um 1785 nach Hamburg, wo er unter anderem an der Handlungsakademie handelstheoretische Studien betrieb. Bei Johann Georg Büsch lernte er wahrscheinlich Johann Daniel Runge und Friedrich August Hülsenbeck kennen, mit denen er 1793 die Kommissions- und Speditionshandlung Hülsenbeck, Runge & Co. gründete. Während die Firma im Hamburger Wirtschaftsleben eine untergeordnete Position einnahm, kam dem sich um Speckter und Runge herausbildenden Freundeskreis eine zunehmende Bedeutung im kulturellen Leben der Stadt zu. Dabei wirkte zunächst Speckter tonangebend: Er beschäftigte sich unter dem Einfluss des mit ihm befreundeten Karl Leonhard Reinhold intensiv mit der Philosophie Immanuel Kants und vermittelte diese an seine Freunde. Mit dem Hinzutreten von Friedrich Perthes (1794) setzte eine tiefgreifende Umorientierung ein. Dieser erschloss sich die christlich-antirational geprägte Gedankenwelt des Dichters Matthias Claudius und des Emkendorfer Adelskreises und bewirkte die Hinwendung des Speckterschen Zirkels zu einer konfes-

Johann Speckter

sionsübergreifenden Frömmigkeit, von der sich vor allem der Maler Philipp Otto Runge inspirieren ließ. Speckter und seine Teilhaber unterstützten wiederum Perthes' verlegerische Tätigkeit finanziell und ermöglichten so indirekt die Verbreitung ihres Gedankenguts. Eine Fehlspekulation bereitete ihrem Handelshaus jedoch 1806 ein abruptes Ende. Speckter führte die verkleinerte Firma mit Hülsenbeck weiter, bis er 1818 das Patent zur Betreibung der ersten Steindruckerei Norddeutschlands erwarb, die er am Valentinskamp einrichtete. Mithilfe seines Kompagnons, des Malers Heinrich Joachim Herterich, baute er dieses Gewerbe erfolgreich aus; später übernahm sein Sohn Otto Speckter die Druckerei. Berühmt wurde Johann Speckter auch durch seine umfangreiche Kunstsammlung.

LITERATUR ADB 35; Alfred Lichtwark, Die Familie Speckter und Hamburg, in: Jahrbuch der Gesellschaft hamburgischer Kunstfreunde 13 (1907), S. 77–86; Kurt Detlev Möller, Johann Daniel Runge, der Bruder des Malers Philipp Otto Runge, in: Hamburger geschichtliche Beiträge. Hans Nirrnheim zum siebzigsten Geburtstage am 29. Juli 1935 dargebracht, Hamburg 1935, S. 180–237, hier S. 180–184, 197; Veronika Braunfels, Otto Speckter (1807–1871). Illustrator und Lithograph in Hamburg, Hamburg 1995 (Veröffentlichungen des Vereins für Hamburgische Geschichte 39).

Dirk Moldenhauer

SPIER, Arthur, geb. 22.7.1898 Ballenstedt (Anhalt), gest. 30.3.1985 New York; isr.; Pädagoge, Schuldirektor.

Arthur Spier

Arthur Spier war von 1926 bis 1940 Direktor der 1805 gegründeten Talmud Tora Schule in Hamburg, der ältesten orthodoxen jüdischen Schule Deutschlands. Nachdem die Schule unter seiner Leitung zunächst einen großen Aufschwung genommen hatte, gelang es ihm nach 1933, sie auf einem hohen Niveau arbeitsfähig zu halten, die Schüler auf die Emigration vorzubereiten und vielen Schülern und Kollegen in Notlagen Erleichterungen zu verschaffen oder ihnen sogar das Leben zu retten.

Spier wuchs in einer streng orthodoxen jüdischen Familie auf und besuchte die Schule in Bad Schwalbach. Aufgrund seiner mathematischen Begabung entwickelte er im Ersten Weltkrieg Messgeräte für Flugzeuge und stürzte bei einem Probeflug ab. Dabei wurde er verwundet. Danach studierte er Mathematik, Physik und Philosophie an verschiedenen deutschen Universitäten, außerdem Judaistik in Frankfurt am Main und am orthodoxen Rabbinerseminar in Berlin. 1922 legte er an der Marburger Universität das Staatsexamen ab und qualifizierte sich 1924 mit Auszeichnung für das Lehramt an höheren Schulen. Von 1924 bis 1926 unterrichtete er an der Realschule der Israelitischen Religionsgemeinschaft in Frankfurt am Main.

1926 wurde Arthur Spier als Direktor an die Talmud Tora Realschule nach Hamburg berufen und setzte dort die pädagogischen Reformen seines Vorgängers, Dr. Joseph Carlebach, fort. Durch eine umfassende Neuorganisation wurde die Schule zu einer jüdischen Gesamtschule: Grundschule, Volksschule und Oberrealschule befanden sich unter einem Dach, außerdem zwei »Hilfsklassen« für lernschwache Schüler, Handwerksklassen und ein Seminar für jüdische Studienreferendare. Die Oberrealschule wurde 1932 staatlich anerkannt, Spier zum Oberstudiendirektor ernannt. Alle Lehrer dieser großen Schulorganisation mit mehr als 700 Schülern unterrichteten in sämtlichen Schulzweigen.

Nach 1933 entwickelte sich in Hamburg unter Spiers Leitung ein jüdisches Schulzentrum mit handwerklichen und landwirtschaftlichen Ausbildungsstätten zur Vorbereitung der Auswanderung, die mit der Talmud Tora Schule organisatorisch verbunden waren. Spiers außerordentliches Geschick im Umgang mit NS-Behörden, selbst mit der Gestapo, ermöglichte eine vergleichsweise störungsfreie Arbeit, unter anderem auch durch die Wiedererlangung staatlicher Subventionen, die 1933 zunächst gestrichen worden waren. Immer wieder stand Spier mit Rat und Hilfe in Not geratenen Kindern, Eltern und Kollegen zur Seite. Beim Reichspogrom im November 1938 wurde er verhaftet und misshandelt, jedoch nach kurzer Zeit wieder freigelassen. Bereits nach elf Tagen gelang es ihm, die Entlassung seiner im KZ Oranienburg-Sachsenhausen inhaftierten Kollegen zu bewirken, sodass der Schulbetrieb wieder aufgenommen werden konnte. In den folgenden Monaten konzentrierte Spier seine Kräfte auf die »Kindertransporte« nach England und in andere europäische Länder, eine Rettungsaktion für jüdische Kinder. Er begleitete mehrere Transporte nach England und bereitete dort die Aufnahme weiterer Kinder vor, bis die Aktion mit Beginn des Zweiten Weltkriegs abgebrochen werden musste. Die Zwangsräumung der Talmud Tora Schule durch die Nationalsozialisten im Sommer 1939 konnte er nicht verhindern; die letzten jüdischen Schulen wurden im Gebäude der jüdischen Mädchenschule zusammengelegt. Im März 1940 entkam Spier in die USA, nachdem ihn die Gestapo beauftragt hatte, dort Geld für ein angeblich geplantes »Judenreservat« in Lublin zu beschaffen. Diesmal kehrte er nicht nach Deutschland zurück, sondern blieb in New York. Dort erwarb er hohes Ansehen durch die Gründung und Leitung der Manhattan Day School, die weitgehend nach dem Muster der Hamburger Talmud Tora Schule organisiert war und in ihrem Geist geführt wurde. Spiers New Yorker Gründung wiederum wurde zum Modell für zahlreiche ähnliche Schulen in den Vereinigten Staaten. Auch die Religionsschule der Spanisch-Portugiesischen Synagoge in New York wurde von Spier geleitet. Weite Verbreitung fand sein »Comprehensive Hebrew Calendar« für die Jahre 1900 bis 2100, ein allgemein verständliches mathematisch-kalendarisches Werk.

WERKE The comprehensive Hebrew calendar twentieth to twenty second century, 5660–5860, 1900–2100, 3., überarb. Aufl. Jerusalem/New York 1986.

LITERATUR Ursula Randt, Carolinenstrasse 35. Geschichte der Mädchenschule der Deutsch-Israelitischen Gemeinde in Hamburg 1884-1942, Hamburg 1984 (Vorträge und Aufsätze, hg. vom Verein für Hamburgische Geschichte, Heft 26).

Ursula Randt

STAHL, Erna, geb. 15.2.1900 Hamburg, gest. 13.6.1980 ebd.; luth.; Lehrerin.

Die Reformpädagogin und Gründerin der Albert-Schweitzer-Schule Erna Stahl wurde als leidenschaftliche demokratische Vertreterin der Hamburger Lehrerschaft bekannt. Nach Abbruch ihrer Seminaristinnenausbildung und Ablegung des Abiturs studierte sie in Hamburg und Wien Deutsch, Geschichte, Kunstgeschichte und Philosophie. 1928 begann Erna Stahl ihre Berufstätigkeit an der progressiven, reformorientierten Lichtwarkschule in Hamburg. Auch nach der Machtübernahme durch die Nationalsozialisten 1933 setzte sie sich für die an einem humanen Menschenbild ausgerichteten reformpädagogischen Ziele der Schule ein. 1935 wurde die den neuen Machthabern unliebsame Pädagogin an die Oberrealschule für Mädchen im Alstertal versetzt, blieb aber weiterhin in Kontakt mit ihren ehemaligen Schülerinnen und Schülern der Lichtwarkschule und lud sie zu Lese- und Diskussionsabenden in ihre Wohnung ein. Aus dieser Schülergruppe entstand der Hamburger Zweig der Widerstandsbewegung Weiße Rose. Am 4. Dezember 1943 verhaftete die Gestapo Erna Stahl – vermutlich infolge einer Denunziation – und brachte sie in das Polizeigefängnis Fuhlsbüttel; am 7. Januar 1944 wurde ein Dienststrafverfahren wegen »Verdachtes staatsfeindlicher Betätigung« eröffnet. Erna Stahl wurde bis April 1945 in Gefängnissen in Hamburg, Cottbus, Leipzig und Bayreuth gefangen gehalten. Als Untersuchungsgefangener des Volksgerichtshofs sollte ihr der Hochverratsprozess gemacht werden. Von der amerikanischen Armee befreit, konnte sie erst am 30. Mai 1945 in ihre Heimatstadt zurückkehren; bereits drei Tage später meldete sie sich bei ihrer alten Schule zum Dienst zurück. Seit Herbst 1945 leitete sie die Oberschule für Mädchen im Alstertal, ab Sommer 1947 als Oberstudiendirektorin. Auf Initiative Erna Stahls und ihrer Freundin Hilde Ahlgrimm wurde aus der Alstertaler Schule 1950 eine Lehranstalt besonderer musisch-sozialer Prägung, die erste kooperative Gesamtschule nach 1945, die ab Februar 1958 den Namen Albert-Schweitzer-Schule trug. Hier wurden Mädchen und Jungen mit Haupt-, Real- und Gymnasialreife bis zur neunten bzw. zehnten Klasse zusammen unterrichtet. 1969 wurde die als Gesamtschule konzipierte, in der Nachfolge von Erna Stahls Reformideen stehende Albert-Schweitzer-Schule in

Erna Stahl

den Schluchtweg verlegt, während das Albert-Schweitzer-Gymnasium mit einem speziellen Musikzweig im Struckholt verblieb. Am 31. März 1965 trat Erna Stahl in den Ruhestand.

WERKE Im Kreislauf des Jahres. Ein Lesebuch für höhere Schulen, Hamburg o.J. [1945]; Jugend im Schatten von gestern. Aufsätze Jugendlicher zur Zeit, Hamburg 1948; Ein Bild der Lichtwarkschule [...] zum Gedenken an den Tag des Einzugs am 20. April 1925 [...] Ansprache am 19. April 1975 von Erna Stahl, Hamburg 1975.

LITERATUR Erna Stahl: Zeugnisse ihres Wirkens im Hamburger Schulwesen nach 1945 mit Rückblicken auf die Lichtwarkschule, ausgewählten Betrachtungen aus ihrer späten Lebenszeit sowie einem dokumentarischen Anhang, zusammengestellt und hg. von Ursula Meier, Bebensee 2000. *Iris Groschek*

STALLKNECHT, Claus, geb. 4.9.1681, gest. 3.3.1734 Altona; luth.; Architekt, Stadt- und Landesbaumeister.

Claus Stallknechts Namen verbindet die Nachwelt vor allem mit dem Wiederaufbau Altonas nach der Einäscherung durch schwedische Truppen im Verlauf des Nordischen Krieges im Januar 1713, der drei Fünftel aller Gebäude zum Opfer gefallen waren. Die Reorganisation der nach Kopenhagen zweitgrößten Stadt des dänischen Gesamtstaats oblag dem Oberpräsidenten Christian Detlev Graf Reventlow und seinem seit dem 6. Oktober 1714 tätigen Altonaer Stadtbaumeister Stallknecht. Eine Kollekte in sämtlichen dänischen Kirchen ermöglichte die Anschubfinanzierung. Die politisch gebotene Eile führte dazu, dass – abgesehen von wenigen Korrekturen, etwa einem größeren Fisch- und Rathausmarkt – die alte verwinkelte Struktur der Stadt beibehalten wurde. Es waren vor allem Stallknechts öffentliche Gebäude, die fortan Altonas Bild bis zur Zerstörung im Zweiten Weltkrieg prägten: das Rathaus (1716–20), die Mennonitenkirche (1716–17), die Heiliggeistkirche des Reventlowstifts (1716–18) und die berühmte Lateinschule (1721–25), aus der 1738 das Akademische Gymnasium Christianeum hervorging, das den Anspruch einer zweiten Hochschule neben Kopenhagen hatte. Stallknechts Rathaus war in der Verwaltungsarchitektur ohne Vorbild: Der kleine repräsentative Schlossbau am Ende eines weiten Vorplatzes galt bereits im 18. Jahrhundert als eine Sehenswürdigkeit für Reisende und hatte Vorbildcharakter für Kopenhagens nach dem Brand von 1728 entstandenes neues Rathaus. Als Landbaumeister der Herzogtümer Schleswig und Holstein organisierte Stallknecht auch den Wiederaufbau der Stadt Viborg nach dem Brand von 1726 und errichtete dort eine verkleinerte Kopie seines Altonaer Rathauses (1728), eines der wenigen erhaltenen Zeugnisse seines Lebenswerkes, das sich heute ansonsten fast ausschließlich bildlich und aus Bauplänen erschließen lässt.

Zu den bedeutenden Umbauten, die Stallknecht vornahm, zählen der Dom in Viborg (1726–29), Schloss Gottorf (1731) und Schloss Koldinghus (1715–18).

LITERATUR Dansk Kunstnerleksikon, hg. von Frederik Weilbach, Bd. 8, Kopenhagen 1998; Torkild Hinrichsen, Das »neue« Rathaus, das zum »alten« wurde, in: Uwe Hornauer/Gerhard Kaufmann (Hg.), Das Altonaer Rathaus 1898–1998, Hamburg 1998, S. 18–24. *Torkild Hinrichsen*

STAUDINGER, Lucas Andreas, geb. 27.1.1770 Ansbach, gest. 30.11.1842 Groß Flottbek; luth.; Landwirt, Pädagoge.

Der Sohn eines Landwirts und späteren Gastwirts in Nürnberg verbrachte seine Jugend als Hütejunge in ungebundenen Verhältnissen. Mit 19 Jahren verließ Lucas Andreas Staudinger die Heimat und fand eine Beschäftigung als Sekretär des schwäbischen Dichters Christian Friedrich Daniel Schubart. Hier in Stuttgart konnte er sein bruchstückhaftes Wissen vertiefen und gewann nachhaltige Eindrücke für das weitere Leben. Durch Friedrich Gottlieb Klopstocks

Lucas Andreas Staudinger

Vermittlung erhielt Staudinger 1793 eine Stelle im Flottbeker Gutsbetrieb Caspar Voghts. Vier Jahre später richtete er ein landwirtschaftliches Erziehungsinstitut ein, wohl die älteste derartige Anstalt in Deutschland. Im Zuge der Franzosenzeit verschlechterte sich seine wirtschaftliche Lage derart, dass er 1812 Konkurs anmelden musste. Große Erfolge sind der Ackerbauschule versagt geblieben, obwohl sein Schüler Johann Heinrich von Thünen hier die bahnbrechende Standortlehre in ihren Grundzügen entworfen hat. Gleichwohl haben große praktische Erfahrungen und ein ausgeprägtes pädagogisches Talent Staudinger zu einem Pionier auf dem Gebiet des frühen landwirtschaftlichen Bildungswesens werden lassen.

Staudinger war Ehrenmitglied der Patriotischen Gesellschaft. Seit 1928 trägt die Staudingerstraße in Groß Flottbek seinen Namen.

WERKE Schriftenverzeichnis in: SHBL 4.

LITERATUR ADB 35; LhS 7; SHBL 4; Gerhard Ahrens, Caspar Voght und sein Mustergut Flottbek. Englische Landwirtschaft in Deutschland am Ende des 18. Jahrhunderts, Hamburg 1969 (Beiträge zur Geschichte Hamburgs 1), besonders S. 111–117.

Gerhard Ahrens

STEINBACH, Franziska Wilhelmine (*Helma*), geb. Steiner, geb. 1.12.1847 Hamburg, gest. 7.7.1918 Glüsing/Lauenburg; luth.;Gründungsmitglied der Konsumgenossenschaft Produktion, Gewerkschaftsfunktionärin.

Geboren als Tochter der verarmten Hamburger Kaufmannsfamilie Steiner, erwarb Helma Steinbach Kenntnisse in Haushaltsführung und Handarbeit. So war sie nach ihrer kurzen Ehe, die mit einer Scheidung endete, in der Lage, sich als Wirtschafterin, Näherin, Schneiderin, Plätterin und Vorleserin ihren Lebensunterhalt zu verdienen. Ihre Tätigkeit als Vorleserin beruhte darauf, dass sich in vielen Werkstätten Arbeiterinnen und Arbeiter zum Zwecke po-

Helma Steinbach

litischer Bildung von einer Kollegin oder einem Kollegen während der Arbeitszeit aus Büchern und Zeitungen vorlesen ließen und mitunter auch selbst die Arbeit der/des Vorlesenden übernahmen. Bei dieser Tätigkeit lernte Helma Steinbach den aus den USA zurückgekehrten Zigarrensortierer Adolf von Elm (1857–1916) kennen, der später als Gewerkschaftsführer, sozialdemokratischer Reichstagsabgeordneter (1894–1907), Mitbegründer der Konsumgenossenschaft »Produktion« und Direktor der gewerkschaftlich-genossenschaftlichen Versicherungsgesellschaft Volksfürsorge bekannt werden sollte. Er war auf Wanderschaft in die USA gegangen und hatte sich dort von 1878 bis 1882 aufgehalten. Nach seiner Rückkehr entwickelte sich zwischen Adolf von Elm und Helma Steinbach eine mehr als 30 Jahre währende Freundschaft. Als Adolf von Elm 1912 erkrankte, pflegte die Freundin ihn bis zu seinem Tod im Jahre 1916.

Helma Steinbach setzte sich für die Interessen der Arbeiterinnen ein und engagierte sich besonders im 1887 gegründeten Verein der Hand-, Weiß- und Maschinennäherinnen Hamburgs. 1888 wurde sie wegen zu eigenmächtigen Verhaltens aus dem Verein ausgeschlossen; zwei Jahre später gründete sie den Zentralverein der Plätterinnen. 1892 nahm Helma Steinbach in Halberstadt als eine von vier Frauen unter 208 Delegierten am ersten Gewerkschaftskongress teil. Erfolgreich forderte sie, die Gewerkschaften auch für Frauen zu öffnen. Sie war sowohl gegen eigene Frauengewerkschaften als auch gegen Arbeiterinnen- und Frauenbildungsvereine eingestellt; für sie waren dies nur »Klatsch- und Zankvereine«.

Während des Hamburger Hafenarbeiterstreiks im Jahre 1896 organisierte Helma Steinbach für die Frauen der streikenden Arbeiter und Seeleute Versammlungen, um die vom Streik genauso hart betroffenen Frauen zu unterstützen und für die Ziele des Ausstands zu gewinnen. Da die Streikenden während der Arbeitsniederlegung keinen Lohn erhielten, benötigten sie im ganz besonderen Maße preiswerte Lebensmittel. Die Streikführer, darunter auch Helma Steinbach, kamen auf die Idee des Warengroßeinkaufs. Daraus entstand dann 1899 der Konsum- und Sparverein »Produktion«. Helma Steinbach war die einzige Frau unter den Gründungsmitgliedern und gehörte dem Aufsichtsrat mit kurzen Unterbrechungen von der Gründung bis zu ihrem Tode an.

Seit 1929 gibt es im Stadtteil Horn den Helma-Steinbach-Weg. Am Haus Nr. 1 erinnert eine Gedenktafel an die engagierte Gewerkschafterin.

LITERATUR Bake/Reimers, S. 279–282. *Rita Bake*

STEINHAGEN, *Heinrich* August Friedrich Johannes, geb. 10.9.1880 Wismar, gest. 19.7.1948 Hamburg-Rahlstedt; Maler, Grafiker, Bildhauer.

Der im Ersten Weltkrieg schwer verwundete und desertierte expressionistische Maler und Bildhauer Heinrich Steinhagen war 1919 Initiator und Mitbegründer der Hamburgischen Sezession. Als Künstler Autodidakt, fiel er im Hamburger Kulturbetrieb der zwanziger Jahre durch ungestümes Verhalten auf. Durch den zwischen 1923 und 1933 zweimal eigenhändig errichteten Bau seines Gesamtkunstwerks aus selbst gebrannten Lehmziegeln, genannt das »Rahlstedter Schloss«, war er schon zu Lebzeiten Legende.

Das von expressionistischem Lebensgefühl geprägte unstete Dasein von Heinrich Steinhagen durchzieht seine gesamte Karriere. Er brach eine nach der Schule begonnene Malerlehre vorzeitig ab. Die ein Jahr währende Tätigkeit als Dekorationsmaler und ein kurzer Akademiebesuch brachten ihn mit der Kunst in Berührung. Eine Italienreise und autodidaktische Versuche verstärkten seine Neigung. 1898 kam Steinhagen nach Hamburg und lebte zunächst in Billwerder. Von Alfred Lichtwark er-

Heinrich Steinhagen

muntert, durch zahlreiche Ankäufe der Hamburger Kunsthalle und ein Staatsatelier in den Räumen des Museums ermutigt, entstand ein Wismar-Zyklus von 42 Radierungen. 1912 gewann Steinhagen den ersten Preis im Internationalen Graphik-Wettbewerb in Prag. Während des Ersten Weltkriegs, an dem er in Russland und Frankreich teilnahm, stellte er 1917 bei Maria Kunde in Hamburg aus. 1918 desertierte er als Schwerverwundeter und verarbeitete seine Fronterlebnisse im umfangreichen grafischen Werk. 1919 trat Steinhagen in die Kommunistische Partei ein, gab das Staatsatelier auf und nahm an der von Arthur Illies eröffneten »Juryfreien Ausstellung« in der Hamburger Kunsthalle teil. Im gleichen Jahr gründete er die Hamburgische Sezession und war für kurze Zeit auch ihr erster Vorsitzender; zusammen mit Johannes Wüsten stellte der Künstler im Herbst bei Bock & Söhne aus. Ein Jahr später verkaufte er sein gesamtes Œuvre an den Kunsthändler Sommer. Von dem Erlös erstand er ein lehmhaltiges Grundstück, 8000 Quadratmeter groß, am späteren Wiesenredder in Neu-Rahlstedt. Aus dem eigenen Boden formte Steinhagen Lehm zu Ziegeln, trocknete sie in der Sonne und fing bereits vor der Erteilung der baupolizeilichen Genehmigung an, seinen Traum von einem Gesamtkunstwerk aus Architektur, Skulptur, Möbeln, Musik und Malerei zu realisieren. In dieser Zeit der großen Utopien entwarf Hans Henny Jahnn Tempel für seine Glaubensgemeinde Ugrino, und Johann Michael Bossard baute nur wenige Kilometer entfernt bei Jesteburg – ebenfalls lebenslang – seine heute als Museum zugängliche Kunststätte als Gesamtkunstwerk.

1926, während der Hauptbau des Bossard-Tempels entstand, erlangte das Haus Steinhagen in Rahlstedt nach Unterbrechungen durch Geldnot, unerwartete Materialschwierigkeiten und jahrelange Behördenquerelen den Zustand einer gewissen Fertigkeit. 1930 schilderte der »Hamburger Anzeiger« in seiner Wochenendbeilage Nr. 45 unter der Überschrift »Das Heim eines modernen bildenden Künstlers. Das Gesamtkunstwerk Heinrich Steinhagens« das Ergebnis und zeigte zwei Abbildungen des mit selbst gebauten Möbeln ausgestatteten Esszimmers und der 15 bis 18 Meter hohen Musikhalle »mit der Orgel«. Augenzeugen aus der Zeit der Dichterlesungen, Konzerte und Gespräche am Kamin zwischen 1926 und 1937 schilderten das ständig im Um- und Ausbau befindliche »Arbeiterschloß« mit Urnenhof als mystisches Gebilde, das durch farbige Glasfenster geheimnisvoll beleuchtet war. Es bestand aus 24 Zimmern in einem Wohn- und einem Atelierflügel. Das gelbe Lehmhaus erschien krumm, schief und winklig und war an der Vorderfront mit Fresken aus gebranntem Lehm bedeckt. Die Ausstellungsräume hatten eine fast sakrale Wirkung. Die Wände hingen voller Bilder.

Am 27. Dezember 1937 brannte das erste Haus Steinhagen nieder. Der Chilehaus-Architekt Fritz Höger lieferte am 8. April des folgenden Jahres eine Umbaubeschreibung und reichte am 27. April zusammen mit dem Künstler einen neuen Bauantrag ein, der am 4. August »mit besonderen Bedingungen« genehmigt wurde. Nach dem Kriegstod seines Lieblingssohnes Harald 1940 verfluchte Heinrich Steinhagen das Regime und wurde wegen »Verleumdung des Führers« für vier Monate in einem Konzentrationslager interniert. Nach dem Attentat auf Hitler vom 20. Juli 1944 vermehrten sich die Ängste des bekennenden Kommunisten, der nun zeitweilig bei seinem Kunsthändler und Genossen Peter Hattesen in Flensburg untertauchte. Vier Jahre später, am 19. Juli 1948, besiegte ihn das Haus: Heinrich Steinhagen, der in dritter Ehe lebende Vater von sieben Kindern, starb darin an Lungenkrebs, Folge der jahrelangen Einatmung von Lehmstaub.

Das grafische, bildnerische und skulpturale Werk des Künstlers ist umstritten. Viele seiner Arbeiten, wie die Zyklen der »Drei Marien«, die »Leidensgeschichte Jesu« oder die Lithografienfolge »Gott wo warst Du?«, entstanden aus dem Glauben und der Verzweiflung. Die Ölbilder mit Landschaften und Stillleben dienten auch dem Broterwerb, dem Unterhalt der vielköpfigen Familie und dem Bau des Hauses. Ein großer Teil des Werks ging beim Brand des Hauses und in den Wirren der Nachkriegszeit verloren.

Nach Steinhagens Tod blühte das Leben in dem skurrilen Gebäude noch einmal kurz auf. Eine Künstlerkommune knüpfte an die glücklichen Zeiten der Kunstbetrachtungen, Musikabende und Dichterlesungen an. Die Reparaturen am Haus wurden immer dringlicher, doch die Witwe war mittellos. Die Behörden drängten. 1963 kamen die Bulldozer der Neuen Heimat und schoben das ruinöse Gesamtkunstwerk in die Lehmkuhle zurück, aus der es erschaffen worden war. Das Kupferstichkabinett der Hamburger Kunsthalle besitzt rund 100 Arbeiten von Heinrich Steinhagen. Den künstlerischen Nachlass betreut die Galerie Reiner Herold.

LITERATUR Schiefler; ThB 31; Katalog Sonderschau Steinhagen – Wüsten, Hamburg 1919; Roland Jaeger/Cornelius Steckner, Zinnober. Kunstszene Hamburg von 1919 bis 1933, Hamburg 1983 (Szene Edition 1); Volker Detlef Heydorn, Maler in Hamburg, 4 Bde., Hamburg 1974–77, Bd. 3: 1966–1974, S. 143; Karin von Behr, Heinrich Steinhagen. Ein expressionistisches Leben. Galerie Herold, Hamburg 1993 [Drucklegung in Vorbereitung].

Karin von Behr

STERNBERG, Salomon Meyer, geb. 3.7.1824 Hamburg, gest. 4.1.1902 ebd.; isr.; Tabakarbeiter, Arbeiterführer.

An der Entstehung der Arbeiterbewegung um 1848 in Hamburg hatten die in kleinen Manufakturen beschäftigten Zigarrenarbeiter bedeutenden Anteil. Unter ihnen gab es viele Juden. Salomon Meyer Sternberg war ihr herausragender Exponent.

Der als Sohn eines früh verstorbenen Zigarrenmachers aus ärmlichen Verhältnissen stammende Sternberg trat im Gründungsjahr 1845 der Bildungsgesellschaft für Arbeiter bei. 1847 führte ihn die nach dem Vorbild des Zunfthandwerks angetretene Wanderschaft bis nach Brüssel und Antwerpen. Mehrere Hinweise aus politischen Prozessen deuten darauf hin, dass er sich anschließend wahrscheinlich der Hamburger Gemeinde des Bundes der Kommunisten anschloss. 1848 wurde er zum Vizepräsidenten des neu gegründeten Hamburger Zigarren-Arbeiter-

Salomon Meyer Sternberg

Vereins gewählt, 1849/50 zum Präsidenten. Auf dem zweiten Kongress der Zigarrenarbeiter Deutschlands 1849 in Leipzig schloss Sternberg seinen örtlichen Verein an die Assoziation der Tabakarbeiter Deutschlands an. Vorher schon hatte er erfolgreich den Anschluss seines Berufsvereins an die Deutsche Arbeiter-Verbrüderung betrieben, die unter der Führung des jüdischen Schriftsetzers Stephan Born aus Berlin stand. In ihrem Bezirks-Komitee Hamburg fungierte Sternberg von 1850 bis zum Verbot im Juni 1851 als Präsident. Der große Hamburger Arbeiterbildungsverein wählte ihn im Juni 1852 zu seinem Vizepräsidenten. Sieben Wochen später wurde er durch Intervention aus Berlin wegen angeblicher Geldsammlungen für politische Flüchtlinge in Hamburg zur polizeilichen Vernehmung vorgeladen; in Sternbergs Wohnung und im Verein wurden Hausdurchsuchungen durchgeführt. Ein weiteres Verfahren gegen ihn folgte daraus nicht, doch blieb er nur noch bis 1853 in seiner exponierten Stellung. Danach widmete Sternberg sich ganz seiner beruflichen Arbeit und machte sich als Zigarrenhersteller selbstständig. Der Hamburger Zigarren-Arbeiter-Verein, seit 1851 unter der Leitung von Sally Joseph Eschwege (1818–1901), konnte sich als einziger in Deutschland gegen die sonst überall wirksamen Verbote bis zur neuen Verbandsgründung 1865 behaupten.

LITERATUR Toni Offermann, Arbeiterbewegung, Bürgertum und Staat in Hamburg 1850–1862/63, in: Arno Herzig / Dieter Langewiesche / Arnold Sywottek (Hg.), Arbeiter in Hamburg. Unterschichten, Arbeiter und Arbeiterbewegung seit dem ausgehenden 18. Jahrhundert, Hamburg 1983 (Veröffentlichungen des Hamburger Arbeitskreises für Regionalgeschichte), S. 125, Anm. 50; Ulrich Bauche, Biographien im Spannungsfeld zwischen ethnischer und sozialpolitischer Exponiertheit. Jüdische Mitstreiter in der Hamburger Arbeiterbewegung, in: VOKUS – volkskundlich-kulturwissenschaftliche Schriften, Jahrgang 10 (2000) Heft 1, S. 16–28. *Ulrich Bauche*

STÖRTEBEKER (Stortebeker), Klaus (?), gest. 1400 Hamburg (?); Hauptmann der Vitalienbrüder.

Störtebeker war einer der Hauptleute der so genannten Vitalienbrüder, die spätestens ab 1398 in der Nordsee Handelsschiffe kaperten und dabei auch Hamburger Kaufleute erheblich schädigten. Vermutlich war Störtebeker nicht adelig und stammte aus Wismar.

Die Vitalienbrüder – der Name geht wahrscheinlich auf die Selbstversorgung aus den Gütern der gekaperten Schiffe zurück – wurden von 1376/77 bis 1379 und von 1390 bis 1395 im Kampf um die Herrschaft über Dänemark und Schweden von der mecklenburgischen Partei mit Kaperbriefen ausgestattet, um die gegnerische dänisch-norwegische Seite wirtschaftlich zu schädigen. Im Rahmen dieser Auseinandersetzung standen auch die Plünderung von Bergen (1393) und die Versorgung der belagerten Stadt Stockholm mit Lebensmitteln (Anfang 1394), an der die Vitalienbrüder entscheidenden Anteil hatten. Für das Jahr 1394 ist Störtebeker erstmals als einer der Hauptleute der Vitalienbrüder dokumentiert. Nach dem Friedensschluss von Skanö und Falsterbo im Jahr 1395 setzten die Vitalienbrüder ihre Kaperfahrten auf eigene Rechnung fort und fanden teilweise Aufnahme in Gotland, von wo sie 1398 durch Truppen des Deutschen Ordens vertrieben wurden. Einzelne Gruppen zogen in die Nordsee und fanden bei rivalisierenden ostfriesischen Häuptlingen Quartiere für die Wintermonate sowie Absatzmärkte für die erbeuteten Waren. Spätestens seit 1398 hielt sich auch Störtebeker im Nordseeraum auf. Dort schädigten die Vitalienbrüder massiv Kaufleute der Hansestädte. Da Verhandlungen der Städte mit den ostfriesischen Häuptlingen ergebnislos blieben, lief am 22. April 1400 eine hamburgisch-lübische Flotte nach Ostfriesland aus, nahm dort Stadt und Schloss Emden in Besitz, richtete mehrere Vitalienbrüder hin und brannte die Schlösser Groothusen und Loquard nieder. Störtebeker floh mit seiner Mannschaft nach Westen, wo Herzog Albrecht von Holland ihn unter seinen Schutz stellte und für einen Kaperkrieg gegen die Hansestädte anwarb. Im Herbst 1400 stellte eine Hamburger Flotte unter Führung der Ratsherren Hermann Lange und Nikolaus Schoke eine Gruppe von Vitalienbrüdern bei Helgoland. Unter den Gefangenen, die nach Hamburg gebracht wurden, befand sich wahrscheinlich auch Störtebeker. Sie wurden noch im selben Jahr auf dem Grasbrook enthauptet. Dass Störtebeker in den erhaltenen zeitgenössischen Dokumenten der Hansestädte nicht namentlich genannt wird, macht deutlich, dass man nicht etwa in seiner Person, sondern in dem häufiger erwähnten Godeke Michels den gefährlichsten Hauptmann der Vitalienbrüder sah. Schilderungen von Störtebekers Gefangennahme und Hinrichtung in Hamburg finden sich in Chroniken des 15. und 16. Jahrhunderts, die allerdings nur bedingt zuverlässig sind.

Klaus Störtebeker

Die spärlichen Fakten, der ungewöhnliche Name Störtebeker (der gerne als Hinweis auf piratische Trinkfestigkeit gedeutet wird) und das Fehlen herausragender Persönlichkeiten in der Geschichte der Hanse erwiesen sich als beste Voraussetzungen für eine blühende Legendenbildung, an die sich eine Umdeutung der Person Störtebekers im Sinne politischer und gesellschaftlicher Ideale im historischen Roman anschloss. An seine Verbindungen zu Hamburgs Geschichte erinnern das 1982 errichtete Störtebeker-Denkmal in der Speicherstadt (am Brooktor) und der 1948 nach dem Hauptmann der Vitalienbrüder benannte Störtebekerweg in Neugraben.

LITERATUR ADB 36; Hartmut Roder, Klaus Störtebeker – Häuptling der Vitalienbrüder, in: Piraten. Die Herren der Sieben Meere, Katalog zur Ausstellung im Überseemuseum Bremen vom 15. Juni 2000 bis 15. Januar 2001, hg. von Hartmut Roder, Bremen 2000, S. 36–43; Matthias Puhle, Die Vitalienbrüder, Klaus Störtebeker und die Seeräuber der Hansezeit, Frankfurt a. M./New York 1992 [Bibliografie S. 189–192].

Gudula Mayr

Ferdinand Streb

STREB, Ferdinand, geb. 5. 11. 1907 Berching/Oberpfalz, gest. 6. 2. 1970 Hamburg; kath.; Architekt.

Mit seinen hellen, optimistischen und zeichenhaften Repräsentations- und Verwaltungsbauten setzte Ferdinand Streb Anfang der fünfziger Jahre prägende Akzente im Stadtbild rund um die Alster. Mit dem Alsterpavillon, dem Kopfbau des Axel-Springer-Verlagsgebäudes und dem Iduna-Germania-Haus am Alsterufer repräsentiert er – laut Hermann Hipp – den »Glanz in der wiedergekehrten Moderne Hamburgs«.

Nach der Tischlerlehre in Bayern und Gesellenwanderjahren in Deutschland absolvierte der bei Nürnberg geborene Oberpfälzer ein Studium der Innenarchitektur an der Kunstakademie in Hannover. Von 1932 bis 1935 schloss er ein Praktikum bei Le Corbusier in Paris an und beteiligte sich mit Erfolg an ersten Wettbewerben. Nach seiner Rückkehr aus Frankreich ging Streb zunächst nach München und siedelte sich dann in Stralsund an, wo sich die enge Freundschaft mit dem späteren Krupp-Industriellen Berthold Beitz entwickelte.

Nach fünfjährigem Kriegsdienst bei einer Bautruppe in Frankreich, Russland und Ostpreußen wurde Ferdinand Streb 1945 aus englischer Gefangenschaft entlassen, ging nach Hamburg, beteiligte sich an der Gründung des Bundes Deutscher Architekten (BDA) und machte sich – zunächst mit wechselnden Partnern – selbstständig. Schon am ersten Großauftrag, dem Bau von 900 Wohnungen für Angehörige der englischen Besatzungsmacht in der ersten Hamburger Hochhaussiedlung am Grindel (1946–56), war der Kriegsheimkehrer zusammen mit der zu diesem Zweck eingerichteten Architektenarbeitsgemeinschaft (Bernhard Hermkes, Hopp & Jäger, Lodders, Loop und Streb, Ruscheweyh und Sander, Trautwein und Zess) maßgeblich beteiligt. Er zeichnete gemeinsam mit Hopp & Jäger verantwortlich für den 1952/53 fertig gestellten Block 2, das Behördenhochhaus mit Tankstelle, in dem sich nicht nur das Bezirksamt Eimsbüttel mit dem Standesamt, sondern auch die Öffentliche Bücherhalle befindet.

Über Ferdinand Streb hat sich der Einfluss seines großen Vorbilds und Lehrherrn Le Corbusier auch in der Architektur der Hansestadt niedergeschlagen. Stilelemente aus der Pariser Zeit lassen sich im Bali-Kino am Hauptbahnhof (1949, nach einem Stuttgarter Vorläufer das zweite, größte und modernste Aktualitäten-Kino der Bundesrepublik) und in den Verwaltungsbauten der Iduna-Germania Versicherung am Alsterufer (1951) nachweisen, ebenso im Haus des Sports an der Schäferkampsallee (1952), im Springer-Hochhaus am Axel-Springer-Platz (1953–55) und in Verwaltungs- und Wohnhochhäusern in Altona und Hamburg-Bergedorf.

Es gibt zwei Gründe für den außerordentlichen Erfolg von Ferdinand Streb in den fünfziger Jahren: Durch die Freundschaft mit dem einflussreichen Auftraggeber Berthold Beitz nahm der Architekt an zahlreichen offiziellen Ereignissen teil und kannte die Hautevolee in der Aufbauphase der jungen Bundesrepublik; zugleich traf er mit seiner schwungvollen Formbegabung und einer außerordentlichen Termin- und Kostenpräzision den optimistischen Zeitgeist und Wiederaufbauwillen der Nachkriegsgeneration.

Einen ersten Höhepunkt bildete 1951 die Einweihung der gläsernen Büros im Iduna-Germania-Haus an der Ecke Alsterufer/Alte Rabenstraße mit dem Ersten Bürgermeister Max Brauer, dem ehemaligen

Altonaer Bausenator Gustav Oelsner, Wirtschaftssenator Karl Schiller, dem Maler Oskar Kokoschka und Generaldirektor Berthold Beitz. Mit dem neuartigen Service-Haus für Singles an der Heimhuder Straße für Robert Vogel (1951) führte Streb den Trend zum Apartmenthaus mit differenziertem Wohnungsangebot und Tiefgarage an. Zeitgenossen rühmten das Gebäude als »Kleinstaat organisch aneinandergefügter Eigenheime«. Es bot 32 Einzimmerwohnungen unterschiedlichen Typs, alle lichtdurchflutet und mit Elektroküche, Bad/WC, Ankleidekammer und einem Hauptwohn- und Schlafraum ausgestattet.

1952/53 errichtete Ferdinand Streb für die erste Internationale Gartenbau-Ausstellung nach dem Krieg im Ausstellungspark Planten un Blomen die Seeterrassen mit Kindergarten, Ponystall und Pumpenstation für die Leuchtfontäne. Bundespräsident Theodor Heuss eröffnete die Gartenschau, mit der die Hansestadt auch das zuvor privat genutzte, nun zum Park umgestaltete Alstervorland an die Bevölkerung übergab. An diesem Ereignis neu erwachter Lebensfreude mit Architektur, Kunst im Freien und städtischer Landschaftsgestaltung war Ferdinand Streb zudem mit glanzvollen Bauten beteiligt: Der Alsterpavillon am Jungfernstieg (1952/53) und das neu errichtete Bürohausensemble zwischen Alsterufer und Badestraße, Harvestehuder Weg und Alter Rabenstraße (1950/54) sicherten ihm Aufmerksamkeit.

Nach dem Fortzug von Berthold Beitz, der als Generalbevollmächtigter des Krupp-Konzerns nach Essen übersiedelte, baute Streb für diesen Konzern auf der Industriemesse in Hannover 1955 einen spektakulären Ausstellungspavillon: einen Kuppelbau aus Glas und Krupp-Stahl. Es folgten noch drei Aufträge aus dem Ruhrgebiet: das Privathaus für Berthold Beitz (1955), die neue »Villa Hügel«, wurde hoch über dem Bredeneysee vis-à-vis der alten Villa Hügel, dem Wohnsitz von Alfried Krupp von Bohlen und Halbach, errichtet. Hinzu kamen ein weiterer Familienbungalow für einen Krupp-Manager (1958) und das Krupp-Schwesternheim in Essen (1959), das noch einmal aus dem Formenrepertoire der Pariser Lehrzeit schöpfte. Danach wurde es stiller. In den sechziger Jahren baute Streb in Hamburg noch verschiedene Läden in den Colonnaden, Teile des Hotels Vier Jahreszeiten und private Einfamilienhäuser um, schuf aber auch weitere Neubauten. Er errichtete die Volksschule Klotzenmoor (1957–61), ein kleines Heizwerk (Großlohe-Süd, 1964) und die Erdgasübernahmestation Alvesen für die Hamburger Gaswerke (1966), ein viergeschossiges Bürohaus in Würzburg für die Iduna-Versicherung (1965/66) und ein achtgeschossiges Wohnheim für Kindergärtnerinnen in Hamburg-Langenhorn (1967/68). Als letztes Bauwerk entstand kurz vor seinem Tod das kleine Bürohaus in St. Georg (1969), in dem Ferdinands Sohn Martin Streb – im Gegensatz zu seinem Vater als akademisch ausgebildeter Diplomingenieur – nun mit eigenen Meriten das Architekturbüro weiterführt. Der Werknachlass von Ferdinand Streb wird im Hamburgischen Architekturarchiv aufbewahrt.

LITERATUR Karin von Behr, Ferdinand Streb 1907–1970. Zur Architektur der fünfziger Jahre in Hamburg. Mit einem Werkverzeichnis von Norbert Baues und Hedwig Heggemann und einem Vorwort von Hermann Hipp, Hamburg 1991 (Schriftenreihe des Hamburgischen Architekturarchivs) [Bibliografie S. 127 f.]. *Karin von Behr*

Johann Heinrich von Thünen

THÜNEN, Johann Heinrich von, geb. 24.6.1783 Kanarienhausen/Jever, gest. 22.9.1850 Gut Tellow, Kreis Teterow; luth.; Gutsbesitzer, Agrarwissenschaftler.

Der Sohn eines wohlhabenden Marschhofbesitzers aus dem Oldenburgischen besuchte nach Schulzeit und Lehre 1802/03 die von Lucas Andreas Staudinger geleitete landwirtschaftliche Lehranstalt in Groß Flottbek. Trotz seines nur kurzen Aufenthalts in Holstein ist dieser Schulbesuch von grundlegender Bedeutung für die gerade aufblühende Agrarwissenschaft geworden: Hier formulierte Thünen in einem Schulaufsatz die Grundidee seiner bahnbrechenden Standortlehre. Angeregt durch den Vergleich so ertragsungleicher Wirtschaftsweisen wie auf Caspar Voghts Gutsbetrieb und auf den extensiv genutzten Bauernhöfen in dessen Umgebung folgerte Thünen, dass kein Bewirtschaftungssystem einen absoluten Vorrang vor dem anderen habe, sondern dass jedes unter bestimmten Umständen das beste sein könne. Diese These der relativen Vorzüglichkeit aller Anbausysteme stand im Gegensatz zu den Lehren der rationellen Landwirte um Albrecht Thaer. Thünen hat seine in jungen Jahren formulierte Behauptung später zu einer umfassenden Theorie ausgearbeitet. Sein Hauptwerk »Der isolierte Staat in Beziehung auf Landwirthschaft und Nationalökonomie« erschien 1826 auf Vermittlung Voghts in Hamburg. Die zur mathematischen Ableitung jenes Sachverhalts von ihm entwickelte Partialanalyse und deren anschauliche grafische Darstellung (Thünensche Kreise) gelten bis heute als Grundkomponenten der modernen Standorttheorie. Erproben konnte Thünen seine Theorien auf dem 1810 erworbenen Gut Tellow südöstlich von Rostock, das er in jahrzehntelanger Bewirtschaftung zu einem der ertragreichsten Mustergüter Mecklenburgs machte.

1830 verlieh die Universität Rostock dem Agrarwissenschaftler die Ehrendoktorwürde. Seit 1928 trägt die Von-Thünen-Straße in Groß Flottbek seinen Namen.

WERKE Schriftenverzeichnis von Hermann und Ruth von Wenckstern in: Johann Heinrich von Thünen, Ausgewählte Texte, hg. von Walter Braeuer, Meisenheim 1951.

LITERATUR ADB 38; SHBL 4; Gerhard Ahrens, Caspar Voght und sein Mustergut Flottbek. Englische Landwirtschaft in Deutschland am Ende des 18. Jahrhunderts (Beiträge zur Geschichte Hamburgs 1), Hamburg 1969, besonders S. 114–117; Renate Hippauf, Johann Heinrich von Thünen. Ein Lebensbild, Rostock 2000. *Gerhard Ahrens*

TIELKE (Tielcke), Joachim, geb. 14.10.1641 Königsberg; gest. 19.9.1719 Hamburg; luth.; Instrumentenmacher.

Der Sohn eines Königsberger Richters zog, wahrscheinlich gemeinsam mit seinem älteren Bruder Gottfried (1639–88), zur Ausbildung als Streich- und Zupfinstrumentenbauer nach Oberitalien oder Venedig. Um 1666 kam Joachim Tielke nach Hamburg, dessen reiches städtisches Musikleben gute Absatzchancen versprach. 1667 heiratete er Catharina Fleischer (1644–1724), eine Tochter des Instrumentenbauers Christoph Fleischer, in dessen Werkstatt er zunächst wohl als Geselle arbeitete. Der Erwerb des Bürgerrechts im Jahr 1669 lässt auf die Eröffnung eines eigenen Meisterbetriebs zu dieser Zeit schließen. Über Tielkes Leben ist nur wenig bekannt, lediglich ein umfangreiches Glückwunschgedicht zu seiner Goldenen Hochzeit (1717; Original verschollen, Kopie im Museum für Kunst und Gewerbe Hamburg) dokumentiert das hohe Ansehen und den bemerkenswerten geschäftlichen Erfolg des weit über Hamburg hinaus bekannten Meisters: Er sei »sein Leb-Tage ein künstlicher Verfertiger der raresten und schönsten Musicalischen Instrumente und Erfinder solcher Kunst-Stücke gewesen / welche die Musicalische Welt vordem nie gesehen; wol aber so viel mehr bewundert hat«. Von Tielkes Instrumenten, mit denen er unter anderem die Königshöfe von

Dänemark und Schweden belieferte, sind über 100 Exemplare erhalten geblieben, darunter Lauten, Gitarren, Cithrinchen (ein Modeinstrument der Zeit um 1700) und etwa 70 Viole da Gamba. Nicht nur hinsichtlich des edlen Klangs, sondern auch aufgrund der künstlerischen Ausgestaltung handelt es sich um Spitzenwerke des europäischen Instrumentenbaus. Oft sind Teile der Instrumente mit Schnitzereien oder großflächigen Einlegearbeiten in kostbaren Materialien (zum Beispiel Elfenbein, Perlmutter, Schildpatt, Halbedelsteine) verziert, und als Bekrönung der Wirbelkästen seiner Violen findet man meistens, quasi als Markenzeichen Tielkes, einen fein geschnitzten Frauenkopf mit modisch hoch gesteckter Haartracht. Eine der größten Sammlungen von Tielke-Instrumenten besitzt das Museum für Kunst und Gewerbe in Hamburg.

LITERATUR MGG (1. Aufl.) 13; Grove (2. Aufl.) 25; Günther Hellwig, Joachim Tielke, ein Hamburger Lauten- und Violenmacher der Barockzeit, Frankfurt a.M. 1980; Alexander Pilipczuk, Der Hamburger Instrumentenmacher Joachim Tielke: künstlerisch-historische Aspekte, in: Die Weltkunst 51 (1981), S. 1134–1137. *Dorothea Schröder*

TIEMANN, Hermann, geb. 9.7.1899 Bremen, gest. 27.2.1981 Hamburg; luth.; Romanist, Bibliothekar.

Als langjähriger Direktor der Staats- und Universitätsbibliothek Hamburg hat Hermann Tiemann den Wiederaufbau der Hamburger Bibliothek nach den Zerstörungen im Zweiten Weltkrieg wesentlich vorangetrieben. Als Mitglied – von 1953 bis 1956 als Vorsitzender – des Bibliotheksausschusses der Deutschen Forschungsgemeinschaft und der Bibliothekskommission des Wissenschaftsrates gab er Impulse für die Neugestaltung des Bibliothekswesens in der Bundesrepublik Deutschland. Daneben wirkte er als ordentlicher Professor für Romanistik an der Universität Hamburg.

Nach dem Studium der Romanistik, Anglistik und Germanistik in Tübingen und Göttingen, das er im Jahre 1923 mit einer Promotion über das Thema »Studien zur spanischen Dramatik in Flandern« abschloss, wurde Tiemann im Jahre 1925 Mitarbeiter der Staats- und Universitätsbibliothek Hamburg und legte 1928 in Berlin die Fachprüfung für das Bibliothekswesen ab. Von 1945 bis 1967 war er Direktor der Hamburger Bibliothek. Neben seiner bibliothe-

Hermann Tiemann

karischen und wissenschaftlichen Tätigkeit spielte Tiemann auch auf dem Gebiet der Bibliophilie eine führende Rolle. Er war langjähriger Vorsitzender der 1911 in Berlin als Vereinigung von Bücherfreunden entstandenen und 1946 in Hamburg wiederbegründeten Maximilian-Gesellschaft und hat so die Buchkunst in Deutschland wesentlich gefördert. Bekannt wurde er zudem als Herausgeber der Briefe Meta Klopstocks.

WERKE Lope de Vega in Deutschland. Kritisches Gesamtverzeichnis der auf deutschen Bibliotheken vorhandenen älteren Lope-Drucke und -Handschriften nebst Versuch einer Bibliographie der deutschen Lope-Literatur 1629–1935, Hamburg 1939 (Mitteilungen aus der Bibliothek der Hansestadt Hamburg 5); Essays, Vorträge und Aufsätze aus vier Jahrzehnten. Mit einem Vorwort von Fritz Schalk und einem Verzeichnis der wichtigsten Schriften des Verfassers, hg. von Christian Voigt, Hamburg 1974.

LITERATUR Libris et litteris. Festschrift für Hermann Tiemann zum 60. Geburtstag am 9. Juli 1959, hg. von Christian Voigt und Erich Zimmermann, Hamburg 1959 [Bibliografie S. 350–360]. *Horst Gronemeyer*

TIMM, Henriette *Marianne*, geb. 8.2.1913 Hamburg, gest. 1.11.1993 ebd.; luth.; Theologin.

Der Einsatz für junge Menschen sowie ihr Engagement für Israel und die christlich-jüdische Zusammenarbeit kennzeichneten das Leben der evangelischen Theologin Marianne Timm. Sie zählt zu den Vorkämpferinnen für die Gleichberechtigung der Theologinnen, spielte bis zum Beginn der fünfziger Jahre eine zentrale Rolle in der evangelischen

Marianne Timm

Studentinnenbewegung sowie der Studierendenseelsorge und wirkte anschließend vor allem im Bereich der Religionspädagogik, indem sie mit Kursen und Unterrichtswerken Generationen von Religionslehrern prägte.

Nach dem Theologiestudium absolvierte Marianne Timm 1937 die erste theologische Prüfung in Hamburg und 1939 die zweite in Hannover. Sie konnte als Vikarin in ihrer Hamburger Gemeinde weiterarbeiten und gleichzeitig bis 1949 in der Studentenseelsorge wirken. 1941 begann sie ihre Tätigkeit als Reisesekretärin für die Evangelischen Studentengemeinden und organisierte mindestens zweimal im Jahr illegale Tagungen für 30 bis 50 Vertrauensstudentinnen. Die dabei gesammelten Kollekten wurden zum Erwerb von Lebensmittelgutscheinen für versteckte Juden verwendet, zu denen Marianne Timm Kontakt hatte.

1946 untersagte ihr die Hamburger Kirchenleitung ihre überregionale Reisetätigkeit und das Abhalten von Andachten und Bibelstunden, die ihr während des Zweiten Weltkriegs noch zugestanden worden waren. Ihre theologische Kompetenz, ihr Amtsverständnis und ihre starke Persönlichkeit kollidierten mit den Vorstellungen ihrer Vorgesetzten. 1949 wechselte Marianne Timm an die Evangelische Akademie Hamburg, wo sie für Religionspädagogik zuständig war; später übte sie diese Funktion am neu geschaffenen Katechetischen Amt aus. 1970 wurde sie als erste Theologin in den Kirchenrat gewählt, zugleich gehörte sie der Synode an. Sie gab zahlreiche Bücher und Sammlungen für den religionspädagogischen Unterricht heraus und wirkte in der Lehreraus- und -fortbildung in diesem Fach. Der Rat der Evangelischen Kirche in Deutschland berief Marianne Timm als einzige Frau zum Mitglied und zugleich zur Geschäftsführerin des »Ausschusses für Bild und Film im Religionsunterricht der Evangelischen Kirche in Deutschland«. Sie fotografierte sehr viel und erstellte zahlreiche Bildserien zur christlichen Kunst. Seit den fünfziger Jahren begleitete sie Lehrergruppen auf Studienreisen ins Heilige Land und engagierte sich seit 1960 zudem im christlich-jüdischen Dialog. Der Kontakt zu Israel, insbesondere der zu ihren dort lebenden ehemaligen Mitschülerinnen, war ihr ein wichtiges Anliegen und prägte ihr Leben bis in den Ruhestand, der 1979 begann. Sie unterstützte das Kinderheim Neve Hanna in Kiryat Gat und warb weitere Förderer in Hamburg, die den Kontakt bis heute gehalten haben.

WERKE Schriftenverzeichnis in: BBKL 12.

LITERATUR 50 Jahre Evangelische Studentengemeinde. 1938–1988, Versuch einer Spurensicherung, hg. von der Evangelischen Studentengemeinde Hamburg, Hamburg 1989; Rainer Hering, Frauen auf der Kanzel? Die Auseinandersetzungen um Frauenordination und Gleichberechtigung der Theologinnen in der Hamburger Landeskirche, in: ZHG 79 (1993), S. 163–209; ders., Vom Seminar zur Universität. Die Religionslehrerausbildung in Hamburg zwischen Kaiserreich und Bundesrepublik, Hamburg 1997.

Rainer Hering

TÖNNIES, Ferdinand, geb. 26.7.1855 Riep (heute zu Oldenswort/Eiderstedt), gest. 9.4.1936 Kiel (oft fälschlich 11.4.1936); Soziologe.

Ferdinand Tönnies ist der Begründer der einzelwissenschaftlichen, empirischen Soziologie in Deutschland. Obwohl er nur sechs von 81 Lebens- und 48 Schaffensjahren in Hamburg (und Altona) verbracht hat (1895 bis 1901), enthalten diese hochverdichtet die Essenz seines gesamten Schaffens. In ihnen gewinnt er seine bleibende Identität als Soziologe.

Tönnies entstammt als einziger »klassischer« Soziologe einem agrarischen Milieu: Der Vater war Hofbesitzer und Viehhändler, die Mutter Pastorentochter. Nach dem Besuch der Gelehrtenschule in Husum (aus dieser Zeit datiert die Freundschaft mit Theodor Storm) studierte er an verschiedenen deutschen Universitäten Altertumswissenschaften und wurde 1877 promoviert. Erst danach wandte er sich dem Studium sozialer Probleme zu und lernte in

Ferdinand Tönnies

diesem Zusammenhang auch Karl Marx und Friedrich Engels persönlich kennen. 1881 verlieh ihm die Universität Kiel die Venia Legendi in Philosophie für seine Arbeiten über das Werk des englischen Philosophen Thomas Hobbes.

Anfang 1895 kam Tönnies nach Hamburg, um der beruflichen Stagnation zu entkommen, in die er mit seiner Habilitation und mit seinem wissenschaftlichen Frühwerk geraten war: Aus politischen Gründen hatte er als Sympathisant der Arbeiterbewegung und als Antimonarchist keinen Lehrstuhl an einer Universität erlangen können; die Resonanz auf sein Jugend- und Hauptwerk »Gemeinschaft und Gesellschaft« (1887), das gleichermaßen rationalistisch-allgemeine wie historistisch-individuelle Erklärungsmodelle von Kultur in Anwendung bringt, war praktisch ausgeblieben. Damit war Tönnies' Versuch, eine kritische Sozialwissenschaft im Geiste der Aufklärung als eigenständiges akademisches Fach zu etablieren, vorerst gescheitert.

Von Hamburg versprach er sich im Unterschied zum preußischen Schleswig-Holstein eine liberalere Atmosphäre des Geistes und größere Nähe zu den sozialen Problemen der Moderne, die fruchtbares empirisches Arbeiten erhoffen ließen. Zugleich gründete er hier seinen Hausstand; aus der Ehe mit seiner Frau Marie, geborene Sieck, gingen fünf Kinder hervor, von denen vier in der Hansestadt geboren wurden. In Hamburg arbeitete Tönnies als freier wissenschaftlicher Schriftsteller und Publizist. Er komplettierte in mehreren Veröffentlichungen die philosophische Grundlage seiner Soziologie und vollzog aus ethischen und wissenschaftskritischen Gründen den Bruch mit Friedrich Nietzsche, zu dessen Umkreis er zeitweise gehört hatte, und mit dessen Popularisierungen (»Der Nietzsche-Kultus«, 1897).

In der Hamburger Öffentlichkeit wurde er mit seinem Engagement für den großen Hafenarbeiterstreik im Winter 1896/97 bekannt, in dem 16 000 Arbeiter für elf Wochen den gesamten Betrieb stilllegten. Tönnies' Kommentar – weniger wissenschaftlich denn im Stil einer Reportage gehalten – ist eine publizistisch zugeschnittene Umsetzung seiner Grundüberzeugungen, wonach auch im geschichtlichen, politisch-sozialen Raum den Sachverhalten in streng empirisch-kausaler, objektiver Analyse auf den Grund gegangen werden muss, um das Kräftespiel von Macht und Interessen transparent werden zu lassen. Seine These vom prinzipiell schon erfolgten Übergang von »gemeinschaftlichen« (traditionalen, gewachsenen, gewohnheitsmäßigen, wertrationalen) zu »gesellschaftlichen« (zweckrationalen, geplanten, unpersönlichen, kontraktuellen) Sozialverhältnissen bewährt sich hier, indem er der patriarchalischen und an die Solidarität der Hafenarbeiter appellierenden Arbeitgeberargumentation eine klare Absage erteilt, aber auch die unrealistische Selbsteinschätzung der Arbeiter ablehnt. Stattdessen plädiert Tönnies für soziale Reformen auf dem Boden eines modernen Arbeitsrechts, fordert die Auflösung scheingemeinschaftlicher Zustände, ein ungehindertes Koalitionsrecht, die Anerkennung der Gewerkschaften und ihres Streikrechts sowie die Einrichtung von Schiedsstellen. Ganz generell weist er auf die überfällige Humanisierung der Arbeits- und Lebensverhältnisse der Arbeiter hin. Mit seinen 1897 in einem Gesamtumfang von 180 Druckseiten veröffentlichten Aufsätzen (überwiegend im »Archiv für soziale Gesetzgebung«, Bd. 10) vollzieht Tönnies zugleich eine Kritik am Liberalismus, der seinen eigenen Grundsätzen untreu geworden sei, und an der Wissenschaft, die nur noch im Sinne einer Erhaltung des Status quo wirke. Erst nach dem Ende des Kaiserreichs wurde Tönnies mit der 1921 erfolgten Ernennung zum Ehrendoktor der 1919 gegründeten Hamburger Universität städtischer Dank zuteil.

1901 nahm Ferdinand Tönnies seinen Wohnsitz in Eutin, 1923 in Kiel. 1909 wurde er zum außerordentlichen, 1913 zum ordentlichen Professor für wirtschaftliche Staatswissenschaften an der Kieler Universität ernannt; schon 1916 ließ er sich jedoch wieder entpflichten. 1909 wählte die aus dem Verein für Socialpolitik hervorgegangene Deutsche Gesellschaft für Soziologie Tönnies zu ihrem Ersten Vorsitzenden, der er bis zu ihrer Selbstauflösung im Jahre 1934 blieb. Mit der zweiten Auflage von »Gemeinschaft und Gesellschaft« (1912) setzte die nicht mehr abreißende Wirkung seiner Soziologie ein, die in den Jahren der Weimarer Republik ihren Zenit erreichte. Tönnies avancierte zur großen, verbindenden Figur der deutschen Soziologie, mittelbar auch der neuen Hamburger akademischen Soziologie, wie der Briefwechsel mit Universitätsdozenten ausweist. 1933 wurde ihm die Pension aufgrund seiner vorher geübten öffentlichen Gegnerschaft zum Nationalsozialismus drastisch gekürzt.

Nach dem Zweiten Weltkrieg geriet Tönnies, wie nahezu die gesamte Soziologie Deutschlands aus der Zeit vor 1945, in Vergessenheit. Erst seit etwa 1980 gibt es eine allmähliche Rückbesinnung auf sein Werk, wovon mehrere Symposien, Nachdrucke seiner Werke und Veröffentlichungen über Tönnies Zeugnis ablegen. Den Bemühungen der Kieler Ferdinand-Tönnies-Gesellschaft sowie der 1982 gegründeten Ferdinand-Tönnies-Arbeitsstelle am Institut für Soziologie der Universität Hamburg ist es zu danken, wenn nunmehr eine Gesamtausgabe seiner Schriften in 24 Bänden beim de Gruyter Verlag erscheint.

WERKE Rolf Fechner, Ferdinand Tönnies. Werkverzeichnis, Berlin 1992 (Tönnies im Gespräch 2); Tönnies-Gesamtausgabe, hg. von der Ferdinand-Tönnies-Gesellschaft Kiel [bisher erschienen: Bd. 22 (Schriften 1932–1936), hg. von Lars Clausen, Berlin 1998; Bd. 9 (Schriften 1911–1915), hg. von Arno Mohr, Berlin 2000; Band 15 (Schriften 1923–1925), hg. von Dieter Haselbach, Berlin 2000].

LITERATUR DBE 10; SHBL 6; Ernst Georg Jacoby, Die moderne Gesellschaft im sozialwissenschaftlichen Denken von Ferdinand Tönnies. Eine biographische Einführung, Stuttgart 1971; Cornelius Bickel, Ferdinand Tönnies. Soziologie als skeptische Aufklärung zwischen Historismus und Rationalismus, Opladen 1991 (Studien zur Sozialwissenschaft 82); Peter-Ulrich Merz-Benz, Tiefsinn und Scharfsinn. Ferdinand Tönnies' begriffliche Konstitution der Sozialwelt, Frankfurt a. M. 1995.

Rainer Waßner

TRATZIGER, Adam, geb. 1523 Nürnberg, gest. 17.10.1584 bei Rahlstedt; luth.; Jurist, Syndicus, holsteinischer Kanzler.

Die aus der Steiermark oder aus Schlesien stammenden Vorfahren Tratzigers gelangten um 1400 nach Nürnberg, wo sie im Laufe des 15. Jahrhunderts durch das Drahtziehen zu Wohlstand kamen. Tratzigers Großvater mütterlicherseits war der Rechtsgelehrte Dr. Johann Letscher.

Im Anschluss an die Nürnberger Schulzeit, in der sich sein Interesse an Philosophie, Rhetorik und Naturwissenschaften ausbildete, ging Tratziger 1540, ausgestattet mit einem Stipendium, nach Leipzig, um dort Jurisprudenz zu studieren; nach dem Magisterabschluss setzte er seine Studien in Frankfurt an der Oder fort und erlangte dort 1546 den Doktortitel. Sogleich folgte eine Berufung nach Rostock, wo er an der Universität über Dekretalien und das kanonische Recht las und gleichzeitig für die Stadt als Syndicus tätig war.

Mit seiner Anstellung als Syndicus der Stadt Hamburg im Jahre 1553 begann Tratzigers Tätigkeit als Sachwalter und Justiziar des Rats, die er bis zu Beginn des Jahres 1558 ausüben sollte. In Hamburg heiratete er Gertrud von Zeven, Tochter Georg (Jürgen) von Zevens und seiner Frau Elisabeth, geborene von Me(h)re, durch deren Familie er in den Besitz des Gutes Wandsbek gelangte. Bis zum Verkauf der Besitzungen an Heinrich Rantzau im Jahre 1564 hatte Tratziger den Gutshof als Pfandbesitz des dänischen Königs inne. Sein jährliches Basiseinkommen von 620 Pfund (1555–1557) ermöglichte ihm zudem den Kauf eines Hauses an der Ecke Brandstwiete/Kleine Reichenstraße. 1555 wurde er Ehrenbürger, im selben Jahr erster von insgesamt drei Syndici. Gesandtschaften für Hamburg unternahm Tratziger nach Bergedorf, Segeberg, zum Zollenspieker, zum Kurfürsten von Brandenburg, nach Lübeck, Lüneburg, Itzehoe, Hasselwerder, Frankfurt am Main, Osnabrück, Estebrügge, Sachsen-Lauenburg, Uelzen, Bremen-Verden und an den kaiserlichen Hof in Brüssel. 1554 gehörte er zu den Deputierten, die nach Verhandlungen mit Herzog Heinrich dem Jüngeren von Braunschweig das besetzte Bergedorf wieder freikaufen konnten und es einem neuen Amtmann übergaben. In Segeberg verhandelte Tratziger im selben Jahr mit dänischen Gesandten und den Herzögen Johann und Adolf über die Hoheitsansprüche Holsteins auf Hamburg; in Frankfurt am Main vertrat er 1556 die Stadt auf der von Ferdinand I. zur Schaffung einer Ordnung für die Elbschifffahrt und die Elbzölle einberufenen Versammlung der Elbuferstaaten. Auch auf den Tagen der wendischen Städte und auf den Hansetagen war der hamburgische Syndicus im Interesse seiner Stadt zugegen. Während des Prozesses mit dem Domkapitel um Besitzverhältnisse, Renten und Gerichtsbarkeiten, in dem er die Hansestadt als Anwalt vertrat, konnte Tratziger 1554 in Brüssel zunächst die Vertagung der Gerichtsverhandlungen und im folgenden Jahr die Einsetzung einer Kommission unter Vorsitz des Herzogs Franz Otto von Lüneburg und des Bischofs von Osnabrück, Johann IV., erreichen.

Anfang 1558 verließ Adam Tratziger Hamburg, weil Herzog Adolf von Gottorp ihm eine Stelle als Kanzler angeboten hatte. Seine Verbindungen zur Stadt blieben jedoch bestehen: 1562 wurde auf sein Anraten Paul von Eitzen, der in Hamburg 1555 wegen des Verdachts des Kryptocalvinismus entlassen worden war, als Superintendent für den Gottorper Landesteil (Bistum Schleswig) berufen; 1575 war Tratziger Kanoniker des Hamburger Domkapitels. Bei einem Wagenunfall auf dem Weg von Hamburg nach Gottorp kam Adam von Tratziger in der Nähe von Rahlstedt ums Leben; beigesetzt wurde er in der Hamburger Domkirche.

Tratzigers wichtigstes Werk ist die 1557 abgeschlossene Hamburger Stadtchronik »Der alten weitberuhmeten stadt Hamburg chronica und jahrbucher«. Das annalistisch angelegte Werk setzt mit Karl dem Großen ein und endet mit dem Jahr 1555. Den meisten Abschriften der hochdeutsch geschriebenen Chronik, die sich an den Regierungszeiten der römisch-deutschen Kaiser orientiert, sind drei Abhandlungen vorangestellt, in denen sich Tratziger zu Hamburgs Vorgeschichte äußert. Trotz einiger irrtümlicher Angaben, die teilweise schon Peter Lambeck im 17. Jahrhundert kritisierte, liefert Tratziger zuverlässige Nachrichten zur Geschichte Hamburgs von 800 bis 1555. Neben Urkunden des Ratsarchivs, Amtsrollen, Rezessen und Hermann Rövers Ratsherrenliste benutzte er Chroniken und Darstellungen von Widukind, Saxo Grammaticus, Hermann Korner, Detmar, Rufus, Albert Krantz, Johann Petersen, Bernd Gyseke, Stephan Kempe, Johannes Besselmeyer und Johannes Aventin. Tratzigers Chronik zeugt an manchen Stellen von einer ausgereiften humanistischen Methode.

Zum Zeitpunkt ihres ersten Drucks im Jahre 1740 hatte die Stadtchronik die Phase ihrer größten Wirkung bereits hinter sich. Sie war seit dem letzten Drittel des 16. Jahrhunderts durch Abschriften verbreitet worden, von denen sich heute noch allein im norddeutschen Raum über 100 nachweisen lassen. Einige Kopisten haben Tratzigers Text sogar bis in ihre Zeit fortgesetzt, woraus mitunter – so etwa im Falle Wentzel Janibals und Otto Sperlings – Hamburger Stadtchroniken mit eigenständigen Ansätzen entstanden. Michael Gottlieb Steltzners »Versuch einer zuverläßigen Nachricht von dem kirchlichen und politischen Zustande der Stadt Hamburg« (6 Bde., Hamburg 1731–39) hat Tratzigers Werk im 18. Jahrhundert abgelöst.

Seit 1950 erinnert die Tratzigerstraße in Marienthal an den Syndicus und Chronisten.

WERKE De Dignitate et excellentia iurium oratio habita per Adamum Dratziher, Leipzig 1544; Tratziger's Chronica der Stadt Hamburg [1557], hg. von Johann Martin Lappenberg, Hamburg 1865; Slesvici oppidi olim Metropolis Cimbricae Chersonesi Topographia [1583], in: Monumenta inedita rerum Germanicarum praecipue Cimbricarum et Megapolensium, Bd. 3, hg. von Ernestus Joachimus de Westphalen, Leipzig 1743, S. 319–326; Series oder Kurtzer Historischer Begriff von der Succession der Herren Bürgermeister und Senatorn zu Hamburg [...], Stade 1664.

LITERATUR ADB 38; LhS 7; Dansk Biografisk Leksikon, Bd. 24, Kopenhagen 1943; Nicolaus Wilckens, Leben D. Adami Thracigeri nebst verschiedenen dazu gehörigen Beylagen, Hamburg 1722; Johann Martin Lappenberg, Vorwort, in: Tratziger's Chronica der Stadt Hamburg, Hamburg 1865, S. I–LXXX; Gottfried Ernst Hoffmann, Aus der Tätigkeit Adam Tratzigers als Kanzler Herzog Adolfs von Schleswig-Holstein, in: ZHG 49/50 (1964), S. 41–52; Susanne Rau, Stadthistoriographie und Erinnerungskultur in Hamburg, Köln und Breslau, in: Deutsche Landesgeschichtsschreibung im Zeichen des Humanismus, hg. von Franz Brendle u.a., Stuttgart 2001, S. 227–257.

Susanne Rau

TRAUN (Ronge), Bertha, geb. Meyer, geb. 26.4.1818 Hamburg, gest. 18.4.1863 Frankfurt; deutschkath.; Mitbegründerin freisinniger Frauenvereine und einer Frauenhochschule.

Bertha Meyer war geprägt durch die liberale Atmosphäre ihres Elternhauses und die Patriarchengestalt des Vaters Heinrich Christian Meyer, in Hamburg bekannt unter dem Spitznamen »Stockmeyer«, der aus kleinsten Verhältnissen zum erfolgreichen Unternehmer aufgestiegen war. Als Bertha 15 Jahre alt war, starb ihre Mutter bei der Geburt des elften Kindes. 1835 heiratete Bertha auf Wunsch ihres Vaters den als Sekretär in Diensten der hannoverschen Regierung stehenden hochgebildeten Friedrich Traun. Heinrich Christian Meyer machte den Schwiegersohn zum Associé seiner Firma. Mit ihren sechs Kindern galten Trauns als Muster einer harmonischen Familie. Aber die auf das Haus beschränkte Rolle als Gattin und Mutter befriedigte Bertha nicht. In der intensiven Freundschaft mit Emilie Wüstenfeld fand sie Anregung und Ideenaustausch.

1846 lud Heinrich Christian Meyer den Führer der Deutschkatholiken, Johannes Ronge, einen exkommunizierten Kaplan aus Breslau, nach Hamburg ein, um hier eine Gemeinde zu gründen. Die Deutschkatholiken, eine religiös-politische Reformbewegung, hatten das Ziel einer überkonfessionellen deutschen Nationalkirche mit demokratischer Verfassung. In den Gemeinden erhielten Mitglieder aus allen Ständen, auch die Frauen, ein gleiches Mitbestimmungsrecht. Bertha Traun versammelte in ihrem Haus 30 Frauen zur Gründung eines Vereins, der die mittellose deutschkatholische Gemeinde finanziell unterstützte und sich um deren Anerkennung als Religionsgemeinschaft bemühte. Zugleich diente der Frauenverein weiteren humanen Zwecken und informierte die bald 100 Mitglieder über allgemeinbildende und sozialpolitische Themen, insbesondere über die Aufgaben der Frau in der Gesellschaft.

In Vorbereitung der zu erwartenden Judenemanzipation war Bertha Traun an einem aus Christinnen und Jüdinnen gebildeten Frauenverein zur Ausgleichung konfessioneller Gegensätze beteiligt, aus dem verschiedene Aktionsprogramme hervorgingen, so die Gründung von Kindergärten, wozu Friedrich Fröbel nach Hamburg eingeladen wurde, und das Projekt einer Hochschule für das weibliche Geschlecht. Für die Hochschule setzten sich besonders Bertha Traun und Emilie Wüstenfeld ein. Am 1. Januar 1850 konnte sie als erstes gemeinsames Projekt aller deutschen Frauenvereine in Hamburg eröffnet werden. Bertha Traun wirkte im Vorstand mit. Im April 1850 verließ sie jedoch Hamburg, um dem inzwischen als Revolutionär steckbrieflich verfolgten Johannes Ronge ins Exil nach London zu folgen. Von Traun ließ sie sich als schuldiger Teil scheiden und

Bertha Traun

heiratete Ronge. In London gründete Bertha Ronge einen Kindergarten und verfasste mit ihrem neuen Ehemann zusammen eine Schrift über die Fröbel-Lehre. Bei ihren Besuchen in Hamburg, wo ein Teil ihrer Kinder bei Traun verblieben war, hielt sie vor dem Frauenverein Vorträge über die von ihr weiterentwickelten Fröbelschen Spielgaben, bekam aber die Ablehnung einstiger Freundinnen zu spüren. Engen Kontakt hielt sie weiterhin zu Emilie Wüstenfeld. Ronge selbst konnte im Exil seine Vision von einer internationalen freireligiösen Gemeinschaft nicht verwirklichen. Nach Erlass einer Amnestie kehrte das Ehepaar 1861 nach Deutschland zurück. In Breslau warb Bertha Ronge für Kindergärten und gründete eine Bildungsanstalt für Kindergärtnerinnen. Ihre letzte Lebenszeit verbrachte sie in Frankfurt, wo Ronge noch einmal Anschluss an deutschkatholische Kreise fand. Bertha Ronge starb an einem Lungenleiden. Ihr Leichnam wurde nach Hamburg überführt, hier bestattet und 1908 in die von ihrem Sohn, Senator Dr. Heinrich Traun, auf dem Ohlsdorfer Friedhof angelegte Erbbegräbnisstätte umgebettet. Als wäre sie nicht geschieden worden, steht auf ihrem Grabstein nur Bertha Traun.

WERKE (mit Johannes Ronge) A Practical Guide to the English Kinder Garten (Children's garden) for the Use of Mothers, Nurses, and Infant Teachers. Being an Exposition of Froebel's System of Infant Training, London 1855.

LITERATUR Elke Kleinau, Bildung und Geschlecht. Eine Sozialgeschichte des höheren Mädchenschulwesens in Deutschland vom Vormärz bis zum Dritten Reich, Weinheim 1997 (Frauen- und Geschlechterforschung in der Historischen Pädagogik 2), S. 60–92.

Inge Grolle

TROPLOWITZ, Oskar, geb. 18.1.1863 Gleiwitz, gest. 27.4.1918 Hamburg; isr.; Pharmazeut, Unternehmer, Bürgerschaftsabgeordneter, Mäzen.

Im Alter von 27 Jahren kam der gebürtige Schlesier Oskar Troplowitz aus Posen nach Hamburg, um hier das von Paul Beiersdorf zum Verkauf angebotene Laboratorium sowie kosmetische und dermatologische Patente zum Kaufpreis von 70 000 Mark zu erwerben. Troplowitz verlegte den Firmensitz von der Oelkersallee Nr. 82 im preußischen Altona nach Hamburg auf ein 1116 Quadratmeter großes Areal am Lokstedter Weg, der heutigen Unnastraße. Aus dem von Beiersdorf übernommenen Labor für pharmazeutische Produkte entstand unter der Ägide von Troplowitz ein ausgedehntes Unternehmen von Weltruf.

In Gleiwitz als Sohn des Maurermeisters und Architekten Louis Troplowitz und seiner Ehefrau Agnes, geborene Mankiewicz, zur Welt gekommen, besuchte Oskar Troplowitz in Breslau das Maria-Magdalena-Gymnasium. Er verließ die Schule mit der Mittleren Reife, um von 1878 bis 1881 seine Lehrzeit in der Breslauer Apotheke in der Schweidnitzerstraße zu absolvieren. Nachdem er einige Jahre als Apothekengehilfe in Berlin und Posen gearbeitet hatte, begann Troplowitz 1884 in Breslau Pharmazie zu studieren. Nach vier Semestern schloss er 1886 seine Berufsausbildung zum Apotheker mit dem Staatsexamen erfolgreich ab. Am 2. Mai 1888 wurde er an der Universität Heidelberg zum Magister Artium und zum Doktor der Philosophie in den Fächern Chemie, Physik und Botanik promoviert. Es folgte ein einjähriger Militärdienst, den Troplowitz im Rang eines Oberapothekers beendete. Am 9. Januar 1891 heiratete er in Posen seine Cousine Gertrud Mankiewicz, mit der er sich zunächst in Altona niederließ, bevor er am 27. November 1894 das Hamburger Bürgerrecht erwarb.

Eine wesentliche Neuerung im Bereich der Pharmazie waren damals die stark fetthaltigen und doch leicht abwaschbaren Kaseinsalben. Sie boten als Kombination von Salbe und Schutzverband eine neue Therapieform für Hauterkrankungen. Die überfetteten Salben konnten als Träger all jener Arzneimittel dienen, die Kasein nicht zum Gerinnen bringen. Am 9. Februar 1894 erhielt Troplowitz das Reichspatent 79113 für das »Verfahren zur Herstellung trocknender Salben«.

Bereits 1887 hatte Troplowitz eine Zahnpasta für

Oskar Troplowitz

Dr. Hugo Floris entwickelt und sie 1892 unter dem Namen »Florisal« auf den Markt gebracht. Die Zahnpasta sollte »mit der trockenen Bürste in die Zähne und Zahnfleisch eingerieben« werden, erst dann sollte Wasser zugesetzt werden. Dabei würde dreierlei Wirkung erzielt: eine antiseptische, eine das Zahnfleisch stärkende und eine die Zirkulation anregende, die einer »skorbutischen« Beschaffenheit des Zahnfleischs vorbeugt. Die Zahnpasta wurde verbessert und erlangte unter dem Markennamen »Pebecco« überragende Marktpräsenz. Sein Hauptaugenmerk richtete Troplowitz aber auf die Weiterentwicklung von Pflastern. Benötigt wurde vor allem eine Fixierungsmöglichkeit der Verbände. Troplowitz brachte 1901 ein fixierendes Pflaster mit einer zinkoxydhaltigen Pflastermasse, nach deren weißer Farbe »Leukoplast« (das weiße Pflaster) genannt, auf den Markt. Aus den Versuchsreihen für »Leukoplast« entstand schließlich ein Klebeband, welches zwar für die menschliche Haut nicht besonders verträglich war, sich aber für eine technische Verwendung anbot. Es ist Troplowitz' Verdienst, diese Verwendungsmöglichkeit erkannt und mit »Citoplast« und »Lassoband« die ersten technischen Klebebänder auf den Markt gebracht zu haben. Diese bildeten die Grundlage für die ab 1934 unter dem Markennamen »tesa« weltweite Berühmtheit erlangenden Folgeprodukte.

Troplowitz erwarb 1911 von Dr. Isaac Lifschütz das Eucerit-Patent zur Herstellung stark wasseraufnahmefähiger Salben, das die Basis für sämtliche kosmetischen und medizinischen Salben war. Er nutzte es vornehmlich für »Nivea Creme« und schuf damit die Grundlagen für das weltweit erfolgreichste Kosmetikum. Mit seinem Schwager Otto Hans Mankiewicz hatte er bereits 1903 den Markenverband zum Schutz von Qualitätssicherung und zur Standardisierung von Markenprodukten gegründet, da er frühzeitig die wirtschaftliche Bedeutung etablierter Markenartikel erkannt hatte.

Während Troplowitz die Firma Paul Beiersdorf 1890 mit acht Mitarbeitern übernommen hatte, waren es zur Jahrhundertwende bereits 47 Beschäftigte, deren Zahl bis zum Ausbruch des Ersten Weltkriegs auf 502 anstieg. Die Gewährung von Weihnachtsgeld, die 1912 erfolgte Arbeitszeitreduzierung auf 48 Wochenstunden bei vollem Lohnausgleich, eine Pensions- und Unterstützungskasse sowie ein zweiwöchiger bezahlter Urlaub zeigen Troplowitz auch in sozialpolitischer Hinsicht als visionären Unternehmer.

Gesellschaftspolitisches Engagement bezeugte er auch in der Hamburgischen Bürgerschaft, der er von 1904 bis 1910 als Mitglied des linken Zentrums angehörte. Von 1906 bis 1918 war Troplowitz Mitglied der Baudeputation, von 1910 bis 1916 zudem Deputierter in der Oberschulbehörde, und seit dem 1. Januar 1918 gehörte er der Finanzdeputation an. Auch als Kunstmäzen tat sich Troplowitz hervor. In München erwarb er 1914 auf Anraten des jungen Hamburger Künstlers Friedrich Ahlers-Hestermann ein Bild des damals noch wenig beachteten Pablo Picasso: »Die Absinthtrinkerin«. Dem Unverständnis seiner Umgebung zum Trotz schmückte dieses Gemälde fortan sein Arbeitszimmer. Gemälde von Max Liebermann, Max Slevogt, Auguste Renoir und Alfred Sisley bereicherten nach und nach seine Sammlung, die nach dem Tod des kinderlosen Ehepaars 1920 als Schenkung an die Hamburger Kunsthalle überging. Künstler wie Fritz Lißmann, Franz Nölken, Fritz Friedrichs, Rudolf Schulte im Hofe, Arthur Bock und besagter Friedrich Ahlers-Hestermann gingen in Troplowitz' Haus in der Agnesstraße Nr. 1 ein und aus und wurden von dem Unternehmer finanziell unterstützt. Den Stadtpark ziert die von ihm initiierte und von Arthur Bock geschaffene Bronzegruppe »Diana mit Hunden« (1911).

Hamburg ehrte den engagierten Unternehmer, Demokraten und Mäzen 1971 mit der Umbenennung der Mathildenstraße in Eimsbüttel in Troplowitzstraße.

LITERATUR Ekkehard Kaum, Oscar Troplowitz. Forscher, Unternehmer, Bürger. Eine Monographie, Hamburg 1982; Sven Tode, Von der Erfindung zur Vermarktung: Dr. Isaac Lifschütz und das Eucerit, in: Hamburger Wirtschafts-Chronik NF 1 (2000), S. 113–131.

Sven Tode

TÜGEL, *Franz* Eduard Alexander, geb. 16.7.1888 Hamburg, gest. 15.12.1946 ebd.; luth.; Hamburger Landesbischof.

Von 1934 bis 1945 führte mit Franz Tügel ein überzeugter Nationalsozialist die Hamburger Landeskirche. Nach dem Theologiestudium und den theologischen Examina wurde der Sohn eines Kaufmanns 1914 ordiniert und 1916 zum Pastor an der Hauptkirche St. Nikolai gewählt. 1919 wechselte er aufgrund der Konversion seiner Frau zum Katholizismus an die Gnadenkirche-St. Pauli, wo er bis Ende 1933 blieb. Eine Scheidung, wie seine Vorgesetzten sie ihm nahe gelegt hatten, lehnte er ab. Theologisch engagierte er sich nach dem Ersten Weltkrieg in der kurzlebigen Volkskirchenbewegung für eine »volksnahe« Kirche. In Tügels Amtsverständnis nahm die Predigt den zentralen Platz ein. Er wurde ein wortgewaltiger Redner, der verständlich und mitreißend die Botschaft Gottes verkündigte – so, wie er sie verstand. Zahlreiche Artikel und Predigten aus seiner Feder wurden publiziert, posthum erschien seine während des Zweiten Weltkriegs verfasste Autobiografie »Mein Weg«.

Franz Tügel war sehr intolerant und bekämpfte vehement alle liberalen Strömungen in Kirche und Gesellschaft; einen Pluralismus der Meinungen ließ er nicht zu. Er betonte den Willen – vor allem seinen eigenen – und erteilte differenziertem Denken und selbstkritischem Abwägen eine Absage. 1931 trat der Gegner der Demokratie der NSDAP bei, über die er sich zuvor genau informiert hatte. Er engagierte sich als »Gauredner« sowie bei den Deutschen Christen, deren Vertrauensmann er 1933 wurde. Dabei soll er seine Aufgaben als Gemeindepastor vernachlässigt haben. Im selben Jahr wurde Tügel Mitglied des Aktionsausschusses der Kirche, um den Kontakt zur NSDAP zu halten, und Oberkirchenrat. Nach Auseinandersetzungen der Deutschen Christen mit dem ersten Landesbischof Simon Schöffel trat dieser im März 1934 zurück, und Tügel wurde in dieses Amt gewählt, das er bis zum Herbst 1945 ausübte. 1934 wurde er als Landesbischof zugleich Hauptpastor an

Franz Tügel

der Hauptkirche St. Jacobi; 1940 verzichtete er aus gesundheitlichen Gründen auf dieses Amt. Wegen seines Gelenkrheumatismus konnte er kaum noch die Wohnung verlassen.

Tügel praktizierte das Führerprinzip; alle wichtigen Angelegenheiten, so auch die Besetzung von Pfarrstellen, blieben ihm vorbehalten. Er kontrollierte von 1935 bis zu ihrer Einstellung 1941 die »Hamburgische Kirchenzeitung« und bestimmte so auch die kirchliche Presse. Da ihm das geistliche Amt als »Mannesamt« galt, schränkte er die Wirkungsmöglichkeiten von Theologinnen in der Hamburger Landeskirche drastisch ein. 1935 hielt Tügel die Deutschen Christen in Hamburg nicht mehr für erforderlich, weil er die Kirche im nationalsozialistischen Sinne führte. Er legte daher sein Gauobmannsamt nieder und trat aus dieser Gruppierung aus. Kirchenpolitisch machte Tügel Zugeständnisse an Pastoren der Bekenntnisgemeinschaft, um so die Landeskirche zu konsolidieren und seine eigene Position zu festigen, arbeitete aber auch mit massiven Drohungen gegen die kirchliche Opposition, die seine geistliche Autorität infrage stellte. Tügel blieb trotz einiger Konflikte mit der NSDAP Parteimitglied, überzeugter Nationalsozialist und Antisemit. Während des Zweiten Weltkriegs verschickte er zumeist monatlich Rundschreiben als Orientierung für die Geistlichen und Soldaten, die im Felde standen. In ihnen fanden sich Durchhalteparolen ebenso wie theologische Ausführungen.

Im Juli 1945 gab Franz Tügel nur auf äußeren Druck sein Amt auf und wickelte bis Ende Oktober noch die laufenden Geschäfte ab; distanzieren wollte er sich von seinem nationalsozialistischen Engagement nicht. 1934 war er aus politischen Gründen in das Amt des Bischofs gelangt und musste es nach dem Ende der verbrecherischen Politik, der er sich verschrieben hatte, wieder abgeben. Dabei hat er die Theologie dem Nationalsozialismus untergeordnet und dessen brutale Herrschaft unterstützt. Auch nachdem das millionenfache Morden offenbar geworden war, fand er kein Wort des Bedauerns, vielmehr beharrte er weiterhin auf seinen fatalen Ansichten. Die Sozialisation eines karriereorientierten Theologen, seine psychische Struktur und die (kirchen-)politischen Rahmenbedingungen der Zeit gingen in seiner Person eine verhängnisvolle Verbindung ein.

WERKE Schriftenverzeichnis in: BBKL 12; Mein Weg 1888–1946. Erinnerungen eines Hamburger Bischofs, hg. von Carsten Nicolaisen, Hamburg 1972 (Arbeiten zur Kirchengeschichte Hamburgs 11).

LITERATUR Heinrich Wilhelmi, Die Hamburger Kirche in der nationalsozialistischen Zeit 1933–1945, Göttingen 1968 (Arbeiten zur Geschichte des Kirchenkampfes, Ergänzungsreihe, 5); Gnadenkirche Hamburg 1907–1987. Festschrift zum 80jährigen Jubiläum, Hamburg 1987; Rainer Hering, Die Bischöfe Simon Schöffel und Franz Tügel, Hamburg 1995 (HLb 10), S. 49–91.

Rainer Hering

UNZER, Johann August, geb. 1.5.1727 Halle/Saale, gest. 2.4.1799 Altona; luth.; Arzt, Schriftsteller.

Johann August Unzer studierte an der Friedrichs-Universität in Halle seit 1742 Medizin und wurde 1748 promoviert. Schon als Student und Dozent war er schriftstellerisch tätig. Gefördert wurde er von dem Medizinprofessor Johann Gottlob Krüger und dem Philosophen Georg Friedrich Meier. Ende 1750 wandte Unzer sich nach Hamburg und eröffnete 1751 eine ärztliche Praxis in Altona. Um 1750 hatte er die Schriftstellerin Johanne Charlotte Ziegler geheiratet. Er führte mit ihr, die 1753 mit dem Lorbeerkranz als »Kayserlich gekrönte Dichterin« geehrt wurde, eine sehr glückliche Ehe. An ihrem Buch »Johannen Charlotten Zieglerin Grundriß einer Weltweisheit für das Frauenzimmer« (1751) hatte der Gatte einen gewichtigen Anteil. Von 1750 bis 1752 war Unzer Mitarbeiter der von Abraham Gotthelf Kästner herausgegebenen Zeitschrift »Hamburgisches Magazin«. Es folgten die »Gesellschaftlichen Erzählungen« (1752–54) und der »Physikalische und ökonomische Patriot« (1756–58); beide Periodika zählten zu den damals beliebten Moralischen Wochenschriften. Von 1759 bis 1764 publizierte Unzer die medizinische Wochenschrift »Der Arzt«, die mehrere Auflagen erlebte und als eine der populärsten Wochenschriften der Aufklärung ins Dänische, Holländische und Schwedische übersetzt wurde. Seinen Erfolg verdankte dieses Blatt besonders dem fasslichen und leicht verständlichen Stil. Mit fingierten Leserbriefen und satirischen Beiträgen sprach der Herausgeber ein großes Publikum an. Von 1766 bis 1784 war Unzer Rezensent der renommierten »Allgemeinen Deutschen Bibliothek« von Friedrich Nicolai. 1770 veröffentlichte er als Nachfolgewerk des »Arztes« ein »Medicinisches Handbuch«, das die wichtigsten Artikel dieser Zeitschrift zusammenfasste und bis 1794 fünf weitere Auflagen erlebte. Zudem stellte er nach geheimem Rezept eine Universalmedizin her, die ihn zu einem vermögenden Mann werden ließ, sodass er schon um 1770 seine Arztpraxis aufgeben konnte. Als »Unzers Digestivpulver« (»Pulvis digestivus Unzeri«) war sie noch im 19. Jahrhundert nicht nur in Hamburg und Altona ein verbreitetes Mittel. Zu den kritischen Zeitgenossen, die in dem geschäftstüchtigen Arzt einen Scharlatan sahen, gehörte auch der damals noch als Altonaer Stadtphysikus wirkende Johann Friedrich

Johann August Unzer

Struensee, der dem Kollegen unterstellte, sein Pulver sei nichts anderes als Hundekot. Kontakte pflegte Unzer mit den Ärzten Philipp Garlieb Hensler in Altona und Johann Albert Heinrich Reimarus in Hamburg. 1771 rief er seinen Neffen Johann Christoph Unzer nach Altona, der sich unter seiner Aufsicht zum praktischen Arzt bildete und den er vielfach unterstützte. Nach dem Tode seiner Frau 1782 lebte Johann August Unzer zurückgezogen und widmete sich in seiner großen Privatbibliothek gelehrten Studien. Ein 1799 angelegtes Verzeichnis der zum Verkauf stehenden Bibliothek belegt die vielseitigen, auch nichtmedizinischen Interessen des Arztes. Die Unzerstraße in Altona wurde 1867 nach der Ärztefamilie benannt.

WERKE Schriftenverzeichnis in: LhS 7; Neue Lehre von den Gemüthsbewegungen. Mit einer Vorrede vom Gelde begleitet von Johann Gottlob Krügern. Mit Textkommentar, Zeittafel und einem Nachwort hg. von Carsten Zelle, Halle/Saale 1995 (Schriftenreihe zur Geistes- und Kulturgeschichte. Texte und Dokumente).

LITERATUR ADB 39; SHBL 6; LhS 7; Böning Bd. 1, Teil 3, Sp. 2169; Stefan Bilger, Üble Verdauung und Unarten des Herzens: Hypochondrie bei Johann August Unzer (1727–1799), Würzburg 1990; Matthias Reiber, Anatomie eines Bestsellers. Johann August Unzers Wochenschrift »Der Arzt« (1759–1764), Göttingen 1999. *Hans-Werner Engels*

Johann Christoph Unzer

UNZER, Johann Christoph, geb. 17.5.1747 Wernigerode, gest. 20.8.1809 Göttingen; luth.; Arzt, Gymnasialprofessor, Journalist, Dichter.

Johann Christoph Unzer besuchte die Lateinschule in Wernigerode und seit 1764 die Klosterschule in Ilfeld (Harz). Dort unterrichtete ihn der nur vier Jahre ältere Jakob Mauvillon, dessen freigeistige Weltanschauung den jungen Unzer und seinen Bruder Ludwig August prägte. Seit 1767 studierte Johann Christoph Unzer in Göttingen die Arzneiwissenschaft und wurde 1771 promoviert. Dann wandte er sich nach Altona, wo sein als Herausgeber der Zeitschrift »Der Arzt« berühmt gewordener Onkel Johann August Unzer lebte. Johann Christoph Unzer wurde ein geschätzter praktischer Arzt und spezialisierte sich auf die Geburtshilfe. 1775 veröffentlichte er die »Beschreibung eines mit dem künstlichen Magneten angestellten medizinischen Versuchs« und zählte so zu den ersten Ärzten, die sich mit dem Mesmerismus beschäftigten. Unzer, ein Verehrer Lessings, trat für Toleranz gegenüber Juden ein und lieh seine Initialen der Publikation »Anmerkungen zu der Schrift des Herrn Dohm über die bürgerliche Verfassung der Juden« (1782), die sein Freund Moses Wessely verfasst hatte. In Altona redigierte er von 1773 bis 1779 den »Neuen Gelehrten Mercurius«, eine Zeitschrift, die die Literatur des Sturm und Drang protegierte. Auch wirkte er auf Empfehlung seines Onkels Johann August Unzer an Friedrich Nicolais »Allgemeiner Deutscher Bibliothek« mit und schrieb für weitere Periodika.

Johann Christoph Unzer unterrichtete von 1775 bis 1791 am Christianeum Naturlehre und Naturgeschichte und wirkte in den Jahren von 1789 bis 1801 als Stadtphysikus von Altona. Freundschaften pflegte der Theaterenthusiast mit dem Altonaer Theaterdirektor Friedrich Ludwig Schröder und dem begüterten Kaufmann und Theaterfreund Caspar Voght. Für die Bühne Schröders schrieb er mehrere Theaterreden, eine Bearbeitung des Schauspiels »Der Hofmeister« von Jakob Michael Reinhold Lenz und das Trauerspiel »Diego und Leonore« (1775), das 1778 nach der Uraufführung infolge einer Beschwerde des kaiserlichen Gesandten, dem die Angriffe auf den katholischen Klerus missfielen, vorübergehend verboten wurde. Später wurde es oft aufgeführt und sicherte seinem Verfasser literarische Anerkennung. 1778 heiratete Unzer die gefeierte Schauspielerin Cornelia Dorothea Elisabeth Ackermann, eine Halbschwester des Theaterdirektors Schröder, die sich nach der Heirat von der Bühne zurückzog. Die Ehe war nicht glücklich.

Unzer wurde 1789 als »Mann in den besten Jahren, schön gebauet, und ein sentimentalischer und witziger Kopf« (Johann Hermann Stoever) charakterisiert. Sein kontaktfreudiges Naturell machte ihn in den 1770er und -80er Jahren zu einem gern gesehenen Gast bei Geselligkeiten. Zu seinen Freunden gehörte auch der Dichter Friedrich Gottlieb Klopstock. Am 14. Juli 1790 nahm er in Harvestehude zusammen mit seinem Jugendfreund Adolph Freiherrn Knigge und dem Kreis um Georg Heinrich Sieveking und Johann Albert Heinrich Reimarus am Freiheitsfest zum ersten Jahrestag des Sturms auf die Bastille teil. In den folgenden Jahren wurde Unzer ein engagierter Anhänger der Prinzipien der Französischen Revolution und galt als Drahtzieher der Altonaer und Hamburger »Jakobiner«. Zu den französischen Agenten, die er gastfreundlich in seinem Haus aufnahm, zählte Charles Marné, dessen Annäherung an Unzers Frau zum Anlass für einen langwierigen Ehescheidungsprozess wurde. 1798 war Unzer zusammen mit seinem jüdischen Freund Heymann Salomon Pappenheimer aktiver Propagandist der französischen Revolutionsideen in Holstein. Von 1796 bis 1802 stand er auch in Verbindung mit dem Altonaer Nationaltheater, wo erneut sein Stück »Diego und Leonore« aufgeführt wurde. 1807 wurde die verwitwete französische Emigrantin Jeanne Lefebvre-Millot die zweite Frau des Arztes und Schriftstellers. Die Unzerstraße in Altona erinnert seit 1867 an Johann Christoph Unzer und seine Familie.

WERKE Johann Christoph Unzer's hinterlassene Schriften poetischen Inhalts, 2 Bde., Altona 1811.

LITERATUR ADB 39; SHBL 6; Asendorf/von Bockel; Walter Grab, Demokratische Strömungen in Hamburg und Schleswig-Holstein zur Zeit der ersten französischen Republik, Hamburg 1966 (Veröffentlichungen des Vereins für Hamburgische Geschichte 21); Hans-Werner Engels, Johann Christoph Unzer, in: 250 Jahre Christianeum 1738–1988. Festschrift, Bd. 1, hg. von Ulf Andersen im Namen des Vereins der Freunde des Christianeums, Hamburg 1988, S. 75–90.

Hans-Werner Engels

Valckenburgh, Johan van, geb. um 1575 Holland, gest. Juni 1625 Voorburg bei 's-Gravenhage; ref.; Oberstleutnant im niederländischen Ingenieuroffizierkorps, Festungsbaumeister.

Im Jahr 1606 wurde Johan van Valckenburgh als Ingenieur der Generalstaaten (Republik der Vereinigten Niederlande) vereidigt. Er war ein Vertreter der frühniederländischen Bastionsbefestigungsmanier und, wie sein Lehrmeister Prinz Moritz von Oranien, Statthalter in den Niederlanden, nicht frei von idealtheoretischen Überlegungen barocker Festungsbaukunst. Zunächst beauftragten die Generalstaaten den Ingenieur mit der Verbesserung der Verteidigungsanlagen verschiedener holländischer Städte. Mit dem General der Fortifikation Johan van Rijswijck, von 1602 an in Deutschland (Lippe, Bremen) tätig, wurde er 1609 zum Ingenieur der sechs korrespondierenden Hansestädte Bremen, Hamburg, Lübeck, Lüneburg, Braunschweig und Magdeburg berufen. Unter dem Befehl des Grafen Friedrich zu Solms-Laubach stehend, beriet er in der Folgezeit diese Städte – mit Ausnahme Magdeburgs – in Verteidigungsfragen, plante Neu- und Ausbauten ihrer Befestigungsanlagen und leitete in Einzelfällen ihre Durchführung. Seit 1614 war Valckenburgh zugleich im Auftrag des Prinzen von Oranien mit dem Ausbau der Festungsanlagen in Emden und den von den Generalstaaten besetzten und zu der so genannten niederländischen Ostbarriere gehörenden Städten im Westen des Reiches – Jülich, Rheydt, Emmerich, Rees, Ravenstein, Leerort – betraut. 1617/19 führte er die Planung und den Bau der Bastionsanlagen der Reichsstadt Ulm durch. Weitere Planungen und Beratungen erfuhren Rostock, Stralsund und Dillenburg.

Die bereits seit 1609 geplante Befestigung Hamburgs war das umfangreichste und bedeutendste Werk Valckenburghs. Ein Ring von 21 Bastionen und elf im Westen vorgelagerten Ravelins, ergänzt durch ein Hornwerk an der Elbe, umgab halbkreisförmig die Stadt und vergrößerte die befestigte Stadtfläche um 167 Prozent auf 373 Hektar, wovon 112 Hektar auf die Neustadt, eine im Wesentlichen unbebaute Fläche, entfielen. Die Arbeiten hatten 1616 begonnen und waren mit einem Finanzaufwand von über 1,6 Millionen Mark nach fast elfjähriger Bauzeit abgeschlossen worden. Bis zu seinem Tode leitete Valckenburgh – unbeschadet seiner weiteren Aufgaben – den Ausbau der Hamburger Befestigungsanlagen. Wie schon 1615 unter Solms-Laubach bei dessen militärischer Operation gegen Braunschweig war Valckenburgh in den Jahren 1620/21 unter Dodo zu Inn- und Knyphausen neben seiner Tätigkeit als Festungsbaumeister gleichzeitig Kompaniechef einer Söldnertruppe, die er im Ratsauftrag anlässlich des Einfalls des Herzogs von Braunschweig-Lüneburg in die Vier- und Marschlande im Rheinland angeworben hatte. Die Erinnerung an den Festungsbaumeister wird durch die Jan-Valkenburg-Straße (1948) in der Hamburger Neustadt sowie die 1991 benannte Johan-van-Valckenburgh-Brücke und einen im selben Jahr eingeweihten Gedenkstein der Patriotischen Gesellschaft im Alten Botanischen Garten, einem Teil der alten Wallanlagen, wach gehalten.

Literatur Jürgen Soenke, Johan van Rijswijk und Johan van Valckenburgh, in: Mitteilungen des Mindener Geschichtsvereins 46 (1974), S. 9–39; Karl-Klaus Weber, Johan van Valckenburgh. Das Wirken des niederländischen Festungsbaumeisters in Deutschland 1609–1625, Köln/Weimar/Wien 1995 (Städteforschung, Reihe A, Darstellung 38).

Karl-Klaus Weber

Vogel, Hugo, geb. 15. 2. 1855 Magdeburg, gest. 26. 9. 1934 Berlin; Maler.

Mit seinen monumentalen Wandgemälden hat Hugo Vogel maßgeblich zur Ausstattung des Hamburger Rathauses beigetragen. Nach einem Studium der Historienmalerei in Düsseldorf bei Eduard von Gebhardt und Wilhelm Sohn (1874–80) ließ sich Vogel 1886 in Berlin nieder, wo er mit Bildern zur bran-

Hugo Vogel

denburg-preußischen Geschichte und der Reformationszeit wie auch als Porträtist und Genremaler reüssierte. Eine 1887 erlangte Professur legte er 1892 im kunstpolitischen Streit mit dem einflussreichen Akademiedirektor Anton von Werner nieder, nachdem er im selben Jahr die »Berliner IX« mitbegründet hatte, eine Künstlergruppe um Max Liebermann, an dessen Stil Vogel sich zunehmend orientierte. Im Spannungsfeld von akademischem Traditionalismus und modernen Strömungen suchte Vogel in diesen Jahren eine vermittelnde Position einzunehmen, der er auch seine großen Hamburger Aufträge verdankte. Auf Anregung Alfred Lichtwarks und in deutlicher Anlehnung an ein wenig älteres Bildnis des Bürgermeisters Carl Friedrich Petersen von Liebermann porträtierte er 1893/94 Bürgermeister Johannes Versmann. 1902 folgte ein großes Gruppenbild des Senats in spanischer Amtstracht. In den Jahren 1902 bis 1909 arbeitete Vogel an der Ausmalung und Umgestaltung des Großen Festsaals im Hamburger Rathaus, dessen ursprüngliche historistische Konzeption er inhaltlich wie formal aufgab zugunsten kulturhistorischer Szenen vor einem friesartig raumumspannenden Landschaftspanorama. Vogels heute kaum noch erinnerter Ruf als Historien- und Porträtmaler verblasste bereits zu seinen Lebzeiten. Dennoch wurden ihm bis nach dem Ersten Weltkrieg wichtige öffentliche Aufträge zuteil. Zuletzt machte er mit Kriegsbildnissen Paul von Hindenburgs auf sich aufmerksam und publizierte seine Briefschaft aus deren Entstehungszeit.

WERKE Als ich Hindenburg malte, Berlin 1927.

LITERATUR ThB 34; Richard Graul, Die Wandgemälde des großen Saales im Hamburger Rathaus. Die Entwürfe von Gehrts und Geselschap. Das Ergebnis des allgemeinen deutschen Wettbewerbes. Umgestaltung des Saales. Die Ausführung von Hugo Vogel, Leipzig 1909; Aby Warburg, Die Wandbilder im hamburgischen Rathaussaale [1910], in: ders., Gesammelte Schriften. Studienausgabe, hg. von Horst Bredekamp u. a., 1. Abteilung, Bd. 1.2: Die Erneuerung der heidnischen Antike. Kulturwissenschaftliche Beiträge zur Geschiche der europäischen Renaissance. Reprint der von Gertrud Bing unter Mitarbeit von Fritz Rougemont edierten Ausgabe von 1932, Berlin 1998, S. 579–587; Rainer Donandt, »Ein anschwellendes Gedicht von der Kultur«. Hugo Vogels Wandgemälde im großen Festsaal, in: Joist Grolle (Hg.), Das Rathaus der Freien und Hansestadt Hamburg, Hamburg 1997, S. 53–60. *Rainer Donandt*

Richard Vogt

VOGT, Richard, geb. 19.12.1894 Schwäbisch-Gmünd, gest. 23.1.1979 Santa Barbara (USA); konfessionslos (ursprünglich kath.); Flugzeugkonstrukteur.

Richard Vogt war ein Ingenieur von außergewöhnlicher Erfindungsgabe, der während der NS-Zeit wesentlich dazu beitrug, Hamburg zu einem bedeutenden Standort der deutschen Flugzeugindustrie zu machen.

Bereits in der Schulzeit befasste sich das siebte Kind eines schwäbischen Kleinfabrikanten mit der Konstruktion von Flugzeugen und unternahm Flugversuche. Im Ersten Weltkrieg als Kriegsfreiwilliger an der Westfront verwundet, wurde Vogt danach zum Piloten ausgebildet. Anfang 1917 kam er zu den Zeppelin-Werken in Friedrichshafen bzw. Lindau, wo er unter Claudius Dornier mit der Konstruktion von Metallflugzeugen begann. Nach dem Schnellstudium am Institut für Luft- und Kraftfahrwesen an der Technischen Hochschule Stuttgart, abgeschlossen mit der Promotion zum Dr.-Ing., entsandte ihn die Dornier-Gesellschaft 1923 im Rahmen eines Lizenzabkommens zu Kawasaki nach Kobe/Japan. Dort konstruierte er zehn Jahre lang für das japanische Kriegsministerium eine Reihe von Militärflugzeugen, die auch im Mandschurei-Krieg 1931 zum Einsatz kamen. 1933 nahm Vogt das Angebot der Hamburger Großwerft Blohm & Voss an, Technischer Direktor und Chefkonstrukteur in ihrem im Aufbau begriffenen Tochterunternehmen Hamburger Flugzeugbau (HFB) zu werden. Zunächst besaß

Vogt als Teilhaber auch ein Drittel des Gesellschaftskapitals. Ab 1938 bildete die bis dahin eigenständige GmbH eine Abteilung innerhalb des Mutterunternehmens Blohm & Voss. Wie in Japan bearbeitete Vogt auch hier ganz überwiegend militärische Aufgabenstellungen, die sich aus dem von der NS-Führung stark forcierten Luftrüstungsprogramm ergaben. 1937 wurde ihm von Hermann Göring der Titel »Wehrwirtschaftsführer« verliehen. Ein modernes Entwicklungszentrum mit Land- und Wasserflughafen erhielt die Flugzeugabteilung von Blohm & Voss in den Jahren von 1937 bis 1940 auf der Elbinsel Finkenwerder – die Keimzelle des heutigen Airbus-Werks. Eine unter Vogt eingeführte Neuerung war der Rohrholm aus Stahl im Flügelbau. Während sein einsitziger Sturzkampfbomber »Ha 137« trotz Erfolgs beim ausgeschriebenen Wettbewerb nicht in größerer Stückzahl hergestellt wurde, ging das Flugboot »BV 138« als Seefernaufklärer 1938 in Großserie. Den Höhepunkt erreichte der Flugbootbau unter Vogt mit der »BV 238«, dem damals größten Seeflugzeug der Welt, das als Aufklärer die Beutezüge der deutschen U-Boote unterstützen sollte. Neben Flugbooten entwarf Vogt im Zweiten Weltkrieg zahlreiche Jagdflugzeuge, die jedoch keine Produktionsreife erreichten. Außerdem konzipierte er mit einem besonderen Team im Werk Wenzensdorf verschiedene Typen von fliegenden Geschossen, darunter die Gleitbombe »BV 246« (»Hagelkorn«) und den Gleittorpedo »BV 950/L 10« (»Friedensengel«). Im Sommer 1943 erläuterte er Hitler und Speer persönlich auf dem Obersalzberg das Konzept einer Gleitbombe, die er als Ersatz für die »V-1« vorschlug. Mit der Besetzung Hamburgs durch britische Truppen verlor er 1945 seine Führungsposition im Flugzeugbau von Blohm & Voss.
Ab 1947 setzte Vogt seine Konstrukteurslaufbahn in den USA fort, ohne allerdings dort eine ähnlich einflussreiche Stellung zu erlangen. Auf der Luftwaffenbasis Wright Patterson in Dayton/Ohio befasste er sich mit Möglichkeiten zur Steigerung der Reichweiten von Bombern. 1951 wurde er US-Bürger. Von 1955 bis 1959 war er bei der privaten Aerophysics Development Corporation in Santa Barbara/Kalifornien, danach noch sieben Jahre lang für Boeing tätig. Auf Angebote von Walther Blohm, der ihn zum Hamburger Flugzeugbau zurückholen wollte, ging Vogt nicht ein. Die Deutsche Gesellschaft für Luft- und Raumfahrt verlieh ihm 1975 die Ehrenmitgliedschaft. Vogts Memoiren von 1976 sind von großem Stolz auf die eigenen Leistungen als Erfinder geprägt, selbstkritische Reflexion darüber, welchen politischen Zwecken seine Arbeit diente, scheint ihm fremd gewesen zu sein.

WERKE Weltumspannende Memoiren eines Flugzeug-Konstrukteurs, Steinebach/Wörthsee o. J. [1976].

LITERATUR Walter Zuerl, Deutsche Flugzeugkonstrukteure. Werdegang und Erfolge unserer Flugzeug- und Flugmotorenbauer, 2. Aufl. München 1941, S. 232–242; Heinz J. Nowarra/Karlheinz Kens, Die deutschen Flugzeuge 1933–1945. Deutschlands Luftfahrt-Entwicklungen bis zum Ende des Zweiten Weltkrieges, 5., verb. und erg. Aufl. München 1977, S. 84–116, 543–545; Hermann Pohlmann, Chronik eines Flugzeugwerkes 1932–1945. Blohm & Voss Hamburg, Hamburger Flugzeugbau GmbH, Stuttgart 1979.

Hans Walden

VOIGT, Johann Friedrich, geb. 5.9.1833 Hamburg, gest. 12.2.1920 ebd.; luth.; Jurist und leitender Beamter im Hamburger Landgebiet, Historiker.

Johann Friedrich Voigt war nicht nur vier Jahrzehnte lang eine prägende Persönlichkeit in der Hamburger Landgebietsverwaltung, sondern gehörte auch zu den engagiertesten Erforschern der Hamburger Geschichte.

Er war das älteste Kind von Dr. jur. Johann Friedrich Voigt (1804–86) und seiner Frau Amalie, geborene Hübbe (1811–89). Der Vater, ein Experte im Handels- und Seeversicherungsrecht, war seit 1853 als Rat am Oberappellationsgericht der vier freien Städte Deutschlands in Lübeck tätig. Johann Friedrich jun. besuchte nach der bekannten Knabenschule von Marianne Prell ab 1841 die Gelehrtenschule des Johanneums. 1852 nahm er an der Universität Bonn das Studium der Rechtswissenschaften auf, das er in Göttingen fortsetzte und 1855 mit der Promotion abschloss. Nach einer Tätigkeit als Aktuariatsassistent beim Hamburger Handelsgericht wurde er 1861 zum Ersten Beamten der Landherrenschaft der Marschlande berufen. Zu dieser Gebietseinheit des Hamburger Landgebiets gehörten Billwerder, der Billwerder Ausschlag, Moorfleet, Allermöhe, Reitbrook, Ochsenwerder, Spadenland, Tatenberg, Finkenwerder (Nordteil), Moorburg und die Vogtei der Hamburger Elbinseln mit Grasbrook. Für die zuletzt genannten Elbinseln hatte Voigt zugleich das Amt des Vogts inne. Nachdrücklich unterstützte er ab 1864 Bestrebungen, für die Elbinselgemeinden eine Kir-

Johann Friedrich Voigt

che auf Steinwerder zu errichten; die mithilfe eines Komitees gesammelten Mittel wurden schließlich für die 1905 eingeweihte Immanuelkirche auf der Veddel verwandt. Ab 1878 war Voigt einer von zwei Räten, die unter den jeweiligen Landherren für die Verwaltung des gesamten Hamburger Landgebiets zuständig waren. Nun hatte er sich auch um Angelegenheiten in der Landherrenschaft der Geestlande sowie in den Landherrenschaften Bergedorf und Ritzebüttel zu kümmern. Wenngleich er bei den Bewohnern des Landgebiets offenbar hohen Respekt genoss, befriedigte ihn die Verwaltungstätigkeit immer weniger; gerne hätte er sich noch stärker in die stadtgeschichtlichen Forschungen vertieft. Seine Gesuche von 1886 und 1889, in den Ruhestand versetzt zu werden oder als »wissenschaftlicher Hülfsarbeiter« in das Stadtarchiv überwechseln zu können, fanden beim Senat kein Gehör. Erst zum 1. Juli 1901 entließ man ihn in den Ruhestand. Voigt war bereits mit 34 Jahren Witwer geworden. Seine Ehefrau Pauline Luise Geffcken, die er am 14. August 1866 geheiratet hatte, war am 20. Dezember 1867 bei der Geburt ihres ersten Kindes mit diesem verstorben.

Im Verein für Hamburgische Geschichte wurde Voigt 1867 zum Archivar gewählt, war von 1872 bis 1888 dessen Erster und von 1898 bis 1916 Zweiter Vorsteher. Über viele Jahre (1885–97, 1908–16) betreute er redaktionell die »Mitteilungen des Vereins für Hamburgische Geschichte«. Der Verein zeichnete ihn 1913 mit der Lappenberg-Medaille in Gold aus.

Bei einem Teil seiner Veröffentlichungen verzichtete er auf die Nennung des ersten Vornamens Johann; einige Beiträge sind nur mit J.F.V. oder V. unterzeichnet. Als seine erste Veröffentlichung gilt die 1857 anonym erschienene Schrift »Die Hammerbrook-Arbeiten vom Standpunkte des öffentlichen wie des Privat-Rechtes betrachtet«, in der heftige Kritik an William Lindleys Projekt zur Entwässerung und Baulandgewinnung im Hammerbrook geübt wird. Ein Hauptgegner von Lindley, der Wasserbaudirektor Heinrich Hübbe, war ein Onkel Voigts mütterlicherseits. In einer Schrift von 1870 forderte Voigt für die Fischerei auf der Unterelbe ein Verbot engmaschiger Fangnetze. Zwischen 1868 und 1920 publizierte er über 350 Beiträge zur Geschichte Hamburgs und seines Umlandes – so viele wie kein anderer zu seiner Zeit. Bei den meisten handelte es sich um kürzere Aufsätze für die »Mitteilungen des Vereins für Hamburgische Geschichte«; Voigt schrieb aber auch Artikel für Zeitungen wie die »Hamburger Nachrichten«, das »Hamburger Fremdenblatt« und die »Bergedorfer Zeitung«. Seine eigenständig erschienenen historischen Arbeiten befassen sich mit der Geschichte der Gärten um Hamburg (1869), der Entwicklung des Schulwesens in den Marschlanden (1872), mit der Geschichte von Bergedorf (1888, 1913), Altengamme und Curslack (1904), Großhansdorf-Schmalenbeck (1891, 1906), Langenhorn (1909) und Barmbek (1910). Zudem erschienen von ihm Studien über die hamburgischen Hochzeits- und Kleiderordnungen des 16. Jahrhunderts (1889) und über die Geschichte der Hamburger Milchversorgung (1903); 1911 veröffentlichte er Aufzeichnungen des Senators Wilhelm Amsinck über die Verwaltung der Landherrenschaft von Bill- und Ochsenwerder 1800/01. In Voigts letztem Lebensjahrzehnt war Hamburgs Finanz- und Verwaltungsgeschichte des 17. Jahrhunderts ein Schwerpunkt seiner Arbeiten. Daneben belegen die zahlreichen Miszellen und der erhaltene Nachlass, welche Fülle von Erkenntnissen er durch unermüdliche Quellensuche zur historischen Topografie des Stadtkerns, zur Geschichte aller Teile des Landgebiets und zur Wirtschafts-, Kultur- und Militärgeschichte Hamburgs gewonnen hatte. Die von Ernst Finder 1920 im Nachruf formulierte Anregung, die verstreuten Aufsätze Voigts sollten dem Dunkel entzogen und in Buchform herausgegeben werden, ist bisher nicht realisiert worden.

Von Voigts vielfältigem Engagement zeugen Aktivitäten und Ehrungen in weiteren Organisationen: Er war Sekretär der Patriotischen Gesellschaft in den Jahren von 1868 bis 1872 und von 1875 bis 1878, langjähriger Vorsitzender, später Ehrenvorsitzender des Landwirtschaftlichen Vereins der Hamburger Marsch, ab 1870 korrespondierendes Mitglied, später Ehrenmitglied des Deutschen Fischerei-Vereins zu Berlin sowie Mitglied des Hamburger Fischerei-Vereins und wirkte zudem im Verein für Kunst und Wissenschaft. Im Academischen Club, einer Freizeitvereinigung ehemaliger Korpsstudenten, die er 1859 mitgegründet hatte und deren Innenleben er in einer Jubiläumsschrift zum 50-jährigen Bestehen beschrieb, war er als »dritter Chargierter« Sekretär und Kassierer, seit 1905 Ehrenmitglied.

Voigts Nachlass im Hamburger Staatsarchiv enthält auch Korrespondenzen mit Martin Gensler, Hermann Sieveking, Alfred Lichtwark, Hans Speckter, Adolf Wohlwill, Caesar Amsinck, Paul Bröcker, Wilhelm Melhop und dem Sozialdemokraten Johannes Wedde.

WERKE Schriftenverzeichnisse in: LhS 7; G. Kowalewski, Gesammtregister über die Veröffentlichungen des Vereins für Hamburgische Geschichte und des Museumsvereins in Hamburg 1839–1899, Hamburg 1900.

LITERATUR LhS 7; Paul Ebert (Hg.), Die Veddel in Wort und Bild. Mit Beiträgen von Hamburger Kunstfreunden und Schriftstellern, Hamburg 1911; E[rnst] Finder, Johann Friedrich Voigt †, in: Mitteilungen des Vereins für Hamburgische Geschichte 14, Heft 1, Nr. 3 (1920), S. 33–38; Sebastian Husen, Vaterstädtische Geschichte im republikanischen Stadtstaat. Studien zur Entwicklung des Vereins für Hamburgische Geschichte (1839-1914), Hamburg 1999 (Veröffentlichungen des Vereins für Hamburgische Geschichte 45). *Hans Walden*

VORWERK, Georg Friedrich, geb. 27.4.1793 Hildesheim, gest. 4.2.1867 Hamburg; luth.; Kaufmann.

Georg Friedrich Vorwerk kam 1807 als 14-Jähriger zu Levin Heinrich von Hollen in Hamburg aufs Kontor; sein Vater, ein studierter Jurist, war zu der Zeit Fürstlich Braunschweig-Lüneburgischer Schatzeinnehmer zu Langelsheim. Nach sechsjähriger Lehrzeit wurde Vorwerk Commis, das heißt kaufmännischer Angestellter, 1817 erhielt er Prokura. Zum Sommer 1823 schied er bei von Hollen aus, bereiste auf eigene Kosten Mitteldeutschland und Schlesien und assoziierte sich am 1. September des Jahres mit Hermann Michael Christopher Hochgreve (1787–1871) zu Hochgreve & Vorwerk. Hochgreve, der Sohn eines Hamburger Kaufmanns, war der kapitalkräftigere von beiden, er hatte gute Verbindungen nach England. Vorwerk, der jüngere, aktivere, brachte Beziehungen zu sächsischen und schlesischen Leinenhändlern in die Firma ein. Englische Baumwollwaren und deutsches Leinen wurden zu den Hauptausfuhrartikeln von Hochgreve & Vorwerk; Kaffee, Tabak, Zucker und Gewürze gehörten zu ihren bevorzugten Importgütern. Die Handelspartner saßen vorwiegend in Lateinamerika, das nach der Loslösung der dortigen Kolonien von Spanien und Portugal den Hamburger Kaufleuten ein reiches Betätigungsfeld bot. Im Laufe der Zeit zog sich Hochgreve mehr und mehr vom Geschäft zurück, seit dem 1. März 1846 war Vorwerk Alleininhaber. Er entwickelte sich zum Merchant Banker, der neben dem Im- und Export auch die Finanzierung von Warentransaktionen und eine kleine Reederei betrieb. Seit 1847 gab es eine Niederlassung der Firma Hochgreve & Vorwerk in Valparaiso (Vorwerk & Co.); das Kupfergeschäft gewann an Bedeutung, später auch der Handel mit Salpeter.

Nach drei Jahren als Handelsrichter (von 1833 bis 1836) wählte man Vorwerk als konsequenten Vertreter des Freihandels in die Commerzdeputation, 1840 wurde er deren Präses. Von den Schwerpunkten seiner Tätigkeit in diesem Gremium können hier nur einige stichwortartig genannt werden: die Ausarbeitung eines neuen Konsularreglements, die Herabsetzung bzw. Abschaffung der Zölle, insbesondere des Stader Zolls und der Elbzölle, das Auswanderergeschäft, die Hafenerweiterung und die Vertiefung des Fahrwassers, der Bau der ersten Eisenbahn von Hamburg nach Bergedorf und der Neubau der Börse. Der Neubau der Börse am Adolphsplatz lag Vorwerk besonders am Herzen. Er kümmerte sich um jedes Detail, und als am 4. Dezember 1841 der feierliche Umzug der Kaufleute von der alten in die neue Börse stattfand, da marschierte er mit den Commerzdeputierten voran. Nach dem Großen Brand von 1842 gehörte Vorwerk zum Schätzungsgericht, das die Höhe der Entschädigungssummen festsetzen sollte. Als aktives Mitglied der Patriotischen Gesellschaft unterzeichnete er die Petition vom 8. Juni 1842, die für eine Verfassungsreform eintrat. Doch auf Dauer ließen sich politisches Engagement und die Leitung einer expandierenden Firma auch für einen Mann von der Konstitution und Arbeitskraft eines Vorwerk nicht miteinander verbinden. Deswegen übernahm er im Oktober 1847 das nur geringen Zeitaufwand erfordernde Braunschweigische Konsulat; er

Georg Friedrich Vorwerk

trat damit in den Dienst einer »fremden Macht« und konnte zu bürgerlichen Ehrenämtern nicht mehr herangezogen werden. Noch vor Ablauf seiner zweiten Amtszeit schied er zum allgemeinen Bedauern aus der Commerzdeputation aus; und auch eine Wahl in den Senat, die im Bereich des Wahrscheinlichen lag, war damit ausgeschlossen. 1848, im Zuge der liberalen und großdeutschen Begeisterung, gab es noch eine kurze Rückkehr ins politische Leben: Vorwerk war einer der sieben Vertreter, die Hamburg in das Frankfurter Vorparlament entsandte.

Wohnung, Kontor und Speicher hatte Vorwerk bis 1866 im Haus Katharinenstraße 25. Aus seiner Ehe mit Christiane de Voß (1809–85) gingen 13 Kinder hervor, von denen zwei jung starben. Für die Sommermonate erwarb Vorwerk 1840 ein Stück Ackerland bei Teufelsbrück in Klein-Flottbek; der Architekt Franz Gustav Forsmann, den er beim Bau der neuen Börse kennen und schätzen gelernt hatte, errichtete ihm dort ein Landhaus mit Stall und Remise, Gärtnerhaus und Orangerie; Johann Heinrich Ohlendorff, der Schöpfer und Leiter des Botanischen Gartens in Hamburg, gestaltete den Park und legte einen großen Obst- und Gemüsegarten an. Das Anwesen befindet sich noch heute im Besitz Vorwerkscher Nachkommen (Burchard-Motz).

Vorwerks Verbundenheit mit dem Katharinenkirchspiel zeigte sich 1852, als er anlässlich seiner silbernen Hochzeit der Kirche ein leider während der Bombenangriffe 1943 zerstörtes Chorfenster stiftete; Idee und Zeichnung stammten von Friedrich Overbeck, den Vorwerk 1850 in seinem Atelier in Rom besucht hatte. Auch an den Kosten für den Neubau des Altars beteiligte sich Vorwerk. 1854 rief er die Georg-Friedrich-Vorwerk-Stiftung ins Leben, die bedürftige Eltern im Katharinenkirchspiel bei der Ausbildung ihrer Kinder unterstützen sollte; sie ist heute Bestandteil der Sammelstiftung an der Hauptkirche St. Katharinen. Kirche und Kirchspiel dankten Vorwerk durch die Anbringung einer Gedenktafel am vierten nördlichen Pfeiler im Kirchenschiff. 1862 gehörte Vorwerk dem »Comité für die Erbauung einer Kunsthalle« an. 1866 wurde auf seine Kosten in St. Pauli an der heutigen Vorwerkstraße (so benannt 1957) das Asyl Vorwerk mit 34 Freiwohnungen für Minderbemittelte gebaut; 1916 ging das Asyl satzungsgemäß in den Besitz der Stadt Hamburg über. Nachdem eine Bürgerinitiative 1981 den Abriss verhindert hatte, entstanden unter der Schirmherrschaft der Patriotischen Gesellschaft in dem inzwischen »Vorwerk-Stift« genannten Asyl Wohn- und Arbeitsräume für Künstler.

1860 machte Vorwerk seinen Sohn Adolph (1839–1919) zum Teilhaber von Vorwerk & Co. in Valparaiso; 1861 wurde sein Sohn Friedrich (1837–1921) Partner von Hochgreve & Vorwerk in Hamburg. Veränderungen wurden vorgenommen: In der Katharinenstraße verblieb nur der Speicher; das Kontor wurde in das Haus Neuer Jungfernstieg 9 verlegt, in dem der Sohn Friedrich auch seine Wohnung hatte (es ist heute Bestandteil des Hotels Vier Jahreszeiten). Georg Friedrich Vorwerk erwarb für sich und seine Frau das Haus Alsterglacis 8, in dem heute der Ibero-Amerika Verein seinen Sitz hat. Hier ist er am 4. Februar 1867 nach kurzer Krankheit gestorben. Er hinterließ ein Vermögen von elf Millionen Mark Banco und gehörte damit zu den reichsten Männern Hamburgs. Seine letzte Ruhestätte fand er in der Familiengruft auf dem Katharinenkirchhof, in der 1885 auch seine Witwe Christiane beigesetzt wurde. Nach der Auflösung des Friedhofs ließ der älteste Sohn Friedrich beide Särge auf die von ihm erworbene Grabstelle in Nienstedten überführen, wo noch heute die beiden schlichten Grabsteine erhalten sind.

Das Geschäft in Hamburg, nach dem Tod des Seniors umbenannt in Vorwerk Gebr. & Co., wurde zunächst von den Söhnen und dann von den Enkeln weitergeführt, bis es 1933 nach 110-jährigem Bestehen liquidiert werden musste, weil zwei der Inhaber, Oscar Vorwerk (1865–1933) und Walter Vorwerk (1873–1933), verstarben und der dritte, Carl Vorwerk (1875–1949), nach Chile ging. In Chile setzten auch noch die Urenkel und Ur-Urenkel das Werk von Georg Friedrich Vorwerk fort; 1997 konnte die Firma Vorwerk y Cía. S.A. (vorher Vorwerk & Co.) auf eine 150-jährige Geschichte zurückblicken.

Literatur DG 200; Gustav Adolph Vorwerk, Flottbek, hg. von Holger Termer, Hamburg 1987; Alfred Vorwerk, Der Kaufmann Georg Friedrich Vorwerk und seine Ehefrau Christiane geb. de Voß, Hamburg 1991 (HLb 5); Renate Hauschild-Thiessen, Zwischen Hamburg und Chile, Santiago de Chile/Hamburg 1995.

Renate Hauschild-Thiessen

WACHENDORF, Wilhelm, geb. 14. 8. 1877 Hamburg, gest. 28. 6. 1949 ebd.; luth.; kaufmännischer Angestellter.

Wilhelm Wachendorf, als Sohn eines Zigarrendrehers und einer Reinmachefrau im Gängeviertel am Dovenfleet geboren, kam als 14-Jähriger zu Rud. Otto Meyer (ROM) in die Lehre. Die Firma, 1858 gegründet und auf die Anlage von Zentralheizungen spezialisiert, existiert in erheblich erweiterter Form noch heute. Bei Wachendorfs Eintritt befand sich das Betriebsgelände in Eilbek, die beiden Prinzipale, »Vadder Meyer« und sein jüngerer Sozius Joseph Strebel, hatten ihre Villen neben der Fabrik. Die Zahl der Betriebsangehörigen belief sich auf etwa 100, von denen die meisten im gewerblichen Bereich tätig waren. Im kaufmännischen Büro gab es 1892 nur einen Prokuristen, einen Kassierer, einen Commis und inklusive Wachendorf zwei Lehrlinge. Im Februar 1894 wurde die erste Schreibmaschine angeschafft, für deren Bedienung die Firma »eine weibliche Person« engagierte. Nach vierjähriger Lehrzeit avancierte Wachendorf zum »Handlungs-Commis«. Die Arbeitszeit, von einer zweistündigen Mittagspause unterbrochen, betrug zwölf Stunden und mehr am Tag; eine geregelte Vergütung für Überstunden gab es nicht, wohl aber hin und wieder eine von Meyer gezahlte Entschädigung.

1905, im Alter von 27 Jahren, verheiratete sich Wachendorf; seine Frau, 23 Jahre alt, war nach der Konfirmation zunächst Hausangestellte gewesen, dann hatte sie Putzmacherin gelernt. Von ihrem Verdienst unterstützte sie zwei jüngere Schwestern, die das Volksschullehrerinnen-Seminar besuchten. Beide Ehepartner verfügten über Ersparnisse. So war es möglich, nicht nur eine kurze Hochzeitsreise in den Harz zu machen, sondern auch eine Dreizimmerwohnung in der Menckesallee in Eilbek vollständig einzurichten. Wachendorfs Gehalt betrug zu der Zeit 120 Mark im Monat. Davon wurden 100 Mark für den Haushalt einschließlich Miete verbraucht; zehn Mark erhielt Wachendorfs alte Mutter, die übrigen zehn Mark kamen als Notgroschen auf die Sparkasse.

Im Laufe der Jahre dehnte sich die Firma Rud. Otto Meyer erheblich aus, und Wachendorf reüssierte. 1916 wurde er »Hauptkassierer« – ein Posten, den er bis 1939 bekleidete. Mit seiner Frau und seinen 1907 und 1908 geborenen Kindern wohnte er jetzt in einer dreieinhalb Zimmer großen, freundlichen Terrassenwohnung in Eilbek. Gegessen wurde gut, wenn auch nicht üppig – Fleisch gab es nur sonntags. Alkohol war tabu – beide Ehepartner kannten abschreckende Beispiele. Bei Kleidung achtete man auf »Strapazierfähigkeit«, vieles nähte Frau Wachendorf selbst. Die Kinder wurden zur Sparsamkeit erzogen; auf Ausflügen spendierten die Eltern ihnen nur selten eine Brause, »eingekehrt« wurde überhaupt nicht. Aber die Öffentliche Bücherhalle wurde regelmäßig frequentiert, und es gab auch Opern- und Theaterbesuche. Geburtstage und andere festliche Anlässe wurden im größeren Kreis gefeiert; der Zusammenhalt innerhalb der Familie war eng. Kurz: Bei Wachendorfs ging es zu wie in Abertausenden Haushalten auch; Wilhelm Wachendorf jedoch hat im Unterschied zu den meisten anderen handschriftliche Erinnerungen hinterlassen.

Die Firma, so hat der Sohn Wachendorfs rückschauend geurteilt, habe im Denken der Eltern und später auch im Denken der Kinder die beherrschende Rolle gespielt. Die Firma sicherte die Existenz, ihr fühlte sich der Vater verbunden, auch als sie größer und unpersönlicher geworden war; für sie arbeitete er im Bedarfsfall auch noch nach seiner Pensionierung. Dahinter, so der Sohn, stand die Angst, es könnte einmal anders kommen, man könnte dem Hunger und der Not ausgeliefert sein – so wie beide Ehepartner es in ihren Kindertagen erfahren hatten. Es sei ein Frondienst gewesen, den sein Vater als Preis für die materielle Sicherheit habe leisten müssen, schreibt der Sohn; nie habe er länger als 14 Tage Urlaub nehmen können, immer sei er wie »angenagelt« gewesen. Der Sohn, und auch das ist typisch für eine Familie wie die Wachendorfs, hat auf Anraten seiner Lehrer die Höhere Schule besucht und anschließend studiert.

WERKE Wilhelm Wachendorf, Jugend aus dem Gängeviertel, Hamburg 1960.

LITERATUR Helmut Wachendorf, Im Gängeviertel stand meines Vaters Wiege, Hamburg 1970 [Maschinenschrift hektografiert]; Renate Hauschild-Thiessen, Das Leben eines Commis, in: Volker Plagemann (Hg.), Industriekultur in Hamburg. Des Deutschen Reiches Tor zur Welt, München 1984 (Industriekultur deutscher Städte und Regionen), S. 100–103.

Renate Hauschild-Thiessen

WÄCHTER, Georg Philipp Ludwig *Leonhard*, geb. 25.11.1762 Uelzen, gest. 11.2.1837 Hamburg; luth.; Schriftsteller, Lehrer.

Leonhard Wächter kam mit 14 Jahren nach Hamburg, wohin sein Vater 1774 als Diakon der St. Michaelis-Kirche berufen worden war. Nach dem Besuch des Johanneums studierte er in Göttingen Theologie. Dort wurde er mit Gottfried August Bürger bekannt, der ihn in seinen literarisch-historischen Neigungen bestärkte. Wieder in Hamburg, wandte Wächter sich unter dem Pseudonym Veit Weber der Schriftstellerei zu. Seinen Ruf begründete er vor allem mit den »Sagen der Vorzeit« (7 Bde., 1787–98). Die revolutionären Ereignisse in Paris begrüßte er mit Enthusiasmus und beteiligte sich 1792/93 auf französischer Seite als Hauptmann am Flandernfeldzug zur Abwehr des österreichischen Interventionskorps. Nach der französischen Niederlage in der Schlacht bei Neerwinden (18. März 1793) kehrte er nach Hamburg zurück. Den Lebensunterhalt verdiente Wächter von nun an als Lehrer, zunächst an der Voigt'schen Erziehungsanstalt, später als Leiter einer eigenen Privatschule. Für die Modernität seines Unterrichts spricht eine Zeitungsstunde, in der er seine Schüler zum Verständnis von Gegenwartsfragen anleitete. 1813 gehörte er zu den Mitgliedern der Bürgergarde, die den zum Scheitern verurteilten Kampf gegen die Wiederbesetzung der Stadt durch die Franzosen aufnahm.

Mit 65 Jahren gab Wächter 1827 die Tätigkeit als Lehrer auf und übernahm eine Stelle an der Stadtbibliothek. Auf Anregung der Commerzdeputation hielt er von 1830 bis 1832 in der Börsenhalle öffentliche Vorlesungen zur hamburgischen Geschichte. Dabei brachte er eigene Forschungen ein, die insbesondere die Zeit der Jastram-Snitgerschen Wirren (1683–86) betrafen. Die von Jonas Ludwig von Heß vorgenommene Neubewertung vertiefend, suchte er dieser kritischen Epoche der Stadtgeschichte durch vorurteilsfreies Quellenstudium gerecht zu werden. Wächter bezog in die Vorlesungen seine persönliche Erfahrung als Zeitgenosse der Französischen Revolution ein. So selbstkritisch distanziert seine Bilanz ausfiel, an den Idealen von 1789 hielt er fest.

Leonhard Wächter

Zum Gedenken an Wächter setzten Freunde und Schüler ihm 1862 aus Anlass seines hundertsten Geburtstags auf dem St. Petri-Friedhof am Dammtor einen Stein. Er steht heute auf dem Ohlsdorfer Friedhof im Heckengarten-Museum.

LITERATUR ADB 40; LhS 7; Killy 12; Reinalter; Joist Grolle, Geschichte und Zeitgenossenschaft. Leonhard Wächters historische Vorlesungen im Vormärz, in: ders., Hamburg und seine Historiker, Hamburg 1997 (Veröffentlichungen des Vereins für Hamburgische Geschichte 43), S. 35–52.

Joist Grolle

WECKMANN, Matthias, geb. 1616 (?) Niederdorla/Thüringen, gest. 24.2.1674 Hamburg; luth.; Organist, Komponist.

Der thüringische Pfarrerssohn, dessen Geburtsjahr umstritten ist, erhielt seine musikalische Ausbildung vermutlich seit 1628 an der Hofkapelle in Dresden unter Caspar Kittel, Johann Klemm und Heinrich Schütz. 1633 bekam Matthias Weckmann vom sächsischen Kurfürsten ein Stipendium, und im selben Jahr brachte Schütz ihn anlässlich einer Reise nach Kopenhagen zu dem Hamburger Petri-Organisten Jacob Praetorius zur weiteren Ausbildung. Um die Jahreswende 1636/37 kehrte Weckmann nach Dresden zurück und wurde als Organist der kurprinzlichen Kapelle angestellt, ab 1641 als Hoforganist. Zwischen 1642 und 1647 hielt er sich, da die sächsische Hofkapelle infolge des Dreißigjährigen Krieges nur sehr schlechte Arbeitsbedingungen bieten konnte, mit Erlaubnis des Kurfürsten im Dienste des dänischen Hofes in Dänemark und den Herzogtümern Schleswig und Holstein auf und besuchte auch mehrmals Hamburg. 1647 über Hamburg nach Dresden zurückgekehrt, heiratete er 1648 Regina Beute, die Tochter des Lübecker Ratsmusikers und

Freundes Franz Tunders. 1655 bewarb sich Weckmann auf die Stelle des Jacobi-Organisten in Hamburg und wurde am 27. November desselben Jahres als Organist und Kirchenschreiber der Jacobikirche und der Gertrudenkapelle berufen. Das Amt des Kirchenschreibers hatte er bis 1671 inne, als er wegen »Abnahme seines Gedächtnisses«, so sein Schüler Johann Kortkamp, von dieser Aufgabe befreit wurde; den Organistendienst an St. Jacobi und deren Filialkapelle St. Gertrud hingegen versah er auch weiterhin, und die Wertschätzung, die er allgemein genoss, sicherte ihm trotzdem bis zu seinem Tod das volle Salär. Seine zweite Frau Catharina, geborene Roland, die er 1669, vier Jahre nach dem Tod seiner ersten Gattin, geheiratet hatte, vermählte sich entsprechend den üblichen sozialen Gepflogenheiten 1675 mit seinem Amtsnachfolger Hinrich Frese.

In seinen Hamburger Jahren entstanden Weckmanns bedeutendste Werke, die die Hamburger Organistentradition mit den Einflüssen der sächsisch-italienischen Schulung seines Lehrers Heinrich Schütz verbinden. Als Organist setzte er die Pflege der für Hamburg besonders typischen Gattung der großen Choralfantasien fort, die gemäß dem Hamburger Brauch ihren liturgischen Platz in den Sonnabendsvespergottesdiensten hatten und sich zu kleinen Orgelkonzerten auswuchsen. Überliefert sind von Weckmann in der Großform die beiden Fantasien über »Es ist das Heil uns kommen her« und »O Lux Beata Trinitas«. Zu den Aufgaben der Organisten gehörte auch die Aufführung gering besetzter geistlicher Vokalmusik, so genannter »Kleiner Geistlicher Konzerte«, in deren kompositorischer Struktur Weckmann auf das Vorbild Schütz' zurückgriff, die er aber in seinen Hamburger Jahren durch besondere Expressivität aus der liturgischen Objektivität zur subjektiven Betroffenheit steigerte, spürbar vor allem in den vier so genannten »Pestkonzerten« von 1663, die unter dem Eindruck der Seuche und der Todesnähe standen. Neue Wege ging Weckmann auch in seinen außerliturgischen und weltlichen Werken, die überwiegend im Zusammenhang mit dem von ihm 1660 begründeten Collegium Musicum standen. Mit diesem Zusammenschluss professioneller Musiker und Musikliebhaber schuf Weckmann für Hamburg ein Forum, in dem die neuesten zeitgenössischen Strömungen der europäischen Musikwelt studiert und erfahren werden konnten, und seine für das Collegium entstandenen zehn Kammersonaten erproben mit starken stilistischen Kontrasten die ganze Vielfalt barocker Ausdrucksmöglichkeiten bis hin zu herben, bewusst eingesetzten Regelwidrigkeiten. Innerhalb der Hamburger Musikgeschichte galt Weckmann schon seinen Zeitgenossen als Musiker, der in seinem persönlichen Einsatz und in seinen Kompositionen bis an die Grenzen ging, ja diese zuweilen überschritt, und seinem »tiefen Nachsinnen« (Johann Kortkamp) über musikalische Strukturen und deren metaphysische Bedeutung wurde auch sein früher Tod zugeschrieben. In Hamburg erinnert heute an diese für das Musikleben der Stadt wegweisende Persönlichkeit der 1948 nach dem Organisten und Komponisten benannte Weckmannweg in Eimsbüttel.

LITERATUR Hans Davidsson, Matthias Weckmann: The Interpretation of his Organ Music, Bd. 1, Stockholm 1991 (Skrifter från Musikvetenskapliga Institutionen Göteborg 22); Sverker Jullander (Hg.), Proceedings of the Weckmann Symposium, Göteborg 30. August–3. September 1991, Göteborg 1993 (Skrifter från Musikvetenskapliga Avdelningen 31).

Gisela Jaacks

WEGENER, Harriet, geb. 8.11.1890 Blitzenrod/Oberhessen, gest. 16.5.1980 Hamburg; Übersetzerin, Lektorin, Bürgerschaftsmitglied, Frauenverbandsvorsitzende.

Aufgrund welcher Kriterien Harriet Wegener Anfang 1946 von der britischen Militärregierung in die Ernannte Hamburger Bürgerschaft berufen wurde, scheint nicht mehr feststellbar. Sie schloss sich der FDP-Fraktion an. Die 1921 in Kiel mit einer Arbeit über »Die gewerbliche Frauenarbeit im Kriege« promovierte Sozialökonomin hatte Erfahrungen in der Arbeitsvermittlung sowie im Kieler Provinzialwohlfahrtsamt, dem die spätere Hamburger Senatorin Emilie Kiep-Altenloh vorstand, gesammelt. 1923 wurde Harriet Wegener Leiterin der kurzlebigen Kieler Sozialen Frauenschule. Von 1924 bis 1934 arbeitete sie im Hamburger Institut für Auswärtige Politik unter der Leitung des – wie Wegener selbst – linksliberal orientierten Albrecht Mendelssohn Bartholdy. In der NS-Zeit übersetzte sie Bücher des französischen Ideenhistorikers Paul Hazard; als erstes erschien 1939 bei Hoffmann und Campe »Die Krise des europäischen Geistes 1680–1715«. 1942 trat Wegener als Lektorin in den Hoffmann und Campe Verlag ein, nachdem dieser großenteils von dem

Harriet Wegener

Kieler Lesezirkelunternehmer und Buchhändler Kurt Ganske übernommen worden war. Bereits 1935 hatte sie die Leitung des 1931 von einer Assistentin Mendelssohn Bartholdys gegründeten, 1933 aus politischen Gründen aus dem Vereinsregister gestrichenen Hamburger ZONTA-Clubs übernommen, der sich – entfernt vergleichbar den Rotary- und Lions-Clubs – als Gemeinschaft berufstätiger, gemeinnützig engagierter Frauen in herausgehobenen Positionen versteht. 1963, im letzten Jahr ihres Vorsitzes, präsidierte Wegener der Intereuropäischen ZONTA-Tagung in Hamburg.

LITERATUR Gert Ueding, Hoffmann und Campe. Ein deutscher Verlag, Hamburg 1981; Helmut Stubbe-da Luz, Harriet Wegener – Von der Militärregierung zur »Abgeordneten« ernannt, in: Das Rathaus. Zeitschrift für Kommunalpolitik 39 (1986), S. 678–682. *Helmut Stubbe-da Luz*

WEGNER, *Max Christian*, geb. 9.9.1893 Hamburg, gest. 14.1.1965 ebd.; ref.; Verleger.

Christian Wegner gehört zu den wichtigsten Hamburger Verlegerpersönlichkeiten im 20. Jahrhundert.

Seine Kindheit und Jugend verbrachte Wegner in Hamburg. 1912 verließ er die Gelehrtenschule des Johanneums mit der Hochschulreife und begann eine Ausbildung in der Bremer Sortimentsbuchhandlung Johannes Storm. Ein Jahr später ging er nach Leipzig und arbeitete dort im Insel Verlag, den sein Onkel Anton Kippenberg leitete. Zur gleichen Zeit immatrikulierte er sich an der Leipziger Universität für die Fächer Germanistik und Französisch. Von 1914 bis 1918 nahm er als Offizier am Ersten Weltkrieg teil. Nach Beendigung des Krieges entschied sich Wegner gegen die Wiederaufnahme seines Studiums und kehrte in den Insel Verlag zurück, wo er ab 1919 leitende Aufgaben übernahm: Er betreute zehn Jahre lang die renommierte »Insel-Bücherei«, erhielt während seiner Tätigkeit Prokura, lektorierte Übersetzungen aus dem Französischen und betätigte sich mitunter als Hersteller. 1929 verließ Wegner den Insel Verlag und wechselte als geschäftsführender Direktor zum Tauchnitz Verlag; dort endete seine Arbeit 1930. Zu Beginn der dreißiger Jahre beteiligte er sich mit John Holroyd-Reece an der Gründung des Verlages The Albatross, der mit der britischen Publishing Holding Company assoziiert war und dem seit 1932 auch der Hamburger Verleger Dr. Kurt Enoch als Teilhaber angehörte. Wegner entwickelte für The Albatross eine Buchreihe, deren broschierte Bände als Vorform des heutigen Taschenbuchs gelten können. Seit 1931 lebte er in Paris und leitete dort eine Dépendance des Albatross-Unternehmens; 1934 wurde aus dem Verlagsbüro die Firma La Société Les Editions Albatros mit Wegner als Geschäftsführer.

Als seinem Hamburger Geschäftspartner Enoch wegen dessen jüdischer Herkunft zunehmende Repressalien drohten und der Weg ins Exil unausweichlich wurde, kehrte Wegner 1936 in die Hansestadt zurück. Beide vereinbarten eine Transaktion, durch die Enochs Firmen in den Besitz von Wegner übergingen. Mit der von Wegner aufgebrachten Kaufsumme konnte Enoch die »Reichsfluchtsteuer« bezahlen, Deutschland verlassen und in Paris die Firma Continenta gründen, mit der er den Auslandsvertrieb der Albatross-Bücher besorgte. Der Hamburger Gebrüder Enoch Verlag wurde in Christian Wegner Verlag umbenannt, die Buch- und Zeitschriftengroßhandlung Enochs firmierte seit 1939 unter dem Namen Grossohaus Wegner & Co.

Während des Zweiten Weltkriegs war Wegner Offizier. 1943 wurde er wegen regimekritischer Äußerungen denunziert und von einem Militärgericht zu einer vierjährigen Gefängnisstrafe verurteilt. Nach mehreren Monaten Haft und Degradierung schickte man Wegner zur »Bewährung« an die Ostfront. Im Mai 1945 kehrte er nach Hamburg zurück und erhielt im selben Jahr als einer der ersten Verleger eine Lizenz der britischen Besatzungsbehörde zur

Christian Wegner

Wiederaufnahme seiner verlegerischen Tätigkeit. In den ersten Nachkriegsjahren widmete sich Wegner dem Wiederaufbau seines Verlags. Das Grossohaus wurde kontinuierlich erweitert und entwickelte sich zu einem der wichtigsten Unternehmen im Exportbuchhandel. Darüber hinaus war Wegner maßgeblich an der Gründung buchhändlerischer Organisationen in Hamburg und Schleswig-Holstein beteiligt. Im Sommer 1945 gehörte er zu den Gründungsmitgliedern des Norddeutschen Buchhändler-Verbandes (seit 1948 Norddeutscher Verleger- und Buchhändler-Verband), den er als erster Vorsitzender von 1945 bis 1948 leitete.

1946 begannen im Verlag von Wegner die Vorarbeiten zu einer Ausgabe von Goethes Werken, die von dem Germanisten Erich Trunz herausgegeben wurde. Die Ausgabe umfasst 14 Bände und wurde 1964 abgeschlossen. Sie gilt noch heute als eine der wichtigsten Goethe-Studienausgaben und erscheint als »Hamburger Ausgabe« im Münchner C.H. Beck Verlag. In vergleichbarer Konzeption wurden im Christian Wegner Verlag Ausgaben der Werke von Büchner, Hölderlin und Kleist veröffentlicht.

1951 wurde Wegner Mitbegründer einer Taschenbuchreihe, die im S. Fischer Verlag erscheinen sollte. Gottfried Bermann Fischer, Rudolf Hirsch und Wegner entwickelten ein Konzept, mit dem die Reihe neben den Taschenbüchern des Rowohlt Verlags auf dem deutschen Buchmarkt bestehen konnte. Die ersten Bände erschienen im März 1952 unter der Reihenbezeichnung »Fischer Bücherei«. Herstellung und Vertrieb der Bücher erfolgten in Hamburg, Lektorat und Redaktion oblagen dem Frankfurter Verlag. Wegner und Bermann Fischer waren neben Ernst Rowohlt und Heinrich Maria Ledig-Rowohlt die ersten Verleger, die das moderne Taschenbuch in Deutschland nach dem Zweiten Weltkrieg eingeführt und etabliert haben.

Wegner beeinflusste viele Bereiche des öffentlichen Lebens in Hamburg. Er gehörte der Deputation der Kulturbehörde an, engagierte sich für die Öffentlichen Bücherhallen sowie für die Hamburger Sektion der Goethe-Gesellschaft. Von überregionaler Bedeutung war Wegners Tätigkeit in vielen Ausschüssen des Börsenvereins des Deutschen Buchhandels, wo er sich auch für die Belange des norddeutschen Buchhandels einsetzte. Sein Engagement in der Verbandsarbeit wirkte sich positiv auf die Entwicklung der Frankfurter Buchmesse aus; als die Messe 1950 zum zweiten Mal nach dem Krieg organisiert wurde, erhielt sie durch Wegners Mitwirkung im Ausstellungsausschuss wichtige Impulse. Seit 1951 hatte Wegner als Mitglied im Ausschuss für Auslandsausstellungen des Börsenvereins großen Anteil am Zustandekommen zahlreicher Buchpräsentationen. Bis 1960 war er an der Organisation von etwa 300 Ausstellungen des deutschen Buchhandels im Ausland beteiligt. 1958 wurde Wegner Mitglied des deutschen PEN-Zentrums. Der Norddeutsche Verleger- und Buchhändler-Verband ernannte ihn 1960 zum Ehrenmitglied, zwei Jahre vor seinem Tod wurde Wegner für seine Verdienste als Verleger mit der Friedrich-Perthes-Medaille des Deutschen Buchhandels geehrt.

LITERATUR Kurt Saucke, Christian Wegner zum 60. Geburtstag, in: Börsenblatt für den Deutschen Buchhandel – Frankfurter Ausgabe – Nr. 72 vom 8. September 1953, S. 449; Karl H. Pressler, Tauchnitz und Albatross. Zur Geschichte des Taschenbuchs, in: Aus dem Antiquariat. Beilage zum Börsenblatt für den Deutschen Buchhandel – Frankfurter Ausgabe – Nr. 8 vom 29. Januar 1985, S. A1–10; Ernst Fischer, Rückkehr nach Deutschland. Die Rolle der Emigranten und Remigranten bei der Internationalisierung der Frankfurter Buchmesse, in: 50 Jahre Frankfurter Buchmesse 1949–1999, hg. von Stephan Füssel, Frankfurt a. M. 1999, S. 26–45; Roland Jaeger, Kurt Enoch (1895–1982) und der Gebrüder Enoch Verlag (1913–1936), in: Aus dem Antiquariat. Beilage zum Börsenblatt für den Deutschen Buchhandel, Nr. 43 vom 30. Mai 2000, S. A288–300.

Harald S. Butz

WEICHMANN, Christian Friedrich, geb. 24.8.1698 Harburg, gest. 4.8.1770 Wolfenbüttel; luth.; Publizist, Herausgeber, Dichter.

Bereits ein Jahr nach Christian Friedrich Weichmanns Geburt zog die Familie nach Braunschweig, wo der Vater das Rektorat des Martinsgymnasiums übernahm. Ihm verdankte der Sohn die Grundlage seiner Bildung. Weichmann studierte nacheinander Philologie und Jura an der Universität Halle, wo er am 5. November 1716 immatrikuliert wurde, und dürfte dort bei Christian Thomasius gehört haben. Am 14. Mai 1720 bestellte ihn Herzog Philipp Ernst zu Schleswig-Holstein zum Hofmeister für seinen Sohn Karl Ernst in Glücksburg. Bereits 1721 lebte Weichmann in Hamburg. Hier besorgte er von 1722 bis 1725 die Redaktionsgeschäfte für die »gelehrten Artikel« der »Staats- und Gelehrten Zeitungen des Hollsteinischen unpartheyischen Correspondenten«, wurde Ende 1723 Mitglied der ersten Patriotischen Gesellschaft, gehörte 1724 bis 1726 der Redaktionsgemeinschaft der Moralischen Wochenschrift »Der Patriot« an und war offensichtlich auch für deren redaktionelle Gestaltung verantwortlich. Im April und Mai 1728 hielt er sich mit den Mitgliedern John Thomas, Johann Julius Surland und Conrad Widow in London auf, wurde dort Mitglied der Königlichen Akademie der Wissenschaften und erwarb in Oxford den Titel eines Bakkalaureus der Rechtswissenschaft. Noch vor Jahresende trat er im Fürstentum Blankenburg und ab 1731 im Braunschweig-Lüneburgischen Wolfenbüttel in den Dienst der Herzöge Ludwig Rudolf, Ferdinand Albrecht und Karl I. Weichmann stieg bis zum Hof- und Konsistorialrat auf, aber mit dem Tod seines Förderers, des Premierministers Hieronymus von Münchhausen, im Jahre 1742 stockte seine Karriere. Am Umzug des Hofes von Wolfenbüttel nach Braunschweig 1753 war er nicht mehr beteiligt, und das Konsistorium entließ ihn 1765. Weichmann war Ehrenmitglied der Deutschen Gesellschaft zu Göttingen seit 1754.

Mit der Edition der drei ersten Teile (1721–26) der »Poesie der Nieder-Sachsen« entsprach Weichmann großzügig dem Wunsch Barthold Heinrich Brockes', Michael Richeys und Johann Albert Fabricius', aus den »Originalacten« der »Teutsch-übenden Gesellschaft« (1715–17/18) zu publizieren, und gab 1721 auch den ersten Teil von Brockes' »Irdischem Vergnügen in Gott« heraus. Dass er 1722 bis 1723 im »Hollsteinischen Correspondenten« zudem akademische Kreise der Universität Rostock zu einer Polemik über die Meinungsfreiheit herausgefordert hatte, scheint der sich konstituierenden ersten Patriotischen Gesellschaft nicht missfallen zu haben. Sein 25. Geburtstag wurde 1723 jedenfalls in Brockes' Garten gefeiert, und für den »Patrioten« verfasste er in den folgenden drei Jahren 25 Nummern und war an drei weiteren beteiligt. 1724 gab er die erheblich vermehrte zweite Auflage des ersten Teils des »Irdischen Vergügens« heraus sowie, in Brockes' Auftrag – und mit Weichmanns Vorrede und Register auch heute noch aktuell –, den 1701/02 entstandenen »Grossen Wittekind« des 1705 verstorbenen Christian Heinrich Postel. 1725 edierte er die zweite, überarbeitete Auflage des von Brockes verdeutschten »Bethlehemitischen Kinder-Mords des Ritters Marino«, vergrößerte Brockes' eigenen Gedichtanhang erheblich und gab 1727 schließlich den zweiten Teil des »Irdischen Vergnügens« heraus. Weichmann sah sich als Gottsched-Anhänger, doch weisen viele seiner – größtenteils in der »Poesie der Nieder-Sachsen« veröffentlichten – Gedichte auf die Hamburger Kantaten-Dichtung. Freier Geist, der er war, setzte er sich energisch für Georg Philipp Telemann in Hamburg ein und bot in Wolfenbüttel dem Bibelübersetzer und -kommentator Johann Lorenz Schmidt Schutz vor dem Zorn der Theologen.

WERKE C[hristian] F[riedrich] Weichmanns Poesie der Nieder-Sachsen [...], 6 Teile, Hamburg 1721–38. Faksimile-Nachdruck, hg. von Jürgen Stenzel, 6 Bde., München 1980; Der Patriot, Hamburg 1724–26, Nr. 1, 11, 14, 21, 24, 26, 45, 52, 65, 66, 71, 88, 97, 99, 104, 105, 117, 120, 134, 142, 145, 146, 153, 154, 156 und beteiligt an Nr. 23, 42 und 93 [Buchausgabe in drei Bdn. Hamburg 1728/29, drei weitere Aufl. bis 1765; Neudruck nach der Originalausgabe Hamburg 1724–26 in drei Textbdn. und einem Kommentarbd., hg. von Wolfgang Martens, Berlin 1969-84 (Ausgaben deutscher Literatur des XV. bis XVIII. Jahrhunderts 13, 21, 22, 109)].

LITERATUR ADB 55; Killy 12; LhS 7; Elger Blühm, Christian Friedrich Weichmann, Redakteur des Schiffbeker »Correspondenten«, in: ZHG 53 (1967), S. 69–78; Christoph Perels/Jürgen Rathje/Jürgen Stenzel (Hg.), C. F. Weichmanns Poesie der Nieder-Sachsen (1721–1738), Nachweise und Register, Wolfenbüttel 1983 (Repertorien zur Erforschung der Frühen Neuzeit 7), S. 172–185; Jürgen Rathje, Brockes' Bücherkatalog als Quelle zu Hamburgs geistigem Leben im frühen 18. Jahrhundert am Beispiel der Poesie der Nieder-Sachsen, in: Barthold Heinrich Brockes (1680–1747) im Spiegel seiner Bibliothek und Bildergalerie, hg. von Hans-Georg Kemper, Uwe-K[arsten] Ketelsen und Carsten

Zelle. Unter Mitarbeit von Christine Krotzinger, 2 Bde., Wiesbaden 1998 (Wolfenbütteler Forschungen 80. I, II), Bd.1, S. 83–123, hier S. 87–91, 96–99. *Jürgen Rathje*

WEICHMANN, *Elsbeth* Freya, geb. Greisinger, geb. 20.6.1900 Brünn, gest. 10.7.1988 Bonn; luth.; Politikerin, Bürgerschaftsabgeordnete.

1919, bei der Ausstellung eines Taufscheins für Elsbeth Greisinger, der dritten von vier Töchtern des Sparkassendirektors und Kurators der evangelischen Gemeinde in Brünn, Richard Greisinger, und seiner Frau Therese, wurde ein falsches Geburtsdatum eingetragen: der 20. Juni 1902. Dies blieb bis zum Tode von Dr. Elsbeth Weichmann das offizielle Geburtsdatum.

Nach dem Abitur trat Elsbeth Greisinger im Alter von 18 Jahren der SPD bei. Zwischen 1919 und 1926 studierte sie Volkswirtschaft und Staatswissenschaften in Frankfurt am Main, Kiel, Köln, Graz und schließlich in Wien, wo sie 1926 zur Volkswirtin promoviert wurde. 1928 heiratete sie den ehemaligen Chefredakteur der »Kattowitzer Zeitung«, Dr. Herbert Weichmann (1896–1983), den sie bereits während des Studiums in Frankfurt am Main kennengelernt hatte und der inzwischen zum persönlichen Referenten des preußischen Ministerpräsidenten Otto Braun aufgestiegen war.

Nachdem Herbert Weichmann infolge des am 7. April 1933 verabschiedeten »Gesetzes zur Wiederherstellung des Berufsbeamtentums« aufgrund seiner SPD-Mitgliedschaft aus dem Staatsdienst entlassen worden war, floh das Ehepaar Weichmann im September 1933 zuerst nach Prag und von dort ins heimatliche Brünn. Allerdings hatten die Weichmanns die Tschechoslowakei nur als Zwischenstation gewählt. Im Oktober 1933 gingen sie nach Paris, wo Herbert Weichmann das Angebot bekommen hatte, als Auslandskorrespondent für Wirtschaft zu arbeiten. Seine Frau erlernte dieses Metier vor Ort und wurde ebenfalls Wirtschaftsjournalistin. Im Mai 1940 kam Herbert Weichmann in ein südfranzösisches Militärlager, Elsbeth Weichmann wurde in ein Internierungslager nach Gurs/Pyrenäen gebracht. Beiden gelang es nach einiger Zeit, aus den Lagern zu entkommen. Nachdem sie sich durch Zufall in einem kleinen Fischerdorf wieder getroffen hatten, flüchtete das Ehepaar im Herbst 1940 über

Elsbeth Weichmann

Spanien und Portugal in die USA. In New York arbeitete Herbert Weichmann als Wirtschaftsprüfer. Seine Frau war, nachdem sie an der New Yorker Universität ein Kurzstudium der Statistik absolviert hatte, von 1941 bis 1943 in diversen Betrieben als Statistikerin tätig. Von Oktober 1943 bis 1945 übte sie diesen Beruf in der Film Library des Museum of Modern Art aus.

Nachdem Max Brauer, dessen Kontakt zum Ehepaar Weichmann sich während seines Exils in New York vertieft hatte und der 1946 Erster Bürgermeister von Hamburg geworden war, Herbert Weichmann die Position eines Senatssyndikus in der Hamburger Verwaltung angeboten hatte, kehrte dieser 1948 nach Deutschland zurück und ließ sich in Hamburg nieder. Seine Frau folgte ihm ein Jahr später.

Elsbeth Weichmanns großes Engagement galt dem Verbraucherschutz. Unter ihrem Vorsitz wurde die Verbraucher-Zentrale Hamburg zu einer bedeutenden Institution. Sie wurde Vorstandsmitglied der Arbeitsgemeinschaft der Verbraucherverbände in Bonn und 1964 Präsidentin des Brüsseler Büros der Verbraucherverbände der EWG-Länder. Außerdem war sie Zweite Vorsitzende des Bureau Européen des Consommateurs und Mitglied des mit den europäischen Behörden in Verbindung stehenden Kontaktkomitees der Verbraucherorganisation.

Auch die Situation der Frauen hatte Elsbeth Weichmann stets im Auge. So war sie Gründungsmitglied der Ausstellung »Du und Deine Welt – Ausstellung für die Frau«, die 1955 erstmals stattfand, und arbeitete aktiv in der Arbeitsgemeinschaft Hamburger Frauenverbände mit.

Großes Engagement zeigte Elsbeth Weichmann ebenso in kulturpolitischen Fragen. Sie wollte neue, breitere Kreise für Kultur gewinnen. Deshalb wirkte sie beim Zustandekommen der im Mai 1969 ins Leben gerufenen Arbeitsgemeinschaft zur Kulturförderung mit. Außerdem wurde auf ihre Initiative hin in Zusammenarbeit mit der Behörde für Wissenschaft und Kunst ein Studienkreis der Arbeitsgemeinschaft zur Kulturförderung gebildet, der 1975 eine Broschüre unter dem Titel »Zur Kulturpolitik in Hamburg – Anregung und Empfehlungen eines unabhängigen Studienkreises« herausgab. Elsbeth Weichmann erhielt den Kuratoriumssitz im Pressezentrum und den Vorsitz der Neuen Literarischen Gesellschaft, war im Aufsichtsrat des Deutschen Schauspielhauses tätig und wurde außerdem Mitglied der Verwaltungsausschüsse des Amtes für Wirtschaft, des Amtes für Ernährungswirtschaft und des Amtes für Marktwesen. Darüber hinaus war sie Mitglied der Deputation der Behörde für Ernährung und Landwirtschaft, Vorsitzende des Fachausschusses der Gesamtleitung »Programmausschuß« der IGA (Internationale Gartenbauausstellung) 1973 und Aufsichtsratsmitglied der Fischmarkt Hamburg-Altona GmbH. Von 1957 bis 1974 war sie Abgeordnete der SPD in der Hamburgischen Bürgerschaft.

Während der Amtszeit ihres Mannes als Erster Bürgermeister von Hamburg (1965–71) fungierte sie als »First Lady«. Beide traten stets als Team auf. Deshalb erstellte die Künstlerin Almut Heise, die den Auftrag bekommen hatte, den damaligen Ersten Bürgermeister für das Rathaus zu porträtieren, auch kein Einzelporträt von Herbert Weichmann, sondern ein Doppelporträt des Ehepaares. Dieses Gemälde, welches 1987 im Empfangszimmer des Rathauses aufgehängt wurde, ist bis heute das einzige Bild im Rathaus, welches einen Bürgermeister mit seiner Gattin darstellt.

Das Ehepaar Weichmann hatte keine Kinder. Es nahm nach Kriegsende den Neffen Herbert Weichmanns, Frank Aron, als Adoptivsohn an, nachdem seine Eltern im Konzentrationslager umgebracht worden waren.

1974 erhielt Elsbeth Weichmann für ihre Verdienste um Hamburg die Bürgermeister-Stolten-Medaille, 1978 wurde ihr für ihre Leistungen auf kulturellem Gebiet die Senator-Biermann-Ratjen-Medaille überreicht. Im März 1988 verlieh ihr die Hamburger Universität die Ehrensenatorwürde.

1978 wurde die Elsbeth Weichmann Gesellschaft gegründet, die sich um kulturelle Belange der Stadt kümmert. Auf ihre Initiative erfolgte im Museum für Kunst und Gewerbe der Einbau des Spiegelsaals aus dem ehemaligen Budge Palais. Für die 1982 von der Elsbeth Weichmann Gesellschaft begonnene Sammlung »Hamburger Köpfe aus Kunst und Kultur« schuf die Künstlerin Karin Hertz eine Bronzebüste von Elsbeth Weichmann, die im Museum für Kunst und Gewerbe ausgestellt ist.

Die 1989 gegründete Herbert und Elsbeth Weichmann Stiftung geht auf die Initiative der bereits verwitweten Elsbeth Weichmann zurück. Laut Satzung ist der Zweck der Stiftung, »das Wirken der demokratischen Opposition im Exil gegen die totalitäre Herrschaft Hitlers sowie die Folgen dieses Wirkens für Deutschland nach dem Kriege in Erinnerung zu rufen und diese Erinnerung für künftige Generationen zu bewahren«.

Elsbeth Weichmanns Grab befindet sich auf dem Ohlsdorfer Friedhof (Grab Nr. AA 15, 66).

WERKE Elsbeth Weichmann, Zuflucht. Jahre des Exils, Hamburg 1983.

LITERATUR Bake/Reimers, S. 291–292; Anneliese Ego, Herbert und Elsbeth Weichmann. Gelebte Geschichte 1896–1948, Hamburg 1998. *Rita Bake*

WEICHMANN, *Herbert* Kurt (Ps. *Dr. Ernst Greisinger, Henri Muller*), geb. 23.2.1896 Landsberg (Oberschlesien), gest. 9.10.1983 Hamburg; isr.; Jurist, Bürgermeister.

Herbert Weichmann wuchs in der niederschlesischen Garnisonsstadt Liegnitz auf. Als älteres von zwei Kindern eines jüdischen Arztes verlebte er seine Kindheit frei von materiellen Sorgen im bürgerlich-preußischen Milieu. Das Elternhaus war politisch liberal eingestellt, die religiöse Bindung nicht orthodox. Als Jugendlicher schloss sich Weichmann dem Wandervogel an. Nach der Reifeprüfung im März 1914 schrieb er sich auf Drängen des Vaters als Medizinstudent ein. Wenige Monate später meldete er sich als Kriegsfreiwilliger, sein Studienfach bestimmte seine Verwendung als Sanitäter. Während der Revolution gehörte Weichmann einem Soldatenrat an. Sein Medizinstudium brach er ab und nahm

1919 an der Breslauer Universität ein Jurastudium auf. Es folgte ein Studienaufenthalt in Frankfurt am Main und Heidelberg. Im Umkreis des Frankfurter Soziologen Franz Oppenheimer lernte Weichmann die Sozialdemokratin Elsbeth Greisinger kennen, die er 1928 heiratete. Wie seine spätere Frau wurde auch Weichmann Mitglied der sozialistischen Studentengruppe. Nach Breslau zurückgekehrt, erlebte er dort den Kapp-Putsch, der ihn nicht nur zum Eintritt in die SPD veranlasste, sondern auch zur Gründung des »Republikanischen Führerbunds«, der antidemokratischen Tendenzen in Justiz und Verwaltung entgegenwirken sollte. Nach dem Tod des Vaters Anfang November 1920 verdiente Weichmann seinen Lebensunterhalt mit journalistischen Arbeiten zunächst für die renommierte »Frankfurter Zeitung«, dann für die »Vossische Zeitung«, ohne dabei jedoch sein Studium zu vernachlässigen. Im Juli 1921 bestand er die erste juristische Prüfung, im März 1922 wurde er promoviert. Ende 1924 oder Anfang 1925 legte er die Große Staatsprüfung für privates und öffentliches Recht am Kammergericht Berlin ab. Wegen der Beamtensperre konnte er erst Ende 1926 als Richter am Amtsgericht Liegnitz und dann in Breslau tätig werden. Hier trat das Auswärtige Amt an Weichmann heran, das für die »Kattowitzer Zeitung«, das führende Presseorgan der deutschen Minderheit im jetzt polnischen Teil Oberschlesiens, einen Chefredakteur suchte. Er ließ sich beurlauben und begann seine neue Tätigkeit im April 1927, kehrte jedoch bereits im November nach Berlin zurück und machte als persönlicher Referent des preußischen Ministerpräsidenten Otto Braun eine steile Karriere: 1927 begann er als Regierungsassessor, im August 1931 wurde er Ministerialrat. Im Herbst 1928 war Weichmann am Abschluss des hamburgisch-preußischen Abkommens über die Hafengemeinschaft beteiligt und lernte Altonas Oberbürgermeister Max Brauer kennen.

Nach dem Staatsstreich Franz von Papens am 20. Juli 1932 wurde Weichmann ins Handelsministerium versetzt. Das »Gesetz zur Wiederherstellung des Berufsbeamtentums« bildete die Grundlage, um ihn am 13. April 1933 wegen seiner Parteizugehörigkeit – als Frontkämpfer wäre er auch als »nichtarischer« Beamter im Amt geblieben – in den Ruhestand zu versetzen. Im September 1933 floh das Ehepaar Weichmann nach Prag und begab sich von dort aus über Brünn nach Paris. Weichmann nahm das

Herbert Weichmann

Angebot an, für die Zeitschrift »Der deutsche Volkswirt« über Wirtschafts- und Finanzpolitik zu berichten – freilich unter dem Pseudonym Dr. Ernst Greisinger. Ab 1935 schrieb er für französische Blätter über die NS-Wirtschaftspolitik. Nach Hitlers Angriff auf Frankreich wurde auch das inzwischen staatenlose Ehepaar Weichmann interniert. Über Spanien und Portugal gelang im November 1940 die Flucht in die USA, wo erst die Fortbildung Herbert Weichmanns zum Wirtschaftsprüfer eine dauerhafte Existenzgrundlage sicherte.

Weichmanns Mutter und Schwester, die Deutschland verlassen und in Amsterdam Zuflucht gesucht hatten, wurden nach Auschwitz deportiert. Nur der Neffe Frank, von Holländern versteckt, überlebte und wurde nach Kriegsende von dem kinderlosen Ehepaar Weichmann adoptiert. Dennoch dachte Weichmann an eine Rückkehr. Bürgermeister Max Brauer, dessen freundschaftliche Beziehung zu Weichmann sich während des amerikanischen Exils vertieft hatte, holte ihn 1948 an den Hamburger Rechnungshof. Dort war er bis zu seiner Berufung als Finanzsenator 1957 tätig. Nach dem unerwarteten Rücktritt von Bürgermeister Paul Nevermann 1965 wurde Weichmann sein Nachfolger. Als Bürgermeister gewann er eine Popularität, die weit über die Parteigrenzen hinaus reichte. Mit ihm erzielte die SPD bei der Wahl 1966 mit 59 Prozent der Stimmen ein Rekordergebnis. Nach exakt sechs Jahren Amtszeit legte Weichmann sein Amt am 9. Juni 1971 aus Altersgründen nieder. Der Hamburger Bürgerschaft gehörte er von 1961 bis 1974 an.

Von Weichmann gingen bedeutende Impulse auf dem Finanzsektor aus, die über die Landesgrenzen hinaus wirkten. Die Ausdehnung der Aufgaben des Rechnungshofs auf die Wirtschaftlichkeitsprüfung fand bundesweite Nachahmung. Er schuf ein modernes, nach volkswirtschaftlichen Gesichtspunkten gegliedertes Haushaltsrecht und führte unter der Berücksichtigung von Folgekosten die mittelfristige Finanzplanung ein. Während seiner Amtszeit wurden bedeutende wirtschaftliche und städtebauliche Entscheidungen getroffen und verwirklicht, unter anderem die City Nord, das Congress Centrum Hamburg (CCH), die Köhlbrandbrücke, der Elbtunnel, der Container-Hafen und die City-S-Bahn. Vor allem nach seinem Rücktritt als Bürgermeister rückte sein Eintreten für die Bewahrung des demokratischen Rechtsstaats zunehmend in den Mittelpunkt seines politischen Wirkens. Die Gegensätze zwischen Weichmann, der angesichts der eigenen Erfahrung auf eine demokratisch legitimierte Staatsautorität setzte, und der auf gesellschaftliche Veränderungen drängenden 68er-Bewegung schienen unüberbrückbar. Dennoch suchte er immer wieder das Gespräch. Seine letzte große Rede über das Recht auf Freiheit hielt Weichmann am 17. Juni 1982 im Deutschen Bundestag anlässlich des Gedenkens an den Aufstand in der DDR 1953.

Nach 1948 veröffentlichte Weichmann vor allem in den Zeitschriften »Finanzarchiv« und »Der öffentliche Haushalt« zahlreiche Artikel zum Haushaltswesen. Seit 1956 war er als Lehrbeauftragter und seit 1964 als Honorarprofessor für öffentliches Haushalts- und Rechnungswesen an der Universität Hamburg tätig. Für seine Verdienste wurden Weichmann zahlreiche Ehrungen zuteil: 1971 wurde er Ehrenbürger Hamburgs und Ehrenmitglied des Deutschen Städtetags, 1973 erhielt er den Freiherr-vom-Stein-Preis, 1976 die Ehrendenkmünze in Gold und die Ehrensenatorwürde der Universität Hamburg. Die 1989 von seiner Witwe gegründete Herbert und Elsbeth Weichmann Stiftung widmet sich der Exilforschung. 1985 wurden im Stadtteil Uhlenhorst, seinem letzten Wohnsitz, die Herbert-Weichmann-Brücke und die Herbert-Weichmann-Straße nach ihm benannt.

WERKE Schriftenverzeichnis in: Winfried Uellner, Herbert Weichmann. Mit einem Vorwort von Willy Brandt und Beiträgen von Carlo Schmid und Paul O. Vogel, Hamburg 1974 (Hamburger Bibliographien 17), S. 44–131; ergänzt und fortgeführt in: Anneliese Ego, Herbert und Elsbeth Weichmann. Gelebte Geschichte 1896–1948, Hamburg 1998, S. 456 f.

LITERATUR DBE 10; Albers 1, S. 369–372; BHdE 1; Gabrielsson; HL; Hans Fahning (Hg.), Herbert Weichmann zum Gedächtnis. Hamburg nimmt Abschied von seinem Bürgermeister, Hamburg 1983; Ulrich Becker, Herbert Weichmann (1896–1983), in: Persönlichkeiten der Verwaltung. Biographien zur deutschen Verwaltungsgeschichte 1648–1945, hg. von Kurt G. A. Jeserich und Helmut Neuhaus, Stuttgart 1991, S. 458–463; Ego (siehe unter Werke); Uwe Bahnsen, Die Weichmanns in Hamburg. Ein Glücksfall für Deutschland, Hamburg 2001. *Holger Martens*

WEISS-MANN, Edith, geb. Weiss, geb. 11.5. 1885 Hamburg, gest. 18.5.1951 Westfield/New Jersey, USA; isr.; Cembalistin, Klavierpädagogin, Musikkritikerin.

Ausgebildet wurde die Tochter des Kaufmanns Emil Weiss und seiner Ehefrau Hermine, geborene Rosenbaum, von 1900 bis 1904 in Berlin an der Hochschule für Musik und danach bis 1908 im Privatunterricht bei James Kwast, José Vianna da Motta, Carl Friedberg und Bruno Eisner. Anschließend kehrte sie nach Hamburg zurück und entfaltete eine außerordentlich umfangreiche musikalische Tätigkeit, die das Musikleben der Stadt in den zwanziger und dreißiger Jahren prägte.

Sie gab privaten Klavierunterricht, veranstaltete als Mitglied im Musikausschuss der Gesellschaft der Freunde des Vaterländischen Schul- und Erziehungswesens zusammen mit anderen Künstlern in Schulen »Musikvorträge für die Jugend« und bildete, da es in Hamburg noch keine Musikhochschule gab, in Seminaren an der Universität Musiklehrer aus. 1923 wirkte sie beim Aufbau der Volksmusikhochschule mit.

Aber nicht nur auf pädagogischem Gebiet zeigte Edith Weiss-Mann sich mit ihren zum Teil neuen und ungewöhnlichen Aktivitäten und reformpädagogischen Ideen als Wegbereiterin, sondern auch als Künstlerin: Sie war eine der ersten Musikerinnen, die dem Cembalo wieder zur Geltung verhalfen. 1925 gründete sie die Vereinigung zur Pflege alter Musik in Hamburg, die ihre Konzerte wegen der großen Resonanz beim Publikum bald vom Museum für Hamburgische Geschichte mit seiner Sammlung alter Instrumente in den Kleinen Saal der

Edith Weiss-Mann

Musikhalle verlegen musste. Neben diesem Engagement für die barocke Aufführungspraxis setzte Edith Weiss-Mann sich auch für neue Musik ein. Sie führte Werke von Zeitgenossen auf und zog nach Möglichkeit die Komponisten zur Mitwirkung heran. Als Musikkritikerin schrieb sie für renommierte in- und ausländische Zeitungen und für die Fachpresse über neue Musik.

1933 wurde Edith Weiss-Mann aufgrund ihrer jüdischen Herkunft als Lehrkraft entlassen und durfte nur noch im Jüdischen Kulturbund öffentlich auftreten. Als die Restriktionen immer schärfer wurden, emigrierte sie 1939 nach New York. Mit über 50 Jahren baute sie sich eine neue Karriere als Cembalistin auf. Ihr größter Anfangserfolg war die Einspielung sämtlicher Cembalokonzerte Bachs und der Werke der norddeutschen Barockmeister unter Otto Klemperer im Herbst 1940.

Edith Weiss-Mann starb im Haus ihres Sohnes in den USA, ihre Asche wurde nach Hamburg überführt und auf der Grabstelle ihrer Schwiegereltern auf dem Ohlsdorfer Friedhof beigesetzt. Der Grabstein der Familie steht heute als Gedenkstein im »Garten der Frauen«.

LITERATUR Bake/Reimers, S. 177–179; Irmgard Schumann-Reye, Edith Weiss-Mann (1885–1951), in: HGH Bd. 11, Heft 8 (Dezember 1985), S. 191–200. *Brita Reimers*

WEITLING, Wilhelm (Ps. *Freimann*), geb. 5.10.1808 Magdeburg, gest. 25.1.1871 New York; luth.; Frühsozialist, Schriftsteller.

Wilhelm Weitling war der erste Theoretiker der sozialen Bewegung in Deutschland. Die Aktionen des sozialen Protests sah er als überholt an. Das Proletariat sollte durch revolutionäre Aktionen das utopische Ziel einer Gesellschaft der Gleichen erreichen. Stoßtrupp für die revolutionären Aktionen sollte der von Weitling initiierte Befreiungsbund sein, der sein Zentrum in Hamburg hatte, als sich der Frühsozialist hier von Herbst 1848 bis Ende 1849 illegal aufhielt.

Als unehelicher Sohn einer Dienstmagd und eines französischen Offiziers geboren, erlernte Weitling nach dem Besuch der mittleren Bürgerschule den Beruf des Damenschneiders und kam auf seiner Gesellenwanderung 1835 mit dem Bund der Geächteten in Paris zusammen, der bald darauf in den Bund der Gerechten umbenannt wurde. Als Mitglied von dessen Zentralbehörde verfasste er für den Bund 1838 die Programmschrift »Die Menschheit wie sie ist und wie sie sein sollte«, die auf einem biblischen Kommunismus basiert und einen brüderlichen Familienbund der Menschheit mit Gemeinschaftseigentum und gleichen Rechten und Pflichten anstrebt. In Konkurrenz zu den Jungdeutschen gewann Weitling großen Einfluss auf die deutschen Handwerkerbünde im Ausland, für die er 1842 sein Hauptwerk »Garantien der Harmonie und Freiheit« schrieb. Auch hier plädierte er für eine Gesellschaft der Gleichen. Jeder sollte die größtmögliche Freiheit genießen, aber streng zur Arbeit verpflichtet sein. Die neue kommunistische Gesellschaft sollte keine Gesetze, Verbrecher, Gefängnisse und natürlich keine soziale Ungleichheit kennen, das Geld sollte abgeschafft werden. Dieser Kommunismus, der durch die Vorstellung des Urchristentums bestimmt wurde, wie Weitling in einem weiteren Buch, »Das Evangelium des armen Sünders« (1845), ausführte, sollte notfalls durch Gewaltanwendung herbeigeführt werden. Trotz seiner scharfen Kritik am Kapitalismus und des Zieles einer kommunistischen Gesellschaft überwarf Weitling sich 1846 in Brüssel mit Karl Marx und Friedrich Engels, die ihm Unverständnis für eine wissenschaftliche Begründung des Kommunismus und für die Strategien und Taktik des Proletariats vorwarfen. Dies führte schließlich

Wilhelm Weitling

zum Bruch des frühsozialistischen Theoretikers mit dem Bund der Kommunisten, der 1847 aus dem Bund der Gerechten hervorgegangen war. Enttäuscht ging Weitling 1846 nach New York, kehrte aber im Juni 1848 nach Deutschland zurück, wo der von ihm in den USA gegründete, militärisch organisierte Befreiungsbund in einer zweiten, sozialen Revolution die Gesellschaft der Gleichen herbeiführen sollte. Für die Ziele des Befreiungsbundes warb er in Hamburg, wo er in der ABC-Straße wohnte, mit Flugblättern. Unterstützt wurde er durch Jakob Audorf d. Ä. und Joachim Friedrich Martens. Beim Einzug der Preußen in Hamburg am 13. August 1849 beteiligten sich gegen den Willen Weitlings einige Mitglieder des Befreiungsbundes am bewaffneten Widerstand. Der Bund wurde aufgelöst, agierte aber im Geheimen unter Audorfs Führung bis Ende 1851 weiter. Weitling war Ende 1849 über London nach New York zurückgekehrt, scheiterte aber endgültig 1855 mit dem Versuch einer kommunistischen Kolonie in Iowa und verlor, in ärmlichen Verhältnissen mit einer großen Familie lebend, seinen Einfluss auf die Arbeiterbewegung.

WERKE Die Menschheit wie sie ist und wie sie sein sollte, Paris 1838; Garantien der Harmonie und Freiheit, o.O. 1842 [Neuauflage Berlin 1955]; Das Evangelium des armen Sünders, Bern 1845 [Neuauflage Reinbek 1971].

LITERATUR ADB 41; DBE 10; Asendorf /von Bockel; Geschichte der deutschen Arbeiterbewegung. Biographisches Lexikon, Berlin 1970; Lothar Knatz/Hans-Arthur Marsiske (Hg.), Wilhelm Weitling. Ein deutscher Arbeiter-Kommunist, Hamburg 1989; Waltraud Seidel-Höppner, Wilhelm Weitling. Leben und politisches Wirken, Leipzig 1994.

Arno Herzig

WENDT, Gustav, geb. 2.8.1848 Paderborn, gest. 16.7.1933 Hamburg; luth.; Lehrer.

Der Neuphilologe und Schulreformer Gustav Wendt hatte während seiner 50-jährigen Tätigkeit als Pädagoge großen Einfluss auf das Hamburger Schulwesen.

Nach dem Studium in Bonn und Berlin und seiner Kriegsteilnahme als Unteroffizier im Landsturm legte Wendt 1873 seine Oberlehrerprüfung für die Unterrichtsfächer Französisch, Englisch, Geschichte und Geografie ab; drei Jahre später wurde er promoviert. Seit Herbst 1875 unterrichtete er am Realgymnasium des Johanneums, ab Ostern 1878 als Oberlehrer. 1878 heiratete Wendt die Wortführerin der Hamburger demokratischen Frauen und spätere Bürgerschaftsabgeordnete Bertha Bahnson, mit der er acht Kinder hatte.

Der Pädagoge beteiligte sich aktiv am politischen Leben. Er vertrat ab 1881 drei Jahre lang für den Kreis Stade den linken Flügel der Fortschrittspartei im Deutschen Reichstag und stimmte als Einziger seiner Fraktion gegen das Sozialistengesetz. Nach einem Disziplinarverfahren im Oktober 1885 zog sich Wendt aus der allgemeinen Politik zurück, war aber weiterhin in linksliberalem Sinne schulpolitisch tätig. Er propagierte in Vorträgen und Veröffentlichungen eine Reform des neusprachlichen Unterrichts. Ostern 1897 holte der Realschuldirektor Albrecht Thaer Wendt, der sich 1889 habilitiert hatte, als seinen Vertreter an die Realschule vor dem Holstentor. Gemeinsam bauten sie die Schule zur ersten Oberrealschule aus und begründeten durch die methodische wie inhaltliche Umstellung des neusprachlichen und naturwissenschaftlichen Unterrichts den Ruf der Schule als Reformanstalt. Von 1895 bis 1916 war Wendt Dozent am Hamburger Vorlesungswesen und in der Folge Mitbegründer der Universität. 1901 begann er – zunächst noch unentgeltlich – Mädchen in einer vom Hamburgischen Verein zur Förderung von Frauenbildung und Frauenstudium neu eingerichteten Realgymnasialklasse zu unterrichten. Eine Beurlaubung im Jahre 1913 ermöglichte es ihm, die Leitung des ersten Hamburger privaten Mädchengymnasiums am Besenbinderhof zu übernehmen. 1921 wurde Wendt pensioniert, war aber ab 1923 wieder als Lehrer an der 1920 gegründeten reformorientierten Lichtwarkschule tätig. Er schied erst Ostern 1925 aus dem Hamburger Schul-

Gustav Wendt

dienst aus. Der Demokrat Wendt war 14 Jahre lang im Vorstand der Schulsynode tätig, nach 1918 sozialdemokratischer Vertreter in der Lehrerkammer und von 1924 bis 1928 Mitglied der Oberschulbehörde.

WERKE Die Reformmethode in den oberen Klassen der Realanstalten. Vortrag, gehalten auf dem 8. Allgemeinen Deutschen Neuphilologentag in Wien am 1. Juni 1898, in: Die neueren Sprachen. Zeitschrift für den neusprachlichen Unterricht Bd. 6 (1898), Heft 4–5, S. 193–207; England, seine Geschichte, Verfassung und staatlichen Einrichtungen, Leipzig 1892; Syntax des heutigen Englisch, 1. Teil: Die Wortlehre, Heidelberg 1911, 2. Teil: Die Satzlehre, Heidelberg 1914; Grammatik des heutigen Englisch, Heidelberg 1922.

LITERATUR Holstentorwarte. Vierteljahresblätter der Schulgemeinde der Thaer-Oberrealschule vor dem Holstentor. Sonderausgabe zu Prof. Gustav Wendts 80. Geburtstag, Hamburg 1928; Renate Hauschild-Thiessen, Radikale im Schuldienst – vor 100 Jahren: Hugo Toeppen, Carl Sellin, Gustav Wendt, in: HGH Bd. 11, Heft 6 (Dezember 1984), S. 129-146; Reiner Lehberger, Gustav Wendt. Ein Oberlehrer als Reformpädagoge, in: Mitteilungsblatt des Fachverbands Moderne Fremdsprachen, Landesverband Hamburg 29/30 (1991), S. 17 f. *Iris Groschek*

WERNER, Sidonie, geb. 16.3.1860 Posen, gest. 27.12.1932 Bad Segeberg; isr.; Lehrerin, Leiterin jüdisch-sozialer Einrichtungen, Führerin der jüdischen Frauenbewegung.

Sidonie Werner war eine bedeutende Persönlichkeit der deutsch-jüdischen Frauenbewegung im ersten Drittel des 20. Jahrhunderts. Sie gehörte zur ersten Generation jüdischer Frauen, die für eine selbstständige und gleichberechtigte Arbeit in der deutschen Gesellschaft und insbesondere in der jüdischen Gemeinschaft eintrat. Aus einem frommen jüdischen Elternhaus stammend, ergriff die Tochter des angesehenen Kaufmanns Dr. Philipp Werner nach dem Besuch der höheren Mädchenschule und des Lehrerinnenseminars den Beruf der Lehrerin. Sie unterrichtete zuerst an der jüdischen Volksschule in Altona und trat dann in den hamburgischen Volksschuldienst ein, den sie – unterbrochen durch eine mehrjährige Beurlaubung – bis zu ihrer Pensionierung versah. Im Jahre 1908 übernahm Sidonie Werner als erste Frau den Vorsitz des 1893 von ihr in Hamburg mitbegründeten Israelitischen Humanitären Frauenvereins (IHF) und begann dort eine breit gefächerte Sozialarbeit für jüdische Kinder, Jugendliche und Frauen zu organisieren. Unter ihrer Leitung entstanden Einrichtungen wie ein Mädchenwohnheim (1906), ein Kinderheim in Altona (1910, Grünestraße Nr. 5), die Mittelstandsküche des IHF (Innocentiastraße 21), ein Kindererholungsheim zusammen mit einer Haushaltungsschule und einer Großküche in Bad Segeberg (1911, 1917), eine Fürsorge-Abteilung in der jüdischen Gemeinde, ein Kindergarten des IHF in Barmbek (Gluckstraße Nr. 9) und das Heim für jüdische Mädchen und Frauen e.V. (Innocentiastraße Nr. 19–21).

Geprägt durch die schwierigen Arbeitsbedingungen jüdischer Lehrerinnen und ihren langjährigen Kampf für Frauenrechte, insbesondere für das umstrittene Frauenwahlrecht in den jüdischen Ge-

Sidonie Werner

meinden, übernahm Sidonie Werner vielfältige ehrenamtliche Führungspositionen: Von 1915 bis 1925 war sie als Nachfolgerin von Bertha Pappenheim Erste Vorsitzende des 1893 von ihr mitbegründeten Jüdischen Frauenbunds und 1915 Gründungsmitglied des Stadtbundes Hamburgischer Frauenvereine; 1917 wurde sie Vorstandsmitglied in der neu gegründeten Zentralwohlfahrtsstelle der deutschen Juden, 1918 einziges weibliches Vorstandsmitglied im Hamburger Jüdischen Schulverein, 1919 Mitglied im Notstandskomitee für die Ostjuden und 1921 Mitglied im Jugendamt der Hamburger Deutsch-israelitischen Gemeinde. 1927 war sie Mitbegründerin eines Kinderheims für tuberkulosegefährdete Kinder in Wyk auf Föhr; lange Jahre wirkte sie als Beisitzerin in der Vereinigung für das liberale Judentum e.V. Sidonie Werner vertrat wirkungsvoll die Ansicht, dass eine qualifizierte berufliche Ausbildung für Frauen besonders wichtig sei. Frauen sollten sich ihrer Meinung nach keineswegs auf wohltätige Aufgaben beschränken, sondern gezielt in von Männern dominierte Verwaltungsausschüsse vordringen. Ihr Versuch, 1919 für die Deutsche Demokratische Partei in die Hamburger Bürgerschaft gewählt zu werden, misslang, da sie nur einen chancenlosen Listenplatz erhielt. Als ihr größter öffentlicher Erfolg galt die Ausrichtung der »Weltkonferenz der Jüdischen Frauen« in Hamburg im Jahre 1929.

Wenige Jahre nach ihrem Tod im Dezember 1932 wurde das Lebenswerk Sidonie Werners zerstört. Die drei Häuser in Bad Segeberg gingen 1938 an die Hitler-Jugend über; auch die Häuser der von ihr gegründeten bzw. geleiteten Hamburger Einrichtungen gelangten in den späten dreißiger Jahren in andere Hände. Der Jüdische Frauenbund erhielt ebenso wie der Israelitische Humanitäre Frauenverein in Hamburg nach dem Novemberpogrom 1938 den Befehl zur Selbstauflösung.

LITERATUR Bake/Reimers, S. 257; Marion Kaplan, Die jüdische Frauenbewegung in Deutschland. Organisation und Ziele des Jüdischen Frauenbundes 1904–1938, Hamburg 1981 (Hamburger Beiträge zur Geschichte der deutschen Juden 7); Friedrich Gleiss, Sidonie Werner. Norddeutschlands Führungsgestalt in der jüdischen Frauenbewegung, in: Gerhard Paul/Miriam Gillis-Carlebach (Hg.), Menora und Hakenkreuz. Zur Geschichte der Juden in und aus Schleswig-Holstein, Lübeck und Altona (1918–1998), Neumünster 1998, S. 135–140. *Ina Lorenz*

WESTPHALEN, Adolph Libert, geb. 1.11.1851 Hamburg, gest. 3.1.1916 Zeithain; Architekt, Branddirektor.

Der aus einer alteingesessenen Hamburger Familie stammende Adolph Libert Westphalen studierte im Anschluss an eine Zimmermannslehre und die Teilnahme als Freiwilliger im Krieg 1870/71 Architektur an der Technischen Hochschule Stuttgart. Danach war er ab 1874 als selbstständiger Architekt in Hamburg tätig, bis er 1885 als Baupolizeiinspektor in die Dienste der Baubehörde trat. Nach Abschluss der Ausbildung zum Feuerwehringenieur bei den Berufsfeuerwehren Berlin und Breslau übernahm Westphalen 1893 die Leitung der Feuerwehr Hamburg.

Seine Vorschläge zur Reorganisierung der Feuerwehr wurden vom Senat anerkannt und umgesetzt: Sechs neue Feuerwachen kamen im Laufe seiner Amtszeit hinzu; das Personal wurde von 339 (1893) auf 591 Mann (1914) erheblich aufgestockt. Unter Branddirektor Westphalen begann ab 1907 die Umstellung der Einsatzfahrzeuge von Pferdebespannung auf Automobilbetrieb. Um die Schiffsbrandbekämpfung im Hamburger Hafen zu verbessern, ließ er 1913 die ersten beiden eigenen Feuerlöschboote bauen.

Vor allem befasste sich Westphalen intensiv mit der Verbesserung baulicher Brandschutzmaßnahmen. Er gilt als einer der Begründer des wissenschaftlich fundierten vorbeugenden Brandschutzes, der die Erhöhung der Sicherheit von Gebäuden im Brandfalle zum Ziel hat. Die von ihm eingeführten

Adolph Libert Westphalen

Sicherheitstreppenhäuser bei Hafenspeichern heißen nach ihm »Westphalentürme«. Zudem veranlasste er Brandproben von Baustoffen und -teilen, um ihr Verhalten im Feuer beurteilen zu können.

Als Vorsitzender des Verbands deutscher Berufsfeuerwehren von 1900 bis 1913 gab Westphalen zahlreiche Anregungen auf dem Gebiet des Feuerwehrwesens. So eröffnete er jungen Ingenieuren einen neuen beruflichen Werdegang im öffentlichen Dienst, indem er für die Führungskräfte bei den deutschen Feuerwehren ein abgeschlossenes technisches Studium forderte.

Im Ersten Weltkrieg wurde der Reservemajor Westphalen noch im Alter von 63 Jahren eingezogen und kam als Bataillonskommandeur an die Ostfront. Nach einer schweren Verwundung starb er am 3. Januar 1916 im Lazarett in Zeithain. 1921 wurde der Westphalensweg im Stadtteil St. Georg nach dem Branddirektor benannt, von 1965 bis 1994 trug das Feuerlöschbot »Branddirektor Westphalen« (seit 1979 als Neubau) seinen Namen.

LITERATUR Manfred Gihl, Feuerwehr Hamburg Eins-Eins-Zwo. 125 Jahre Berufsfeuerwehr Hamburg, Erlensee 1997.

Manfred Gihl

WICHERN, Johann Hinrich, geb. 21. 4. 1808 Hamburg, gest. 7. 4. 1881 ebd.; luth.; Theologe, Sozialreformer.

Johann Hinrich Wichern war als Gründer des Rauhen Hauses in Hamburg, Reformer des preußischen Strafvollzugs und Initiator der Inneren Mission der evangelischen Kirche einer der bedeutendsten Sozialreformer des 19. Jahrhunderts.

Die aus einfachen Verhältnissen stammenden Eltern hatten sich emporgearbeitet und dem ältesten Sohn den Besuch des Johanneums ermöglicht; nach dem Tod des Vaters 1823 musste Wichern die Schule verlassen. Er arbeitete als Gehilfe an der christlichen Erziehungsanstalt von Johann Ludwig Emanuel Pluns in Pöseldorf und gab Kindern angesehener Hamburger Familien Privatunterricht. So bekam er Kontakt zum Hamburger Bildungsbürgertum sowie zu Pastoren wie dem Pietisten Johann Wilhelm Rautenberg und wurde Mitglied im Christlichen Verein. Förderer wie Senator Martin Hudtwalcker und Amalie Sieveking ermöglichten dem von der Erweckungsbewegung angeregten Wichern die weitere Ausbildung. In Göttingen und Berlin studierte er

Johann Hinrich Wichern

ab 1828 evangelische Theologie, bevor er 1831 nach Hamburg zurückkehrte und sein erstes Staatsexamen ablegte. Rautenberg stellte ihn als Lehrer in seiner Sonntagsschule für arme Kinder in der Vorstadt St. Georg ein. Die vorausgegangenen christlichen Versuche zur Bekämpfung der Armut beschäftigten Wichern. Er wurde mit Männern aus ganz Deutschland bekannt, die sich in der Armenpflege, der Gefängnisarbeit und der Waisenhausarbeit engagierten. Um den Kindern, die er in St. Georg kennen gelernt hatte, den Zugang zu Bildung und besseren Lebensumständen zu ermöglichen, entstand der Gedanke, ein Rettungshaus für verwahrloste Kinder aus ärmsten Verhältnissen zu errichten. Der Syndicus Karl Sieveking stellte Haus und Grundstück in Hamburg-Horn zur Verfügung; am 12. September 1833 konnte die Gründungsversammlung der Rettungsanstalt stattfinden. Ohne staatliche oder kirchliche Zuschüsse, nur durch private Förderer getragen, entstand so das Rauhe Haus, in dem Kinder in Gruppen lebten, lernten und nach christlichen Maßstäben erzogen wurden. 1835 heiratete Wichern Amanda Böhme, die ihren Mann unterstützte und bei seiner Abwesenheit das Rauhe Haus leitete. Das Ehepaar Wichern bekam zehn Kinder. Bereits ab 1834 begann Wichern, Gehilfen, meist junge Handwerker, als so genannte »Brüder« einzustellen. Diese wurden als Erzieher für das Rauhe Haus in christlichen Fragen ausgebildet und dann in andere Städte gesandt, um dort ähnliche Einrichtungen nach Hamburger Vorbild aufzubauen und zu betreuen. Dies war der Anfang der evangelischen Diakonie.

1855 hatte die Bruderschaft bereits 170 Mitglieder, und der Bedarf, der sich in Entsendungswünschen anderer Städte äußerte, war weit größer. Wichern forderte den Aufbau einer umfassenden karitativen Organisation innerhalb der evangelischen Kirche. Auf seine Anregung wurde 1848 der Centralausschuss für Innere Mission gegründet, der als Diakonisches Werk der evangelischen Kirche zu einem der größten Wohlfahrtsverbände Deutschlands werden sollte. Durch Reisen, Veröffentlichungen aus der anstaltseigenen Druckerei und Vorträge machte Wichern seine Ideen und Initiativen überregional bekannt und wurde daraufhin 1856/57 von Friedrich Wilhelm IV. von Preußen damit beauftragt, den preußischen Strafvollzug zu reformieren. 1858 gründete Wichern in Berlin das Johannesstift, das die Brüder des Rauhen Hauses auf ihre Arbeit in Strafanstalten gesondert vorbereitete. In der Folge arbeitete er in Hamburg wie auch in Berlin, wo er als Rat für die Strafanstalten und das Armenwesen dem preußischen Ministerium des Innern angehörte. Im Mai 1872 in seine Heimatstadt zurückgekehrt, verbrachte Wichern seine letzten Lebensjahre in Krankheit. Die Leitung des Rauhen Hauses übergab er seinem Sohn Johannes. Noch heute gibt es als Einrichtungen des Rauhen Hauses unter anderem die Diakonenanstalt, das offene Haus für Kinder und Jugendliche, die Wichern-Schule und die anstaltseigene Druckerei. In Hamm wurde 1890 der Wichernsweg und 1930 die Straße Wicherns Garten nach dem Sozialreformer benannt. An einer Säule in der Diele des Hamburger Rathauses erinnert ein Reliefporträt an Wichern.

WERKE Sämtliche Werke, hg. von Peter Meinhold und Günter Brakelmann, 10 Bde., Berlin/Hamburg/Hannover 1958–88.

LITERATUR DBE 10; Martin Gerhardt, Johann Hinrich Wichern. Ein Lebensbild, 3 Bde., Hamburg 1927–31; Gestalten der Kirchengeschichte, hg. von Martin Greschat, Bd. 9.2: Die neueste Zeit II, Stuttgart 1985, S. 44–63; Ulrich Heidenreich, Der Gründer des Rauhen Hauses Johann Hinrich Wichern (1808–1881), Hamburg 1997 (HLb 13); Volker Hermann/Jochen-Christoph Kaiser/Theodor Strohm (Hg.), Bibliographie zur Geschichte der deutschen evangelischen Diakonie im 19. und 20. Jahrhundert, Stuttgart 1997.

Iris Groschek

WINDFUHR, Walter, geb. 6.5.1878 Hamburg, gest. 22.5.1970 ebd.; luth.; Pastor und Judaist.

Der Sohn eines Kaufmanns segelte in seiner Jugend als Schiffsjunge nach Chile, bevor er 1899 am Matthias-Claudius-Gymnasium in Wandsbek das Abitur machte. Anschließend studierte Walter Windfuhr Evangelische Theologie und semitische Sprachen und legte 1903 und 1905 die theologischen Examina ab. 1907 wurde er Pastor an der Hauptkirche St. Katharinen für den Bezirk Stephan Kempe in Hammerbrook. 1914 unternahm er eine größere Orientforschungsreise. Windfuhr beschäftigte sich wissenschaftlich mit dem Judentum und dem Alten Testament, wobei er bald zum anerkannten Fachmann für das rabbinische und das mittelalterliche Judentum wurde; er galt als einer der besten Kenner des talmudischen Schrifttums. Sein Arbeitsschwerpunkt lag auf philologischem Gebiet, bekannt waren vor allem seine textkritischen Ausgaben und Kommentierungen bzw. Übersetzungen verschiedener Mischna-Traktate. 1924 erhielt er die theologische Ehrendoktorwürde der Heidelberger Universität. Seit 1920 unterrichtete Windfuhr die Kandidaten der Theologie im Alten Testament, und seit 1925 war er Lehrbeauftragter an der Hamburger Universität, die ihn 1929 zum Honorarprofessor ernannte. 1926/27 hatte er Vorlesungen am Institutum Judaicum in Berlin gehalten, eine Berufung zerschlug sich jedoch. Zum Jahresende 1933 ließ Windfuhr sich als Pastor in den Ruhestand versetzen, weil er die enge Verbindung der Kirche mit dem nationalsozia-

Walter Windfuhr

listischen Staat nicht mittragen konnte. Seine Lehrtätigkeit an der Universität setzte er bis 1941 und von 1951 bis 1958 fort.

WERKE Werkverzeichnis in: BBKL 13.

LITERATUR Rainer Hering, Ein »untragbarer« Professor. Walter Windfuhrs Lehrtätigkeit in der NS-Zeit an der Hamburger Universität, in: Tribüne. Zeitschrift zum Verständnis des Judentums 32 (1993), Heft 126, S. 156–160; ders., »Sprache und Kultur des Judentums« im Nationalsozialismus. Walter Windfuhrs Lehrtätigkeit an der Hamburger Universität, in: ZHG 80 (1994), S. 141–151. *Rainer Hering*

WOERMANN, Adolph, geb. 10.12.1847 Hamburg, gest. 4.5.1911 Grönwohld-Hof bei Trittau (Kreis Stormarn); luth.; Kaufmann, Reeder.

Nach dem Besuch des Johanneums, nach Lehrjahren, mehreren Auslandsreisen und einem längeren Aufenthalt in Westafrika wurde Adolph Woermann 1874 der Teilhaber und 1880, 33 Jahre alt, der Nachfolger seines Vaters Carl Woermann (1813–80). Fast bis zu seinem Tod hat er die Geschicke der 1837 gegründeten Firma C. Woermann geleitet. Diese hatte 1854 ihre erste afrikanische Niederlassung in Monrovia eröffnet, der weitere in Gabun (1862) und Kamerun (1868) gefolgt waren. Unter Adolph Woermann vergrößerte sich die Zahl der Niederlassungen, Plantagen wurden angelegt. Aus Afrika kamen Palmöl, Elfenbein, Gummi, Goldstaub, Farbhölzer und Ebenholz, dorthin verschifft wurden Erzeugnisse der deutschen Industrie, darunter Waffen und Alkohol.

Als Mitglied der Handelskammer, der er von 1879 bis 1908 angehörte (mehrere Jahre als Präses), als Mitglied der Bürgerschaft (1880–1904) und als nationalliberaler Reichstagsabgeordneter (1884–90) gewann Woermann politischen Einfluss. Eine gedeihliche Entwicklung des deutschen Handels mit Afrika schien ihm angesichts der Konkurrenz der etablierten Kolonialmächte nur unter Schutz des Reichs möglich zu sein, dem diplomatischen und notfalls auch dem militärischen. Bismarck zeigte sich von den Argumenten Woermanns, des »königlichen Kaufmanns«, beeindruckt, und als am 14. Juli 1884 der deutsche Konsul in Tunis, Gustav Nachtigal, nach einem dramatischen Wettrennen mit dem britischen Konsul Hewitt in Kamerun die deutsche Fahne hisste, durfte sich Woermann einen Anteil an diesem Erfolg zuschreiben.

Adolph Woermann

In den folgenden Jahren galt es, die verschiedenen Bereiche miteinander in Einklang zu bringen: die Belange der eigenen Firma und, im weiteren Sinne, die aller hamburgischen und deutschen Überseefirmen; die Interessen des Reiches samt der nationalen Begeisterung, die durch den Erwerb von Kolonien noch verstärkt worden war; und, als humanitäre Verpflichtung, die Verantwortung für die einheimische Bevölkerung. Kollidierten diese Bereiche, so stand für Woermann an erster Stelle die eigene Firma. Woermann war ein strenger, aber gerechter Prinzipal. Arbeiter oder Angestellte als gleichberechtigte Vertragspartner zu akzeptieren wäre ihm nie in den Sinn gekommen. Aber ihr Wohl und Wehe lag ihm am Herzen, vorausgesetzt, sie waren tüchtig und treu. 1903, acht Jahre vor Inkrafttreten der Angestellten-Versicherung, wurde auf Betreiben Woermanns die Versorgungskasse Vereinigter Reedereien gegründet – ein Akt der Fürsorge, aber auch eine Schutzmaßnahme gegen die erstarkende Sozialdemokratie.

Die vom Vater ererbte Reederei baute Adolph Woermann weiter aus. Noch unter Carl Woermann war der Übergang vom Segel- zum Dampfschiff vollzogen worden. Zu den zwölf Seglern der Firma war 1878 ein Küstendampfer gekommen, der den Verkehr zwischen den afrikanischen Niederlassungen besorgte. Ein Jahr später wurde mit dem Bau des ersten großen Dampfschiffes begonnen, das für die regelmäßige Fahrt zwischen Hamburg und der afrikanischen Westküste bestimmt war. 1885 trennte Adolph Woermann den Reedereibetrieb unter dem

Namen »Afrikanische Dampfschiffs-Actiengesellschaft, Woermann-Linie« von der Handelsfirma, ohne auf eine enge Verflechtung zu verzichten. Verwaltung und Buchführung der Reederei wurden von der Firma C. Woermann wahrgenommen, deren Inhaber den Vorstand bildeten; Adolph Woermann selbst führte den Vorsitz im Aufsichtsrat.

Neben die Woermann-Linie trat 1890, nach zweijähriger Planung, die Deutsche Ost-Afrika-Linie (DOAL). Der finanzielle Anteil der Firma C. Woermann an dieser Linie war gering, doch saßen Eduard Bohlen, der Schwager und Teilhaber Adolph Woermanns, und Woermanns Halbbruder Eduard, der gleichfalls Teilhaber von C. Woermann war, im Vorstand, während Adolph Woermann selbst auch hier den Vorsitz im Aufsichtsrat übernahm. Im Gegensatz zur Woermann-Linie wurde die DOAL vom Reich subventioniert. Woermann hatte hier, was ihm Kritik eintrug, die sonst immer vertretene Position des Freihandels verlassen – mit dem Argument, es handle sich um Leistung und Gegenleistung. Wenn das Reich an einer regelmäßigen Verbindung mit Ostafrika interessiert sei, dann müsse es dafür zahlen; das sei in anderen Staaten nicht anders. Und im Übrigen gab es auch in Deutschland bereits einen Präzedenzfall: die subventionierte Linie des Norddeutschen Lloyd in Bremen nach Australien und Ostasien.

Auf Leistung und Gegenleistung basierte in den Augen Woermanns auch die Übernahme des Transportmonopols nach Deutsch-Südwestafrika, die sich für ihn verhängnisvoll auswirken sollte, als dort 1904 der Herero-Aufstand ausbrach. Da die eigenen Schiffe nicht ausreichten, um alle Truppen, Pferde und Kriegsmaterialien transportieren zu können, musste Woermann zuchartern – bei der gebotenen Eile nicht immer zu günstigen Bedingungen. Für die Landung in Swakopmund und Lüderitzbucht von offener Reede aus brauchte er Leichter, Barkassen und anderes mehr, was nach der Niederwerfung des Aufstandes 1907 für ihn nur noch Schrottwert besaß. Es war ein Verlustgeschäft, das ihm dennoch den Vorwurf einbrachte, er habe dank seiner Monopolstellung dem Reich die Preise diktiert und sich auf Kosten der Allgemeinheit bereichert. Die Reichsregierung hob den Vertrag mit ihm auf. Der Kaiser ließ bei einem Besuch in Hamburg wissen, dass die Anwesenheit Adolph Woermanns nicht erwünscht sei.

Woermann war verbittert. Und er fürchtete um sein Unternehmen. Die auf die chinesische Küstenschifffahrt spezialisierte Hamburger Firma Menzell & Co., deren Schiffe Woermann gechartert hatte, versuchte in den Afrikaverkehr einzudringen; mit Unterstützung des Norddeutschen Lloyd in Bremen kam es zur Gründung der Hamburg-Bremer-Afrika-Linie. Woermann sah sich daraufhin gezwungen, die Hilfe Albert Ballins anzunehmen: Die HAPAG übernahm acht Dampfer von Woermann und eine Abfahrquote von 25 Prozent. Trotzdem verfügten Woermann-Linie und DOAL noch über mehr als 50 Dampfer, und die Firma C. Woermann gehörte nach wie vor zu den führenden Hamburger Überseehäusern, als sich Adolph Woermann 1910 endgültig vom Geschäft auf seinen Landsitz Grönwohld bei Trittau zurückzog.

Nach seinem Tod riefen seine Witwe und seine Kinder mit einer Million Mark die Adolph Woermann Gedächtnis-Stiftung ins Leben, die wohltätige und gemeinnützige Zwecke verfolgen sollte. Woermanns Stadthaus in der Neuen Rabenstraße erhielt der Verein Deutscher Seeschiffer als Klubhaus zum Geschenk.

Das von seinem Vater ererbte Geschäftshaus in der Großen Reichenstraße hatte Adolph Woermann 1899 durch das von Martin Haller und Hermann Geißler errichtete Afrika-Haus ersetzen lassen. Es dient der weiterhin unter Familienleitung stehenden Firma C. Woermann noch heute als Domizil. Die Fassade aus weiß-glasierten Ziegeln mit blauen und grünen Randstreifen zeigt die Farben der Woermannschen Flagge. Zwei von Carl Börner geschaffene Elefanten-Figuren flankieren das Hofportal; die Gestalt eines nackten Wahehe-Kriegers vor dem Haupteingang ist ein Werk von Walter Sintenis. Im Stadtteil Ohlsdorf wurde 1922 der Woermannsweg und 1948 der Woermannstieg nach dem Kaufmann und Reeder benannt.

WERKE Die Woermann-Linie während des Aufstandes in Deutsch-Südwest-Afrika, Hamburg 1906.

LITERATUR DG 19 und 142; Theodor Bohner, Die Woermann's. Vom Werden deutscher Größe, 6. Aufl. Berlin 1935; Günther Jantzen, Adolph Woermann. Ein politischer Kaufmann in den Wandlungen und den Spannungen der imperialistischen Epoche des Reiches, in: Europa und Übersee. Festschrift für Egmont Zechlin, Hamburg 1961, S. 171–196; Helmut Washausen, Hamburg und die Kolonialpolitik des Deutschen Reiches 1880 bis 1890, Hamburg 1968 (Veröffentlichungen des Vereins für Hamburgische Geschichte

23); Renate Hücking/Ekkehard Launer, Aus Menschen Neger machen. Wie sich das Handelshaus Woermann an Afrika entwickelt hat, Hamburg 1986.

Renate Hauschild-Thiessen

WOHLWILL, Anna, geb. 20.6.1841 Seesen im Harz, gest. 30.12.1919 Hamburg; isr.; Pädagogin.

Nach dem Tod ihres Vaters, der in Seesen Direktor einer jüdischen Schule gewesen war, kam die sechsjährige Anna nach Hamburg. Hier fand die Mutter, eine geborene Warburg, für ihre fünf Kinder die Unterstützung der verwandten Bankiersfamilie. Die Söhne Emil und Adolf schlugen eine wissenschaftliche, Theodor eine kaufmännische Laufbahn ein. Die älteste Tochter Fanny setzte sich als Ehefrau eines Brüsseler Professors für die belgischen Kindergärten ein. Anna blieb unverheiratet. Nach dem Besuch einer höheren Töchterschule wurde sie von dem Reformpädagogen Anton Rée und von Otto Jessen, dem Gründer der Hamburger Gewerbeschule, zur Lehrerin ausgebildet. Praktische Anleitung erfuhr sie als Hilfslehrerin in der von Johanna Goldschmidt und Amalie Westendarp geleiteten Armenschule des Frauenvereins zur Unterstützung der Armenpflege. 1866 wurde für Schule und Kindergarten des Vereins ein eigenes Anstaltsgebäude Bei den Pumpen eingeweiht, das zu Ehren der Vereinsgründerin Charlotte Paulsen den Namen Paulsenstift erhielt. Um weiter bestehen zu können, brauchte die bis dahin ehrenamtlich geführte Schule besoldete Lehrkräfte und eine Direktorin. Die Wahl fiel auf die erst 25-jährige Anna Wohlwill. Johanna Goldschmidt, die bisherige Schulleiterin, missbilligte diese Entscheidung und schied aus dem Paulsenstift aus.

Unter der langjährigen Regie von Anna Wohlwill erweiterte sich die Paulsenstiftschule durch die Einführung von zwei Fremdsprachen und die Einrichtung eines neun-, später zehnjährigen Kurses zu einer staatlich anerkannten halb öffentlichen höheren Mädchenschule. 1893 zog man mit nunmehr 430 Schülerinnen in ein größeres Gebäude in der Bülaustraße. Den Bauplatz hatte der Senat unentgeltlich überlassen. Die Schule trennte sich nun vom Frauenverein, blieb aber unter Anna Wohlwill ihrer Tradition als einstige Armenschule verpflichtet. Sie erstrebte den Ausgleich sozialer Gegensätze durch die Aufnahme von Schülerinnen aus allen sozialen Schichten und die finanzielle Förderung ärmerer

Anna Wohlwill

Kinder. 1906 erhielt eine Freistellenstiftung anlässlich des 40-jährigen Dienstjubiläums der Direktorin den Namen Anna Wohlwill-Stiftung. 1908 nahm Anna Wohlwill als neues Fach »Einführung in die soziale Hilfstätigkeit« in den Lehrplan auf. Sie reagierte damit auf die im gleichen Jahr in Hamburg erfolgte Zulassung von Pflegerinnen zur öffentlichen Armenpflege, die bis dahin wahlberechtigten Bürgern vorbehalten war. Unter sozialer Hilfstätigkeit verstand Anna Wohlwill Armen-und Krankenpflege, Jugendfürsorge, Wohnungs- und Gesundheitspflege. Der auf den neuen weiblichen Sozialberuf vorbereitende Unterricht war vor allem auf ethische Orientierung ausgerichtet, indem den Mädchen Idealbilder sozial tätiger Frauen vorgestellt wurden. Im Sinne der bürgerlichen Frauenbewegung legte Anna Wohlwill Wert auf spezifisch weibliche Ausbildung und deshalb auch auf die Einstellung weiblicher Lehrkräfte. Der überkonfessionelle Charakter der Schule kam darin zum Ausdruck, dass Anna Wohlwill als Jüdin sie bis 1911 leitete. Ihr folgte im Amt die konfessionslose Hanna Glinzer. 1948 wurde eine Straße in St. Pauli nach Anna Wohlwill benannt.

WERKE Bericht über die Mädchenschule des Frauenvereins im Paulsenstift. Von April 1869 bis April 1870. Erstattet von Anna Wohlwill, Oberlehrerin der Anstalt, Hamburg o.J.; Charlotte Paulsen, in: Schule des Paulsenstifts. Höhere Mädchenschule, Hamburg 1900, S. 1–12; Anregungen zur sozialen Hilfstätigkeit, in: Schule des Paulsenstifts. Höhere Mädchenschule, Hamburg 1911, S. 24.

LITERATUR Bake/Reimers, S. 249–251; Elke Kleinau, Von der Armenschule zur »sozialen Hilfstätigkeit«. Zur Geschichte der Schule des Paulsenstifts 1866–1937, in: Charlotte-Paulsen-Gymnasium. Hamburg-Wandsbek, 1866, 1916, 1991, 125 Jahre Schule des Paulsenstifts, 75 Jahre Lyzeum Wandsbek, Hamburg 1991, S. 22–35; dies., Bildung und Geschlecht. Eine Sozialgeschichte des höheren Mädchenschulwesens in Deutschland vom Vormärz bis zum Dritten Reich, Weinheim 1997 (Frauen- und Geschlechterforschung in der Historischen Pädagogik 2), S. 97–126. *Inge Grolle*

WOLFFHEIM (Ps. *Wulf*), Friedrich (*Fritz*) Wilhelm, geb. 30.10.1888 Berlin, ermordet 17.3.1942 Konzentrationslager Ravensbrück; isr.; Journalist, Politiker.

Am Beginn der Novemberrevolution 1918 in Hamburg war der in der Arbeiterbewegung als Linksradikaler bekannte Fritz Wolffheim der mitreißende Führer in einer entscheidenden Situation.

Nach dem Besuch des Gymnasiums, einjährig-freiwilligem Militärdienst und einer kaufmännischen Lehre wechselte Wolffheim 1908 in den Journalistenberuf und wurde Sozialdemokrat. Er hielt sich von 1910 bis 1913 in den USA auf, wo er als Mitglied der Socialist Party of America in der Redaktion des »Vorwärts der Pacific-Küste« in San Francisco arbeitete. 1913 zurückgekehrt, ließ er sich in Hamburg nieder und bewarb sich um Mitarbeit an Gewerkschaftszeitungen, für die er unter anderem über die amerikanische Arbeiterbewegung schrieb. Wolffheims kritische Haltung schlug mit Beginn des Ersten Weltkriegs in offene Opposition gegen die den Krieg unterstützende sozialdemokratische Führung um. Seine zusammen mit Heinrich Laufenberg und Carl Herz verfassten Schriften polarisierten die Mitglieder in Partei und Gewerkschaften. Primitive Denunziationen und verdeckte Informationen führten 1915 zur Einberufung Wolffheims zum Kriegsdienst und im Januar 1916 zu einem Kriegsgerichtsprozess wegen angeblicher Majestätsbeleidigung, für die er zu neun Monaten Festung verurteilt wurde. Er behielt starken Einfluss auf die durch Parteiausschlüsse 1916 abgespaltene Gruppe der Hamburger Linksradikalen und war ihr Vertreter auf der Reichskonferenz der Spartakusgruppe am 7. Oktober 1918 in Berlin. Als Hauptredner der Massenkundgebung auf dem Heiligengeistfeld am 6. November 1918 bestimmte er maßgeblich die Richtung der revolutionären Vorgänge in Hamburg und löste als Erstes den Sturm auf das militärische Kaiserliche Generalkommando in Altona aus. Ein Nervenleiden setzte ihn dann bis Mai 1919 außer Aktion. Anschließend wurde Wolffheim als Mitglied der KPD in Hamburg zusammen mit Laufenberg zum Verfechter einer zweiten Revolution mit revolutionärem Volkskrieg gegen die Westmächte, was zu leidenschaftlichen Richtungskämpfen in der Hamburger Arbeiterpresse und in der KPD führte. Im Februar 1920 zusammen mit der Masse der hamburgischen Mitgliedschaft aus der Partei ausgeschlossen, gründete Wolffheim die Kommunistische Partei Hamburg/Industrial Workers of the World, die sich nach dem Kapp-Putsch der Kommunistischen Arbeiter-Partei Deutschlands (KAPD) anschloss. Schon bald danach führte Lenins heftige Kritik an Laufenbergs und Wolffheims »nationalbolschewistischen« Ideen zu einem erneuten Ausschluss. Trotzdem hatte Wolffheims Propaganda für das syndikalistische System von Betriebsorganisationen nach amerikanischem Vorbild in den zahlenmäßig starken Allgemeinen Arbeiter-Unionen bis 1923 in Hamburg eine nachhaltige Wirkung. Er selbst leitete nur noch eine Splittergruppe, den 1920 gemeinsam mit Laufenberg gegründeten Bund der Kommunisten, und näherte sich sozialrevolutionären deutsch-nationalistischen Kreisen an. Am 14. August 1923 wurde Wolffheim wegen Putschvorbereitungen verhaftet, nachdem am Tag zuvor wegen drohender Unruhen und des am 11. August von der KPD reichsweit proklamierten Generalstreiks der Ausnahmezustand in Hamburg verhängt worden war. Nach seiner Verhaftung durch die Nationalsozialisten 1939 wurde Fritz Wolffheim zunächst in den Konzentrationslagern Fuhlsbüttel und Sachsenhausen gefangen gehalten und schließlich in Ravensbrück ermordet.

WERKE Betriebsorganisation oder Gewerkschaften? (1919), in: Frits Kool (Hg.), Die Linke gegen die Parteiherrschaft, Olten/Freiburg i. Br. 1970 (Dokumente der Weltrevolution 3), S. 248–260.

LITERATUR Otto-Ernst Schüddekopf, Linke Leute von rechts. Die nationalrevolutionären Minderheiten und der Kommunismus in der Weimarer Republik, Stuttgart 1960; Volker Ullrich, Die Hamburger Arbeiterbewegung vom Vorabend des Ersten Weltkrieges bis zur Revolution 1918/19, Hamburg 1976; Louis Dupeux, »Nationalbolschewismus« in Deutschland 1919–1933. Kommunistische Strategie und konservative Dynamik, München 1985; Hans Manfred Bock, Syndikalismus und Linkskommunismus von 1918 bis 1923. Ein Beitrag zur Sozial- und Ideengeschichte der frühen Weimarer Republik, Darmstadt 1993 [aktualisierte und mit einem Nachwort versehene Neuausgabe der Ausgabe Meisenheim am Glan 1969]. *Ulrich Bauche*

WOLFFHEIM, *Hans* Wilhelm Adolf, geb. 4.6.1904 Lüneburg, gest. 30.10.1973 Hamburg; konfessionslos; Lehrer, Literaturwissenschaftler, Lyriker.

Der Sohn eines Kapitäns, der zunächst als Inhaber des Patents für Große Fahrt bei der Hamburger Afrika-Linie, später als Beamter der Hamburger Hafenpolizei tätig war, besuchte ab April 1919 das Lehrerbildungsseminar in Hamburg, absolvierte 1925 die erste, 1929 die zweite Lehrerprüfung und unterrichtete von 1926 bis 1933 in Hamburg-Rothenburgsort. Neben der Berufstätigkeit an der Schule studierte Hans Wolffheim acht Semester Germanistik, Anglistik, Geschichte, Philosophie und Psychologie an der Universität Hamburg unter anderem bei Justus Hashagen, Walther Küchler, Robert Petsch, William Stern und Emil Wolff. 1933 wurde Wolffheim, dessen Vater jüdischer Herkunft war, aufgrund des »Gesetzes zur Wiederherstellung des Berufsbeamtentums« aus dem hamburgischen Schuldienst entlassen. Am 29. Mai 1933 wurde er an der Universität Hamburg bei Rudolf Petsch mit einer Arbeit über »Sinn und Bedeutung der Sonett-Gestaltung im Werk Eichendorffs« (Bremen 1933) promoviert, doch die angestrebte akademische Laufbahn war ihm versperrt. Wolffheim arbeitete daher von 1933 bis 1935 als Journalist, unter anderem als Sportreporter für das »Hamburger Fremdenblatt«. 1935 musste er aufgrund der »Nürnberger Gesetze« eine Tätigkeit als Transportarbeiter annehmen. Die Gesundheitsschäden, die er sich dabei zugezogen hatte, führten 1944 zu einem Krankenhausaufenthalt mit anschließender Genesungskur, die ihn vor dem Einsatz in einem Minensuchkommando bei den Aufräumarbeiten im kriegszerstörten Hamburg 1944/45 bewahrte. 1945 konnte Wolffheim die 1933 unterbrochene wissenschaftliche Laufbahn fortsetzen. Vom Wintersemester 1945/46 an war er zunächst als Lehrbeauftragter, nach der Habilitation 1948 (über »Wielands Begriff der Humanität«) als Privatdozent für neuere deutsche Literaturgeschichte an der Universität Hamburg tätig. Mit dem Wintersemester 1955/56 wurde er dort (nichtbeamteter) außerordentlicher Professor. Wolffheim beschäftigte sich als einer der Ersten wissenschaftlich mit dem Werk Hans Henny Jahnns und mit der Exilliteratur. Er publizierte auch zu Heinrich Heine, Ricarda Huch, Rudolf Borchardt, Heinrich und Thomas Mann, Rudolf Alexander Schröder sowie Karl Wolfskehl und edierte die Briefe Alfred Momberts an Richard und Ida Dehmel. 1971 begründete er die Arbeitsstelle für deutsche Exilliteratur in Hamburg. Er zeichnete sich außerdem durch seine akademische Lehre aus; bei ihm studierten unter anderen Heinrich Breloer, Bazon Brock, Manon Grisebach, Helmut Heißenbüttel, Paul Kersten, Siegfried Lenz, Claus Peymann, Friedrich Pfäfflin, Klaus Rainer Röhl, Peter Rühmkorf, Helmut Salzinger, Klaus Schröter, Rolf Tiedemann und Robert Wohlleben. Nach Ende der Lehrtätigkeit 1972 leitete Wolffheim bis zu seinem Tod die Arbeitsstelle für deutsche Exilliteratur (heute Walter-A.-Berendsohn-Arbeitsstelle). Wolffheim hat auch eigene literarische Publikationen vorgelegt. Er war weitläufig verwandt mit Fritz Wolffheim.

WERKE Die Entdeckung Shakespeares. Deutsche Zeugnisse des 18. Jahrhunderts, Hamburg 1959; Rudolf Pannwitz. Einleitung in sein dichterisches Werk, in: Akademie der Wissenschaften und der Literatur, Abhandlungen der Klasse der Literatur, Jg. 1960, Nr. 2, S. 23–82; Hans Henny Jahnn. Der Tragiker der Schöpfung. Beiträge zu seinem Werk, Hamburg 1965; Zu dieser deiner Zeit. Gedichte, Frankfurt a. M. 1966.

LITERATUR KDG 1950–1970; KDL 1967 ff.; Klaus Schröter (Hg.), Grüße. Hans Wolffheim zum sechzigsten Geburtstag, Frankfurt a. M. 1965; Hans Wolffheim, in: Arbeitskreis Heinrich Mann. Mitteilungsblatt Nr. 4 (1974), S. 16; Wolfgang Beck/Johannes Krogoll, Literaturwissenschaft im »Dritten Reich«. Das Literaturwissenschaftliche Seminar zwischen 1933 und 1945, in: Hochschulalltag im »Dritten Reich«. Die Hamburger Universität 1933–1945, hg. von Eckart Krause, Ludwig Huber und Holger Fischer, 3 Teile, Berlin/Hamburg 1991 (Hamburger Beiträge zur Wissenschaftsgeschichte 3), Teil II, S. 705–735.

Kai-Uwe Scholz

WOLFFSON, Selly *Agnes*, geb. 30.11.1849 Hamburg, gest. 18.3.1936 ebd.; isr.; Gründerin von Haushaltungsschulen, Wohltäterin.

Schon mit 17 Jahren unterrichtete Agnes Wolffson unentgeltlich deutschen Aufsatz und Gedichte in der Schule von Charlotte Paulsen, der Gründerin des Frauenvereins zur Unterstützung der Armenpflege. Ihre Mutter war dort ehrenamtliche Inspektorin der Bewahranstalt; sie hatte der Tochter beigebracht, dass man verpflichtet sei zu helfen und dass man bei der Erziehung der Kinder anfangen müsse. Ansonsten wurde Agnes Wolffson in der Familie gebraucht: Die Mutter und die beiden Schwestern starben früh, und sie hatte sie pflegen müssen. Dem Bruder Albert wurden zwischen 1874 und 1883 vier Kinder geboren, die hin und wieder der Obhut der Tante anvertraut wurden. Und der verwitwete Vater, der große Jurist Isaac Wolffson, sah die Tochter gern um sich; als er zur Vorbereitung der Reichsjustizgesetze und zur Ausarbeitung des Bürgerlichen Gesetzbuches nach Berlin musste, begleitete sie ihn.

Erst nach dem Tod des Vaters am 12. Oktober 1895, als sie fast 46 Jahre alt war, begann das eigentliche Leben von Agnes Wolffson. Von den Zinsen des umfangreichen Kapitals, das er ihr hinterlassen hatte, gründete sie drei Haushaltungsschulen für Volksschülerinnen des letzten Schuljahres; sie sollten später, wenn sie verheiratet waren, richtig wirtschaften können. Agnes Wolffson kümmerte sich um jedes Detail, sie übernahm die gesamten Kosten. Als sie ihr Ziel erreicht hatte und 1907 in allen Mädchenvolksschulen der Haushaltungsunterricht obligatorisch werden sollte, schenkte sie ihre drei Schulküchen dem Staat, ohne einen Pfennig Entschädigung zu verlangen. Ihr weiteres Engagement galt der hauswirtschaftlichen Ausbildung der »höheren Töchter«, dem Verein für Ferien-Wohlfahrtsbestrebungen und der Errichtung eines Arbeiterinnenheims in Hammerbrook. Sie nannte es Martha-Helenen-Heim nach ihren beiden früh verstorbenen Schwestern. Der Staat stellte den Grund und Boden zur Verfügung, die Kosten für den Bau und die Inneneinrichtung trug Agnes Wolffson. Das Haus enthielt 60 Einzelzimmer und diverse Gemeinschaftsräume. Am 3. August 1914, zwei Tage nach Kriegsausbruch, wurde im Martha-Helenen-Heim die erste Kriegsküche eröffnet; mehr als 100 wurden es nach und nach, die bis 1920 unter der Leitung von Agnes Wolffson gratis oder gegen geringe Bezahlung Bedürftige mit Essen versorgten.

Während der Inflation verlor Agnes Wolffson ihr Vermögen. Sie verkaufte ihr Haus in der Badestraße. Das Martha-Helenen-Heim, das sich nur dank ihrer Zuschüsse noch hatte über Wasser halten können, fiel, da auf Staatsgrund gebaut, laut Vertrag 1923 an den Staat; für die Einrichtung verlangte sie wiederum, wie bei den Schulküchen, keinerlei Entschädigung. Um sie vor äußerster materieller Not zu schützen, gewährte der Staat ihr seit 1925 eine jährliche Rente von 5000 Reichsmark; sie solle aus diesem Beschluss des Senats nur ersehen, dass Hamburg sich bewusst sei, was es ihr zu danken habe, hieß es dazu in einem Schreiben von Bürgermeister Carl Petersen; ihr Verdienst um die Allgemeinheit könne damit keinesfalls abgegolten werden. 1929, als sie 80 Jahre alt wurde, überreichten Bürgermeister Petersen und Staatsrat Alexander Zinn einen Blumengruß. Es erschienen Vertreter aller Verbände, in denen sich Agnes Wolffson engagiert hatte, und die Haushaltungsschule in der Humboldtstraße wurde Agnes-Wolffson-Schule genannt.

An ihrem 85. Geburtstag im November 1934 war vom Dank der Vaterstadt dann nicht mehr die Rede. Inzwischen waren die Nationalsozialisten in Deutschland an die Macht gekommen, und die Jüdin Agnes Wolffson galt als »unerwünscht«. Auch nach 1945 blieb es zunächst still um sie. Erst Anfang 1961, nach mehr als zweijährigen Bemühungen der Familie, entschloss sich die Oberschulbehörde, an der Schulküche Eschenweg eine Tafel mit der Aufschrift »Agnes-Wolffson-Küche« anbringen zu lassen. Und seit 1985 gibt es endlich im Stadtteil Bergedorf eine Agnes-Wolffson-Straße.

LITERATUR Bake/Reimers, S. 251–254; Renate Hauschild-Thiessen, Agnes Wolffson (1849–1936), in: HGH Bd. 10, Heft 9 (Oktober 1980), S. 201–218.

Renate Hauschild-Thiessen

WÜR(T)ZER, Heinrich, geb. 28.1.1757 Hamburg, gest. 27.7.1835 Berlin; luth.; Pädagoge, Schriftsteller.

Nach dem Besuch der Gelehrtenschule des Johanneums in Hamburg studierte Heinrich Würzer seit 1772 in Göttingen Rechtswissenschaft und Philosophie. Von einer 1774 angetretenen Tätigkeit als Hofmeister der Kinder des hannoverschen Gesandten Graf von Wallmoden in Wien kehrte er nach 1779 nach Göttingen zurück, wo er 1780 den philosophischen Doktorgrad erhielt und sich als Privatdozent niederließ. Seit 1782 lebte Würzer in Hamburg, erteilte Privatunterricht und gab 1784 die Monatsschrift »Deutsche Annalen« heraus. Zu den besonderen Anliegen seiner publizistischen Arbeit gehörte die Verleihung der Bürgerrechte an die jüdische Minderheit, für die er auch in späteren Jahren eintrat. Der Schriftsteller sandte Hefte der Zeitschrift an den preußischen König Friedrich II. und beschwerte sich über die Intoleranz Hamburger Behörden. Friedrich II. erwiderte in einem eigenhändig geschriebenen Antwortbrief vom 14. August 1784, dass er nicht helfen könne, da Hamburg eine freie Reichsstadt sei. Würzers Verehrung für den Preußenkönig schlug sich in einer »Charakteristik Friedrich II. König von Preußen« (1794) nieder. 1788 übersiedelte Heinrich Würzer nach Berlin. Wegen einer Schrift gegen das preußische Religionsedikt, die sich gegen den konservativen preußischen Kultusminster Johann Christoph von Woellner wandte, wurde er zu sechs Wochen Gefängnis verurteilt. 1790 richtete er in Berlin eine Privatschule ein, die jedoch schon zwei Jahre später geschlossen wurde, als Würzer sich weigerte, nach dem neuen Katechismus zu unterrichten. Mitte 1793 begab er sich nach Altona, wo er etwa bis 1805 wohnte. Würzer zählt zu jenen Persönlichkeiten aus Österreich, Sachsen und Preußen, die, wegen ihrer liberalen Ansichten verfolgt, im dänisch regierten Altona eine neue Heimat fanden. Während seiner Altonaer Jahre schrieb er unter dem Schutz der dänischen Pressefreiheit die meisten seiner radikalen politischen Schriften und gründete mehrere Zeitschriften. Er scheint dort mit Mitgliedern der christlich-jüdischen »Winkelloge« »Einigkeit und Toleranz« in Verbindung gestanden zu haben, wenn er nicht gar selbst der Loge angehörte. Der jüdische Bankier Elias Israel, der sie leitete, war gleichzeitig am Vertrieb seiner Zeitschrift »Historisches Journal« (1794) beteiligt, die schon nach wenigen Heften auf Druck der Gesandten von Österreich, England und Preußen verboten wurde. Von 1805 bis zu ihrer Schließung 1808 leitete Würzer die 1793 von der Loge gegründete Schule. 1795 gab er die Zeitschrift »Neue Hyberboreische Briefe« heraus, die bürgerlich-demokratisches Gedankengut verbreitete und in mehreren deutschen Staaten verboten wurde. Auch »Der patriotische Volksredner« (1796) erschien nicht lange. Nach dem Tod Friedrich Wilhelms II. von Preußen verfasste Würzer eine satirische »Trauerrede« auf den König, in der er erneut die preußische Presse- und Religionspolitik verurteilte. 1801 veröffentlichte er im Rahmen einer publizistischen Kontroverse um die vorübergehende Besetzung Hamburgs durch dänische Truppen als Antwort auf eine Publikation von Jonas Ludwig von Heß die Schrift »Die reine Wahrheit, auf Veranlassung der Schrift: Hamburg bestes Glück nicht von Außen, dargestellt von einem Freunde des Rechts«. Würzer kritisierte darin scharf die imperialistische Politik Englands.

Von 1808 bis 1814 leitete Heinrich Würzer in Hamburg zusammen mit seinen beiden erwachsenen Töchtern eine Mädchenschule. Danach zog er sich von jeder öffentlichen Tätigkeit zurück und widmete sich seiner Bibliothek. 1827 folgte er den Bitten von Verwandten und zog nach Berlin.

WERKE Schriftenverzeichnis in: LhS 8; Walter Grab, Leben und Werke norddeutscher Jakobiner, Stuttgart 1973 (Deutsche revolutionäre Demokraten 5); Ein Spaziergänger in Altona (1801–1804). Mit einem Nachwort hg. von Hans-Werner Engels, Hamburg 1997 (Meiendorfer Druck 42).

LITERATUR Kordes; Lübker/Schröder 2; LhS 8; Reinalter; Böning Bd. 2, Sp. 815; Walter Grab, Demokratische Strömungen in Hamburg und Schleswig-Holstein zur Zeit der ersten Französischen Republik, Hamburg 1966 (Veröffentlichungen des Vereins für Hamburgische Geschichte 21); ders., Ein Volk muß seine Freiheit selbst erobern. Zur Geschichte der deutschen Jakobiner, Frankfurt a. M. 1984.

Hans-Werner Engels

WÜSTENFELD, Marie *Emilie*, geb. Capelle,

geb. 17.8.1817 Hannover, gest. 2.10.1874 Hamm; freireligiös; Gründerin des Paulsenstifts und der ersten deutschen Gewerbeschule für Mädchen.

Vorbild für Emilie Capelle war ihre Mutter, die nach dem frühen Tod ihres Ehemanns neben der Erziehung der vier Kinder das Kaufmannsgeschäft weiterführte. Sie sorgte für gute Bildung und kulturelle Förderung ihrer beiden Töchter und verschaffte ihnen geselligen Umgang. Beide heirateten 1841/42 nach Hamburg. Emilies Ehemann Julius Wüstenfeld gründete ein Kommissions- und Exportgeschäft. Über seine Verbindungen fand die Zugereiste Kontakt zu Kaufmanns- und Unternehmerkreisen. Intensive Freundschaft schloss sie mit Bertha Traun, einer Tochter des liberalen Stockfabrikanten Heinrich Christian Meyer. Während ihr Bemühen um karitative Betätigung im kirchlichen Rahmen enttäuschend verlief, entsprach das konfessionsfreie, auf Humanität gegründete Christentum der Deutschkatholiken ihrer Weltanschauung. Seit Herbst 1846 gab es in Hamburg eine deutschkatholische Gemeinde. Da sie nicht als Religionsgemeinschaft anerkannt wurde, war sie auf private Unterstützung angewiesen. Zu diesem Zweck gründeten Bertha Traun und Emilie Wüstenfeld zusammen mit Gleichgesinnten einen Frauenverein. Durch Wohltätigkeitsveranstaltungen, Verkaufsbasare und Beiträge brachten die Frauen das Geld auf, um ein reguläres Gemeindeleben und die Anstellung eines Predigers zu ermöglichen. Die Wahl fiel auf den Kandidaten Georg Weigelt, der Emilie Wüstenfelds lebenslanger Freund wurde. Der Frauenverein diente den bald zahlreichen Mitgliedern zur emanzipatorischen Selbstbesinnung und -bestimmung. Engagiert beteiligt war Emilie Wüstenfeld auch im Frühjahr 1848 an der Gründung eines gleichteilig aus Christinnen und Jüdinnen zusammengesetzten Vereins zur Ausgleichung konfessioneller Gegensätze. Die 1849 erklärte bürgerliche Gleichstellung der Juden in Hamburg feierte sie mit einem Fest in ihrem Hause.

Emilie Wüstenfeld und Bertha Traun begeisterten sich für den Plan einer Hochschule für das weibliche Geschlecht. Nach einer Idee des deutschkatholischen Führers Johannes Ronge sollte die Hamburger Hochschule ein erstes von allen deutschen Frauenvereinen gemeinsam getragenes Projekt sein. Emilie Wüstenfeld warb Schülerinnen, fand ein geeignetes Haus am Holländischen Brook und trat wegen des Unterrichts an Professoren des Akademischen Gymnasiums heran. Am 1. Januar 1850 konnte die Hochschule für das weibliche Geschlecht unter der Leitung von Professor Karl Fröbel, einem Neffen von Friedrich Fröbel, und seiner Frau eröffnet werden. Emilie Wüstenfeld gehörte dem mehrheitlich von weiblichen Mitgliedern gebildeten Vorstand an. Von auswärts kamen junge Frauen als Pensionärinnen zum Besuch der Hochschule, die bekannteste unter ihnen war Malvida von Meysenbug, die sich mit Emilie Wüstenfeld intensiv befreundete. Der Lehrplan war geschlechtsspezifisch auf häusliche und kulturelle Interessen ausgerichtet, angeschlossen waren ein Fröbelscher Kindergarten und eine Elementarschule. Die Anstalt fand anfänglich viel Sympathie beim Hamburger Publikum, geriet aber bald in Schwierigkeiten. Das leitende Ehepaar Fröbel missbilligte die radikalen Ansichten der Vorstandsfrauen und verließ Hamburg. In der Hamburger Öffentlichkeit irritierend wirkten die Scheidung Bertha Trauns und ihre Heirat mit dem als Revolutionär verfolgten und nach England geflüchteten Ronge. Auch Emilie Wüstenfeld vertrat die freie Liebesheirat gegenüber der Konvenienzehe und dachte an Scheidung. In der zunehmend reaktionären Stimmung verlor die auf Emanzipation der Frau ausgerichtete Hochschule ihre Förderer und musste im Frühjahr 1852 schließen.

In dieser Krise suchte Emilie Wüstenfeld Zuflucht bei ihrer Freundin Bertha Ronge in London

Emilie Wüstenfeld

und im Kreis der dortigen Emigranten. Nach Hamburg zurückgekehrt, arrangierte sie sich mit ihrem Ehemann unter dem Versprechen, ihren Überzeugungen gemäß leben und handeln zu dürfen. Sie half ihrem Mann bei der Bestellung eines Anwesens am Hammerdeich und der Einrichtung einer kleinen Farbenfabrik, adoptierte eine Pflegetochter und arbeitete weiterhin an der Seite von Charlotte Paulsen in dem 1849 gegründeten Frauenverein zur Unterstützung der Armenpflege.

In ständigem Kontakt blieb Emilie Wüstenfeld mit Demokraten aus der inzwischen verbotenen deutschkatholischen Gemeinde. Dank ihrer Vermittlung zwischen deren widersprüchlichen Parteiungen entstand 1858 in ihrem Hause ein »Comité für Gewissensfreiheit«, aus dem unter der Leitung des jüdischen Reformpädagogen Anton Rée ein von 280 Männern und Frauen gebildeter Verein hervorging, der in der deutschen und internationalen Presse ein Echo fand.

In den deutsch-dänischen Kriegen erwies sich Wüstenfeld als Patriotin. Sie gründete einen Frauenverein für Schleswig-Holstein zur Pflege von Verwundeten und Unterstützung von Kriegsgeschädigten. Trotz ihres Rufs als Radikale erhielt sie den Vorsitz über alle zu gleichem Zweck gebildeten Hamburger Frauenvereine und leitete die Gesamtorganisation.

1862 übernahm Emilie Wüstenfeld nach dem Tod von Charlotte Paulsen die Leitung des Vereins zur Unterstützung der Armenpflege. Sie erfüllte das Vermächtnis der Verstorbenen, Kindergarten und

Schule des Armenvereins in einem Gebäude zu vereinigen. 1866 konnte das Paulsenstift Bei den Pumpen eröffnet werden. Vorsteherin wurde Emilie Wüstenfeld. Anders als in der Hochschule wollte sie nun die Mädchenbildung von der Basis her aufbauen. Sie richtete eine Klasse für gewerbliche Fortbildung der Schülerinnen ein. Daraus entstand 1868 die erste deutsche Gewerbeschule für Mädchen, die ein Haus am Großen Burstah bezog. Mädchen aus ärmeren Familien wurden hier durch Ausbildung in textiler Gestaltung beruflich qualifiziert, konnten Existenzsicherung und sozialen Aufstieg finden. Der Lehrplan enthielt neben gewerblichen Fächern auch geistige und sittliche Bildung. Für Wüstenfelds weit ausgreifende Pläne zur gewerblichen Mädchenbildung wurde der Raum zu eng. Ein großer Neubau auf dem vom Senat in der Brennerstraße Nr. 77 zur Verfügung gestellten Grundstück nahm 1873 die erweiterte Gewerbeschule auf, die zum Vorbild für ganz Deutschland wurde. 1874 konnte Emilie Wüstenfeld beim 25-jährigen Jubiläum des Vereins zur Unterstützung der Armenpflege auf ein erfülltes Lebenswerk zurückblicken. Sie lud den Verband deutscher Frauenbildungs- und Erwerbsvereine zu dessen auf Mai 1875 festgesetzter Tagung nach Hamburg ein. Ein halbes Jahr vorher starb sie nach einem Schlaganfall. Unter großem Geleit wurde sie in einer freireligiösen Zeremonie auf dem Jacobikirchhof bestattet.

Auf dem Ohlsdorfer Gedächtnisfriedhof ist Emilie Wüstenfeld eine Grabplatte gewidmet. Als Wohltäterin geehrt wurde sie durch Anbringung ihres Porträts an einer Säule der Rathausdiele. Eine Stiftung ihres Namens vergibt Stipendien an strebsame bedürftige Schülerinnen. Nach ihr benannt ist ein Gymnasium in Eimsbüttel.

WERKE Bericht und Dank des Frauenvereins zur Unterstützung der Armenpflege zur Einweihung des Paulsen-Stifts am 3. November 1866, Hamburg 1866.

LITERATUR LhS 8; Bake/Reimers, S. 236–240; Marie Kortmann, Emilie Wüstenfeld. Eine Hamburger Bürgerin, Hamburg 1927; Inge Grolle, Emilie Wüstenfeld (1817–1874), in: dies., Die freisinnigen Frauen. Charlotte Paulsen, Johanna Goldschmidt, Emilie Wüstenfeld, Bremen 2000 (HLb 16), S. 91–140.

Inge Grolle

Z

ZACHARIAS, Marie

ZACHARIAS, *Marie* Anna, geb. Langhans, geb. 11.11.1828 Hamburg, gest. 15.2.1907 ebd.; luth.; Zeichnerin, Mitbegründerin der Gesellschaft Hamburgischer Kunstfreunde.

Marie Zacharias

Marie Zacharias wurde als ältestes von vier Kindern des jüdischen Kaufmanns Carl Friedrich Langhans und seiner Ehefrau Auguste in der Vorstadt St. Georg geboren. Der fröhlichen Willkür, die insbesondere aufgrund des unbändigen Temperaments der Mutter in ihrem musikalischen Elternhaus herrschte, zog sie das stille und vornehme großmütterliche Paradies im ländlichen Hamm und später in Billwerder vor. Die Welt der Großmutter Wilhelmine Greve, der Adoptivmutter von Auguste Langhans, wurde ihre eigentliche Heimat. Marie Zacharias besuchte zunächst als eines von drei Mädchen die Jungenschule von Marianne Prell in der Holländischen Reihe. Später erhielt sie gemeinsam mit anderen Mädchen Privatunterricht und kam dann in die Schule von Maria Plath auf den Mühren, wo sie sich so unglücklich fühlte, dass der Privatunterricht wieder aufgenommen wurde. 1850 heiratete sie den geistreichen und gebildeten Kaufmann Adolph Nicolaus Zacharias, der eine vielseitige Bibliothek und eine Kupferstichsammlung besaß und als Bürgerschaftsmitglied auch in der hamburgischen Politik eine wichtige Rolle spielte. 1852, 1854 und 1858 kamen ihre drei Kinder Eduard, Marie Anne und Adolph zur Welt.

Marie Zacharias war eine energische, kraft- und humorvolle Frau, die bis ins hohe Alter an der Vervollkommnung ihrer künstlerischen Fähigkeiten arbeitete. Sie liebte die Musik, spielte Klavier und zeichnete. Ihr historischer Sinn und das Gefühl, Zeugin einer untergehenden Epoche zu sein, mögen sie bei ihrer Themenwahl geleitet haben. In ihren »Familien-, Stadt- und Kindergeschichten« (1954) beschreibt Marie Zacharias, wie brutal der geplante Bau der Eisenbahn von Hamburg nach Berlin und der große Brand von 1842, dem ein rasanter, allein an schnellem Nutzen orientierter Wiederaufbau folgte, das Gesicht der Stadt veränderten. In Hunderten von Zeichnungen hielt sie die Häuser und Straßen der Stadt und die Landschaft und Gärten in Hamm und Billwerder fest. Die Zeichnungen befinden sich heute im Museum für Hamburgische Geschichte, in der Kunsthalle, im Staatsarchiv und im Besitz der Familie.

Als Adolph Nicolaus Zacharias 1880 überraschend starb, geriet die Familie in finanzielle Schwierigkeiten, die erst behoben wurden, als die Tochter Marie Anne den Kaufmann Eduard Lippert heiratete. Er kaufte seiner Schwiegermutter 1891 ein Haus am Mittelweg und setzte ihr eine großzügige Jahresrente aus. Durch die Begegnung mit Alfred Lichtwark, seit 1886 Direktor der Kunsthalle, erfuhr Marie Zacharias' künstlerische Tätigkeit neue Impulse. Sie wurde zweite Vorsitzende der auf seine Anregung gegründeten Gesellschaft Hamburgischer Kunstfreunde, deren Mitglieder Sammler, Kunstinteressierte und Dilettanten waren. Zweck der Gesellschaft war es, die Freude am Sammeln von Kunstwerken zu wecken und das dilettierende Kunstschaffen mit ernster Absicht zu betreiben. Es wurden Vorträge gehalten und jährliche Ausstellungen organisiert, in denen Kunstwerke aus Sammlungen der Mitglieder, vor allem aber eigene Arbeiten vorgestellt wurden. Zu den Jahrbüchern der Gesellschaft (1895–1912) steuerte Marie Zacharias regelmäßig Zeichnungen und kunst- und kulturhistorische Abhandlungen bei. Zudem machte sie sich die Überwachung und die Verbreitung der nach Entwürfen von Mitgliedern hergestellten Töpfe und Vasen zur Aufgabe und richtete in ihrem Garten am Mittelweg eigens eine Topfkammer dafür ein. Mit Blumen in passenden Vasen wollte Lichtwark Schönheit in den Alltag bringen.

In den letzten Jahren ihres Lebens vertiefte Marie Zacharias insbesondere ihre Fertigkeiten im Holzschnitt. Ihre letzte Zeichenstunde bei dem Maler Max Kuchel hatte sie 14 Tage vor ihrem Tode. Beigesetzt wurde Marie Zacharias auf dem Ohlsdorfer Friedhof. Leopold von Kalckreuth hat sie 1904 auf Lichtwarks Anregung gemalt. Die drei Bilder befinden sich im Besitz der Kunsthalle.

LITERATUR Bake/Reimers, S. 133–139.

Brita Reimers

ZECHLIN, Egmont, geb. 27. 6. 1896 Danzig, gest. 23. 6. 1992 Selent; luth.; Historiker, Universitätsprofessor, Gründer und Leiter des Hans-Bredow-Instituts für Rundfunk und Fernsehen in Hamburg.

Egmont Zechlin

Geboren als Sohn eines Divisionspfarrers, wuchs Egmont Zechlin an den verschiedenen Wirkungsstätten seines Vaters auf. 1914 meldete er sich als Kriegsfreiwilliger, 1915 wurde er schwer verwundet und verlor den linken Unterarm. Während eines Lazarettaufenthaltes holte er das Abitur nach. Nach erneutem Fronteinsatz und abermaligem Lazarettaufenthalt arbeitete er als Kriegsberichterstatter und schrieb Berichte aus dem Großen Hauptquartier für die »Norddeutsche Allgemeine«.

1919 begann Egmont Zechlin mit dem Studium der Geschichte, zuerst in Berlin bei Friedrich Meinecke, dann in Heidelberg bei Hermann Oncken, wo er 1922 zum Dr. phil. promoviert wurde. Nach verschiedenen Forschungstätigkeiten habilitierte er sich 1929 in Marburg und wurde dort 1934 außerordentlicher Professor. 1936 ging er an die Universität Hamburg, 1939 übernahm er ein Ordinariat an der neu errichteten Auslandswissenschaftlichen Fakultät der Universität Berlin. Nach Kriegsende gelang die Flucht in den Westen, wo er mit seiner Frau, einer Ärztin, in Selent ein neues Zuhause fand. 1947 übernahm Zechlin einen Lehrstuhl für Mittlere und Neuere Geschichte mit Schwerpunkt Überseegeschichte an der Universität Hamburg, den er 20 Jahre lang bis zu seiner Emeritierung 1967 innehatte. Seinen so genannten Ruhestand – er war ausgefüllt mit weiteren Forschungen, Veröffentlichungen, wissenschaftlichen Diskussionen und regen Kontakten zu Kollegen und ehemaligen Schülern – verbrachte der Historiker in Selent; hier ist er drei Tage vor Vollendung seines 96. Lebensjahres gestorben.

Aus Zechlins Œuvre lassen sich drei Schwerpunkte herauskristallisieren: Bismarck, Überseegeschichte und Erster Weltkrieg. Seit den 1960er Jahren ist sein Name eng verbunden mit dem Streit um die Thesen seines Hamburger Kollegen Fritz Fischer über die Motive der deutschen Politik in der Julikrise 1914. »Bismarcks Stellung zum Parlamentarismus bei der Gründung des Norddeutschen Bundes« war das Thema seiner Dissertation gewesen; mit einer Arbeit über »Bismarck und die Grundlegung der deutschen Großmacht« hatte er sich habilitiert. Aufsätze zur Überseegeschichte aus verschiedenen Jahrzehnten sind 1986 aus Anlass seines 90. Geburtstages in einem Sammelband zusammengefasst worden. 1941 erschien in der »Neuen Propyläen-Weltgeschichte« Zechlins Darstellung der großen Entdeckungen; 1947 veröffentlichte er seine »Maritime Weltgeschichte: Altertum und Mittelalter«.

Zwei Weltreisen 1931/32 und 1953/54 hatten Zechlins Blick für die Schicksale anderer Völker geschärft, Kontakte zu Anhängern und Gegnern des NS-Regimes während seiner Berliner Zeit die Sensibilität für Zeitgeschichte verstärkt. Seine Universitätsveranstaltungen legen Zeugnis davon ab. Im Wintersemester 1948/49 beispielsweise las er über »Methoden der Weltpolitik«, im Wintersemester 1949/50 über »Abendländische und asiatische Elemente der japanischen Großmachtpolitik«, im Wintersemester 1950/51 veranstaltete er »Übungen zur deutschen Widerstandsbewegung im Zweiten Weltkrieg« und im Sommer 1951 ein Hauptseminar über »Die Wandlungen der Kolonialpolitik in Afrika«. 1953 war Zechlin Mitbegründer der Deutschen Gesellschaft für Amerikastudien.

Neben seiner Forschungs- und Lehrtätigkeit hat sich Zechlin immer wieder publizistisch betätigt, indem er Ereignisse der Zeitgeschichte in einen größeren historischen Zusammenhang stellte. 1950 führte diese Symbiose von Publizistik und Wissenschaft zur Gründung des Hans-Bredow-Instituts für Rundfunk und Fernsehen an der Universität Hamburg, dessen Leitung Zechlin bis 1967 innehatte. Die Zeitschrift »Rundfunk und Fernsehen« wurde von ihm herausgegeben.

WERKE Schriftenverzeichnis bis 1961 in: Europa und Übersee. Festschrift für Egmont Zechlin, hg. von Otto Brunner und Dietrich Gerhard, Hamburg 1961, S. 262–267; 1896 – Ein Jahr der Krisen, in: 1896. Jahr und Jahrgang, Hamburg 1966, S. 7–54; Deutsche Geschichte. Ereignisse und Probleme, Bd. 3.1: Die deutsche Einheitsbewegung, Bd. 3.2: Die Reichsgründung, Frankfurt a.M./Berlin 1967; Die deutsche Politik und die Juden im Ersten Weltkrieg, Göttingen 1969; Krieg und Kriegsrisiko. Zur deutschen Politik im Ersten Weltkrieg. Aufsätze, Düsseldorf 1979; Überseegeschichte. Aufsätze aus den Jahren 1935–1964. Zum 90. Geburtstag des Verfassers neu hg. von Inge Buisson u.a., Hamburg 1986.

LITERATUR Gedenkreden auf Egmont Zechlin (1896–1992). Ansprachen auf der akademischen Gedenkfeier am 16. Dezember 1992, Hamburg 1993 (Hamburger Universitätsreden 52); Günter Moltmann, Egmont Zechlin 1896–1992, in: Historische Zeitschrift 256 (1993), S. 831–834.

Renate Hauschild-Thiessen

ZITRONENJETTE, eigentlich: Johanne Henriette (*Jette*) Marie Müller, geb. 18.7.1841 Dessau, gest. 8.7.1916 Hamburg; luth.; Hamburger Original.

Unehelich geboren, kam Johanne Henriette Müller im Alter von wenigen Monaten mit ihrer Mutter nach Hamburg, wo diese heiratete. Bereits in ihrer Kindheit musste Johanne Henriette zum Lebensunterhalt der Familie beitragen, die im Gängeviertel wohnte. Sie handelte in den Straßen der Stadt mit Zitronen.

Die kleinwüchsige Johanne Henriette Müller war nur 130 Zentimeter groß und 35 Kilo leicht und galt als geistig ein wenig zurückgeblieben. Durch dieses Anders-Sein, welches nicht der gesellschaftlich anerkannten Norm entsprach, erlangte sie ihre Berühmtheit als Hamburger Original und gab sogar den Stoff für eine Lokalposse ab, die Theodor Francke unter dem Titel »Zitronenjette« schrieb und die 1900 im

Zitronenjette

Ernst-Drucker-Theater (dem späteren St. Pauli-Theater) aufgeführt wurde.

Ein Großteil ihrer Kundschaft nutzte die geringen Rechenkenntnisse der Zitronenjette aus und übervorteilte sie. Die Straßenjugend lief grölend und spottend hinter ihr her. Abends in den Kneipen, wo die Zitronenjette ebenfalls ihre Ware anbot, machten sich Kneipenbesucher einen Spaß daraus, ihr ein großes Glas Schnaps zu spendieren, welches sie zur allgemeinen Belustigung auf einen Zug leerte. 1894 wurde die mittlerweile alkoholkranke Zitronenjette in die Irrenanstalt Friedrichsberg eingeliefert. Dort lebte sie noch fast 20 Jahre und wurde mit Kartoffelschälen und Gemüseputzen beschäftigt.

1940 schrieb Paul Möhring ein Theaterstück mit dem Titel »Zitronenjette«, das keine Lokalposse auf Kosten Johanne Henriette Müllers war und mit großem Erfolg aufgeführt wurde.

Am Rande der Ludwig-Erhard-Straße erinnert ein Denkmal an die Zitronenjette. Seit 1985 vergibt die Hamburg Messe einmal jährlich den Zitronenjette-Preis, für den der Landesfrauenrat Hamburg das Vorschlagsrecht besitzt. Geehrt wird eine nicht berufstätige Frau, die sich ehrenamtlich in einem der dem Landesfrauenrat angeschlossenen Verbände für Frauen engagiert hat.

LITERATUR Bake/Reimers, S. 201 f.; Paul Möhring, Drei Hamburger Originale, Hamburg o.J. [1965], S. 31–46.

Rita Bake

Autorinnen und Autoren

Gerhard **Ahrens**, geb. 1939, Dr. rer. pol., Diplom-Kaufmann, Privatgelehrter in der Hansestadt Lübeck, weiland Universitätsprofessor zu Hamburg, zahlreiche Veröffentlichungen zur hanseatischen Wirtschafts- und Sozialgeschichte.

Wolfgang **Bachofer**, geb. 1928, Dr. phil., Dr. h.c. (Veszprém), pensionierter Professor für Deutsche Sprache und Ältere deutsche Literaturgeschichte, Veröffentlichungen zur mittelhochdeutschen Literatur und Sprache, Lexikografie, Bibliografie und zur Geschichte der Universität Hamburg.

Rita **Bake**, geb. 1952, Dr. phil., Historikerin, Dipl.-Bibliothekarin, Wissenschaftliche Referentin der Landeszentrale für politische Bildung, Hamburg, und Lehrende (Frauengeschichte) am Studiengang Frauenstudien/Frauenforschung der Universität Hamburg, Veröffentlichungen zur Sozial- und Regionalgeschichte, insbesondere zur Frauengeschichte, Konzipierung und Durchführung von historischen Stadtrundgängen und szenischen Aufführungen.

Ulrich **Bauche**, geb. 1928, Prof. Dr. phil., Kulturhistoriker, Hauptkustos a. D. am Museum für Hamburgische Geschichte, Lehrbeauftragter am Institut für Volkskunde der Universität Hamburg, Veröffentlichungen zur Sozial- und Kulturgeschichte vornehmlich Hamburgs und seines Umlandes, zur Arbeiterbewegung und zu jüdischen Lebenswelten.

Karin **von Behr**, geb. 1935, Diplom-Bibliothekarin, Publizistin, 1997–99 Chefredakteurin von »Hamburg und seine Bauten 1985–2000«, zahlreiche Veröffentlichungen in Zeitungen und Zeitschriften sowie Buchbeiträge und Bücher über Architektur und Gartenkunst.

Jutta **Braden**, geb. 1950, Dr. phil., Historikerin, Veröffentlichungen zur deutsch-jüdischen Geschichte der Frühen Neuzeit.

Andreas **Brämer**, geb. 1964, Dr. phil., Judaist und Historiker, Wissenschaftlicher Mitarbeiter am Institut für die Geschichte der deutschen Juden (Hamburg), Veröffentlichungen zur jüdischen Geschichte in der Neuzeit, insbesondere zur Religionsgeschichte.

Felix **Brahm**, geb. 1976, cand. phil., studiert Geschichtswissenschaft, Geografie und Geschichte der Naturwissenschaften in Hamburg und Madrid und arbeitet an einer Magisterarbeit mit Schwerpunkt in der Medizin- und Wissenschaftsgeschichte.

Dirk **Brietzke**, geb. 1964, Dr. phil., Historiker, Wissenschaftlicher Mitarbeiter am Institut für Sozial- und Wirtschaftsgeschichte der Universität Hamburg, Veröffentlichungen zur Sozial- und Regionalgeschichte der Frühen Neuzeit, insbesondere zur Sozialdisziplinierung und Geschichte der Armenfürsorge.

Ursula **Büttner**, geb. 1946, Dr. phil., Historikerin, Wissenschaftliche Mitarbeiterin an der Forschungsstelle für Zeitgeschichte in Hamburg, Professorin am Institut für Sozial- und Wirtschaftsgeschichte der Universität Hamburg, Veröffentlichungen zur politischen Sozialgeschichte Deutschlands und Hamburgs im 20. Jahrhundert, insbesondere zur Geschichte der Weimarer Republik, der nationalsozialistischen Judenverfolgung und des Exils 1933–1945, der deutschen evangelischen Kirche, des Bombenkriegs und des politischen Wiederaufbaus nach 1945.

Michael **Busch**, geb. 1961, Dr. phil., M.A., Historiker, Wissenschaftlicher Assistent an der Professur für Neuere Geschichte der Universität der Bundeswehr in Hamburg, diverse Veröffentlichungen zur schwedischen Geschichte, zur Militärgeschichte und zur norddeutschen Landesgeschichte.

Harald S. **Butz**, geb. 1968 in Hamburg, mehrjährige Tätigkeiten in Verlagen, kulturellen Einrichtungen und im Sortimentsbuchhandel, zurzeit Doktorand bei Prof. Dr. Ernst Fischer am Mainzer Institut für Buchwissenschaft mit einer Untersuchung zur Geschichte des Sortimentsbuchhandels im 20. Jahrhundert unter besonderer Berücksichtigung des Buchhändlers Kurt Saucke.

Tim **Cassel**, geb. 1972, Student der Sozial- und Wirtschaftsgeschichte an der Universität Hamburg, Fußballprofi, Veröffentlichungen im Bereich Sportjournalismus.

Thomas **Dörr**, geb. 1958, Dr. phil., Germanist, Lehrer in Bremen, Veröffentlichungen zu Walter Benjamin, zur Psychoanalyse und zur deutsch-jüdischen Geschichte der Neuzeit.

Rainer **Donandt**, geb. 1965, M.A., Kunsthistoriker, Doktorand am Kunstgeschichtlichen Seminar der Universität Hamburg, Veröffentlichungen zur politischen Ikonographie und Geschichte der Kunstgeschichte.

Hans Wilhelm **Eckardt**, geb. 1948, Dr. phil., Historiker, Archivdirektor am Staatsarchiv der Freien und Hansestadt Hamburg, Lehrbeauftragter am Historischen Seminar der Universität Hamburg, Redakteur der Zeitschrift des Vereins für Hamburgische Geschichte und der Hamburgischen Lebensbilder, Veröffentlichungen zur Geschichte der Frühen Neuzeit, zur Geschichte Hamburgs und zu archivkundlichen Themen.

Hans-Werner **Engels**, geb. 1941, Schriftsteller, Oberstudienrat für Deutsch, Geschichte und Gemeinschaftskunde i. R., Publikationen zur Geschichte Altonas und zur Aufklärung in Deutschland, insbesondere zum Echo der Französischen Revolution, Aufsätze zu einzelnen Persönlichkeiten (Johann Friedrich Ernst Albrecht, Johann Georg Kerner, Friedrich Christian Laukhard, Johann Christoph Unzer).

Manfred F. **Fischer**, geb. 1936, Prof. Dr. phil., Kunsthistoriker, Denkmalpfleger der Freien und Hansestadt Hamburg i. R., Honorarprofessor an der Universität Hamburg, zahlreiche Veröffentlichungen zur Kunstgeschichte, vor allem der Architekturgeschichte der Neuzeit, zur Theorie und Geschichte der Denkmalpflege.

Norbert **Fischer**, geb. 1957, Dr. phil., Sozialhistoriker, Lehrbeauftragter an der Universität Hamburg. Derzeit Forschungsprojekt zur Geschichte von Sturmfluten und Deichbau im Land Kehdingen. Publikationen zur norddeutschen Regional- und Kulturgeschichte sowie zur Geschichte des Todes.

Astrid **Froese**, geb. 1971, M.A., Literaturwissenschaftlerin, Doktorandin am Literaturwissenschaftlichen Seminar der Universität Hamburg, beschäftigte sich zuletzt mit Todesdarstellungen in modernen Massenmedien.

Christian **Fuhrmeister**, geb. 1963, Dr. phil., Kunsthistoriker, Lehrbeauftragter an der Hochschule für Bildende Kunst Braunschweig und Wissenschaftlicher Volontär am Sprengel Museum Hannover, Veröffentlichungen zur Materialikonographie und Politischen Ikonographie sowie zur Sakral- und Memorialarchitektur vor allem im 20. Jahrhundert.

Manfred **Gihl**, geb. 1935, Dipl.-Ing., Branddirektor i. R., Veröffentlichungen zur Geschichte der Hamburger Feuerwehr und zur Feuerwehrindustrie in Deutschland und in den USA.

Arnt **Goede**, geb. 1968, M.A., Historiker, Doktorand am Historischen Seminar der Universität Hamburg.

Inge **Grolle**, geb. 1931, Dr. phil., Historikerin, Veröffentlichungen zur Sozial- und Geschlechtergeschichte Hamburgs.

Joist **Grolle**, geb. 1932, Dr. phil., Prof. em., Historiker, Veröffentlichungen zur Historiografie und hamburgischen Regionalgeschichte.

Horst **Gronemeyer**, geb. 1933, Dr. phil., Germanist und Bibliothekar, Professor und Direktor der Staats- und Universitätsbibliothek Hamburg a. D., Veröffentlichungen zum Bibliothekswesen und zur deutschen Literatur, insbesondere des 18. Jahrhunderts, Mitherausgeber der historisch-kritischen Hamburger Klopstock-Ausgabe.

Iris **Groschek**, geb. 1968, Archivarin am Staatsarchiv Hamburg, Veröffentlichungen zur Regionalgeschichte, insbesondere zur Hamburger Gehörlosenbildung.

Frank **Hatje**, geb. 1962, Dr. phil., Historiker, Lehrbeauftragter für Frühe Neuzeit an der Universität Hamburg und für Sozial- und Wirtschaftsgeschichte an der Universität der Bundeswehr Hamburg, Veröffentlichungen zur Pest-, Medizin- und Hospitalgeschichte, zur Armenfürsorge und Prostitution,

Beiträge zur Bürgertumsforschung und zur Popularisierung der Aufklärung sowie zur Migrationsgeschichte, Mitherausgeber der Hamburger Wirtschafts-Chronik.

Renate **Hauschild-Thiessen**, geb. 1929, Dr. phil, Dr. rer. pol. h.c., zahlreiche Veröffentlichungen zur hamburgischen Geschichte, insbesondere des 19. und 20. Jahrhunderts. Seit 1964 Redakteurin der Hamburgischen Geschichts- und Heimatblätter.

Hermann **Heckmann**, geb. 1925, Prof. Dr.-Ing. Dr. phil., Architekt, Präsident der Stiftung Mitteldeutscher Kulturrat, Buchveröffentlichungen zur Barockarchitektur und zu deren Baumeistern in Mittel- und Norddeutschland.

Jan **Hellmann**, geb. 1967, Diplompädagoge, Sozialpädagoge in der Drogenhilfe, zurzeit Arbeit an einer Dissertation zur Geschichte der Reformpädagogik.

Rainer **Hering**, geb. 1961, Dr. phil., Archivar am Staatsarchiv der Freien und Hansestadt Hamburg und Lehrbeauftragter am Historischen Seminar der Universität Hamburg, Veröffentlichungen zur Kirchengeschichte, Landesgeschichte, Verbandsgeschichte, Wissenschafts- und Universitätsgeschichte im 19. und 20. Jahrhundert, Antisemitismusforschung und Archivwissenschaft.

Arno **Herzig**, geb. 1937, Dr. phil., Historiker, Professor für Neuere Geschichte, Schwerpunkt: Frühe Neuzeit am Historischen Seminar der Universität Hamburg, Veröffentlichungen zur deutsch-jüdischen Geschichte, zur Sozialgeschichte der Unterschichten, zur Arbeiterbewegung und zum Zeitalter des Konfessionalismus.

Torkild **Hinrichsen**, geb. 1948, Dr. phil., Kunst- und Kulturhistoriker, Hauptkustos und stellvertretender Direktor des Altonaer Museums in Hamburg, Veröffentlichungen unter anderem zur Kunst- und Kulturgeschichte Skandinaviens und Deutschlands und zur Alltagskultur sowie zu den Themen Spielzeug, Erzgebirge und Thüringen, Judaistik, Kräuterheilkunde und Fotografie.

Gisela **Jaacks**, geb. 1944, Prof. Dr. phil., Kulturhistorikerin, stellvertretende wissenschaftliche Direktorin am Museum für Hamburgische Geschichte, zahlreiche Ausstellungen und Publikationen auf dem Gebiet der allgemeinen hamburgischen Geschichte, Theater- und Musikgeschichte sowie Kunst- und Kostümgeschichte.

Silke **Kaiser**, geb. 1964, M.A., Historikerin, Forschungsschwerpunkte: Hamburgische Geschichte, Universitätsgeschichte, Jüdische Emigration.

David **Klemm**, geb. 1960, Dr. phil., Kunsthistoriker, seit 1995 freier Mitarbeiter des Museums für Kunst und Gewerbe und der Kunsthalle in Hamburg, Forschungen und Publikationen zur Kunst des 17. und 18. Jahrhunderts, zur Grafik (Italienische Zeichnungen, Karikaturen, Plakate) und zur Architektur (Martin Haller, Alexis de Chateauneuf).

Martin **Knauer**, geb. 1962, Dr. phil., Historiker, zurzeit Wissenschaftlicher Mitarbeiter am Historischen Seminar der Universität der Bundeswehr Hamburg, Forschungsschwerpunkte Kultur- und Militärgeschichte der Frühen Neuzeit sowie Politische Ikonographie.

Ariane **Knuth**, geb. 1967, Dr. phil., Historikerin, Wissenschaftliche Mitarbeiterin der Hamburger Stiftung zur Förderung von Wissenschaft und Kultur, Veröffentlichungen zur Hamburger Stadtgeschichte und Forschungen zur Kulturgeschichte des 18. Jahrhunderts.

Franklin **Kopitzsch**, geb. 1947, Prof. Dr. phil., Professor für Geschichte der Frühen Neuzeit an der Universität Bremen, Honorarprofessor für Sozial- und Wirtschaftsgeschichte an der Universität Hamburg, Veröffentlichungen zur Sozialgeschichte der Frühen Neuzeit, insbesondere der Aufklärung, zur norddeutschen Stadt- und Landesgeschichte, zur Neueren Geschichte und zur Literaturgeschichte.

Angela **Kulenkampff**, geb. 1918, Dr. phil., Arbeiten zur hamburgischen und lübeckischen Geschichte, Arbeitsschwerpunkt: das Haus Österreich und das Heilige Römische Reich.

Reiner **Lehberger**, geb. 1948, Prof. Dr. phil. habil., Erziehungswissenschaftler am Institut für Schulpädagogik der Universität Hamburg, Leiter des Hamburger Schulmuseums, Veröffentlichungen zur Schul- und Unterrichtsgeschichte, Schulpädagogik, Schulentwicklung und Didaktik.

Maren **Limbacher**, geb. 1965, M.A., Historikerin, zurzeit wissenschaftliche Mitarbeit an der Professur für Neuere Geschichte an der Universität der Bundeswehr Hamburg, Forschungsschwerpunkt: mittelalterliche Frauenmystik.

Hans-Dieter **Loose**, geb. 1937, Prof. Dr. phil., Direktor des Staatsarchivs Hamburg a. D., dort von 1962 bis 2000, davon 25 Jahre als dessen Leiter tätig, daneben seit 1973 Lehrbeauftragter, seit 1981 Professor am Historischen Seminar der Universität Hamburg, seit 1975 Vorsitzender des Vereins für Hamburgische Geschichte, zahlreiche historische und archivfachliche Veröffentlichungen mit Schwerpunkt Hamburg.

Ina **Lorenz**, geb. 1940, Prof. Dr., Historikerin, Stellvertretende Direktorin am Institut für die Geschichte der deutschen Juden, Hamburg, Professorin am Institut für Sozial- und Wirtschaftsgeschichte der Universität Hamburg, Veröffentlichungen zur deutsch-jüdischen Geschichte des 19. und 20. Jahrhunderts, besonders im norddeutschen Raum, sowie zur Sozial- und Gemeindegeschichte der Juden in Hamburg.

Holger **Martens**, geb. 1962, Dr. phil., Historiker, Wissenschaftlicher Mitarbeiter am Institut für Sozial- und Wirtschaftsgeschichte der Universitiät Hamburg, Veröffentlichungen zur Neueren Geschichte und Zeitgeschichte, insbesondere zur Parteiengeschichte, Arbeiterbewegung und britischen Besatzungspolitik.

Christine **Mayer**, geb. 1949, Dr. phil., Professorin am Institut für Allgemeine Erziehungswissenschaft der Universität Hamburg, Veröffentlichungen zur Bildungs- und Berufsbildungsgeschichte unter geschlechterbezogener und vergleichender Perspektive.

Gudula **Mayr**, geb. 1970, M.A., Kunsthistorikerin, Doktorandin am Kunstgeschichtlichen Seminar der Universität Hamburg.

Beate **Meyer**, geb. 1952, Dr. phil., Historikerin, Wissenschaftliche Mitarbeiterin am Institut für die Geschichte der deutschen Juden, Hamburg, Veröffentlichungen zur oral history, Frauengeschichte und zum Nationalsozialismus.

Dirk **Moldenhauer**, geb. 1971, M.A., zurzeit Promotion am Historischen Seminar der Universität Hamburg über die Verflechtung von Buchmarkt und Geschichtsschreibung im frühen 19. Jahrhundert, Veröffentlichung zur Geschichte der Geschichtsschreibung in der Goethezeit.

Rainer **Nicolaysen**, geb. 1961, Dr. phil., Historiker, Wissenschaftlicher Mitarbeiter der Forschungsstelle für Zeitgeschichte in Hamburg, Veröffentlichungen zur Wissenschafts- und Hochschulgeschichte im 20. Jahrhundert sowie zur Geschichte des Exils (1933–1945).

Jürgen **Overhoff**, geb. 1967, Dr. phil., Historiker, Wissenschaftlicher Mitarbeiter am Institut für Pädagogik der Universität Potsdam, Veröffentlichungen zur Ideen- und Bildungsgeschichte der Frühen Neuzeit, insbesondere zu Luther, Hobbes und Kant sowie zur Geschichte der philanthropischen Pädagogik.

Wolfgang **Poppelbaum**, geb. 1939, Jurist, Vorsitzender des Vorstands der Hamburger Feuerkasse Versicherungs-AG, seit 1969 in der Versicherungswirtschaft tätig, im Vorstand mehrerer hamburgischer versicherungswissenschaftlicher Vereinigungen, Veröffentlichungen zur Unternehmensgeschichte der Hamburger Feuerkasse und im Rahmen des Leibniz Forums der Hamburger Feuerkasse.

Ursula **Randt**, geb. 1929, Dr. phil. h.c., Oberstudienrätin an Sonderschulen für Hör- und Sprachbehinderte i. R., Veröffentlichungen und Ausstellungen zur Geschichte der Juden in Hamburg, insbesondere zum ehemaligen jüdischen Schul- und Erziehungswesen.

Jürgen **Rathje**, geb. 1932, Dr. (Universität Straßburg), Romanist, Akademischer Direktor i. R. am Institut für Französische und Italienische Sprache und Kultur des Fachbereichs Angewandte Sprach- und Kulturwissenschaft der Universität Mainz in

Germersheim, Veröffentlichungen zur französischen und spanischen Literatur der Frühen Neuzeit und zu Hamburgs geistigem Leben im frühen 18. Jahrhundert, Herausgeber einer Gesamtausgabe der Werke Barthold Heinrich Brockes'.

Susanne **Rau**, geb. 1969, Dr. phil., Historikerin, Wissenschaftliche Mitarbeiterin am Sonderforschungsbereich 537 »Institutionalität und Geschichtlichkeit« an der Technischen Universität Dresden, Veröffentlichungen zur Stadtchronistik und zur Erinnerungskultur in der Frühen Neuzeit.

Brita **Reimers**, geb. 1949, Literaturwissenschaftlerin, Lektorin, Veröffentlichungen zur Kultur- und Kunstgeschichte.

Alexander **Ritter**, geb. 1939, Dr. phil. habil., Privatdozent am Institut für Germanistik II der Universität Hamburg, Veröffentlichungen zur Literatur des 18., 19. und 20. Jahrhunderts, zur Erzähltheorie, Regionalliteratur, Literaturgeschichtsschreibung, Fachgeschichte, interkulturellen Funktion von Literatur und deutschsprachigen Literatur des Auslands.

Roswitha **Rogge**, geb. 1965, Dr. phil., Historikerin, Gymnasiallehrerin in Hamburg, Veröffentlichungen zur Frauengeschichte und Hexenverfolgung im spätmittelalterlichen und frühneuzeitlichen Hamburg.

Dietrich **Roth**, geb. 1938, Dr. rer. nat., Stellvertretender Direktor der Staats- und Universitätsbibliothek Hamburg, Veröffentlichungen zum Bibliothekswesen und zur Historischen Botanik.

Wolfgang **Sarges**, geb. 1967, M.A., Kunsthistoriker.

Jörg **Schilling**, geb. 1960, M.A., Kunsthistoriker, Dissertationsprojekt zum Begriff der Monumentalität in der Architektur um 1900 am Beispiel des Hamburger Bismarckdenkmals, Veröffentlichungen zur Baugeschichte der Hamburger Kunsthalle und zu Martin Haller.

Josef **Schmid**, geb. 1962, Dr. phil., Historiker, Wissenschaftlicher Angestellter der Forschungsstelle für Zeitgeschichte in Hamburg, Veröffentlichungen zur deutschen Sozial- und Politikgeschichte im 20. Jahrhundert, insbesondere zur Entwicklung der Kirchen in der DDR und zur Biografie Klaus von Bismarcks.

Matthias **Schmoock**, geb. 1963, M.A., Historiker, Doktorand am Institut für Sozial- und Wirtschaftsgeschichte der Universität Hamburg, Redakteur beim »Hamburger Abendblatt«, Veröffentlichungen zur hamburgischen Geschichte.

Kai-Uwe **Scholz**, geb. 1961, Dr. phil., M. A. (UW-Madison), Literaturwissenschaftler und Journalist in Hamburg, Ausstellungen und Publikationen zu Architektur, Design, Kunst und Literatur des 19. und 20. Jahrhunderts.

Dorothea **Schröder**, geb. 1957, Dr. phil., Privatdozentin am Musikwissenschaftlichen Institut der Universität Hamburg und freiberufliche Musikhistorikerin, Veröffentlichungen u. a. zur Hamburger Barockoper, zur norddeutschen Kulturgeschichte des 17./18. Jahrhunderts und zu Georg Friedrich Händel.

Bodo **Schümann**, geb. 1937, Dr. theol., Pastor in Hamburg, Lehrer an einer Gesamtschule, jetzt: Geschäftsführer der ELBE-WERKSTÄTTEN GmbH – Werkstatt für Behinderte in Hamburg, Mitglied der Hamburgischen Bürgerschaft von 1974 bis 1986, Veröffentlichungen zur Hamburger Diakonie- und Sozialgeschichte, zur Sozial- und Bildungspolitik, vor allem zur gesellschaftlichen Integration Behinderter.

Andreas **Seeger**, geb. 1962, Dr. phil., Historiker, Dokumentar in Hamburg, Veröffentlichungen zur Justiz- und Polizeigeschichte des »Dritten Reiches«, insbesondere zur Todesstrafe und zur Gestapo.

Helmut **Stubbe-da Luz**, geb. 1950, Dr. phil., Historiker (Neuere und Neueste Geschichte), Lehrbeauftragter an der Universität der Bundeswehr Hamburg und am Institut für Sozial- und Wirtschaftsgeschichte der Universität Hamburg, Publikationen unter anderem zur norddeutschen Regionalgeschichte, zur Parteiengeschichte, zur Geschichte der

Frauenverbände und der kommunalen Selbstverwaltung und zur politischen Philosophie.

Michael **Studemund-Halévy**, geb. 1948, Sprachwissenschaftler und Übersetzer, Lehrbeauftragter für Judenspanisch am Ibero-Amerikanischen Forschungszentrum der Universität Hamburg, Herausgeber der Schriftenreihe Hamburg, Veröffentlichungen zur Psycholinguistik, Balkanlinguistik und zur Romanistik, insbesondere zur Geschichte der Sefarden in Hamburg und der Juden in Portugal.

Gerhard **Theuerkauf**, geb. 1933, Dr. phil., Historiker, emeritierter Professor der Universität Hamburg, Veröffentlichungen zur Geschichte des Mittelalters, besonders zur Verfassungsgeschichte, zur norddeutschen Regionalgeschichte und zur historischen Quellenkunde.

Daniel **Tilgner**, geb. 1965, Dr. phil., Historiker, Redaktionsleiter im Hoffmann und Campe Verlag, Herausgeber und Autor regionalgeschichtlicher Veröffentlichungen, insbesondere zu Hamburg.

Sven **Tode**, geb. 1964, Dr. phil., M.A., Historiker, Geschäftsführer des ifw Institut für Firmen- und Wirtschaftsgeschichte Hamburg, geschäftsführendes Vorstandsmitglied der Wirtschaftsgeschichtlichen Forschungsstelle e.V., Mitherausgeber der Hamburger Wirtschafts-Chronik, Veröffentlichungen zur Sozial- und Wirtschaftsgeschichte und zur Geschichte der Frühen Neuzeit.

Hans **Walden**, geb. 1952, Dr. phil., Historiker, zurzeit tätig als Angestellter in der Hamburger Verwaltung, Veröffentlichungen zur Geschichte Hamburgs, insbesondere zu umwelt-, wirtschafts- und politikgeschichtlichen Themen.

Rainer **Waßner**, geb. 1944, Dr. phil., Soziologe, Wissenschaftlicher Mitarbeiter an der Ferdinand-Tönnies-Arbeitsstelle am Institut für Soziologie der Universität Hamburg, Forschungsschwerpunkte und zahlreiche Veröffentlichungen in den Bereichen Kultursoziologie und Fachgeschichte.

Karl-Klaus **Weber**, geb. 1928, Dr. phil., Dipl.-Ing., Historiker und Architekt, ehem. Technischer Geschäftsführer einer Wohnungs-, Städte- und Kommunalbaugesellschaft, Veröffentlichungen zur Stadtgeschichte und zu den niederländisch-deutschen Beziehungen in der Frühen Neuzeit sowie zu baugeschichtlichen Themen des Altertums.

Wilfried **Weinke**, geb. 1955, Historiker und Publizist, Veröffentlichungen zur deutsch-jüdischen Geschichte Hamburgs sowie zur Exilliteratur.

Bildnachweis

Herausgeber und Verlag danken allen Leihgebern für die freundliche und großzügige Unterstützung bei der Bereitstellung des Bildmaterials, insbesondere dem Staatsarchiv der Freien und Hansestadt Hamburg, dem Landesmedienzentrum Hamburg sowie allen privaten Leihgebern.

Adalbert I.: AKG, Sammlung Archiv für Kunst und Geschichte, Berlin
Adaldag: Schleswig-Holsteinische Landesbibliothek, Kiel (Repro: Renard, Kiel)
Adler, Friedrich: Staatsarchiv Hamburg
Albrecht, Sophie: Staatsarchiv Hamburg
Amsinck, Rudolf: Gemälde von David Kindt (1604), Staatsarchiv Hamburg
Amsinck, Wilhelm: Staatsarchiv Hamburg
André, Etkar: Staatsarchiv Hamburg
Ansgar: Staatsarchiv Hamburg
Appelschnut (Senta-Regina Möller-Ernst): Ullstein-Bild (Foto: Stephan Wallocha, 15.8.1991)
Archenhol(t)z, Johann Wilhelm von: Staatsarchiv Hamburg
Arnemann, Mathilde: Staatsarchiv Hamburg

Baasch, Ernst: Staatsarchiv Hamburg
Ballin, Albert: Staatsarchiv Hamburg
Barlach, Ernst: Staatsarchiv Hamburg
Basedow, Johann Bernhard: Staatsarchiv Hamburg
Bebert, Paul: Staatsarchiv Hamburg
Beckmann, Heinz: Rainer Hering, Hamburg
Beiersdorf, Paul: Beiersdorf AG, Hamburg
Beneke, Ferdinand: Staatsarchiv Hamburg
Bernadotte, Jean-Baptiste-Jules: Staatsarchiv Hamburg
Bernays, Isaak: Staatsarchiv Hamburg
Beyle, Fritz: Landesmedienzentrum Hamburg, Medienarchiv Bild (Foto: Fritz Kempe)
Beyrich, Franz: Landesmedienzentrum Hamburg, Medienarchiv Bild (Foto: Fritz Kempe)
Blunck, Hans Friedrich: Staatsarchiv Hamburg
Bock, Arthur: Staatsarchiv Hamburg
Bode, Johann Joachim: Staatsarchiv Hamburg
Böse, Johannes: Staatsarchiv Hamburg
Booth, James Godfrey: Staatsarchiv Hamburg
Booth, John Richmond: Staatsarchiv Hamburg
Borchert, Wolfgang: Hamburger Theatersammlung (Foto: Rosemarie Clausen)
Borchling, Conrad: Staatsarchiv Hamburg
Borowsky, Peter: Rainer Hering, Hamburg
Bourrienne, Louis-Antoine Fauvelet de: in: Bourrienne, Louis-Antoine Fauvelet de: Bonaparte intime. Tiré des »Mémoires«, Paris o.J.
Brandt-Knack, Olga: Staatsarchiv Hamburg
Brinckmann, Justus: Staatsarchiv Hamburg
Brockes, Barthold Heinrich: Staatsarchiv Hamburg
Büchner, Franz: Landesmedienzentrum Hamburg, Medienarchiv Bild (Foto: Fritz Kempe)
Bundsen, Jes(s): Staatsarchiv Hamburg

Carlebach, Joseph: Staatsarchiv Hamburg
Cassirer, Ernst: Staatsarchiv Hamburg
Chateauneuf, Alexis de: Staatsarchiv Hamburg
Christine von Schweden: Staatsarchiv Hamburg
Classen, Walter: Staatsarchiv Hamburg
Clausen, Rosemarie: Landesmedienzentrum Hamburg, Medienarchiv Bild (Foto: Fritz Kempe)
Cordes, Wilhelm: Staatsarchiv Hamburg

Damkowski, Marta: Landesmedienzentrum Hamburg; Medienarchiv Bild (Foto: Fritz Kempe, 28.2.1964)
Davout, Louis-Nicolas: Staatsarchiv Hamburg
Degkwitz, Rudolf: BPK Bildarchiv Preußischer Kulturbesitz
Dill, Theodor: Staatsarchiv Hamburg
Distel, Hermann: Staatsarchiv Hamburg
Doermer, Ludwig: Staatsarchiv Hamburg

Ebeling, Christoph Daniel: Staatsarchiv Hamburg
Ehre, Ida: Hamburger Theatersammlung (Foto: Rosemarie Clausen)
Eichholz, Max: Sammlung Weinke
Essig, Olga: Staatsarchiv Hamburg
Ettlinger, Jacob: Staatsarchiv Hamburg

Faulwasser, Julius: Staatsarchiv Hamburg
Fischer, Hans W.: Staatsarchiv Hamburg
Fleming, Paul: Staatsarchiv Hamburg
Flügge, Elisabeth: in: Reiner Lehberger, Christiane Pritzlaff, Ursula Randt: Entrechtet – vertrieben – ermordet – vergessen. Jüdische Schüler und Lehrer in Hamburg unterm Hakenkreuz, (Geschichte – Schauplatz Hamburg, hg. von der Freien und Hansestadt Hamburg, Behörde für Schule und Berufsbildung, Amt für Schule, Referat S 62/63), Hamburg 1988
Frank, Paul: Staatsarchiv Hamburg
Friedrich II.: BPK Bildarchiv Preußischer Kulturbesitz

Gensler, Günther: in: Hans-Günther Freitag: Von Mönckeberg bis Hagenbeck. Ein Wegweiser zu denkwürdigen Grabstätten auf dem Ohlsdorfer Friedhof, Hamburg 1973
Gensler, Jacob: Ausschnitt aus einem Gemälde von Günther Gensler (1840), Staatsarchiv Hamburg
Gensler, Martin: in: Hans-Günther Freitag: Von Mönckeberg bis Hagenbeck. Ein Wegweiser zu denkwürdigen Grabstätten auf dem Ohlsdorfer Friedhof, Hamburg 1973
Glinzer, Hanna: Staatsarchiv Hamburg
Gobert, Ascan Klée: Landesmedienzentrum Hamburg, Medienarchiv Bild (Foto: Fritz Kempe)
Götze, Carl: Staatsarchiv Hamburg
Goldschmidt, Johanna: Staatsarchiv Hamburg
Goldschmidt, Joseph: Institut für die Geschichte der deutschen Juden, Sammlung Randt

Goral-Sternheim, Arie: Ullstein-Bild (Foto: Foto Press Hamburg, 8.5.1985)
Gregor IV.: Apsismosaik in San Marco, Rom (zwischen 828 und 844), AKG, Sammlung Archiv für Kunst und Geschichte, Berlin
Gruenwaldt, Louis: Staatsarchiv Hamburg
Gugenheim, Fromet: Staatsbibliothek zu Berlin – Preußischer Kulturbesitz
Gutschow, Konstanty: Staatsarchiv Hamburg

Haas, Willy: Staatsarchiv Hamburg
Haensgen-Dingkuhn, Elsa: Selbstporträt (Foto: Jochen Dingkuhn)
Hagedorn, Friedrich von: Staatsarchiv Hamburg
Harder, Otto Fritz »Tull«: Ullstein-Bild (U-B)
Hasenclever, Wilhelm: Staatsarchiv Hamburg
Hasse, Johann Adolf: Staatsarchiv Hamburg
Hauswedell, Ernst: Staatsarchiv Hamburg
Heffter, Heinrich: Staatsarchiv Hamburg
Heine, Betty: Staatsarchiv Hamburg
Heine, Carl: Staatsarchiv Hamburg
Heine, Heinrich: Ausschnitt aus einem Gemälde von M. Oppenheim, 1831 (in: Ein Jahrhundert Hamburg. 1800–1900, Zeitgenössische Bilder und Dokumente gesammelt und herausgegeben von Victor Dirksen, München 1926)
Heinicke, Samuel: Staatsarchiv Hamburg
Heise, Georg Arnold: Staatsarchiv Hamburg
Hellmann, Carl August: Staatsarchiv Hamburg
Hessel, Peter: Staatsarchiv Hamburg
Hinrichsen, Siegmund: Staatsarchiv Hamburg
Hocker, Wilhelm: Staatsarchiv Hamburg
Hopp, Bernhard: Landesmedienzentrum Hamburg, Medienarchiv Bild (Foto: Fritz Kempe)
Horwitz, Mirjam: Staatsarchiv Hamburg
Hübner, Johann: Staatsarchiv Hamburg
Humboldt, Alexander von: Staatsarchiv Hamburg

Jäger, Adolf: Staatsarchiv Hamburg
Jastram, Cord: Staatsarchiv Hamburg
Jencquel, Adolph: Staatsarchiv Hamburg
Jochmann, Werner: Ursula Büttner
Jonas, Alberto: Staatsarchiv Hamburg

Karlsberg, Bernhard: Sammlung Weinke
Kerner, Georg: Staatsarchiv Hamburg
Kessler, Harry Graf: Ausschnitt aus einem Gemälde von E. Munch, 1906; BPK Bildarchiv Preußischer Kulturbesitz
Keyser, Bertha: Landesmedienzentrum Hamburg, Medienarchiv Bild (Foto: Fritz Kempe, 1.4.1964)
Kipping, Friedrich Wilhelm: Staatsarchiv Hamburg
Kley, Eduard: Staatsarchiv Hamburg
Klopstock, Friedrich Gottlieb: Staatsarchiv Hamburg
Klopstock, Meta: Staatsarchiv Hamburg
Knyphausen, Reichsfreiherr Dodo zu Innhausen und: in: Jahrbuch des Emsländischen Heimatbundes, Band 27/1981, Sögel 1981
Königsmarck, Maria Aurora Gräfin v.: Staats- und Universitätsbibliothek Hamburg, Porträtsammlung (Signatur: P22:K106)
Körber, Kurt A.: Landesmedienzentrum Hamburg, Medienarchiv Bild (Foto: Fritz Kempe, 4.7.1963)
Kohn, Joseph Berkowitz: Archiv Geschichtswerkstatt Barmbek
Krantz, Albert: fingierter Grabstein (1569), Staatsarchiv Hamburg
Krogmann, Richard Carl: Staatsarchiv Hamburg
Kunert, Sophie: Rainer Hering

l'Aigle, Alma de: Privatbesitz Brita Reimers
Landshut, Siegfried: Privatbesitz Rainer Nicolaysen
Lang, Elke: als Marie in Büchners Woyzeck (Thalia Theater, Hamburg 1980), Hamburger Theatersammlung (Foto: Gunter Wolfson)
Langenbeck, Hermann: Ausschnitt aus dem Außenflügel des Passionsaltars der St. Petri-Kirche in Buxtehude (um 1510), Staatsarchiv Hamburg
Langhans, Magda: Staatsarchiv Hamburg
Lasch, Agathe: in: Enge Zeit. Spuren Vertriebener und Verfolgter der Hamburger Universität, hrsg. von Angela Bottin, Berlin 1992
Lederer, Hugo: Staatsarchiv Hamburg
Lehmann, Johann Georg Christian: Staatsarchiv Hamburg
Lessing, Eva: Staatsarchiv Hamburg
Lessing, Gotthold Ephraim: Staatsarchiv Hamburg
Liebeschütz, Hans: Hamburger Bibliothek für Universitätsgeschichte
Liebeschütz-Plaut, Rahel: Hamburger Bibliothek für Universitätsgeschichte
Liliencron, Detlev von: Aufnahme aus den 1880er Jahren, Handschriftensammlung der Staats- und Universitätsbibliothek Hamburg Carl von Ossietzky (LN 180)
Lippmann, Leo: Staatsarchiv Hamburg
Llossas, Juan: in: Otto Bender: Swing unterm Hakenkreuz in Hamburg, 1933-1943, Hamburg 1993 (Foto: Ruth Llossas)
Loewenberg, Jakob: Staatsarchiv Hamburg
Lothar von Supplinburg: Staatsarchiv Hamburg
Lüttge, Gustav: Hamburgisches Architekturarchiv (Foto: Thomas Lüttge, München)
Lutteroth, Ascan: Staatsarchiv Hamburg
Lutteroth, Ascan Wilhelm: Staatsarchiv Hamburg

Maetzel-Johannsen, Dorothea: Privatbesitz Brita Reimers
Mahlau, Alfred: Staatsarchiv Hamburg
Marchtaler, Hildegard von: Staatsarchiv Hamburg
Marcus, Mary: Staatsarchiv Hamburg
Marquard, Peter: Staatsarchiv Hamburg
Mauke, Wilhelm: Staatsarchiv Hamburg
Melhop, Wilhelm: Staatsarchiv Hamburg
Mendel, Max: Staatsarchiv Hamburg
Merck, Ernst: Staatsarchiv Hamburg
Mettlerkamp, David Christopher: Staatsarchiv Hamburg
Meurer, Heinrich: Staatsarchiv Hamburg
Michaelis, Herbert: Sammlung Weinke
Mönckeberg, Johann Georg: Staatsarchiv Hamburg

Mohr, Erna: in: Rita Bake, Brita Reimers: Stadt der toten Frauen. Frauenportraits und Lebensbilder vom Friedhof Hamburg Ohlsdorf, Hamburg 1997
Müller, Johann Gottwerth: Staatsarchiv Hamburg
Münzel, Robert: Staatsarchiv Hamburg
Muller, Robert: Sammlung Weinke

Neumann, Rudolf Otto: Staats- und Universitätsbibliothek Hamburg, Porträtsammlung (Signatur: PF22:N1)
Nevermann, Paul: Staatsarchiv Hamburg
Niekerken, Walther: Staatsarchiv Hamburg
Nordheim, Marcus: Staatsarchiv Hamburg

Ohrt, Karl August: in: Karl August Ohrt: Skulpturen, Zeichnungen. Werkverzeichnis der Plastik, Berlin 1991
Ossietzky, Carl von: BPK Bildarchiv Preußischer Kulturbesitz

Panofsky, Erwin: Warburg-Archiv, Warburg-Haus (Foto: Minya Diez-Dührkoop)
Pauli, Magdalena: Portät nach einem Gemälde von H. Aldenrath, in: Alfred Aust: Mir ward ein schönes Loos, Liebe und Freundschaft im Leben des Reichsfreiherrn Caspar von Voght, Hamburg 1972
Paulsen, Charlotte: Staatsarchiv Hamburg
Paulsen, Wilhelm: Staatsarchiv Hamburg
Paulun, Dirks: Staatsarchiv Hamburg
Perthes, Caroline: Staatsarchiv Hamburg
Perthes, Friedrich: Staatsarchiv Hamburg
Petersen, Carl: Staatsarchiv Hamburg
Plaut, Max: Staatsarchiv Hamburg
Plomin, Karl: Privatbesitz Peter Plomin

Radziwill, Franz: in: Andrea Firmenich, Rainer W. Schulze: Franz Radziwill. 1895 bis 1983, Monographie und Werkverzeichnis, Köln 1995
Raupach, Bernhard: Staatsarchiv Hamburg
Reimarus, Sophie: in: Victor Dirksen: Ein Jahrhundert Hamburg, 1800–1900, München 1926
Rein, Gustav Adolf: Staatsarchiv Hamburg
Reincke, Heinrich: Staatsarchiv Hamburg
Rezzori, Gregor von: Ullstein-Bild (Foto: Horst Tappe)
Richey, Michael: Staatsarchiv Hamburg
Riebesell, Paul: Staatsarchiv Hamburg
Riefesell, Theobald: Staatsarchiv Hamburg
Rist, Johann: Staatsarchiv Hamburg
Rodig, Erich Wasa: Staatsarchiv Hamburg
Rötting, Meta: in: Meta Rötting: Die Hausangestellte, Arbeiterin, Schneiderin. Erinnerungen, (bearb. von Renate Hauschild-Thiessen), Hamburgische Lebensbilder in Darstellungen und Selbstzeugnissen, hg. v. Verein für Hamburgische Geschichte, Bd. 11, Hamburg 1997
Rougemont, Charlotte: Hamburger Abendblatt
Rowohlt, Ernst: Staatsarchiv Hamburg
Rudolphi, Caroline: Staatsarchiv Hamburg

Sahrhage, Heinrich: Staatsarchiv Hamburg
Salomon, Gotthold: Museum für Hamburgische Geschichte
Saucke, Kurt: Landesmedienzentrum Hamburg, Medienarchiv Bild (Foto: Fritz Kempe, 28.3.1961)
Saxl, Fritz: Warburg-Archiv, Warburg-Haus
Schäfer, Hermann: Staatsarchiv Hamburg
Scharnberg, Hugo: Staatsarchiv Hamburg
Schaudt, Emil: Staatsarchiv Hamburg
Scheffler, Karl: Staatsarchiv Hamburg
Schiefler, Gustav: Staatsarchiv Hamburg
Schlichting, Hedwig von: in: Ursula Weisser (Hrsg.): 100 Jahre 1889–1989 Universitätskrankenhaus Eppendorf, Tübingen 1989
Schmidt, Arno: Ullstein-Bild (Foto: AP 28.3.1973)
Schöffel, Simon: Staatsarchiv Hamburg
Schramm, Percy Ernst: Staatsarchiv Hamburg
Schröder, Anna Christina: Staatsarchiv Hamburg
Schröder, Friedrich Ludwig: Staatsarchiv Hamburg
Schütze, Johann Friedrich: Staatsarchiv Hamburg
Schuldt, Abraham Philipp: Staatsarchiv Hamburg
Schulze, Fiete: Staatsarchiv Hamburg
Schuster, Margarete: Rainer Hering, Hamburg
Seeler, Erwin: Ullstein-Bild (Foto: Pressephoto Carl Schütze)
Semper, Gottfried: Staatsarchiv Hamburg
Sengelmann, Heinrich: Staatsarchiv Hamburg
Siemsen, Anna: Ullstein-Bild
Sieveking, Amalie: Staatsarchiv Hamburg
Sieveking, Georg Heinrich: Staatsarchiv Hamburg
Sieveking, Hannchen: Staatsarchiv Hamburg
Sieveking, Kurt: Staatsarchiv Hamburg (Foto: Nikolaus von Gorrissen)
Simon, Anna: Landesmedienzentrum Hamburg, Medienarchiv Bild (Foto: Fritz Kempe)
Snitger, Hieronymus: Staatsarchiv Hamburg
Solmitz, Walter: in: Joist Grolle: Bericht von einem schwierigen Leben. Walter Solmitz (1905 bis 1962), Schüler von Aby Warburg und Ernst Cassirer, (Hamburger Beiträge zur Wissenschaftsgeschichte, Band 13, hg. von Eckart Krause, Gunter Otto, Wolfgang Walter), Berlin/Hamburg 1994
Sonnin, Ernst George: Staatsarchiv Hamburg
Speckter, Johann: Staatsarchiv Hamburg
Spier, Arthur: Staatsarchiv Hamburg
Stahl, Erna: in: Rita Bake, Brita Reimers: Stadt der toten Frauen. Frauenportraits und Lebensbilder vom Friedhof Hamburg Ohlsdorf, Hamburg 1997
Staudinger, Lucas Andreas: Staatsarchiv Hamburg
Steinbach, Helma: Staatsarchiv Hamburg
Steinhagen, Heinrich: Staatsarchiv Hamburg
Sternberg, Salomon Meyer: Staatsarchiv Hamburg
Störtebeker, Klaus: Staatsarchiv Hamburg. Der Kupferstich von Daniel Hopfer zeigt in Wirklichkeit den Günstling und Vertrauten, den »lustigen Rat« Kaiser Maximilians I. Kunz von der Rosen (gest. 1519). Sein Porträt wurde seit dem 16. Jahrhundert als das Störtebekers ausgegeben.
Streb, Ferdinand: Privatbesitz Martin Streb (Foto: Atelier Breer)

Thünen, Johann Heinrich von: Thünen-Museum, Tellow
Tiemann, Hermann: Staatsarchiv Hamburg
Timm, Marianne: Rainer Hering, Hamburg
Tönnies, Ferdinand: BPK Bildarchiv Preußischer Kulturbesitz
Traun, Bertha: in: Elke Kleinau, Claudia Opitz (Hg.): Geschichte der Mädchen- und Frauenbildung, Band 2, Vom Vormärz bis zur Gegenwart, Campus Verlag GmbH Frankfurt/N.Y. 1996.
Troplowitz, Oskar: Staatsarchiv Hamburg
Tügel, Franz: Staatsarchiv Hamburg

Unzer, Johann August: Staatsarchiv Hamburg
Unzer, Johann Christoph: Staatsarchiv Hamburg

Vogel, Hugo: Staatsarchiv Hamburg
Vogt, Richard: in: Walter Zuerl: Deutsche Flugzeugkonstrukteure. Werdegang und Erfolge unserer Flugzeug- und Flugmotorenbauer, München 1941
Voigt, Johann Friedrich: Staatsarchiv Hamburg
Vorwerk, Georg Friedrich: in: Hamburgisches Geschlechterbuch, Band 13, (Deutsches Geschlechterbuch Band 200 der Gesamtreihe), © 1996 C.A. Starke Verlag, Limburg a. d. Lahn

Wächter, Leonhard: Staatsarchiv Hamburg
Wegener, Harriet: in: Helmut Stubbe-da Luz: Harriet Wegener – Von der Militärregierung zur »Abgeordneten« ernannt. Das Rathaus. Zeitschrift für Kommunalpolitik 39 (11/1986)
Wegner, Christian: Landesmedienzentrum Hamburg, Medienarchiv Bild (Foto: Fritz Kempe, 17. 9. 1963)
Weichmann, Elsbeth: Landesmedienzentrum Hamburg, Medienarchiv Bild (Foto: Fritz Kempe)
Weichmann, Herbert: Staatsarchiv Hamburg
Weiss-Mann, Edith: Musikwissenschaftliches Institut
Weitling, Wilhelm: Staatsarchiv Hamburg
Wendt, Gustav: Staatsarchiv Hamburg
Werner, Sidonie: Staatsarchiv Hamburg
Westphalen, Adolph Libert: Staatsarchiv Hamburg
Wichern, Johann Hinrich: Staatsarchiv Hamburg
Windfuhr, Walter: Rainer Hering, Hamburg
Woermann, Adolph: Staatsarchiv Hamburg
Wohlwill, Anna: Staatsarchiv Hamburg
Wüstenfeld, Emilie: Staatsarchiv Hamburg

Zacharias, Marie: Ausschnitt aus einem Gemälde von Leopold von Kalckreuth, Hamburger Kunsthalle
Zechlin, Egmont: in: Egmont Zechlin: Erlebtes und Erforschtes 1896–1919, hg. von Anneliese Zechlin, Göttingen/Zürich 1993
Zitronenjette: Staatsarchiv Hamburg

Die Abbildungen auf dem Schutzumschlag zeigen Ida Ehre (oben links), Heinrich Heine (oben rechts), Wolfgang Borchert (Mitte) und Albert Ballin (unten).

Die Bildrechte der Archive und Institutionen wurden unbeschadet der Rechte Dritter gewährt.
Trotz größter Sorgfalt konnten die Urheber des Bildmaterials nicht in allen Fällen ermittelt werden. Es wird gegebenenfalls um Mitteilung gebeten.

IMPRESSUM

Die Deutsche Bibliothek – CIP-Einheitsaufnahme
Kopitzsch, Franklin:
Hamburgische Biografie : Personenlexikon / Franklin Kopitzsch ; Dirk Brietzke. Im Auftr. von: Arbeitsstelle für Hamburgische Geschichte der Universität Hamburg. – Hamburg : Christians
ISBN 3-7672-1364-8

Bd. 1. . – (2001)
ISBN 3-7672-1364-8

Gestaltung Iris Farnschläder, Hamburg
Satz und Litho Dammtorsatz, Hamburg
Druck und Bindung Christians Druckerei, Hamburg
Printed in Germany
ISBN 3-7672-1364-8

HAMBURGISCHE BIOGRAFIE

Die »Hamburgische Biografie« entsteht in enger Zusammenarbeit mit der Hamburger Feuerkasse, die dieses Projekt nicht nur großzügig unterstützt, sondern die auch den ersten Anstoß zu diesem Personenlexikon gegeben hat.
Ihr sei an dieser Stelle herzlich gedankt.